KREATIVKÜCHE FÜR JEDEN TAG

1001

REZEPTE

Der Kochbuchklassiker für Einsteiger und Profis

KREATIVKÜCHE FÜR JEDEN TAG

1001
REZEPTE

Der Kochbuchklassiker für Einsteiger und Profis

BELLAVISTA

© für die deutsche Ausgabe: Bellavista, ein Imprint der Verlag Karl Müller GmbH, Köln 2004

www.karl-mueller-verlag.de

Übersetzung aus dem Englischen:
Ina Breuing, Andrea C. Busch, Gabriele Gugetzer, Karin Hirschmann, Andreas Kellermann, Mina Langheinrich,
Hildegard Mergelsberg, Sabine Meyer, Frank Müller, Gundula Müller-Wallraf, Constanze Noufal, Martina Panzer,
Monire Parsia Parsi, Ute Perchtold, Dagmar Rohde, Claudia Rühmann, Katrin Schmelzle, Annerose Sieck,
Susanne Stielau, Ellen Weitbrecht, Birgit Wüller

Satz der deutschen Ausgabe: Maenken Kommunikation, Köln

Druck und Bindung: Neografia, a.s.
Printed in Slovakia

ISBN: 3-89893-352-0

HINWEIS

Das vorliegende Buch ist sorgfältig erarbeitet worden. Dennoch erfolgen alle Angaben ohne Gewähr.
Autoren und Verlag bzw. dessen Beauftragte können für eventuelle Personen-, Sach- oder Vermögensschäden
keine Haftung übernehmen.

1001 REZEPTE FÜR JEDEN TAG

Tagtäglich für die Familie zu kochen kann durchaus die Kreativität auf eine harte Probe stellen. Aber jetzt gibt es kompetente Unterstützung: Das große Buch der 1001 Rezepte ist eine Fundgrube von Rezepten für jede Gelegenheit, vom einfachen Alltagsgericht bis hin zum festlichen Menü. Ob herzhafte Suppen, schnelle Pastagerichte, Exotisches aus dem Wok oder leckere Desserts zum krönenden Abschluss – hier findet jeder, was er sucht. Zu speziellen Themen wie Antipasti, frische Pasta, Meeresfrüchte oder Thai-Currys finden sich ausführliche Warenkunden mit vielen nützlichen Tipps zu einzelnen Zutaten und deren Aufbewahrung, anschauliche Fotos demonstrieren Schritt für Schritt die Zubereitung anspruchsvollerer Rezepte und wecken die Lust Neues auszuprobieren.

INHALT

SONDERTHEMEN

APPETITHAPPEN

TEUFEL ODER ENGEL?

Es gibt zwei Varianten dieses Partysnacks. Er besteht entweder aus Backpflaumen (Teufel) oder Austern (Engel), die vor dem Grillen in Speck eingewickelt werden. In manchen Teilen der Welt gelten beide Varianten als Engel, die in Teufel verwandelt werden, sobald eine scharfe Sauce wie z. B. Tabasco hinzukommt. Um die Verwirrung komplett zu machen, verwenden zu manche Jakobsmuscheln statt Austern, während andere die Backpflaumen in Wein braten und mit Geflügelleber, Mango-Chutney oder einer Mandel füllen.

GEGENÜBERLIEGENDE SEITE IM UHRZEIGERSINN VON OBEN LINKS: Teufel und Engel zu Pferde; Gedämpfte Garnelen-Nori-Rollen; Kleine Florentiner Eier

TEUFEL UND ENGEL ZU PFERDE

Zubereitungszeit: 10 Minuten + 30 Minuten Einweichzeit
Kochzeit: 6 Minuten
Ergibt 24 Stück

4–6 Speckstreifen
12 entsteinte Backpflaumen
12 Austern, frisch oder aus dem Glas
2 EL Worcestersauce
gemahlener schwarzer Pfeffer
Tabascosauce, nach Belieben

1 24 Holzzahnstocher 30 Minuten in kaltem Wasser einweichen, damit sie nicht anbrennen. Die Speckstreifen in dünne Streifen schneiden.
2 Jede Pflaume in einen Schinkenstreifen wickeln und diesen mit einem Zahnstocher befestigen.
3 Austern aus den Schalen entfernen bzw. abtropfen lassen. Mit Worcestersauce besprenkeln und mit Pfeffer bestreuen. Jede Auster in einen Schinkenstreifen wickeln und diesen mit einem Zahnstocher befestigen. Einen leicht eingefetteten Grill vorheizen. Die Snacks unter Wenden braten, bis der Speck knusprig ist. Mit Tabascosauce servieren.

GEDÄMPFTE GARNELEN-NORI-ROLLEN

Zubereitungszeit: 30 Minuten + 1 Stunde Kühlzeit
Kochzeit: 5 Minuten
Ergibt 24 Stück

500 g geschälte rohe Garnelen
1½ EL Fischsauce
1 EL Sake (Reiswein)
2 EL frisches Koriandergrün, gehackt
1 großes Kaffirlimettenblatt, grob zerkleinert
1 EL Limettensaft
2 TL süße Chilisauce
1 Eiweiß, leicht verschlagen
5 Noriblätter (getrockneter Seetang)

Dip

80 ml süße Chilisauce
1 EL Limettensaft

1 Garnelen, Fischsauce, Sake, Koriander, Kaffirlimettenblatt, Limettensaft und Chilisauce in eine Küchenmaschine oder einen Mixer geben und pürieren, bis eine glatte Masse entsteht. Das Eiweiß zugeben und nur kurz untermischen.
2 Die Garnelenmasse auf den Noriblättern verteilen, dabei auf einer Seite einen etwa 2 cm breiten Rand lassen. Die Blätter fest aufrollen, zudecken und 1 Stunde in den Kühlschrank stellen. Die Enden zurechtschneiden und die Rollen in etwa 2 cm breite Stücke schneiden.
3 Die Norirollen in einen mit Backpapier ausgekleideten Bambus-Dämpfkorb legen. Den Korb schließen und in einen Wok mit kochendem Wasser stellen. 5 Minuten dämpfen.
4 Für den Dip Chilisauce und Limettensaft verrühren. Die Rollen mit dem Dip servieren.

KLEINE FLORENTINER EIER

Zubereitungszeit: 20 Minuten
Back- und Kochzeit: 25 Minuten
Ergibt 24 Stück

8 Scheiben Weißbrot
1–2 EL Olivenöl
12 Wachteleier
2 TL Zitronensaft
85 g Butter, geschmolzen und etwas abgekühlt
2 TL frisches Basilikum, fein gehackt
20 g Butter
50 g junge Spinatblätter

1 Den Ofen auf 180 °C (Gas 2–3) vorheizen. Mit einem 4 cm großen runden Ausstechförmchen 24 Brotstücke ausstechen. Die Stücke auf beiden Seiten einölen und im Ofen 10–15 Minuten backen, bis sie goldbraun sind.
2 Die Eier in einen Topf mit kaltem Wasser geben, aufkochen lassen. Vorsichtig umrühren, um das Eigelb zu zentrieren und 4 Minuten kochen lassen. Abtropfen und in kaltem Wasser abkühlen lassen. Die Eier schälen und halbieren. Das Eigelb herausnehmen und das Eiweiß beiseite stellen.
3 In einer Küchenmaschine Eigelb und Zitronensaft etwa 10 Sekunden lang vermischen. Bei laufendem Motor die geschmolzene Butter in einem dünnen Strahl zugeben. Das Basilikum zugeben und alles gut vermischen.
4 Restliche Butter schmelzen, Spinat zugeben und dünsten, bis der Spinat zusammenzufallen beginnt. Auf jedes Brotstück Spinat und ein halbes Eiweiß setzen. Etwas Basilikummischung hineingeben.

GARNELENTOASTS

Zubereitungszeit: 50 Minuten
Kochzeit: 8 Minuten
Ergibt 25 Stück

✦ ✦ ✦

Mayonnaise

125 g Mayonnaise
1 TL Wasabi-Paste
2 TL japanische Sojasauce

25 kleine rohe Garnelen
1 Laib Weißbrot vom Vortag, ungeschnitten
3 Noriblätter (getrockneter Seetang)
80 g Sesamsamen
3 Eier, leicht verschlagen
Öl zum Frittieren
Salz

1 Mayonnaise, Wasabi-Paste und Sojasauce in einer kleinen Schüssel vermischen, bedecken und bis zur Verwendung in den Kühlschrank stellen.
2 Die Garnelen schälen, aber die Schwänze nicht entfernen. Den Darmfaden entfernen, dabei am Kopfende beginnen.
3 Die Brotrinde abschneiden und das Brot in 25 etwa 3 cm große Würfel schneiden. Mit einem scharfen Messer in jeden Brotwürfel einen etwa 2 cm tiefen Einschnitt machen. In jeden Einschnitt eine Garnele stecken, sodass die Schwänze herausragen. Die Noriblätter in 25 1 cm x 15 cm große Streifen schneiden und außen um jeden Brotwürfel einen Noristreifen wickeln. Mit einem Zahnstocher befestigen.
4 Die Sesamsamen in eine und die Eier in eine andere Schüssel geben. Das Brot in die Eier tauchen, überschüssiges Ei abtropfen lassen und das Brot mit Sesamsamen überziehen.
5 Einen Wok oder einen tiefen Topf mit schwerem Boden zu einem Drittel mit Öl füllen und erhitzen, bis ein Brotwürfel darin in 15 Sekunden bräunt. Die vorbereiteten Würfel darin portionsweise 1–2 Minuten frittieren, bis das Brot goldfarben ist und die Garnelen gar sind. Die Toasts auf Küchenkrepp abtropfen lassen, salzen und die Zahnstocher entfernen. Mit einem Teelöffel Mayonnaise beträufeln und servieren.
Hinweis: Die Toasts erst kurz vor dem Servieren zubereiten, damit das Brot knusprig bleibt. Die Wasabi-Mayonnaise kann jedoch mehrere Stunden im Voraus zubereitet werden und bis zur Verwendung zugedeckt im Kühlschrank aufbewahrt werden.

BLÄTTERTEIGSTANGEN

Zubereitungszeit: 10 Minuten
Backzeit: 10 Minuten pro Blech
Ergibt 96 Stück

✦

2 Fertig-Blätterteigplatten, aufgetaut und ausgerollt
1 Ei, leicht verschlagen
80 g Sesamsamen, Mohn oder Kümmel

1 Den Backofen auf 200 °C (Gas 3) vorheizen. Zwei Backbleche leicht einfetten. Den Teig mit Ei einstreichen und mit Sesamsamen, Mohn oder Kümmel bestreuen.
2 Blätterteigplatten halbieren und in 1 cm breite Streifen schneiden. Die Streifen in sich verdreht auf die Bleche legen. Im Ofen 10 Minuten backen, bis die Stangen goldbraun sind. Die Stangen kann man in einem luftdicht verschließbaren Behälter bis zu 1 Woche aufbewahren. Zum Servieren bei 180 °C (Gas 2–3) 2–3 Minuten aufbacken.

OBEN: Garnelentoasts

PESTO-SCHNECKEN

Zubereitungszeit: 20 Minuten
Backzeit: 15–20 Minuten pro Blech
Ergibt 60 Stück

50 g frische Basilikumblätter
1 Knoblauchzehe, zerdrückt
25 g Parmesan, gerieben
1 EL Pinienkerne, geröstet
2 EL Olivenöl
4 Blätterteigplatten, aufgetaut und ausgerollt

1 Backofen auf 220 °C (Gas 3–4) vorheizen. In der Küchenmaschine Basilikumblätter, Knoblauch, Parmesan und Pinienkerne grob zerkleinern. Verarbeiten, bis eine glatte Masse entstanden ist, dabei das Olivenöl in einem dünnen Strahl zugeben.
2 Auf jeder Blätterteigplatte ein Viertel der Basilikummischung verteilen. Eine Seite jeder Platte bis zur Mitte aufrollen, dann mit der anderen Seite den Vorgang wiederholen. Die Rollen auf ein Backblech legen und 30 Minuten in die Gefriertruhe stellen.
3 Jede Rolle in 1,5 cm dicke Scheiben schneiden. Die Scheiben zum Halbkreis nachformen und auf ein leicht eingefettetes Backblech legen, dabei ausreichend Platz um jede Pesto-Schnecke lassen. Jedes Blech 15–20 Minuten backen, bis die Schnecken goldbraun sind.
Hinweis: Diese Schnecken sind kleine leckere Spezialitäten, die traditionell aber süß zubereitet werden. Dazu wird Zucker auf die Teigplatten gestreut, bevor diese zum Backen aufgerollt und in Scheiben geschnitten werden. Manchmal streut man zusätzlich Staubzucker darauf und reicht sie als kleine Leckereien zum Kaffee. Andere herzhafte Varianten verwenden eine Füllung mit einer Paste aus Oliven, Kapern, Sardellen, Öl und Knoblauch oder mit Tahin, einer Paste aus Sesamsamen. Eine andere einfache Version besteht darin, nur den geriebenen Parmesan zu verwenden.

PINIENKERNE

Diese kleinen Samen aus den Zapfen verschiedener Kiefernarten werden geschält und enthäutet verkauft. In vielen Rezepten wird vorgeschlagen, sie vor der Verwendung zu rösten, da dies ihr Aroma verstärkt. Am einfachsten geht dies, wenn man sie auf einem Backblech im Ofen bei 180 °C (Gas 2–3) 5 Minuten backt. Dabei darauf achten, dass sie nicht verbrennen. Pinienkerne können aber auch bei geringer Hitze in einer Bratpfanne ohne Fettzugabe geröstet werden. Dabei ständig rühren, bis die Pinienkerne goldfarben sind.

LINKS: Pesto-Schnecken

PASTETEN
Zwar zählen Pasteten insofern nicht zu den Snacks,

als man sie nicht einfach mit den Fingern essen kann, sondern ein Messer benötigt, um

sie auf Brot zu streichen; dennoch würde ohne sie auf dem Buffet etwas fehlen.

GRAND-MARNIER-PASTETE

90 g Butter in einem Topf zerlassen. 1 gehackte Zwiebel und 1 zerdrückte Knoblauchzehe darin weich dünsten. 250 g parierte Enten- oder Hühnerleber zugeben und 5–10 Minuten braten. Mit 2 Eßlöffeln Orangensaft, 1 Eßlöffel Grand Marnier (oder Portwein oder einem Likör nach Wahl), 1 Eßlöffel Sauerrahm und frisch gemahlenem Pfeffer in der Küchenmaschine oder dem Mixer zu einer glatten

Paste verarbeiten. 2 Orangenscheiben (eventuell geviertelt) und frischen Schnittlauch oder Petersilie auf den Boden einer Servierschüssel (500 ml) legen. 1½ Teelöffel Gelatine auf 125 ml heiße Hühnerbrühe streuen; kräftig mit der Gabel schlagen, bis sie sich löst. 1 cm dick über die Orangen gießen. Im Kühlschrank fest werden lassen. Dann die Pastete darauf verteilen, die Form leicht aufklopfen und die Oberfläche glätten. Kalt stellen, bis die

Pastete fest ist. Auf einen Servierteller stürzen. Mit Crackern oder Melba-Toast servieren. (Man kann die Pastete auch ohne den Gelatinebelag zubereiten und auf Crackern servieren.) Für 12–15 Personen.

FORELLENPASTETE

250 g geräucherte Forelle ohne Haut und Gräten, 125 g weiche Butter und 125 g weichen Doppelrahmfrischkäse 20 Se-

kunden in der Küchenmaschine glattpürieren. 1 Eßlöffel Zitronensaft, 1 Teelöffel Meerrettichsahne, je 15 g feingehackte Petersilie und Schnittlauch zugeben und 10 Sekunden einarbeiten. Mit Salz und frisch gemahlenem schwarzem Pfeffer würzen, gegebenenfalls noch mehr Zitronensaft ergänzen. Zum Servieren in eine kleine Schale füllen. Dazu warmen Vollkorntoast reichen. Für 8–10 Personen.

ZITRONEN-GARNELEN-PASTETE

100 g Butter in einer Pfanne zerlassen. Wenn sie schäumt, 3 zerdrückte Knoblauchzehen und 750 g rohe Garnelen (ausgepult, Darm entfernt) zugeben und 3–4 Minuten braten, bis die Garnelen rosa und durchgebraten sind. Abkühlen lassen. Mit 1 Teelöffel geriebener Zitronenschale, 3 Eßlöffeln Zitronensaft und $\frac{1}{4}$ Teelöffel geriebener Muskatnuß 20 Sekunden in der Küchenmaschine grob

pürieren. Würzen. Je 2 Eßlöffel Mayonnaise und gehackten Schnittlauch zugeben. 20 Sekunden verarbeiten, bis sich alles vermischt hat. In eine Schüssel füllen, und mindestens 1 Stunde kalt stellen, bis die Pastete fest ist. Für 6–8 Personen.

PILZPASTETE

40 g Butter und 1 Eßlöffel Öl in einer großen Pfanne erhitzen. 400 g zerkleinerte Wiesenchampignons und 2 zerdrückte Knoblauchzehen darin dünsten, bis die Pilze weich sind und die Flüssigkeit verdampft ist. 3 gehackte Frühlingszwiebeln zugeben. Abkühlen lassen. Dann mit 1 Eßlöffel Zitronensaft, 100 g Ricotta, 100 g weichem Doppelrahmfrischkäse und 2 Eßlöffeln frischem, gehacktem Koriander in der Küchenmaschine glattrühren. Nach Geschmack würzen. In eine Schüssel füllen. Abgedeckt 2 Stunden kalt stellen. Für 8–10 Personen.

WEICHKÄSE-PASTETE

150 g geröstete Pinienkerne in der Küchenmaschine grob hacken. 500 g zerbröckelten Fetakäse, 185 ml Sahne und 2 Teelöffel grob gemahlenen Pfeffer zugeben und zu einer glatten Mischung verrühren. Je 30 g gehackte, frische Pfefferminze, Dill und Petersilie zugeben und gut mischen. Eine Schüssel (750 ml) mit Frischhaltefolie auslegen. Die Käsemasse hineingeben und festdrücken. Abgedeckt mindestens 1 Stunde kalt stellen, bis die Pastete fest ist. Auf einen Teller stürzen, die Oberfläche mit einem Messer glätten. Mit Toastdreiecken servieren. Für 12–15 Personen.

IM UHRZEIGERSINN, VON LINKS: Grand-Marnier-Pastete; Forellenpastete; Zitronen-Garnelen-Pastete; Weichkäse-Pastete; Pilzpastete

15

DIPS
Dips sind auf Partys immer wieder ein Hit. Sie schmecken wunderbar mit rohem, geschnittenem Gemüse, Crackern oder knusprigem Brot. Und meist kann man befriedigt beobachten, wie schnell sich die einzelnen Schalen leeren.

SAHNIGER LACHS-DIP
200 g Doppelrahmfrischkäse mit 100 g zerkleinertem Räucherlachs und 5 Eßlöffeln Sahne in einer Küchenmaschine zu einer glatten Mischung verarbeiten. Mit frisch gemahlenem Pfeffer würzen und gehacktem Schnittlauch bestreuen. Bis zum Verzehr kalt stellen. Ergibt ca. 350 ml.

SCHARFES APFEL-CHUTNEY
60 g Sauerrahm, 125 g Naturjoghurt, 70 g pikantes Apfel-Chutney und 1 Teelöffel Ahornsirup zu einem glatten Dip verrühren, salzen und pfeffern. Bis zum Verzehr kalt stellen. Ergibt ca. 350 ml.

BLAUSCHIMMELKÄSE-DIP
250 g Blauschimmelkäse mit 125 ml Sah-

ne in der Küchenmaschine zu einer glatten Masse verrühren. In eine Schüssel füllen. Nochmals 125 ml Sahne und 2 Teelöffel Apfelessig einrühren. Mit Salz und Pfeffer würzen. Abgedeckt bis zum Verzehr kalt stellen. Ergibt ca. 350 ml.

SÜSS-SAURER DIP
250 g Naturjoghurt und 80 ml süßsaure

Fertigsauce aus der Flasche zu einem glatten Dip verrühren. 1 Eßlöffel feingehackten Schnittlauch zugeben, salzen und pfeffern. Abgedeckt bis zum Verzehr kalt stellen. Ergibt ca. 350 ml.

GURKEN-BIRNEN-DIP

2 Eßlöffel Mayonnaise, 2 Eßlöffel Naturjoghurt, 1 Eßlöffel Sauerrahm und 1 Teelöffel Dijon-Senf gut mischen und zu einer glatten Masse verrühren. $1/2$ Birne und $1/4$ kleine Gurke feinwürfeln und mit 1 Teelöffel Zitronensaft unterrühren. Mit Salz und frisch gemahlenem schwarzem Pfeffer würzen. Abgedeckt bis zum Verzehr kalt stellen. Ergibt ca. 250 ml.

REFRIED BEANS (MEXI-KANISCHE BOHNEN)

450 g Refried beans (Mexikanische Bohnen) aus der Dose und 60 g Sauer-

rahm in der Küchenmaschine mischen. Mit Salz und Pfeffer würzen. Bis zum Verzehr abgedeckt, zimmerwarm aufbewahren. Ergibt ca. 350 ml.

AVOCADO MIT KRÄUTERN

1 Avocado, je 1 Eßlöffel Sauerrahm, Zitronensaft und leichtes Olivenöl, 1 kleine Tomate ohne Kerne und 25 g Koriander in der Küchenmaschine zu einem glatten Dip verarbeiten, salzen und pfeffern. In eine Glasschüssel füllen, 1 Stück Frischhaltefolie direkt auf die Oberfläche legen (damit sich keine Haut bildet). Bis zum Verzehr kalt stellen. Möglichst erst kurz vor dem Servieren zubereiten, damit sich der Dip nicht verfärbt. Ergibt ca. 500 ml.

MAIS-SPECK-DIP

Von 2 Maiskolben die Körner lösen und ca. 10 Minuten zugedeckt in kochendem

Wasser kochen, dann abgießen. Währenddessen 250 g feingeschnittenen mageren Speck in einer beschichteten Pfanne kroß braten; auf Küchenpapier abtropfen lassen. Den Mais und 1 zerdrückte Knoblauchzehe in der Küchenmaschine pürieren. 250 g streichfähigen Doppelrahmfrischkäse zugeben und zu einer glatten Mischung verrühren. In eine Schale füllen, auf Zimmertemperatur abkühlen lassen und mit Speck und etwas gehacktem Schnittlauch bestreuen. Ergibt ca. 500 ml.

IM UHRZEIGERSINN, VON LINKS OBEN: Sahniger Lachs-Dip; Blauschimmelkäse-Dip; Gurken-Birnen-Dip; Avocado mit Kräutern; Mais-Speck-Dip; Refried beans (Mexikanische Bohnen); Süß-saurer Dip; Scharfes Apfel-Chutney

2 Das Hähnchenhack, Ingwer, Schnittlauch und Senf in einer kleinen Schüssel mischen. Die Eier pellen und leicht in Mehl wenden.

3 Die Hähnchenmischung in 24 Portionen teilen. Mit feuchten Händen die Eier damit ummanteln. Dann mit geschlagenem Ei einpinseln und in Paniermehl rollen. Überschüssiges Paniermehl abschütteln.

4 Einen tiefen, gußeisernen Topf zu $1/3$ mit Öl füllen, und das Öl auf 180 °C erhitzen. Es hat die richtige Temperatur, wenn ein Brotwürfel darin in 15 Sekunden goldbraun wird. Die umhüllten Eier goldbraun fritieren und auf Küchenpapier abtropfen lassen. Heiß servieren, entweder ganz oder halbiert.

Vorbereitung: Die Eier können bis zu 4 Stunden vorher vorbereitet und abgedeckt im Kühlschrank aufbewahrt werden. Kurz vor dem Servieren fritieren und mit frischen Kräutern garnieren.

RATATOUILLE-DREIECKE

Zubereitungszeit: 45 Minuten + Kühlzeit
Kochzeit: 40 Minuten
Ergibt 18 Stück

★

3 EL Öl
1 Frühlingszwiebel, feingehackt
1–2 Knoblauchzehen, zerdrückt
1 Aubergine, gewürfelt
1 rote Paprika, gewürfelt
2 Zucchini, gewürfelt
6 Champignons, gewürfelt
1 Tomate, geschält, entkernt und zerkleinert
1 EL Kapern, gehackt
2 EL frische Petersilie, gehackt
50 g Parmesan, gerieben
2 Blätterteige, fertig ausgerollt

1 Das Öl in einer gußeisernen Pfanne erhitzen; Zwiebel und Knoblauch 2 Minuten unter Rühren dünsten. Aubergine, Paprika, Zucchini und Pilze zugeben und 10 Minuten bißfest garen. Dabei stetig weiterrühren.

2 Vom Herd nehmen. Tomate, Kapern und Petersilie zugeben. Abkühlen lassen. Parmesan zufügen. Die Teige jeweils in 3 Streifen und jeden Streifen in 3 Dreiecke schneiden. Die Dreiecke am Rand leicht aufrollen, so daß eine kleine Erhebung entsteht; die Ecken zusammendrehen. Auf ein gefettetes Backblech legen und

SCHOTTISCHE WACHTELEIER

Zubereitungszeit: 30 Minuten
Kochzeit: 20 Minuten
Ergibt 24 ganze oder 48 halbe Eier

★★

24 Wachteleier
600 g Hähnchenfleisch, zu Hack verarbeitet
2 TL frischer Ingwer, gerieben
2 EL frischer Schnittlauch, gehackt
2 TL Dijon-Senf
60 g Mehl
2 Eier, leicht geschlagen
100 g Paniermehl
Öl zum Fritieren

1 Die Eier in einen Topf legen und mit Wasser bedecken. Auf mittlerer Stufe unter Rühren (dadurch bleibt das Eigelb in der Mitte) erhitzen, bis die Eier kochen. 5 Minuten kochen. Abgießen und in einer Schüssel mit kaltem Wasser abschrecken. Abkühlen lassen.

OBEN: Schottische Wachteleier

rundum mit einer Gabel einstechen. Abgedeckt 10–15 Minuten kalt stellen.

3 Den Backofen auf 190 °C (Gas 2–3) vorheizen, und die Dreiecke 15 Minuten knusprig backen. Dann je 1 Eßlöffel Füllung darauf verteilen und nochmals 5–10 Minuten erwärmen.

Vorbereitung: Teigdreiecke und Ratatouille können bis zu 2 Tagen im voraus vorbereitet werden. Separat abgedeckt im Kühlschrank aufbewahren. Kurz vor dem Servieren füllen und auf gefetteten Backblechen bei 180 °C (Gas 2–3) im Backofen aufwärmen.

KARTOFFEL-NUDEL-SNACKS

Zubereitungszeit: 30 Minuten + Abkühlzeit
Kochzeit: 40 Minuten
Für 6 Personen

 ✷ ✷

450 g mehligkochende Kartoffeln, geschält und zerkleinert

40 g Butter, weich

2 Eßlöffel Parmesan oder Pecorino, gerieben

100 g Besan (Kichererbsenmehl)

2 TL Kreuzkümmel, gemahlen

2 TL Garam Masala

1 TL Koriander, gemahlen

1 TL Chilipulver

1 TL Cayennepfeffer

1½ TL Gelbwurz, gemahlen

Öl zum Fritieren

1 Die Kartoffeln bißfest kochen oder dämpfen. Abgießen. 15–20 Minuten abkühlen lassen, dann mit Butter und Käse zerstampfen. Besan, Kreuzkümmel, Garam Masala, Koriander, Chilipulver, Cayennepfeffer, Gelbwurz und ³/₄ Teelöffel Salz zugeben. Mit einem Holzlöffel zu einem leichten, weichen Teig verrühren. Herausnehmen und 10–12 mal sanft zu einem glatten Teig kneten.

2 Einen tiefen, gußeisernen Topf zu ¹/₃ mit Öl füllen, und das Öl auf 180 °C erhitzen. Es hat die richtige Temperatur, wenn ein Teigbällchen darin sofort wieder an die Oberfläche steigt.

3 Mit einem Spritzbeutel mit Sterntülle (1 cm) kurze Teigstücke in das Öl drücken, dabei den Teig mit einem Messer abschneiden. In kleinen Portionen fritieren. Der Teig steigt an die Oberfläche und wird schnell goldbraun. Mit einem Schaumlöffel herausheben und auf Küchenpapier abtropfen lassen. Innerhalb von 2 Stunden servieren.

RÄUCHERLACHS AUF RAUKE

Zubereitungszeit: 20 Minuten
Kochzeit: entfällt
Ergibt 36 Stück

 ✷

200 g Ricotta

60 g Crème fraîche oder Sauerrahm

2 TL Wasabi-Paste

1 EL Limettensaft

12 Scheiben Vollkornbrot, Kanten entfernt

300 g Räucherlachs

100 g kleine Raukeblätter, geputzt

zusätzliche Rauke zum Garnieren

1 Ricotta, Crème fraîche, Wasabi und Limettensaft mischen.

2 Das Brot mit einem Nudelholz etwas flach drücken.

3 Die Ricottamischung darauf verteilen und mit Lachs und Rauke belegen. Dabei einen Rand frei lassen. Längs aufrollen. Fest in Frischhaltefolie wickeln, damit die Rolle ihre Form behält. 30 Minuten kalt stellen.

4 Die Frischhaltefolie entfernen, die Enden glatt abschneiden und in 2 cm dicke Scheiben schneiden. Mit Rauke garnieren.

KARTOFFEL-NUDEL-SNACKS

Den Teig mit einem Löffel in einen Spritzbeutel mit Sterntülle füllen und kurze Stücke in das Öl drücken; den Teig jeweils mit einem Messer abschneiden.

OBEN: Kartoffel-Nudel-Snacks

1 Mehl, Hähnchengewürz und Fleisch in einem Gefrierbeutel mischen, so daß das Hähnchen paniert wird. Überschüssiges Mehl abschütteln.

2 Die Eier in einer flachen Schüssel leicht verquirlen. Das Paniermehl in einen Gefrierbeutel füllen.

3 Jeweils einige Hähnchenteile zuerst in das Ei tunken und dann im Paniermehl wenden. Ein Backblech mit Backpapier auslegen, das Fleisch darauf legen und ca. 30 Minuten kalt stellen.

4 In einer großen Pfanne 3 cm Öl auf 180 °C erhitzen (bis ein Brotwürfel darin in 15 Sekunden goldbraun wird). Die Hähnchenstreifen portionsweise goldbraun fritieren. Auf Küchenpapier abtropfen lassen. Mit der Sauce servieren.

5 Für die Sauce Saft, Essig, Sojasauce, Zucker und Tomatensauce in einen kleinen Topf geben. Auf niedriger Stufe unter Rühren erhitzen, bis sich der Zucker gelöst hat. Die Speisestärke in 1 Eßlöffel Wasser auflösen, in den Topf geben und stetig rühren, bis die Sauce aufkocht und eindickt. Hitze reduzieren. 2 Minuten köcheln.

WÜRSTCHEN IM SCHLAF-ROCK – GRUNDREZEPT

Zubereitungszeit: 30 Minuten
Backzeit: 15 Minuten
Ergibt 36 Stück

3 Blätterteige, fertig ausgerollt

2 Eier, leicht geschlagen

750 g Wurstbrät

1 Zwiebel, feingehackt

1 Knoblauchzehe, zerdrückt

80 g frisches Paniermehl

3 EL frische Petersilie, gehackt

3 EL frischer Thymian, gehackt

je 1/2 TL Salbei, Muskatnuß, schwarzer Pfeffer und Nelken, gemahlen

1 Den Backofen auf 200 °C (Gas 3) vorheizen. Die Blätterteige halbieren, die Ränder leicht mit etwas geschlagenem Ei einstreichen.

2 Die Hälfte des restlichen Eis mit den verbleibenden Zutaten in einer großen Schüssel vermischen; in 6 Portionen teilen. Mit einem Spritzbeutel oder einem Löffel in der Mitte der Teigstücke verteilen. Den Teig über die Füllung falten, so daß sich die Ränder überlappen und die Naht unten liegt. Die Blätterteigrollen nochmals mit Ei einstreichen. In 6 kleine Stücke schneiden.

HÄHNCHENSTÜCKE MIT SÜSS-SAURER SAUCE

Zubereitungszeit: 30 Minuten + Kühlzeit
Kochzeit: 30 Minuten
Ergibt 35–40 Stück

★ ★

60 g Mehl

1 EL Hähnchengewürz

4 Hähnchenbrustfilets, in 2 cm dicke Streifen geschnitten

2 Eier

150 g Paniermehl

Öl zum Braten

Süß-saure Sauce

250 ml Ananassaft

3 EL Weißweinessig

2 TL Sojasauce

2 EL feiner brauner Zucker

2 EL Tomatensauce

1 EL Speisestärke

OBEN: Hähnchenstücke mit süß-saurer Sauce

3 Jedes Blätterteigstück zweimal leicht einschlitzen und auf ein gefettetes Backblech legen. 15 Minuten backen, dann die Temperatur auf 180 °C (Gas 2–3) reduzieren und nochmals 15 Minuten goldgelb backen.

Zur Abwechslung kann man das Grundrezept variieren und eine der folgenden Füllungen ausprobieren.

SCHWEIN UND KALB IN CURRY

3 getrocknete Chinesische Pilze 30 Minuten in heißem Wasser quellen lassen. Ausdrücken und fein schneiden. 4 feingehackte Frühlingszwiebeln, 1 zerdrückte Knoblauchzehe, 1 feingehackte kleine rote Chilischote und 2–3 Teelöffel Currypulver in 1 Eßlöffel Öl anbraten. In einer Schüssel mit 750 g Schweine- und Kalbshack, 90 g frischem Paniermehl, den Pilzen, 1 leicht geschlagenen Ei, 3 Eßlöffeln gehacktem Koriander und je 1 Eßlöffel Soja- und Austernsauce mischen.

WÜRZIGES LAMM

750 g Lammhack, 90 g frisches Paniermehl, 1 kleine, geriebene Zwiebel, 1 Eßlöffel Sojasauce, je 2 Teelöffel frischen, geriebenen Ingwer und feinen braunen Zucker, 1 Teelöffel gemahlenen Koriander, je ½ Teelöffel gemahlenen Kreuzkümmel und Sambal Oelek mischen. Nach dem Glasieren die Teigrollen leicht mit Mohnsamen bestreuen, dann backen.

PIKANTES RINDFLEISCH

1 gehackte Zwiebel und 1–2 zerdrückte Knoblauchzehen in 20 g Butter weich dünsten. 750 g mageres Rinderhack, die Zwiebel mit dem Knoblauch, 3 Eßlöffel feingehackte frische Petersilie, 3 Eßlöffel Mehl, 3 Eßlöffel Tomatensauce, je 1 Eßlöffel Worcester- und Sojasauce und 2 Teelöffel Piment gut mischen.

CHUTNEY-HÄHNCHEN

750 g Hähnchenfleisch, zu Hack verarbeitet, 4 feingehackte Frühlingszwiebeln, 80 g Paniermehl, 1 feingeriebene Karotte, 2 Eßlöffel Frucht-Chutney und je 1 Eßlöffel süße Chilisauce und geriebenen Ingwer mischen. Nachdem die Teigrollen mit Ei glasiert wurden, leicht mit Sesamsamen bestreuen. Anschließend wie angegeben backen.

UNTEN: Würstchen im Schlafrock – Grundrezept (links); Chutney-Hähnchen

OLIVEN
In sterilisierten Gläsern sind alle eingelegten Oliven im Kühlschrank bis zu 3 Monaten haltbar. Zum Sterilisieren Gläser und Deckel in kochendem Wasser waschen und bei 150 °C (Gas 1) 30 Minuten im Backofen trocknen.

OLIVEN MIT KRÄUTERN DER PROVENCE
500 g *niçoise*- oder *liguria*-Oliven abspülen und trocknen. 1 zerdrückte Knoblauchzehe, 2 Teelöffel frisches, kleingeschnittenes Basilikum, je 1 Teelöffel gehackten frischen Thymian, Rosmarin, Majoran, Oregano und Pfefferminze, 1 Teelöffel Fenchelsamen, 2 Eßlöffel Zitronensaft und 125 ml Olivenöl in einer Schüssel mischen. Mit den Oliven in einem sterilisierten 750-ml-Einmachglas schichten; zusätzliches Öl darübergießen, so daß die Oliven bedeckt sind. Verschließen. Vor dem Verzehr mindestens 1 Woche im Kühlschrank marinieren. Zimmerwarm servieren.

HONIG-ZITRUS-OLIVEN
Die Schale von je 1 ungespritzten Zitrone, Limette und Orange sowie 2 Eßlöffel Limettensaft, 4 Eßlöffel Zitronensaft, 1 Eßlöffel Orangensaft, 1 Eßlöffel Honig, 2 Teelöffel körnigen Senf, 125 ml Olivenöl extra vergine, 2 in dünne Scheiben geschnittene Knoblauchzehen, $1/4$ Teelöffel getrockneten Oregano oder 1 Eßlöffel gehackte frische Oreganoblätter und 6 dünne Zitronen- und Limettenscheiben mischen. 250 g abgetropfte, entkernte schwarze Oliven, 250 g abgetropfte, entkernte grüne Oliven und 2 Eßlöffel gehackte frische Petersilie zugeben. In ein sterilisiertes 750-ml-Einmachglas füllen, verschließen und vor dem Verzehr mindestens 1 Woche im Kühlschrank marinieren. Zimmerwarm servieren.

ZITRONENOLIVEN MIT WERMUT

3 Eßlöffel trockenen Wermut, 1 Eßlöffel Zitronensaft, 2 Teelöffel kleingeschnittene Zitronenschale und 2 Eßlöffel Olivenöl extra vergine mischen. 170 g spanische grüne oder gefüllte Oliven abspülen und trockentupfen. Gründlich mit der Marinade vermengen. Abgedeckt über Nacht kalt stellen. Zimmerwarm servieren.

OLIVEN IN DILL, KNOBLAUCH UND ORANGEN

500 g *kalamatas*-Oliven mit 3 Eßlöffeln grobgehacktem frischem Dill, 1 zerdrückten Knoblauchzehe, 4 dünnen, geachtelten Orangenscheiben und 2 zerpflückten Lorbeerblättern mischen. In ein sterilisiertes 1-l-Einmachglas füllen und mit ca. 450 ml Olivenöl auffüllen, so daß die Oliven vollständig bedeckt sind. Verschließen und mindestens 2 Tage im Kühlschrank marinieren. Zimmerwarm servieren.

CHILI-ZITRONEN-OLIVEN

500 g in Salzlake eingelegte Oliven (sie haben eine runzelige Haut), 2 Teelöffel feingeriebene Zitronenschale, 2 Teelöffel frischer, gehackter Oregano und 3 Teelöffel getrocknete, zerstoßene Chillies mischen. In einem sterilisierten 750-ml-Glas mit Olivenöl bedecken. Verschließen. Mindestens 2 Tage kalt stellen. Zimmerwarm servieren.

TOMATEN-OLIVEN

500 g spanische schwarze Oliven abspülen, trockentupfen, einschlitzen oder etwas zerdrücken. In einem sterilisierten 750-ml-Einmachglas abwechselnd mit 100 g abgetropften, gehackten getrockneten Tomaten (Öl auffangen), 2 zerdrückten Knoblauchzehen, 2 Lorbeerblättern, 3 Teelöffeln frischen Thymianblättern und 2 Teelöffeln Rotweinessig schichten. Das aufgefangene Öl sowie ausreichend Olivenöl extra vergine (ca. 250 ml)

darüber gießen. Verschlossen über Nacht kalt stellen. Zimmerwarm servieren.

EINGELEGTE OLIVEN

200 g große, grüne Oliven, 4 diagonal in dicke Scheiben geschnittene Gewürzgurken, 1 Eßlöffel Kapern, 2 geviertelte Perlzwiebeln, 2 Teelöffel Senfsamen und 1 Eßlöffel frische Dillzweige mischen. In ein sterilisiertes 500-ml-Einmachglas füllen. 125 ml Estragonessig darüber gießen. Mit ausreichend Olivenöl auffüllen (ca. 125 ml), so daß das Gemüse bedeckt ist. Verschließen und mindestens 2 Tage kalt stellen. Das Glas gelegentlich schütteln. Zimmerwarm servieren.

IM UHRZEIGERSINN, VON LINKS OBEN: Oliven mit Kräutern der Provence; Honig-Zitrus-Oliven; Zitronenoliven mit Wermut; Oliven mit Dill, Knoblauch und Orangen; Chili-Zitronen-Oliven; Tomaten-Oliven; Eingelegte Oliven

23

1 Den Backofen auf 210 °C (Gas 3–4) vorheizen. Zwei große Backbleche mit Backpapier auslegen. Frischkäse, Senfsorten, Zitronensaft und Dill in einer Schüssel vermischen und dann zugedeckt in den Kühlschrank stellen.

2 Mit einer gerillten Ausstechform 4 etwa 9,5 cm große Kreise aus jeder Blätterteigplatte ausstechen und auf die Backbleche legen. Die Blätterteigkreise mehrfach einstechen. Zugedeckt 10 Minuten in den Kühlschrank stellen.

3 Die Blätterteigkreise portionsweise je 7 Minuten backen, herausnehmen und mit einem Löffel die Mitte jedes Tartellettes leicht eindrücken. Weitere 5 Minuten backen, bis das Gebäck goldfarben ist. Abkühlen lassen, dann auf jedes Tartellette etwas Frischkäsemischung geben, dabei einen etwa 1 cm breiten Rand lassen. Den Lachs darauf verteilen und mit Kapern und Dill garnieren.

PUTENBÄLLCHEN MIT MINZJOGHURT

Zubereitungszeit: 15 Minuten
Kochzeit: 10 Minuten
Ergibt 30 Stück

600 g Putenfleisch, gehackt

2 Knoblauchzehen, zerdrückt

2 EL frische Minze, fein gehackt

2 TL frischer Rosmarin, fein gehackt

2 EL Mango-Limetten-Chutney

2 EL Öl

Minzjoghurt

200 g Naturjoghurt

2 EL frische Minze, fein gehackt

2 TL Mango-Limetten-Chutney

1 Putenfleisch, Knoblauch, Minze, Rosmarin und Chutney in einer Schüssel mischen. Mit feuchten Händen jeweils etwa 1 EL der Mischung zu einer Kugel rollen. Die Hälfte des Öls in einer großen Pfanne bei mittlerer Hitze erhitzen und die Hälfte der Fleischbällchen 5 Minuten braten, bis sie gar sind; dabei häufig wenden. Auf Küchenkrepp abtropfen lassen. Das restliche Öl und die restlichen Bällchen in die Pfanne geben und ebenso verfahren.

2 Die Zutaten für das Minzjoghurt in einer kleinen Schüssel miteinander verrühren, bis sie gut vermischt sind. Mit den Fleischbällchen zusammen servieren.

LACHS-TARTELLETTES

Zubereitungszeit: 30 Minuten + 10 Minuten Kühlzeit
Backzeit: 30 Minuten
Ergibt 24 Stück

250 g Frischkäse, zimmerwarm

1½ EL Ganzkornsenf

2 TL Dijonsenf

2 EL Zitronensaft

2 EL frischer Dill, gehackt

6 Fertig-Blätterteig-Platten, ausgerollt

300 g Räucherlachs, in dünne Streifen geschnitten

2 EL kleine Kapern aus der Dose, abgetropft

frischer Dill zum Garnieren

OBEN: Lachs-Tartellettes

SESAMTARTES MIT FETA

Zubereitungszeit: 25 Minuten
+ 10 Minuten Kühlzeit
Backzeit: 10 Minuten je Blech
Ergibt 30 Stück

✦

300 g Tomaten

200 g Feta, gewürfelt

75 g schwarze Oliven, entsteint und gewürfelt

1 TL frischer Thymian, fein gehackt

2 Knoblauchzehen, zerdrückt

1 EL Olivenöl

250 g Mehl

125 g Butter, gewürfelt

60 g Parmesan, fein gerieben

1 EL schwarze Sesamsamen

1 Ei

frischer Thymian, nach Belieben, zum Garnieren

1 Den Backofen auf 200 °C (Gas 3) vorheizen. Drei Mini-Muffins-Formen mit 12 Vertiefungen leicht einfetten. Die Tomaten am runden Ende über Kreuz leicht einritzen, in eine hitzebeständige Schüssel geben, mit kochendem Wasser übergießen und nach 30 Sekunden kalt abschrecken. Die Tomaten enthäuten, halbieren und mit einem Teelöffel entkernen. Fruchtfleisch würfeln und in einer Schüssel mit Feta, Oliven, Thymian, Knoblauch und Öl mischen. Beiseite stellen.

2 Das Mehl in eine Schüssel sieben. Butter zugeben und kneten, bis die Mischung feinen Brotkrümeln ähnelt. Parmesan und Sesamsamen einrühren. Eine Vertiefung eindrücken, das Ei zugeben und mit einem Messer mit gerader Klinge hacken, bis die Mischung Klümpchen bildet (etwas kaltes Wasser zugeben, wenn die Mischung zu trocken ist). Auf der leicht bemehlten Arbeitsfläche den Teig zur Kugel formen, in Klarsichtfolie einschlagen und 10 Minuten in den Kühlschrank stellen. Den Teig zwischen zwei Lagen Backpapier etwa 2 mm dick ausrollen. Das Papier entfernen und 30 Kreise mit einer 6 cm großen Ausstechform ausstechen. Die Teigkreise leicht in die Muffin-Form drücken und pro Blech 10 Minuten backen, bis die Tartes trocken und goldfarben sind. Abkühlen lassen und 1 TL Fetafüllung in jede Tarte geben. Garnieren und servieren.

OBEN: Sesamtartes mit Feta

KORIANDER

Alle Teile dieses Krauts, die Blätter, Stiele, Wurzeln und getrockneten Samen (gemalen oder ganz) können zum Kochen verwendet werden. Die Blätter werden meist am Ende der Kochzeit hinzugefügt, entweder zum Würzen oder als Garnierung. Die Stiele werden verwendet, wenn ein besonders starkes Aroma gewünscht ist. Die Wurzeln werden klein gehackt in Curry-Pasten verwendet. Koriander wird vor allem in der Küche des Nahen Ostens, Asiens, Südamerikas, des Mittelmeerraums, Mexikos und Chinas benutzt.

OBEN: Thailändische Hühnerbällchen

THAILÄNDISCHE HÜHNERBÄLLCHEN

Zubereitungszeit: 20 Minuten
Kochzeit: 40 Minuten
Ergibt etwa 50 Bällchen

✷ ✷

1 kg Hühnerhack
80 g frisches Weißbrot, gerieben
4 Frühlingszwiebeln, in Scheiben geschnitten
1 EL Korianderpulver
50 g frisches Koriandergrün, gehackt
60 ml süße Chilisauce
1–2 EL Zitronensaft
Öl zum Ausbacken

1 Hackfleisch und Weißbrot vermischen. Frühlingszwiebeln, Koriander, Chilisauce und Zitronensaft zugeben und alles gut vermischen. Mit feuchten Händen walnussgroße Bällchen formen. Den Backofen auf 200 °C (Gas 3) vorheizen.
2 Etwa 3 cm hoch Öl in eine Pfanne geben und auf 180 °C erhitzen. Ein Brotwürfel sollte darin in 15 Sekunden bräunen. Die Bällchen portionsweise ausbacken, dann auf einem Backblech 5 Minuten im Ofen backen, bis sie gar sind.

MEERESFRÜCHTE-PYRAMIDE

Zubereitungszeit: 30 Minuten
Kochzeit: 15 Minuten
Ergibt 24 Stück

✷ ✷

200 g Jakobsmuscheln ohne Rogensack, gehackt
8 Frühlingszwiebeln, fein gehackt
35 g japanische Brotkrumen
4 EL frisches Koriandergrün, fein gehackt
2 Knoblauchzehen, zerdrückt
1 Kaffirlimettenblatt, fein gehackt
1/2 TL Sesamöl
24 Wan-Tan-Teigblätter
Öl zum Frittieren

Dip

2 EL Limettensaft
1 EL Sake
2 TL Sojasauce
1/4 TL Sesamöl
1 TL frischer Ingwer, gemahlen

1 Muscheln, Frühlingszwiebeln, Brotkrumen, Koriander, Knoblauch, Kaffirlimettenblatt und

Sesamöl vermischen. 2 TL der Mischung in die Mitte jedes Wan-Tan-Teigblatts geben. Die Ecken der Teigblätter mit Wasser bestreichen und in der Mitte zusammenfügen. Die Kanten zusammendrücken, sodass Pyramiden entstehen.

2 Eine Pfanne zu einem Drittel mit Öl füllen und das Öl auf 180 °C erhitzen. Ein Brotwürfel sollte darin in 15 Sekunden bräunen. Die Pyramiden portionsweise frittieren, bis sie knusprig sind. Auf Küchenkrepp abtropfen lassen.

3 Die Zutaten für den Dip verrühren und den Dip mit den Pyramiden servieren.

Hinweis: Japanische Brotkrumen erhält man in vielen asiatischen Delikatessengeschäften oder über spezialisierte Versandhäuser. Die Brotkrumen sind weiß, ziemlich groß und knusprig.

GEDÄMPFTE GARNELEN-WAN-TANS

Zubereitungszeit: 30 Minuten
Kochzeit: 10–15 Minuten
Ergibt 24 Stück

15 g getrocknete Mu-Err-Pilze
24 rohe Garnelen
1 EL Sake
1 EL frischer Ingwer, gemahlen
1 TL Sesamöl
2 TL süße Chilisauce
24 Gow-Gee-Hüllen

Dip

60 ml Sojasauce
1 EL Fischsauce
1 EL Limettensaft
60 ml süße Chilisauce

1 Die Pilze in eine feuerfeste Schüssel geben, mit kochendem Wasser übergießen und 10 Minuten einweichen lassen. Gut abtropfen lassen und fein hacken. Die Garnelen schälen, aber die Schwänze am Körper belassen. Den Darmfaden entfernen, dabei am Kopfende beginnen. Die Garnelen halbieren und die Enden mit den Schwänzen beiseite legen. Die restlichen Garnelenteile fein hacken.

2 Die Pilze und die gehackten Garnelen mit Sake, Ingwer, Sesamöl und Chilisauce mischen. Einen gehäuften Teelöffel der Mischung in die Mitte jeder Gow-Gee-Hülle geben. Darauf aufrecht stehend jeweils ein Garnelen-Schwanz-

stück stecken. Die Ecken der Hüllen mit Wasser bestreichen. Die Hüllen zu kleinen Päckchen formen, sodass die Schwanzstücke herausragen. Portionsweise in einem Bambus-Dämpfkorb jeweils 5 Minuten dämpfen, bis sich die Garnelen rosa färben.

3 Die Zutaten für den Dip in einer Schüssel verrühren und mit den Wan Tans servieren.

Hinweis: Alternativ kann hierzu auch ein Koriander-Dip serviert werden. Dazu 60 ml Fischsauce, 1 EL Weißweinessig, 1–2 fein gehackte und entkernte rote Chilischoten, 1 TL Zucker und 3 TL gehackten frischen Koriander in einer kleinen Schüssel mischen. 1–2 TL Limettensaft, nach Geschmack, zufügen und gut verrühren. Dieser Dip kann auch mit frisch gekochten, geschälten Garnelen serviert oder auf frische Austern geträufelt werden.

OBEN: Gedämpfte Garnelen-Wan-Tans

PIZZASCHNECKEN MIT
SCHINKEN UND ANANAS

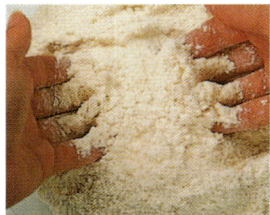

Die zerkleinerte Butter mit
den Fingerspitzen unter das
Mehl reiben, bis eine krümelige Masse entstanden ist.

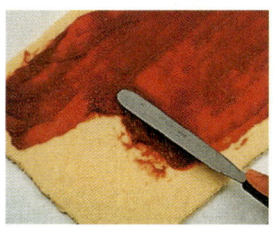

Den Teig zu einem Recht-
eck ausrollen; mit einer
Streichpalette das Tomatenpüree darauf verteilen.

Mit Hilfe des Backpapiers
den Teig von der Längsseite
her aufrollen.

PIZZASCHNECKEN MIT SCHINKEN UND ANANAS

Zubereitungszeit: 25 Minuten
Kochzeit: 20 Minuten
Ergibt 16 Stück

 ✯ ✯

250 g Mehl

2¹/₂ TL Backpulver

40 g Butter, zerkleinert

125 ml Milch

4 EL Tomatenpüree

2 kleine Zwiebeln, feingehackt

4 Ananasscheiben, feingehackt

200 g Schinkenaufschnitt, kleingeschnitten

80 g Cheddar, gerieben

2 EL frische Petersilie, feingehackt

*OBEN: Pizzaschnecken mit
Schinken und Ananas*

1 Den Backofen auf 180 °C (Gas 2–3) vorheizen. 2 Backbleche mit Öl einfetten. Mehl und
Backpulver in eine Schüssel sieben, die Butter
zugeben und mit den Fingerspitzen zu einer
feinen, krümeligen Masse verreiben. In die Mitte
eine Vertiefung drücken und fast die gesamte
Milch hineingießen. Mit einem breiten Messer
die Zutaten verarbeiten, bis sie sich verbinden.
Dann zu einer Kugel zusammenfassen und auf
eine leicht bemehlte Arbeitsfläche geben. In
2 Portionen teilen. Jede Teighälfte auf Backpapier ca. 5 mm dick zu einem 20 x 30 cm Rechteck ausrollen. Mit Tomatenpüree bestreichen,
dabei rundum einen Rand von 1 cm freilassen.
2 Zwiebeln, Ananas, Schinken, Cheddar und
Petersilie mischen. Gleichmäßig auf dem Tomatenpüree verteilen; einen Rand von 2 cm lassen.
Mit Hilfe des Backpapiers den Teig von der
Längsseite her aufrollen.
3 Jede Rolle in 8 gleichmäßige Scheiben
schneiden. Auf die Backbleche legen und 20
Minuten goldgelb backen. Warm servieren.
Vorbereitung: Man kann Pizzaschnecken im
voraus backen und zum Servieren aufwärmen.

KAVIAR-KARTOFFELN

Einige ungeschälte, kleine Kartoffeln (ausreichend für die jeweilige Anzahl der Gäste)
in kochendem Wasser garen. Leicht abkühlen
lassen. Noch warm einen Deckel abschneiden
und ein wenig aushöhlen. Das entstandene
Loch mit Sauerrahm füllen und etwas Kaviar
daraufsetzen. Man kann auch feingehackte
Kräuter oder Frühlingszwiebeln unter den
Sauerrahm mischen. Mit frischem Dill garniert warm servieren.

PESTO-TOMATEN-TOASTS

Zubereitungszeit: 15 Minuten
Kochzeit: 5 Minuten
Ergibt ca. 30 Stück

Pesto

50 g frische Basilikumblätter

50 g Pinienkerne

60 ml Olivenöl

3 Knoblauchzehen

1 Baguette, in dünne Scheiben geschnitten

10 große, sonnengetrocknete Tomaten, in dünne Streifen geschnitten

150 g Parmesan, dünn gehobelt

1 Für den Pesto alle Zutaten in der Küchenmaschine zu einer glatten Paste verarbeiten.
2 Die Brotscheiben unter einem Grill auf beiden Seiten goldbraun rösten.
3 Anschließend gleichmäßig mit Pesto bestreichen. Darauf die getrockneten Tomaten und etwas Parmesan verteilen.
Vorbereitung: Der Pesto kann einige Tage im voraus zubereitet und in einem Schraubglas aufbewahrt werden. Eine dünne Schicht Olivenöl darübergießen, so daß der Pesto gerade bedeckt ist. Oder in einer Eiswürfelschale einfrieren und nach Bedarf auftauen.

SALTIMBOCCA
(KALBSSCHNITZEL MIT SALBEI)

Zubereitungszeit: 20 Minuten + Ruhezeit
Kochzeit: 15 Minuten
Ergibt ca. 40 Stück

40 kleine Holzspieße von ca. 10 cm Länge

500 g Kalbsfilet am Stück

8–10 Scheiben Prosciutto

60 g frische Salbeiblätter

30 g Butter

2 TL Öl

2 EL trockener Sherry

1 Die Holzspieße ca. 20 Minuten in warmem Wasser einweichen, damit sie nicht verbrennen, wenn das Fleisch gebraten wird. Das Kalbsfilet in 40 dünne Scheiben (ca. 3 x 6 cm), den Schinken zu etwas kleineren Stücken zurechtschneiden. Auf jede Scheibe Kalbfleisch 1 Schinkenstück und ein Salbeiblatt legen. Mit einem Spieß wellenförmig zusammenstecken.
2 Die Hälfte der Butter und des Öls in einer großen Pfanne erhitzen. Die Hälfte der Spieße bei großer Hitze goldbraun anbraten, wenden und die andere Seite bräunen.
3 Die Hälfte des Sherrys über das Fleisch gießen und die Pfanne vorsichtig schwenken. Dann das Fleisch aus der Pfanne herausnehmen, eventuell vorhandenen Bratensaft darübergießen. Warm stellen, während die restlichen Spieße gebraten werden. Sofort servieren – wenn möglich mit Bratensaft.
Vorbereitung: Die Spieße können am Vortag zusammengesteckt und abgedeckt im Kühlschrank aufbewahrt werden.

OBEN: Pesto-Tomaten-Toast

AUSTERN Frische Austern, in der Schale

serviert, gehören zu den Delikatessen der Meeresfrüchte-

Küche. Sie sind an Perfektion kaum noch zu überbieten ...

ROCKEFELLER-AUSTERN

24 Austern in der Schale auf einem Bett aus grobem Meersalz arrangieren. Abdecken und kalt stellen. 60 g Butter schmelzen und 2 feingehackte Schinkenspeckscheiben darin bräunen. 8 Spinatblätter, 2 Frühlingszwiebeln, 2 Eßlöffel Petersilie (jeweils feingehackt), 4 Eßlöffel Semmelbrösel und 1 Tropfen Tabasco zugeben. Bei mittlerer Hitze garen, bis

der Spinat leicht zerfällt. Die Austernhälften damit füllen und 2–3 Minuten im Backofen überbacken, bis der Belag goldbraun ist. Ergibt 24 Stück.

MORNAY-AUSTERN

30 g Butter schmelzen, 1 Eßlöffel Mehl zufügen und 2 Minuten rühren. Vom Herd nehmen und 170 ml Milch zugießen. Bei mittlerer Hitze unter Rühren

kochen, bis die Mischung eindickt. Salz und Pfeffer nach Geschmack sowie 1 Prise Cayennepfeffer zufügen. 2 Minuten köcheln lassen. Den Saft von 24 Austern abgießen. Austernhälften auf einem Bett aus grobem Meersalz arrangieren. Mit je 1 Teelöffel Sauce krönen und mit geriebenem Cheddar bestreuen. 2–3 Minuten überbacken, bis der Belag goldbraun ist. Ergibt 24 Stück.

INGWER-SOJA-AUSTERN

24 Austernhälften auf ein Backblech setzen. In einer Schüssel je 2 Eßlöffel Sojasauce und süßen Sherry, 3 Teelöffel Sesamöl, 1 Eßlöffel feingeschnittenen Ingwer, 1 in Streifen geschnittene Frühlingszwiebel und Pfeffer mischen. Gleichmäßig auf die Schalenhälften verteilen. Im vorgeheizten Ofen bei 180 °C 5–10 Minuten backen. Ergibt 24 Stück.

AUSTERN »KILPATRICK«

24 Austern in der Schale auf ein Backblech setzen. Mit Worcestersauce beträufeln und mit 3 gehackten Schinkenspeckscheiben und gemahlenem schwarzem Pfeffer bestreuen. 3–4 Minuten überbacken. Auf einem Bett aus grobem Meersalz servieren. Ergibt 24 Stück.

MITTELMEER-AUSTERN

24 Austern in der Schale auf ein Backblech setzen. Die Austern leicht mit Balsamico-Essig beträufeln. 6 Scheiben Schinken kleinschneiden und auf die Schalenhälften verteilen. Mit zerstoßenem schwarzem Pfeffer bestreuen. 1 Minute überbacken, bis der Schinken knusprig ist. Auf einem Bett aus grobem Meersalz servieren. Ergibt 24 Stück.

AUSTERN MIT LACHSROGEN UND CRÈME FRAÎCHE

Grobes Meersalz auf einem Teller verteilen und mit 12 Austernhälften belegen. Je 1 Teelöffel Crème fraîche auf die Austern geben und mit 1 Teelöffel Lachsrogen bedecken (Sie brauchen insgesamt etwa 60 g). Mit schwarzem Pfeffer würzen. Mit frischem Dill garnieren und mit Limonenspalten servieren. Ergibt 12 Stück.

AUSTERN MIT SESAM-MAYONNAISE

24 Austern aus der Schale lösen. Schalen waschen, die Austern wieder hineinlegen und mit einem feuchten Tuch abdecken. Kalt stellen. 1 Eßlöffel Sesamöl, 1 zerdrückte Knoblauchzehe und 2 Eßlöffel geröstete Sesamsamen mit 80 g Mayonnaise mischen. Würzen und je 1 Teelöffel auf die Austern geben. Ergibt 24 Stück.

IM UHRZEIGERSINN, VON LINKS:
Rockefeller-Austern; Ingwer-Soja-Austern;
Austern »Kilpatrick«;
Austern mit Lachsrogen und Crème fraîche;
Austern mit Sesam-Mayonnaise; Mittelmeer-Austern; Mornay-Austern

KABANOSSI IM SCHLAFROCK

Zubereitungszeit: 20 Minuten
Backzeit: 20 Minuten
Ergibt ca. 25 Stück

★

2 Fertig-Mürbeteige, ausgerollt
2 EL Französischer Senf
5 Kabanossi
1 Eigelb, geschlagen

1 Den Backofen auf 200 °C (Gas 3) vorheizen. Jedes Teigblatt halbieren, dann in Dreiecke mit einer Grundlinie von 6 cm schneiden. 1 kleinen Klacks Senf an der Grundlinie jedes Dreiecks verteilen. Die Kabanossi in 7 cm lange Stücke schneiden und auf den Senf legen.
2 Die Spitzen der Dreiecke mit etwas Wasser befeuchten. Von der Grundlinie beginnend die Würstchen in den Dreiecken einrollen. Die Spitze leicht festdrücken, damit sie sich nicht löst.
3 Auf ein leicht gefettetes Backblech legen; das Eigelb mit 2 Teelöffeln kaltem Wasser mischen und den Teig damit einstreichen. 15–20 Minuten goldbraun backen.
Vorbereitung: Kabanossi im Schlafrock kann man 2 Tage im voraus backen. Kurz vor dem Servieren vorsichtig im Backofen aufwärmen.

GLASIERTE HÄHNCHENFLÜGEL

Zubereitungszeit: 30 Minuten + Marinierzeit
Kochzeit: 45 Minuten
Ergibt ca. 40 Stück

★

2 kg Hähnchenflügel
125 ml Barbecuesauce
160 g Aprikosenmarmelade
2 EL Weißweinessig
2 EL Sojasauce
2 EL Tomatensauce
1 EL Sesamöl
2 Knoblauchzehen, zerdrückt

1 Von den Flügeln überschüssiges Fett entfernen. Die restlichen Zutaten in einem kleinen Topf bei schwacher Hitze gerade verrühren. Leicht abkühlen lassen, über die Hähnchenflügel gießen und gut mischen. Abgedeckt mindestens 2 Stunden im Kühlschrank marinieren.
2 Den Backofen auf 180 °C (Gas 2–3) vorheizen. Die Marinade abgießen und auffangen. Die Flügel in einer leicht gefetteten Fettpfanne 45 Minuten backen. Damit sie nicht am Boden ansetzen, kann man etwas Wasser zugeben. Einmal wenden. Gelegentlich mit Marinade einstreichen.

RECHTS: Kabanossi im Schlafrock (links); Glasierte Hähnchenflügel; Zucchini-Boote

ZUCCHINI-BOOTE

Zubereitungszeit: 20 Minuten
Kochzeit: 10 Minuten
Ergibt 30 Stück

5 große Zucchini
1 große Tomate, feingehackt
2 Frühlingszwiebeln, feingehackt
1 EL frische Petersilie, gehackt
2 Scheiben Salami, feingehackt
60 g Cheddar, gerieben

1 Jede Zucchini in 3 gleich große Stücke von ca. 4 cm schneiden. Jedes Stück längs halbieren.
2 Die einzelnen Stücke mit einem Teelöffel leicht aushöhlen. Anschließend ca. 3 Minuten in einem Topf mit simmerndem Wasser bißfest kochen, abgießen. Unter kaltem Wasser abschrecken, dann mit Küchenpapier trockentupfen.
3 Die restlichen Zutaten in einer kleinen Schüssel mischen. Die Füllung auf die Zucchini-Boote verteilen. Unter einen vorgeheizten Backofengrill stellen, bis der Cheddar geschmolzen ist und die Boote warm sind. Sofort servieren.

CHILI-GARNELEN MIT KOKOSRASPEL

Zubereitungszeit: 40 Minuten + Marinierzeit
Kochzeit: 8–10 Minuten
Ergibt ca. 48 Stück

250 ml Tomatensauce
3 Knoblauchzehen, zerdrückt
1 TL Chilipulver
60 ml Zitronensaft
2 TL Zitronenschale, feingerieben
2 EL Sojasauce
2 EL Honig
2 kg rohe Riesengarnelen, ohne Schale und Darm
1 EL Öl
60 g Kokosraspel

1 Tomatensauce, Knoblauch, Chili, Zitronensaft und -schale, Sojasauce und Honig in einer großen Schale mischen. Garnelen zugeben. Im Kühlschrank mindestens 2 Stunden marinieren. Abgießen. Die Marinade auffangen.
2 Das Öl in einer großen Pfanne erhitzen, und die Garnelen rosa braten. Die Marinade einrühren. 2 Minuten köcheln, bis alles durchgewärmt ist. Die Kokosraspel unterrühren. Auf einem Servierteller anrichten.

KOKOSNUSS

In der indischen und asiatischen Küche sowie in vielen anderen Ländern ist Kokosnuß sehr beliebt. Man erhält sie in vielen Formen, u. a. als Milch, Sahne, Öl, Flocken, Raspel und Pulver. Kokosnuß hat einen hohen Anteil gesättigter Fette; wer auf sein Gewicht achtet, sollte sie daher nur sparsam verwenden.

OBEN: Chili-Garnelen mit Kokosraspel

GRAVED LACHS

Mit einer Pinzette etwaige Gräten vom Lachs lösen.

Das zweite Lachsfilet mit dem restlichen Zucker gut einreiben.

Alle Zutaten der Senfsauce gut miteinander verrühren.

Zum Servieren den Lachs zum Schwanz hin schräg in dünne Scheiben schneiden.

GEGENÜBERLIEGENDE SEITE: Eingelegte Garnelen; Graved Lachs

EINGELEGTE GARNELEN

Vorbereitungszeit: 12 Minuten + 1 Nacht zum Kühlen
Garzeit: 3 Minuten
Ergibt 350 g

250 g kleine gegarte Garnelen

100 g Butter

¼ TL Muskatnuß, gemahlen

¼ TL Ingwer, gemahlen

1 Prise Cayennepfeffer

Salz und Pfeffer

1 Garnelen schälen, entdarmen und sehr fein hacken. In einem Topf 60 g Butter bei schwacher Hitze schmelzen. Garnelen, Muskatnuß, Ingwer, Cayennepfeffer und nach Geschmack Salz und Pfeffer zugeben.
2 Bei schwacher Hitze 2 Minuten rühren, bis die Butter von der Mischung absorbiert ist. In eine 350-ml-Ramequinform füllen, fest andrücken und die Oberfläche glätten.
3 Restliche Butter schmelzen und die Oberfläche vollständig damit bedecken (das ausgeflockte Eiweiß zurückhalten). Über Nacht kalt stellen, damit die Aromen sich entfalten. Zimmerwarm mit Brot servieren.

GRAVED LACHS

Vorbereitungszeit: 10 Minuten + 24 Stunden zum Kühlen
Garzeit: 5 Minuten
Für 12 Personen

★★

60 g Zucker

2 EL Meersalz

1 TL schwarze Pfefferkörner, zerstoßen

2,5 kg Lachsfilet, mit Haut

1 EL Wodka oder Brandy

4 EL frischer Dill, sehr fein gehackt

Senfsauce

1½ EL Apfelessig

1 TL feiner Zucker

125 ml Olivenöl

2 TL frischer Dill, gehackt

2 EL Dijon-Senf

1 Zucker, Salz und Pfefferkörner mischen. Mit einer Pinzette etwaige Gräten vom Lachs entfernen. Trockentupfen und ein Filet mit der Hautseite nach unten in eine flache Auflaufform legen. Mit der Hälfte des Wodkas beträufeln, die Hälfte der Zuckermischung einreiben, dann mit der Hälfte des Dills bestreuen. Über das zweite Lachsfilet restlichen Wodka träufeln und restliche Zuckermischung ins Fleisch reiben. Legen Sie es mit der Fleischseite nach unten auf das erste Filet. Mit Klarsichtfolie abdecken und mit einem Brett und Dosen beschweren. Den Lachs 24 Stunden kalt stellen, die Filets einmal wenden.
2 Für die Senfsauce alle Zutaten mit dem Schneebesen verrühren und abdecken.
3 Die Lachsfilets auf ein Holzbrett legen. Dill und Gewürze mit einem harten Kuchenpinsel abbürsten. Mit dem restlichen Dill bestreuen und diesen fest andrücken. Auf einen Servierteller legen und in dünne Scheiben schneiden. Mit der Sauce servieren.
Hinweis: Abgedeckt und gekühlt hält sich Graved Lachs bis zu 1 Woche.

SCOTCH WOODCOCK
(Gekochte Eier mit Anchovis auf Toast)

Vorbereitungszeit: 10 Minuten
Garzeit: 5 Minuten
Für 4 Personen

2 Eier

4 Eigelb

150 ml Sahne

2 EL frische Petersilie, feingehackt

1 Prise Cayennepfeffer

Salz und Pfeffer

45 g Anchovis-Filets aus der Dose, abgetropft

20 g weiche Butter

4 dicke Brotscheiben, geröstet

1 Eier, Eigelb, Sahne, die Hälfte der Petersilie und Cayennepfeffer mit einem Schneebesen glattrühren. Etwas Salz und Pfeffer zufügen. Die Mischung in eine gußeiserne Pfanne gießen und bei schwacher Hitze unter Rühren garen, bis das Ei zu stocken beginnt.
2 Anchovis und Butter mit einer Gabel zerdrücken, so daß eine glatte Masse entsteht. Auf das Toastbrot streichen.
3 Ei auf die Anchovis-Toasts geben, mit der restlichen Petersilie bestreuen und servieren.

TEMPURA-GARNELEN

Unterseite der Garnelen einige Male einschneiden.

Das Mehl mit Kochstäbchen in den Teig mischen, bis er klumpig ist.

Die Garnelen mit etwas restlichem Teig beträufeln, dabei auf spritzendes Öl achten.

TEMPURA-GARNELEN

Vorbereitungszeit: 25 Minuten
Kochzeit: 10 Minuten
Für 4 Personen

☆ ☆

12 rohe große Garnelen
Öl zum Frittieren
1 Ei
250 ml Eiswasser
125 g Tempura-Mehl, gesiebt
2 Eiswürfel
1 Nori-Blatt, geröstet, zerkleinert

1 Garnelen schälen, Darm entfernen, Schwänze dabei intakt lassen. Mit einem scharfen Messer die Unterseite jeder Garnele drei bis vier Mal schräg bis zu einem Drittel einschneiden. Die Garnelen mit Küchenkrepp trockentupfen.
2 Den Wok zu einem Drittel mit Öl füllen und auf 180 °C erhitzen (ein Brotwürfel sollte in 15 Sekunden bräunen). Während das Öl erhitzt wird, das Ei in einer großen Schüssel mit Kochstäbchen oder einer Gabel aufschlagen. Eiswasser mit Kochstäbchen gut untermischen. Mehl zugeben, mit Stäbchen unterheben, dann die Eiswürfel zufügen – die Mischung sollte klumpig sein. Die Garnelen in den Teig tunken, in Viererportionen frittieren, bis sie knusprig

sind, dabei für ein stachliges Aussehen mit etwas Teig beträufeln.
3 Auf zerknülltem Küchenkrepp abtropfen lassen, mit Nori bestreuen und sofort servieren.

AGEDASHI TOFU

Vorbereitungszeit: 15 Minuten
  + 1 Stunde Einweichzeit
Kochzeit: 15 Minuten
Für 4 Personen

☆ ☆

40 g Konbu (Seetang)
1–2 EL Sojasauce
2–3 TL Zucker
2 Päckchen schnittfester Seidentofu (à 300 g)
Öl zum Frittieren
etwas Kartoffelmehl zum Bestäuben
4 Frühlingszwiebeln, schräg in dünne Ringe geschnitten
20 g Daikon-Rettich, gerieben
1 TL frischer Ingwer, gerieben

1 Konbu mit einem feuchten Tuch säubern (nicht waschen). In einer großen Schüssel mit 1 l Wasser bedeckt 1 Stunde stehen lassen. Alles in einen Topf geben, zum Kochen bringen, kurz vor dem Siedepunkt vom Herd nehmen. Konbu

OBEN: Tempura-Garnelen

entfernen. Sojasauce und Zucker einrühren, zudecken und heiß halten.

2 Tofu 3 cm groß würfeln und abtropfen lassen.

3 Den Wok zu einem Drittel mit Öl füllen und auf 190 °C erhitzen (ein Brotwürfel sollte in 10 Sekunden bräunen). Mehl über den Tofu stäuben, Überschuss abschütteln. Die Würfel in drei Portionen je 2–3 Minuten frittieren, falls nötig, nach der halben Zeit wenden. Auf zerknülltem Küchenkrepp abtropfen lassen und großzügig mit Salz bestreuen.

4 In jede Suppenschüssel 125 ml der Brühe löffeln, Tofu dazugeben. Mit Frühlingszwiebeln, Rettich und Ingwer bestreuen.

GEMÜSEPASTETCHEN

Vorbereitungszeit: 25 Minuten
Kochzeit: 15 Minuten
Für 4 Personen

★ ★

Wasabi-Mayonnaise

125 g Mayonnaise
2 TL Wasabipaste
1 TL japanische Sojasauce
1 TL Sake

1 kleine Zucchini, gerieben
1 kleine Kartoffel, in schmale Streifen geschnitten
1/2 Möhre, in schmale Streifen geschnitten

1/2 Zwiebel, in dünne Ringe geschnitten
100 g Süßkartoffeln, gerieben
4 Frühlingszwiebeln mit grünen Teilen, in 2 cm lange Stücke geschnitten
4 Nori-Blätter, zerkleinert
250 g Tempura-Mehl, gesiebt
500 ml kühles Sodawasser
Öl zum Frittieren
2 EL eingelegter Ingwer, zerkleinert

1 Für die Wasabi-Mayonnaise alle Zutaten in einer kleinen Schüssel vermengen und beiseite stellen.

2 Für die Pastetchen Zucchini, Kartoffel, Möhre, Zwiebel, Süßkartoffel, Frühlingszwiebeln und Nori-Blätter in einer Schüssel vermischen.

3 Mehl in eine große Schüssel sieben und eine Delle in die Mitte drücken. Sodawasser zufügen und mit Stäbchen oder einer Gabel locker vermischen – der Teig sollte noch klumpig sein. Gemüse zugeben und schnell unterziehen.

4 Den Wok zu einem Drittel mit Öl füllen und auf 180 °C erhitzen (ein Brotwürfel sollte in 15 Sekunden bräunen). Behutsam 60 ml der Gemüsemischung ins Öl geben – die Pastete darf nicht zu fest sein – und 1–2 Minuten goldbraun und knusprig frittieren. Das Pastetchen auf zerknülltem Küchenkrepp abtropfen lassen und mit Meersalz würzen. Mit der restlichen Gemüsemischung 11 weitere Pastetchen frittieren. Sofort servieren, dabei jeweils einen Klecks Mayonnaise und etwas Ingwer obenauf geben.

WASABI
Die essbare Wurzel von *wasabia japonica* aus Japan schmeckt geschält feurig-scharf wie Meerrettich, daher auch die Bezeichnung „japanischer Meerrettich". Frischer Wasabi wird gerieben oder zu einer Paste verarbeitet, aber das getrocknete Pulver oder die fertige Paste sind bei uns leichter erhältlich. Hinter der glühenden Schärfe des Wasabi kommt eine erfrischende, reinigende Geschmacksnote zum Vorschein, die jedes Gericht verfeinert.

LINKS: Gemüsepastetchen

SATAYS UND KEBABS

Werden Holzspieße verwendet, so muß man sie vorher 30 Minuten in Wasser ein-

weichen, damit sie nicht verbrennen. Die Enden eventuell mit Alufolie umwickeln.

LIMETTENGARNELEN

12 Stangen Zuckerrohr aus der Dose in Streifen von 5 mm Dicke und 10 cm Länge schneiden. 48 rohe Riesengarnelen schälen, den Darm entfernen. Je 2 Garnelen auf einen Zuckerrohrstift aufspießen. Eventuell muß man sie hierfür leicht einschneiden. Mit etwas Limettensaft einstreichen und in einer vorgeheizten und gefetteten Grillpfanne 2–3 Minuten je Seite braten, bis sie gar sind. Ergibt 24 Stück.

RINDFLEISCH IN SCHWARZER BOHNENSAUCE

1 kg Rumpsteak in 2 cm große Würfel schneiden und mit einem scharfen Messer einschlitzen. Lorbeerzweige von ihren Blättern befreien, und das Fleisch darauf aufspießen. Mit schwarzer Bohnensauce einstreichen. In einer vorgeheizten und gefetteten Grillpfanne 2–3 Minuten von jeder Seite braten; dabei mit der restlichen Sauce einstreichen. Ergibt 28 Stück.

KNOBLAUCHLAMM

600 g Lammsteaks parieren. In 2 cm große Würfel schneiden; 6 Knoblauchzehen in dicke Scheiben schneiden. Je 2 Lamm- und 2 Knoblauchstücke abwechselnd auf 35 Metallspieße stecken. 1 gehackte rote Chilischote, 2 zerdrückte Knoblauchzehen und 3 Eßlöffel Öl mischen. Eine Grillpfanne erhitzen und leicht mit Öl einfetten. Die Spieße 2–5 Minuten braten, gelegentlich mit Knoblauch-Chilimarinade einstreichen. Ergibt 35 Stück.

CHILIGEMÜSE

12 Shiitakepilze, 12 Babymaiskolben und 12 Zuckerschoten halbieren. Abwechselnd auf 24 kleine Holzspieße stecken. 2 Eßlöffel Öl mit einer zerdrückten Knoblauchzehe und 1 Eßlöffel süßer Chilisauce in einer Schüssel gut vermischen. Die Spieße damit bestreichen und in einer vorgeheizten Grillpfanne 1–2 Minuten braten; gelegentlich mit der Sauce einstreichen. Ergibt 24 Stück.

LACHS UND THUNFISCH

600 g filetierten Lachs und 500 g frischen Thunfisch in 2 cm große Würfel schneiden und mit Salz und Pfeffer würzen. Je 3 Würfel abwechselnd auf kleine Holzspieße stecken. Eine Grill- oder Bratpfanne erhitzen und leicht mit Öl fetten. Die Spieße 3–4 Minuten braten, häufig wenden und dabei mit etwas Limetten- oder Zitronensaft beträufeln. Ergibt 18–20 Stück.

HÄHNCHEN MIT ZITRONEN-GRAS

1 kg filetierte Hähnchenschenkel in 2 cm große Würfel schneiden. 6 Zitronengrasstengel von ihren Blättern befreien. Die dickeren Enden der Stengel in 10 cm lange Abschnitte schneiden und längs vierteln. Die Zwiebeln von 12 Frühlingszwiebeln vierteln. Hähnchenfleischwürfel und Zwiebelstücke in der Mitte etwas einschlitzen, damit sie sich leichter aufspießen lassen. Je 2 Hähnchenfleisch- und Zwiebelstücke abwechselnd auf das Zitronengras spießen. 3 Eßlöffel Sojasauce, 3 Eßlöffel Mirin und 2 Eßlöffel Zucker mischen. Eine Grill- oder Bratpfanne erhitzen; die Spieße 3–5 Minuten braten. Während des Bratens mit der Hälfte der Sojasauce einstreichen; häufig wenden. Den weißen Abschnitt von einem Stengel Zitronengras in feine Scheiben schneiden und mit einer feingehackten Chilischote (ohne Samen) zur restlichen

Sojasauce geben, als Dip zu den Spießen servieren. Ergibt 24 Stück.

PILZE MIT PROSCIUTTO

48 braune Champignons mit einem feuchten Tuch säubern und halbieren. 80 g Butter in einer Pfanne zerlassen. Die Pilze und 1 Prise Salz zugeben. Bei mittlerer Hitze unter Rühren 1 Minute garen. 125 ml Portwein zugießen. Unter Rühren dünsten, bis die Flüssigkeit vollständig verdampft ist. Vom Herd nehmen und beiseite stellen. 18 Scheiben Prosciutto vierteln. Abwechselnd 4 Pilze und 3 aufgerollte Schinkenstücke auf Holzspieße stecken und servieren. Ergibt 24 Stück.

VON LINKS: Limettengarnelen; mittlerer Teller: Rindfleisch in schwarzer Bohnensauce; Chiligemüse; Knoblauchlamm; rechter Teller: Hähnchen mit Zitronengras; Pilze mit Prosciutto; Lachs und Thunfisch

KNUSPRIGE HÄHNCHEN-FISCH-TASCHEN MIT SÜSS-SAURER SAUCE

Zubereitungszeit: 30 Minuten
Kochzeit: 4 Minuten pro Portion
Ergibt 30 Stück

 ☆☆

Süß-saure Sauce

125 g Zucker
125 ml Weißweinessig
1 EL Tomatensauce
1 EL Speisestärke

30 Wan-Tan-Hüllen
Öl zum Fritieren

Füllung

100 g Hähnchenfleisch, feingehackt
100 g Fischfilet, feingehackt
1/2 Selleriestange, feingehackt
1 kleine Frühlingszwiebel, feingehackt
2 TL helle Sojasauce

1 Für die Sauce Zucker, Essig und Tomatensauce mit 185 ml Wasser in einen kleinen Topf geben. Die Speisestärke mit 1 Eßlöffel Wasser in einer kleinen Schüssel auflösen. In den Topf gießen und auf niedriger Stufe unter Rühren erhitzen, bis die Sauce kocht und eindickt und sich der Zucker gelöst hat.
2 Die Zutaten für die Füllung mit 1/4 Teelöffel Salz mischen. Je 1 Teelöffel davon auf eine Wan-Tan-Hülle setzen. Die Ränder leicht mit Wasser einstreichen. Zu einem Dreieck falten. Wasser auf die linke Vorderecke tropfen. Die beiden unteren Ecken übereinander falten und leicht mit dem Finger festdrücken.
3 Einen tiefen, gußeisernen Topf zu 1/3 mit Öl füllen, und das Öl auf 180 °C erhitzen. Es hat die richtige Temperatur, wenn ein Brotwürfel darin innerhalb von 15 Sekunden goldbraun wird. Die Taschen portionsweise knusprig und goldbraun fritieren. Überschüssiges Öl abschütteln; auf Küchenpapier abtropfen lassen. Mit der Sauce servieren.

SCHWEINEKLÖSSE

Zubereitungszeit: 30 Minuten
Kochzeit: 45 Minuten
Ergibt 50 Stück

 ☆

250 g Schweinehack
125 g rohes Krebsfleisch, feingehackt
60 g Bambussprossen, gehackt
3 Frühlingszwiebeln, feingehackt
3 Pilze, feingehackt
1 Selleriestange, feingehackt
1/2 Paprikaschote, feingehackt
1 EL trockener Sherry
1 EL Sojasauce
1 TL Sesamöl
1/2 TL Chili, gehackt
50 Wan-Tan-Hüllen
Sojasauce zum Dippen

1 Schweine- und Krebsfleisch, Bambussprossen, Zwiebeln, Pilze, Sellerie, Paprika, Sherry, Sojasauce, Öl und Chili in einer Schüssel gut mischen. Je 1 gehäuften Teelöffel Füllung in die Mitte jeder Wan-Tan-Hülle setzen. Die Ränder mit etwas Wasser einstreichen und über der Füllung zu einer Tasche zusammenfassen, die oben leicht geöffnet ist.
2 In einem Bambus- oder Metallsiebeinsatz auf einem Topf mit köchelndem Wasser 15 Minuten gar dämpfen. Mit Sojasauce servieren.

HÄHNCHENKLÖSSE

Zubereitungszeit: 30 Minuten
Kochzeit: 45 Minuten
Ergibt 50 Stück

 ☆

375 g Hähnchenfleisch, zu Hack verarbeitet
90 g Schinken, feingehackt
4 Frühlingszwiebeln, feingehackt
1 Selleriestange, feingehackt
3 EL Bambussprossen, gehackt
1 EL Sojasauce
1 Knoblauchzehe, zerdrückt
1 TL frischer Ingwer, gerieben

1 Alle Zutaten in eine Schüssel geben; dann 50 Wan-Tan-Hüllen wie oben beschrieben füllen.

KNUSPRIGE HÄHNCHEN-FISCH-TASCHEN MIT SÜSS-SAURER SAUCE

Die Ränder der Wan-Tan-Hüllen mit etwas Wasser bestreichen; zu einem Dreieck zusammenfalten

Die beiden unteren Ecken umlegen – eine über die andere – und leicht zusammendrücken.

GEGENÜBERLIEGENDE SEITE: Knusprige Hähnchen-Fisch-Taschen mit süß-saurer Sauce (oben); Klöße

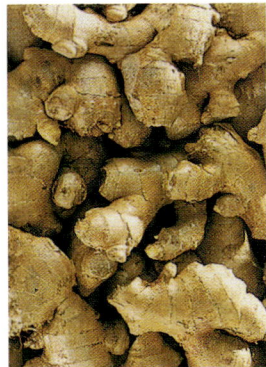

INGWER

Frischer Ingwer darf nicht trocken aussehen, sondern muß fest und saftig sein. Zum Kochen entfernt man die Haut mit einem Sparschäler oder einem scharfen Messer und zerkleinert den Ingwer. Bei sehr frischem Ingwer kann man die Haut auch mit den Fingern abreiben. Will man den Ingwer reiben, muß man sich keine Gedanken über die Form der Wurzel machen. Einfach die benötigte Menge schälen und auf einer Ingwerreibe reiben; den Rest der Wurzel wieder in das Gemüsefach des Kühlschranks legen. Ingwerreiben aus Keramik haben kleine scharfe Zähne, auf denen man den Ingwer auf und ab bewegt. Bei Bambusreiben, die an eine Miniaturausgabe der alten Waschbretter erinnern, wird der Ingwer an Bambusstreifen abgerieben.

OBEN: Yakitori

YAKITORI
(HÄHNCHENSPIESSE)

Zubereitungszeit: 20 Minuten + Ruhezeit
Kochzeit: 10 Minuten
Ergibt ca. 25 Spieße

1 kg Hähnchenschenkel, filetiert
125 ml Sake
185 ml japanische Sojasauce
125 ml Mirin (süßer Reiswein)
2 EL Zucker
70 g Frühlingszwiebeln, diagonal in 2 cm lange
  Stücke geschnitten

1 25 Holzspieße 30 Minuten in Wasser einweichen, abtropfen lassen und beiseite stellen.
2 Das Hähnchenfilet in mundgerechte Stücke schneiden. Sake, Sojasauce, Mirin und Zucker in einem kleinen Topf mischen, zum Kochen bringen, vom Herd nehmen und beiseite stellen.
3 Abwechselnd 3 Hähnchen- und 2 Zwiebelstücke auf einen Spieß stecken. Dann auf ein mit Alufolie ausgelegtes Blech legen und unter einem vorgeheizten Elektrogrill oder auf einem Holzkohlengrill 7–8 Minuten grillen; dabei regelmäßig wenden und mit Sauce einstreichen.
Hinweis: Yakitori kann mit asiatischer Fertigsauce zum Dippen serviert werden.

THAINUDELBÄLLE MIT ASIATISCHEM DIP

Zubereitungszeit: 20 Minuten + Ruhezeit
Kochzeit: 20 Minuten
Ergibt 40 Stück

Asiatischer Dip

60 ml süße Chilisauce
60 ml Limettensaft
2 EL Fischsauce
1 TL feiner brauner Zucker
2 TL Kecap manis
1 Stück frischer Ingwer, 4 cm, in Juliennestreifen

500 g Hokkien-Nudeln
75 g Schlangenbohnen, feingehackt

3 Frühlingszwiebeln, feingehackt

2 Knoblauchzehen, zerdrückt

50 g frische Korianderblätter, gehackt

60 ml süße Chilisauce

2 EL Fischsauce

2 EL frischer Limettensaft

250 g Schweinehack

3 Eier, leicht geschlagen

125 g Mehl

Öl zum Fritieren

1 Die Dip-Zutaten in einer Schüssel mischen.
2 Die Nudeln zerbrechen und mit einer Schere kleinschneiden. In einer Schüssel mit kochendem Wasser 2 Minuten einweichen, gut abtropfen lassen. Bohnen, Zwiebeln, Knoblauch, Koriander, die Saucen, Limettensaft, Fleisch, Eier und Mehl in einer Schüssel gut mischen.
3 Einen tiefen, gußeisernen Topf zu $1/3$ mit Öl füllen, und das Öl auf 180 °C erhitzen. Es hat die richtige Temperatur, wenn ein Brotwürfel darin in 15 Sekunden goldbraun wird. Je 1 gehäuften Eßlöffel der Masse zu einer Kugel formen und portionsweise 2 Minuten goldgelb fritieren. Auf Küchenpapier abtropfen lassen. Mit der Sauce servieren.

Vorbereitung: Der Dip kann mehrere Tage im voraus zubereitet werden, die Nudelmischung 1 Tag vorher. Kurz vor dem Servieren fritieren.

GARNELENPÄCKCHEN

Zubereitungszeit: 30 Minuten
Kochzeit: 20 Minuten
Ergibt 24 Stück

★ ★

1 EL Öl

2 Knoblauchzehen, zerdrückt

1 EL frischer Ingwer, gerieben

2 Frühlingszwiebeln, gehackt

500 g rohe Garnelen, ohne Schale und zerkleinert

$1/2$ TL Fischsauce

$1/2$ TL Zucker

1 EL Zitronensaft

2 EL frischer Koriander, gehackt

6 große Frühlingsrollen-Hüllen, geviertelt

Öl zum Fritieren

frischer Schnittlauch zum Servieren

süße Chilisauce zum Servieren

1 Öl in einer Pfanne erhitzen; Knoblauch und Ingwer bei schwacher Hitze 2 Minuten dünsten. Zwiebeln zugeben; nochmals 2 Minuten dünsten. Bei großer Hitze die Garnelen zugeben. Unter Rühren 2 Minuten garen, bis ihre Farbe sich verändert. Sie dürfen nicht zu lange gebraten werden, sonst werden sie beim Fritieren hart.
2 Fischsauce, Zucker, Zitronensaft und Koriander in die Pfanne geben. 1 Minute erwärmen. Vom Herd nehmen, etwas abkühlen lassen.
3 Die abgekühlte Mischung in 24 Portionen aufteilen. Je 1 Portion in die Mitte einer Frühlingsrollen-Hülle setzen. Die Ränder mit Wasser einstreichen und zu einem Päckchen falten.
4 Einen tiefen, gußeisernen Topf zu $1/3$ mit Öl füllen, und das Öl auf 180 °C erhitzen. Es hat die richtige Temperatur, wenn ein Brotwürfel darin in 15 Sekunden goldbraun wird. Die Päckchen einzeln goldbraun fritieren; dabei die ersten Sekunden mit einer Zange festhalten, damit sie sich nicht öffnen. Auf Küchenpapier abtropfen lassen. Mit Schnittlauch zusammenbinden und mit süßer Chilisauce servieren.

Hinweis: Sind die Frühlingsrollen-Hüllen sehr dünn, kann man 2 Stück übereinanderlegen.

OBEN: Garnelenpäckchen

QUESADILLAS Ideal für mexikanische Snacks

sind fertige Weizentortillas aus der internationalen Abteilung des Supermarktes. Dann

muß man nur noch den Namen richtig aussprechen … ‚ke-se-di-jah'.

GUACAMOLE-ROLLEN

Eine 450-g-Dose Refried beans (Mexikanische Bohnen) mit 90 g geriebenem Cheddar mischen. Mit einem Ausstecher Kreise von 8 cm Ø aus 7 Weizentortillas stechen. In Alufolie gewickelt bei 180 °C (Gas 2–3) 2–3 Minuten im Ofen erwärmen. Für die Guacamole 2 Avocados mit 1 kleinen, gehackten roten Zwiebel, 1 Eßlöffel Mayonnaise, 1 gehackten roten Chili, 1 Eßlöffel Limettensaft und 1 Eßlöffel gehacktem, frischem Koriander mischen. Etwas Bohnenmischung auf den Tortillas verstreichen, und diese zu einem Tütchen aufrollen. Mit der Naht nach unten auf ein Backblech legen. 5 Minuten knusprig backen. Je 1 Teelöffel Guacamole in die Tütchen füllen und servieren. Ergibt 42 Stück.

KÄSE-QUESADILLAS

2 Jalapeño-Chillies rösten, indem man sie mit einer Zange über eine Flamme hält, bis sie schwarz sind und Blasen werfen. Oder unter einen heißen Grill legen. In einem Gefrierbeutel abkühlen lassen. Anschließend kann man die Haut leicht abziehen. Die Chillies feinhacken und mit 250 g geriebenem Cheddar und 75 g geriebenem Mozzarella mischen. Gleichmäßig auf 3 Weizentortillas verteilen. 3 weitere Weizentortillas darauf legen. Daraus Kreise von 6 cm Ø ausstechen, und diese in etwas Öl von jeder Seite 1–2 Minuten goldbraun braten. Mit selbstgemachter Salsa servieren. Ergibt ca. 25–30 Stück.

HÄHNCHEN-QUESADILLAS

In einer großen Pfanne 1 Eßlöffel Öl erhitzen, 1 feingehackte rote Zwiebel und 1 feingehackte rote Paprika dünsten, bis die Zwiebel weich ist. 2 zerdrückte Knoblauchzehen, ¼ Teelöffel Paprika, 1 Teelöffel gemahlenen Kreuzkümmel und 1 Teelöffel gemahlenen Koriander zugeben; weitere 2 Minuten dünsten. 400 g kleingehacktes Hähnchenfleisch zufügen und 5–8 Minuten rundum gut anbraten; größere Stücke dabei zerkleinern. 400 g Tomaten in Stücken aus der Dose zugeben. 20 Minuten köcheln und einkochen lassen. Aus 7 Weizentortillas Kreise von 8 cm Ø ausstechen. Je 1 Teelöffel Füllung auf die Hälfte jedes Kreises setzen. Mit 220 g geriebenem Cheddar bestreuen. Bei 180 °C (Gas 2–3) 1 Minute backen, bis der Käse zerlaufen ist. Die Tortillas über die Füllung falten; etwas festhalten, bis sie fest sind. Mit in Scheiben geschnittenen Frühlingszwiebeln garnieren. Ergibt 42 Stück.

MAIS-TOMATEN-BOHNEN-QUESADILLAS

1 feingehackte rote Zwiebel, 2 zerkleinerte Tomaten, 300 g Mais aus der Dose, abgetropft und abgespült, und 1 gewürfelte rote Paprika mischen. 425 g Wachtelbohnen aus der Dose abspülen und abtropfen lassen und mit einer Gabel zerdrücken. Dann gleichmäßig auf 3 Weizentortillas verteilen. Darüber die Tomaten-Mais-Mischung geben. Mit 90 g geriebenem Cheddar bestreuen. Zum Abschluß 3 Weizentortillas darauflegen. 2 Teelöffel Öl in einer Pfanne (Ø 25 cm) erhitzen. Die Doppeldecker von jeder Seite 3–4 Minuten goldbraun braten. Herausnehmen und in 12 Dreiecke schneiden. Ergibt 36 Stück.

RINDFLEISCH-QUESADILLAS

1 Eßlöffel Öl in einer Pfanne erhitzen. 1 gehackte Zwiebel und 2 zerdrückte Knoblauchzehen 2–3 Minuten darin dünsten. 400 g Rinderhack zugeben und 5–7 Minuten anbraten, größere Stücke zerkleinern. 300 g mexikanische Schwarze-Bohnen-Salsa aus der Flasche einrühren. Aufkochen lassen, dann die Hitze reduzieren und 3–4 Minuten köcheln, bis die Flüssigkeit eindickt. Würzen. 3 Weizentortillas auf der Arbeitsfläche ausbreiten und mit 125 g geriebenem Cheddar bestreuen. Darauf gleichmäßig die Hackfleischmischung verteilen und obenauf 3 weitere Tortillas legen. 2 Teelöffel Öl in einer Pfanne (Ø 25 cm) erhitzen, und die Doppeldecker von jeder Seite 3–4 Minuten goldbraun braten. Herausnehmen, die Ränder abschneiden und in 5 x 5 cm große Quadrate schneiden. Ergibt ca. 36 Stück.

VON LINKS: Guacamole-Rollen; Käse-Quesadillas; Hähnchen-Quesadillas; Mais-Tomaten-Bohnen-Quesadillas; Rindfleisch-Quesadillas

CHILLIES IN MAISMEHL

Zubereitungszeit: 40 Minuten + Kühlzeit
Kochzeit: 2–3 Minuten je Portion
Ergibt 24 Stück

★ ★

650 g ganze, milde Chilischoten
  aus dem Glas

125 g Cheddar, gerieben

200 g Doppelrahmfrischkäse, streichfähig

85 g Mehl

4 Eier, leicht geschlagen

185 g Maismehl

125 g Paniermehl

Öl zum Fritieren

Sauerrahm zum Servieren

OBEN: Chilis in Maismehl

1 24 große, gleichmäßige Chilischoten auswählen. Gut abtropfen lassen und mit Küchenpapier trockentupfen. Mit einem scharfen Messer auf einer Seite längs aufschlitzen. Samen und Rippen entfernen.

2 Cheddar und Rahmkäse mischen und mit einem Löffel in die Chillies füllen. Das Mehl auf einen großen Teller schütten; die Eier in eine kleine Schale geben. Das Maismehl mit dem Paniermehl auf einem flachen Teller mischen. Die Chillies einzeln im Mehl wenden, überschüssiges Mehl abschütteln, in das Ei tauchen und dann rundum im Paniermehl rollen. 1 Stunde kalt stellen. Nochmals in das Ei tunken und im Paniermehl rollen. 1 weitere Stunde kalt stellen.

3 Einen tiefen, gußeisernen Topf zu $1/3$ mit Öl füllen, und das Öl auf 180 °C erhitzen. Es hat die richtige Temperatur, wenn ein Brotwürfel darin in 15 Sekunden goldbraun wird. Jeweils einige Chillies goldbraun fritieren. Auf Küchenpapier abtropfen lassen. Mit Sauerrahm servieren.

Vorbereitung: Die Chillies können bis zu 3 Stunden im voraus zubereitet werden.

AMERIKANISCHE GRILLRIPPCHEN

Zubereitungszeit: 30 Minuten + Marinierzeit über Nacht
Kochzeit: 15 Minuten
Ergibt ca. 30 Stück

½ TL Senfpulver oder scharfer Senf

½ TL süßes Paprikapulver

¼ TL Oregano, gemahlen

¼ TL Kreuzkümmel, gemahlen

1½ TL Erdnußöl

1 TL Tabasco

1 Knoblauchzehe, zerdrückt

125 ml Tomatensauce

2 EL Tomatenpüree

2 EL feiner brauner Zucker

1 EL Worcestersauce

2 TL dunkler Essig

1½ kg Spareribs am Stück

1 Senf, Paprikapulver, Oregano, Kreuzkümmel und Öl in einem Topf mischen. Die restlichen Zutaten bis auf die Rippchen zugeben. Auf mittlerer Stufe unter Rühren 3 Minuten zu einer Sauce vermischen und erhitzen. Anschließend abkühlen lassen.

2 Die Rippchen in der Sauce wenden und über Nacht marinieren. Auf einem heißen Holzkohlengrill grillen. Häufig wenden. Vor dem Servieren in einzelne Rippchen schneiden.

Hinweis: Möglichst magere Rippchen verwenden, da fettige leicht Feuer fangen und verbrennen. Eine Alternative sind vorab gekochte und abgetropfte Rinderrippen.

GEBRATENES HÄHNCHEN

1 kg Hähnchenunterschenkel mit 500 ml Buttermilch in einer Schüssel abgedeckt 2 Stunden kalt stellen, gelegentlich wenden. Einen tiefen, gußeisernen Topf zur Hälfte mit Öl füllen; auf 180 °C erhitzen. Es hat die richtige Temperatur, wenn ein Brotwürfel darin in 15 Sekunden goldbraun wird. 185 g Mehl in eine flache Schüssel geben und würzen. Die Hähnchenteile abgießen, überschüssige Buttermilch abtropfen lassen und im Mehl wenden. Portionsweise 6–8 Minuten fritieren. Darauf achten, daß das Öl nicht zu heiß wird, sonst sind die Hähnchenteile außen gar und innen nicht durch. Auf Küchenpapier abtropfen lassen. Ergibt ca. 20 Stück.

TOMATEN

Tomaten sind frisch, in Dosen oder als Saucen und Pasten unterschiedlicher Konsistenz erhältlich, manchmal auch mit zusätzlichen Geschmacksstoffen versehen. Bei Tomatenpüree handelt es sich um konzentrierte, durch ein Sieb passierte Tomaten, die mehrere Stunden zu einer dicken, dunklen Paste gekocht wurden. Dieser Paste wird Salz und manchmal auch Zucker zugegeben. Aufgrund des kräftigen Geschmacks wird Tomatenpüree meist nur sparsam in Eintöpfen, Brühen, Saucen und Suppen eingesetzt. Je nach Hersteller unterscheiden sich die Pürees in ihrer Konzentration; verschiedene auszuprobieren, kann sich also lohnen. Tomatensauce hat eine wesentlich dünnere Konsistenz und enthält häufig Zucker, Salz, Gewürze und andere Geschmacksstoffe.

LINKS: Amerikanische Grillrippchen

DILL

Dill ist ein hohes, einjähriges Kraut mit zarten, langen Blättern. Er hat ein kräftiges Aroma und einen charakteristischen Geschmack. Die gehackten Blätter werden zu Fisch, Kartoffeln und Gemüse gegeben oder unter Butter und Saucen gerührt. Zudem paßt der Geschmack gut zu einigen Suppen und Salaten. Auch die Samen werden in der Küche eingesetzt; ihr Aroma erinnert an Anissamen.

GEGENÜBERLIEGENDE SEITE: Kleine Kartoffeln (Mitte); Roastbeef-Röllchen

KLEINE KARTOFFELN

Zubereitungszeit: 10 Minuten
Kochzeit: 40 Minuten
Ergibt 30 Stück

30 kleine, neue Kartoffeln (siehe Hinweis)

250 g Sauerrahm

2 EL Kaviar

1 Den Backofen auf 200 °C (Gas 3) vorheizen. Kartoffeln rundum mit einer Gabel einstechen. Auf ein Backblech legen. 40 Minuten weich backen. Auf Zimmertemperatur abkühlen lassen.
2 Jede Kartoffel oben kreuzweise einritzen, aufdrücken und 1 kleinen Klacks Sauerrahm und etwas Kaviar darauf verteilen.
Vorbereitung: Kartoffeln bis zu 4 Stunden vorher garen. Dann 30 Minuten vor dem Servieren mit Sauerrahm und Kaviar belegen.
Hinweis: Es ist wichtig, kleine, gleich große Kartoffeln auszuwählen, so daß die Garzeit identisch ist und sie leicht zu essen sind. Man kann roten, schwarzen oder auch anderen Kaviar verwenden oder eine Mischung.

ROASTBEEF-RÖLLCHEN

Zubereitungszeit: 30 Minuten
Kochzeit: 30 Minuten
Ergibt ca. 20 Stück

500 g Rinderfilet, 8 cm im Durchmesser

3 EL Olivenöl

1½ EL Meerrettichsahne

1½ EL körniger Senf

1 Zucchini, in feine Streifen geschnitten

1 kleine Möhre, in feine Streifen geschnitten

1 kleine rote Paprikaschote, in feine Streifen geschnitten

60 g Zuckerschoten, in feine Streifen geschnitten

1 Den Backofen auf 200 °C (Gas 3) vorheizen. Das Filet parieren und mit etwas Öl einstreichen. Eine gußeiserne Pfanne auf hoher Stufe erhitzen. Das Fleisch rundum scharf anbraten, so daß sich die Poren schließen. In eine Fettpfanne legen und 20 Minuten in den Backofen schieben. Herausnehmen und abkühlen lassen.
2 In sehr dünne Scheiben schneiden. Meerrettichsahne und Senf mischen und dünn auf dem Rindfleisch verstreichen.
3 Das restliche Öl in einem Topf erhitzen. Zucchini, Möhre, Paprika und Zuckerschoten bei starker Hitze kurz garen. Abkühlen lassen. Ein kleines Bündel Gemüsestreifen auf das Ende jeder Fleischscheibe legen und diese aufrollen. Auf einem Teller anrichten und servieren.
Vorbereitung: Das Rindfleisch kann bis zu 2 Stunden im voraus gebraten und das Gemüse geschnitten werden. Das Gemüse aber frühestens 30 Minuten vor dem Servieren garen.

MAISMUFFINS MIT GARNELEN UND DILLMAYONNAISE

Zubereitungszeit: 15 Minuten
Kochzeit: 40 Minuten
Ergibt ca. 50 Stück

250 g Mehl, gesiebt

100 g Maismehl

1 EL Backpulver

60 g Zucker

2 Eier, leicht geschlagen

125 g Butter, zerlassen

250 ml Milch

3 EL frischer Dill, feingehackt

1 EL Zitronensaft

1 TL Meerrettichsahne

375 g Mayonnaise

300 g kleine Garnelen, gekocht

1 Den Backofen auf 200 °C (Gas 3) vorheizen.
2 flache Muffinbleche mit je 12 Vertiefungen einfetten. Das Mehl in eine große Schüssel sieben, mit Maismehl, Backpulver, Zucker und ½ Teelöffel Salz mischen. Eier, Butter und Milch zugeben. Rühren, bis sich die Zutaten gerade verbunden haben. In jede Muffinform etwas Teig geben, so daß die Vertiefungen zu ¾ gefüllt sind. 15–20 Minuten goldbraun backen. Zum Abkühlen auf ein Kuchengitter setzen. Fortfahren, bis der ganze Teig gebacken ist.
2 Dill, Zitronensaft und Meerrettichsahne unter die Mayonnaise heben und mit reichlich Salz und schwarzem Pfeffer würzen.
3 Aus den abgekühlten Muffins oben einen Kreis herausschneiden. Etwas Dillmayonnaise hineingeben. Eine Garnele darauf setzen und mit frisch gemahlenem schwarzem Pfeffer würzen.

VORSPEISEN

LACHSOMELETT MIT FENCHEL

Den Wein über die Zwiebeln und den Fenchel geben und unter Rühren kochen, bis das Gemüse weich ist.

Die Hälfte der Eimischung in die Form gießen und einen Teil des Räucherlachses hineingeben.

LACHSOMELETT MIT FENCHEL

Zubereitungszeit: 35 Minuten
Backzeit: 1 Stunde 15 Minuten
Für 8 Personen

1½ EL Olivenöl

1 Zwiebel, fein gehackt

1 Fenchelknolle, fein gehackt

60 ml Weißwein

60 g Brunnenkressezweige

12 Eier

440 ml Sahne

3 EL frischer Dill, gehackt

50 g geriebener Parmesan

Salz und schwarzer Pfeffer

300 g geräucherter Lachs, in Streifen geschnitten

1 Den Ofen auf 180 °C (Gas 2–3) vorheizen. Eine 22 cm große Springform leicht einfetten und den Boden und den Rand mit Backpapier auslegen. Sicherstellen, dass das Backpapier überall dicht ist. Die Form auf ein Backblech stellen, falls doch etwas auslaufen sollte.

2 Das Olivenöl in einer Pfanne erhitzen und Zwiebel, Fenchel sowie eine Prise Salz zugeben. Bei kleiner Hitze 5 Minuten braten, dabei gelegentlich rühren. Den Weißwein zugeben und weitere 5 Minuten braten, bis das Gemüse weich ist. Vom Herd nehmen und abkühlen lassen.

3 Die Hälfte der Brunnenkresse fein hacken und die restliche Kresse in kleine Zweige aufteilen. Die Eier in einer Schüssel leicht verschlagen, dann Sahne, Dill, Parmesan, gehackte Kresse sowie die Zwiebel-Fenchel-Mischung zugeben. Nach Geschmack salzen und pfeffern.

4 Die Hälfte der Eimischung in die Form gießen, 200 g Räucherlachs darauf verteilen und die restliche Eimischung hineingießen. 1 Stunde

OBEN: Lachsomelett mit Fenchel

backen, bis das Omelett innen gestockt und außen goldfarben ist. Aus der Form heben und das Backpapier vom Rand entfernen. Stürzen und das Backpapier vom Boden abziehen. Auf eine Servierplatte stürzen und den restlichen Lachs und die restliche Kresse darauf verteilen. In Stücke schneiden und warm servieren.

GARNELENCOCKTAILS

Zubereitungszeit: 20 Minuten
Kochzeit: keine
Für 4 Personen

60 g Mayonnaise
2 TL Tomatensauce
1 Spritzer Tabascosauce
1/4 TL Worcestersauce
2 TL Creme double
1/4 TL Zitronensaft
24 gekochte große Garnelen
4 Salatblätter, zerkleinert
Zitronenspalten, unbehandelt, zum Servieren

1 Mayonnaise, Saucen, Sahne und Zitronensaft in einer kleinen Schüssel mischen.
2 Die Garnelen schälen, aber bei 8 Garnelen die Schwänze nicht entfernen. Den Darmfaden entfernen, dabei am Kopfende beginnen.
3 Die Salatblätter auf 4 Gläser verteilen. Die Garnelen ohne Schwänze ebenfalls auf die Gläser verteilen. Über den Rand von jedem Glas 2 der restlichen Garnelen hängen und mit Zitronenspalten servieren.

BLÄTTERTEIGSTANGEN MIT SCHINKEN

1 aufgetaute Blätterteigplatte mit einem leicht verschlagenen kleinen Ei einstreichen und in 1,5 cm breite Streifen schneiden. Die Streifen an den Enden festhalten und in sich verdrehen. Die Stangen auf leicht eingefettete Backbleche legen und im Backofen bei 210 °C (Gas 3–4) 10 Minuten backen, bis die Stangen leicht gebräunt sind. Von den Blechen nehmen und auf einem Kuchengitter auskühlen lassen. Etwa 8 Scheiben Schinken in der Mitte längs halbieren, den Schinken um die Blätterteigstangen schlingen und servieren. Ergibt etwa 16 Stück.

GARNELEN

Gerichte mit Garnelen gehören auf jedes Partybuffet. Frische Garnelen glänzen leicht und riechen angenehm nach Meer. Garnelen sollte man nicht kaufen, wenn sie in der Umgebung des Kopfes oder der Beine dunkle Farbveränderungen aufweisen oder wenn sie unangenehm riechen. Garnelen sind in den verschiedensten Größen erhältlich, sodass man immer diejenigen aussuchen kann, die am besten zum jeweiligen Gericht passen.

LINKS: Garnelencocktails

ANTIPASTI

GEGRILLTE AUBERGINEN UND PAPRIKA

1 große Aubergine in 1 cm dicke Scheiben schneiden. 2 große rote Paprika halbieren; Samen und Rippen entfernen. Die Paprika mit der Innenseite nach unten unter einen heißen Grill oder im Backofen 8 Minuten grillen, bis die Haut Blasen wirft und sich schwarz verfärbt. Vom Grill entfernen und mit einem feuchten Küchenhandtuch abdecken. Sobald sie abgekühlt sind, die Haut abziehen und das Fleisch in dicke Streifen schneiden. Die Auberginenscheiben großzügig mit Olivenöl bestreichen und unter dem Grill oder im Backofen bei Mittelhitze goldbraun backen. Vorsichtig

wenden, wiederholen. Je länger die Bräunung dauert, desto besser karamelisiert der in der Aubergine enthaltene Zucker. Nun das Gemüse in einer Schüssel mit 2 zerdrückten Knoblauchzehen, 2 EL Olivenöl extra vergine, einer Prise Zucker und 2–3 EL gehackter frischer Petersilie mengen. Abdecken und im Kühlschrank über Nacht marinieren. Bei Zimmertemperatur servieren. Für 4–6 Personen.

MOZZARELLABÄLLCHEN IM PESTOMANTEL

50 g frisches Basilikum, 3 EL Pinienkerne und 3 EL geriebenen Parmesan mit 2 Knoblauchzehen in der Küchenmaschine zu einer feinen Masse pürieren. Bei laufender Maschine langsam 80 ml Olivenöl zugießen, bis sich eine sämige Paste bildet. Das Pesto in einer Schüssel mit 300 g kleinen Mozzarellakugeln mengen, abdecken und im Kühlschrank 2 Stunden marinieren lassen. Für 4–6 Personen.

GERÖSTETE TOMATEN MIT BALSAMICO-DRESSING

Backofen auf Mittelhitze (160 °C) vorwärmen. 500 g Eiertomaten längs halbieren. Auf ein beschichtetes Backblech legen und leicht mit kaltgepreßtem Olivenöl bestreichen; mit Salz bestreuen und mit 2 EL Balsamicoessig beträufeln. 1 Stunde backen und jede Viertelstunde mit weiteren 2 EL Balsamicoessig beträufeln. Für 6–8 Personen.

BRUSCHETTA

1 Ciabattabrot in dicke Scheiben schneiden. 500 g reife Tomaten feinwürfeln. 1 rote Zwiebel kleinschneiden. Tomaten und Zwiebel in einer Schüssel mit 2 EL Olivenöl mengen und mit Salz und schwarzem Pfeffer aus der Mühle abschmecken. Die Brotscheiben toasten und noch warm mit einer ganzen geschälten Knoblauchzehe abreiben. Die Tomatenmischung auf die Scheiben geben und warm mit kleingezupften Basilikumblättern garnieren und servieren. Für 6–8 Personen.

FRITIERTE BLUMENKOHL-RÖSCHEN

300 g Blumenkohl in große Röschen zerteilen und in einem Topf mit sprudelndem Salzwasser bißfest garen. Die Garzeit prüfen, denn der Blumenkohl zerfällt leicht. Gut abtropfen und abkühlen lassen. Dann 200 g Fontinakäse feinwürfeln und die Röschen mit den Würfeln spicken. 3 Eier in einer Schüssel verschlagen und die Röschen erst in die Eier, dann in 40 g Semmelbrösel dippen. In heißem Öl portionsweise knusprig goldbraun fritieren. Heiß servieren. Für 4–6 Personen.

OBEN, VON LINKS: Frittata mit Salami und Kartoffeln; Gefüllte Miesmuscheln; Polentahäppchen mit Chorizo-Salsa-Kruste; Gegrillte Sardinen

FRITIERTER BLUMENKOHL

Zubereitungszeit: 15 Minuten + Ruhezeit
Kochzeit: 15 Minuten
Ergibt ca. 40 Stück

600 g Blumenkohl
60 g Besanmehl (Kichererbsenmehl)
2 TL Kreuzkümmel, gemahlen
1 TL Koriander, gemahlen
1 TL Gelbwurz, gemahlen
1 Prise Cayennepfeffer
1 Ei, leicht geschlagen
1 Eigelb
Öl zum Fritieren

1 Blumenkohl in Röschen schneiden. Mehl und Gewürze in eine Schüssel sieben, ¹/₂ Teelöffel Salz zugeben. In die Mitte eine Mulde drücken.
2 Ei, Eigelb und 60 ml Wasser mischen. Nach und nach in die Mulde gießen; mit dem Schneebesen verrühren, so daß ein glatter Teig entsteht. Abgedeckt 30 Minuten ruhen lassen.
3 Einen tiefen, gußeisernen Topf zu ¹/₃ mit Öl füllen und auf 180 °C erhitzen (bis ein Brotwürfel darin in 15 Sekunden goldbraun wird). Die Röschen am Stengel festhaltend in den Teig tauchen; etwas abtropfen lassen. Portionsweise 3–4 Minuten goldbraun fritieren. Abtropfen lassen, würzen und heiß servieren.

ZUCCHINIBLÜTEN MIT KÄSE

Zubereitungszeit: 1 Stunde 20 Minuten + Ruhezeit
Kochzeit: 10 Minuten
Ergibt 24 Stück

185 g Mehl
7 g Trockenhefe oder 15 g frische Hefe
24 Zucchini mit Blüten
50 g Kefalotiri-Käse oder Parmesan
8 Anchovis in Öl, abgetropft
Öl zum Fritieren

1 Mehl und 1¹/₄ Teelöffel Salz in eine Schüssel sieben. In die Mitte eine Mulde drücken. Die Hefe in 315 ml warmem Wasser verquirlen und auflösen; in die Mulde gießen. Langsam zu einem dicken Teig schlagen. Mit Frischhaltefolie abgedeckt an einem warmen Ort 1 Stunde ruhen lassen, bis sich Bläschen bilden. Nicht umrühren.
2 Die Zucchiniblüten vorsichtig öffnen und die Staubblätter entfernen. Abspülen und trockentupfen. Den Käse in 1 cm große Würfel schneiden, die Anchovis in 1¹/₂ cm große Stücke.
3 Je 1 Käsewürfel und 1 Stück Anchovis in jede Blüte legen. Die Blütenblätter schließen. Einen tiefen Topf zu ¹/₃ mit Öl füllen, und das Öl auf 180 °C erhitzen (bis ein Brotwürfel darin in 15 Sekunden goldbraun wird). Die Blüten in den Teig tunken, leicht drehen und etwas abtropfen lassen. Portionsweise 1–2 Minuten fritieren, bis der Teig aufgegangen und hellbraun ist. Auf Küchenpapier abtropfen lassen. Heiß servieren.

SPANISCHE TORTILLA

Zubereitungszeit: 20 Minuten
Kochzeit: 30 Minuten
Ergibt 16 Stück

125 ml Olivenöl
600 g große Kartoffeln, geschält und in 5 mm dicke Scheiben geschnitten
2 große Zwiebeln, in Scheiben geschnitten
3 Eier
¹/₂ TL Salz
¹/₂ TL Pfeffer

1 Das Öl in einer 5 cm tiefen, beschichteten Pfanne (Ø 20 cm) erhitzen. Kartoffeln und Zwiebeln abwechselnd darin schichten. 8 Minuten bei schwacher Hitze garen. Abschnittsweise mit einer Zange wenden (eventuelle Beschädigungen sind nicht wichtig). Deckel auflegen und 8 Minuten braten, ohne daß die Kartoffeln braun werden.
2 Einen Durchschlag auf eine Schüssel setzen. Die Kartoffelmischung darin abtropfen lassen; 1 Eßlöffel Öl auffangen. (Das Restöl mit seinem süßen Zwiebelgeschmack anderweitig verwenden.)
3 Eier, Salz und Pfeffer in einer Schüssel verquirlen. Die Kartoffeln zugeben und mit dem Löffelrücken herunterdrücken, so daß sie vollständig mit Ei bedeckt sind.
4 Das aufgefangene Öl in derselben Pfanne auf hoher Stufe erhitzen. Die Eimasse zugeben; mit einem Löffel gleichmäßig flachdrücken. Die Hitze reduzieren. 12 Minuten zugedeckt braten, bis das Ei fest ist. Die Pfanne etwas schwenken, damit nichts ansetzt. 5 Minuten ruhen lassen; auf einen Teller stürzen. Heiß servieren.

ANCHOVIS

Anchovis sind kleine, in Italien seit Jahrhunderten sehr beliebte Meeresfische. Im Mittelmeer sind sie inzwischen allerdings selten geworden, daher kommen Anchovis heutzutage meist aus Afrika und Südamerika. Es gibt auch eine australische Art. Anchovis haben ein leicht öliges Fleisch und einen kräftigen Geschmack. Wem sie zu salzig sind, der kann sie vor dem Verzehr 20 Minuten in Milch oder Wasser einweichen. Meist werden Anchovis in Gläsern oder Dosen verkauft und zum Konservieren in Öl oder Salz eingelegt.

GEGENÜBERLIEGENDE SEITE: Fritierter Blumenkohl (oben); Zucchiniblüten mit Käse

GLATTE PETERSILIE

Die ganzjährig erhältliche glatte Petersilie ist etwas kräftiger und aromatischer als krause Petersilie. In der französischen Küche werden sowohl die Stiele als auch die Blätter verarbeitet, in der italienischen Küche meist nur die Blätter. Beim Kauf sollte man darauf achten, daß die Stiele fest und die Blätter kräftig leuchtendgrün sind – sie dürfen keine gelben Stellen aufweisen. Zur Aufbewahrung die Petersilie in einem Glas Wasser in den Kühlschrank stellen oder in feuchtes Küchenpapier wickeln und im Gemüsefach lagern.

FISCHBRATLINGE

Zubereitungszeit: 20 Minuten + Ruhezeit
Kochzeit: 15 Minuten
Ergibt 12–15 Stück

☆☆

60 g Mehl

$^1/_2$ TL Backpulver

$^1/_2$ TL Natron

1 Ei, leicht geschlagen

3 EL trockener Weißwein

2 TL frische glatte Petersilie, gehackt

1 Knoblauchzehe, zerdrückt

$^1/_2$ kleine Zwiebel, gerieben

200 g junger Hering

Olivenöl zum Braten

Zitronenspalten zum Servieren

1 Mehl, Backpulver, Natron, $^1/_2$ Teelöffel Salz und frisch gemahlenen schwarzen Pfeffer in eine Schüssel sieben. Ei und Weißwein zugeben; mit dem Schneebesen zu einer glatten Masse verrühren. Petersilie, Knoblauch, Zwiebel und Fisch untermischen. Abgedeckt 20 Minuten kalt stellen.

2 Ungefähr 2 cm Öl in einer tiefen Pfanne auf 180 °C erhitzen. Die richtige Temperatur ist erreicht, wenn ein Brotwürfel im Öl innerhalb von 15 Sekunden goldbraun wird. 1 gestrichenen Eßlöffel Teig in die Pfanne geben; ist er aufgegangen und bilden sich Blasen an der Oberfläche, den Bratling vorsichtig wenden.

3 Auf Küchenpapier abtropfen lassen und sofort mit Zitronenspalten servieren.

GARNELEN MIT MANGO-DIP

Einige Zuckerschoten blanchieren und um gekochte Garnelen ohne Schale wickeln. Mit einem Spießchen feststecken. Für den Dip 125 ml Mayonnaise mit 2 Eßlöffeln Mango-Chutney, 1 Teelöffel Currypaste und 1 Eßlöffel Limettensaft mischen. Die Menge an Garnelen und Zuckerschoten den jeweiligen Erfordernissen anpassen und die Dipmenge gegebenenfalls verdoppeln.

OBEN: Fischbratlinge

KRÄUTER-OKTOPUSSE

Zubereitungszeit: 15 Minuten + Marinierzeit
Kochzeit: 10 Minuten
Für 6 Personen

170 ml Olivenöl

10 g frischer Oregano, gehackt

10 g frische Petersilie, gehackt

1 EL Zitronensaft

3 kleine rote Chillies, ohne Kerne und
    feingehackt

3 Knoblauchzehen, zerdrückt

1 kg kleine Oktopusse

1 Öl, Kräuter, Zitronensaft, Chillies und Knoblauch in einer großen Schüssel gut mischen.
2 Mit einem kleinen, scharfen Messer die Köpfe der Oktopusse abtrennen. Aus den Körpern mit dem Zeigefinger die ‚Kiefer' herausdrücken und entfernen. Die Köpfe aufschneiden und von den Innereien säubern. Sind die Oktopusse zu groß, muß man sie in kleinere Stücke schneiden.
3 Dann die Oktopusse in der Kräutermarinade schwenken. Abgedeckt 3–4 Stunden oder über Nacht kalt stellen. Die Marinade abgießen und auffangen. Auf einem sehr heißen, leicht geölten Holzkohlengrill oder in einer sehr heißen Pfanne 3–5 Minuten garen, bis das Fleisch weiß wird. Häufig wenden und während des Garens immer wieder mit der Marinade einstreichen.

EINGELEGTE MEERESFRÜCHTE

Zubereitungszeit: 40 Minuten + Kühlzeit
Kochzeit: 10 Minuten
Für 8 Personen

125 ml Weißweinessig

3 Lorbeerblätter

500 g kleine Kalmarmäntel, in Ringe geschnitten

500 g Jakobsmuscheln

500 g rohe Garnelen, Schale und Darm entfernt

500 g Muscheln, geschrubbt und Bärte entfernt

2 Knoblauchzehen, zerdrückt

125 ml Olivenöl, extra vergine

3 EL Zitronensaft

1 EL Weißweinessig

1 TL Dijon-Senf

1 EL frische Petersilie, gehackt

1 Essig, Lorbeer, 750 ml Wasser und ½ Teelöffel Salz in einem großen Topf zum Kochen bringen. Hitze reduzieren und die Kalmare und Jakobsmuscheln 2–3 Minuten köcheln, bis die Meeresfrüchte weiß geworden sind. Mit einem Schaumlöffel herausnehmen; in eine Schüssel geben.
2 Den gesamten Vorgang im selben Wasser mit den Garnelen wiederholen und diese rosa garen. Als letztes die Muscheln ins wiederum kochende Wasser geben. Bereits offene Muscheln zuvor entfernen. Deckel auflegen, die Hitze reduzieren und 3 Minuten köcheln, bis sich die Schalen geöffnet haben. Gelegentlich umrühren. Muscheln, die sich nicht geöffnet haben, wegwerfen. Abkühlen lassen, das Fleisch herausnehmen und ebenfalls in die Schüssel geben.
3 Mit einem Schneebesen Knoblauch, Öl, Zitronensaft, Essig, Senf und Petersilie verrühren. Über die Meeresfrüchte gießen; gut schwenken. Vor dem Servieren 1–2 Stunden kalt stellen.
Hinweis: Meeresfrüchte dürfen nicht zu lange gegart werden, sonst werden sie zäh.

OBEN: Kräuter-Oktopusse (oben); Eingelegte Meeresfrüchte

KNOBLAUCH

Als eines der kleinsten Mitglieder der Zwiebelfamilie ist Knoblauch auch das schärfste. Je feiner Knoblauch zerdrückt wird, desto mehr Schärfe wird freigesetzt. Für viele Gerichte, wie etwa Skordalia, ist das einzigartige Aroma unentbehrlich. Zudem ist Knoblauch reich an Mineralstoffen und Vitaminen. Beim Kauf wählt man feste, große, runde Knollen, die keine schimmeligen Stellen aufweisen.

OBEN: Tsatsiki

TSATSIKI
(Joghurt-Dip mit Gurke)

Zubereitungszeit: 10 Minuten + 15 Minuten Ruhezeit
Kochzeit: keine
Ergibt 500 ml

2 Salatgurken (je ca. 300 g)
Salz
400 g griechischer Naturjoghurt
4 Knoblauchzehen, zerdrückt
3 EL frische Minze, fein gehackt
1 EL Zitronensaft
etwas frische Minze, gehackt, zum Garnieren

1 Gurken längs halbieren, Kerne herausschaben und wegwerfen. Gurken mit Schale in einen Durchschlag grob raspeln. Mit Salz bestreuen und 15 Minuten abtropfen lassen.
2 Inzwischen Joghurt, Knoblauch, Minze und Zitronensaft miteinander verrühren.
3 Gurken kalt abspülen, dann mit den Händen fest ausdrücken. Gurken und Joghurtmischung verrühren und abschmecken. Sofort servieren oder bis zum Verzehr kalt stellen. Mit Minze garnieren. Schmeckt als Dip zu Fladenbrot oder als Sauce zu Meeresfrüchten und Fleisch.

SKORDALIA
(Knoblauchsauce)

Zubereitungszeit: 15 Minuten
Kochzeit: 10 Minuten
Ergibt 500 ml

500 g mehlig kochende Kartoffeln, in 2 cm große Würfel geschnitten
5 Knoblauchzehen, zerdrückt
Salz und weißer Pfeffer
180 ml Olivenöl
2 EL Weißweinessig

1 Wasser in einem großen Topf zum Kochen bringen, Kartoffeln hineingeben und 10 Minuten sehr weich kochen. Gründlich abtropfen lassen und zu einer glatten Masse stampfen.
2 Knoblauch, 1 TL Salz und Prise Pfeffer unter die Kartoffeln rühren, dann nach und nach Olivenöl zugießen und gründlich mischen. Essig einrühren und abschmecken. Warm oder kalt als Dip mit knusprigem Brot oder Kräcker servieren oder zu gegrilltem Fleisch, Fisch oder Hähnchen reichen.

DOLMADAKIA
(Gefüllte Weinblätter)

Zubereitungszeit: 40 Minuten
+ 15 Minuten Einweichzeit
Kochzeit: 45 Minuten
Ergibt 24 Stück

★ ★ ★

200 g Weinblätter in Salzlake
250 g Mittelkornreis
1 kleine Zwiebel, fein gehackt
1 EL Olivenöl
60 g Pinienkerne, geröstet
2 EL Rosinen
2 EL frischer Dill, gehackt
1 EL frische Minze, fein gehackt
1 EL frische glatte Petersilie, fein gehackt
Salz und Pfeffer
80 ml Olivenöl
2 EL Zitronensaft
500 ml Hühnerbrühe

1 Weinblätter 15 Minuten in kaltem Wasser einweichen, herausnehmen und trockentupfen.

Stiele abschneiden. Einige Blätter beiseite legen, löchrige oder unschöne wegwerfen. Inzwischen Reis in kochendem Wasser 10 Minuten einweichen, dann abtropfen lassen.
2 Reis, Zwiebel, Olivenöl, Pinienkerne, Rosinen und Kräuter mit etwas Salz und Pfeffer gründlich mischen.
3 Einige Blätter mit den Adern nach unten flach ausbreiten. Je 1 EL Füllung in die Mitte geben, zuerst Stielende vom Blatt, dann linke und rechte Seite über die Füllung schlagen und Blatt zur Spitze hin fest zusammenrollen; die Röllchen sollten kleinen Zigarren ähneln. Vorgang mit den restlichen Blättern wiederholen.
4 Mit den beiseite gelegten Blättern einen großen Topf auslegen. Mit 1 EL Olivenöl beträufeln. Die Röllchen dicht gepackt in einer Schicht hineinlegen und restliches Öl und Zitronensaft darüber gießen.
5 Brühe angießen und Röllchen mit einem umgedrehten Teller beschweren. Zum Kochen bringen, die Hitze reduzieren und zugedeckt 45 Minuten köcheln lassen. Mit dem Schaumlöffel herausnehmen. Heiß oder kalt, nach Belieben mit Zitronenschnitzen garniert, servieren.
Hinweis: Nicht benötigte Weinblätter können in der Lake im luftdicht verschließbaren Behälter bis zu 1 Woche im Kühlschrank aufbewahrt werden.

DOLMADAKIA

Die Blätter seitlich über die Füllung legen und zur Spitze hin aufrollen.

Die Rollen in einer Schicht in den Topf legen; Öl und Zitronensaft zufügen.

Die fertig gegarten Rollen mit dem Schaumlöffel herausnehmen.

LINKS: Dolmadakia

TIROPITAKIA

Gruyère, Eier und Pfeffer
mit dem Feta mischen.

Den Teig über der Füllung
zu einem Dreieck schließen,
dann weiter falten.

GEGENÜBERLIEGENDE
SEITE VON OBEN: Keftedes;
Wachteln in Weinblättern;
Tiropitakia

KEFTEDES
(Fleischklößchen)

Zubereitungszeit: 15 Minuten
+ 1 Stunde Kühlzeit
Kochzeit: 15 Minuten
Für 4 Personen

1 Ei, leicht verschlagen

40 g frische Weißbrotbrösel

1 Zwiebel, fein gehackt

2 EL frische glatte Petersilie, gehackt

3 EL frische Minze, gehackt

500 g Hackfleisch vom Rind oder Lamm

2 EL Zitronensaft

Salz und Pfeffer

Mehl zum Bestäuben

Pflanzenöl zum Braten

Zitronenschnitze, unbehandelt, zum Servieren

1 Ei, Brösel, Zwiebel, Kräuter, Hackfleisch und
Zitronensaft gut mischen und mit Salz und
Pfeffer kräftig würzen. Mit nassen Händen
walnussgroße Kugeln formen, leicht abflachen
und auf einem Tablett zugedeckt 1 Stunde kalt
stellen.
2 Kugeln in Mehl wenden und Überschuss
abschütteln. Öl in einer großen Pfanne stark
erhitzen. Klößchen portionsweise auf jeder Seite
3–4 Minuten knusprig braun braten und auf
zerknülltem Küchenkrepp abtropfen lassen. Mit
Zitronenschnitzen servieren.

WACHTELN IN WEIN-
BLÄTTERN

Zubereitungszeit: 15 Minuten
Kochzeit: 25 Minuten
Für 4 Personen

12 blaue Trauben

1 EL Olivenöl

1 Knoblauchzehe, zerdrückt

4 große Wachteln

8 frische oder eingelegte Weinblätter

4 Scheiben Prosciutto

blaue Trauben zum Garnieren

1 Backofen auf 180 °C (Gas 2) vorheizen.
Trauben halbieren und in Öl und Knoblauch

wenden. Je 6 Hälften in die Bauchhöhle der
Wachteln legen.
2 Frische Weinblätter 1 Minute in kochendem
Wasser blanchieren, dann die mittlere Blattader
entfernen. Eingelegte Weinblätter unter fließen-
dem Wasser gründlich abspülen.
3 Wachteln in je 1 Scheibe Prosciutto wickeln
und auf ein Weinblatt legen. Mit einem
Weinblatt bedecken und mit Küchengarn zu
Päckchen schnüren. Auf einem Blech 20–25
Minuten backen, je nach Größe der Wachteln.
Mit den ganzen Trauben garniert servieren.
Hinweis: Weinblätter findet man in Feinkostlä-
den und beim griechischen Lebensmittelhändler.

TIROPITAKIA
(Käsetaschen)

Zubereitungszeit: 35 Minuten
Backzeit: 20 Minuten
Ergibt 30 Stück

250 g griechischer Feta

180 g geriebener Gruyère

2 Eier, leicht verschlagen

weißer Pfeffer

15 Filoteigblätter

125 ml Olivenöl

125 g Butter, zerlassen

1 Backofen auf 180 °C (Gas 2) vorheizen. Feta
in einer Schüssel mit einer Gabel zerdrücken.
Mit Gruyère, Eier und etwas Pfeffer mischen.
2 Filoblätter quer halbieren. Bis zur Verwendung mit einem feuchten Geschirrtuch zudecken, damit sie nicht austrocknen. Eine Blatt-
hälfte auf die Arbeitsfläche legen. Öl und Butter
mischen und das Blatt damit bestreichen. Längs
in Drittel falten und erneut bestreichen.
3 1 EL Käsemischung auf eine Ecke des
Teigstreifens geben. Diese Ecke über die Füllung
zum Teigrand hin falten, dabei ein Dreieck
formen. Weiter bis zum Ende des Streifens
falten, bis die Füllung eingeschlossen ist.
Verfahren mit dem restlichen Teig wiederholen.
4 Die Dreiecke auf ein leicht eingefettetes
Blech legen und mit der Öl-Butter-Mischung
bestreichen. 20 Minuten knusprig backen.
Hinweis: Diese Teigtaschen lassen sich leicht
abwandeln, indem man sie etwa mit Ricotta statt
Gruyère und mit fein gehackten frischen
Kräutern nach Wahl füllt. Geeignet sind glatte
Petersilie, Minze und Thymian.

PIKANTE SNACKS

Diese herzhaften Teilchen sind schnell gemacht und gelingen ganz leicht. Egal ob als

Mittagssnack oder als Vorspeise, der Fantasie sind hier fast keine Grenzen gesetzt.

Diese köstlichen Teilchen können Sie entweder mit selbst gemachtem oder mit fertig gekauftem Blätterteig zubereiten. Für vier Personen können Sie entweder vier kleine oder zwei große rechteckige Kuchen formen.

500 g selbst gemachten oder fertig gekauften Blätterteig halbieren und jede Hälfte zwischen zwei Lagen Backpapier ausrollen. Für vier Küchlein zwei Teigkreise von etwa 12 cm Ø, für zwei

größere Kuchen 12 x 25 cm große Rechtecke ausschneiden. Die Teigplatten werden dann mit den verschiedenen Füllungen belegt. Dabei ringsherum einen etwa 1,5 cm breiten Rand frei lassen. Die Küchlein auf einer der oberen Schienen in den auf 200 °C vorgeheizten Backofen schieben und etwa 10 Minuten backen, bis der Teig schön gleichmäßig aufgegangen und goldbraun ist. Am besten schmecken die Teilchen warm.

BELAGVARIANTEN

TAPENADE UND ANCHOVIS

125 g Tapenade (provenzalische Würzpaste aus Oliven, Kapern und Sardellen) gleichmäßig auf den Teigplatten verteilen. 45 g Anchovis aus der Dose gut abtropfen lassen, in dünne Streifen schneiden und auf der Tapenade verteilen. Mit 35 g geriebenem Parmesan und 75 g gehacktem Mozzarella bestreuen und etwa 10 Minuten goldbraun backen.

CHAMPIGNONS, SPARGEL UND FETA

2 EL Öl in einer Pfanne erhitzen und 400 g in dünne Scheiben geschnittene Champignons sowie 100 g dünne grüne Spargelspitzen darin anbraten. Die Pfanne von der Kochstelle nehmen und 2 EL gehackte frische Petersilie und 200 g gehackten Fetakäse unter das Gemüse mischen. Abschmecken. Die Teigplatten mit der Füllung belegen und 10–15 Minuten goldbraun backen.

GRÜNE TOMATEN

2 grüne Tomaten in dünne Scheiben schneiden. 1 EL Öl in einer Pfanne erhitzen. ½ TL gemahlenen Kreuzkümmel und eine zerdrückte Knoblauchzehe dazugeben und kurz andünsten. Die Tomaten dazugeben und 2–3 Minuten anbraten. Bei Bedarf noch etwas Öl zugeben. Auf Küchenpapier abtrocknen lassen. 90 g saure Sahne, 2 EL gehacktes

frisches Basilikum und 2 EL gehackte frische Petersilie miteinander vermischen. 120 g geriebenen Cheddarkäse auf den Teigplatten verteilen. Die Tomatenscheiben darauf legen und die Küchlein etwa 10 Minuten goldbraun backen. Mit je einem Tupfen Kräutercreme und etwas gehacktem Basilikum garnieren.

ITALIENISCHER SOMMER

2 EL Olivenöl in einem Topf bei schwacher Hitze erwärmen. 2 rote Zwiebeln in Scheiben schneiden und darin etwa 10 Minuten glasig dünsten. 1 EL Balsamessig und 1 EL braunen Zucker unterrühren und die Mischung etwa 10 Minuten köcheln lassen. Von der Kochstelle nehmen, 1 EL gehackten frischen Thymian einrühren und abkühlen lassen. Die Mischung gleichmäßig auf den Teigplatten verteilen und die Kuchen etwa 10 Minuten goldbraun backen. 170 g

marinierte Artischockenherzen gründlich abtropfen lassen, vierteln und auf der Zwiebelmischung verteilen. Die Lücken mit entsteinten schwarzen Oliven und Röllchen von luftgetrocknetem italienischem Schinken füllen. Die Küchlein mit etwas Olivenöl besprenkeln und mit frischem Thymian garnieren.

KIRSCHTOMATEN UND PESTO

125 g Pesto gleichmäßig auf den Teigböden verteilen. Den Teig dicht mit Kirschtomaten (etwa 375 g) und 2 in feine Ringe geschnittenen Frühlingszwiebeln belegen. Etwa 10 Minuten goldbraun backen.

VON LINKS:
Tapenade und Anchovis (oben); Champignons, Spargel und Feta;
Grüne Tomaten; Italienischer Sommer;
Kirschtomaten und Pesto

SCHWARZE OLIVEN

Oliven sind eine wunder-
volle Knabberei zu einem
Glas Wein oder einem
Cocktail und gehören
eigentlich auf jede Anti-
pasti-Platte. Vielen Speisen
aus dem Mittelmeerraum
verleihen sie ihren typi-
schen Geschmack. Die
Sorten unterscheiden sich
in Größe und Form. Unreife
Oliven sind grün, hart,
bitter und erst eingelegt
genießbar. Schwarze Oliven
bleiben an den Bäumen, bis
sie dunkel und reif sind.
Oliven werden entweder in
Öl eingelegt, dem manch-
mal durch Gewürze zusätz-
licher Geschmack verliehen
wird, oder in Salzlake.
Italienische und griechische
Oliven gelten als die besten.

OBEN, VON LINKS:
Carpaccio; Pasta Frittata;
Gefüllte Cocktailtomaten

CARPACCIO

Zubereitungszeit: 15 Minuten + Kühlzeit
Kochzeit: entfällt
Für 8 Personen

400 g Rinderfilet
1 EL Olivenöl, extra vergine
Raukeblätter, zerpflückt
60 g Parmesan, gerieben
schwarze Oliven, in Stifte geschnitten

1 Fleisch von Fett und Sehnen befreien und
1–2 Stunden tiefkühlen, bis es fest, aber nicht
vollkommen gefroren ist. So läßt es sich leichter
in dünne Scheiben schneiden.
2 Mit einem großen, scharfen Messer papierdünne Scheiben abschneiden. Auf einem Teller
arrangieren und zimmerwarm werden lassen.
3 Kurz vor dem Servieren mit Öl beträufeln und
mit Rauke, Parmesan und Oliven bestreuen.
Vorbereitung: Man kann das Rindfleisch einige
Stunden im voraus schneiden, abdecken und kalt
stellen. Erst kurz vor dem Servieren das Öl und
die anderen Zutaten zugeben.

PASTA FRITTATA

Zubereitungszeit: 15 Minuten
Kochzeit: 25 Minuten
Ergibt 8 Stücke

300 g Spaghetti
4 Eier
50 g Parmesan, gerieben
2 EL frische Petersilie, gehackt
60 g Butter

1 Spaghetti ca. 10 Minuten in einem großen Topf
mit kochendem Wasser bißfest garen, abgießen
und abtropfen lassen.
2 Die Eier verquirlen. Parmesan, Petersilie, etwas
Salz und frisch gemahlenen schwarzen Pfeffer
zugeben; Spaghetti darin schwenken.
3 Die Hälfte der Butter in einer Pfanne (Ø 23 cm)
zerlassen. Spaghetti zugeben und zugedeckt bei
schwacher Hitze die Unterseite knusprig-goldbraun braten. Auf einen Teller gleiten lassen. Die
Restbutter zerlassen. Die Spaghetti wieder in die
Pfanne geben, und die andere Seite ohne Deckel
braten. In Stücke geschnitten warm servieren.

GEFÜLLTE COCKTAILTOMATEN

Zubereitungszeit: 15 Minuten
Kochzeit: entfällt
Ergibt 16 Stück

16 Cocktailtomaten
50 g Ziegenkäse
50 g Ricotta
2 Scheiben Prosciutto, feingeschnitten

1 Von den Tomaten einen Deckel abschneiden und aushöhlen; Kerne wegwerfen. Mit der Oberseite auf ein Küchentuch stellen und einige Minuten abtropfen lassen.
2 Käse und Ricotta mischen und glattrühren. Den Schinken unterrühren und alles würzen. In die Tomaten füllen. Bis zum Verzehr kalt stellen.

MELONE MIT SCHINKEN

Zubereitungszeit: 20 Minuten
Kochzeit: entfällt
Ergibt 16 Schiffchen

1 Netz- oder Honigmelone, halbiert
16 Scheiben Prosciutto oder Parmaschinken
Olivenöl, extra vergine

1 Die Kerne der Melone entfernen. In Scheiben schneiden. Mit je 1 Scheibe Schinken umwickeln. Dann mit Öl beträufeln und frischem schwarzem Pfeffer bestreuen. Bis zum Verzehr kalt stellen.

EINGELEGTE AUBERGINE

Zubereitungszeit: 15 Minuten + Ruhe- + Marinierzeit
Kochzeit: 15 Minuten
Für 6–8 Personen

750 g schmale Auberginen
60 ml Olivenöl
2 EL Balsamico-Essig
2 Knoblauchzehen, zerdrückt
1 Anchovisfilet, feingehackt
2 EL frische Petersilie, gehackt

1 Auberginen in dicke, diagonale Scheiben schneiden. In einen Durchschlag legen und gründlich mit Salz bestreuen. Nach 30 Minuten abspülen und trockentupfen.
2 Öl, Essig, Knoblauch und Anchovis zu einer glatten Mischung verquirlen. Abschmecken.
3 Etwas Öl in einer Pfanne erhitzen. Die Auberginen portionsweise anbraten. In einer Schüssel mit dem Dressing und der Petersilie mischen und 4 Stunden marinieren. Zimmerwarm servieren.

COCKTAILTOMATEN

Cocktail- oder Kirschtomaten werden in verschiedenen Sorten und Größen angeboten. Sie alle sind säurearm und relativ süß. Meist kann man sie recht gut füllen, außer den sogenannten Beerentomaten. Diese sind so klein wie Weintrauben und werden am Strauch verkauft. Man kann sie zwar nicht füllen, aber sie sind ideal zum Garnieren von Speisen, denen sie einen zusätzlichen Farbtupfer verleihen.

LINKS: Melone mit Schinken (links); Eingelegte Aubergine

HUMMUS
(Kichererbsenpüree)

Zubereitungszeit: 20 Minuten
+ 1 Nacht Einweichzeit
Kochzeit: 1 Stunde 15 Minuten
Ergibt 750 g

220 g getrocknete Kichererbsen
2 EL Tahin (Sesampaste)
4 Knoblauchzehen, zerdrückt
2 TL gemahlener Kreuzkümmel
80 ml Zitronensaft
3 EL Olivenöl
1 große Prise Cayennepfeffer
Salz
Zitronensaft nach Belieben
Olivenöl extra vergine zum Beträufeln

UNTEN: Hummus

Paprikapulver zum Bestreuen
frische glatte Petersilie, gehackt, zum Garnieren

1 Die Kichererbsen in eine Schüssel geben, 1 l Wasser zugießen und die Erbsen über Nacht einweichen. Abgießen, in einen großen Topf geben und 2 l Wasser zufügen. Zum Kochen bringen, dann die Hitze reduzieren und 1 Stunde 15 Minuten köcheln lassen, bis die Kichererbsen sehr weich sind. Den Schaum von der Oberfläche abschöpfen. Abtropfen lassen, dabei die Flüssigkeit auffangen, die Erbsen etwas abkühlen lassen, dann von allen losen Häutchen befreien.
2 Kichererbsen, Tahin, Knoblauch, Kreuzkümmel, Zitronensaft, Olivenöl, Cayennepfeffer und 1½ TL Salz im Mixer zu einer dicken, glatten Masse verrühren. Nach und nach etwa 180 ml Kochflüssigkeit von den Kichererbsen zufügen, bis ein glattes Püree entsteht. Mit Salz oder etwas Zitronensaft würzen.
3 Auf flache Schalen verteilen, mit Öl beträufeln, mit Paprikapulver und Petersilie bestreuen. Die Paste schmeckt köstlich zu warmem Fladenbrot.

WALNUSS-TARATOOR

Vorbereitungszeit: 5 Minuten
Kochzeit: keine
Für 8 Personen

250 g Walnüsse, geschält
80 g Weißbrotbrösel
3 Knoblauchzehen
60 ml Weißweinessig
250 ml Olivenöl
Salz und Pfeffer
frische Petersilie, gehackt, zum Garnieren

1 Die Walnüsse in der Küchenmaschine oder im Mixer fein hacken und ½ TL der gehackten Nüsse zum Garnieren beiseite stellen. Brösel, Knoblauch, Essig und 3 EL Wasser zu den restlichen Nüssen geben und alles vermengen.
2 Nach und nach das Öl in einem dünnen Strahl zufügen, bis die Sauce glatt ist. Bei Bedarf noch etwas Wasser zugeben. Salzen und pfeffern, in eine Schüssel geben und kalt stellen.
3 Die Walnüsse und die Petersilie mischen und vor dem Servieren über die Sauce streuen.
Hinweis: Die Sauce schmeckt gut zu Fisch und Meeresfrüchten, Salat und gebratenem Gemüse.

BOREK
(Türkische Teigtaschen)

Vorbereitungszeit: 1 Stunde
Backzeit: 20 Minuten
Ergibt 24 Stück

★★

400 g Feta
2 Eier, leicht verschlagen
25 g frische glatte Petersilie, gehackt
frisch gemahlener schwarzer Pfeffer
375 g Filoteig
80 ml Olivenöl von guter Qualität

1 Backofen auf 180 °C (Gas 2) vorheizen. Ein Backblech leicht einfetten. Feta mit einer Gabel oder mit den Fingern in eine große Schüssel bröckeln. Eier und Petersilie untermischen und mit Pfeffer würzen.
2 Filoteig mit einem feuchten Küchentuch bedecken, damit er nicht austrocknet, und die Teigblätter einzeln abnehmen. Je 4 Blätter übereinander legen, dabei jedes leicht mit Öl bestreichen. In 4 Streifen schneiden, je etwa 7 cm lang.
3 Jeweils 2 gehäufte TL der Fetamischung auf eine Ecke jedes Streifens geben und diesen diagonal zum Dreieck zusammenfalten. Umgedreht

auf das Backblech legen und mit Olivenöl bestreichen. Vorgang wiederholen, bis Teig und Füllung zu 24 Teigtaschen verarbeitet sind. 20 Minuten goldgelb backen. Als Bestandteil einer großen Vorspeisenplatte (Meze) servieren.
Hinweis: Die Füllung kann nach Belieben variiert werden; auch Käsesorten wie Gruyère, Cheddar oder Mozzarella sind gut geeignet.

GURKEN-JOGHURT-SALAT

Anders als das griechische Tsatsiki enthält dieser in der Türkei sehr beliebte Salat nur wenig Knoblauch. Außerdem ist er mit Dill statt mit Minze aromatisiert.
1 große ungeschälte Salatgurke grob raspeln oder hacken, in einen Durchschlag geben, mit Salz bestreuen und 15–20 Minuten beiseite stellen. In einer Schüssel 500 g dicken, cremigen Joghurt mit einer zerdrückten Knoblauchzehe, 2 EL gehacktem frischem Dill und 1 EL Weißweinessig mischen. Die Gurke zufügen und den Salat mit etwas Salz und weißem Pfeffer abschmecken. Zudecken und kühl stellen. Wenn man diesen Salat unmittelbar vor dem Servieren zubereitet, braucht man die Gurke nicht zu salzen. Den Salat mit Olivenöl beträufelt servieren. Für 6-8 Personen.

FETA
Dieser Käse wird traditionell aus Schaf- oder Ziegenmilch zubereitet, aber heutzutage wird häufiger Kuhmilch verwendet. Feta wird in großen Blöcken hergestellt und in Salzlake haltbar gemacht und gelagert. Er entwickelt ein intensives salziges Aroma und ist relativ krümelig.

OBEN: Borek

TAPENADE

Diese provenzalische Paste erhält ihren Namen von den „tapenos", den Kapern, die eine wichtige Zutat sind. Zwar wurde sie erst im 19. Jahrhundert in Marseille kreiert, doch rasch entwickelte sich diese zeitlose Kombination aus Sardellen, Oliven und Kapern zu einer klassischen Vorspeise. Zu frischem oder getoastetem Brot schmeckt sie köstlich und ist auch als Füllung für hart gekochte Eier hervorragend geeignet.

TAPENADE
(Paste aus Oliven, Sardellen und Kapern)

Vorbereitungszeit: 10 Minuten
Kochzeit: keine
Ergibt 375 ml

400 g Kalamata-Oliven, entsteint
2 Knoblauchzehen, zerdrückt
2 Sardellenfilets in Öl, abgetropft
2 EL Kapern in Salzlake, gespült und trocken-getupft
2 TL frischer Thymian, gehackt
2 TL Dijon-Senf
1 EL Zitronensaft
60 ml Olivenöl
1 EL Cognac, nach Belieben
frisch gemahlener schwarzer Pfeffer

1 Alle Zutaten außer dem Pfeffer im Mixer zu einer glatten Paste pürieren und mit Pfeffer abschmecken. In ein sterilisiertes, warmes Glas füllen und verschließen. Gekühlt hält die Tapenade bis zu 2 Wochen.
Hinweis: Um das Glas zu sterilisieren, Backofen auf 120 °C (Gas 1) heizen. Glas und Deckel heiß waschen und spülen. Nicht abtrocknen. Etwa 20 Minuten in den Backofen stellen, bis beide ganz trocken sind.

Im Kühlschrank kann das Olivenöl ausflocken und weißlich werden. Dies beeinträchtigt nicht den Geschmack. Vor dem Servieren zimmerwarm werden lassen, damit das Öl wieder flüssig wird.

BAGNA CAUDA
(Warme Sahnesauce)

Vorbereitungszeit: 5 Minuten
Kochzeit: 8 Minuten
Ergibt ca. 250 ml

300 ml Sahne
45 g Sardellenfilets in Öl, abgetropft
10 g Butter
2 Knoblauchzehen, zerdrückt
Salz und Pfeffer nach Belieben

1 Sahne in einem kleinen Topf langsam erhitzen und 8 Minuten unter häufigem Rühren einkochen lassen.
2 Sardellen fein hacken. Butter in einem kleinen Topf schmelzen, Sardellen und Knoblauch zugeben und unter Rühren bei schwacher Hitze 1 Minute braten; der Knoblauch darf nicht braun werden.
3 Sahne zugießen, gut verrühren und nach Belieben mit Salz und Pfeffer abschmecken. Warm zu Rohkost servieren.

RECHTS: Tapenade

AÏOLI MIT CRUDITÉS
(Knoblauchmayonnaise mit Rohkost)

Zubereitungszeit: 15 Minuten
Kochzeit: 1 Minute
Für 4 Personen

★

AÏOLI

4 Knoblauchzehen, zerdrückt

2 Eigelb

1 Prise Salz

300 ml leichtes Oliven- oder Pflanzenöl

1 EL Zitronensaft

Prise gemahlener weißer Pfeffer

12 grüne Spargelstangen, geputzt

12 Radieschen, geputzt

1/2 Salatgurke, längs halbiert, entkernt und in
 Stifte geschnitten

1 Chicoréesprosse, in Einzelblätter geteilt

1 Um die Aïoli zuzubereiten, Knoblauch,
Eigelbe und Salz im Mixer 10 Sekunden
verrühren. Dann das Öl langsam in einem
dünnen Strahl zugießen. Sobald die Mischung
dickflüssiger wird, kann man das Öl etwas
schneller zufügen. Weiter mixen, bis das gesamte
Öl verbraucht ist und die Mayonnaise dick und
cremig wird. Zitronensaft und Pfeffer
unterrühren. Aïoli in ein Schälchen füllen.

2 Wasser in einem Topf zum Kochen bringen,
Spargel zugeben und 1 Minute kochen, dann in
Eiswasser abschrecken.

3 Spargel, Radieschen, Gurkenstifte und
Chicoréeblätter zusammen mit der Aïoli auf
einem Servierteller anrichten. Die
Knoblauchmayonnaise eignet sich auch als Brot-
aufstrich oder als Sauce zu Huhn oder Fisch.

Hinweis: Alle Zutaten müssen bei der Zubereitung zimmerwarm sein. Sollte die Mayonnaise
gerinnen, 1–2 TL kochendes Wasser
tropfenweise unterrühren. Hilft dies nicht, ein
weiteres Eigelb schlagen und in kleinen Mengen
nach und nach in die geronnene Masse rühren.
Anschließend wie oben fortfahren.

Auch grüne Bohnen (bissfest gegart), junge
Möhren, Brokkoli, Blumenkohl, Paprika und
Cherrytomaten eignen sich gut für einen
Vorspeisenteller. Am besten wählt man vollreifes
Gemüse der Saison.

AÏOLI
Die Knoblauchmayonnaise,
deren Name aus französisch
„ail" (Knoblauch) und pro-
venzalisch „oli" (Öl) ge-
bildet wird, spielt im kulinarischen Leben Südfrank-
reichs eine wichtige Rolle.
Auch als „Butter der Pro-
vence" bezeichnet, fehlt die
Aïoli bei fast keinem
Horsd'œuvre-Teller, und sie
ist die traditionelle Beilage
zur Bourride, der Fisch-
suppe der Mittelmeerküste,
sowie zu gekochtem und
geräuchertem Fisch. „Le
grand aïoli", ein üppiges
Gericht aus Meeresfrüchten,
Fleisch, Kartoffeln und Gemüse, von reichlich Knob-
lauchmayonnaise begleitet,
wird traditionell am Ascher-
mittwoch oder auf dem
Dorfplatz am letzten Tag
eines Festes aufgetischt.

OBEN: Aïoli mit Crudités

EMPANADAS

Diese traditionellen spanischen und mittelamerikanischen Blätterteigtaschen haben gewöhnlich eine würzige Fleisch- oder Gemüsefüllung, können aber auch mit Obst gefüllt und als Dessert serviert werden. Die Größe variiert je nach Verwendungszweck und reicht von kleinen Appetithäppchen bis zu Teigtaschen, von denen eine ganze Familie satt wird.

OBEN: Empanadas

EMPANADAS
(Spanische Teigtaschen)

Zubereitungszeit: 45 Minuten
Kochzeit: 25 Minuten
Ergibt etwa 15 Stück

★★

2 Eier
40 g gefüllte grüne Oliven, gehackt
100 g Schinken, fein gehackt
30 g geriebener Cheddar
450 g TK-Blätterteig, aufgetaut
1 Eigelb, leicht verschlagen

1 Eier in kaltem Wasser aufsetzen, zum Kochen bringen und 10 Minuten kochen. 5 Minuten in kaltem Wasser abschrecken. Schälen und hacken.
2 Backofen auf 220 °C (Gas 4–5) vorheizen. 2 Backbleche leicht einfetten. Ei, Oliven, Schinken und Cheddar vermengen.
3 Den Blätterteig dünn ausrollen, Plätzchen mit 10 cm Durchmesser ausstechen und je 1 EL Füllung in die Mitte geben. Teig zusammenklappen und Ränder fest zusammendrücken.
4 Taschen im Abstand von etwa 2 cm auf die Bleche setzen und mit Eigelb bestreichen. Auf der mittleren und oberen Schiene 10 Minuten backen, dann Bleche tauschen und die Taschen weitere 5 Minuten backen, bis sie aufgehen und braun sind. Werden sie zu schnell dunkel, locker mit Alufolie zudecken. Heiß servieren.

GAMBAS AL PIL PIL
(Garnelen mit Chili und Knoblauch)

Zubereitungszeit: 30 Minuten
  + 30 Minuten Kühlzeit
Kochzeit: 10 Minuten
Für 4–6 Personen

★

1 kg frische mittelgroße Garnelen
1/2 TL Salz
60 g Butter
80 ml Olivenöl
3 Knoblauchzehen, grob gehackt
1/4 TL Chiliflocken
1/2 TL Paprika

1 Garnelen in einem Stück aus der Schale entfernen, am Rücken einen kleinen Einschnitt anbringen und den Darm (schwarzen Faden) herausziehen. Garnelen mit Salz vermischen, zudecken und etwa 30 Minuten kalt stellen.

2 Butter und Öl in einer Pfanne bei mittlerer Temperatur erhitzen. Wenn die Butter schäumt, Knoblauch und Chili zugeben und 1 Minute rühren, bis der Knoblauch goldbraun ist. Garnelen zugeben, 3–6 Minuten braten, bis sich die Farbe verändert, dann mit Paprika bestreuen. Heiß mit Brot zum Tunken servieren.

Hinweis: Traditionell werden Gambas nach diesem Rezept in kleinen Tonformen zubereitet und serviert, wobei 2 Personen 1 Förmchen teilen. Werden mehrere Förmchen verwendet, ist die Garzeit entsprechend kürzer.

CALAMARES A LA PLANCHA
(Gegrillter Kalmar)

Zubereitungszeit: 40 Minuten
  + 30 Minuten Kühlzeit
Kochzeit: 15 Minuten
Für 6 Personen

500 g kleine Kalmare (siehe Hinweis)
1/4 TL Salz

Picada-Dressing

2 EL Olivenöl extra vergine
2 EL frische glatte Petersilie, fein gehackt

1 Knoblauchzehe, zerdrückt
Salz und schwarzer Pfeffer

1 Körperbeutel der Kalmare festhalten und Tentakel mit Kopf und Eingeweide herausziehen. Tentakel unter den Augen abschneiden, dann Maul am Ansatz der Tentakel herausdrücken. Die innere Schale aus dem Körperbeutel entfernen.
2 Beutel unter kaltem fließendem Wasser abreiben; dabei sollte sich die Haut leicht lösen. Beutel und Tentakel gründlich waschen und gut abtropfen lassen. In einer Schüssel mit Salz verrühren. Zugedeckt 30 Minuten kalt stellen.
3 Tischgrill leicht ölen und erhitzen oder Grill auf höchster Stufe vorheizen.
4 Kurz vor dem Servieren Zutaten für Dressing mit etwas Salz und 1/4 TL Pfeffer in einer Kanne oder Schüssel verrühren.
5 Beutel portionsweise 2–3 Minuten grillen, bis sie weiß werden und weich sind. Tentakel 1 Minute grillen, bis sie von allen Seiten braun sind und sich zusammenrollen. Mit Dressing beträufelt heiß servieren.

Hinweis: Für dieses Rezept werden Zwergkalmare verwendet. Sind sie nicht erhältlich, wählt man die kleinste vorhandene Sorte. Auch Krake, Tintenfisch, Garnelen oder feste weiße Fischfilets können so zubereitet werden.

Dressing möglichst kurz vor dem Servieren herstellen, sonst verfärbt sich die Petersilie.

CALAMARES

Tentakel und Kopf aus dem Körperbeutel ziehen.

Tentakel direkt unter den Augen abschneiden.

Maul (Mundwerkzeuge) am Ansatz der Tentakel gegebenenfalls herausdrücken.

Transparente innere Schale herausziehen, Körperbeutel gründlich waschen und Haut abziehen.

LINKS: Calamares a la plancha

MARINIERTE ROTE PAPRIKA

Zubereitungszeit: 20 Minuten
  + 1 Nacht Marinierzeit
Kochzeit: 5 Minuten
Für 6 Personen

3 rote Paprikaschoten, geviertelt, entkernt

3 frische Thymianzweige

1 Knoblauchzehe, in dünne Scheiben
  geschnitten

2 TL frische glatte Petersilie, grob gehackt

1 Lorbeerblatt

1 Frühlingszwiebel, in Scheiben geschnitten

1 TL Paprikapulver

60 ml Olivenöl extra vergine

2 EL Rotweinessig

Salz und Pfeffer

1 Grill vorheizen. Paprikastücke mit der Haut-seite nach oben unter den Grill legen, bis die Haut schwarz wird und aufplatzt. In einer Plastik-tüte abkühlen lassen, dann Haut abziehen. In dünne Streifen schneiden, dann mit Thymian, Knoblauch, Petersilie, Lorbeerblatt und Früh-lingszwiebel in einer Schüssel gut vermengen.
2 Paprikapulver, Öl, Essig, etwas Salz und Pfeffer miteinender verrühren, über die Paprikamischung geben und mindestens 3 Stun-den, am besten über Nacht, kalt stellen. 30 Mi-nuten vor dem Servieren aus dem Kühlschrank nehmen. Im Kühlschrank hält der marinierte Paprika bis zu 3 Tage.

THUNFISCHSPIESSE MIT KAPERNFRÜCHTEN

8 Holzspieße 1 Stunde in kaltes Wasser legen. 250 g rohen Thunfisch in 24 gleich große Würfel schneiden. Schale einer un-behandelten Zitrone hauchdünn ab-schneiden und in dünne Streifen schneiden oder mit einem Zestenschneider abziehen. Thunfisch, Zitronenschale und je 1 EL Zitronensaft und Olivenöl in eine Schüssel geben. Je 3 Thunfischwürfel, 2 Kapern-früchte und 1 grüne mit Sardellen gefüllte Olive abwechselnd auf die Spieße stecken. In eine flache ofenfeste Form (kein Metall) geben und mit Marinade begießen. Bei starker Hitze 4 Minuten auf allen Seiten grillen, bis der Fisch gar ist.

KICHERERBSEN MIT CHORIZO

Zubereitungszeit: 15 Minuten
  + 1 Nacht Einweichzeit
Kochzeit: 1 Stunde 10 Minuten
Für 6 Personen

165 g getrocknete Kichererbsen

1 Lorbeerblatt

4 Nelken

1 Zimtstange

1 l Hühnerbrühe

2 EL Olivenöl

1 Zwiebel, fein gehackt

1 Knoblauchzehe, zerdrückt

1 Prise getrockneter Thymian

375 g Chorizo, in Stücke geschnitten

1 EL frische glatte Petersilie, gehackt

Salz und frisch gemahlener schwarzer Pfeffer

1 Kichererbsen in einer Schüssel reichlich mit Wasser bedecken und über Nacht einweichen. Gründlich abtropfen lassen. Mit Lorbeerblatt, Nelken, Zimtstange und Brühe in einen großen Topf geben und reichlich mit Wasser bedecken. Zum Kochen bringen, dann Hitze reduzieren und etwa 1 Stunde köcheln lassen, bis die Kichererbsen weich sind. Muss die Garzeit ver-längert werden, etwas Wasser zugeben; im Topf sollte zum Schluss ein Rest Flüssigkeit bleiben. Abseihen und Lorbeerblatt, Nelken und Zimt-stange entfernen.
2 Öl in einer großen Bratpfanne erhitzen. Zwiebel zugeben und bei mittlerer Hitze 3 Mi-nuten glasig braten. Knoblauch und Thymian zugeben und unter Rühren 1 Minute kochen. Hitze höher schalten, Chorizo zugeben und 3 Minuten braten.
3 Kichererbsen in die Bratpfanne geben, alles vermengen und bei mittlerer Hitze unter stän-digem Rühren erhitzen. Vom Herd nehmen und Petersilie einrühren. Mit Salz und Pfeffer abschmecken. Heiß ist dieses Gericht ebenso köstlich wie zimmerwarm.

ZIMTSTANGEN
Das Rindengewürz Zimt stammt von verschiedenen tropischen Bäumen. Die jungen Triebe werden wäh-rend der Regenzeit abge-schnitten, wenn die Rinde biegsam und leicht zu verarbeiten ist. Die äußere Korkschicht wird entfernt und die aromatische Innen-rinde getrocknet; dabei rollt sie sich zu „Stangen" ein, die entweder in Stücke geschnitten oder zu Pulver gemahlen werden. Zimt ist in der spanischen Küche ein beliebtes Gewürz für süße und auch pikante Gerichte. Die Stangen behalten ihr Aroma länger als Pulver, das nur in kleinen Mengen ge-kauft werden sollte.

GEGENÜBERLIEGENDE SEITE: Marinierte rote Paprika (oben), Kichererbsen mit Chorizo

GARNELEN AM SPIESS
MIT ROMESCOSAUCE

Knoblauchmark ausdrücken;
mit Fruchtfleisch der Tomate in den Mixer geben.

So lange verrühren, bis die
Mischung glatt ist.

GARNELEN AM SPIESS MIT ROMESCOSAUCE

Zubereitungszeit: 30 Minuten
  + 30 Minuten Kühlzeit
  + 15 Minuten Abkühlzeit
Kochzeit: 25 Minuten
Für 6–8 Personen

★ ★

30 große rohe Garnelen
¼ TL Salz

Romescosauce

4 Knoblauchzehen, ungeschält
1 Roma-Tomate, halbiert und entkernt
2 lange frische rote Chilischoten
35 g blanchierte Mandeln
60 g sonnengetrocknete Paprika in Öl
1 EL Olivenöl
1 EL Rotweinessig
Salz

1 Garnelen in einem Stück aus der Schale entfernen. Am Rücken einen kleinen Einschnitt anbringen und den Darm (schwarzen Faden) vorsichtig herausziehen. Mit Salz mischen und 30 Minuten kalt stellen.

2 Für die Romescosauce Backofen auf 200 °C (Gas 3) vorheizen. Knoblauch in Alufolie wickeln, mit Tomate und Chilischoten auf ein Backblech legen und 12 Minuten im Backofen erhitzen. Mandeln auf dem Blech verteilen und weitere 3–5 Minuten erhitzen. 15 Minuten abkühlen lassen.

3 Mandeln im Mixer fein mahlen. Knoblauchmark ausdrücken und mit dem von der Haut gestrichenen Fruchtfleisch der Tomate in den Mixer geben. Chilischoten aufschlitzen, Kerne entfernen und Fruchtfleisch von der Haut in den Mixer abstreichen. Paprika mit Küchenkrepp trockentupfen, hacken und mit Öl, Essig, etwas Salz und 2 EL Wasser in den Mixer geben. Alles glatt pürieren; bei Bedarf etwas Wasser zugeben, bis eine weiche, zum Tunken geeignete Konsistenz erreicht ist. Grill oder leicht geölten Tischgrill vorheizen.

4 Garnelen mit Öl bestreichen und 3 Minuten grillen, bis sie sich zusammenrollen und die Farbe ändern. Mit der Sauce servieren.

Hinweis: Die Sauce, traditionell zu Meeresfrüchten gereicht, kann man bis zu 5 Tage im Voraus zubereiten und im Kühlschrank aufbewahren.

*RECHTS: Gegrillte Garnelen
mit Romescosauce*

GEFÜLLTE MUSCHELN

Zubereitungszeit: 40 Minuten + Kühlzeit
Kochzeit: 20 Minuten
Ergibt 18 Stück

18 Miesmuscheln

2 TL Olivenöl

2 Frühlingszwiebeln, fein gehackt

1 Knoblauchzehe, zerdrückt

1 EL Tomatenmark

2 TL Zitronensaft

3 EL frische glatte Petersilie, gehackt

Salz und Pfeffer

35 g Semmelbrösel

2 Eier, verschlagen

Öl zum Frittieren

Weisse Sauce

40 g Butter

30 g Mehl

80 ml Milch

Pfeffer

1 Muscheln abbürsten und Bart entfernen. Offene Muscheln, die sich nicht schließen, wenn sie auf die Arbeitsfläche geklopft werden, wegwerfen. 250 ml Wasser in einem Topf zum Kochen bringen, Muscheln zugeben, zudecken und 3–4 Minuten kochen; dabei Topf gelegentlich schütteln. Muscheln herausnehmen, sobald sie sich öffnen, sonst werden sie zäh. 80 ml des Suds in eine Kanne abseihen. Noch geschlossene Muscheln wegwerfen. Geöffnete aus der Schale entfernen und je eine Schalenhälfte wegwerfen. Muschelfleisch fein hacken.

2 Öl in einer Pfanne erhitzen, Frühlingszwiebeln zugeben und 1 Minute braten. Knoblauch zugeben und 1 Minute mitbraten. Muscheln, Tomatenmark, Zitronensaft, 2 EL Petersilie, Salz und Pfeffer einrühren, dann zum Abkühlen beiseite stellen.

3 Für die weiße Sauce Butter in einem Topf bei schwacher Hitze zerlassen. Mehl einrühren und 1 Minute erhitzen, bis die Mischung hell wird und schäumt. Vom Herd nehmen und nach und nach Muschelsud, Milch und etwas Pfeffer unterrühren. Wieder erhitzen und unter Rühren 1 Minute kochen, bis die Sauce sämig wird. Hitze reduzieren und 2 Minuten köcheln lassen. Zum Abkühlen beiseite stellen.

4 Muschelmischung in die Schalen häufen, etwas Sauce darauf geben und glatt streichen.

5 Semmelbrösel und restliche Petersilie mischen. Muscheln in Ei tunken und Brösel auf die Füllung drücken. Frittiertopf zu einem Drittel mit Öl füllen und auf 180 °C erhitzen; ein Brotwürfel sollte in 15 Sekunden bräunen. Muscheln portionsweise 2 Minuten frittieren. Mit einem Schaumlöffel herausnehmen, abtropfen lassen. Heiß servieren.

PAN CON TOMATE

Baguette diagonal in Scheiben schneiden und diese leicht rösten. Auf einer Seite mit einer halbierten Knoblauchzehe und einer Tomatenhälfte einreiben, dabei den Saft aufs Brot drücken. Mit Salz würzen und mit Olivenöl extra vergine beträufeln. Als Tapas oder einfachen Imbiss servieren.

OBEN: Gefüllte Muscheln

CHORIZO

Regionale Varianten der in Spanien beliebten Wurstsorte sind fast überall zu finden. Chorizo ist eine Schweinswurst von grober Konsistenz, mit Paprika und Knoblauch kräftig gewürzt. Sie kann relativ mild sein oder durch die Zugabe von Chili eine gewisse Schärfe bekommen. In Spanien wird Chorizo meist gepökelt oder geräuchert angeboten und ist eine unverzichtbare Zutat vieler traditioneller Gerichte. Sie kann auch gegrillt und in Scheiben geschnitten als Tapas gereicht werden.

GEGENÜBERLIEGENDE SEITE: Albondigas en picante salsa de tomate (oben); Chorizo en sidra

ALBONDIGAS EN PICANTE SALSA DE TOMATE
(Fleischbällchen in würziger Tomatensauce)

Zubereitungszeit: 40 Minuten
  + 30 Minuten Kühlzeit
Kochzeit: 30 Minuten
Für 6 Personen

☆ ☆

175 g Hackfleisch vom Schwein

175 g Hackfleisch vom Kalb

3 Knoblauchzehen, zerdrückt

35 g Semmelbrösel

1 TL gemahlener Koriander

1 TL gemahlene Muskatnuss

1 TL gemahlener Kreuzkümmel

1 Prise gemahlener Zimt

1 Ei

Salz und Pfeffer

2 EL Olivenöl

Tomatensauce

1 EL Olivenöl

1 Zwiebel, gehackt

2 Knoblauchzehen, zerdrückt

125 ml trockener Weißwein

400 g zerkleinerte Tomaten aus der Dose

1 EL Tomatenmark

125 ml Hühnerbrühe

1/2 TL Cayennepfeffer

80 g TK-Erbsen

1 Hackfleisch, Knoblauch, Semmelbrösel, Gewürze, Ei und etwas Salz und Pfeffer in einer Schüssel von Hand vermengen, bis die Mischung homogen ist und sich von der Schüssel löst. Zugedeckt 30 Minuten kühlen.
2 Teig teelöffelweise zu Hackfleischbällchen formen. 1 EL Öl in einer Bratpfanne erhitzen und die Hälfte der Fleischbällchen bei mittlerer Hitze 2–3 Minuten rundum braun braten. Auf Küchenkrepp abtropfen lassen. Bei Bedarf restliches Öl zugeben und die restlichen Bällchen braten. Ebenfalls abtropfen lassen.
3 Für die Sauce Öl in einer Bratpfanne bei mittlerer Temperatur erhitzen und Zwiebel unter gelegentlichem Rühren 3 Minuten glasig braten. Knoblauch zugeben und 1 Minute braten. Auf höchste Stufe schalten, Wein zugeben und 1 Minute kochen. Tomaten, Tomatenmark und Brühe zugeben und 10 Minuten köcheln lassen. Cayennepfeffer, Erbsen und Fleischbällchen zugeben. 5–10 Minuten köcheln lassen, bis die Sauce dickflüssig ist. Heiß servieren.

CHORIZO EN SIDRA
(Chorizo in Apfelwein)

Zubereitungszeit: 5 Minuten
Kochzeit: 15 Minuten
Für 4 Personen

☆ ☆

3 TL Olivenöl

1 kleine Zwiebel, klein gehackt

1 1/2 TL Paprikapulver

125 ml trockener Apfelwein

60 ml Hühnerbrühe

1 Lorbeerblatt

280 g Chorizo, diagonal in Scheiben geschnitten

2 TL Sherryessig, nach Belieben mehr

2 TL frische glatte Petersilie, gehackt

1 Öl in einem Kochtopf schwach erhitzen, Zwiebel zugeben und 3 Minuten unter gelegentlichem Rühren weich braten. Paprika zugeben und 1 Minute kochen.
2 Auf mittlere Hitze schalten, Apfelwein, Brühe und Lorbeerblatt in den Topf geben und aufkochen. Hitze reduzieren und 5 Minuten köcheln lassen. Chorizoscheiben zugeben, 5 Minuten köcheln lassen, bis die Sauce leicht einkocht. Sherryessig und Petersilie einrühren. Heiß servieren.

GESALZENE MANDELN

Backofen auf 120 °C (Gas 1) vorheizen. 1 Eiweiß und 1/4 TL süßen Paprika mit einer Gabel verquirlen, bis die Mischung schäumt. 500 g blanchierte Mandeln zugeben und umrühren, bis sie mit Eiweiß gleichmäßig überzogen sind. Auf 2 kunststoffbeschichtete Backbleche geben, mit 1 1/2 EL grobem Meersalz bestreuen und mehrmals wenden, bis sie rundum mit Salz überzogen sind. Gleichmäßig auf die Backbleche verteilen und unter gelegentlichem Wenden 30 Minuten backen. 30 Minuten im ausgeschalteten Backofen lassen, dann herausnehmen. Vollständig erkalten lassen und in luftdicht verschließbaren Dosen füllen. Für 6–8 Personen.

BUNUELOS DE BACALAO

Gesalzenen Kabeljau kochen, enthäuten und entgräten.

Eischnee unter den mit Kartoffel vermengten Kabeljau heben.

Buñuelos in heißem Öl frittieren, bis sie aufgehen und goldbraun sind.

OBEN: Buñuelos de bacalao

BUNUELOS DE BACALAO
(Frittierte Kabeljauhäppchen)

Zubereitungszeit: 15 Minuten
+ 24 Stunden Einweichzeit
Kochzeit: 1 Stunde
Ergibt 35 Stück

★ ★

500 g gesalzener Kabeljau

1 große Kartoffel (220 g), ungeschält

2 EL Milch

3 EL Olivenöl

1 kleine Zwiebel, fein gehackt

2 Knoblauchzehen, zerdrückt

30 g Mehl

1/3 TL Backpulver

2 Eier, getrennt

1 EL frische glatte Petersilie, gehackt

Salz und Pfeffer

Olivenöl zum Frittieren

1 Kabeljau 24 Stunden wässern; dabei Wasser öfter wechseln. Kartoffel 20 Minuten weich kochen, abkühlen lassen, schälen und mit der Milch und 2 EL Olivenöl vermengen.
2 Kabeljau trocknen, in große Stücke schneiden und in einen Kochtopf geben. Mit Wasser bedecken, bei starker Hitze zum Kochen bringen, dann auf mittlere Hitze zurückschalten und 10 Minuten weich kochen, bis sich Schaum an der Oberfläche bildet. Abtropfen und so weit abkühlen lassen, dass man ihn enthäuten und entgräten kann. Dann mit einer Gabel zu Flocken zerteilen.
3 Restliches Öl in einer kleinen Bratpfanne erhitzen. Zwiebel bei mittlerer Hitze 5 Minuten braten, bis sie weich ist und zu bräunen beginnt. Knoblauch zugeben, 1 Minute braten, dann vom Herd nehmen.
4 Kartoffel, Kabeljau, Zwiebel, Mehl, Backpulver, Eigelbe und Petersilie in einer Schüssel vermengen und mit Salz und Pfeffer würzen. Eiweiß steif schlagen und unter die Mischung heben. Frittiertopf zu einem Drittel mit Olivenöl füllen und auf 190 °C erhitzen; ein Brotwürfel sollte in 10 Sekunden braun werden. Gehäufte Esslöffel der Mischung ins Öl geben und 2 Minuten frittieren, bis sie aufgehen und goldbraun sind. Abtropfen lassen und servieren.

NIEREN IN SHERRY

Zubereitungszeit: 15 Minuten
Kochzeit: 20 Minuten
Für 4 Personen

★

2 EL Olivenöl

1 große Zwiebel, fein gehackt

2 Knoblauchzehen, zerdrückt

1 EL Mehl

315 ml Hühnerbrühe

1 EL Tomatenmark

1 Lorbeerblatt

Salz und gemahlener schwarzer Pfeffer

1 kg Lammnieren, halbiert

40 g Butter

150 ml trockener Sherry

Salz und Pfeffer

1 EL frische glatte Petersilie, gehackt

1 Öl in der Pfanne erhitzen. Zwiebel und Knoblauch bei mittlerer Hitze 5 Minuten braten. Mehl zugeben und unter Rühren 1 Minute kochen. Brühe, Tomatenmark und Lorbeerblatt zugeben. Zum Kochen bringen und unter Rühren kochen, bis die Mischung eindickt. Mit Salz und Pfeffer würzen und 3–4 Minuten köcheln lassen. Warm halten.

2 Das weiße Innere der Nieren herausschneiden. Jede Hälfte in drei Scheiben schneiden. Butter in einer Bratpfanne zerlassen, die Hälfte der Nieren zugeben und bei starker Hitze unter häufigem Rühren kochen, bis sie rundum braun sind. Aus der Pfanne nehmen und restliche Nieren ebenso garen. Sherry in die Pfanne geben und bei starker Hitze auf die Hälfte einkochen. Nieren und Sauce in die Pfanne geben und Petersilie einrühren. Abschmecken und vor dem Servieren weitere 2 Minuten köcheln lassen. Mit Reis servieren.

PATATAS BRAVAS
(Frittierte Kartoffeln in Tomatensauce)

Zubereitungszeit: 15 Minuten
Kochzeit: 1 Stunde
Für 6 Personen

✳ ✳

1 kg fest kochende Kartoffeln (Sieglinde, Hansa)

Öl zum Frittieren

500 g vollreife Roma-Tomaten

2 EL Olivenöl

1/4 rote Zwiebel, fein gehackt

2 Knoblauchzehen, zerdrückt

3 TL Paprika

1/4 TL Cayennepfeffer

1 Lorbeerblatt

1 TL Zucker

1 EL frische glatte Petersilie, gehackt, zum Garnieren

1 Kartoffeln in 2 cm große Würfel schneiden. Spülen, abtropfen lassen und trockentupfen. Fritteuse oder Frittiertopf zu einem Drittel mit Öl füllen und auf 180 °C vorheizen; ein Brotwürfel sollte innerhalb 15 Sekunden bräunen. Kartoffelstücke portionsweise 10 Minuten goldbraun frittieren und auf Küchenkrepp abtropfen lassen. Öl beiseite stellen.

2 Tomaten auf der Unterseite kreuzweise einschneiden, 10 Sekunden in kochendes Wasser legen, kalt abschrecken und Haut vom Einschnitt aus abziehen. Fruchtfleisch klein hacken.

3 Olivenöl bei mittlerer Temperatur erhitzen und Zwiebel 3 Minuten weich braten. Knoblauch, Paprika und Cayennepfeffer zugeben und 1–2 Minuten braten, bis die Gewürze duften.

4 Tomaten, Lorbeerblatt, Zucker und 90 ml Wasser zugeben und unter Rühren 20 Minuten kochen. Etwas abkühlen lassen und Lorbeerblatt entfernen. Im Mixer pürieren; bei Bedarf mit Wasser verdünnen. Vor dem Servieren erwärmen und mit Salz und Pfeffer kräftig würzen.

5 Öl auf 180 °C erhitzen, Kartoffeln erneut kurz frittieren und auf Küchenkrepp abtropfen lassen. Auf eine Platte geben, mit Sauce übergießen und mit Petersilie garniert servieren.

UNTEN: Patatas bravas

CROQUETAS DEL
JAMON Y DE LA SETA

Kleine Portionen der Masse
zu Kroketten formen.

Mit 2 Gabeln die bemehl-
ten Kroketten in Ei tauchen.

CROQUETAS DEL JAMON Y DE LA SETA
(Schinken-Champignon-Kroketten)

Zubereitungszeit: 35 Minuten
+ 2 Stunden Abkühlzeit + 30 Minuten Kühlzeit
Kochzeit: 20 Minuten
Ergibt 18 Stück

★ ★

90 g Butter

1 kleine Zwiebel, fein gehackt

110 g Champignons, fein gehackt

90 g Mehl

250 ml Milch

185 ml Hühnerbrühe

110 g Schinken, fein geschnitten

schwarzer Pfeffer

60 g Mehl zum Überziehen

2 Eier, leicht verschlagen

50 g Semmelbrösel

Öl zum Frittieren

1 Butter in einem Kochtopf bei schwacher Hitze zerlassen, Zwiebel zugeben und 5 Minuten glasig braten. Pilze zugeben und bei schwacher Hitze unter gelegentlichem Rühren 1 Minute braten, bis die Mischung trocken und bröckelig wird und sich zu verfärben beginnt. Vom Herd nehmen, nach und nach Milch zugeben und dabei glatt rühren. Brühe zufügen, Mischung unter Rühren wieder erhitzen und kochen, bis sie eindickt. Schinken und etwas schwarzen Pfeffer einrühren, dann in eine Schüssel füllen und 2 Stunden abkühlen lassen.
2 Je 2 TL der Masse zu 6 cm langen Kroketten formen. Mehl, Ei und Brösel jeweils in eine flache Schüssel geben. Kroketten in Mehl wenden, dann in das Ei tauchen und Überschuss abtropfen lassen. Kroketten anschließend in den Bröseln wenden, auf ein Backblech legen und 30 Minuten in den Kühlschrank stellen.
3 Einen Frittiertopf zu einem Drittel mit Öl füllen und auf 180 °C erhitzen; ein Brotwürfel sollte in 15 Sekunden bräunen. Kroketten portionsweise 3 Minuten unter Wenden frittieren, bis sie rundum braun sind. Gründlich abtropfen lassen.

Hinweis: Die Kroketten lassen sich leicht abwandeln; Schinken beispielsweise durch fein gehacktes Hühnerfleisch oder in Flocken zerteilten gekochten Fisch ersetzen und fein gehackte Kräuter nach Belieben zugeben.

*RECHTS: Croquetas del
jamon y de la seta*

GAMBAS AL AJILLO
(Knoblauchgarnelen)

Zubereitungszeit: 20 Minuten
Kochzeit: 15 Minuten
Für 4 Personen

★

1,25 kg rohe mittelgroße Garnelen
80 g Butter, zerlassen
200 ml Olivenöl
8 Knoblauchzehen, zerdrückt
2 Frühlingszwiebeln, fein geschnitten
Salz und Pfeffer

1 Backofen auf 250 °C (Gas 5) vorheizen. Garnelen in einem Stück aus den Schalen entfernen. Am Rücken einen Einschnitt anbringen und den Darm vorsichtig herausziehen.
2 Butter, Öl und 4 Knoblauchzehen auf 4 gusseiserne Formen mit je 500 ml Fassungsvermögen verteilen.
3 Auf einem Blech im Backofen 10 Minuten erhitzen, bis das Fett Blasen wirft. Garnelen und restlichen Knoblauch auf die Formen verteilen und 5 Minuten erhitzen, bis die Garnelen gar sind. Frühlingszwiebeln einrühren und mit Salz und Pfeffer abschmecken. Mit Brot zum Tunken servieren. Die Garnelen kann man auch in einer großen Pfanne auf dem Herd zubereiten.

CHAMPINONES AL AJILLO
(Knoblauch-Champignons)

Zubereitungszeit: 10 Minuten
Kochzeit: 15 Minuten
Für 4 Personen

★

6 Knoblauchzehen
1 1/2 EL Zitronensaft
650 g Champignons, in Scheiben geschnitten
60 ml Olivenöl
1/4 kleine frische rote Chilischote, fein gehackt
Salz und Pfeffer
2 TL frische glatte Petersilie, gehackt

1 Von den Knoblauchzehen 4 zerdrücken und 2 fein schneiden. Zitronensaft über die geschnittenen Champignons träufeln.
2 Öl in einer Pfanne erhitzen. Zerdrückten Knoblauch und Chili zugeben. Bei mittlerer bis hoher Temperatur 10 Sekunden erhitzen, dann Pilze zugeben. Mit Salz und Pfeffer würzen und unter häufigem Rühren 8–10 Minuten braten. Restlichen Knoblauch und Petersilie einrühren und 1 Minute braten. Heiß servieren.
Hinweis: Geeignet sind auch alle wilden Champignonarten; da sie zarter sind, ist die Garzeit entsprechend kürzer.

GAMBAS AL AJILLO
In Spanien ist dies eine der beliebtesten „tapas", der Häppchen, die in den Bars und Restaurants der Küstenregionen angeboten werden. Traditionell werden sie in dem Geschirr gereicht, in dem sie zubereitet wurden, meist einer Form aus Gusseisen oder glasiertem Ton. Zu den Garnelen wird knuspriges Brot serviert, mit dem man den würzigen Saft genussvoll auftunken kann.

OBEN: Gambas al ajillo

83

OBEN: Spanische Kebabs

HALLOUMI

Halloumi ist ein fester Käse, der in Salzlake (Salzwasser) reift. Er hat einen salzigen, kräftigen, an Feta erinnernden Geschmack. Sehr gut paßt Halloumi auf eine Käseplatte mit frischem Obst. Man kann ihn aber auch in Olivenöl braten oder mit Olivenöl bestreichen und grillen. Zerlassen hat er eine glatte, cremige Konsistenz.

SPANISCHE KEBABS

Zubereitungszeit: 15 Minuten + Marinierzeit
Kochzeit: 5 Minuten
Ergibt 18–20 Stück

★★

1 kg Rumpsteak

3 Knoblauchzehen, gehackt

1 EL frische, glatte Petersilie, gehackt

80 ml Zitronensaft

1/2 TL schwarzer Pfeffer

18–20 kleine Holzspieße

Paprikadressing

2 TL Paprikapulver

1 starke Prise Cayennepfeffer

1/2 TL Salz

2 EL Rotweinessig

80 ml Olivenöl

Zitronenspalten, zum Servieren

1 Überschüssiges Fett vom Rumpsteak entfernen und in 2 cm große Stücke schneiden. Anschließend mit Knoblauch, Petersilie, Zitronensaft und Pfeffer in einer Schüssel mischen und mit Frischhaltefolie abgedeckt 2 Stunden im Kühlschrank marinieren. Derweil die Holzspieße 1 Stunde in Wasser legen, damit sie beim Grillen nicht verbrennen.

2 Für das Dressing alle Zutaten gut verquirlen.

3 Einen leicht geölten heißen Stein oder einen Grill vorheizen. Das marinierte Fleisch auf die Spieße stecken; ca. 4–5 Minuten grillen, gelegentlich wenden. Mit Paprikadressing beträufeln und noch heiß mit Zitronenspalten servieren.

GEGRILLTER HALLOUMI

10 Baguettescheiben beidseitig leicht mit Olivenöl einstreichen und goldbraun rösten. 250 g Halloumi-Käse in 5 mm dicke Scheiben schneiden. Etwas Öl und zerdrückten Knoblauch mischen; den Käse damit einstreichen. 1 Minute auf einem heißen Stein grillen, bis er weich und auf der Unterseite goldbraun ist. Mit einem Pfannenheber auf dem Brot verteilen. Mit Olivenöl beträufeln und mit gehackter Minze und zerstoßenem schwarzem Pfeffer bestreuen. Ergibt 10 Stück.

BABA GANOUJ
(AUBERGINEN-DIP)

Zubereitungszeit: 15 Minuten + Ruhezeit
Kochzeit: 35 Minuten
Ergibt ca. 250 ml

 ★★

2 mittelgroße Auberginen
3–4 Knoblauchzehen, zerdrückt
2 EL Zitronensaft
2 EL Tahin
1 EL Olivenöl
Paprikapulver zum Servieren

1 Auberginen längs halbieren, mit Salz bestreuen und 15–20 Minuten ruhen lassen. Abspülen und mit Küchenpapier trockentupfen. Den Backofen auf 180 °C (Gas 2–3) vorheizen.
2 Die Auberginen auf ein Backblech legen und 35 Minuten backen, bis sie weich sind. Die Haut abziehen und wegwerfen. Das Auberginenfleisch, Knoblauch, Zitronensaft, Tahin und Olivenöl in eine Küchenmaschine geben und mit Salz und Pfeffer würzen. 20–30 Sekunden pürieren. Mit Paprika bestäuben und zu Fladenbrot servieren.
Hinweis: Auberginen werden mit Salz bestreut, weil sie einen leicht bitteren Geschmack haben können. Das Salz zieht die bittere Flüssigkeit aus der Frucht. Bei dünneren Auberginen ist dies nicht nötig. Tahin ist eine Sesampaste, die man im Supermarkt und im Naturkostladen erhält.

TZATZIKI
(MINZ-GURKEN-DIP)

1 Minigurke fein reiben, die Flüssigkeit ausdrücken. In einer Schüssel mit 2 zerdrückten Knoblauchzehen, 250 g Naturjoghurt, 1 Teelöffel Weißweinessig und je 1 Teelöffel gehacktem Dill und gehackter Pfefferminze mischen. Mit Salz und schwarzem Pfeffer würzen. Zu Pitta- oder Fladenbrot servieren.

UNTEN: Auberginen-Dip

BRUSCHETTA Knuspriges Brot – ob Ciabatta,

Baguette oder Sauerteigbrot – leicht geröstet und mit farbenfrohen, frischen Zutaten belegt, ist für fast jeden Anlaß genau das richtige.

RÄUCHERLACHS UND KAPERN

2 kleine Baguettes in 1 cm dicke Scheiben schneiden und beidseitig goldgelb rösten. 250 g Doppelrahmfrischkäse mit 2 Eßlöffeln Zitronensaft und 15 g gehacktem Schnittlauch mischen. Auf die Brotscheiben streichen und darauf kleine Scheiben Räucherlachs und einige kleine Kapern legen. Zum Servieren mit etwas frischem Dill garnieren. Ergibt ungefähr 24 Stück.

GEGRILLTE PAPRIKASCHOTEN

Je 2 gelbe, grüne und rote Paprika längs halbieren, Samen und Rippen entfernen. Mit der Außenseite nach oben grillen, bis die Haut schwarz ist. In einem Gefrierbeutel abkühlen lassen; dann die Haut abziehen. In dünne Streifen schneiden und in einer großen Schüssel mit 1 kleinen roten, in dünne Spalten geschnittenen Zwiebel, 1¹/₂ Eßlöffel Olivenöl, 1¹/₂ Eßlöffel Balsamico-Essig und 2 zerdrückten Knoblauchzehen mischen. 2 kleine Sauerteigmeterbrote in 1 cm dicke Scheiben schneiden; beidseitig goldgelb rösten. Die Paprikamischung darauf verteilen. Ergibt ca. 24 Stück.

RAUKE UND FETA

Eine Baguette oder Ciabatta in 1 cm dicke Scheiben schneiden, mit Olivenöl einstreichen und beidseitig goldgelb rösten. Ca. 100 g Rauke darauf verteilen.

200 g zerbröckelten Fetakäse mit 2 Teelöffeln feingeriebener Orangenschale und 2 Eßlöffeln Olivenöl mischen. Je 2 Teelöffel der Mischung auf jedes Raukeblatt geben. 6 Scheiben Prosciutto knusprig grillen und über dem Fetakäse zerkrümeln. Ergibt ca. 30 Scheiben.

CAPRESE

150 g kleingewürfelte Bocconcini mit 3 Eßlöffeln frischem, geschnittenem Basilikum und 3 Eßlöffeln warmem Olivenöl, extra vergine, in einer großen Glasschüssel mischen. Mit Salz und Pfeffer würzen. Abgedeckt 1 Stunde an einem warmen Ort marinieren, damit sich das Aroma entfalten kann. Eine große Baguette oder Ciabatta in 1 cm dicke Scheiben schneiden, mit Olivenöl einpinseln und beidseitig goldgelb rösten. Die Mozzarella-Mischung auf den Toasts verteilen. Ergibt ca. 30 Stück.

PILZE UND PETERSILIE

Eine große Baguette oder Ciabatta in 1 cm dicke Scheiben schneiden, mit Olivenöl einstreichen und beidseitig goldgelb rösten. 1 Eßlöffel Olivenöl in einer kleinen Pfanne erhitzen, darin 200 g kleine, geviertelte Champignons bißfest dünsten. 1 Eßlöffel Zitronensaft, 50 g zerbröckelten Ziegenkäse, 1 Eßlöffel gehackte, glatte Petersilie zugeben und abschmecken. Auf den Toasts verteilen. Ergibt ca. 30 Stück

TOMATEN UND BASILIKUM

Eine große Baguette oder Ciabatta in 1 cm dicke Scheiben schneiden, mit Olivenöl einstreichen und beidseitig goldgelb rösten. 4 reife Tomaten fein würfeln und mit 30 g kleingeschnittenem, frischem Basilikum und 2 Eßlöffeln Olivenöl, extra vergine, mischen. Auf den Toasts verteilen. Ergibt ca. 30 Stück.

PASTRAMI MIT KRÄUTERN

Eine große Baguette oder Ciabatta in 1 cm dicke Scheiben schneiden, mit Olivenöl einstreichen und beidseitig goldgelb rösten. 200 ml Crème fraîche mit je 1 Teelöffel gehackter, frischer Petersilie, Schnittlauch und Basilikum mischen. Je 1 Teelöffel der Mischung auf 1 Brotscheibe streichen. 30 Scheiben Pastrami halbieren und in der Mitte falten; je 2 davon auf ein Brot legen. 2 gewürfelte Tomaten mit $1/2$ feingehackten roten Zwiebel und je 2 Teelöffeln Balsamico-Essig und Olivenöl mischen. Mit einem Löffel auf den Toasts verteilen und mit frischen Basilikumblättern garnieren. Ergibt ca. 30 Stück.

VON LINKS: Räucherlachs und Kapern; Gegrillte Paprikaschoten; Rauke und Feta; Caprese; Pilze und Petersilie; Tomaten und Basilikum; Pastrami mit Kräutern

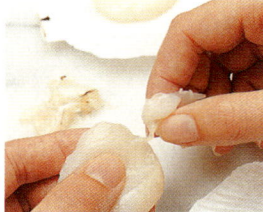

Schwarzen Faden und
weiße Muskeln aus den
Kammmuscheln entfernen.

Kammmuscheln in die
Marinade einrühren.

TORTILLA
(Kartoffelomelett)

Zubereitungszeit: 25 Minuten
Kochzeit: 20 Minuten
Für 6–8 Personen

 ✳ ✳

500 g Kartoffeln, in 1 cm dicke Scheiben
 geschnitten
60 ml Olivenöl
1 Zwiebel, fein geschnitten
4 Knoblauchzehen, fein geschnitten
2 EL frische glatte Petersilie, fein gehackt
6 Eier
1 TL Salz
1 TL frisch gemahlener schwarzer Pfeffer

1 Kartoffeln in einem Topf mit kaltem Wasser
bedecken und zum Kochen bringen. 5 Minuten
kochen, dann abgießen und beiseite stellen.
2 Öl in einer kunststoffbeschichteten Bratpfanne
bei mittlerer Temperatur erhitzen, Zwiebel und
Knoblauch 5 Minuten weich braten.
3 Kartoffeln und Petersilie hineinrühren und bei
mittlerer Hitze 5 Minuten braten, dabei leicht in
der Pfanne andrücken.
4 Eier mit Salz und Pfeffer verschlagen und über
den Kartoffeln verteilen. Zugedeckt etwa 20 Minuten bei schwacher bis mittlerer Hitze garen. Auf
einem Teller oder in der Pfanne servieren.

KAMMMUSCHELN CEVICHE

Zubereitungszeit: 20 Minuten
 + 2 Stunden Marinierzeit
Kochzeit: keine

✳ ✳

15 Kammmuscheln auf der halben Schale
1 TL fein geriebene Schale einer unbehandelten
 Limette
60 ml Limettensaft
2 Knoblauchzehen, gehackt
2 rote Chilischoten, entkernt und gehackt
1 EL frische Petersilie, gehackt
1 EL Olivenöl
Salz und schwarzer Pfeffer

1 Kammmuscheln aus der Schale entfernen.
Falls erforderlich, Fleisch mit einem kleinen
scharfen Schälmesser von der Schale lösen.
Kleine schwarze Tasche und weißen Muskel
entfernen und Schalen gründlich waschen.
2 In einer Schüssel (kein Metall) Limettenschale
und –saft, Knoblauch, Chilischoten, Petersilie,
Öl und etwas Salz und Pfeffer vermischen.
Muscheln einrühren. Mit Klarsichtfolie bedeckt
2 Stunden im Kühlschrank ziehen lassen.
3 Muscheln auf den halben Schalen anrichten
und Marinade darüber geben. Kalt servieren.
Hinweis: In der Marinade halten die Kammmuscheln 2 Tage.

RECHTS: Tortilla

MANDELN

Die Mandel ist der Samen-kern der Frucht des Man-delbaums. Ursprünglich in den Ländern des Mittel-meers beheimatet, wird sie heute auch in Kalifornien, Australien und Südafrika angebaut. Süßmandeln sind mit und ohne Schale, mit und ohne Haut, als Stifte, Blättchen, gehackt und ge-mahlen erhältlich. In Koch-und Backrezepten werden sie meist einfach als Man-deln bezeichnet. Bittermen-deln und das aus ihnen ge-wonnene Bittermandelöl werden in Kleinstmengen vorwiegend dazu verwen-det, Backwaren und Liköre zu aromatisieren.

KRAKE IN KNOBLAUCH-MANDEL-SAUCE

Zubereitungszeit: 25 Minuten + Kühlzeit
Kochzeit: 50 Minuten
Für 4 Personen

1 kg kleine Kraken

1/2 kleine rote Paprikaschote, entkernt

125 g gemahlene Mandeln

3 Knoblauchzehen, zerdrückt

80 ml Rotweinessig

200 ml Olivenöl

2 EL frische glatte Petersilie, gehackt

Salz und schwarzer Pfeffer

1 Mit einem kleinen Messer Tentakel vom Krakenkopf vorsichtig trennen und Maul (Mundwerkzeuge) am Ansatz der Tentakel mit dem Finger herausdrücken. Augen mit einem scharfen Messer kreisförmig aus dem Kopf herausschneiden und wegwerfen. Kopf vor-sichtig an einer Seite aufschneiden und Ein-geweide herausspülen. Kraken in einen großen Topf kochendes Wasser geben und je nach Größe 20–40 Minuten kochen, bis sie weich sind; nach 15 Minuten immer wieder mit einem Spießchen prüfen. Vom Herd nehmen und in der Pfanne 15 Minuten abkühlen lassen.

2 Für die Sauce Grill auf höchster Stufe vor-heizen. Paprika mit der Hautseite nach oben erhitzen, bis die Haut schwarz wird und auf-platzt. In einer Plastiktüte abkühlen lassen, dann die Haut abziehen. Mit Mandeln und Knob-lauch im Mixer pürieren. Bei laufendem Motor langsam Essig, dann Öl zugeben. 125 ml ko-chendes Wasser und Petersilie einrühren und mit Salz und schwarzem Pfeffer würzen.

3 Tentakel in Stücke schneiden. In einer Ser-vierschüssel mit der Sauce vermischen. Warm oder gekühlt als Salat servieren.

OBEN: Krake in Knoblauch-Mandel-Sauce

GARNELEN-CROUSTADE

Vorbereitungszeit: 45 Minuten
Garzeit: 25 Minuten
Für 6 Personen

★★

½ Kastenweißbrot

125 ml Olivenöl

1 Knoblauchzehe, zerdrückt

Füllung

500 g mittelgroße rohe Garnelen

250 ml Fischfond

2 Zitronenscheiben

50 g Butter

6 Frühlingszwiebeln, gehackt

30 g Mehl

1 Prise Pfeffer

1 EL Zitronensaft

½–1 TL frischer Dill, gehackt

60 ml Sahne

UNTEN: Garnelen-Croustade

1 Backofen auf 210 °C vorheizen. Das Brot in 5 cm dicke Scheiben schneiden, die Rinde entfernen. Anschließend in Dreiecke schneiden, aus diesen weitere kleine Dreiecke ausstechen (Kantenlänge 1 cm), das Brot vorsichtig herausholen, um Platz für die Füllung zu schaffen. Öl und Knoblauch erhitzen, die Brotscheiben damit einpinseln. Anschließend auf ein Backblech setzen und 10 Minuten backen, bis sie goldbraun sind.
2 Für die Füllung Garnelen schälen, entdarmen und grob zerkleinern. In einen kleinen Topf legen und mit Fond bedecken. Zitronenscheiben zufügen, 15 Minuten kochen, durch ein Sieb gießen und Garnelen und Flüssigkeit getrennt aufbewahren.
3 Butter schmelzen, Frühlingszwiebeln zugeben und bei mittlerer Hitze weich dünsten. Mehl und etwas Pfeffer unterrühren und 2 Minuten kochen. Vom Herd nehmen und nach und nach die aufbewahrte Garnelenflüssigkeit zugeben. Bei mittlerer Hitze 5 Minuten unter Rühren köcheln, bis die Sauce eindickt. Zitronensaft, Dill, Sahne und Garnelen zufügen und unter Rühren alles erhitzen.
4 Zum Servieren die Füllung in die warmen Brote geben.

VOL-AU-VENTS MIT MEERESFRÜCHTEN

Vorbereitungszeit: 30 Minuten
Garzeit: 20 Minuten
Für 4 Personen

★

250 g mittelgroße rohe Garnelen

250 g Miesmuscheln

125 g Kammuscheln

4 große Blätterteigpasteten (Vol-au-Vents)

250 ml Fischfond

60 g Butter

1½ EL Mehl

1 EL Weißwein

1 EL Sahne

60 g junge Champignons, gewürfelt

125 ml Weißweinsauce

1 EL frischer Zitronensaft

1–2 EL frische Petersilie, gehackt

Salz und Pfeffer

1 Garnelen schälen und entdarmen. Muscheln mit einer harten Bürste putzen und die Bärte herausziehen. Beschädigte oder offene Muscheln, die sich nach einem leichten Klopfen nicht schließen, wegwerfen. Gut abspülen. Von den Kammuscheln Adern, dünne Haut und weiße Muskeln abschneiden.

2 Den Backofen auf 160 °C vorheizen. Blätterteigpasteten auf ein Backblech setzen und im Ofen erhitzen, in der Zwischenzeit die Füllung vorbereiten.

3 Fischfond in einem Topf erhitzen, Garnelen und Miesmuscheln zufügen und 4–5 Minuten kochen. Kammuscheln zugeben und 1 Minute kochen, bis sie weich sind. Abgießen und abkühlen lassen, den Fond aufbewahren. Das Fleisch aus den Miesmuscheln lösen, alle ungeöffneten Muscheln wegwerfen.

4 Die Hälfte der Butter bei schwacher Hitze schmelzen. Mehl zugeben und 2 Minuten rühren, bis es hell aufschäumt. Vom Herd nehmen und Fond sowie Wein unterziehen. Unter Rühren kochen, bis die Flüssigkeit eindickt. 5 Minuten köcheln lassen. Vom Herd nehmen und die Sahne zugießen.

5 Die restliche Butter schmelzen und die Pilze 2–3 Minuten weich dünsten. Meeresfrüchte, Sauce, Zitronensaft, Petersilie und Salz und Pfeffer nach Geschmack zufügen.

6 Die Meeresfrüchte-Mischung in die warmen Vol-au-Vents füllen und sofort servieren.

GARNELEN-FRITTER

Vorbereitungszeit: 25 Minuten
Garzeit: 15 Minuten
Für 4-6 Personen

✯✯

50 g Reis-Vermicelli, getrocknet
300 g mittelgroße rohe Garnelen
1 Ei
1 EL Fischsauce
125 g Mehl
1/4 TL Garnelenpaste
3 Frühlingszwiebeln, in Scheiben geschnitten
1 kleine frische rote Chilischote, feingehackt
Öl zum Fritieren
Dip-Sauce oder tafelfertige
  süße Chilisauce zum Servieren

1 Reis-Vermicelli in einer Schüssel mit kochendem Wasser 5 Minuten einweichen, dann abgießen, trockentupfen und in kurze Stücke schneiden.

2 Garnelen schälen und entdarmen. Die Hälfte der Garnelen in einer Küchenmaschine pürieren. Restliche Garnelen zerkleinern und zugeben.

3 Ei, Fischsauce und 185 ml Wasser in einem hohen Gefäß verrühren. Das Mehl in eine Schüssel sieben, in die Mitte eine Mulde drücken und die Ei-Mischung langsam mit dem Schneebesen einarbeiten, bis ein klumpenfreier Teig entsteht.

4 Garnelen, Garnelenpaste, Frühlingszwiebeln, Chili und Vermicelli zufügen. Alles gründlich miteinander vermischen.

5 Eine tiefe gußeiserne Pfanne zu einem Drittel mit Öl füllen und auf 180 °C erhitzen (1 Brotwürfel sollte in 15 Sekunden braun sein). Die Masse eßlöffelweise ins Öl gleiten lassen und 3 Minuten fritieren, bis die Fritter knusprig und goldbraun sind. Auf Küchenpapier abtropfen lassen. Wiederholen, bis der Teig aufgebraucht ist. Heiß mit einer Dip-Sauce servieren.

OBEN:
Garnelen-Fritter

SUPPEN

COURT-BOUILLON
& FISCHFOND Ein aromatischer, selbstgemachter

Fond ist die ideale Grundlage für eine exzellente Fischsuppe.

Im Gegensatz zu anderen Fonds wird Fischfond nur kurz bei schwacher Hitze gegart. Wenn er zu lange kocht, wird er bitter. Gräten und Fischteile müssen frei von Blut und Innereien sein, da sie den Geschmack des Fonds beeinträchtigen. Geeignet sind fast alle Fischgräten, außer solchen von fettem Fisch. Während des Kochens unbedingt den Schaum von der

Oberfläche abnehmen, da der Fond sonst eintrübt. Fischfond und Court-Bouillon können bis zu 1 Woche gekühlt oder bis zu 6 Monaten eingefroren werden.

FISCHFOND KOCHEN
Verwenden Sie eine große gußeiserne Pfanne oder einen Suppentopf. Augen und Kiemen der Fische entfernen,

Gräten, Köpfe und Schwänze zerkleinern. Alles 10 Minuten in kaltes Salzwasser legen, um das Blut zu entfernen. 2 Kilo Parüren (Fischteile), 1 grobgehackte Selleriestange mit Blattgrün, 1 gehackte Zwiebel, 1 ungeschälte, kleingeschnittene Karotte, 1 kleingeschnittene Porreestange und 2 Liter Wasser in einen Topf geben.

Langsam zum Kochen bringen, Schaum sofort abschöpfen. 1 Bouquet garni und einige schwarze Pfefferkörner zufügen. Temperatur reduzieren und 20 Minuten köcheln lassen. Den Schaum regelmäßig abschöpfen. Den Fond langsam durch ein Sieb (mit einem feuchten Tuch ausgeschlagen) gießen. Dabei die festen Bestandteile nicht zerdrücken, damit der Fond klar bleibt; dann abkühlen lassen. Bis zu 1 Woche im Kühlschrank haltbar. Ergibt 1,75 Liter.

COURT-BOUILLON KOCHEN

Court-Bouillon ist die aromatische Brühe, in der Fisch traditionell gekocht wird. Kalt servierter Fisch kühlt am besten in der Brühe ab. 1 Liter Wasser, 125 ml Weißwein, 1 Zwiebel, einige kleingeschnittene Karotten und Selleriestangen, 6 Pfefferkörner und 1 Bouquet garni in eine große gußeiserne Pfanne oder in einen Suppentopf geben. Die Flüssigkeit zum Kochen bringen, dann bei schwacher Hitze 30 Minuten köcheln lassen. Die Brühe anschließend durch ein Sieb gießen und abkühlen lassen. Nach Geschmack würzen. Für ein leichtes Anisaroma etwas geschnittenen Fenchel zugeben; Zitronenaroma bekommt die Bouillon durch die Zugabe von Zitronen-, Limonen- oder Orangenschale. Im allgemeinen gart man kleine Fischstücke oder -filets in schwach kochender Brühe, während man große Fische in kalter Brühe aufsetzt, um gleichmäßiges Garen sicherzustellen.

BOUQUET GARNI HERSTELLEN

Ein Lorbeerblatt, einen Thymianzweig und einige Stengel Petersilie bündeln. Den grünen Teil einer Porreestange lose um die Kräuter wickeln. Mit Küchengarn zusammenbinden.

FOND EINFRIEREN

Den Fond abkühlen lassen, einen Meßbecher mit einem Gefrierbeutel auskleiden und die gewünschte Menge einfüllen. Den Beutel herausnehmen, gut verschließen, etikettieren und einfrieren. (Wiederholen, bis der gesamte Fond aufgebraucht ist.) Oder den Fond auf die Hälfte reduzieren (einkochen), abgekühlt in Eiswürfelbehälter füllen und einfrieren. Den Fond mit Wasser im Verhältnis 1:1 auftauen.

PASTA UND BOHNEN

Die Kombination aus Pasta mit Bohnen mag befremdlich erscheinen, doch in mehreren Länderküchen hält man sie für durchaus gelungen. Die italienische Küche kennt einige Varianten der *pasta e fagioli*: Die regional bevorzugten Ausgangsprodukte Pasta und Bohnen werden mit Gemüse, Wurst oder nur mit Parmesan kombiniert. Die Kombination Pasta/Bohnen ist ein komplettes Protein und damit auch für Vegetarier sehr gut geeignet.

UNTEN: Bohnen- und Pastasuppe

BOHNEN- UND PASTASUPPE

Vorbereitungszeit: 20 Minuten + Einweichzeit über Nacht
Kochzeit: 1 Stunde 25 Minuten
Für 4-6 Personen

250 g Borlottibohnen, über Nacht in Wasser eingeweicht
1 Beinscheibe
1 Zwiebel, gehackt
eine Prise Zimt
eine Prise Cayennepfeffer
2 EL Olivenöl
500 ml Hühnerbrühe
120 g Spinat- oder Eiertagliatelle, in mundgerechte Stücke gebrochen

1 Die Borlottibohnen abtropfen lassen und abbrausen. In einem Topf mit kaltem Wasser bedecken und zum Kochen bringen. Umrühren und bei Niedrighitze 15 Minuten köcheln lassen.
2 Abtropfen und mit der Beinscheibe, der Zwiebel, Zimt, Cayennepfeffer, Olivenöl und Brühe in eine große Pfanne mit gut schließendem Deckel geben; kaltes Wasser zugießen, bis alles bedeckt ist. Bei Niedrighitze und mit aufgelegtem Deckel 1 Stunde köcheln lassen, bis die Bohnen weichgekocht sind und die Brühe eingedickt haben. Die Beinscheibe entfernen, das Fleisch in mundgerechte Stücke teilen und wieder in die Suppe geben. Den Knochen nicht weiter verwenden.
3 Abschmecken und nach Geschmack salzen. Die Suppe aufkochen lassen und darin die Tagliatelle *al dente* kochen. Vor dem Servieren 1–2 Minuten abkühlen lassen. Mit frischen Kräutern garnieren.

HÜHNERSUPPE MIT PASTA

Vorbereitungszeit: 20 Minuten
Kochzeit: 20 Minuten
Für 4 Personen

2 Hühnerbrustfilets

90 g Champignons

2 EL Olivenöl

1 Zwiebel, feingehackt

180 g Spaghetti, in mundgerechte Stücke
    gebrochen

1,5 l Hühnerbrühe

30 g frisches Basilikum, feingezupft

1 Die Hühnerfilets fein würfeln und die Champignons grob zerkleinern. Das Olivenöl in einer Pfanne erhitzen und die Zwiebel darin glasig dünsten. Fleisch, Pilze, Spaghetti und Hühnerbrühe zugeben und aufkochen lassen.
2 Bei Niedrighitze 10 Minuten köcheln. Nun die Basilikumblätter einrühren. Mit Salz und schwarzem Pfeffer aus der Mühle abschmecken.
Hinweis: Nach dieser Rezeptvorgabe wird die Suppe eher dick ausfallen. Bevorzugt man weniger Einlage, kann man den Brüheanteil erhöhen. Am besten schmeckt die Suppe, wenn sie sofort serviert wird.

FISCHSUPPE MIT PASTA UND KNOBLAUCH

Vorbereitungszeit: 30 Minuten
Kochzeit: 40 Minuten
Für 4-6 Personen

4 EL Olivenöl

1 Lauchstange, in Ringe geschnitten

2–3 Knoblauchzehen, hauchdünn geschnitten

2 Kartoffeln, feingewürfelt

2 l Fischbrühe

80 g kleine Suppenpasta

4 große Zucchini, in dünne Scheiben
    geschnitten

300 g Lengfischfilet, in größere Stücke zerteilt

1–2 EL Zitronensaft

2 EL frisches Basilikum, kleingezupft

1 Das Öl in einer großen Pfanne erhitzen und den Lauch, den Knoblauch und die Kartoffeln bei Mittelhitze 10 Minuten dünsten. 500 ml der Brühe angießen und weitere 10 Minuten kochen.
2 Etwas abkühlen lassen und portionsweise in der Küchenmaschine pürieren.
3 Die restliche Brühe in der Pfanne aufkochen und die Pasta, die Zucchini und die pürierte Masse 15 Minuten köcheln lassen.
4 Wenn die Pasta bißfest ist, den Fisch in der Suppe 5 Minuten weich kochen. Zitronensaft und Basilikum zugeben und mit Salz und Pfeffer abschmecken.

OBEN: Hühnersuppe mit Pasta

97

MINESTRONE

Da nicht alle Zutaten der Minestrone auf einmal in den Topf kommen, kann man die Zubereitungszeit abkürzen, indem man ein Gemüse putzt und zerkleinert, während ein anderes schon gart. Es ist nicht einmal notwendig, die Suppe an dem Tag zu kochen, an dem sie auf dem Speiseplan steht; wie bei den meisten Gemüsesuppen schmeckt sie besser, wenn man sie durchziehen lässt.

OBEN: Minestrone mit Pesto

MINESTRONE MIT PESTO

Zubereitungszeit: 25 Minuten
 + 1 Nacht Einweichzeit
Kochzeit: 2 Stunden
Für 6 Personen

125 g getrocknete Borlottibohnen

60 ml Olivenöl

1 große Zwiebel, fein gehackt

2 Knoblauchzehen, zerdrückt

60 g Pancetta, fein gehackt

1 Selleriestange, längs halbiert, in 1 cm große
 Stücke geschnitten

1 Möhre, längs halbiert, in 1 cm große Stücke
 geschnitten

1 Kartoffel, gewürfelt

2 TL Tomatenmark

400 g zerkleinerte Tomaten aus der Dose

6 frische Basilikumblätter, grob zerteilt

Salz und frisch gemahlener schwarzer Pfeffer

2 l Hühner- oder Gemüsebrühe

2 dünne Zucchini, in 1,5 cm dicke Scheiben
 geschnitten

120 g frische Erbsen, enthülst

60 g grüne Bohnen, in kurze Stücke
 geschnitten

80 g Mangoldblätter, zerkleinert

3 EL frische glatte Petersilie, gehackt

80 g Ditalini oder andere kleine Nudeln

Pesto

30 g frische Basilikumblätter

20 g Pinienkerne, leicht geröstet

2 Knoblauchzehen

Salz und frisch gemahlener schwarzer Pfeffer

100 ml Olivenöl

30 g geriebener Parmesan

1 Borlottibohnen über Nacht in kaltem Wasser einweichen. Abgießen, unter kaltem Wasser gründlich abspülen und abtropfen lassen.
2 Öl in einem Suppentopf erhitzen, Zwiebel, Knoblauch und Pancetta zufügen und bei geringer Hitze unter gelegentlichem Rühren 8–10 Minuten braten.
3 Sellerie, Möhre und Kartoffel zugeben und 5 Minuten braten. Tomatenmark, Tomaten, Basilikum und Borlottibohnen hineinrühren, salzen und pfeffern. Brühe zufügen und langsam zum Kochen bringen. Zugedeckt 1½ Stunden unter gelegentlichem Rühren köcheln lassen.
4 Restliches Gemüse, Petersilie und Nudeln zufügen. 8–10 Minuten garen und abschmecken.
5 Für das Pesto Basilikum, Pinienkerne, Knoblauch und Prise Salz im Mixer fein hacken. Olivenöl langsam zufügen. In einer Schüssel mit Parmesan mischen und mit Pfeffer abschmecken. Auf die Suppe geben.

PAPPA AL POMODORO
(Tomatensuppe mit Brot)

Zubereitungszeit: 25 Minuten
Kochzeit: 25 Minuten
Für 4 Personen

750 g Strauchtomaten

1 Laib italienisches Brot vom Vortag (ca. 450 g)

1 EL Olivenöl

3 Knoblauchzehen, zerdrückt

1 EL Tomatenmark

1,25 l heiße Gemüsebrühe oder heißes Wasser

Salz und Pfeffer

20 g frische Basilikumblätter, grob zerteilt

2–3 EL Olivenöl extra vergine

Olivenöl extra vergine zum Servieren

1 Tomaten auf der Unterseite kreuzweise einschneiden und 10 Sekunden in kochendes Wasser legen. Kalt abschrecken und Haut abziehen. Tomaten halbieren und Kerne mit einem Teelöffel entfernen. Fruchtfleisch grob hacken.
2 Den größten Teil der Brotkruste entfernen und Brot in 3 cm große Stücke brechen.

3 Öl in einem großen Topf erhitzen. Knoblauch, Tomaten und Tomatenmark zufügen, die Hitze reduzieren und unter gelegentlichem Rühren 10–15 Minuten köcheln, bis die Mischung eindickt. Brühe zugeben, aufkochen und 2–3 Minuten rühren. Bei mäßiger Hitze Brot zufügen und etwa 5 Minuten unter Rühren köcheln lassen, bis das Brot weich ist und die Flüssigkeit größtenteils aufgenommen hat. Bei Bedarf mit Brühe oder Wasser verdünnen. Mit Salz und Pfeffer abschmecken. Vom Herd nehmen.
4 Basilikum und Öl hineinrühren und 5 Minuten ziehen lassen. Mit etwas Olivenöl beträufelt servieren.

RUCOLASALAT MIT PECORINO

In einer großen Schüssel 3 EL Olivenöl extra vergine mit 2 EL Zitronensaft, Salz und Pfeffer mischen. 150 g geputzten Rucola unter das Dressing heben. In einer Servierschüssel anrichten und mit dem Sparschäler dünne Späne Pecorino (oder Parmesan) über den Salat geben. Abschmecken und servieren. Für 4 Personen.

SALATZUBEREITUNG
Gewaschene Salatblätter sollten immer gründlich abgetrocknet werden, da sonst das Dressing verwässert wird und die Blätter nicht überzieht. Wenn man keine Salatschleuder hat, legt man die Blätter auf ein großes Geschirrtuch, fasst die Ecken zusammen und schüttelt das Tuch einige Male über dem Spülbecken. In der Regel werden die einfachen italienischen Dressings aus Olivenöl, Essig oder Zitronensaft, Salz und Pfeffer nicht vorher zusammengerührt. Statt dessen werden die Zutaten bei Tisch einzeln über dem Salat verteilt und dieser dann kurz gemischt.

LINKS: Pappa al pomodoro

KAKAVIA

Die Bouillabaisse ist zwar die berühmteste Variante der vielen Fischeintöpfe und -suppen, die rund ums Mittelmeer zu finden sind, doch es gibt auch andere wie etwa die griechische Kakavia, die ebenso vorzüglich schmecken. Der Name leitet sich vom Kakavi ab, einem dreibeinigen Kochtopf, den die Ionier einst auf ihren Fischerbooten mitnahmen. Für diese Suppe kamen die kleinsten Fische des Fanges hinein, dazu noch Olivenöl, Zwiebeln und Safran. Auch heute wird jeder kleine Fisch, der gerade erhältlich ist, dafür verwendet; für die kräftige Farbe sorgen heute allerdings Tomaten, nicht Safran.

KAKAVIA

Zubereitungszeit: 20 Minuten
Kochzeit: 20 Minuten
Für 6 Personen

2 Zwiebeln, in feine Ringe geschnitten

400 g zerkleinerte Tomaten aus der Dose

750 g Kartoffeln, in dünne Scheiben geschnitten

Salz und Pfeffer

1 TL frischer Oregano, gehackt

150 ml Olivenöl

2 l Fischfond oder Gemüsebrühe

1,5 kg weiße Fischfilets wie Kabeljau, Brasse, Seebarsch, in Stücke geschnitten

500 g geschälte Garnelen

125 ml Zitronensaft

frische glatte Petersilie, gehackt, zum Garnieren

1 Zwiebeln, Tomaten und Kartoffeln in einen großen Topf schichten, dabei jede Lage mit Salz, Pfeffer und Oregano würzen. Öl und Brühe zufügen, zum Kochen bringen, Hitze reduzieren und 10 Minuten köcheln lassen, bis die Kartoffeln weich sind.
2 Fisch und Garnelen zugeben und 5 Minuten garen. Zitronensaft zugeben, auf Suppenschüsseln verteilen und mit Petersilie bestreuen.

BOHNENSUPPE

Zubereitungszeit: 20 Minuten
  + 1 Nacht Einweichzeit
Kochzeit: 1 Stunde 15 Minuten
Für 8 Personen

500 g getrocknete Cannellino-Bohnen

2 EL Olivenöl

2 Zwiebeln, gehackt

2 Knoblauchzehen, zerdrückt

450 g vollreife Tomaten, abgezogen und gehackt

3 EL passierte Tomaten

2 große Möhren (400 g), gewürfelt

2 Stängel Sellerie (200 g), geputzt und gewürfelt

1,75 l Gemüse- oder Hühnerbrühe

2 Lorbeerblätter

2 EL Zitronensaft

Salz und Pfeffer

30 g frische glatte Petersilie, gehackt

1 Bohnen in einer Schüssel mit kaltem Wasser bedecken und über Nacht einweichen.
2 Kalt abspülen und abtropfen lassen. Öl in einem Topf mit 5 l Fassungsvermögen erhitzen und Zwiebeln 10 Minuten unter gelegentlichem Rühren braten. Knoblauch 1 Minute mitbraten.

RECHTS: Kakavia

3 Bohnen, gehackte und passierte Tomaten, Möhren, Sellerie und Brühe hineinrühren und Lorbeerblätter zugeben. Aufkochen, Hitze reduzieren und zugedeckt 45–60 Minuten garen.

4 Zitronensaft unterrühren und mit Salz und Pfeffer abschmecken. Etwas Petersilie unterheben, den Rest als Garnierung verwenden.

Hinweis: Diese Suppe schmeckt kräftiger, wenn man sie am Vortag zubereitet und ziehen lässt. Bei geringer Hitze erwärmen und bei Bedarf mit etwas Wasser verdünnen.

HÜHNERSUPPE AVGOLEMONO

Zubereitungszeit: 20 Minuten
Kochzeit: 30 Minuten
Für 4 Personen

★ ★

1 Zwiebel, halbiert

2 Gewürznelken

1 Möhre, in Stücke geschnitten

1 Lorbeerblatt

500 g Hähnchenbrustfilets

Salz und Pfeffer

80 g Rundkornreis

3 Eier, getrennt

3 EL Zitronensaft

2 EL frische glatte Petersilie, gehackt

4 dünne Zitronenscheiben zum Garnieren

1 Zwiebel mit Nelken spicken und mit 1,5 l Wasser in einen großen Topf geben. Möhre, Lorbeerblatt und Hühnerfleisch zufügen, mit Salz und Pfeffer würzen. Zum Kochen bringen, Hitze reduzieren und 10 Minuten köcheln lassen, bis das Fleisch gar ist.

2 Brühe in einen zweiten Topf abseihen, Fleisch beiseite stellen und Gemüse wegwerfen. Reis in der Brühe aufkochen, Hitze reduzieren und 15 Minuten köcheln lassen, bis der Reis weich ist. Inzwischen Fleisch klein schneiden.

3 Eiweiße steif schlagen, dann Eigelbe unterheben. Zitronensaft langsam unterrühren. Etwa 150 ml der heißen (nicht kochenden) Brühe hineingeben und gründlich verrühren. Die Eimischung zufügen und leicht erhitzen, aber nicht kochen lassen, sonst gerinnt die Suppe. Fleisch hinzufügen und mit Salz und Pfeffer würzen.

4 Suppe 2–3 Minuten ziehen lassen, damit sich das Aroma entfalten kann, dann mit Petersilie bestreuen. Mit Zitronenscheiben garnieren.

SALTSA AVGOLEMONO
(Ei-Zitronen-Sauce)

375 ml Hühnerbrühe zum Kochen bringen. 1 EL Stärkemehl mit etwas kaltem Wasser zu einer Paste verrühren. Zur Brühe geben und rühren, bis die Mischung eindickt. 2–3 Minuten köcheln lassen, vom Herd nehmen und leicht abkühlen lassen. 3 Eier trennen und die Eiweiße steif schlagen. Eigelbe zufügen und schlagen, bis die Masse hell und schaumig ist. 2–3 EL Zitronensaft einrühren. Nach und nach die Brühe unter Rühren zugießen. Die Sauce im Topf bei geringer Hitze unter ständigem Rühren 1–2 Minuten kochen. Mit Salz und Pfeffer abschmecken, vom Herd nehmen und noch 1 Minute rühren. Sofort über das jeweilige Gericht gießen. Mit Dolmadakia (S. 19), Lachano dolmathes (S. 24) oder gedünstetem Fisch oder Gemüse servieren. Für 4 Personen.

OBEN: Hühnersuppe Avgolemono

STILTONKÄSE

Stiltonkäse wird nur in drei Regionen Englands hergestellt: Leicestershire, Nottinghamshire und Derbyshire. Die am häufigsten verwendete Sorte ist der Blauschimmelstilton. Er ist sehr cremig, hat einen scharfen Geschmack und gilt weithin als der beste englische Blauschimmelkäse. Hergestellt wird er in großen zylinderförmigen Gefäßen. Weißer Stiltonkäse, der ohne Schimmelkulturen reift, ist ein jüngerer Käse mit einem milderen Geschmack. Stiltonkäse ist ein traditioneller Bestandteil der englischen Weihnachtsküche.

OBEN: Stiltonkäsesuppe

STILTONKÄSESUPPE

Zubereitungszeit: 20 Minuten
Kochzeit: 30 Minuten
Für 4–6 Personen

Knusprige Thymianbrotecken

2 große dünne Fladenbrote

1 1/2 EL frische Thymianblätter

50 g Parmesan, gerieben

30 g Butter

2 Stangen Lauch, nur die weißen Teile, gehackt

1 kg Kartoffeln, in Stücke geschnitten

1 1/4 l Hühnerbrühe

125 ml Sahne

100 g Stiltonkäse

frische Thymianzweige zum Garnieren

1 Den Ofen auf 180 °C (Gas 2) vorheizen. Die Fladenbrote halbieren und jede Hälfte in 8 Ecken teilen. Die Stücke auf Backbleche verteilen, mit Thymian und Parmesan bestreuen und etwa 5–8 Minuten backen, bis die Brotecken goldbraun und knusprig sind.

2 Die Butter in einem großen Topf schmelzen, den Lauch zufügen und garen. Kartoffeln und Hühnerbrühe zugeben und erhitzen. Mit geschlossenem Deckel alles etwa 15 Minuten köcheln lassen, bis die Kartoffeln gar sind (mit einer Messerspitze testen – wenn das Messer sich leicht hineinstechen lässt, ist die Kartoffel gar).

3 Den Inhalt des Topfes in einen Mixer geben und gut pürieren. In den Topf zurückgießen, Sahne und Käse zufügen und abschmecken. Bei geringer Hitze rühren, bis der Käse geschmolzen ist – die Suppe darf nicht kochen. Die fertige Käsesuppe auf die Teller verteilen und mit den Thymianzweigen garnieren. Zusammen mit dem Thymianbrot servieren.

Hinweis: Die Brotfladenecken können bis zu einer Woche im Voraus zubereitet und in einem luftdichten Gefäß aufbewahrt werden.

BRUNNENKRESSESUPPE

Vorbereitungszeit: 15 Minuten
Kochzeit: 15–20 Minuten
Für 4-6 Personen

1 Zwiebel

4 Frühlingszwiebeln

450 g Brunnenkresse

100 g Butter

40 g Weizenmehl

750 ml Gemüsebrühe

320 ml Wasser

Salz und Pfeffer

Saure Sahne oder Sahne zum Servieren

1 Zwiebel, Frühlingszwiebeln und Brunnenkresse grob hacken. Butter in einem großen Topf erhitzen und Zwiebel, Frühlingszwiebeln und Brunnenkresse zugeben. Bei schwacher Hitze etwa 3 Minuten dünsten.
2 Mehl hineingeben und unterrühren. Nach und nach Brühe und Wasser angießen; dann glattrühren. Unter Rühren aufkochen und eindicken lassen. Bei schwacher Hitze abgedeckt 10 Minuten garen. Dann etwas abkühlen lassen.
3 Mischung in der Küchenmaschine portionsweise pürieren. Vor dem Servieren vorsichtig erhitzen und mit Salz und Pfeffer abschmecken. Mit einem Schuß saurer Sahne oder Sahne servieren und mit frischer Brunnenkresse garnieren.

GEMÜSEBRÜHE

BACKOFEN AUF 210 °C VORHEIZEN.
2 EL Öl in einer großen Auflaufform erhitzen. Die folgenden Gemüsesorten (ungeschält und in Scheiben) zufügen: 4 große braune Zwiebeln, 5 große Möhren und 2 große Pastinaken. In der Form wenden, bis sie mit Öl bedeckt sind. 30 Minuten braten. Die gebratenen Gemüse in einen großen gußeisernen Topf geben. 5 gehackte Selleriestangen (mit Blättern), 2 Lorbeerblätter, ein frisches Bouquet garni, 1 TL schwarze Pfefferkörner (ganz) und 3 l Wasser zufügen. Langsam zum Kochen bringen, die Hitze reduzieren und im offenen Topf 1 Stunde kochen, bis die Flüssigkeit um die Hälfte reduziert ist. Die Brühe durch ein feines Sieb gießen und das Gemüse wegwerfen. Abkühlen lassen und kalt stellen. Fett abschöpfen. Ergibt 1,5 l.

MAIS-CHOWDER

Vorbereitungszeit: 15 Minuten
Kochzeit: 30 Minuten
Für 8 Personen

90 g Butter

2 große Zwiebeln, feingehackt

1 Knoblauchzehe, zerdrückt

2 TL Kreuzkümmelsamen

1 l Gemüsebrühe

2 mittelgroße Kartoffeln, geschält, in Stücken

250 g Mais aus der Dose

400 g frische Maiskörner

3 EL frische Petersilie, gehackt

125 g geriebener Cheddar oder mittelalter
   Gouda

Salz und frisch gemahlener schwarzer Pfeffer

100 ml Sahne

2 EL frischer Schnittlauch, gehackt, zum Garnieren

1 Butter in einem großen Topf erhitzen. Zwiebeln zufügen und bei mittlerer Hitze in 5 Minuten goldgelb braten. Knoblauch und Kreuzkümmel zugeben und 1 Minute unter ständigem Rühren mitbraten. Brühe angießen und aufkochen. Kartoffeln zufügen; die Hitze reduzieren und 10 Minuten im offenen Topf garen.
2 Mais und Petersilie dazugeben. Aufkochen, Hitze reduzieren und 10 Minuten garen. Käse und Sahne einrühren und salzen und pfeffern. Langsam erhitzen, bis der Käse schmilzt. Mit gehacktem Schnittlauch bestreuen und sofort servieren.

CHOWDER
Bei einer Chowder handelt es sich um eine dicke Suppe, meistens auf Milchbasis, mit Gemüse, Fisch oder Huhn. Der Name stammt vom französischen *chaudière*, dem Kupfertopf, in dem die Frauen der Fischer mit einem Teil des Fangs für die ganze Gemeinde Suppe kochten, um auf diese Weise auch die Heimkehr der Fischer zu feiern.

OBEN: Mais-Chowder

GAZPACHO (KALTE SPANISCHE TOMATEN-GURKEN-SUPPE)

Vorbereitungszeit: 20 Minuten
Kochzeit: 10–15 Minuten
Für 6-8 Personen

1 rote Zwiebel

3 Tomaten

1/2 mittelgroße Gurke

1/2 grüne Paprikaschote, entkernt

1/2 rote Paprikaschote, entkernt

1 Knoblauchzehe, zerdrückt

ca. 850 ml Tomatensaft

1/2 TL Zucker

Salz und Pfeffer

3 EL Olivenöl

3 EL Weißweinessig

Knoblauchcroûtons

6 Scheiben Weißbrot

3 EL Olivenöl

1 Knoblauchzehe, zerdrückt

1 Zwiebel, Tomaten, Gurke und Paprikaschoten fein hacken und mit dem Knoblauch in eine große Schüssel geben.
2 Saft, Zucker, Salz und Pfeffer sowie die verrührte Essig-Öl-Mischung zugeben. Alles gut mischen und kalt stellen. Die Suppe kalt servieren und die Knoblauchcroûtons dazu reichen.
3 **Für die Knoblauchcroûtons:** Backofen auf 180 °C vorheizen. Die Kruste vom Brot entfernen und das Brot in 1 cm große Würfel schneiden. Öl und Knoblauch mischen und die Würfel damit beträufeln. Gut vermischen. Auf ein Backblech legen und in 10–15 Minuten goldbraun backen. Dabei zweimal wenden.

SCHNELLE ZUCCHINISUPPE

EINE FEINGEHACKTE ZWIEBEL in 30 g Butter in einem mittelgroßen Topf andünsten. 4 geriebene Zucchini und 2 zerdrückte Knoblauchzehen zugeben und unter Rühren 2–3 Minuten weich dünsten. Dann 1 l Gemüsebrühe angießen, aufkochen, die Hitze etwas reduzieren und im offenen Topf 10 Minuten garen. 60 ml frische Sahne hineinrühren und mit Salz und Pfeffer abschmecken. Sofort servieren. Für 4 Personen.

SCHNELLE, WÜRZIGE BOHNENSUPPE

EINE GEHACKTE ZWIEBEL in einem mittelgroßen Topf in etwas Öl weich dünsten. 2 zerdrückte Knoblauchzehen und 1/2 TL Chilipulver zugeben und 1 Minute unter Rühren braten; dann 850 g gemischte Bohnen aus der Dose (abgespült und abgetropft) zufügen. 500 ml Gemüsebrühe und 400 g Tomatenpüree aus der Dose einrühren und erhitzen. Salzen und pfeffern. Mit einer Mischung aus feingehackten gekochten Eiern und feingehackter Petersilie servieren. Für 4 Personen.
Hinweis: Gemischte Bohnen (z. B. Kidneybohnen, Cannelli-Bohnen und grüne Bohnen) sind in Dosen erhältlich. Sie können sich aber auch auf eine Sorte Bohnen beschränken.

SPINATSUPPE MIT LINSEN

Vorbereitungszeit: 10 Minuten
Kochzeit: 1 Stunde 25 Minuten
Für 4-6 Personen

370 g braune Linsen

1 1/4 l Wasser

2 TL Olivenöl

1 mittelgroße Zwiebel, feingehackt

2 Knoblauchzehen, zerdrückt

20 große Spinatblätter, Mittelrippe entfernt und Blätter in feine Streifen geschnitten

1 TL gemahlener Kreuzkümmel

1 TL abgeriebene Zitronenschale

1/2 l Gemüsebrühe

1/2 l Wasser

2 EL Koriandergrün, feingehackt

1 Linsen mit Wasser in einen großen Topf geben. Aufkochen und im offenen Topf 1 Stunde garen. Abgießen und abtropfen lassen; beiseite stellen. In einem anderen Topf Öl erhitzen; Zwiebel und Knoblauch zufügen. Bei mittlerer Hitze goldgelb anbraten. Dann den Spinat zugeben und weitere 2 Minuten braten.
2 Linsen, Kreuzkümmel, Zitronenschale, Brühe und Wasser in den Topf geben. Im offenen Topf 15 Minuten garen. Koriandergrün dazugeben und unterrühren. Sofort servieren.

TROCKENBOHNEN ODER SPALTERERBSEN VORBEREITEN

1 Bohnen in einer großen Schüssel mit viel Wasser bedecken (sie gehen auf). 4 Stunden oder nach Anweisung einweichen; dann abgießen.

2 Bohnen in einen Topf geben, mit frischen Wasser bedecken und aufkochen. Bei schwacher Hitze gar ziehen lassen. Den entstehenden Schaum von der Oberfläche abschöpfen.

3 Falls zuviel Wasser verdampft, kochendes Wasser auffüllen. Wenn die Bohnen gar sind, in ein Sieb gießen und wie vorgesehen weiterverwenden, zum Beispiel für eine schnelle, würzige Bohnensuppe.

GEGENÜBER: Gazpacho

Vorsicht beim Pürieren heißer Suppen: Wenn sie aus der Küchenmaschine spritzen, können Sie sich daran verbrühen! Lassen Sie die Suppe also möglichst vorher abkühlen. Falls Sie heiße Suppe pürieren, nehmen Sie nur kleine Portionen. Dünne Suppen können auch herauslaufen – am besten nehmen Sie das Gemüse mit einem Schaumlöffel aus der Brühe. Pürieren Sie mit einem oder zwei Eßlöffeln Brühe. Anschließend geben Sie das pürierte Gemüse wieder in den Topf.

ROTE-PAPRIKA-SUPPE

Vorbereitungszeit: 20 Minuten
Kochzeit: 30 Minuten
Für 6 Personen

★★

4 mittelgroße rote Paprikaschoten

4 mittelgroße Tomaten

3 EL Öl

1/2 TL getrockneter Majoran

1/2 TL getrocknete gemischte Kräuter

2 Knoblauchzehen, zerdrückt

1 TL milde Currypaste

1 mittelgroße rote Zwiebel, in Ringe
    geschnitten

1 mittelgroße Lauchstange, in Ringe geschnitten
    (nur die weißen Teile)

250 g Grünkohl, in feine Stücke geschnitten

1 l Wasser

1 TL süße Chilisauce

Salz und frisch gemahlener schwarzer Pfeffer

1 Paprikaschoten vierteln. Kerne und Zwischenwände entfernen. Grillen, bis die Haut schwarz wird und Blasen wirft. Auf ein Schneidbrett legen, mit einem Küchentuch abdecken und vor dem Enthäuten abkühlen lassen. In jede Tomate ein kleines Kreuz ritzen. Tomaten in eine Schüssel geben und mit kochendem Wasser übergießen. 2 Minuten ziehen lassen, abgießen und abkühlen lassen. Enthäuten. Tomaten halbieren und mit einem kleinen Löffel die Kerne herausnehmen.

2 Das Öl in einem großen Topf erhitzen; Kräuter, Knoblauch und Currypaste zugeben. Bei schwacher Hitze 1 Minute rühren, bis das Aroma freigesetzt wird. Zwiebel und Lauch dazugeben und in 3 Minuten goldgelb anbraten. Kohl, Tomaten, rote Paprikaschoten und Wasser hineingeben. Aufkochen, Hitze reduzieren und 20 Minuten garen. Vom Herd nehmen und etwas abkühlen lassen.

3 Die Suppe in mehreren Portionen in der Küchenmaschine in 30 Sekunden zu einer glatten Masse verarbeiten. In einen sauberen Topf geben, Chilisauce hineinrühren und mit Salz und Pfeffer abschmecken. Vorsichtig erhitzen und heiß servieren.

SCHNELLE CHAMPIGNONSUPPE

2 GEHACKTE ZWIEBELN in 60 g Butter goldgelb braten. 500 g kleingeschnittene Champignons dazugeben und 5 Minuten unter Rühren braten. 30 g Mehl darüberstäuben und 1 Minute rühren. 500 ml Milch und 375 ml Gemüsebrühe einrühren. Dann die Temperatur zurückschalten; im offenen Topf 10–15 Minuten garen, bis die Suppe eindickt und die Champignons gar sind. Mit einem Klecks saurer Sahne und gehackter Petersilie servieren. Für 4 Personen.

OBEN: Rote-Paprika-Suppe

CHAMPIGNONSUPPE

Zubereitungszeit: 25 Minuten
Kochzeit: 35 Minuten
Für 4 Personen

400 g große Champignons

60 g Butter

1 Zwiebel, fein gehackt

1 Knoblauchzehe, zerdrückt

30 g Mehl

750 ml Hühnerbrühe

2 EL frische Thymianblätter

2 EL Sherry

250 ml Sahne

1 Scheibe TK-Blätterteig, aufgetaut

1 Ei, leicht verschlagen

1 Den Backofen auf 200 °C (Gas 3) vorheizen. Die Champignons schälen und grob hacken. Die Butter in einem großen Topf schmelzen, die Zwiebel zufügen und bei mittlerer Hitze 3 Minuten glasig anbraten. Den Knoblauch zugeben und 1 Minute braten. Die Champignons in den Topf geben und garen. Das Mehl darüber streuen und 1 Minute verrühren.
2 Die Brühe und den Thymian dazugeben und aufkochen. Die Hitze reduzieren und bedeckt 10 Minuten köcheln lassen. Abkühlen lassen. Den Sherry und die Sahne in die Suppe rühren, dann die Suppe auf 4 hitzebeständige Schüsseln verteilen (kleine tiefe Schalen verwenden).
3 Aus dem Teig 4 Kreise formen, die etwas breiter sind als die Schüssel. Je einen Teigkreis über eine Schüssel legen, die Ränder festdrücken und die Teigkreise mit dem geschlagenen Ei bestreichen. Die Schüsseln auf ein Backblech stellen und 15 Minuten backen, bis der Teig goldbraun ist.

BRATKÜRBISSUPPE

Zubereitungszeit: 20 Minuten
Kochzeit: 55 Minuten
Für 6 Personen

1,25 kg Kürbis, in Stücke geschnitten

2 EL Olivenöl

1 Zwiebel, gehackt

2 TL Kreuzkümmelpulver

1 Möhre, gehackt

1 Selleriestange, gehackt

1 l Hühner- oder Gemüsebrühe

Salz und Pfeffer

saure Sahne zum Servieren

frische Petersilie, fein gehackt, zum Servieren

geriebene Muskatnuss zum Garnieren

1 Den Backofen auf 180 °C (Gas 2) vorheizen. Die Kürbisstücke auf ein eingefettetes Backblech legen und mit der Hälfte des Olivenöls leicht bestreichen. 25 Minuten backen, bis der Kürbis weich und an den Seiten leicht gebräunt ist.
2 Das restliche Öl in einer Pfanne erhitzen und darin Zwiebeln und Kümmel bei mittlerer Hitze 2 Minuten anbraten; Möhren und Sellerie zugeben und 3 Minuten braten. Regelmäßig umrühren. Kürbis und Brühe zugeben, aufkochen, die Hitze reduzieren und 20 Minute köcheln lassen.
3 Die Suppe abkühlen lassen, dann im Mixer pürieren. Erneut in der Pfanne erwärmen; nicht kochen lassen. Mit Salz und Pfeffer abschmecken, auf die Teller verteilen und mit saurer Sahne, Petersilie und Muskatnuss garnieren.
Hinweis: Butternuss- oder Hokkaido-Kürbisse sind wegen ihres süßlichen Geschmacks besonders gut für Kürbissuppen geeignet.

*OBEN: Champignonsuppe
mit Teighaube*

CHOWDER
MIT RÄUCHERSCHELLFISCH

Vorbereitungszeit: 20 Minuten
Garzeit: 35 Minuten
Für 4-6 Personen

500 g geräucherter Schellfisch oder Dorsch
1 Kartoffel, in Scheiben geschnitten
1 Selleriestange, kleingeschnitten
1 Zwiebel, feingehackt
50 g Butter
1 Scheibe Schinkenspeck, kleingeschnitten
2 EL Mehl
½ TL Senfpulver
½ TL Worcestersauce
250 ml Milch
3 EL frische Petersilie, gehackt
60 ml Sahne (nach Wunsch)

UNTEN: Chowder mit Räucherschellfisch

1 Den Fisch in eine große, tiefe Pfanne legen, 1,25 Liter Wasser zufügen und zum Kochen bringen. Bei reduzierter Hitze 8 Minuten köcheln lassen. Den Fond abgießen. Haut und Gräten entfernen, den Fisch in kleine Stücke teilen. Beiseite stellen.
2 Kartoffel, Sellerie und Zwiebel mit 750 ml Fond in einen Suppentopf geben. Zum Kochen bringen, dann bei mittlerer Hitze 8 Minuten garen, bis das Gemüse weich ist. Beiseite stellen.
3 Butter in einer großen Pfanne bei kleiner Hitze schmelzen, den Schinkenspeck zufügen und 3 Minuten anbraten. Mehl, Senfpulver und Worcestersauce unterrühren und aufkochen. Vom Herd nehmen und langsam die Milch zugießen. Unter Rühren aufkochen lassen. Bei reduzierter Hitze weitere 2 Minuten köcheln. Gemüse und Fond zur Suppe geben, dann Petersilie und Fisch zufügen. Bei schwacher Hitze 5 Minuten köcheln, bis die Chowder heiß ist. Nach Belieben mit Sahne abschmecken.

SAHNE-MUSCHELSUPPE

Vorbereitungszeit: 30 Minuten
Garzeit: 40 Minuten
Für 4 Personen

750 g Miesmuscheln
1 Selleriestange, kleingeschnitten
1 Karotte, gehackt
1 Zwiebel, gehackt
10 schwarze Pfefferkörner
4 frische Petersilienstengel
100 g weiche Butter
3 Frühlingszwiebeln, kleingeschnitten
2 Knoblauchzehen, zerdrückt
1 große Kartoffel, kleingewürfelt
185 ml Weißwein
40 g Mehl
250 ml Sahne
2 EL frische Petersilie, gehackt

1 Muscheln putzen und den Bart entfernen. Mit Sellerie, Karotte, Zwiebel, Pfefferkörnern, Petersilie und 1,5 Liter Wasser in einen großen Topf geben. Zum Kochen bringen und abgedeckt 4–5 Minuten köcheln lassen.
2 Den Fond durch ein feines Sieb gießen, dann alle ungeöffneten Muscheln entfernen. Das Fleisch der verbliebenen Muscheln herausnehmen, Schalen und Gemüse entfernen.

Den Fond in den Topf zurückgießen und weitere 15 Minuten kochen.

3 Die Hälfte der Butter in einer Pfanne schmelzen. Frühlingszwiebeln, Knoblauch und Kartoffel zufügen und bei mittlerer Hitze 3 Minuten dünsten, bis die Zwiebeln glasig sind. Wein zugießen, zum Kochen bringen, und 1 Minute köcheln lassen.

4 Mehl und restliche Butter gut verkneten und 875 ml Fond zur Knoblauch-Kartoffel-Mischung gießen, die Mehlbutter einarbeiten und kurz aufkochen lassen. Weitere 15 Minuten kochen, bis die Kartoffel gar ist. Muschelfleisch und Sahne unterrühren. Mit Petersilie bestreut servieren.

NEW-ENGLAND-CLAM-CHOWDER

Vorbereitungszeit: 35 Minuten + Einweichen
Garzeit: 45 Minuten
Für 4 Personen

1,5 kg Venus- oder Herzmuscheln, mit Schale
2 TL Öl
3 Scheiben Schinkenspeck, kleingeschnitten
1 Zwiebel, gehackt
1 Knoblauchzehe, zerdrückt

750 g Kartoffeln, kleingewürfelt
315 ml Fischfond
500 ml Milch
125 ml Sahne
3 EL frische Petersilie, gehackt
Salz und Pfeffer

1 Beschädigte, offene oder nach einem leichten Klopfen nicht schließende Muscheln aussortieren. Die Muscheln 1–2 Stunden in kaltem Wasser einweichen, um den Sand zu entfernen. Abspülen und mit 250 ml Wasser in eine große gußeiserne Pfanne geben. Zugedeckt bei schwacher Hitze 5 Minuten kochen. Danach alle geschlossenen Muscheln entfernen. Den Sud durch ein Sieb in einen Topf gießen und das Muschelfleisch aus den Schalen lösen.

2 Das Öl in einer Pfanne erhitzen. Schinken-speck, Zwiebel und Knoblauch bei mittlerer Hitze dünsten, bis die Zwiebel glasig und der Speck goldbraun ist. Kartoffeln unterrühren.

3 Den Muschelsud mit Wasser auf 315 ml auffüllen. Fond und Milch zum Speck in die Pfanne geben. Zugedeckt 20 Minuten kochen, bis die Suppe leicht eindickt.

4 Sahne, Muschelfleisch und Petersilie zufügen, nach Geschmack mit Salz und Pfeffer würzen. Vor dem Servieren vorsichtig erhitzen, aber nicht kochen – die Suppe gerinnt leicht.

OBEN: New-England-Clam-Chowder

109

OBEN: Bouillabaisse

BOUILLABAISSE

Die provenzalische Fischsuppe bereiteten erstmals Fischer aus Marseille zu, um die nicht verkauften Fische verwerten zu können. Alle Zutaten wurden zusammen in einem großen Topf gekocht. Der Name des Gerichts bezeichnet die schnelle Art der Zubereitung: franz. »bouillir« (kochen) und »abaisser (reduzieren). Die Meeresfrüchte für diese Suppe können beliebig zusammengestellt werden.

BOUILLABAISSE

Vorbereitungszeit: 40 Minuten
Garzeit: 30 Minuten
Für 4 Personen

☆☆

300 g mittelgroße rohe Garnelen

16–18 Miesmuscheln

200 g Kammuscheln

1,5 kg gemischte weiße Fischfilets (z. B. Schnapper, Meerbarbe, Drachenkopf, Seeteufel)

2 EL Öl

1 Fenchelknolle, in dünne Scheiben geschnitten

1 Zwiebel, gehackt

5 reife Tomaten, gehäutet, entkernt und gehackt

1,25 l Fischfond

1 Prise Safranfäden

1 Lorbeerblatt

1 Bouquet garni

1 Streifen Orangenschale à 5 cm

1 EL frische Petersilie, gehackt, zum Garnieren

Rouille

1 kleine rote Paprika

1 roter Chili

1 Scheibe Weißbrot, ohne Rinde

2 Knoblauchzehen

1 Eigelb

80 ml Olivenöl

1 Garnelen schälen und entdarmen. Muscheln putzen und die Bärte herausziehen. Beschädigte Muscheln oder solche, die sich nach einem leichten Klopfen nicht schließen, wegwerfen. Von den Kammuscheln Adern, dünne Haut und weiße Muskeln abschneiden. Den Fisch in mundgerechte Stücke schneiden. Die Meeresfrüchte anschließend für einige Zeit abgedeckt kühl stellen.

2 Das Öl in einem großen Topf bei mittlerer Hitze erwärmen, Fenchel und Zwiebel darin 5 Minuten goldbraun dünsten. Tomaten zufügen und 3 Minuten garen. Fond, Safran, Lorbeerblatt, Bouquet garni und Orangenschale unterrühren und 10 Minuten köcheln. Kammuscheln, Garnelen, Miesmuscheln und

Fisch zugeben und 4–5 Minuten köcheln lassen. Ungeöffnete Muscheln entfernen, Bouquet garni und Orangenschale herausnehmen.

3 Für die Rouille Paprika und Chili in große Stücke schneiden. Kerne und weiße Haut entfernen und mit der gewölbten Seite nach oben grillen, bis die Haut schwarz wird und Blasen wirft. Abkühlen lassen, dann schälen.

4 Das Brot in 3 Eßlöffel Wasser einweichen, anschließend gründlich ausdrücken. Paprika, Chili, Brot, Knoblauch und Eigelb in der Küchenmaschine pürieren. Bei laufendem Motor das Öl zugießen und gatrühren.

5 Bouillabaisse in Suppentassen füllen, mit Petersilie bestreuen und mit der Rouille servieren.

MEERESFRÜCHTE-CHOWDER NACH MANHATTAN-ART

Vorbereitungszeit: 30 Minuten
Garzeit: 30 Minuten
Für 4-6 Personen

60 g Butter
3 Scheiben Schinkenspeck, kleingeschnitten
2 Zwiebeln, gehackt
2 Knoblauchzehen, feingehackt
2 Selleriestangen, in Scheiben geschnitten
3 Kartoffeln, gewürfelt
1,25 l Fischfond oder Hühnerbrühe
3 TL frischer Thymian, gehackt
12 große rohe Garnelen
1 EL Tomatenpüree
425 g Tomaten aus der Dose, kleingeschnitten
375 g weiße Fischfilets ohne Haut
  (z. B. Leng, Dorsch, Seehecht), in
  mundgerechte Stücke geschnitten
310 g Baby-Venusmuscheln aus der Dose,
  mit Saft
2 EL frische Petersilie, gehackt
Salz und Pfeffer
geriebene Orangenschale zum Garnieren

1 Die Butter schmelzen. Speck, Zwiebeln, Knoblauch und Sellerie bei schwacher Hitze 5 Minuten darin dünsten, ab und zu umrühren.
2 Kartoffeln, Fond und Thymian zufügen und abgedeckt 15 Minuten kochen.
3 Inzwischen die Garnelen schälen und entdarmen. Tomatenpüree und Tomaten zugeben und gut verrühren. Fisch, Garnelen und Venusmuscheln mit Saft zufügen und bei schwacher Hitze 3 Minuten köcheln. Nach Geschmack würzen. Mit Petersilie und geriebener Orangenschale garniert servieren.

UNTEN: Meeresfrüchte-Chowder nach Manhatten-Art

NUDELN SCHLÜRFEN

Kindern in westlichen Ländern wird von klein auf beigebracht, das Essen nicht geräuschvoll zu schlürfen. In Japan werden sie dagegen dazu ermuntert, denn es gilt durchaus als gutes Benehmen, beim Nudelessen laute Schlürfgeräusche von sich zu geben. Dies erfüllt einen doppelten Zweck: Es zeigt, dass man ein gutes Essen zu würdigen weiß, man kann aber auch die dampfend heiß servierten Nudeln verzehren, indem man gleichzeitig kühlende Luft durch den Mund einatmet. Ein weiterer Unterschied zwischen westlichen und japanischen Tischsitten besteht darin, dass Japaner die festen Bestandteile einer Suppe mit Eßstäbchen greifen und zum Schluß die Schale an den Mund führen und die Flüssigkeit trinken.

JAPANISCHE GEMÜSESUPPE MIT RAMEN-NUDELN

Vorbereitungszeit: 15 Minuten
Kochzeit: 15 Minuten
Für 6 Personen

Salz

250 g frische Ramen-Nudeln

1 EL Pflanzenöl

1 EL fein gehackte frische Ingwerwurzel

2 Knoblauchzehen, durchgepresst

150 g Austernpilze, halbiert

1 kleiner Zucchini, in dünne Scheiben geschnitten

1 Lauchstange, längs halbiert, in dünne Ringe geschnitten

100 g Zuckererbsen, schräg halbiert

100 g frittierte Tofuwürfel, in feine Streifen geschnitten

80 g weiße Miso-Paste

80 ml helle Sojasauce

60 ml Mirin

90 g Bohnensprossen, geputzt

1/2 TL Sesamöl

4 Frühlingszwiebeln, in dünne Ringe geschnitten

100 g Enoki-Pilze

1 Reichlich Salzwasser zum Kochen bringen, Nudeln zufügen und unter Rühren 2 Minuten bissfest kochen. Abgießen, abschrecken und abtropfen lassen.

2 Wok bei mittlerer Temperatur erhitzen und Öl darin schwenken. Ingwer und Knoblauch unter Rühren 30 Sekunden braten, Austernpilze, Zucchini, Lauch, Zuckererbsen und Tofu zugeben und unter Rühren 4 Minuten braten. 1,5 l Wasser zugießen, zum Kochen bringen, die Hitze reduzieren und köcheln lassen. Miso, Sojasauce und Mirin hineinrühren und durchwärmen, aber nicht kochen lassen. Vor dem Servieren Sprossen und Sesamöl einrühren.

3 Nudeln auf Schalen verteilen, mit Brühe auffüllen und mit Zwiebeln und Enoki-Pilzen bestreuen.

RECHTS: Japanische Gemüsesuppe mit Ramen-Nudeln

SUPPEN

KOKOS-GARNELEN-SUPPE

Vorbereitungszeit: 20 Minuten
+ 20 Minuten Einweichzeit
Kochzeit: 45 Minuten
Für 4 Personen

 ✦ ✦

Currypaste

6 lange getrocknete rote Chilis

2 TL Korianderkörner

1 TL Kreuzkümmelsamen

1 TL gemahlene Kurkuma

1/2 TL Paprika

1/2 TL schwarze Pfefferkörner

4 rote asiatische Schalotten, gehackt

4 Knoblauchzehen, grob gehackt

1 EL frische Ingwerwurzel, in Scheiben
  geschnitten

4 frische Korianderwurzeln, gründlich
  gewaschen

2 EL frische Korianderstiele, gehackt

1 TL geriebene Limettenschale

2 Stängel Zitronengras, nur weiße Teile, in
  dünne Scheiben geschnitten (grüne Teile für
  Brühe aufheben)

2 frische Kaffir-Limettenblätter, fein zerkleinert

1 TL Garnelenpaste

2 EL Pflanzenöl

1 TL Salz

Brühe

700 g mittelgroße rohe Garnelen

4 rote asiatische Schalotten, gehackt

1 Knoblauchzehe

grüne Teile vom Zitronengras

6 schwarze Pfefferkörner

2 EL Pflanzenöl

800 ml Kokosmilch

60 ml Fischsauce

frisches Koriandergrün, zum Garnieren

Limettenschalen, in feine Streifen geschnitten,
  zum Garnieren

1 Für die Currypaste Chilis mit kochendem Wasser übergießen, 20 Minuten einweichen und abgießen. Gewürze und Pfefferkörner in einer tiefen Bratpfanne bei mittlerer Temperatur unter Rühren erhitzen, bis sie duften. Fein mahlen, dann im Mixer mit den restlichen Zutaten für die Paste fein pürieren; bei Bedarf etwas Wasser zugeben.

2 Garnelen vollständig schälen und vom Darm befreien. Mit Klarsichtfolie bedeckt kalt stellen. Köpfe und Schalen beiseite stellen.

3 Für die Brühe Garnelenköpfe und -schalen im Wok bei hoher Temperatur 5 Minuten rösten, bis sie sich orange färben. Restliche Zutaten für die Brühe mit 1,5 l Wasser zugeben und zum Kochen bringen. Hitze reduzieren, 15–20 Minuten köcheln lassen, dann durch ein Sieb in eine Schüssel gießen.

4 Wok säubern und trocknen. Bei mittlerer Temperatur erhitzen und das Öl darin schwenken. 3 EL Currypaste hineingeben und unter ständigem Rühren 1–2 Minuten erhitzen, bis sie duftet. Brühe und Kokosmilch hineinrühren, zum Kochen bringen, dann die Hitze reduzieren und 10 Minuten köcheln lassen. Garnelenfleisch zufügen und etwa 2 Minuten garen. Fischsauce hineinrühren und mit Koriander und Limettenschale garnieren.

Hinweis: Übrige Currypaste luftdicht verpackt einfrieren.

OBEN: Kokos-Garnelen-Suppe

1 Pilze in 250 ml kochendem Wasser einweichen, ausdrücken und die Flüssigkeit beiseite stellen. Pilze von holzigen Stielen befreien und in dünne Scheiben schneiden.

2 2 l Wasser zum Kochen bringen und Nudeln 1–2 Minuten weich kochen. Sofort abgießen, abschrecken und beiseite stellen.

3 Brühe und 1 l Wasser im Wok zum Kochen bringen, Hitze reduzieren, Hühnerfleisch hineingeben und 2–3 Minuten köcheln lassen.

4 Pilze zugeben und 1 Minute kochen. Pak-Choi hineinlegen und 1 Minute köcheln lassen, bis er zusammenfällt. Miso, Dashi, Wakame und Pilzwasser zufügen und rühren, bis sich Dashi und Miso auflösen. Nicht kochen lassen.

5 Tofu behutsam einrühren. Nudeln auf Schalen verteilen, mit heißer Suppe auffüllen und mit Frühlingszwiebeln bestreuen.

CHINESISCHE HÜHNERSUPPE MIT GARNELEN

Vorbereitungszeit: 20 Minuten
+ 2 Stunden Kühlzeit
Kochzeit: 2 Stunden 20 Minuten
Für 4–6 Personen

✣ ✣

Brühe

1 Huhn, 1,5 kg schwer
60 ml chinesischer Reiswein
1/2 Sternanisfrucht
8 Frühlingszwiebeln, gehackt
Blätter von 2 Selleriestauden
1/2 TL weiße Pfefferkörner
4 Knoblauchzehen, durchgepresst
2 x 10 cm großes Stück frische Ingwerwurzel, in dünne Scheiben geschnitten

24 Won-tans (gefüllte Teigtaschen)
12 mittelgroße rohe Garnelen, küchenfertig
200 g chinesisches gegrilltes Schweinefleisch, in dünne Scheiben geschnitten
60 g chinesische Strohpilze
70 g Bambussprossen, in Scheiben geschnitten
500 g junger Pak-Choi, dünn geschnitten
2 Frühlingszwiebeln, in 3 cm lange Stücke geschnitten
2 1/2 EL helle Sojasauce
1 EL Austernsauce
1/2 TL Sesamöl

JAPANISCHE UDON-MISO-SUPPE MIT HUHN

Vorbereitungszeit: 15 Minuten
+ 20 Minuten Einweichzeit
Kochzeit: 15 Minuten
Für 4–6 Personen

✣

8 getrocknete Shiitake-Pilze
400 g frische Udon-Nudeln
1 l Hühnerbrühe
600 g Hühnerbrustfilets, in 1,5 cm starke Streifen geschnitten
300 g junger Pak-Choi, längs halbiert
60 g weiße Miso-Paste
2 TL Dashi-Flocken
1 EL Wakame- oder sonstige Algenflocken
150 g schnittfeste Seidentofu, in 1 cm große Würfel geschnitten
3 Frühlingszwiebeln, schräg in Scheiben geschnitten

OBEN: Japanische Udon-Miso-Suppe mit Huhn

1 Zutaten für die Brühe mit 4 l Wasser bei starker Hitze zum Kochen bringen und den Schaum abschöpfen. Die Hitze reduzieren und alles 2 Stunden köcheln lassen. Abkühlen lassen, Huhn herausnehmen und Brühe durch ein Sieb in eine Schüssel gießen. Brühe und Huhn getrennt und zugedeckt kalt stellen. Fettschicht von der Brühe entfernen.

2 2 l Brühe in einem großen Wok zum Kochen bringen. 1 Hühnerbrust abtrennen, Haut entfernen und Fleisch in dünne Scheiben schneiden.

3 Won-tans in die kochende Brühe geben und 2–3 Minuten kochen, bis sie nach oben steigen und gar sind. Mit dem Schaumlöffel herausnehmen und auf Schalen verteilen. Brühe bei kleiner Hitze köcheln lassen und Garnelen, Schweinefleisch, Pilze und Bambussprossen 30 Sekunden darin ziehen lassen, bis sich die Garnelen krümmen. Pak-Choi, Frühlingszwiebeln, Huhn sowie Sojasauce, Austernsauce und Sesamöl vermischt zufügen und 2 Minuten kochen. Suppe über die Won-tans verteilen.

1 Pilze mit 125 ml kochendem Wasser übergießen und 20 Minuten einweichen. Ausdrücken und Pilzwasser beiseite stellen. Pilze von holzigen Stielen befreien und vierteln.

2 Wok bei hoher Temperatur erhitzen und beide Öle darin schwenken. Ingwer, Frühlingszwiebeln und Speck etwa 10 Sekunden braten, dann Brühe, Sojasauce, Reiswein, Pilzwasser und Salz zufügen. Zum Kochen bringen, Hühnerfleisch hineingeben und bei kleinster Hitze zugedeckt 40 Minuten gar ziehen lassen. Hühnerfleisch herausnehmen, etwas abkühlen lassen und fein zerteilen.

3 Brühe wieder zum Kochen bringen, Möhre hineingeben und 5 Minuten kochen. Garnelen, Tofu, Bambussprossen, Sauerampfer und Hühnerfleisch zufügen und alles bei geringer Hitze weitere 5 Minuten garen. Suppe mit den Frühlingszwiebeln servieren.

Hinweis: Chinesischer Speck ist relativ trocken und ähnelt im Geschmack dem italienischen Prosciutto, durch den man ihn auch notfalls ersetzen kann.

UNTEN: Acht-Schätze-Suppe

ACHT-SCHÄTZE-SUPPE

Vorbereitungszeit: 15 Minuten
  + 20 Minuten Einweichzeit
Kochzeit: 1 Stunde
Für 4–6 Personen

✹ ✹

4 getrocknete Shiitake-Pilze

1 EL Pflanzenöl

1 TL Sesamöl

2 TL frische Ingwerwurzel, fein gehackt

1 EL Frühlingszwiebel, fein gehackt

60 g chinesischer Speck oder Schinken,
  in dünne Streifen geschnitten (siehe Hinweis)

1 l Hühnerbrühe

1 EL Sojasauce

1 EL Reiswein

1/2 TL Salz

250 g Hühnerbrustfilet

1 Möhre, in 1 cm dicke Scheiben geschnitten

12 kleine rohe Garnelen, küchenfertig

200 g schnittfester Tofu, in 2 cm große Würfel
  geschnitten

50 g Bambussprossen, in Scheiben geschnitten

100 g Sauerampfer, gehackt

2 Frühlingszwiebeln, schräg in Scheiben
  geschnitten, zum Servieren

TOM YUM GOONG
(Sauer-scharfe Garnelensuppe)

Vorbereitungszeit: 25 Minuten
Garzeit: 45 Minuten
Für 4-6 Personen

✶✶

500 g mittelgroße rohe Garnelen

1 EL Öl

2 EL (thailändische) rote Currypaste oder Tom-Yum-Paste

2 EL Tamarindenpüree

2 TL Kurkuma, gemahlen

1 TL roter Chili, feingehackt

4 Kaffir-Limonenblätter, in Streifen geschnitten

2 EL Fischsauce

2 EL Limonensaft

2 TL geriebener Palmzucker oder brauner Zucker

2 EL frisches Koriandergrün zum Servieren

UNTEN:

Tom Yum Goong (Sauer-scharfe Garnelensuppe)

1 Garnelen schälen und entdarmen, dabei die Schwänze intakt lassen. Schalen und Köpfe aufbewahren. Garnelenfleisch abgedeckt kühl stellen. Öl erhitzen, Garnelenschalen und –köpfe 10 Minuten unter Rühren garen.

2 250 ml Wasser und Curry-Paste zugeben. 5 Minuten kochen, bis sich die Flüssigkeit reduziert hat. 1,75 Liter Wasser zugießen und weitere 20 Minuten köcheln. Durch ein Sieb geben, den Fond in den Topf zurückgießen.

3 Tamarindenpüree, Kurkuma, Chili und Limonenblätter 2 Minuten im Fond erwärmen. Garnelenfleisch zufügen und 5 Minuten köcheln lassen. Fischsauce, Limonensaft und Zucker unterrühren. Mit Koriandergrün bestreut servieren.

WAN-TAN-SUPPE

Vorbereitungszeit: 40 Minuten + 30 Minuten zum Einweichen
Garzeit: 5 Minuten
Für 4-6 Personen

✶✶

4 getrocknete chinesische Pilze

250 g rohe Garnelen

250 g Schweinehackfleisch

1 EL Sojasauce

1 TL Sesamöl

2 Frühlingszwiebeln, feingehackt

1 TL frischer Ingwer, gerieben

2 EL Wasserkastanien aus der Dose, in Scheiben geschnitten

250 g Wan-Tan-Hüllen

4 Frühlingszwiebeln, in sehr feine Scheiben geschnitten, zum Garnieren

1,5 l Hühner- oder Rinderbrühe

1 Pilze in einer Schüssel mit heißem Wasser 30 Minuten einweichen. Anschließend gut ausdrücken. Die Pilzhüte in Scheiben schneiden. Garnelen schälen, ausnehmen und das Fleisch zerkleinern. Anschließend Garnelenfleisch, Pilze, Hackfleisch, Sojasauce, Sesamöl, Frühlingszwiebeln, Ingwer und Wasserkastanien in einer Schüssel mischen.

2 Nur jeweils 1 Wan-Tan-Hülle zur Zeit verarbeiten, die restlichen Hüllen mit einem sauberen, feuchten Tuch abdecken. 1 gehäuften Teelöffel Farce in die Mitte jeder Teighülle setzen.

3 Teigränder anfeuchten, zu einem kleinen Dreieck zusammenfalten und die beiden Ecken aufeinanderlegen. Auf ein mit Speisestärke bestreutes Blech setzen.

4 Wan-Tans in sprudelnd kochendem Wasser 4–5 Minuten garen, anschließend mit einem Sieblöffel herausnehmen und in Schälchen anrichten. Mit Frühlingszwiebelscheiben bedecken und mit heißer Brühe übergießen.

KÜRBIS-GARNELEN-KOKOS-SUPPE

Vorbereitungszeit: 15 Minuten
Garzeit: 20 Minuten
Für 4-6 Personen

500 g Kürbis, in Würfel geschnitten

4 EL Limonensaft

1 kg große rohe Garnelen

2 Zwiebeln, feingehackt

1 roter Chili, feingehackt

1 Zitronengrasstengel (nur der weiße Teil), gehackt

1 TL Garnelenpaste

1 TL Zucker

375 ml Kokosmilch

1 TL Tamarindenpüree

125 ml Kokoscreme

1 EL Fischsauce

2 EL frische Thai-Basilikumblätter

1 Kürbis mit der Hälfte des Limonensaftes mischen. Garnelen schälen und entdarmen.

2 Zwiebel, Chili, Zitronengras, Garnelenpaste, Zucker und 3 Eßlöffel Kokosmilch pürieren.

3 Tamarindenpüree, restliche Kokosmilch und 250 ml Wasser mischen und glattrühren. Kürbiswürfel zufügen und zugedeckt 10 Minuten kochen.

4 Garnelen und Kokoscreme zugeben und 3 Minuten mitkochen, bis die Garnelen eine rosa Farbe angenommen haben. Fischsauce, restlichen Limonensaft und Thai-Basilikumblätter unterrühren. Suppe in vorgewärmte Suppenschalen gießen und mit Thai-Basilikumblättern oder -stengeln garnieren.

OBEN: Kürbis-Garnelen-Kokos-Suppe

PHO

Nudelsuppen gehören zum vietnamesischen Alltag, wobei die Pho die beliebteste und bekannteste ist. Sie wird zu jeder Tageszeit verzehrt – in der Frühe, mittags und abends. Die Beigabe frischer aromatischer Kräuter verleiht der Pho einen Duft, der für die vietnamesische Küche charakteristisch ist, während die Würzmittel, die dazu gereicht werden, jedem Esser erlauben, seine eigene Variante zu kreieren. Ursprünglich stammte die Suppe aus dem Norden, heute ist sie jedoch im ganzen Land zum Klassiker geworden.

OBEN: Rindfleisch-Pho

RINDFLEISCH-PHO

(Pho bo)

Vorbereitungszeit: 15 Minuten
  + 15 Minuten Einweichzeit
Kochzeit: 35 Minuten
Für 4 Personen

✳ ✳

2 l Rindfleischbrühe

1 Sternanisfrucht

1 Stück frischer Ingwer, 4 cm groß,
  in Scheiben geschnitten

2 Schweinsfüße (vom Metzger spalten lassen)

1/2 Zwiebel, mit 2 Gewürznelken gespickt

2 Stängel Zitronengras, zerdrückt

2 Knoblauchzehen, durchgepresst

1/4 TL gemahlener weißer Pfeffer

1 EL Fischsauce sowie zusätzliche zum
  Servieren

200 g frische dünne, runde Reisnudeln

300 g Rinderfilet, in feine Streifen geschnitten

90 g Sojabohnensprossen, geputzt

2 Frühlingszwiebeln, schräg in Ringe geschnitten

25 g Koriandergrün, gehackt, sowie zusätzliches
  als Beilage

4 EL vietnamesischer Koriander, gehackt, sowie
  zusätzlicher als Beilage

1 frische rote Chilischote, fein geschnitten,
  sowie zusätzliche als Beilage

2 Limetten, geviertelt

1 Brühe, Sternanis, Ingwer, Schweinsfüße, Zwiebel, Zitronengras, Knoblauch und Pfeffer im Wok zum Kochen bringen. Hitze stark reduzieren und Suppe zugedeckt 30 Minuten köcheln lassen. Durch ein Sieb gießen, Flüssigkeit wieder in den Wok geben und Fischsauce einrühren.

2 Inzwischen Nudeln in eine hitzebeständige Schüssel legen, mit kochendem Wasser übergießen und behutsam trennen. Abgießen und kalt abschrecken.

3 Nudeln auf tiefe Schalen verteilen, dann Rindfleisch, Bohnensprossen, Frühlingszwiebeln, Koriandergrün, Koriander und Chilischote darauf geben. Die Brühe darüber schöpfen.

3 Beilagen und Limetten in Schälchen auf einer Platte anrichten und dazu reichen.

CHINESISCHE NUDELSUPPE MIT FLEISCHBÄLLCHEN

Vorbereitungszeit: 20 Minuten
  + 1 Stunde Kühlzeit
Kochzeit: 30 Minuten
Für 4–6 Personen

1 EL Erdnussöl

2 TL Sesamöl

4 Knoblauchzehen, durchgepresst

5 TL frischer Ingwer, gerieben

150 g Chinakohl, fein geschnitten

300 g Gehacktes vom Schwein

1 Eiweiß

1 1/2 TL Maisstärke

1/4 TL gemahlener weißer Pfeffer

80 ml helle Sojasauce

2 EL chinesischer Reiswein

6 Frühlingszwiebeln, in dünne Ringe
  geschnitten

15 g Koriandergrün, fein gehackt

1,5 l Hühnerbrühe, selbst gemacht oder Fertigprodukt (siehe Hinweis)

200 g frische dünne Eiernudeln

frische rote Chilischote, gehackt, zum
  Garnieren, nach Belieben

Sojasauce zum Servieren, nach Belieben

1 Wok bei hoher Temperatur erhitzen und Erdnussöl mit 1 TL Sesamöl darin schwenken. Knoblauch, 2 TL Ingwer und Chinakohl unter Rühren 1 Minute braten, bis der Knoblauch zu bräunen beginnt. Wok sofort von der Hitze nehmen und abkühlen lassen.

2 Inhalt des Woks in eine große Schüssel geben und Hackfleisch, Eiweiß, Maisstärke, Pfeffer, 2 EL Sojasauce, 1 EL Reiswein, die Hälfte der Frühlingszwiebeln und 3 EL Koriander zufügen. Alles gut vermengen, mit Klarsichtfolie zudecken und 1 Stunde kalt stellen. Je 1 EL der Hackfleischmischung mit nassen Händen zu Bällchen formen.

3 Wok säubern und trocknen. Die Brühe hineingeben, bei hoher Temperatur zum Kochen bringen, die Hitze reduzieren und 1–2 Minuten köcheln lassen. Restliche Ingwerwurzel und Sojasauce sowie restlichen Reiswein zufügen und zugedeckt 5 Minuten kochen. Fleisch-bällchen hineingeben und ohne Deckel weitere 8–10 Minuten kochen, bis die Bällchen nach oben steigen und durchgegart sind.

4 Inzwischen Nudeln in reichlich kochendes Wasser geben und 1 Minute kochen, bis sie sich trennen. Abgießen und gut spülen. Nudeln auf Schalen verteilen und die Suppe darüber schöpfen. Mit den restlichen Frühlingszwiebeln und dem restlichen Koriandergrün bestreuen, dann ein paar Tropfen des restlichen Sesamöls hineinträufeln. Nach Belieben mit Chilischote garnieren und Sojasauce dazu servieren.

Hinweis: Da Instantbrühe aus dem Glas oder aus Würfeln sehr salzig sein kann, sollte man sie in schwächerer Konzentration verwenden und für die im Rezept erforderliche Menge Brühe weniger Pulver bzw. Würfel nehmen als auf dem Etikett angegeben. Dies gilt vor allem für Rezepte, die auch Sojasauce oder andere salzige Saucen verwenden. Selbst gemachte Brühen für die asiatische Küche sollten nicht stark gesalzen werden.

OBEN: Chinesische Nudel-suppe mit Fleischbällchen

GARNELEN-LAKSA
(Laksa lemak)

Vorbereitungszeit: 30 Minuten
Kochzeit: 35 Minuten
Für 4–6 Personen

1½ EL Koriandersamen

1 EL Kreuzkümmelsamen

1 TL gemahlene Kurkuma

1 Zwiebel, grob gehackt

2 TL frische Ingwerwurzel, grob gehackt

3 Knoblauchzehen

3 Stängel Zitronengras, nur weiße Teile, kleingeschnitten

6 Kemiri- oder Macadamianüsse, grob gehackt

4–6 kleine frische rote Chilis, grob gehackt

2–3 TL Garnelenpaste

1 l Hühnerbrühe

60 ml Pflanzenöl

750 ml Kokosmilch

4 frische Kaffir-Limettenblätter

2½ EL Limettensaft

2 EL Fischsauce

2 EL Palmzucker, gerieben

750 g mittelgroße rohe Garnelen, küchenfertig

250 g feine Reisnudeln (Rice vermicelli)

90 g Bohnensprossen, geputzt

4 frittierte Tofuwürfel, in feine Streifen geschnitten

3 EL frischer vietnamesischer Koriander, grob gehackt

20 g frische Korianderblätter

Limettenschnitze zum Servieren

1 Koriandersamen in einer kleinen Pfanne bei mittlerer Hitze 1–2 Minuten unter ständigem Wenden rösten, bis sie duften. Fein mahlen. Kreuzkümmelsamen ebenso vorbereiten.

2 Koriander, Kreuzkümmel, Kurkuma, Zwiebel, Ingwer, Knoblauch, Zitronengras, Nüsse, Chilis und Garnelenpaste mit etwa 125 ml Brühe im Mixer fein pürieren.

3 Wok schwach erhitzen und Öl darin schwenken. Paste 3–5 Minuten unter ständigem Rühren erhitzen. Restliche Brühe zufügen und zum Kochen bringen, Hitze reduzieren und 15 Minuten köcheln lassen, bis sie etwas einkocht.

4 Kokosmilch, Limettenblätter, Fischsauce und Zucker zufügen und 5 Minuten köcheln lassen. Garnelen zufügen und 2 Minuten garen. Nicht kochen lassen oder zudecken.

5 Inzwischen Reisnudeln mit kochendem Wasser übergießen und 6–7 Minuten einweichen. Abgießen und mit den meisten Sprossen auf Schalen verteilen. Suppe darauf geben und mit Tofu, Koriander und den restlichen Sprossen garnieren. Mit Limettenschnitzen servieren.

LAKSA

Es gibt mehrere Varianten dieser beliebten Nudelsuppe. Am bekanntesten ist die Laksa lemak – rechts das Rezept –, eine Brühe mit Reisnudeln und Garnelen oder Hühnerfleisch, die mit Kokosmilch angereichert wird. Eine weitere Variante ist die dünne, säuerlich-aromatische Penang laksa, eine Fischsuppe auf der Basis einer mit Tamarinde statt Kokosmilch abgeschmeckten Brühe. Weniger bekannt ist die Johore laksa, die pürierten Fisch, Nudeln und Kokosmilch enthält. Jede Version hat ihre begeisterten Anhänger.

RECHTS: Garnelen-Laksa

PENANG-FISCHLAKSA
(Assam laksa)

Vorbereitungszeit: 20 Minuten
+ 20 Minuten Einweichzeit
Kochzeit: 40 Minuten
Für 4 Personen

 ★★

1 ganzer Fisch (Snapper, Brasse o. ä.),
   750 g schwer, geschuppt und ausgenommen

750 ml Hühnerbrühe

6 frische Zweige vietnamesischer Koriander

4 getrocknete rote Chilis

2 x 3 cm großes Stück frischer Galgant, fein
   gehackt

4 rote asiatische Schalotten, fein gehackt

2 Stängel Zitronengras (nur weiße Teile), fein
   gehackt

1 TL gemahlene Kurkuma

1 TL Garnelenpaste

4 EL Tamarindenmark

1 EL Zucker

500 g frische runde Reisnudeln

1 kleine Gurke, Samen entfernt, in feine
   Streifen geschnitten

10 g frischer vietnamesischer Koriander

1 große grüne Chilischote, in Streifen
   geschnitten

1 Fischflossen und –schwanz abschneiden. An
der stärksten Stelle das Fleisch einige Male auf
beiden Seiten tief einschneiden.
2 Brühe und 750 ml Wasser mit Koriander-
zweigen in einem beschichteten Wok bei starker
Hitze zum Kochen bringen. Fisch hineingeben
und 10 Minuten gar köcheln lassen. Er sollte
dabei ständig mit Flüssigkeit bedeckt sein; bei
Bedarf Wasser zufügen. Herausnehmen und
abkühlen lassen.
3 Chilis mit 250 ml kochendem Wasser
übergießen und 20 Minuten einweichen. Abgießen und hacken. Für die Laksa-Paste Chillies,
Galgant, Schalotten, Zitronengras, Kurkuma und
Garnelenpaste im Mixer glatt pürieren; bei
Bedarf etwas Wasser zufügen.
4 Fischfleisch in Flocken zerteilen und alle
Gräten entfernen; beides beiseite stellen. Gräten
und Tamarinde der Brühe im Wok zufügen und
aufkochen. 10 Minuten köcheln lassen, dann
durch ein Sieb gießen und die Flüssigkeit – sie
darf keine Gräten enthalten – in einen zweiten
Wok geben. Die Laksa-Paste hineinrühren und
bei mittlerer Hitze 10 Minuten köcheln lassen.
Zucker hineinrühren, Fischfleisch zufügen und
1–2 Minuten köcheln lassen.
5 Nudeln in einer hitzebeständigen Schüssel mit
kochendem Wasser übergießen und vorsichtig
trennen. Sofort abgießen und mit kaltem Wasser
abschrecken. Auf Schalen verteilen, Fisch und
Brühe dazugeben und mit Gurkenstreifen,
Koriander und Chili garnieren.

GARNELENPASTE
Es gibt zwei Arten Garne-
len- oder Shrimpspaste. In
Malaysia und Indonesien
wird sie aus halbfermen-
tierten getrockneten und
gemahlenen Garnelen her-
gestellt und zu einem Block
gepresst. Die chinesische
Variante ist weicher und
ähnelt eher einer Sauce;
sie wird in der Regel in
Gläsern verkauft. Beide
Arten sollten nur sehr sparsam verwendet werden, da
der kräftige Geschmack
sonst andere Aromen über-
deckt.

OBEN: Penang-Fischlaksa

SALATE

DRESSINGS UND SAUCEN

Im Unterschied zu anderen Regional-
küchen Frankreichs basieren die Saucen
und Dressings der provenzalischen Küche
nicht auf Butter, Sahne oder Mehl,
sondern auf Gemüse, Kräutern und Öl.
Das entspricht einem ihrer wichtigsten
Grundsätze: Der natürliche Geschmack
der Nahrung muss zur Geltung kommen
und darf nicht von schweren Saucen
überdeckt werden. Folgende Saucen gibt
es in vielen Varianten.

VINAIGRETTE (GRUNDREZEPT)

1 Prise Salz in 2 EL Rotweinessig auflösen und 6 EL Olivenöl extra vergine
nach und nach einrühren. Mit Pfeffer
abschmecken und umrühren. Um dieses

Rezept zu variieren, kann man folgende
Zutaten beliebig hinzufügen:
1 Knoblauchzehe, 1 TL Dijon-Senf, 2 EL
gehackte frische Kräuter (Schnittlauch,
Petersilie oder Minze). Geeignet sind
auch alle Arten von Rot- oder Weißweinessig oder aber Zitronensaft.

KLASSISCHE MAYONNAISE

Selbst gemachte Mayonnaise schmeckt
köstlich und ist einfach herzustellen.
Ganz gleich, ob sie von Hand oder im
Mixer gerührt wird, sollten alle Zutaten
unbedingt zimmerwarm sein; auch muss
das Öl sehr langsam zugegeben werden.
Für eine einfache Mayonnaise 2 Eigelbe
und 1 TL Dijon-Senf 1 Minute mit dem

Schneebesen schlagen. Nach und nach
450 ml Olivenöl in einem dünnen Strahl
bei ständigem Rühren zugeben. Sobald
die Mayonnaise dickflüssig wird, kann das
Öl schneller zugefügt werden. Wenn das
gesamte Öl verbraucht ist, 2 EL
Zitronensaft und etwas Salz und Pfeffer
unterrühren. Gerinnt die Mayonnaise,
ein weiteres Eigelb in eine saubere
Schüssel geben und die geronnene
Mischung in kleinen Mengen unter
ständigem Rühren zufügen, bis sie glatt
und fest wird. Ergibt 450 ml.
Dieses Rezept kann wie folgt variiert
werden:
Für eine Kräutermayonnaise 3 EL
gehackte frische Kräuter wie etwa

Schnittlauch, Petersilie, Kerbel oder Estragon mit der Mayonnaise verrühren. Für eine Remoulade je 2 EL Kapern und klein gehackte Gewürzgurke, 2 TL Dijon-Senf, 2 fein gehackte Schalotten, 3 Sardellenfilets, 1 EL gehackten frischen Estragon und 2 EL gehackte frische glatte Petersilie zugeben.

FRISCHES TOMATENDRESSING

900 g reife Tomaten schälen, entkernen und in feine Würfel schneiden. In einer Schüssel mit je 1 EL gehackten frischen Basilikumblättern und glatter Petersilie, 2 fein gehackten Schalotten und 3 EL Olivenöl extra vergine mischen. Abschmecken und gut verrühren. Zimmerwarm servieren. Ergibt 600 ml.

SAUCE VIERGE

Diese Tomatensauce wird nicht gekocht. Sie passt hervorragend zu gegrilltem Thunfisch und Schwertfisch. 700 g geschälte, entkernte und in kleine Würfel geschnittene Tomaten, 170 ml Olivenöl extra vergine, 3 EL Zitronensaft, 2 zerdrückte Knoblauchzehen, Salz und Pfeffer in einer Schüssel vermengen. 2 Stunden ruhen lassen. Kurz vor dem Servieren 6 entsteinte, fein gehackte schwarze Oliven und 3 EL frische gehackte Kräuter (Schnittlauch, Petersilie und Estragon) zugeben. Ergibt 450 ml.

SAUCE VERTE

Diese grüne Sauce schmeckt zu pochiertem oder gegrilltem Fisch und kaltem Fleisch. Zugedeckt hält sie im Kühlschrank bis zu 3 Tagen. 280 g Spinat blanchieren, abtropfen und abkühlen lassen, bis man die überschüssige Flüssigkeit mit den Händen ausdrücken kann. Ersatzweise 140 g TK-Spinat auftauen und abtropfen lassen. Spinat, 1 mit etwas Wasser befeuchtete Scheibe Weißbrot, 1 gehacktes hart gekochtes Ei, 6 Sardellenfilets, 2 EL Rotweinessig und 125 ml Olivenöl im Mixer pürieren. 1 EL fein gehackte Cornichons und 1 TL fein gehackte Kapern zugeben. Mit Salz und Pfeffer abschmecken. Ergibt 220 ml.

SAUCE RAVIGOTE

Passt zu kaltem Hühner- und Putenfleisch, Garnelen und Gemüse. Prise Salz in 2 EL Rotweinessig auflösen. 6 EL Olivenöl, 3 EL frische gehackte Petersilie, Estragon oder Schnittlauch, 1 fein gehackte Zwiebel, 2 EL fein geschnittene Gewürzgurken oder Cornichons und 2 EL Kapern zum Essig geben. Vermengen und abschmecken. Ergibt 185 ml.

VON LINKS: Sauce Ravigote; Vinaigrette; klassische Mayonnaise; frisches Tomatendressing; Sauce Verte; Sauce Vierge

RADIESCHEN
Radieschen variieren sehr in ihrer Form, ihrer Größe und ihrer Farbe, die von weiß über rot bis hin zu schwarz reicht. Das weiße Innere ist knackig und schmeckt scharf. Radieschen werden oft roh in Salaten verwendet. Man kann sie aber auch zu kleinen Figuren schneiden, die dann als Dekoration auf Servierplatten verwendet werden.

GEGENÜBERLIEGENDE SEITE, IM UHRZEIGERSINN VON OBEN: Krautsalat; Kalter Kartoffelsalat; Warmer Kartoffelsalat

KRAUTSALAT

Zubereitungszeit: 20 Minuten
Kochzeit: keine
Für 10 Personen

¹/₂ Weißkohl
¹/₄ Rotkohl
3 Möhren, grob geraspelt
6 Radieschen, grob geraspelt
1 rote Paprika, gehackt
4 Frühlingszwiebeln, in Scheiben geschnitten
3 EL frische, glattblättrige Petersilie, gehackt
250 g Mayonnaise
Salz und Pfeffer

1 Die harten Kohlblätter entfernen, die anderen in dünne Streifen schneiden. Die Streifen in eine Schüssel geben und Möhren, Radieschen, Paprika, Frühlingszwiebeln und Petersilie zufügen.
2 Die Mayonnaise zugeben, mit Salz und frisch gemahlenem schwarzem Pfeffer abschmecken und alles gut vermischen.
Hinweis Das Gemüse kann klein geschnitten bis zu 3 Stunden kühl gelagert werden. Die Mayonnaise kurz vor dem Servieren zugeben.

KALTER KARTOFFELSALAT

Zubereitungszeit: 30 Minuten
Kochzeit: 10 Minuten
Für 8 Personen

1,2 kg Salatkartoffeln, ungeschält und in mundgerechte Stücke geschnitten
2 Zwiebeln, gehackt
2 grüne Paprikaschoten, gehackt
4–5 Selleriestangen, gehackt
6 EL frische Petersilie, gehackt

Dressing

375 g Mayonnaise
3–4 EL Weißweinessig oder Zitronensaft
90 g saure Sahne
Salz und Pfeffer

1 Die Kartoffeln 5–10 Minuten kochen oder dämpfen (mit einer Messerspitze testen – wenn das Messer sich leicht einstechen lässt, ist die

Kartoffel gar). Die Schalen dürfen sich nicht lösen. Abtropfen und auskühlen lassen.
2 Zwiebeln, Paprika, Sellerie und Petersilie mit den Kartoffeln in einer Schüssel vermischen. Etwas Petersilie zum Garnieren beiseite legen.
3 Die Zutaten für das Dressing in einer Schüssel vermischen; mit Salz und schwarzem Pfeffer würzen. Das Dressing über den Salat gießen und verrühren. Mit der restlichen Petersilie garnieren.
Hinweis: Wenn die Kartoffeln zu lange gekocht haben, abtropfen lassen, auf einer flachen Servierplatte verteilen und ganz abkühlen lassen. Die meisten Kartoffeln festigen sich dadurch wieder.

WARMER KARTOFFELSALAT

Zubereitungszeit: 15 Minuten
Kochzeit: 25 Minuten
Für 8 Personen

4 Speckstreifen
1,5 kg kleine rote, fest kochende Kartoffeln, ungeschält
4 Frühlingszwiebeln, in Scheiben geschnitten
3 EL frische, glattblättrige Petersilie, gehackt
Salz und Pfeffer

Dressing

170 ml Olivenöl
1 EL Dijonsenf
80 ml Weißweinessig

1 Schwarte und Fett des Specks entfernen und unter dem heißen Backofengrill braten, bis der Speck knusprig ist. In kleine Stücke hacken.
2 Die Kartoffeln 10–15 Minuten garen (mit einer Messerspitze testen – wenn das Messer sich leicht einstechen lässt, ist die Kartoffel gar). Die Schale sollte sich nicht lösen. Abtropfen und abkühlen lassen.
3 Für das Dressing alle Zutaten in einer Schüssel mischen.
4 Die Kartoffeln vierteln und mit der Hälfte des Specks, den Frühlingszwiebeln, der Petersilie, etwas Salz und Pfeffer in eine Schüssel geben. Die Hälfte des Dressings darüber gießen und alles gut verrühren. In eine Servierschüssel füllen, das restliche Dressing darüber gießen und den restlichen Schinken darauf verteilen.
Hinweis: Die Kochzeit hängt von der Größe der Kartoffeln ab. Die Kartoffeln können auch gewürfelt anstatt geviertelt werden.

TOMATEN UND MOZZARELLA

Die Eiertomaten längs in 3–4 Scheiben schneiden. Die äußeren Scheiben entfernen, da sie nicht flach liegen würden.

Mit einem scharfen Messer die Mozzarellakügelchen der Länge nach in 3–4 Scheiben schneiden.

Das Olivenöl und den Balsamessig in einem kleinen Becher vermischen.

OBEN: Tomaten und Mozzarella

TOMATEN UND MOZZARELLA

Zubereitungszeit: 15 Minuten
Kochzeit: keine
Für 6–8 Personen

☆

12 reife Eiertomaten
10 kleine Mozzarellakugeln
40 g frische Basilikumblätter
Salz und Pfeffer

Dressing

125 ml Olivenöl
80 ml Balsamessig

1 Die Tomaten längs in 3–4 Scheiben schneiden. Die äußeren Scheiben entfernen. Die Mozzarellabällchen jeweils in 3–4 Scheiben schneiden.
2 Einige Tomatenscheiben auf eine Servierplatte legen, mit ebenso vielen Mozzarellascheiben belegen und Basilikumblätter darauf verteilen. So weiter vorgehen, bis alle Zutaten aufgebraucht sind. Mit Salz und Pfeffer würzen.

3 Für das Dressing Öl und Essig mischen und über den Salat gießen.
Hinweis: Diesen Salat kann man auch mit Pestodressing servieren. Dafür 50 g frische Basilikumblätter, 2 TL Pinienkerne, 50 g geriebenen Parmesan and 2 zerdrückte Knoblauchzehen in einer Küchenmaschine fein zerkleinern. Während des Rührvorgangs 125 ml Olivenöl und 2 EL Zitronensaft gleichmäßig zugießen.

SPARGELSALAT MIT HASELNÜSSEN

90 g Haselnüsse bei mittlerer Hitze in einer Pfanne rösten. Dabei oft umrühren, damit die Nüsse nicht anbrennen. Die Nüsse in einem Mörser leicht zermahlen. Die holzigen Enden von 300 g Spargel abschneiden und die Stangen in einem großen Topf mit Wasser etwa 1 Minuten kochen. Abgießen und den Spargel in kaltes Wasser legen. Abtropfen lassen. 3 EL Olivenöl mit 3 EL Weißweinessig vermischen, mit Salz und Pfeffer würzen und über den Spargel träufeln. Die Nüsse darüber streuen. Für 4 Personen.

WALNÜSSE

Walnüsse werden schon seit Jahrtausenden gegessen und wurden bereits im antiken Griechenland kultiviert. Es gibt viele Arten von Walnussbäumen, doch der am weitesten verbreitete ist der aus Persien stammende Baum. Die Walnuss wird meist für Kuchen, Desserts, Eis und Pralinen verwendet und ist auch ein wichtiger Bestandteil der immer beliebter werdenden Baklava. Walnüsse benützt man auch bei vielen herzhaften Gerichten wie Salaten, Suppen, Saucen und Pastasaucen. Walnussöl wird seit der Antike gewonnen.

WALDORFSALAT

Zubereitungszeit: 20 Minuten
Kochzeit: keine
Für 4–6 Personen

★

2 grüne Äpfel, in kleine Stücke geschnitten
2 rote Äpfel, in kleine Stücke geschnitten
2 EL Zitronensaft
4 Selleriestangen, in Scheiben geschnitten
30 g Walnussstücke
250 g Mayonnaise
frische Petersilie, gehackt, zum Garnieren
Salz und Pfeffer

1 Die Apfelstücke in eine Schüssel geben, mit Zitronensaft beträufeln und gut verrühren (so werden die Äpfel nicht braun). Die Selleriestücke und fast alle Walnussstücke unterrühren.
2 Die Mayonnaise zugeben und verrühren. Mit Salz und Pfeffer abschmecken. Den Salat in eine Servierschüssel geben, mit den restlichen Walnüssen bestreuen und mit Petersilie garnieren.
Hinweis: Der Salat kann bis zu 2 Stunden im Voraus zubereitet und bedeckt im Kühlschrank aufbewahrt werden.

PESTO-NUDELSALAT

Zubereitungszeit: 25 Minuten
Kochzeit: 15 Minuten
Für 6–8 Personen

★

100 g frische Basilikumblätter
2 Knoblauchzehen, zerdrückt
50 g Parmesan, gerieben
2 EL Pinienkerne, geröstet
80 ml Olivenöl
500 g Penne, gekocht
250 g Cocktailtomaten, halbiert
1 kleine rote Zwiebel, in Stücke geschnitten
150 g schwarze Oliven
Parmesanraspel zum Garnieren

1 Basilikum, Knoblauch, Parmesan und Pinienkerne in einer Küchenmaschine grob zerkleinern. Während des Mixens langsam das Olivenöl zugeben und gleichmäßig verrühren.
2 Die Penne in eine Schüssel geben, das Pesto zufügen und gut verrühren. Tomaten, Zwiebel und Oliven zugeben und vermischen. Auf eine Servierplatte umfüllen und mit dem Parmesan garnieren. Warm oder kalt servieren.

OBEN: Waldorfsalat

129

Senf-Vinaigrette

125 ml Olivenöl

2 EL Weißweinessig

1 TL Zucker

1 EL Dijonsenf

1 Knoblauchzehe, zerdrückt

Salz und Pfeffer

1 Grüne Bohnen in kurze Stücke schneiden und in einem Topf mit Wasser 2 Minuten kochen. Die Bohnen abgießen, spülen und in einer Schüssel mit kaltem Wasser kühlen. Gut abtropfen lassen.
2 Kichererbsen, Kidneybohnen, weiße Bohnen und Maiskörner abtropfen lassen und gut spülen. In einer großen Schüssel mit den grünen Bohnen, Frühlingszwiebeln, Paprika, Sellerie, Gewürzgurken, Minze und Petersilie mischen.
3 Für die Vinaigrette Öl, Weißweinessig und Zucker in einer Schüssel vermengen. Mit Salz und schwarzem Pfeffer würzen. Senf und Knoblauch einrühren. Das Dressing über den Salat gießen und alles gründlich durchrühren.

REISSALAT

Zubereitungszeit: 30 Minuten
   + 1 Stunde Kühlzeit
Kochzeit: 20 Minuten
Für 6–8 Personen

300 g Langkornreis

80 g frische oder tiefgefrorene Erbsen

3 Frühlingszwiebeln, in Scheiben geschnitten

je 1 rote und grüne Paprika, fein gewürfelt

310 g Mais aus der Dose, gespült

15 g frische Minze, gehackt

Dressing

125 ml Olivenöl

2 EL Zitronensaft

1 Knoblauchzehe, zerdrückt

1 TL Zucker

Salz und Pfeffer

1 In einem großen Topf Wasser zum Kochen bringen und den Reis einrühren. Wieder aufkochen und 12–15 Minuten kochen, bis der Reis gar ist. Abtropfen und abkühlen lassen.
2 Die Erbsen in einem kleinen Topf 2 Minuten kochen. Unter kaltem Wasser spülen und abtropfen lassen.

BOHNENSALAT

Zubereitungszeit: 30 Minuten
Kochzeit: 2 Minuten
Für 8–10 Personen

250 g grüne Bohnen, die Enden abgeschnitten

400 g Kichererbsen aus der Dose

425 g rote Kidneybohnen aus der Dose

400 g Cannellinobohnen aus der Dose

270 g Mais aus der Dose

3 Frühlingszwiebeln, in Scheiben geschnitten

1 rote Paprikaschote, fein gehackt

3 Selleriestangen, gehackt

4–6 Gewürzgurken aus dem Glas

3 EL frische Minze, gehackt

OBEN: Bohnensalat

3 EL frische glattblättrige Petersilie

3 Für das Dressing alle Zutaten in einer kleinen Schüssel mischen. Mit Salz und Pfeffer würzen.
4 Reis, Erbsen, Frühlingszwiebeln, Paprikawürfel, Mais und Minze vermischen. Mit dem Dressing verrühren. Bedecken und vor dem Servieren 1 Stunde in den Kühlschrank stellen.

KARAMELLISIERTE ZWIEBELN UND KARTOFFELSALAT

Zubereitungszeit: 20 Minuten
Kochzeit: 50 Minuten
Für 10–12 Personen

2 EL Speiseöl
6 rote Zwiebeln, in dünne Scheiben geschnitten
1 kg Salatkartoffeln
4 Speckstreifen
6 EL frischer Schnittlauch, gehackt

Mayonnaise

250 g Mayonnaise
1 EL Dijonsenf
2–3 EL Zitronensaft
2 EL saure Sahne
Salz und Pfeffer

1 Das Öl in einer Pfanne erhitzen, die Zwiebeln zugeben und bei schwacher bis mittlerer Hitze etwa 40 Minuten braten, bis sie karamellisiert sind.
2 Die Kartoffeln in große Stücke schneiden und 5–10 Minuten garen (mit einer Messerspitze testen – wenn das Messer sich leicht einstechen lässt, ist die Kartoffel gar). Abtropfen und etwas abkühlen lassen.
3 Die Speckschwarte entfernen und den Speck unter dem Backofengrill knusprig braten. Den Speck trockentupfen und abkühlen lassen, dann grob hacken.
4 Kartoffeln, Zwiebeln und Schnittlauch in eine Schüssel füllen, einige Schnittlauchhalme zum Garnieren beiseite legen und alles gut verrühren.
5 Für die Mayonnaise alle Zutaten in einer Schüssel vermischen, über den Salat geben und durchrühren. Den Speck darüber streuen und mit den restlichen Schnittlauchhalmen garnieren.
Hinweis: Ideal für Kartoffelsalat sind fest kochende Kartoffeln oder die so genannten Salatkartoffeln. Sie zeichnen sich durch einen hohen Feuchtigkeitsgehalt und einen geringen Stärkegehalt aus.

UNTEN: Karamellisierte Zwiebeln und Kartoffelsalat

GEMISCHTER MEERESFRÜCHTESALAT

Vorbereitungszeit: 60 Minuten + 60 Minuten
 zum Kühlen
Garzeit: 20 Minuten
Für 8 Personen

1,25 kg große gegarte Garnelen
12 gegarte Flußkrebse (Yabbies)
500 g Kammmuscheln
125 ml Weißwein
1 Prise getrockneter Thymian
1 Prise getrockneter Estragon oder ein
 Lorbeerblatt
400 g Lachs, Forelle oder feste weiße Fischfilets
 (z. B. Blauer Weißfisch, Lengfisch)

Vinaigrette

125 ml extra natives Olivenöl
2 EL Weißweinessig
1 TL Zucker
2 TL Dijon-Senf
1 EL frischer Dill, gehackt
Salz und Pfeffer

6 hartgekochte Eier
150 g gemischte (grüne) Salatblätter
2 EL frische glatte Petersilie, gehackt
2 reife Avocado, in Scheiben geschnitten
2 EL Zitronensaft
Salz und Pfeffer

Grüne-Göttinnen-Dressing

310 g Mayonnaise
4 Anchovis-Filets aus der Dose, abgetropft und
 feingehackt
1 Knoblauchzehe, zerdrückt
60 g Sauerrahm
3 EL frische Kräuter (Schnittlauch, Petersilie,
 Dill), gehackt
Salz und frisch gemahlener schwarzer Pfeffer

1 Garnelen schälen und entdarmen.
2 Mit einer Küchenschere beide Panzerseiten
der Flußkrebse auf der Unterseite abschneiden.
Die weiche Unterschale abziehen und das
Fleisch auslösen. Den Darm entfernen.
3 Von den Kammmuscheln Adern, dünne Haut
und weiße Muskeln abschneiden bzw. -ziehen.
4 250 ml Wasser mit Wein, Kräutern und
1 Prise Salz und Pfeffer zum Kochen bringen
und bei reduzierter Hitze 5 Minuten köcheln
lassen. Die Kammmuscheln zufügen und einige

Minuten pochieren, dann mit einem Schaumlöffel herausheben und auf einem Drahtgitter
abtropfen lassen. Fischfilets in den leicht kochenden Sud geben. Pochieren, dann zum Abkühlen
auf das Drahtgitter legen. Anschließend in große
Stücke teilen.
5 Garnelen, Krebse, Kammmuscheln und Fisch in
einer Schüssel mischen. Für die Vinaigrette Öl,
Essig, Zucker, Senf und Dill verrühren und nach
Geschmack würzen. Über die Meeresfrüchte
gießen und abgedeckt 1 Stunde kalt stellen.
6 Eier schälen und in Scheiben schneiden,
2 Eigelb zurückbehalten. Salat in eine tiefe
Servierschüssel legen. Die Meeresfrüchte darauf
arrangieren, die Vinaigrette aufbewahren. Mit
Petersilie bestreuen, mit Avocados bedecken, mit
Zitronensaft beträufeln, dann mit Eischeiben und
den zusätzlichen Eiweißen abschließen. Mit Salz
und Pfeffer würzen, mit der Vinaigrette
beträufeln. Die beiden Eigelbe darüber krümeln.
Mit dem Grüne-Göttinnen-Dressing servieren.
7 Für das Grüne-Göttinnen-Dressing alle
Zutaten mischen und nach Geschmack würzen.

KAMMMUSCHELN-CÉVICHE

Vorbereitungszeit: 20 Minuten + 2 Stunden
 zum Marinieren
Garzeit: keine
Für 2-4 Personen

16 Kammmuscheln, in der Schale
1 TL Limonenschale, feingerieben
2 Knoblauchzehen, gehackt
2 frische rote Chillies, entkernt und gehackt
60 ml Limonensaft
1 EL frische Petersilie, gehackt
1 EL Olivenöl
Salz und frisch gemahlener schwarzer Pfeffer

1 Kammmuscheln aus den Schalen nehmen,
letztere aufbewahren. Adern, dünne Haut und
weiße Muskeln abschneiden bzw. -ziehen.
2 Limonenschale, Knoblauch, Chillies,
Limonensaft, Petersilie und Olivenöl in einer
säurebeständigen Schüssel vermischen und mit
Salz und Pfeffer würzen. Die Kammmuscheln in
das Dressing legen und wenden, um sie
vollständig zu überziehen. Mit Klarsichtfolie
abgedeckt 2 Stunden kalt stellen.
3 Zum Anrichten die Muscheln jeweils in eine
halbe Schale zurücksetzen und das Dressing
darüber geben. Kalt servieren.
Hinweis: Die Muscheln halten sich im
Dressing 2 Tage.

AUSTRALISCHE FLUSSKREBSE
Die kleinen australischen
Flußkrebse sind auch unter
den Namen Freshwater cray-
fishs und Yabbies bekannt. Sie
haben köstlich saftiges Fleisch
und gelten als Delikatesse.
Man kann sie lebend oder
gegart kaufen. Beachten Sie,
daß lebende Flußkrebse aktiv
und die Scheren intakt sein
müssen. Wenn sich die Krebse schwerfällig bewegen, bedeutet das meist, daß sie nicht
frisch sind. Sie sollten zudem
einen angenehmen Meeresge-
ruch haben. Gegarte Fluß-
krebse sollten einen festen
Panzer, intakte Scheren und
keine Verfärbungen auf der
Unterseite vorweisen.

*GEGENÜBERLIEGENDE
SEITE: Gemischter
Meeresfrüchtesalat*

133

ÖL UND ESSIG

Selbst gemachtes Öl und Essig lassen sich bis zu 6 Monate aufbewahren. Zum Sterilisieren die Fläschchen waschen, mit kochendem Wasser abspülen und im Ofen trocknen.

HIMBEERESSIG

290 frische oder aufgetaute Himbeeren in eine Schüssel (nicht aus Metall!) geben und mit der Rückseite eines Löffels zerdrücken. Bei kleiner Hitze 500 ml Weißweinessig erwärmen, zu den Himbeeren geben und gut mischen. Alles in eine 500 ml fassende sterilisierte Glasflasche geben und diese etwa 2 Wochen an einem warmen Ort stehen lassen – regelmäßig schütteln. Die Mischung durch ein mit einem Mulltuch ausgelegtes Sieb streichen. 2 TL Zucker zugeben und bei mittlerer Hitze rühren, bis sich der Zucker aufgelöst hat. Den Essig zurück in die Flasche geben. 2–3 Himbeeren zugeben, verschließen und mit Inhalt und Datum beschriften. An einem kühlen, dunklen Ort aufbewahren. Ergibt 500 ml.

ESTRAGONESSIG

Bei geringer Hitze 500 ml Weißweinessig erwärmen. Vorsichtig 25 g Estragon in der Hand zerdrücken und in eine 500 ml fassende sterilisierte Glasflasche geben. Den Essig hineingießen, mit einem nichtmetallischen Verschluss schließen und gut schütteln. Etwa 2 Wochen an einem warmen Ort stehen lassen. Durchsieben und zurück in die saubere, warme und sterilisierte Flasche geben. Einen Estragonzweig in die Flasche geben, verschließen und mit Inhalt und Datum beschriften. An einem kühlen, dunklen Ort aufbewahren. Ergibt 500 ml.

CHILIÖL

6 getrocknete Chilischoten und 1 TL Chilipulver in einen Topf geben. 750 ml Olivenöl zugeben und bei mittlerer Hitze 5 Minuten rühren. Vom Herd nehmen, mit Klarsichtfolie verschließen und 3 Tage an einem dunklen, kühlen Ort stehen lassen. Das Öl in eine 750 ml fassende sterilisierte Flasche sieben. Die Chilischoten wegwerfen und stattdessen neue zugeben. Verschließen und mit Inhalt und Datum beschriften. An einem kühlen, dunklen Ort aufbewahren. Ergibt 750 ml.

WÜRZIGER MALZESSIG

Ein 1 cm großes Stück frischen Ingwer vierteln und mit 2 TL Pimentkörnern, 1 Zimtstange, $1/2$ TL schwarzen Pfefferkörnern, 10 Gewürznelken, und 1 TL braunen Senfkörnern zu 500 ml Malzessig geben. Alles bei kleiner Hitze erwärmen. Die Mischung in eine sterilisierte 500 ml

fassende Glasflasche füllen und mit einem nicht-metallischen Verschluss schließen. 2 Wochen an einem warmen Ort stehen lassen, durchsieben und mit einigen schwarzen Pfefferkörnern zurück in die sterilisierte Flasche geben. Verschließen und mit Inhalt und Datum beschriften. An einem kühlen dunklen Ort aufbewahren. Ergibt 500 ml.

PARMESANÖL

500 ml Olivenöl und 100 g fein geriebenen Parmesan in einem kleinen Topf mischen. Die Mischung bei geringer Hitze 10–15 Minuten rühren, bis der Parmesan zu schmelzen beginnt und Klumpen bildet. Den Topf vom Herd nehmen und abkühlen lassen. In eine sterilisierte, 500 ml fassende Flasche sieben und 20 g Parmesanraspel zugeben. Verschließen und mit Inhalt und Datum beschriften. An einem kühlen, dunklen Ort aufbewahren. Ergibt 500 ml.

WÜRZIGER APFEL- UND ZIMTESSIG

500 ml Weißweinessig, 30 g fein gehackte getrocknete Apfelscheiben, $1/4$ TL schwarze Pfefferkörner, 2 Loorbeerblätter, $1/4$ TL gelbe Senfsamen, 2 Zimtstangen, 2 frische Thymianzweige oder 1 frischen Estragonzweig und 1 geschälte Knoblauchzehe in eine sterilisierte, 500 ml fassende Flasche geben. Verschließen und 2 Wochen an einem kühlen, dunklen Ort stehen lassen. Den Essig sieben und zurück in die warme und sterilisierte Flasche geben. Verschließen und mit Inhalt und Datum beschriften. An einem kühlen, dunklen Ort aufbewahren. Ergibt 500 ml.

VON LINKS: Himbeeressig (2); Estragonessig (2); Chiliöl; Würziger Malzessig; Parmesanöl (2); Würziger Apfel- und Zimtessig (mit Estragon); Würziger Apfel- und Zimtessig (mit Thymian)

CAESAR-SALAT

Dieser klassische amerikanische Salat ist nach seinem Erfinder Caesar Cardini benannt, der den Salat in den 1920er-Jahren in seinem mexikanischen Restaurant servierte. Der Caesar-Salat wurde durch Leute aus Hollywood immer populärer und erschien schon bald auf vielen Speisekarten in Los Angeles, von wo aus er sich langsam auf der ganzen Welt verbreitete.

CAESAR-SALAT

Zubereitungszeit: 25 Minuten
Kochzeit: 20 Minuten
Für 6 Personen

1 kleines Baguette
2 EL Olivenöl
2 Knoblauchzehen, halbiert
4 Speckstreifen (ohne Fett)
2 Romanasalate
10 Sardellenfilets, längs halbiert
100 g Parmesan, geraspelt
Parmesanraspel zum Garnieren

Dressing

1 Eigelb
2 Knoblauchzehen, zerdrückt
2 TL Dijonsenf
2 Sardellenfilets
2 EL Weißweinessig
1 EL Worcestersauce
185 ml Olivenöl

1 Den Backofen auf 180 °C (Gas 2) vorheizen. Für die Zubereitung der Croûtons das Baguette in 15 dünne Scheiben schneiden und diese auf beiden Seiten mit Öl bestreichen. Die Scheiben auf einem Backblech verteilen und 10–15 Minuten goldbraun backen. Nach dem Backen etwas abkühlen lassen, dann jede Scheibe auf beiden Seiten mit den Knoblauchhälften einreiben. Das Knoblauchbrot in grobe Stücke brechen oder in kleine Würfel schneiden.

2 Den Speck unter dem Backofengrill knusprig braten. Auf Küchenkrepp etwas trocknen und abkühlen lassen, dann in grobe Stücke brechen.

3 Den Salat in Stücke schneiden und mit dem Speck, den Sardellen, den Croûtons und dem Parmesan in eine große Servierschüssel geben.

4 Für das Dressing Eigelb, Knoblauch, Senf, Sardellen, Essig und Worcestersauce in eine Küchenmaschine oder einen Mixer geben. Mit Salz und Pfeffer würzen und etwa 20 Sekunden verarbeiten, bis alles schaumig gerührt ist. Während des Rührvorgangs langsam das Öl zugießen.

5 Das Dressing über den Salat gießen und alles gründlich durchrühren. Die Parmesanraspel über den Salat streuen und sofort servieren.

RECHTS: Caesar-Salat

KICHERERBSENSALAT MIT OLIVEN

Vorbereitungszeit: 20 Minuten + Einweichzeit über Nacht
Kochzeit: 25 Minuten
Für 6 Personen

350 g getrocknete Kichererbsen

1 kleine Salatgurke

2 mittelgroße Tomaten

1 kleine rote Zwiebel

3 EL frische Petersilie, feingehackt

60 g schwarze Oliven, entsteint

1 EL Zitronensaft

3 EL Olivenöl

1 Knoblauchzehe, zerdrückt

1 TL Honig

1 Kichererbsen in einer großen Schüssel mit Wasser bedecken und über Nacht quellen lassen. Abgießen und mit frischem Wasser in etwa 25 Minuten gar kochen. Dann abtropfen und erkalten lassen.
2 Die Gurke längs halbieren, Kerne entfernen und in 1 cm dicke Scheiben schneiden. Die Tomaten in kichererbsengroße Würfel schneiden und die Zwiebel fein hacken. Kichererbsen, Tomaten, Zwiebeln, Petersilie und Oliven in eine Schüssel geben.
3 Zitronensaft, Öl, Knoblauch und Honig mit dem Schneebesen glattrühren, über den Salat gießen und vorsichtig mischen. Mit Zimmertemperatur servieren.

TOFU-SALAT

Vorbereitungszeit: 20 Minuten + 1 Stunde Marinierzeit
Kochzeit: Keine
Für 4 Personen

2 TL thailändische süße Chilisauce

1/2 TL frischer Ingwer, gerieben

1 Knoblauchzehe, zerdrückt

2 TL Sojasauce

2 EL Öl

250 g fester Tofu

100 g Zuckerschoten, in 3 cm lange Stücke geschnitten

2 kleine Möhren, gestiftelt

100 g Rotkohl, in feine Streifen geschnitten

2 EL Erdnüsse, gehackt

1 Chilisauce, Knoblauch, Ingwer, Sojasauce und Öl gut verrühren. Den Tofu in 2 cm große Stücke schneiden und in eine Schüssel geben. Dann die Sauce darüber gießen und mischen. Anschließend mit Frischhaltefolie abdecken und 1 Stunde kalt stellen.
2 Zuckerschoten in einen kleinen Topf geben, mit kochendem Wasser übergießen und 1 Minute ziehen lassen. Abgießen, in Eiswasser tauchen und abtropfen lassen.
3 Zuckerschoten, Möhren und Kohl zum Tofu geben und vorsichtig durchheben. Auf vier Tellern oder in einer Servierschüssel anrichten, mit Nüssen bestreuen und sofort servieren.

UNTEN:
Kichererbsensalat mit
Oliven (oben); Tofu-Salat

SALADE NIÇOISE

Den Nizzasalat gibt es in zahllosen Variationen. Die ursprüngliche Zubereitung ist nicht überliefert, doch mit Ausnahme von hart gekochten Eiern gehörten wohl keine gegarten Zutaten dazu. Die Zusammenstellung hängt davon ab, was in der jeweiligen Saison erhältlich ist, wobei schwarze Oliven, Sardellenfilets bzw. Thunfisch, Tomaten und Knoblauch zu den Grundzutaten gehören.

OBEN: Salade Niçoise

SALADE NIÇOISE

Zubereitungszeit: 30 Minuten
Kochzeit: 15 Minuten
Für 4 Personen

3 Eier

2 Strauchtomaten

175 g Prinzessbohnen, geputzt

125 ml Olivenöl

2 EL Weißweinessig

1 große Knoblauchzehe, halbiert

1 Eisbergsalat, Herz (ca. 350 g) herausgelöst und längs in Achtel geschnitten

1 kleine rote Paprikaschote, entkernt und in dünne Streifen geschnitten

1 kleine Salatgurke, in dünne, 5 cm lange Stifte geschnitten

1 Selleriestange, in dünne, 5 cm lange Streifen geschnitten

1 rote Zwiebel, in dünne Ringe geschnitten

2 Dosen Thunfisch (je 185 g), abgetropft, in Stücke gezupft

12 Kalamata-Oliven

45 g Sardellenfilets in Öl, gründlich abgetropft

2 TL Kapern

12 kleine Basilikumblätter

1 Eier in kaltem Wasser aufsetzen, zum Kochen bringen und bei schwacher Hitze 10 Minuten köcheln lassen. Während der ersten Minuten umrühren, um die Eigelbe zu zentrieren. Unter kaltem Wasser abschrecken, schälen und vierteln. Tomaten an der Unterseite kreuzweise einschneiden und 10 Sekunden in kochendes Wasser legen. In kaltem Wasser abschrecken, vom Einschnitt aus schälen und achteln.
2 Bohnen 2 Minuten in kochendes Wasser geben, kalt abschrecken und abtropfen lassen.
3 Für das Dressing Öl und Essig in ein verschließbares Glas geben und kräftig schütteln.
4 Einen Servierteller mit Knoblauch ausreiben. Salatherzen darauf verteilen und Eier, Tomaten, Bohnen, Paprika, Gurke und Sellerie darauf anrichten. Zwiebelringe und Thunfisch, dann Oliven, Sardellen, Kapern und Basilikum darüber verteilen und mit Dressing beträufeln. Sofort servieren.

SCHNELLER NUDELSALAT

250 G Spiralnudeln in einem großen Topf mit sprudelndem Salzwasser gar kochen. Dann abtropfen lassen und erneut in den Topf geben. Etwas Olivenöl einrühren, damit die Nudeln nicht kleben. Dann 4 EL Pesto (Fertigprodukt) untermischen. Zum Abkühlen in eine Servierschüssel geben. Anschließend 150 g geviertelte Kirschtomaten und 75 g gehackte schwarze Oliven zufügen. Mit Zimmertemperatur servieren. Für 4 Personen.

KARTOFFELSALAT MIT SARDELLEN

Zubereitungszeit: 20 Minuten
Kochzeit: 25 Minuten
Für 6 Personen

1 kg fest kochende Kartoffeln (z. B. Sieglinde, Hansa), ungeschält

60 ml trockener Weißwein

1 EL Apfelessig

60 ml Olivenöl

4 Frühlingszwiebeln, fein gehackt

je ½ TL Salz und Pfeffer

35 g Sardellenfilets in Öl, abgetropft

1 EL gehackte Petersilie

1 EL gehackter Schnittlauch

1 Kartoffeln etwa 20 Minuten kochen, bis sie weich sind. Abgießen und sofort schälen. In 1 cm dicke Scheiben schneiden.
2 Wein, Essig, Olivenöl und Frühlingszwiebeln in einer großen Bratpfanne bei schwacher Hitze erwärmen und Kartoffelscheiben zufügen. Pfanne schwenken, damit sich die Flüssigkeit über die Kartoffeln verteilt, dann wieder erwärmen.
3 Vom Herd nehmen und mit Salz und Pfeffer abschmecken. Die Hälfte der Sardellen grob hacken und mit Schnittlauch und Petersilie unter die Kartoffeln heben. Auf einem Servierteller anrichten und mit den restlichen Sardellen garnieren. Warm oder zimmerwarm servieren.

ROTE-BETE-SALAT MIT ZIEGENKÄSE

Zubereitungszeit: 20 Minuten
Kochzeit: 30 Minuten
Für 4 Personen

4 Rote Beten mit Blättern (insgesamt 1 kg)

200 g grüne Bohnen, geputzt

1 EL Rotweinessig

2 EL Olivenöl extra vergine

1 Knoblauchzehe, zerdrückt

1 EL Kapern, abgetropft, grob gehackt

100 g Ziegenkäse

1 Blätter mit Stiel von den Roten Beten trennen. Knollen unter fließendem Wasser abbürsten und Blätter gründlich waschen. Knollen in Salzwasser zum Kochen bringen und bei schwacher Hitze etwa 30 Minuten garen, bis sie sich mit der Messerspitze einstechen lassen. Abgießen und abkühlen lassen.
2 Inzwischen in einem zweiten Topf Wasser zum Kochen bringen, Bohnen zugeben und etwa 3 Minuten kochen, bis sie weich sind. Mit dem Schaumlöffel herausnehmen, in kaltem Wasser abschrecken, dann gut abtropfen lassen. Blätter im Bohnenwasser 3–5 Minuten kochen, bis die Stiele weich sind. Abgießen, in kaltem Wasser abschrecken, dann gut abtropfen lassen.
3 Rote Beten schälen und in dünne Scheiben schneiden.
4 Essig, Öl, Knoblauch, Kapern, Salz und Pfeffer in ein verschließbares Glas geben und kräftig schütteln.
5 Bohnen, Rote Beten und Blätter auf vier Teller verteilen. Ziegenkäse darüber bröckeln und mit Dressing beträufeln. Mit frischem Krustenbrot servieren.

UNTEN: Rote-Bete-Salat mit Ziegenkäse

GRIECHISCHER BAUERN-SALAT

Salata choriatiki (wörtlich: Dorf- oder Landsalat), der hierzulande bekannteste griechische Salat, ist nur einer der zahlreichen Salate der griechischen Küche. Seinem Namen entsprechend, ist er rustikal. Tomaten, Gurken, Feta, Oliven und Paprika sind die Hauptzutaten, zu denen sich noch Romana-Salat, Sardellenfilets, glatte Petersilie, Kapern und eine Prise Oregano gesellen können.

OBEN: Griechischer Bauernsalat

SALATA CHORIATIKI

(Griechischer Bauernsalat)

Zubereitungszeit: 20 Minuten
Kochzeit: keine
Für 4 Personen

1 Salatgurke
2 grüne Paprikaschoten
4 Strauchtomaten, in Spalten geschnitten
1 rote Zwiebel, in feine Ringe geschnitten
16 Kalamata-Oliven
250 g griechischer Feta, gewürfelt
24 frische glatte Petersilienblätter
12 ganze frische Minzeblätter
125 ml Olivenöl
2 EL Zitronensaft
1 Knoblauchzehe, zerdrückt
Salz und Pfeffer

1 Gurke längs halbieren und Kerne ausschaben; Gurke in mundgerechte Stücke schneiden. Paprika längs halbieren, von Häutchen und Kernen befreien und in schmale Streifen schneiden. Beides mit Tomaten, Zwiebel, Oliven, Feta, Petersilie und Minze in einer Salatschüssel mischen.
2 Öl, Zitronensaft, Knoblauch, Salz und Pfeffer in ein Glas mit Schraubverschluss geben, gründlich schütteln und über den Salat gießen.

AUBERGINENSALAT

Zubereitungszeit: 20 Minuten
 + 30 Minuten Abtropfzeit
Kochzeit: 1 Stunde 35 Minuten
Für 6 Personen

1 kg große Auberginen
Salz
125 ml Olivenöl
1 Zwiebel, fein gehackt
1/2 TL gemahlener Zimt
4 Knoblauchzehen, zerdrückt
2 x 400 g zerkleinerte Tomaten aus der Dose
2 EL frischer Koriander, gehackt
3 EL frische glatte Petersilie, gehackt
1 EL Zitronensaft
2 EL frische Minze, gehackt
150 g griechischer Naturjoghurt
30 g Pinienkerne, geröstet

1 Auberginen in 2 cm große Würfel schneiden, mit reichlich Salz bestreuen und 30 Minuten im Durchschlag abtropfen lassen. Kalt abspülen und mit einem Geschirrtuch trocken tupfen.
2 In einer großen Bratpfanne 2 EL Öl erhitzen und die Auberginen portionsweise goldbraun braten; bei Bedarf Öl zugeben. Auf Küchenkrepp abtropfen lassen.

3 Weitere 2 EL Öl erhitzen und Zwiebel darin 1 Minute braten. Zimt und die Hälfte des Knoblauchs zufügen, 1 Minute mitbraten, dann Tomaten zugeben. Auberginen zufügen und 1 Stunde im offenen Topf köcheln lassen, bis die Flüssigkeit fast verdampft ist. Die Hälfte des Korianders und der Petersilie zugeben, umrühren und die Mischung abkühlen lassen.

4 Zitronensaft mit 2 EL Öl mischen, restlichen Knoblauch und Minze zugeben und in den Joghurt rühren.

5 Pinienkerne behutsam unterheben und mit restlichen frischen Kräutern garnieren. Zimmerwarm mit dem Joghurt-Dressing servieren.

HALOUMI MIT SALAT UND KNOBLAUCHBROT

Zubereitungszeit: 20 Minuten
Kochzeit: 5 Minuten
Für 4 Personen

4 feste, vollreife Tomaten
1 Salatgurke
140 g Rucola

80 g Kalamata-Oliven
1 Laib knuspriges Weißbrot
5 EL Olivenöl
Salz und Pfeffer
1 große Knoblauchzehe, halbiert
400 g Haloumi, in 8 Scheiben geschnitten
1 EL Zitronensaft
1 EL frischer Oregano, gehackt

1 Backofen auf 180 °C (Gas 2) vorheizen. Grill auf höchster Stufe heizen.

2 Tomaten und Gurke in mundgerechte Stücke schneiden und mit Rucola und Oliven auf einem großen Teller gründlich mischen.

3 Brot in 8 je 1,5 cm dicke Scheiben schneiden, mit 1 1/2 EL Olivenöl beträufeln, salzen und pfeffern. Hell goldbraun grillen, dann mit Knoblauch gründlich einreiben. Locker in Alufolie wickeln und im Backofen warm halten.

4 1/2 TL Öl in einer flachen Pfanne erhitzen und Käsescheiben auf jeder Seite 1–2 Minuten knusprig und goldbraun braten.

5 Zitronensaft, Oregano, restliches Öl und Salz und Pfeffer nach Geschmack verrühren. Hälfte über den Salat gießen und gründlich mischen. Käse darauf anrichten und mit restlichem Dressing beträufeln. Mit Knoblauchbrot servieren.

KALAMATA-OLIVEN

Diese mandelförmigen Oliven, die aus Kalamata auf dem südlichen Peloponnes stammen, gelten wegen ihres intensiven fruchtigen Aromas und festen Fleisches als die besten Griechenlands. Sie werden in Olivenöl oder Essig eingelegt, um ihren kräftigen Geschmack zu verstärken, und sind häufig auf Vorspeisenplatten oder in Salaten, Saucen und Brot zu finden.

LINKS: Haloumi mit Salat und Knoblauchbrot

2 Für das Dressing: Alle Zutaten mit dem Schneebesen 2 Minuten verrühren. Dann über den Salat gießen und gut durchheben. Gekühlt servieren.

Hinweis: Das Dressing und den Salat sollte man erst kurz vor dem Servieren zubereiten. Verwenden Sie für dieses Rezept Ihre Lieblingsblattsalate. Gartensalat schmeckt im Sommer mit einem gekühlten Frascati oder einem leichten Rotwein ganz besonders köstlich.

WARMER REIS-LINSEN-SALAT

Vorbereitungszeit: 15 Minuten
Kochzeit: 40 Minuten
Für 6 Personen

180 g grüne Linsen
200 g Basmatireis
4 große rote Zwiebeln, in dünne Ringe geschnitten
4 Knoblauchzehen, zerdrückt
250 ml Olivenöl
50 g Butter
2 TL Zimt
2 TL Paprika edelsüß
2 TL gemahlener Kreuzkümmel
2 TL gemahlener Koriander
3 Frühlingszwiebeln, gehackt
frisch gemahlener schwarzer Pfeffer

1 Linsen und Reis getrennt in Wasser bißfest kochen. Abtropfen lassen.
2 In der Zwischenzeit Zwiebeln und Knoblauch 30 Minuten bei schwacher Hitze in Öl und Butter sehr weich dünsten.
3 Zimt, Paprika, Kreuzkümmel und Koriander einrühren und einige Minuten weiter dünsten.
4 Zwiebel-Gewürzmischung mit dem gut abgetropften Reis und den Linsen vermengen. Dann die gehackten Frühlingszwiebeln einrühren und mit Pfeffer abschmecken. Warm servieren.
Hinweis: Rote Linsen sind für diesen Salat nicht geeignet, weil sie zu schnell weich werden und ihre Form verlieren. Die Linsen sollte man vor dem Kochen nicht einweichen, aber sehr gründlich abspülen.

GARTENSALAT

Vorbereitungszeit: 15 Minuten
Für 4-6 Personen

1 grüner Eichblattsalat
150 g Rauke
1 kleiner Radicchio
1 große grüne Paprikaschote, in dünnen Streifen
Zeste von 1 Zitrone

Dressing
2 EL Koriandergrün, grobgehackt
3 EL Zitronensaft
2 TL feiner brauner Zucker
2 EL Olivenöl
nach Wunsch 1 Knoblauchzehe, zerdrückt

1 Die Salatblätter gründlich waschen und trocknen; dann in mundgerechte Stücke zerpflücken. Salat, Paprikastreifen und die Zitronenzeste in eine große Schüssel geben.

BASMATIREIS
Basmatireis ist ein Langkornreis mit schmalen Körnern und einer seidigen Struktur; er wird am Fuß des Himalaya angebaut. Vor dem Kochen sollte er immer gewaschen werden, damit Staub und Steinchen entfernt werden. Sein zartes Aroma macht ihn zur idealen Beilage für scharf gewürzte indische Speisen.

OBEN: Gartensalat

BOHNENSALAT SÜD-WEST

Vorbereitungszeit: 20 Minuten + Einweichzeit
über Nacht
Kochzeit: 50 Minuten
Für 4–6 Personen

★

220 g getrocknete schwarze Bohnen

200 g weiße Cannellinibohnen

1 mittelgroße rote Zwiebel

1 mittelgroße rote Paprikaschote

270 g Maiskörner aus der Dose, abgetropft

3 EL Koriandergrün, gehackt

1 Knoblauchzehe, zerdrückt

1/2 TL gemahlener Kreuzkümmel

1/2 TL französischer Senf

2 EL Rotweinessig

3 EL Olivenöl

Salz und Pfeffer

1 Die Bohnen über Nacht in separaten Schüsseln
in kaltem Wasser einweichen. Abtropfen lassen und
in separate Töpfe geben; mit Wasser bedecken. Zum
Kochen bringen, Temperatur zurückschalten und in
45 Minuten gar kochen. Abgießen, abspülen und
abkühlen lassen.
2 Zwiebel und Paprikaschote hacken. Dann mit
Bohnen, Mais und Koriander in eine Schüssel
geben. Gut vermischen.

3 Knoblauch, Kreuzkümmel, Senf und Essig
mischen; nach und nach mit dem Schneebesen Öl
einrühren. Mit Salz und Pfeffer abschmecken. Über
die Bohnenmischung gießen und vorsichtig unterheben.
Hinweis: Dieser Salat kann einen Tag im voraus
zubereitet werden. Deshalb eignet er sich gut als
Beilage zu einem Grillfest oder als Picknicksalat.
Schwarze Bohnen sind in Naturkostläden und in
der Spezialitätenabteilung großer Supermärkte
erhältlich. Verwechseln Sie sie aber nicht mit den
chinesischen fermentierten schwarzen Bohnen!

SCHNELLER MELONENSALAT

1 GROSSE HONIGMELONE in Scheiben
schneiden und auf einem großen Teller
arrangieren, dann 60 g gründlich gewaschene
Brunnenkresse darüber streuen (die Blätter
sind oft sehr staubig). Darauf verteilt man
2 in Scheiben geschnittene Avocados, 1 in
dünne Streifen geschnittene rote Paprikaschote, 220 g in große Stücke zerteilten, eingelegten Fetakäse und 90 g eingelegte Niçoise-
Oliven. Anschließend 3 EL Öl, 2 EL Weißweinessig und 1 TL Dijon-Senf zu einer
Sauce verrühren und über den Melonensalat
gießen. Für 4–6 Personen.

FETA
Ursprünglich stellten Schä-
fer aus den Bergen um
Athen den Fetakäse aus
der Milch von Mutterscha-
fen her. Frischer Feta ist
krümelig und tropft von
der Molke, in der er reift.
Ausgereifter Feta hingegen
wird trocken und salzig.
Wir kennen ihn vor allem
als Zutat des traditionellen
griechischen Bauernsalats.

OBEN:
Bohnensalat Süd-West

ENDIVIENSALAT MIT BLAUSCHIMMELKÄSE

Vorbereitungszeit: 15 Minuten
Kochzeit: 5 Minuten
Für 6 Personen

3 Scheiben Brot
3 EL Öl
30 g Butter
1 Kopf Endiviensalat
125 g Blauschimmelkäse, zerbröckelt
2 EL Olivenöl
3 TL Weißweinessig
2 EL frischer Schnittlauch, gehackt

1 Für die Croûtons: Rinde vom Brot entfernen und in kleine Würfel schneiden. Öl und Butter in einer Pfanne erhitzen. Würfel darin unter häufigem Wenden in 3 Minuten goldbraun rösten. Auf Küchenpapier abtropfen lassen.
2 Salat gründlich waschen und abtrocknen. Die Blätter in eine Servierschüssel geben und den Käse darüber streuen.
3 Essig und Öl gut verrühren und über den Salat träufeln. Schnittlauch und Croûtons zufügen, unterheben und sofort servieren.

ROTKOHLSALAT

Vorbereitungszeit: 15 Minuten
Kochzeit: Keine
Für 6 Personen

150 g Rotkohl, in feine Streifen
   geschnitten
125 g Grünkohl, in feine Streifen
   geschnitten
2 Frühlingszwiebeln, feingehackt
3 EL Olivenöl
2 TL Weißweinessig
1/2 TL französischer Senf
1 TL Kümmelkörner

1 Rot- und Grünkohl mit den Frühlingszwiebeln in eine Schüssel geben.
2 Anschließend die restlichen Zutaten in einer anderen Schüssel sorgfältig verrühren.
3 Die Sauce über den Salat gießen, vorsichtig mischen und sofort servieren.

GRÜNE-BOHNEN-SALAT

Vorbereitungszeit: 15 Minuten
Kochzeit: 15 Minuten
Für 4 Personen

280 g grüne Bohnen
1 EL Olivenöl
2 TL Zitronensaft
1 EL Pinienkerne
4 EL Tomatensaft
1 Knoblauchzehe, zerdrückt
einige Tropfen Tabasco

1 Bohnen putzen. 1 Minute blanchieren, abgießen und in Eiswasser tauchen; gut abtropfen lassen. Mit Öl und Zitronensaft mischen. Backofen auf 180 °C vorheizen. Pinienkerne auf einem mit Alufolie ausgelegten Backblech ausbreiten und 5 Minuten im Backofen rösten; nicht anbrennen lassen!
2 Tomatensaft, Knoblauch und Tabasco in einem kleinen Topf zum Kochen bringen. Bei schwacher Hitze im offenen Topf in 8 Minuten um die Hälfte einkochen. Abkühlen lassen. Bohnen auf einem Servierteller anrichten, mit Tomatensauce begießen und mit Pinienkernen bestreuen.

SPINATSALAT MIT NÜSSEN

Vorbereitungszeit: 15 Minuten
Kochzeit: 2 Minuten
Für 4 Personen

30 große Spinatblätter (etwa 90 g)
250 g junge grüne Bohnen, in kleinen Stücken
1/2 mittelgroße Zwiebel, in feinen Ringen
90 g Naturjoghurt
1 EL Zitronensaft
1 EL frische Minze, in feine Streifen geschnitten
4 EL gehackte Walnüsse, geröstet
frische Minzeblätter zum Servieren
feine Streifen von 1 roten Paprikaschote zum
   Servieren

1 Spinat in kaltem Wasser waschen. Die Bohnen mit kochendem Wasser übergießen und 2 Minuten ziehen lassen. Beides abgießen. Spinat und Bohnen mit Küchenpapier trockentupfen.
2 Spinat, Bohnen und Zwiebeln auf einem Servierteller anrichten. Joghurt, Zitronensaft und Minze verrühren und über den Salat gießen. Mit Walnüssen, Minzeblättern und Paprikastreifen bestreuen.

BLAUSCHIMMELKÄSE
Die ersten Blauschimmelkäse sind eigentlich aus Versehen entstanden, aber die Penicillinpilze, die die blauen Adern im Käse erzeugen, wurden seither genau bestimmt und isoliert. Die meisten käseproduzierenden Länder stellen mittlerweile auch Blauschimmelkäse her. Der Käse kann alle Schattierungen von Goldgelb bis Kalkweiß zeigen und sollte gleichmäßig von blauen Schimmeladern durchzogen sein. Vorsicht! Brauner und trüber Blauschimmelkäse ist verdorben.

SEITE GEGENÜBER, VON OBEN: Grüne-Bohnen-Salat; Rotkohlsalat; Endiviensalat mit Blauschimmelkäse

einen heißen Grill oder in einen vorgeheizten Backofen legen und 8 Minuten grillen, bis die Haut schwarz ist und Blasen wirft. Dann aus dem Backofen nehmen und mit einem feuchten Küchenhandtuch abdecken. Sobald sie abgekühlt sind, die Haut abziehen und das Fleisch in dünne Streifen schneiden.

3 In einer großen Salatschüssel die Pasta, die Paprika, die Zwiebel, die Petersilie, die Anchovis, Öl, Zitronensaft und Salz und Pfeffer nach Geschmack gut mischen und sofort servieren.

Hinweis: Um ein Verkleben der Pasta zu vermeiden, kann man nach dem Abschrecken etwas Olivenöl untermischen.

WARMER PASTASALAT MIT KREBSFLEISCH

Vorbereitungszeit: 20 Minuten
Kochzeit: 10 Minuten
Für 6 Personen

200 g Spaghetti

2 EL Olivenöl

30 g Butter

600 g Dosenkrebsfleisch, abgetropft

1 große rote Paprika, in dünne Streifen geschnitten

2 TL fein geriebene Schale einer ungespritzten Zitrone

3 EL frisch geriebener Parmesan

2 EL Schnittlauchröllchen

3 EL frische, glatte Petersilie, feingehackt

1 Die Spaghetti in der Mitte auseinanderbrechen und in einem großen Topf mit sprudelndem Salzwasser *al dente* kochen. Abtropfen.

2 Die Spaghetti in eine große Salatschüssel geben. Das Öl und die in Flöckchen geschnittene Butter sorgfältig unterheben. Die restlichen Zutaten beigeben und vermengen. Mit Pfeffer bestreuen und warm servieren.

Hinweis: Das Dosenkrebsfleisch kann auch durch 500 g frisches Krebsfleisch ersetzt werden.

PASTASALAT MIT GEGRILLTEN PAPRIKA UND ANCHOVIS

Vorbereitungszeit: 15 Minuten
Kochzeit: 25 Minuten
Für 6 Personen

500 g Penne oder Fusilli

2 große rote Paprika

1 kleine rote Zwiebel, feingehackt

20 g frische, glatte Petersilie, feingehackt

2–3 Anchovis, ganz oder feingehackt

60 ml Olivenöl

2 EL Zitronensaft

1 Die Pasta in einem großen Topf mit sprudelndem Salzwasser *al dente* kochen. Abtropfen, kalt abspülen und erneut abtropfen.

2 Die Paprika halbieren und die Samen und Rippen entfernen. Mit der Innenseite nach unten unter

OBEN: Pastasalat mit gegrillten Paprika und Anchovis

TOSKANISCHER PASTASALAT

Vorbereitungszeit: 15 Minuten
Kochzeit: 15 Minuten
Für 6 Personen

★

500 g Rigatoni

80 ml Olivenöl

1 Knoblauchzehe, zerdrückt

1 EL Balsamicoessig

425 g Artischockenherzen aus der Dose oder
dem Glas, abgetropft und geviertelt

8 Scheiben Prosciutto, dünn aufgeschnitten
und gehackt

80 g getrocknete Tomaten in Öl, abgetropft
und in dünne Scheiben geschnitten

15 g frisches Basilikum, feingezupft

70 g Rucola, geputzt und gut abgetropft

40 g Pinienkerne, leicht geröstet

50 g kleine schwarze, italienische Oliven

1 Die Rigatoni in einem großen Topf mit sprudelndem Salzwasser *al dente* kochen. Sorgfältig
abtropfen und in eine große Salatschüssel geben.
2 Zwischenzeitlich das Öl, den Knoblauch und
den Essig verschlagen.
3 Das Dressing über die warme Pasta gießen,
unterheben und etwas abkühlen lassen. Die Artischockenherzen, den Schinken, die Tomaten, das
Basilikum, den Rucola, die Pinienkerne und die
Oliven zugeben.
4 Alle Zutaten gut mischen und mit Salz und
schwarzem Pfeffer aus der Mühle abschmecken.
Hinweis: Die Pinienkerne in einer Pfanne ohne
Öl 2–3 Minuten bei Mittelhitze goldgelb rösten.
Anschließend etwas abkühlen lassen.

SALZ
Es gibt zwei Salzvorkom-
men von Natriumchlorid
oder Kochsalz: 1. Das un-
terirdisch gewonnene Salz-
kristall aus Salzlagern, 2. das
dem Meerwasser entzoge-
ne Meersalz. Raffiniertes
Meersalz ist als grobes Salz
in reiner Kristallform erhältlich (es wird vor dem
Gebrauch meist gemahlen)
sowie als bereits ausge-
mahlenes Salz. Oft wird
dem Salz Calciumkarbonat
zur Verbesserung der Rie-
selfähigkeit beigegeben,
ebenso Jod aus gesund-
heitlichen Gründen. Reines
Salz garantiert aber den
besten Geschmack.

*OBEN: Toskanischer
Pastasalat*

FISCH UND MEERESFRÜCHTE

SUSHI & SASHIMI Japaner verwenden nur

frischeste Zutaten, um diese traditionellen Gerichte zuzubereiten. Sie werden

dekorativ arrangiert angeboten, um Geschmackssinn und Augen zu schmeicheln.

WAS IST DER UNTERSCHIED?

Japanisches Sashimi besteht aus in sehr dünne Scheiben oder Würfel geschnittenem rohem Fisch oder anderen Meeresfrüchten. Man serviert sie als Vorspeise oder Appetithäppchen, zu denen Dip-Saucen gereicht werden. Hinter japanischen Sushi verbergen sich kleine, in Seetang gehüllte Portionen von gekochtem Reis und pikanten Füllungen. Sushi mit Seetang heißen *maki*, mit Fisch oder Meeresfrüchten *nigiri* und mit

Omelett *fukusu*. Sushi wird mit eingelegtem Ingwer, Sojasauce und Wasabi-Paste kalt serviert. Zur Herstellung benötigen Sie eine Bambusmatte.

NORI-ROLLEN MIT THUNFISCH ODER LACHS

Sie brauchen 5 Noriblätter, jeweils der Länge nach halbiert, 800 g gekochten Sushi-Reis, Wasabi-Paste und 200 g Thunfisch oder Lachs, in dünne Streifen geschnitten. Ein Noriblatt

mit der glänzenden Seite nach unten auf die Matte legen und 4 Eßlöffel Reis auf die untere Hälfte streichen, einen Rand von 2 cm lassen. Eine leichte Vertiefung in den Reis drücken und mit Wasabi-Paste füllen. Darauf den Fisch legen. Das Noriblatt von unten her fest aufrollen. Ergibt 60 Stück.

KEGELROLLEN

Sie benötigen 10 diagonal durchgeschnittene Noriblätter, 400 g gekochten

Sushi-Reis, Wasabi-Paste,
20 kleine rohe Garnelen, 1 in Scheiben geschnittene Avocado und 125 g Tempuramehl. Den Tempura-Backteig nach den Angaben auf der Packung herstellen. Die Garnelen in den Backteig tauchen und in heißem Öl knusprig und goldbraun fritieren. Auf Küchenpapier abtropfen lassen. Ein Noriblatt mit der glänzenden Seite nach unten legen, 2 Eßlöffel Reis darauf verteilen. Mit Wasabi-Paste bestreichen. Eine Garnele zusammen mit einer Scheibe Avocado auf den Reis legen, dann das Noriblatt kegelförmig aufrollen, so daß das kürzere Ende eingeschlossen wird.
Ergibt 20 Stück.

GARNELEN-THUNFISCH-NIGIRI

Sie brauchen 10 geschälte, der Länge nach halbierte, gegarte Garnelen, 250 g Thunfisch, Wasabi-Paste und 400 g gekochten Sushi-Reis.
Den Thunfisch als Rechteck zuschneiden, dabei etwaiges Bindegewebe oder Blut entfernen. Dünne Scheiben abschneiden, das Messer nach jedem Schnitt abwischen. In die Mitte der Thunfisch-Scheiben etwas Wasabi-Paste streichen. 1 Eßlöffel Reis zu einem kleinen Oval formen, das die Größe der Thunfischscheibe hat, und fest an den Fisch drücken, dabei darauf achten, daß eine saubere Form entsteht. Eine Garnele auf den Reis legen. Ergibt 16–20 Stück.

ROLLEN MIT LACHS, GURKE UND SCHNITTLAUCH

Ein Lachsfilet (ca. 200 g) schräg in hauchdünne Scheiben schneiden. Eine kleine Gurke in der Mitte durchschneiden und die Kerne entfernen. Das Fruchtfleisch in lange, dünne Streifen schneiden. Eine Lachsscheibe auf ein Brett legen, mit Gurkenstreifen bedecken, aufrollen und mit Schnittlauchhalmen zubinden. Mit Ingwer, Shoyu und Wasabi-Paste servieren. Ergibt 25 Stück.

Hinweis: Shoyu ist eine japanische Sojasauce, viel leichter und lieblicher als die chinesische Variante. Sie sollte nach dem Öffnen im Kühlschrank aufbewahrt werden.
Bambusmatte, Noriblätter, Wasabi-Paste und Tempuramehl erhalten Sie in Asienläden.

VON LINKS: Nori-Rollen mit Thunfisch und Lachs; Kegelrollen; Garnelen-Thunfisch-Nigiri; Rollen mit Lachs, Gurke und Schnittlauch

S U S H I   &   S A S H I M I

SUSHI-REIS ZUBEREITEN

550 g weißen Rundkornreis unter kaltem Wasser abspülen, bis es klar bleibt; abtropfen lassen. Mit 750 ml Wasser in einen großen Topf geben, zum Kochen bringen und 5–10 Minuten ohne zu rühren kochen, bis sich auf der Reisoberfläche kleine Schächte bilden. Den Reis zugedeckt bei schwacher Hitze ca. 12–15 Minuten garen. Vom Herd nehmen und ein Küchenhandtuch darüber legen; weitere 15 Minuten ziehen lassen. In der Zwischenzeit 5 Eßlöffel Reisessig, 1 Eßlöffel Mirin, 2 Teelöffel Salz und 2 Eßlöffel Zucker in einer Schüssel mischen, bis der Zucker sich aufgelöst hat. Reis auf einem flachen Brett (nicht aus Metall) ausbreiten, das

Dressing darüber geben und alles gut miteinander vermengen. Den Reis wieder ausbreiten und auf Zimmertemperatur abkühlen lassen. Ein feuchtes Küchenhandtuch über den Reis breiten und ihn bedeckt halten, während Sie arbeiten. Damit der Reis nicht an den Händen klebt, die Finger zwischendurch in eine Schüssel mit warmem Wasser tauchen, dem ein paar Tropfen Reisessig zugesetzt sind. Ergibt 1,2 Kilo.

SASHIMI

Sashimi zuzubereiten ist relativ einfach. Für die Arbeit ist ein gutes, sehr scharfes Messer wichtig. Es gibt vier Arten, Fisch für Sashimi zu schneiden, die jeweils für unterschiedliche Fischsorten benutzt

werden. Die einfachste ist das Schneiden von 2 cm breiten Stücken. Für einen Würfelschnitt werden die geraden Stücke wiederum in Würfel geteilt. Darüber hinaus gibt es noch den schrägen Schnitt und hauchdünnes Schneiden.

KALIFORNIEN-ROLLEN

Sie benötigen 4 Noriblätter, 600 g gekochten Sushi-Reis, 10 g Rogen vom fliegenden Fisch, 1 in Scheiben geschnittene Avocado, 10 gegarte, geschälte Garnelen, jeweils der Länge nach halbiert und 2 Eßlöffel japanische Mayonnaise (Kyuupi). 1 Noriblatt mit der glänzenden Seite nach unten auf eine Bambusmatte legen, 2–3 Eßlöffel Reis in der Mitte des Blattes verteilen. Dabei

2 cm Rand an dem zu Ihnen zeigenden Ende freilassen. Mit Mayonnaise füllen. 1 Eßlöffel Rogen darauf verteilen und mit einigen Garnelen und Avocado bedecken. Die Bambusmatte überschlagen, um die Füllung vollständig einzuschließen, dann leicht andrückend aufrollen. Ergibt 24 Stück.

UMGEDREHTE ROLLEN

Bei diesen Rollen befindet sich der Reis auf der Außenseite. Verwenden Sie 8 Noriblätter und 1,2 Kilo gekochten Sushi-Reis. Ein Noriblatt auf eine Bambusmatte legen, Reis 1 cm hoch darauf verteilen, dabei einen 1 cm breiten Rand lassen. Mit Klarsichtfolie bedecken. Mit einer schnellen Bewegung das Ganze umdrehen und wieder auf die Matte legen, so daß die Folie unter dem Reis und das Noriblatt obenauf liegt. Etwas Wasabi-Paste am kurzen Ende auf das Noriblatt streichen, etwa 4 cm vom Rand entfernt. Gurkenstreifen, Avocado und frisches Krebsfleisch auf die Wasabi-Paste legen, dann von diesem Ende aus aufrollen. Wieder in Folie wickeln und in der Matte aufrollen. Die Folie entfernen und die Rolle in Rogen vom fliegenden Fisch oder Sesamsamen wälzen. Mit Shoyu servieren. Ergibt 48 Stück.

CHIRASHI-ZUSHI

Chirashi bedeutet »verstreut«. Eine Schicht Sushi-Reis wird auf den Boden einer Schüssel gegeben, dann Gemüse und Meeresfrüchte darüber verteilt. Die Meeresfrüchte können roh oder gegart sein. Chirashi-Zushi serviert man mit eingelegtem Ingwer, Wasabi-Paste und Sojasauce. Für die Zubereitung benötigen Sie 800 g gekochten Sushi-Reis, 3 Eßlöffel geröstete Sesamsamen, eingelegten, in Streifen geschnittenen Daikon-Rettich sowie in Streifen geschnittene Noriblätter. 6 getrocknete Shitake-Pilze 10 Minuten in kochendem Wasser einweichen, dann in Streifen schneiden und mit 3 Eßlöffel Sojasauce, 250 ml Dashi-Fond und 1 Eßlöffel Mirin in einen Topf geben, 10 Minuten kochen. Reis in eine große Schüssel füllen. Mit den Sesamsamen, eingelegtem Daikon, Nori und Pilzen bedecken. Obenauf 1 in dünne Scheiben geschnittene Gurke, 16 blanchierte Zuckererbsen, 100 g Thunfisch und Lachs sowie 16 gegarte und der Länge nach halbierte Garnelen dekorativ arrangieren. Für 4–6 Personen.

VON LINKS: Sashimi-Thunfisch (oben) und -Lachs; Kalifornien-Rollen; Umgedrehte Rollen; Chirashi-Zushi

KNOBLAUCH-INGWER-
GARNELEN

Den Rücken der Garnelen
vorsichtig einschneiden.

Den dunklen Darm aus den
Garnelenrücken ziehen.

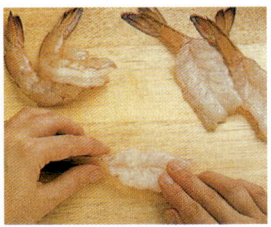

Anschließend die Garnelen
flach auseinanderdrücken.

*OBEN: Knoblauch-
Ingwer-Garnelen*

KNOBLAUCH-INGWER-
GARNELEN

Vorbereitungszeit: 25 Minuten
Garzeit: 10 Minuten
Für 4 Personen

★

1 kg große rohe Garnelen
2 EL Öl
3–4 Knoblauchzehen, feingehackt
1 Stück frischer Ingwer à 2 cm, in
   Juliennestreifen geschnitten
2–3 kleine rote Chillies, entkernt und
   feingehackt
6 frische Korianderwurzeln, feingehackt
8 Frühlingszwiebeln, kleingeschnitten
1/2 rote Paprika, in dünne Ringe geschnitten
2 EL Zitronensaft
125 ml Weißwein
2 TL geriebener Palmzucker oder brauner
   Zucker
2 TL Fischsauce
1 EL frisches Koriandergrün, zum Garnieren

1 Garnelen schälen, entdarmen, dabei die
Schwänze intakt lassen, dann flachdrücken.
2 Einen Wok stark erhitzen, das Öl
hineingeben und den Wok etwas schwenken,
um die Seiten mit Öl zu bedecken. Jeweils die
Hälfte Garnelen, Knoblauch, Ingwer, Chillies
und Korianderwurzel 1–2 Minuten unter
Rühren anbraten,. bis die Garnelen gerade rosa
geworden sind, dann alles aus dem Wok
herausnehmen. Mit den restlichen Garnelen,
Knoblauch, Ingwer, Chillies und Korianderwurzel wiederholen. Aus dem Wok nehmen
und beiseite stellen.
3 Frühlingszwiebeln und Paprika im Wok bei
großer Hitze 2–3 Minuten garen. Vermischten
Zitronensaft, Wein und Palmzucker zugeben.
Kochen, bis die Flüssigkeit um zwei Drittel
reduziert ist.
4 Die Garnelen wieder in den Wok zurück-
legen und nach Geschmack mit Fischsauce
beträufeln. Rühren, bis die Garnelen heiß sind.
Vom Herd nehmen und mit Koriandergrün
bestreut servieren.

KNUSPRIGE FISCHFILETS

Vorbereitungszeit: 10 Minuten
Garzeit: 6 Minuten
Für 4 Personen

75 g Maismehl
4 feste weiße Fischfilets (z. B. Dorsch, Barsch,
  Schellfisch, Weißfisch, Schnapper, Petersfisch)
60 ml Öl
170 g Mayonnaise
2 EL frischer Schnittlauch, gehackt
1 EL süße Chilisauce

1 Das Maismehl auf einen Teller schütten. In die Hautseite der Fischfilets jeweils 4 diagonale Schnitte machen, damit sich der Fisch beim Garen nicht wellt.
2 Filets gründlich im Maismehl wenden. Das Öl in einer Pfanne bei mittlerer Temperatur erhitzen. Fischfilets mit der Hautseite nach oben hineinlegen und 3 Minuten braten. Wenden und weitere 3 Minuten garen, bis die Filets gar sind und sich mit einer Gabel leicht zerpflücken lassen. Herausnehmen und auf Küchenpapier abtropfen lassen.
3 Mayonnaise, Schnittlauch und Chilisauce in einer kleinen Schüssel verrühren und zum Fisch servieren.

SPANISCHE MAKRELE MIT KNOBLAUCHBUTTER

Vorbereitungszeit: 10 Minuten
Garzeit: 15 Minuten
Für 4 Personen

2 EL Öl
80 g Butter
4 Knoblauchzehen, zerdrückt
4 Spanische-Makrelen-Koteletts à 180 g
30 g Mandelsplitter
2 EL frische Petersilie, feingehackt

1 Öl und Butter in einer Pfanne erhitzen. Knoblauch zufügen und bei schwacher Hitze 2 Minuten rühren, bis er leicht goldbraun ist. Aus der Pfanne nehmen.
2 Die Koteletts in die Pfanne legen und bei großer Hitze 2–3 Minuten braten, bis sie auf beiden Seiten goldbraun sind (das Fleisch sollte sich mit einer Gabel leicht zerpflücken lassen). Gut abdecken und warm stellen.
3 Mandeln im Pfannensaft goldbraun rühren. Petersilie und restliche Knoblauchbutter zufügen und 1 Minute garen.
4 Die Mandel-Petersilien-Mischung gleichmäßig auf die Koteletts geben und servieren.

PETERSFISCH

Der Name dieses Salzwasserfisches ist abgeleitet vom Apostel Petrus (im Französischen: St. Pierre). Der Petersfisch bzw. Heringskönig hat einen großen Kopf, ein riesiges Maul und einen hohen, seitlich zusammengepreßten Körper. Auf jeder Seite besitzt er einen Fleck in Form eines Fingerabdrucks, der Gegenstand vieler Legenden ist. Eine dieser Geschichten besagt, Petrus hätte seine Fingerabdrücke hinterlassen, als er einen Petersfisch in den See Genezareth zurückwarf, nachdem dieser klagende Laute von sich gegeben hatte. Eine andere behauptet, er habe ihn zurückgeworfen, weil er so häßlich war. Da es sich beim See Genezareth um Süßwasser handelt, kann der Fisch nicht dort gefangen worden sein. Auf Schönheit allein kommt es aber nicht an: Der skurrile Petersfisch liefert äußerst schmackhafte Filets.

LINKS:
Knusprige Fischfilets

GEBRATENER FISCH

Die Fischkoteletts in mit
Salz und Pfeffer gewürztem
Mehl wenden.

Nach 3 Minuten das Fisch-
kotelett umdrehen und die
andere Seite bräunen.

Die Hitze reduzieren und
das Fleisch garen, bis es sich
mit einer Gabel leicht zerpflücken läßt.

RECHTS:
Gebratener Fisch

GEBRATENER FISCH

Vorbereitungszeit: 5 Minuten
Garzeit: 8 Minuten
Für 4 Personen

2–3 EL Mehl

Salz und Pfeffer

4 feste weiße Fischkoteletts (z. B. Blue-Eye-
Bastardmakrele, Adlerfisch, Warehou,
Schnapper)

Olivenöl zum Braten

1 Mehl mit etwas Salz und Pfeffer auf einen
Teller sieben. Fischkoteletts abspülen, mit
Küchenpapier trockentupfen, dann im gewürz
ten Mehl wenden.

2 Etwa 3 mm Öl in einer großen Pfanne
erhitzen. Koteletts ins heiße Öl legen und
3 Minuten von jeder Seite braten, bis sie
knusprig und gut gebräunt sind. Bei schwacher
Hitze weitere 2–3 Minuten garen, bis das Fleisch
sich leicht mit einer Gabel zerpflücken läßt.

3 Koteletts aus der Pfanne nehmen und auf
Küchenpapier abtropfen lassen. Wenn Sie den
Fisch portionsweise garen, warm stellen. Sofort
servieren.

Hinweis: Diese Methode eignet sich für jedes
Fischkotelett, -filet oder -steak. Die Garzeit
hängt natürlich von der Dicke des Stückes ab.

FISCH MIT PARMESAN-KRÄUTER-KRUSTE

4 Stücke weißes Fischfilet (à 200 g) ohne
Haut (Lengfisch, Schnapper oder Barsch) in
mit Salz und Pfeffer gewürztem Mehl
wenden. In einem mit 1 Eßlöffel Milch
verquirltem Ei und dann in einer Mischung
aus Semmelbröseln, je 2 Eßlöffeln frischem
Dill und Petersilie, 4 Eßlöffeln geriebenem
Parmesan und 4 Eßlöffeln zerdrückten
Mandelsplittern panieren. 1 Eßlöffel Öl und
30 g Butter in einer Pfanne erhitzen, Fisch
bei mittlerer Hitze auf beiden Seiten braten,
bis er goldbraun und gar ist. Mit Guacamole
(Avocado-Dip) oder mit Tartarsauce servieren. Für 4 Personen.

WARMER GARNELEN-KAMMMUSCHEL-WOK

Vorbereitungszeit: 30 Minuten + 10 Minuten
  zum Marinieren
Garzeit: 15 Minuten
Für 4 Personen

500 g kleine rohe Garnelen

300 g Kammmuscheln

2 TL Fünf-Gewürz-Pulver (Chinagewürz)

1–2 kleine, frische rote Chillies, entkernt und
  feingehackt

2–3 Knoblauchzehen, zerdrückt

2 EL Öl

2 TL Sesamöl

200 g frischer Spargel, in lange Stücke
  geschnitten

150 g Zuckererbsen, Enden abgeschnitten

125 g Raukeblätter, zerpflückt

2 EL leichte Sojasauce

2 EL Zitronensaft

1 EL Mirin

1 EL Öl, zusätzlich

1 EL Honig

6 Frühlingszwiebeln, gehackt

1 EL frisches Koriandergrün, gehackt

1 EL Sesamsamen, leicht geröstet

1 Garnelen schälen, Darm aus dem Rücken
ziehen, den Schwanz intakt lassen. Von den
Kammmuscheln Adern, dünne Haut und weiße
Muskeln abschneiden bzw. -ziehen.
2 Fünf-Gewürz-Pulver, Chillies, Knoblauch
und Öl in einer großen Schüssel mischen.
Garnelen und Kammmuscheln zufügen, abdecken
und mindestens 10 Minuten kalt stellen.
3 Spargel und Zuckererbsen in einem Topf mit
kochendem Wasser kurz blanchieren. Abgießen
und in eine Schüssel Eiswasser tauchen,
nochmals abgießen. Spargel, Zuckererbsen und
Rauke auf 4 Tellern arrangieren.
4 Sojasauce, Zitronensaft, Mirin, zusätzliches Öl
und Honig in einer kleinen Schüssel verrühren.
5 Den Wok erhitzen und Garnelen,
Kammmuscheln und Frühlingszwiebeln bei großer
Hitze portionsweise 3–4 Minuten unter Rühren
braten, bis sie durchgegart sind. Herausnehmen
und beiseite stellen.
6 Sauce und Koriander in den Wok geben und
zum Kochen bringen. Bei großer Hitze 1–2
Minuten kochen. Die Meeresfrüchte wieder in
den Wok füllen und umrühren. Auf die Teller
verteilen und mit Sesamsamen bestreuen.

*OBEN: Warmer Garnelen-
Kammmuschel-Wok*

FISCH UND CHIPS

Wenn das Öl heiß genug ist, ist ein Brotwürfel in 30 Sekunden braun.

Fischstücke können Sie am einfachsten mit einer Zange herausnehmen.

GEGENÜBERLIEGENDE SEITE: Fisch und Chips (oben); Panierte Scampi und Panierte Calamares mit Chili-Pflaumen-Sauce

FISH UND CHIPS

Vorbereitungszeit: 25 Minuten + 10 Minuten zum Einweichen
Garzeit: 25 Minuten
Für 4 Personen

★★

155 g Mehl
375 ml Bier
4 mehlige Kartoffeln
Öl zum Fritieren
4 feste weiße Fischfilets (z. B. Brasse, Dorsch, Seelachs)
Speisestärke zum Panieren
Zitronenspalten zum Servieren

1 Mehl in eine große Schüssel sieben und in der Mitte eine Mulde formen. Nach und nach das Bier mit dem Schneebesen einarbeiten, bis ein glatter, klumpenfreier Teig entsteht. Abdecken.
2 Kartoffeln schälen und in 1 cm dicke Pommes frites schneiden. 10 Minuten in kaltem Wasser einweichen. Abgießen und trockentupfen. Eine tiefe gußeiserne Pfanne zu einem Drittel mit Öl füllen und auf 160 °C erhitzen bzw. bis ein Brotwürfel darin in 30 Sekunden braun wird. Die Pommes frites portionsweise 4–5 Minuten fritieren, bis sie goldgelb sind. Mit einem Schaumlöffel herausheben und auf Küchenpapier abtropfen lassen.
3 Kurz vor dem Servieren das Öl auf 180 °C erhitzen bzw. bis ein Brotwürfel darin in 15 Sekunden braun wird. Pommes frites noch einmal portionsweise knusprig fritieren. Im Ofen warm halten.
4 Fisch mit Küchenpapier trockentupfen. In Speisestärke und Bierteig wenden, abtropfen lassen. Portionsweise 5–7 Minuten fritieren. Wenn nötig, mit einer Zange wenden. Herausnehmen und auf Küchenpapier abtropfen lassen. Mit Zitronenspalten servieren.

PANIERTE CALAMARES MIT CHILI-PFLAUMEN-SAUCE

Vorbereitungszeit: 25 Minuten
Garzeit: 12 Minuten
Für 4 Personen

★★

500 g Kalmarmäntel
30 g Mehl, mit Salz und Pfeffer gewürzt
1–2 Eier, leicht verquirlt

240 g frische weiße Semmelbrösel
Öl zum Fritieren

Chili-Pflaumen-Sauce

1 TL Öl
1 Knoblauchzehe, zerdrückt
315 g Pflaumenmarmelade
80 ml Weißweinessig
1–2 Eßlöffel süße Chilisauce

1 Kalmarmäntel mit Küchenpapier trockentupfen. Kauwerkzeuge und Haut entfernen und den Kalmar in 1 cm breite Ringe schneiden.
2 Das Mehl in einen Gefrierbeutel füllen, die Ringe zugeben und den Beutel kräftig schütteln. Jeden Ring in verschlagenem Ei und Semmelbrösel wenden.
3 Eine tiefe gußeiserne Pfanne zu einem Drittel mit Öl füllen und auf 180 °C erhitzen bzw. bis ein Brotwürfel darin in 15 Sekunden goldbraun wird. Ringe portionsweise 3 Minuten braten. Auf Küchenpapier abtropfen lassen und warm stellen. Calamares heiß mit Sauce servieren.
4 Für die Sauce das Öl in einem kleinen Topf leicht erhitzen und den Knoblauch darin weich garen. Marmelade, Essig und Chilisauce bei mittlerer Hitze unterrühren.

PANIERTE SCAMPI

Vorbereitungszeit: 15 Minuten
Garzeit: 10 Minuten
Für 4 Personen als Vorspeise

★★

1 kg geschälte rohe Scampi (Scampi-Fleisch) oder große Garnelen
60 g Mehl
4 Eier, leicht verquirlt
200 g Semmelbrösel
1 EL frische Petersilie, feingehackt
Öl zum Fritieren
Tartarsauce (siehe Seite 194) zum Servieren
Zitronenspalten zum Servieren

1 Scampi in Mehl wenden, dann in Ei tauchen und in die mit Petersilie gemischten Semmelbrösel legen.
2 Eine tiefe gußeiserne Pfanne zu einem Drittel mit Öl füllen und auf 180 °C erhitzen. Die Scampi portionsweise 2 Minuten goldbraun fritieren. Abtropfen lassen und mit Tartarsauce und Zitronenspalten servieren.

GEBRATENE BREITLINGE

Vorbereitungszeit: 10 Minuten
Garzeit: 10 Minuten
Für 6 Personen

500 g Breitlinge
2 TL Meersalz
40 g Mehl
30 g Speisestärke
2 TL frische glatte Petersilie, feingehackt
zerstoßener Pfeffer
Öl zum Fritieren
1 Zitrone, in Spalten geschnitten, zum Servieren

1 Breitlinge und Meersalz in einer Schüssel gut mischen. Abdecken und kalt stellen.
2 Gesiebtes Mehl und Speisestärke mit Petersilie vermischen und mit zerstoßenem Pfeffer würzen. Eine tiefe gußeiserne Pfanne zu einem Drittel mit Öl füllen und auf 180 °C erhitzen (1 Brotwürfel sollte in 15 Sekunden braun sein). Ein Drittel der Breitlinge in der Mehlmischung wenden. 1½ Minuten fritieren, bis sie knusprig sind. Auf Küchenpapier gut abtropfen lassen.
3 Öl wieder erhitzen und die Breitlinge ein zweites Mal fritieren, jede Portion 1 Minute, bis sie leicht gebräunt sind. Auf Küchenpapier abtropfen lassen und mit Zitronenspalten servieren.

FRITIERTE KALMARE

Vorbereitungszeit: 30 Minuten + 30 Minuten
  zum Kühlen
Garzeit: 5 Minuten
Für 4 Personen

500 g kleine Kalmare (etwa 20 Stück)
40 g Mehl
Salz und zerstoßener Pfeffer
Öl zum Fritieren
Zitronenspalten zum Servieren

1 Fangarme vom Körperbeutel bzw. Mantel trennen (Innereien sollten dabei herauskommen). Tentakel direkt unter den Augen abtrennen und das Kauwerkzeug von unten herausdrücken. Mit den Fingern den Knorpel (Sepia) herausnehmen und die hauchdünne Haut abziehen. Kalmare gut abspülen und abtropfen lassen. In eine Schüssel legen und mit Salz würzen. Abdecken und etwa 30 Minuten kalt stellen.
2 Mehl mit je 1 Prise Salz und zerstoßenem Pfeffer in einer flachen Schale mischen. Eine tiefe gußeiserne Pfanne zu einem Drittel mit Öl füllen und auf 180 °C erhitzen (Brotwürfel-Test). Kalmarmäntel im Mehl wenden und portionsweise 30–60 Sekunden fritieren, bis sie leicht gebräunt und weich sind. Fangarme im Mehl wenden und 20–30 Sekunden fritieren. Die Fritierpfanne während des Garens teilweise abdecken, um sich vor Spritzern zu schützen. Auf Küchenpapier abtropfen lassen, auf eine Servierplatte legen und salzen. Heiß mit Zitronenspalten servieren.

FISCH-TEMPURA

Vorbereitungszeit: 10 Minuten
Garzeit: 20 Minuten
Ergibt 24 Stück

1 Noriblatt (getrockneter Seetang)
3 EL Tempuramehl (siehe Hinweis)
250 ml Eiswasser
250 g Tempuramehl
500 g Fischfilet ohne Haut (z. B. Brasse,
  Lengfisch, Schnapper, Schellfisch, Petersfisch),
  in mundgerechte Stücke geschnitten
Salz nach Geschmack
Öl zum Fritieren

1 Mit einer Schere das Noriblatt in winzige Quadrate schneiden und auf einem Teller mit dem Tempuramehl mischen.
2 Für den Tempura-Teig das Eiswasser zügig mit dem Tempuramehl mischen. Er sollte noch leicht klumpig sein. Wenn er zu dick ist, mehr Wasser zufügen. Eine tiefe gußeiserne Pfanne zu einem Drittel mit Öl füllen und auf 180 °C erhitzen. Das Öl ist heiß genug, wenn ¼ Teelöffel Teig im Öl seine Form behält, zischt und an die Oberfläche steigt.
3 Den Fisch portionsweise erst in der Nori-Tempuramehl-Mischung wenden, dann in den Teig tauchen. Goldbraun fritieren, dann auf Küchenpapier abtropfen lassen. Nach Geschmack salzen und nebeneinander auf einem Backblech bei 120 °C warm stellen.
Hinweis: Tempuramehl gibt es in Asienläden. Wenn Sie keines bekommen, nehmen Sie 90 g Reismehl und 185 g Mehl.

BREITLINGE
Bei diesem Fisch handelt es sich um junge Heringe und Sprotten. Breitlinge werden vor allem im Frühling und Sommer angeboten, tiefgefroren sind sie das ganze Jahr über erhältlich. Weil sie so klein sind, ißt man sie am besten ganz. Meist werden diese Fische fritiert, sie schmecken aber auch in Omeletts, im Backteig oder in Küchlein. In einem geschlossenen Behälter, in dem sie abtropfen können, halten sie sich im Kühlschrank bis zu zwei Tagen. Zuviel Flüssigkeit bringt sie zum »Schwitzen«, deshalb nicht in einen Beutel legen. Zum Einfrieren abtropfen lassen und in einem versiegelten Gefrierbeutel bis zu 6 Monaten lagern.

GEGENÜBERLIEGENDE SEITE: Gebratene Breitlinge (oben); Fritierte Kalamare

AUS DER SCHALE Einige Nahrungs-

mittel benötigen kaum Zubereitung – als seien sie für eine Party erfunden. Muscheln

beispielsweise … einfach mit etwas Sauce beträufeln und in der Schale servieren.

AUSTERN MIT PROSCIUTTO UND BALSAMICO-ESSIG

24 frische Austern auf ein Backblech legen und mit 2–3 Eßlöffeln Balsamico-Essig beträufeln. 6 Scheiben Prosciutto zerkleinern und darüber verteilen. Mit zerstoßenem schwarzem Pfeffer bestreuen und 1 Minute unter einen heißen Grill stellen, bis der Schinken kroß wird. Ergibt 24 Stück.

AUSTERN MIT ESTRAGON

24 frische Austern aus den Schalen nehmen. Die Schalen abspülen und beiseite stellen. Die Austern mit einem Eßlöffel frischem, gehacktem Estragon, 1 kleingehackten Frühlingszwiebel, 2 Teelöffeln Weißweinessig, 1 Eßlöffel Zitronensaft und 2 Eßlöffeln Olivenöl extra vergine mischen, abdecken und 30 Minuten kalt stellen. Die Schalen auf einem Teller ar-

rangieren, die Austern wieder hineingeben. Mit der restlichen Vinaigrette beträufeln. Ergibt 24 Stück.

JAKOBSMUSCHELN MIT LIMETTEN-HOLLANDAISE

Mit einem scharfen Messer 24 Jakobsmuscheln vorsichtig aus den Schalen lösen, den grauen Rand entfernen. Die Schalen mit warmem Wasser abspülen; auf einem

Backblech bei 180 °C (Gas 2–3) 5 Minuten im Ofen erwärmen. Die Muscheln 2–4 Minuten grillen oder braten, dann in ihre Schalen zurückgeben. Für die Sauce 1 Eigelb und 1 Eßlöffel Limettensaft 30 Sekunden in der Küchenmaschine (oder einer Schüssel) verquirlen. Bei laufendem Motor 50 g zerlassene Butter in dünnem Strahl zugießen. In eine Schüssel füllen, 1 Eßlöffel gehackten Schnittlauch zugeben, salzen und pfeffern. 1 Teelöffel Sauce auf jede Muschel geben. Ergibt 24 Stück.

ZITRUS-JAKOBSMUSCHELN

Mit einem scharfen Messer 24 Jakobsmuscheln vorsichtig aus den Schalen lösen, den grauen Rand entfernen. Die Schalen mit warmem Wasser abspülen und auf einem Backblech bei 180 °C (Gas 2–3) 5 Minuten im Ofen erwärmen. Die Muscheln 2–4 Minuten grillen oder

braten, dann in die Schalen zurückgeben. Für die Sauce 3 Eßlöffel Limettensaft, 1 Eßlöffel Zitronensaft, 1 feingehackte rote Chili, 1 Eßlöffel Fischsauce, 2 Teelöffel Zucker, 3 Teelöffel gehackten, frischen Koriander und 2 Teelöffel gehackte, frische Minze mischen. 1 Teelöffel Sauce auf jede Jakobsmuschel verteilen und servieren. Ergibt 24 Stück.

MUSCHELN MIT BLOODY-MARY-SAUCE

24 Miesmuscheln abschrubben, die Bärte entfernen (offene Muscheln, die sich bei Berührung nicht schließen, wegwerfen). Mit dem Saft von 1 Zitrone und 1 Eßlöffel Wasser in einen großen, gußeisernen Topf geben. Deckel auflegen. Bei mittlerer Hitze 2–3 Minuten dämpfen. Die Muscheln herausnehmen, sobald sie sich öffnen. (Muscheln, die sich nicht geöffnet

haben, wegwerfen.) Die obere Schale entfernen. Mit einem kleinen Messer an der Schale entlangfahren und die Muscheln lösen, dann in den Schalen auf ein dick mit Salz bestreutes Backblech legen (so liegen sie gerade und die Füllung fällt nicht heraus). Für die Sauce 2 Eßlöffel Wodka, 2 Eßlöffel Tomatensaft, 1 Eßlöffel Zitronensaft, 2 Teelöffel Worcestersauce, 1 Spritzer Tabasco und $1/4$ Teelöffel Selleriesalz mischen. Je 1 Teelöffel Sauce auf die Muscheln verteilen und einige Sekunden grillen, bis die Sauce warm ist. Frisch gemahlenen Pfeffer darüber streuen und sofort servieren. Ergibt 24 Stück.

VON LINKS: Austern mit Prosciutto und Balsamico-Essig; Austern mit Estragon; Jakobsmuscheln mit Limetten-Hollandaise; Zitrus-Jakobsmuscheln; Muscheln mit Bloody-Mary-Sauce

GESCHWÄRZTER FISCH

Vorbereitungszeit: 5 Minuten
Garzeit: 6–8 Minuten
Für 6 Personen

6 große weiße Fischfilets (z. B. Lengfisch,
  Schnapper, Große Goldmakrele, Blue-Eye-
  Bastardmakrele, Warehou)
125 g Butter, geschmolzen
2 EL Cajun-Gewürze (siehe Seite 165)
2 TL süßes Paprikapulver
Zitronenspalten oder -hälften zum Servieren

1 Die Fischfilets großzügig mit der geschmolzenen Butter einpinseln.
2 Cajun-Gewürze und Paprika mischen und über die Filets streuen. Mit den Händen ins Fleisch reiben.
3 Jeweils 2 Filets bei hoher Hitze von beiden Seiten 5 Minuten braten. Die Filets sollten gut geschwärzt sein. Bei Bedarf noch Butter zufügen.
4 Die Filets mit der restlichen Butter beträufeln. Die Zitronenspalten können leicht geschwärzt serviert werden.

NEW-ORLEANS-AUSTERN

Vorbereitungszeit: 10 Minuten
Garzeit: 4–6 Minuten
Für 4 Personen

24 große frische Austern, ohne Schale
2 TL Cajun-Gewürze (siehe 165)
1/2 TL scharfes Paprikapulver
1/4 TL getrocknetes Basilikum
60 g Mehl
125 ml Öl
45 g Butter
Zitronenspalten zum Servieren
Mayonnaise zum Servieren

1 Austern auf Küchenpapier trocknen lassen. In einer flachen Schale Cajun-Gewürze, Paprika und Basilikum mischen. 2 Teelöffel davon beiseite stellen. Das Mehl zur Gewürzmischung geben und gut verrühren.
2 8 dünne Holz- oder Metallspieße leicht einölen und auf jeden Spieß 3 Austern stecken. Im gewürzten Mehl wenden, den Überschuß abklopfen.

OBEN: Geschwärzter Fisch

3 In einer Pfanne, die groß genug für die Spieße ist, Öl und Butter erhitzen. Die Austern bei mittlerer Hitze 3–4 Minuten braten, bis sie goldbraun sind, zwischendurch einmal wenden. Auf Küchenpapier abtropfen lassen. Mit der aufbewahrten Gewürzmischung bestreuen und mit Zitronenspalten und einer Schale Mayonnaise servieren.

CAJUN-POPCORN

Vorbereitungszeit: 10 Minuten + 30 Minuten zum Quellen
Garzeit: 10 Minuten
Für 6 Personen

 ★

750 g mittelgroße rohe Garnelen
1 Ei
250 ml Milch
35 g feines Maismehl
90 g Mehl
1/2 TL Backpulver
1 1/2 TL Cajun-Gewürze (siehe rechts)
1/4 TL getrocknetes Basilikum
1/2 TL Selleriesalz
Öl zum Fritieren

1 Garnelen schälen, entdarmen und mit Küchenpapier trockentupfen.
2 Ei und Milch miteinander verrühren. In einer Schüssel Maismehl, Mehl, Backpulver, Cajun-Gewürze, Basilikum und Selleriesalz mischen. In der Mitte eine Mulde formen, die Hälfte der Ei-Mischung zugeben und mit dem Schneebesen glattschlagen. Die restliche Ei-Mischung einarbeiten und 30 Minuten quellen lassen.
3 Eine tiefe gußeiserne Pfanne oder einen Topf zu einem Drittel mit Öl füllen und auf 180 °C erhitzen (1 Brotwürfel sollte in 15 Sekunden braun sein).
4 Garnelen in den Teig tauchen. In kleinen Portionen im Öl garen, bis sie knusprig und leicht goldbraun sind. Mit einem Schaumlöffel oder Sieb herausnehmen und auf Küchenpapier abtropfen lassen. Heiß mit einer Sauce Ihrer Wahl servieren.

CAJUN-GEWÜRZE
Ihren Urspung hat die Cajun-Küche in Louisiana. Um 1750 war die südamerikanische Landschaft Zufluchtsort für viele Hugenotten, die von den Engländern und aus Kanada vertrieben worden waren. Die Küche im Cajun ist bodenständig; ihr spezifisches Aroma wurde von Franzosen, Spaniern, Afrikanern und Indianern beeinflußt. Die Gewürzmischung, die in Cajunrezepten verwendet wird, besteht aus je 1 Eßlöffel Knoblauch- und Zwiebelpulver, je 2 Teelöffeln weißem und zerstoßenem schwarzem Pfeffer. Hinzu kommen noch 1–2 Teelöffel Cayennepfeffer, 2 Teelöffel getrockneter Thymian und 1/2 Teelöffel getrockneter Oregano. Nach dem Mischen hält sich die Mischung in einem luftdichten Glas bis zu 3 Monaten.

LINKS: Cajun-Popcorn

PETERSFISCH MIT GARNELEN UND SAHNE-DILLSAUCE

Vorbereitungszeit: 15 Minuten
Garzeit: 20 Minuten
Für 4 Personen

12 große rohe Garnelen

600 ml Fischfond

30 g Butter

1 Knoblauchzehe, feingehackt

2 EL Mehl

2 EL Sahne

Salz und Pfeffer

Öl zum Braten

4 Petersfischfilets à 200 g

1 EL frischer Schnittlauch, gehackt

1 EL frischer Dill, gehackt

1 Garnelen schälen und den Darm aus dem Rücken herausziehen.

2 Fond zum Kochen bringen. Bei mittlerer Hitze 10 Minuten köcheln, bis er auf 375 ml reduziert ist.

3 Die Butter in einem kleinen Topf schmelzen und Knoblauch zufügen. Mehl zugeben und 1 Minute kochen, bis es hell aufschäumt. Vom Herd nehmen und langsam den Fond einrühren. Auf den Herd zurückstellen und ständig rühren, bis die Sauce kocht und eindickt. 1 Minute köcheln lassen. Vom Herd nehmen und die Sahne zugießen. Nach Geschmack würzen. Warm stellen.

4 Etwas Öl in einer Pfanne erhitzen und die Fischfilets bei mittlerer Hitze von jeder Seite 2 Minuten braten, bis sie sich mit einer Gabel leicht zerpflücken lassen. Auf Teller legen.

5 Garnelen in die Pfanne geben, bei Bedarf mehr Öl zufügen und 2–3 Minuten braten, bis sie rosa werden und durchgegart sind.

6 Zum Servieren Schnittlauch und Dill in die heiße Sauce geben, die Garnelen auf den Filets arrangieren und mit Sauce begießen. Nach Wunsch jeden Teller mit Schnittlauchhalmen und mit Dillzweigen garnieren.

Rechts: Petersfisch mit Garnelen und Sahne-Dillsauce

FISCH MEUNIÈRE
(Müllerin Art)

Vorbereitungszeit: 5 Minuten
Garzeit: 10 Minuten
Für 4 Personen

★

4 dicke weiße Fischfilets (Dorsch, Bastardmakrelen, Adlerfisch)
Mehl zum Panieren
Öl zum Braten
125 g Butter
1–2 EL Zitronensaft
1 EL frische Petersilie, gehackt
zerstoßener schwarzer Pfeffer

1 Fisch leicht in Mehl wenden und den Überschuß abschütteln. Etwas Öl in einer Pfanne erhitzen und darin den Fisch von jeder Seite 5–8 Minuten garen, bis er leicht goldbraun ist. Auf Teller legen. Die Pfanne auswischen.
2 Butter bei starker Hitze darin schmelzen. Vom Herd nehmen, sofort Zitronensaft, Petersilie und Pfeffer zufügen, dann über den Fisch gießen. Mit Zitronenspalten servieren.
Hinweis: Die Garzeit hängt von der Dicke des Fisches ab. Diese einfache Sauce eignet sich für die meisten Fischarten und Zubereitungsformen.

REIBEKUCHEN MIT LACHS

1,5 Kilo mehligkochende Kartoffeln wie Aula, Adretta oder Likaria schälen und grob reiben. Anschließend in einer Schüssel mit 1 leicht verquirlten Ei und 1 Eßlöffel Öl vermischen. Mit Salz und frisch gemahlenem Pfeffer würzen und 2 Eßlöffel Mehl einrühren. Mit bemehlten Händen aus je 2 Eßlöffeln der Kartoffel-Ei-Mischung flache Küchlein formen. In einer großen gußeisernen Pfanne beidseitig in viel Öl braten, bis die Reibekuchen goldbraun sind. Herausnehmen und auf Küchenpapier abtropfen lassen. Auf einem Servierteller mehrere warme Reibekuchen übereinanderstapeln, mit einem Häufchen Räucherlachs, einem Klecks Sauerrahm, einigen roten Zwiebelringen und frischen Schnittlauchröllchen krönen.

OBEN: Fisch Meunière

FISCHBURGER MIT
KARTOFFELSPALTEN

Genug Wasser zugießen,
um die Filets zu bedecken,
dann langsam erhitzen.

Den zerkleinerten Fisch mit
Kräutern, Kartoffeln, Zitronensaft, Kapern, Gewürzgurken sowie Salz und Pfeffer
mischen.

FISCHBURGER MIT
KARTOFFELSPALTEN

Vorbereitungszeit: 30 Minuten + 1 Stunde
zum Kühlen
Garzeit: 25 Minuten
Für 4 Personen

500 g Fischfilet ohne Haut (z. B. Warehou,
Lengfisch, Roter Schnapper)
2 EL frische Petersilie, feingehackt
2 EL frischer Dill, feingehackt
2 EL Zitronensaft
1 EL Kapern aus dem Glas, abgetropft
und gehackt
2 Gewürzgurken aus dem Glas, feingehackt
350 g Kartoffeln, gekocht und zerdrückt
Mehl zum Panieren
1 EL Olivenöl
4 Hamburger-Brötchen, halbiert
Salatblätter
2 Eiertomaten, in Scheiben geschnitten
Tartarsauce (siehe Seite 194)
Salz und zerstoßener Pfeffer

Knusprige Kartoffelspalten

6 rohe Kartoffeln, in Spalten geschnitten
1 EL Öl
1/2 TL Hühner- oder Gemüsebrühe
25 g Semmelbrösel
2 TL frischer Schnittlauch, gehackt
1 TL Selleriesalz
1/4 TL Knoblauchpulver
1/2 TL frischer Rosmarin
Salz und zerstoßener Pfeffer

1   Fisch in eine Pfanne legen und mit Wasser
bedecken. Langsam erhitzen und abgedeckt bei
schwacher Hitze gar ziehen lassen. Auf Küchenpapier abtropfen lassen, mit einer Gabel zerpflücken, dabei etwaige Gräten entfernen. Petersilie, Dill, Zitronensaft, Kapern, Gurke und
Kartoffeln zufügen, mit Salz und Pfeffer würzen.
4 Frikadellen formen. In Mehl wenden und
1 Stunde kalt stellen.
2   Öl in einer großen beschichteten Pfanne
erhitzen und die Frikadellen auf jeder Seite
5–6 Minuten bräunen.
3   Brötchen nach Belieben rösten und mit
Butter bestreichen. Die untere Hälfte jeweils mit
etwas Salat, Tomate, einer Fischfrikadelle und
etwas Tartarsauce belegen. Die andere Hälfte
darauflegen und servieren.
4   Den Backofen auf 200 °C vorheizen. Kar-

toffeln mit Öl und den restlichen Kartof-
felspalten-Zutaten mischen. Auf ein gefettetes
Backblech legen und etwa 40 Minuten backen.

GARNELENBURGER MIT
COCKTAILSAUCE

Vorbereitungszeit: 35 Minuten + 10 Minuten
zum Kühlen
Garzeit: 5–10 Minuten
Für 4 Personen

12 große rohe Garnelen
2 EL Zitronensaft
1 EL Sesamsamen
120 g frische weiße Semmelbrösel
2 EL frisches Koriandergrün, gehackt
1 Ei, leicht verquirlt
2 EL Chilisauce
Mehl zum Panieren
Olivenöl zum Braten
80 g Mayonnaise
1 Frühlingszwiebel, feingehackt
1 EL Tomatensauce
1 TL Worcestersauce
Chilisauce nach Geschmack, zusätzlich
1 EL Zitronensaft, zusätzlich
4 Hamburger-Brötchen, halbiert
Raukeblätter
1 feste Avocado, in dünne Scheiben
geschnitten
1 TL zerstoßener Pfeffer

1   Garnelen schälen, entdarmen und flachdrücken. Mit dem Zitronensaft marinieren.
2   Sesamsamen, Semmelbrösel und Koriander
mischen. In einer Schüssel Ei und Chilisauce
verrühren. Garnelen in Mehl, in der Ei-
Mischung und dann in Semmelbröseln wenden.
Auf ein mit Backpapier bedecktes Blech legen
und abgedeckt 10 Minuten kalt stellen.
3   Etwas Öl in einer Pfanne erhitzen. Die
Garnelen portionsweise bei mittlerer Hitze von
jeder Seite 2–3 Minuten knusprig-goldbraun
braten. Auf Küchenpapier abtropfen lassen.
4   Mayonnaise, Frühlingszwiebel, Tomaten- und
Worcestersauce, Chilisauce und Zitronensaft in
einer Schüssel mischen.
5   Brötchen rösten und mit Butter bestreichen.
Auf die untere Hälfte etwas Rauke und Avocado
legen. Mit Pfeffer bestreuen. Garnelen, einen
Klecks Cocktailsauce und schließlich die obere
Brötchenhälfte darauf legen.

GEGENÜBERLIEGENDE
SEITE: Fischburger mit
Kartoffelspalten

MEERESFRÜCHTE-PLATTEN Heiße

und kalte Meeresfrüchte getrennt servieren, mit Zitronen- oder

Limonenspalten und Saucen Ihrer Wahl umgeben.

PLANEN UND SERVIEREN

Die Mengenangaben in unseren Vorschlägen sind jeweils für 4 Personen berechnet. Der größte Teil der Vorbereitung kann im voraus erledigt werden. An einem heißen Tag können Sie die Meeresfrüchte auf einem Bett aus zerstoßenem Eis anrichten. Servieren Sie die Platten mit Tartarsauce (siehe Seite 194), eine Mischung aus Sauerrahm und

süßer Chilisauce oder mit etwas Honig vermischter Sojasauce. Limonenspalten nicht vergessen, ebensowenig Finger-schalen und Kartoffelspalten oder Pommes frites.

KALTE PLATTE

Sie brauchen 500 g gegarte Tiefsee-garnelen, 2 geviertelte, gegarte Krebse, 12 Austern und 100 g Räucherlachs.

Wenn Ihnen der Sinn nach Extravaganz steht, fügen Sie 2 halbe gegarte Hummer hinzu.

HEISSE PLATTE

Eine heiße Platte können Sie mit tiefgefrorenen Kalmarringen, mit Fisch im Backteig und panierten Garnelen aus der Kühltruhe zubereiten. Sie müssen vor dem Garen nicht aufgetaut werden. Oder

Sie verblüffen Ihre Gäste mit einer Kombination aus einfachen Gerichten und einer Auswahl der folgenden Rezepte. Zum Fritieren füllen Sie eine tiefe gußeiserne Pfanne zu einem Drittel mit Öl und erhitzen es auf 180 °C. Garen Sie nicht zu viele Teile auf einmal, weil sonst die Öltemperatur sinkt und der Backteig klitschig wird. Jedesmal die Teigreste von der Oberfläche abschöpfen.

GARNELEN UND KALMARE
120 g japanische Semmelbrösel und 1 Eßlöffel frische gehackte Petersilie mischen. 2 Eier leicht verquirlen und mit 1 Teelöffel Sesamöl und 1 zerdrückten Knoblauchzehe verrühren. 125 g Mehl mit Salz und Pfeffer würzen. 1 kg rohe mittelgroße Garnelen schälen, entdar-

men, einschneiden und auseinanderdrücken und 4 Kalmarmäntel in Ringe schneiden. Beides im gewürzten Mehl, Ei und Semmelbröseln wenden. Portionsweise fritieren.

JAPANISCHE AUSTERN
12 frische Austern in einen Bambus-Dämpfkorb legen, mit Frühlingszwiebelstücken und geriebenem Ingwer bedekken. Mit küchenfertiger Teriyaki-Marinade beträufeln. Abdecken und 4 Minuten dämpfen.

KNUSPRIGE ZITRONEN-FISCH-STREIFEN
60 g Mehl in eine Schüssel sieben und mit 125 ml Wasser und etwas Zitronenschale verrühren. 2 Schnapperfilets

ohne Haut in dünne Streifen schneiden. Leicht in mit Salz und Pfeffer gewürztem Mehl wenden und portionsweise in den Teig tauchen. Goldbraun fritieren und auf Küchenpapier abtropfen lassen.

KAMMMUSCHELN IN PROSCIUTTO
16 gesäuberte Kammmuscheln (ohne Rogen) abspülen und trockentupfen. 4 dünne Scheiben luftgetrockneten Schinken in Viertel schneiden, groß genug, um die Muscheln zu umschließen. Muscheln darin einwickeln und paarweise auf kleine Holzspieße stecken. Unter einem vorgeheizten Grill 5 Minuten garen, dabei gelegentlich wenden.

VON LINKS: Kalte Meeresfrüchte-Platte; Warme Meeresfrüchte-Platte

SALZ-UND-PFEFFER-KALMAR

Vorbereitungszeit: 30 Minuten + 15 Minuten
  zum Marinieren
Garzeit: 10 Minuten
Für 6 Personen

 ✬ ✬

1 kg Kalmarmäntel, längs halbiert

250 ml Zitronensaft

250 g Maismehl

1½ EL Salz

1 EL weißer Pfeffer, gemahlen

2 TL feiner Zucker

4 Eiweiß, leicht verquirlt

Öl zum Fritieren

Zitronenspalten zum Servieren

frisches Koriandergrün zum Garnieren

1 Kalmarmäntel ausbreiten, abspülen und trockentupfen. Mit der Innenseite nach oben auf ein Brett legen. Ein feines Diamantenmuster (diagonale Karos) einritzen, aber nicht zu tief schneiden. In etwa 5 x 3 cm große Stücke teilen.

In eine flache, säurebeständige Schale legen und mit Zitronensaft begießen. Zugedeckt 15 Minuten kalt stellen. Abgießen und trockentupfen.
2 Maismehl, Salz, Pfeffer und Zucker in einer Schüssel mischen. Die Kalmarstücke im Eiweiß und anschließend in der Mehlmischung wenden, den Überschuß abschütteln.
3 Eine tiefe gußeiserne Pfanne zu einem Drittel mit Öl füllen und auf 180 °C erhitzen bzw. bis ein Brotwürfel darin in 15 Sekunden braun wird. Den Kalmar portionsweise 1–2 Minuten fritieren, bis er weiß wird und sich aufrollt. Auf Küchenpapier abtropfen lassen. Mit Zitronenspalten servieren und mit Koriandergrün oder -zweigen garnieren.
Hinweis: Dieses Gericht eignet sich hervorragend als Vorspeise oder zusammen mit asiatischem Gemüse als Hauptgericht.

OBEN:
Salz-und-Pfeffer-Kalmar

STOCKFISCH-KROKETTEN MIT SKORDALIA

Vorbereitungszeit: 50 Minuten + 8–12 Stunden zum Einweichen
Garzeit: 55 Minuten
Ergibt 24 Stück

★ ★

400 g Stockfisch

300 g mehlige Kartoffeln, ungeschält

1 kleine, braune eingelegte Zwiebel, feingerieben

2 EL frische glatte Petersilie, gehackt

1 Ei, leicht verquirlt

1/2 TL zerstoßener schwarzer Pfeffer

Öl zum Fritieren

Skordalia

250 g mehlige Kartoffeln, ungeschält

2 Knoblauchzehen, gepreßt

1 EL Weißweinessig

2 EL Olivenöl

Salz und zerstoßener Pfeffer

1 Stockfisch in eine große Schüssel legen, mit kaltem Wasser bedecken und 8–12 Stunden einweichen, währenddessen das Wasser dreimal wechseln, so daß überschüssiges Salz entfernt wird. Auf Küchenpapier abtropfen lassen.

2 Für die Skordalia Kartoffeln kochen, schälen und in einer großen Schüssel zerdrücken. Abkühlen lassen, dann Knoblauch, Essig und Öl zufügen. Mit Salz und Pfeffer würzen.

3 Stockfisch mit Wasser bedeckt zum Kochen bringen und bei reduzierter Hitze 15 Minuten köcheln lassen. Auf Küchenpapier abtropfen lassen. Nach dem Abkühlen Haut und Gräten entfernen und das Fleisch zerkleinern.

4 Kartoffeln für die Kroketten kochen, pellen und zerdrücken. Mit Zwiebel, Petersilie, Ei und Pfeffer zum Fisch geben. Mit einem Holzlöffel gut verrühren. Abschmecken und wenn nötig, salzen.

5 Eine tiefe gußeiserne Pfanne zu einem Drittel mit Öl füllen und auf 180 °C erhitzen bzw. bis ein Brotwürfel darin in 15 Sekunden braun wird. Gestrichene Eßlöffel der Stockfischmasse ins Öl geben und 2–3 Minuten garen, bis sie gut gebräunt sind. Auf Küchenpapier abtropfen lassen. Heiß mit Skordalia servieren.

UNTEN: Stockfisch-Kroketten mit Skordalia

FRITIERTES MISTO DI MARE

Vorbereitungszeit: 30 Minuten
Garzeit: 12 Minuten
Für 4 Personen

★★★

125 g Mehl

1¼ TL Backpulver

30 g Speisestärke

Salz und Pfeffer

1 EL Öl

8 große rohe Garnelen

8 Kammuscheln

12 frische Sardinen

500 g weiße Fischfilets ohne Haut (z. B. Fluß-
    barsch, Schnapper, Lengfisch, Petersfisch)

1 Kalmarmantel, in Ringe geschnitten

Mehl zum Panieren

Öl zum Fritieren

Tartarsauce (siehe Seite 194) zum Servieren

Zitronenspalten zum Servieren

OBEN:
Fritiertes Misto di Mare

1 Mehl, Backpulver und Speisestärke mit etwas
Salz und Pfeffer verrühren. Das Öl mit 250 ml
Wasser mischen und mit dem Mehl ver-
schlagen, bis ein klumpenfreier Teig entsteht.

2 Garnelen schälen und entdarmen. Von den
Kammuscheln Adern, dünne Haut und weiße
Muskeln abschneiden.

3 Bauch der Sardinen öffnen und die Innereien
entfernen, den Kopf abschneiden, dann mit
Salzwasser säubern. Mit der Hautseite nach oben
auf ein Brett legen. Die Sardinen mit dem
Handballen flachdrücken, umdrehen und die
Mittelgräte herausziehen, am Schwanz mit einer
Küchenschere abtrennen.

4 Die vorbereiteten Meeresfrüchte mit
Küchenpapier trockentupfen, in Mehl wenden
und den Überschuß abschütteln.

5 Eine tiefe gußeiserne Pfanne zu einem Drittel
mit Öl füllen und auf 180 °C erhitzen bzw. bis
ein Brotwürfel darin in 15 Sekunden braun wird.
Meeresfrüchte portionsweise im Teig wenden,
dann 2–3 Minuten knusprig fritieren. Mit einer
Zange herausnehmen, abtropfen lassen und
warm stellen. Mit Tartarsauce und Zitronenspalten servieren.

Hinweis: Die Meeresfrüchte für dieses Gericht
können mehrere Stunden im voraus vorbereitet
werden. Dann abdecken und kalt stellen.

GEGRILLTE GARNELEN MIT SÜSSEM GURKENESSIG

Vorbereitungszeit: 30 Minuten
Garzeit: 5 Minuten
Für 4 Personen

60 ml Weißweinessig
90 g feiner Zucker
2 EL Limonensaft
2 EL Fischsauce
1 langer roter Chili, entkernt und in dünne Scheiben geschnitten
1 langer grüner Chili, entkernt und in dünne Scheiben geschnitten
2 Frühlingszwiebeln, in Scheiben geschnitten
1 Salatgurke, geschält, halbiert, entkernt und in dünne Scheiben geschnitten
2 EL frisches Koriandergrün, gehackt
24 rohe Garnelen

1 Weißweinessig und Zucker verrühren und zum Kochen bringen. Abkühlen lassen. Limonensaft, Fischsauce, Chillies, Frühlingszwiebeln, Gurke und Koriander unterrühren.
2 Garnelen (mit Haut) bei mittlerer Hitze 1–2 Minuten grillen, bis ihr Fleisch rosa ist.
Hinweis: Sie können Australische Flußkrebse verwenden. Sie haben eine längere Garzeit.

KRÄUTER-SCAMPI MIT SÜSSER APFELWEINSAUCE

Vorbereitungszeit: 15 Minuten + 1 Stunde zum Gefrieren und Marinieren
Garzeit: 5–10 Minuten
Für 4 Personen

12 rohe Scampi oder Australische Sandbärenkrebse
60 ml Olivenöl
125 ml Zitronensaft
2 Knoblauchzehen, zerdrückt
5 EL frische glatte Petersilie, feingehackt
2 EL frischer Dill, feingehackt
60 ml Apfelwein
30 g Butter

1 Sandbärenkrebse 1 Stunde ins Gefrierfach legen. Scampi oder Krebse der Länge nach halbieren. Nebeneinander in eine säurebeständige, flache Form legen. Olivenöl, Zitronensaft, Knoblauch, Petersilie und Dill verrühren und auf Scampi oder Krebse streichen. Abgedeckt 1 Stunde kühl stellen.
2 Anschließend die Meeresfrüchte 2 Minuten auf dem Grill garen. Wenden und weitere 2 Minuten grillen, bis das Fleisch zart ist (Krebse brauchen etwas länger). Auf einer Servierplatte arrangieren.
3 Den Apfelwein in einer kleinen Saucenpfanne auf zwei Drittel reduzieren. Bei mittlerer Hitze die Butter einrühren, bis diese vollständig geschmolzen ist. Über die Scampi oder Krebse gießen.

OBEN: Gegrillte Garnelen mit süßem Gurkenessig

175

POCHIERTER SCHNAPPER
IN LIMONENSAUCE

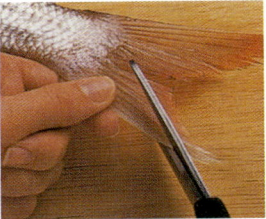

Die Flossen mit einer Küchenschere abschneiden.

Den Fisch mit blanchierten Salatblättern umwickeln.

Den umwickelten Fisch in eine hochwandige Backform legen.

POCHIERTER SCHNAPPER IN LIMONENSAUCE

Vorbereitungszeit: 15 Minuten
Garzeit: 40 Minuten
Für 4-6 Personen

 ★ ★

10–15 Romagna-Salatblätter
1 ganzer Schnapper à 1,25 kg, ausgenommen
  und entschuppt
2 Zwiebeln, in dünne Scheiben geschnitten
1 Zitrone, in dünne Scheiben geschnitten
170 ml Fischfond
170 ml Weißwein
12 schwarze Pfefferkörner
1 Lorbeerblatt
155 g Butter, kleingeschnitten
1 EL Limonensaft
Salz und Pfeffer

1 Den Backofen auf 180 °C vorheizen. Den Salat in eine große Schüssel legen und mit kochendem Wasser bedecken. Gut abtropfen lassen und in kaltem Wasser abschrecken.
2 Mit einer Küchenschere die Fischflossen abschneiden. Die Bauchhöhle mit einer Zwiebel und der Zitrone füllen. Den Fisch vollständig in Salatblätter hüllen und anschließend in eine hochwandige Backform legen.
3 Fond und Wein über den Fisch gießen. Die zweite Zwiebel, Pfefferkörner und Lorbeerblatt zufügen, dann den Salat mit 30 g Butterflöckchen belegen. Gut mit Alufolie abdecken und 30 Minuten backen bzw. bis sich der Fisch an der dicksten Stelle mit einer Gabel leicht zerpflücken läßt.
4 Den Schnapper aus der Backform nehmen, auf eine Servierplatte legen und warm stellen. Die Flüssigkeit durch ein Sieb gießen, dann 10 Minuten kochen, bis sie auf die Hälfte reduziert ist. Vom Herd nehmen und die restliche Butter unter ständigem Rühren in kleinen Stücken portionsweise einarbeiten, bis die Sauce leicht eindickt. Den Limonensaft unterziehen und nach Geschmack mit Salz und Pfeffer würzen. Die Sauce extra servieren.
Hinweis: Sie können den Schnapper auch durch Flußbarsch oder Forelle ersetzen.

GEGENÜBERLIEGENDE
SEITE: Pochierter Schnapper
in frischer Tomatensauce
(oben); Pochierter Schnapper
in Limonensauce

POCHIERTER SCHNAPPER IN FRISCHER TOMATENSAUCE

Vorbereitungszeit: 20 Minuten
Garzeit: 45 Minuten
Für 4 Personen

 ★ ★

1 ganzer Schnapper à 1 kg, ausgenommen
  und entschuppt
4 Tomaten
1 Zwiebel, feingehackt
4 Frühlingszwiebeln, in feine Scheiben
  geschnitten
2 EL frische Petersilie, gehackt
315 ml Fischfond
60 g Butter, kleingeschnitten
1 EL Mehl
Salz und Pfeffer

1 Den Backofen auf 190 °C vorheizen. Den Fisch mit kaltem Wasser abspülen, innen und außen mit Küchenpapier trockentupfen.
2 Tomaten unten kreuzweise einritzen. In eine hitzebeständige Schüssel legen und mit kochendem Wasser bedecken. 30 Sekunden stehen lassen, dann in kaltes Wasser legen. Häuten, halbieren und Kerne entfernen. Das Fruchtfleisch kleinschneiden.
3 Eine für den Fisch ausreichend große Backform leicht mit Butter einfetten. Die Hälfte der Tomaten, Zwiebel und Frühlingszwiebeln auf dem Boden verteilen. Den Fisch darauf legen und mit dem restlichen Gemüse bedecken. Mit der Hälfte der Petersilie bestreuen und den Fond zugießen. Mit der Hälfte der Butterflöckchen belegen.
4 Den Fisch etwa 30 Minuten backen, bis er gar ist und sich leicht mit einer Gabel zerpflücken läßt.
5 Vorsichtig aus der Form heben, gut abtropfen lassen, auf einen Servierteller legen und warm stellen. Kochsud und das Gemüse in einen kleinen Topf geben. Mit Salz und Pfeffer abschmecken. Zum Kochen bringen, 5 Minuten köcheln lassen, bis die Sauce um ein Viertel reduziert ist.
6 Die restliche Butter und das Mehl verkneten. Nach und nach unter die Sauce schlagen, bis sie eindickt. Nach Geschmack Salz und Pfeffer zufügen, über den Fisch gießen. Anschließend mit der restlichen Petersilie garnieren.
Hinweis: Für dieses Rezept eignen sich auch Flußbarsch und Forelle sehr gut.

MUSCHELN MIT ZITRONEN-GRAS, BASILIKUM UND WEIN

Vorbereitungszeit: 30 Minuten
Garzeit: 15 Minuten
Für 4-6 Personen

1 kg kleine Miesmuscheln

1 EL Öl

1 Zwiebel, gehackt

4 Knoblauchzehen, gehackt

2 Zitronengrasstengel (nur der weiße Teil),
  in Scheiben geschnitten

1–2 frische rote Chillies, entkernt und gehackt

250 ml Weißwein oder Wasser

1 EL Fischsauce

50 g frische Thai-Basilikumblätter, grobgehackt

1 Muscheln mit einer harten Bürste putzen und Bärte herausziehen. Beschädigte Muscheln oder solche, die sich auch nach einem leichten Klopfen nicht schließen, wegwerfen. Muscheln gut abspülen.
2 In einem großen Topf das Öl erhitzen. Zwiebel, Knoblauch, Zitronengras und Chillies zufügen und bei schwacher Hitze 4 Minuten garen. Wein und Fischsauce zugeben und weitere 3 Minuten köcheln lassen.
3 Die Muscheln hineinlegen. Zugedeckt bei hoher Hitze 4–5 Minuten garen, bis sie sich öffnen. Basilikum zufügen, mit Reis servieren.

FISCH IN INGWERBOUILLON

Vorbereitungszeit: 5 Minuten
Garzeit: 15 Minuten
Für 4 Personen

1 EL Öl

8 Frühlingszwiebeln, kleingeschnitten

2 EL frischer Ingwer, feingehackt

4 EL Fischsauce

4 EL geriebener Palmzucker oder brauner
  Zucker

4 Lachs- oder Meerforellenkoteletts bzw. -filets
  à 200 g

2 EL Limonensaft

200 g junge grüne Erbsen

frisches Koriandergrün zum Garnieren

*OBEN: Muscheln mit
Zitronengras, Basilikum
und Wein*

In einer großen Pfanne das Öl erhitzen, Frühlingszwiebeln und Ingwer darin bei schwacher Hitze 2 Minuten garen. Fischsauce, Zucker und 1,5 Liter Wasser zugeben und zum Kochen bringen. Fisch hineingeben und bei reduzierter Hitze 3–4 Minuten pochieren. In eine vorgewärmte, flache Schüssel legen. Zum Warmhalten mit Alufolie abdecken.

2 Die Flüssigkeit in der Pfanne auf die Hälfte einkochen. Den Limonensaft zugießen.

3 Die Erbsen in kochendem Wasser garen.

4 Zum Servieren den Fisch auf Teller legen und die Bouillon darüber gießen. Mit den Erbsen anrichten und mit Koriandergrün garnieren.

GEDÄMPFTE FISCHKOTELETTS MIT INGWER UND CHILI

Vorbereitungszeit: 15 Minuten
Garzeit: 10 Minuten
Für 4 Personen

★

4 mittelgroße, feste weiße Fischkoteletts (z. B.
   Dorsch, Schnapper, Bastardmakrele)

1 Stück frischer Ingwer à 5 cm, in Streifen
   geschnitten

2 Knoblauchzehen, gehackt

2 TL frische rote Chillies, gehackt

2 EL frische Korianderstiele, gehackt

3 Frühlingszwiebeln, in feine kurze Streifen
   geschnitten

2 EL Limonensaft

1 Einen Bambus-Dämpfeinsatz mit Bananen- blättern oder Backpapier auslegen, um ein Ankleben der Koteletts zu verhindern.

2 Fischkoteletts in den Dampfkorb legen und mit Ingwer, Knoblauch, Chillies und Korian- derstielen bestreuen. Abdecken und über einem Wok oder einem Topf mit kochendem Wasser 8–10 Minuten dämpfen. Frühlingszwiebeln und Limonensaft über den Fisch träufeln. Zudecken und 30 Sekunden dämpfen, bis der Fisch sich leicht zerpflücken läßt. Sofort servieren.

FISCH DÄMPFEN

Um das Dämpfen von Fisch vorzubereiten, füllen Sie einen Wok oder einen großen Topf zu einem Drittel mit Wasser. Bevor Sie es jedoch zum Kochen bringen, setzen Sie den Dämpfeinsatz darüber, um zu überprüfen, ob Sie die richtige Menge Wasser haben. Der Boden des Dampfkorbes sollte das Wasser nicht be- rühren. Zuviel Wasser kocht ins Essen hinein. Zuwenig ver- dampft vollständig. Wenn das Wasser kocht, den Dämpf- einsatz mit dem Fisch in den Topf oder Wok hineinsetzen und abdecken. Das Wasser sollte auch weiterhin spru- delnd kochen. Seien Sie beim Abnehmen des Deckels vor- sichtig, damit Sie sich nicht verbrühen.

*LINKS: Gedämpfte
Fischkoteletts mit
Ingwer und Chili*

JAPANISCHE LACHS-PÄCKCHEN

Die Selleristangen in lange Stücke, anschließend in dünne Streifen schneiden

Sellerie-, Frühlingszwiebel- und Ingwerscheiben auf den Fisch legen.

Lachs in Backpapier wickeln, die Seiten einklappen, um den Saft einzuschließen.

OBEN: Japanische Lachs-Päckchen

JAPANISCHE LACHS-PÄCKCHEN

Vorbereitungszeit: 40 Minuten
Garzeit: 20 Minuten
Für 4 Personen

2 TL Sesamsamen

4 Lachskoteletts oder -filets à 150 g

1 Stück frischer Ingwer à 2,5 cm

2 Selleriestangen

4 Frühlingszwiebeln

1/2 TL Dashi-Granulat

60 ml Mirin

2 EL Tamari-Paste

1 Backpapier in vier Quadrate schneiden, die groß genug sind, um ein Fischstück zu umhüllen. Den Backofen auf 230 °C vorheizen. In einer Pfanne die Sesamsamen bei niedriger Hitze anrösten, bis sie leicht gebräunt sind.

2 Den Fisch abspülen und mit Küchenpapier trockentupfen. Ein Lachskotelett in die Mitte jedes Papierquadrats setzen.

3 Ingwer in hauchdünne Scheiben, Sellerie und Frühlingszwiebeln in lange, dünne Streifen schneiden. Je ein Bündel Gemüse-Streifen und einige Ingwerscheiben auf jedem Lachssteak anrichten.

4 Dashi-Granulat, Mirin und Tamari-Paste in einem kleinen Topf mischen. Bei niedriger Hitze langsam rühren, bis die Granulatkörnchen sich auflösen. Jedes Päckchen damit beträufeln, mit Sesamsamen bestreuen und den Lachs vorsichtig einwickeln. Dazu die Seiten einklappen, um den Saft sicher einzuschließen. Die Päckchen in einen Bambus-Dämpfeinsatz legen und über einem Topf mit köchelndem Wasser etwa 15 Minuten dämpfen. (Das Papier bläht sich auf, wenn der Fisch gar ist.) Mit gekochtem Reis sofort servieren.

Hinweis: Für dieses Rezept kann man ersatzweise Meerforelle nehmen.

Dashi, Mirin und Tamari-Paste sind in Asienläden erhältlich.

GEDÄMPFTE KAMMUSCHELN

Vorbereitungszeit: 20 Minuten
Garzeit: 10 Minuten
Für 4 Personen

1 kleine rote Paprika

90 g Butter

1 EL frischer Schnittlauch, gehackt

2 TL Dijon-Senf

$1/2$ TL zerstoßener schwarzer Pfeffer

2 TL Limonensaft

24 Kammuscheln in der Schale

6 Frühlingszwiebeln, in lange, dünne Streifen
  geschnitten

1 Die Paprika vierteln, Kerne und weiße Haut
entfernen. Mit der Außenseite nach oben unter
einem heißen Grill garen, bis die Haut schwarz
wird und Blasen wirft. Abkühlen lassen, dann
Haut abziehen. Das Fruchtfleisch glattpürieren.
2 Die Butter schaumig schlagen, dann
Schnittlauch, Senf, Pfeffer, Limonensaft und
Paprikapüree unterheben. Beiseite stellen.
3 Kammuscheln aus der Schale lösen und
Adern, dünne Haut und weiße Muskeln

abschneiden. Frühlingszwiebelstreifen auf die
Muschelschalen legen und die Muscheln darauf
setzen. Schalen in einer Lage in einen Dämpfeinsatz aus Bambus oder Metall legen. Über
köchelndem Wasser portionsweise 2–3 Minuten
garen. Auf eine Servierplatte legen und mit
einem Klecks Butter krönen, der durch die
Wärme schmilzt.

GEDÄMPFTE GARNELENROULADEN

4 frische Reisnudelrollen entrollen (gibt es
in Asienläden) und dann mit einem scharfen
Messer halbieren. 24 rohe Garnelen schälen
und entdarmen. 3 Garnelen, je 1 Prise
frischen feingehackten Ingwer und Knoblauch, einige Frühlingszwiebelstreifen und in
Streifen geschnittene chinesische Brok-
koliblätter an eine lange Kante legen. Die
Enden zusammenfalten und wie eine Früh-
lingsrolle aufrollen. Einen Bambus-Dämpfkorb mit Backpapier ganz auslegen und die
Rouladen darin über köchelndem Wasser
7–10 Minuten dämpfen. Mit einer leichten
Sojasauce zum Dippen servieren. Reicht für
4 Personen.

*UNTEN: Gedämpfte
Kammuscheln*

MARINADEN & SAUCEN

Pikante Marinaden und würzige Saucen zum Beträufeln geben gegrillten

Meeresfrüchten und Fischen einen besonderen »Pfiff«.

GEWÜRZTE JOGHURT-MARINADE
(Für festfleischige Fischfilets ohne Haut – Brasse, Rotbarsch, Dornhai, Schnapper): 400 g Naturjoghurt, je 1 EL frischen geriebenen Ingwer, gemahlenen Kreuzkümmel, gemahlenen Zimt, gemahlenen Koriander und gemahlene Muskatblüte mischen, je 1–2 Eßlöffel geriebene Limonenschale und -saft und 2 Eßlöffel frische gehackte Minze

zugeben. 1 Kilo Fischfilet in die Marinade legen und abgedeckt 3 Stunden kalt stellen. Auf einer vorgeheizten Grillplatte garen, bis der Fisch weich ist. Für 4–6 Personen.

SÜSS-PIKANTE SAUCE
(Für Flußkrebse, Scampi und Sandbärenkrebse): 250 ml süße Chilisauce, 2 zerdrückte Knoblauchzehen, 1–2 Eßlöffel

Zitronensaft, 1 Eßlöffel Erdnußöl, 50 g geschmolzene Butter und 2 Eßlöffel frischen gehackten Koriander in einem hohen Gefäß mischen. 1 kg Flußkrebs-, Scampi- oder Sandbärenkrebsfleisch mit 1 Eßlöffel Öl verrühren und portionsweise auf einer vorgeheizten Grillplatte garen, dabei häufig wenden und mit der Sauce begießen. Mit restlicher Sauce servieren. Für 4–6 Personen.

LIMONEN-PFEFFERKORN-MARINADE

(Für Garnelen, Fischsteaks und -koteletts, Thunfisch, Schwertfisch, Lachs, Bastardmakrele): 60 g schwarze Pfefferkörner in einem Wok anbraten, bis sie duften. In einem Mörser oder einer Gewürzmühle mit 4 gehackten asiatischen Schalotten zerdrücken. In eine flache Schale geben und 80 ml Limonensaft, 1 Eßlöffel Salz, 1 Teelöffel Sesamöl und 60 ml Erdnußöl zufügen. 1 Kilo festes weißes Fischfilet oder geschälte, entdarmte Garnelen mit Schwanz zugeben. Abgedeckt 3 Stunden kalt stellen. Auf einer vorgeheizten Grillplatte die Meeresfrüchte portionsweise garen. Thunfisch oder Lachs nicht zu lange garen, da er sonst austrocknet. Für 4–6 Personen.

KNOBLAUCH-MARINADE

(Für Garnelen und Fisch): 6 zerdrückte Knoblauchzehen, 250 ml extra natives Olivenöl, 1 Eßlöffel Zitronensaft und frischen gehackten Dill mischen. Ein Kilo festen weißen Fisch in Würfeln oder geschälte, entdarmte Garnelen zufügen. Unter die Marinade heben und über Nacht abgedeckt kühlen. Zimmerwarm auf Spieße reihen und auf einem heißen Rost oder einer Grillplatte garen. Für 4–6 Personen.

THAI-MARINADE

(Für Oktopus): 250 ml Fischsauce, 4 in Streifen geschnittene Kaffir-Limonenblätter, 2–3 Eßlöffel geriebenen Palmzucker oder braunen Zucker, Saft und Schale von 2 Limonen und 1 Teelöffel Sesamöl mischen. 1 Kilo gesäuberten Oktopus zufügen und über Nacht marinieren. Gut abtropfen lassen. Bei starker Hitze unter häufigem Drehen 3 Minuten auf einem Grill garen, bis er weich ist. Für 4–6 Personen.

TEXANISCHE BARBECUE-SAUCE

(Für alle Schalentiere): 250 ml Tomatensauce, 6 Spritzer Tabasco, 3 gehackte, gewässerte Chipotle-Chillies, je 1 Eßlöffel Essig und Öl mischen. 1 Kilo Garnelen, Fluß- oder Sandbärenkrebse beim Garen damit bestreichen. Für 4–6 Personen.

IM UHRZEIGERSINN VON LINKS OBEN: Gewürzte Joghurt-Marinade; Limonen-Pfefferkorn-Marinade; Thai-Marinade; Texanische Barbecue-Sauce; Knoblauch-Marinade; Süß-pikante Sauce

INDISCHER FISCH

Flossen und Schwanz mit Küchenschere abschneiden.

Auf beiden Seiten mehrere tiefe Einschnitte an der dicksten Stelle des Fisches machen.

INDISCHER FISCH

Vorbereitungszeit: 20 Minuten
Garzeit: 20 Minuten
Für 2-4 Personen

★

500 g weißfleischiger ganzer Fisch (z. B. Brasse, Rotbarsch, Schnapper, Weißfisch), gesäubert und entschuppt
15 g Mandeln, geröstet
2 Lorbeerblätter
1/2 grüne Paprika, in Scheiben geschnitten
1 EL Öl
315 g Naturjoghurt
1/2 TL Garam Masala
1/2 TL Zucker

1 Den Fisch abspülen und innen und außen mit Küchenpapier trockentupfen. Flossen und Schwanz mit einer Küchenschere abschneiden. Auf beiden Seiten mehrere tiefe, diagonale Schnitte an der dicksten Stelle machen, dann in einen mit Bananenblättern oder Backpapier ausgelegten Dämpfeinsatz legen.
2 Restliche Zutaten mischen und über den Fisch geben. 20 Minuten dämpfen, bis er sich mit einer Gabel leicht zerpflücken läßt.

POCHIERTER KAISER-SCHNAPPER IN KOKOSMILCH

Vorbereitungszeit: 20 Minuten
Garzeit: 30–40 Minuten
Für 4 Personen

1 l Kokosmilch
2 TL frischer Ingwer, gerieben
3 kleine rote Chillies, kleingehackt
1 EL Korianderwurzeln und -stengel, gehackt
6 asiatische Schalotten, kleingeschnitten
6 Kaffir-Limonenblätter, in Streifen geschnitten
2 Zitronengrasstengel, in Scheiben geschnitten
2 TL Limonenschale, gerieben
500 ml Fischfond
80 ml Fischsauce
80 ml Limonensaft
4 Kaiserschnapperfilets mit Haut à 250 g
Koriandergrün zum Garnieren
1 kleiner roter Chili, in lange Streifen geschnitten, zum Garnieren
2 Kaffir-Limonenblätter, in Streifen geschnitten, zum Garnieren

1 Kokosmilch in einem Topf erhitzen und 3 Minuten kochen. Ingwer, Chillies, Korianderwurzeln und -stengel, Schalotten, Kaffir-Limonenblätter, Zitronengras und Limonenschale unterrühren. Fischfond und Fischsauce zugießen und 15 Minuten köcheln lassen. Durch ein feines Sieb passieren und den Limonensaft zugeben. Abschmecken und bei Bedarf weitere Fischsauce zugießen.
2 Die Sauce in einer Pfanne erhitzen. Sobald sie kocht, den Fisch hineinlegen, bei reduzierter Hitze 10–15 Minuten pochieren.
3 Den Fisch auf eine Servierplatte legen. Mit etwas Sauce, Koriandergrün, Chili- und Kaffir-Limonenblättern servieren.
Hinweis: Sie können auch Forelle, Schnapper oder Flußbarsch verwenden.

POCHIERTE FILETS IN DILLSAUCE

Vorbereitungszeit: 15 Minuten
Garzeit: 20 Minuten
Für 4 Personen

500 g Fischfilets ohne Haut (z. B. Rotbarsch, Schnapper, Bastardmakrele)
1 Zwiebel, in Scheiben geschnitten
1 kleines Lorbeerblatt
1 EL Butter
1 EL Mehl
125 ml Sauerrahm
2 EL frischer Dill, gehackt
Salz und weißer Pfeffer

1 Etwaige Gräten von den Filets entfernen. 625 ml Wasser mit Zwiebel und Lorbeerblatt in eine große, tiefe Pfanne geben. Zum Kochen bringen, dann die Hitze etwas reduzieren. Den Fisch hineinlegen und 5 Minuten pochieren, bis er gar ist. Mit einem Fischheber herausnehmen und auf einem Servierteller warm stellen.
2 Den Sud durch ein Sieb gießen und 250 ml aufbewahren. Bei niedriger Hitze die Butter in einem kleinen Topf schmelzen. Das Mehl 1 Minute einrühren, bis die Masse hell aufschäumt. Vom Herd nehmen und nach und nach den aufbewahrten Sud unterrühren. Wieder auf den Herd stellen und rühren, bis die Sauce kocht und eindickt. Bei reduzierter Hitze weitere 2 Minuten köcheln. Vom Herd nehmen und Sauerrahm und Dill zugeben. Mit Salz und weißem Pfeffer würzen. Die Sauce über den Fisch geben und mit Dill servieren.

GEGENÜBERLIEGENDE SEITE: Pochierter Kaiser-schnapper in Kokosmilch

SEEZUNGE VERONIQUE

Vorbereitungszeit: 45 Minuten
Garzeit: 20 Minuten
Für 4 Personen

12 Seezungenfilets oder 3 ganze Seezungen,
  filetiert und gehäutet
250 ml Fischfond
60 ml Weißwein
1 französische Schalotte, in dünne Scheiben
  geschnitten
1 Lorbeerblatt
6 schwarze Pfefferkörner
2 frische Petersilienstengel
3 TL Butter
3 TL Mehl
125 ml Milch
60 ml Sahne
125 g kernlose weiße Trauben, geschält

OBEN:
Seezunge Veronique

1 Den Backofen auf 180 °C vorheizen. Die
Filets mit der Hautseite nach innen aufrollen.

Mit Zahnstochern befestigen und in eine
gefettete, ofenfeste Form legen.
2 Fond, Wein, Schalotte, Lorbeerblatt,
Pfefferkörner und Petersilie mischen und über
den Fisch gießen. Mit gefetteter Alufolie
abdecken und 15 Minuten backen, bis er sich
mit einer Gabel zerpflücken läßt. Die Rollen
vorsichtig mit einem Schaumlöffel aus dem Sud
heben und in eine andere Form legen. Warm
stellen.
3 Den Sud in einen Topf gießen und etwa
2 Minuten kochen, bis er auf die Hälfte reduziert
ist. Durch ein feines Sieb gießen.
4 Die Butter schmelzen und das Mehl 1 Minute
rühren, bis die Masse hell aufschäumt. Vom
Herd nehmen und eine Mischung aus Milch,
Sahne und reduziertem Sud nach und nach
zugeben. Wieder auf den Herd stellen und
rühren, bis die Flüssigkeit kocht und eindickt.
Nach Geschmack würzen. Die Trauben zufügen
und unter Rühren erhitzen. Die Sauce über den
Fisch geben.
Hinweis: Sie können die Seezunge durch
Flunder ersetzen.

GLASIERTE FISCHFILETS

Vorbereitungszeit: 10 Minuten + 1 Stunde
zum Marinieren
Garzeit: 8 Minuten
Für 4 Personen

2 EL Olivenöl

2 EL Zitronensaft

2 EL Früchte-Chutney

1 EL Honig

1 EL frisches Koriandergrün, gehackt

2 Knoblauchzehen, zerdrückt

4 festfleischige Fischfilets (z. B. Brasse, Flunder,
Schnapper, Petersfisch, Drückerfisch)

1 Olivenöl, Zitronensaft, Früchte-Chutney,
Honig, Koriandergrün und Knoblauch in einer
kleinen Schüssel mischen.
2 Fischfilets in eine flache, säurebeständige
Schale legen und die Marinade darüber gießen.
1 Stunde abgedeckt kalt stellen.
3 Den Grill auf hoher Stufe vorheizen und die
Fischfilets auf ein leicht geöltes Grillblech legen.
Von jeder Seite 4–6 Minuten garen, bis das
Fleisch sich mit einer Gabel leicht zerpflücken
läßt, zwischendurch gelegentlich mit der
restlichen Marinade einpinseln.

GEGRILLTE LACHSKOTELETTS IN SÜSSEM GURKENDRESSING

Vorbereitungszeit: 15 Minuten
Garzeit; 5 Minuten
Für 4 Personen

2 kleine Salatgurken, geschält, entkernt und
kleingewürfelt

1 rote Zwiebel, feingehackt

1 frischer roter Chili, feingehackt

2 EL eingelegter Ingwer, in Streifen geschnitten

2 EL Reisweinessig

1/2 TL Sesamöl

4 Lachskoteletts

1 geröstetes Noriblatt (getrockneter Seetang),
in dünne Streifen geschnitten

1 Gurke, Zwiebel, Chili, Ingwer, Reisweinessig
und Sesamöl in einer mittelgroßen Schüssel

mischen, bei Zimmertemperatur abgedeckt
stehen lassen, während Sie den Lachs zubereiten.
2 Eine flache Grillplatte vorheizen und leicht
mit Öl einpinseln. Den Lachs von beiden Seiten
etwa 2 Minuten garen. Nicht zu lange grillen,
da er sonst trocken wird – er sollte in der Mitte
gerade noch rosa sein. Den Lachs mit dem
Gurkendressing bedeckt servieren. Mit den
gerösteten Noristreifen bestreuen.
Hinweis: Meerforellenfilets können für
dieses Rezept ebenfalls verwendet werden.
Mit einer sauberen, trockenen Küchenschere ist
es am leichtesten, das Noriblatt (in Asienläden
erhältlich) in dünne Streifen zu schneiden.

OBEN:
Glasierte Fischfilets

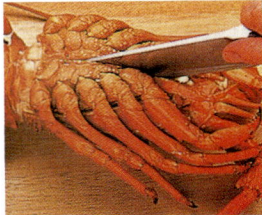

HUMMER THERMIDOR

Mit einem scharfen Messer den Hummer der Ländge nach halbieren.

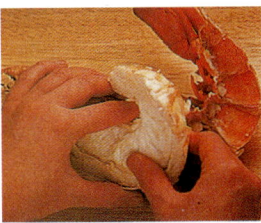

Das Fleisch aus dem Panzer lösen un Kopf- und Panzerhälften abspühlen.

Nach dem Trockentupfen das Hummerfleisch in mundgerechte Stücke schneiden.

Den zubereiteten Hummer auf dem Grill garen, bis er leicht gebräunt ist.

GEGENÜBERLIEGENDE SEITE: Hummer Thermidor (oben); Hummer Mornay

HUMMER THERMIDOR

Vorbereitungszeit: 25 Minuten
Garzeit: 5–10 Minuten
Für 2 Personen

1 mittelgroßer gegarter Hummer

80 g Butter

4 Frühlingszwiebeln, feingehackt

2 EL Mehl

½ TL Senfpulver

2 EL Weißwein oder Sherry

250 ml Milch

60 ml Sahne

1 EL frische Petersilie, gehackt

60 g geriebener Gruyère–Käse

Salz und Pfeffer

1 Mit einem scharfen Messer den Hummer der Länge nach durch die Schale hindurch halbieren. Das Fleisch herauslösen. Die Scheren knacken und das Fleisch mit einer Hummergabel herausholen. Den cremefarbenen Darm und die weiche Masse aus dem Körper entfernen und wegwerfen. Das Fleisch in 2 cm große Stücke schneiden und abgedeckt kalt stellen. Kopf- und Panzerhälften abspülen und trockentupfen.
2 In einer Pfanne 60 g Butter erhitzen, Frühlingszwiebeln zugeben und 2 Minuten anbraten. Mehl und Senfpulver 1 Minute unterrühren, bis die Masse hell aufschäumt. Vom Herd nehmen und nach und nach Wein und Milch zufügen. Wieder auf den Herd stellen und ständig rühren, bis die Mischung kocht und eindickt. Bei reduzierter Hitze 1 Minute köcheln lassen. Sahne, Petersilie und Hummerfleisch zugeben und nach Geschmack mit Salz und Pfeffer würzen. Bei niedriger Hitze rühren, bis das Hummerfleisch heiß ist.
3 Den Grill aufheizen. Die Farce in die Hummerpanzer füllen, mit Käse bestreuen und mit Butterflocken belegen. Unter dem Grill 2 Minuten überbacken, bis die Mischung leicht gebräunt ist. Mit gemischtem Salat und Zitronenscheiben servieren.

HUMMER MORNAY

Vorbereitungszeit: 25 Minuten + 15 Minuten zum Ziehen
Garzeit: 5–10 Minuten
Für 2 Personen

1 mittelgroßer gegarter Hummer

315 ml Milch

1 Zwiebelscheibe

1 Lorbeerblatt

6 schwarze Pfefferkörner

30 g Butter

2 EL Mehl

2 EL Sahne

1 Prise Muskatnuß

60 g geriebener Cheddar-Käse

Salz und Pfeffer

1 Prise Paprika zum Garnieren

1 Mit einem scharfen Messer den Hummer der Länge nach durch die Schale hindurch halbieren. Das Fleisch herauslösen. Die Scheren knacken und das Fleisch mit einer Hummergabel herausholen. Den cremefarbenen Darm und die weiche Masse aus dem Körper entfernen und wegwerfen. Das Fleisch in 2 cm große Stücke schneiden und abgedeckt kalt stellen. Die Kopf- und Panzerhälften abspülen und trockentupfen.
2 Milch, Zwiebel, Lorbeerblatt und Pfefferkörner in einem kleinen Topf aufkochen. Vom Herd nehmen und abgedeckt 15 Minuten stehen lassen, anschließend die Flüssigkeit durch ein Sieb gießen.
3 Butter schmelzen, das Mehl zufügen und 1 Minute rühren, bis die Masse hell aufschäumt. Vom Herd nehmen und nach und nach die aromatisierte Milch zugeben. Auf den Herd zurückstellen und ständig rühren, bis die Mischung kocht und eindickt. Bei reduzierter Hitze 1 Minute köcheln lassen. Die Sahne zugießen. Mit Muskatnuß und nach Geschmack mit Salz und Pfeffer würzen.
4 Das Hummerfleisch unter die Sauce heben. Bei niedriger Hitze rühren, bis es heiß ist ist. Die Mischung in die Panzer füllen und mit Käse bestreuen. Den Grill erhitzen und den Hummer 2 Minuten grillen, bis der Käse geschmolzen ist.

BACKFISCH IN SALZ

Vorbereitungszeit: 20 Minuten
Garzeit: 30–40 Minuten
Für 6 Personen

✴ ✴

1,8 kg ganzer Fisch (z. B. Blue-Eye-Bastardmakrele, Adlerfisch, Königsmakrele, Groper),
gesäubert und entschuppt
2 Zitronen, in Scheiben geschnitten
4 frische Thymianzweige
1 Fenchelknolle, in dünne Scheiben geschnitten
3 kg Steinsalz
100 g Mehl

1 Den Backofen auf 200 °C vorheizen. Fisch
abspülen und innen und außen mit Küchenpapier trockentupfen. Zitrone, Thymian und
Fenchel ins Innere des Fisches legen.
2 Eine große Backform mit der Hälfte des
Salzes füllen. Darauf den Fisch legen.
3 Den Fisch mit dem restlichen Salz gut
bedecken.
4 Mehl und etwas Wasser zu einem glatten Teig
mischen und damit gleichmäßig die Oberfläche
des Salzes einstreichen.
5 30–40 Minuten backen. Bei der Garprobe
sollte nichts am hineingestochenen Spieß kleben.
Vorsichtig die Salzkruste aufbrechen und die
Haut des Fisches entfernen. Es sollten keine
Salzreste mehr vorhanden sein. Mit Montpellier-
Butter (siehe Seite 195) servieren.

CURRY-GARNELEN

Vorbereitungszeit: 20 Minuten
Garzeit: 10 Minuten
Für 4 Personen

✴

1 kg mittelgroße rohe Garnelen
30 g Butter
1 Zwiebel, feingeackt
1 Knoblauchzehe, zerdrückt
1 EL Currypulver
60 g Mehl
500 ml Milch
1/4 TL Muskatnuß, gemahlen
1/4 TL Paprika

1 Garnelen schälen, Darm aus dem Rücken
ziehen, Schwänze intakt lassen.

2 Bei schwacher Hitze die Butter schmelzen,
Zwiebel zufügen und dünsten, bis sie weich ist.
Knoblauch, Currypulver und Mehl zugeben.
1 Minute köcheln, bis die Zwiebel mit Mehl
bedeckt ist.
3 Vom Herd nehmen. Nach und nach Milch,
Muskatnuß und Paprika unterrühren. Köcheln
lassen, bis die Sauce eindickt.
4 Garnelen zugeben und bei mittlerer Hitze
2–3 Minuten garen, bis das Fleisch rosa ist.

ZWIEBEL-SELLERIE-FISCH

Vorbereitungszeit: 30–40 Minuten
Garzeit: 45 Minuten
Für 4 Personen

✴ ✴

1 kg ganzer Fisch (z. B. Schnapper, Flußbarsch,
Seebarsch), gesäubert und entschuppt
Salz
60 ml Zitronensaft
30 g Butter, in Stücke geschnitten
Zitronenscheiben und frische Dillzweige zum
Garnieren

Füllung

2 EL Olivenöl
1 kleine Zwiebel, feingehackt
3 EL Selleriegrün, gehackt
2 EL frische Petersilie, gehackt
80 g frische Semmelbrösel
1 1/2 EL Zitronensaft
Salz
1 Ei, leicht verquirlt

1 Den Backofen auf 180 °C vorheizen. Fisch
abspülen, innen und außen trockentupfen und
mit Salz und Zitronensaft einreiben.
2 Für die Füllung das Öl in einem Topf
erhitzen. Zwiebel zufügen und bei mittlerer
Hitze 2 Minuten dünsten. Selleriegrün und
Petersilie unter Rühren 2 Minuten mitgaren.
In eine Schüssel umfüllen. Semmelbrösel,
Zitronensaft und Salz unterrühren. Abkühlen
lassen und das Ei unterheben.
3 Die vorbereitete Füllung im Inneren des
Fisches verteilen und diesen mit Zahnstochern
zusammenstecken. In eine gebutterte Backform
legen und 30–35 Minuten backen. Beim
Gabeltest sollte das Fleisch auseinanderfallen. Die
Garzeit hängt von der Dicke des Fisches ab. Auf
einer Servierplatte anrichten, mit Zitronenscheiben und Dillzweigen belegen.

BACKFISCH IN SALZ
Wenn ganzer Fisch in einer
Schicht aus Salz gegart wird,
bleibt das Fleisch saftig, ohne
zu salzig zu werden. Nach
dem Lösen der Haut erwar-
tet Sie köstliches Fleisch. Salz
hält Flüssigkeit und Aroma.
Von alters her wird Salz zum
Konservieren von Lebens-
mittel benutzt.

GEGENÜBER:
Backfisch in Salz (oben);
Zwiebel-Sellerie-Fisch

INTERNATIONALE SCHALENTIER-GRILLPLATTE

Vorbereitungszeit: 40 Minuten + 1 Stunde zum Gefrieren
Garzeit: 30 Minuten
Für 6 Personen

6 rohe Australische Sandbärenkrebse
30 g Butter, geschmolzen
1 EL Öl
12 Miesmuscheln
12 Kammuscheln, in der Schale
12 Austern
18 große rohe Garnelen, ungeschält
Salz und Pfeffer

Salsa verde für Kammuscheln

1 EL eingelegte Zitrone, feingehackt (siehe Hinweis)
20 g frische Petersilienblätter
1 EL Kapern aus dem Glas, abgetropft
1 EL Zitronensaft
3 EL Öl

Essig-Schalotten-Dressing für Miesmuscheln

60 ml Weißweinessig
4 französische Schalotten, kleingehackt
1 EL frischer Kerbel, feingehackt

Eingelegter Ingwer und Wasabi-Sauce für Austern

1 TL Sojasauce
60 ml Mirin
2 EL Reisweinessig
1/4 TL Wasabi-Paste
2 EL eingelegter Ingwer, in feine Scheiben geschnitten

Süßes Balsamico-Dressing für Australische Sandbärenkrebse

1 EL Olivenöl
1 EL Honig
125 ml Balsamico-Essig

Thai-Koriander-Sauce für Garnelen

125 ml süße Chilisauce
1 EL Limonensaft
2 EL frisches Koriandergrün, gehackt

---

1 Die Sandbärenkrebse für 60 Minuten in den Tiefkühlschrank legen, um sie unbeweglich zu machen. Anschließend mit einem scharfen Messer in 2 Hälften schneiden und das Fleisch mit der Butter-Öl-Mischung einreiben. Beiseite stellen.

2 Muscheln gründlich mit einer Bürste reinigen und Bärte herausziehen. Beschädigte Exemplare oder solche, die sich auch nach einem leichten Klopfen nicht öffnen, wegwerfen. Muscheln gut abspülen.

3 Von den Kammuscheln Adern, weiße Haut und harte weiße Muskeln abschneiden, nicht den Rogen entfernen. Mit der Butter-Öl-Mischung einstreichen.

4 Austern aus der Schale lösen und die Schalen unter kaltem Wasser gründlich abspülen. Mit Küchenpapier trockentupfen und Austern wieder in die Schale legen. Alle Meeresfrüchte abdecken und ins Gefrierfach legen.

5 Alle Zutaten für die Salsa verde mischen und in der Küchenmaschine zerkleinern. In eine Schüssel umfüllen und etwas Öl zufügen. Mit Salz und Pfeffer würzen. Auf jede gegarte Kammuschel eine kleine Portion Salsa geben.

6 Essig, Schalotten und Kerbel gründlich zum Essig-Schalotten-Dressing vermischen. Über die gegarten Muscheln häufeln.

7 Für den eingelegten Ingwer und die Wasabi-Sauce alle Zutaten miteinander verrühren. Auf die gegarten Austernhälften geben.

8 Zur Zubereitung des Balsamico-Dressings das Öl in einer Pfanne erhitzen. Honig und Essig hineingeben und zum Kochen bringen. Bei mittlerer Hitze solange rühren, bis die Flüssigkeit auf die Hälfte reduziert ist. Über die gegarten Krebse gießen.

9 Die Zutaten der Thai-Koriandersauce verrühren und auf die gegarten Garnelen geben.

10 Die Meeresfrüchte portionsweise auf dem Grill garen. Die Sandbärenkrebse benötigen 5 Minuten, sie sind gar, wenn das Fleisch weiß ist und aus der Schale bricht. Mies- und Kammuscheln, Austern und Garnelen sind in ca. 2–5 Minuten gar.

Hinweis: Zur Vorbereitung der eingelegten Zitronen das Fleisch herauslösen und beiseite legen. Die Schale gründlich reinigen, um das Salz zu entfernen. Anschließend kleinhacken. Mirin, Reisweinessig und eingelegter Ingwer sind in Asienläden erhältlich.

AUSTERN

Austern werden unterschiedlich angeboten: in einer Schalenhälfte, im Glas, in Salzwasser, in der Dose, getrocknet oder tiefgefroren. Rohe Austern befinden sich noch in der ganzen Schale. Wenn Sie frische ganze Austern kaufen, sollten Sie darauf achten, daß Sie saftige Exemplare erhalten. Das cremig-graue Fleisch sollte von Flüssigkeit (Austernsaft) umgeben sein. Austern sollten nach Meer riechen und keine Spuren von Schalenresten aufweisen. Wenn Sie die Schalen selbst öffnen wollen, halten Sie Ausschau nach fest verschlossenen, unbeschädigten Exemplaren.

GEGENÜBER:
Internationale
Schalentier-Grillplatte

MEERESFRÜCHTE-SAUCEN Selbst

ein einfacher, gegarter Fisch oder andere Meeresfrüchte werden – serviert mit einem

Löffel Sauce oder Butter – zu einer Delikatesse.

TARTARSAUCE
1 Eßlöffel feingehackte Zwiebel, 1 Teelöffel Zitronensaft, 1 Eßlöffel gehackte
Gewürzgurke, 1 Teelöffel abgetropfte,
gehackte Kapern, ¼ Teelöffel Dijon-
Senf, 1 Eßlöffel feingehackte frische
Petersilie und 375 g Mayonnaise gut
vermischen. Nach Geschmack würzen.
Hält sich abgedeckt im Kühlschrank bis
zu 1 Monat. Ergibt etwa 500 g.

COCKTAILSAUCE
Für die Cocktailsauce 250 g Mayonnaise,
3 Eßlöffel Tomatensauce, 2 Teelöffel
Worcestersauce, ½ Teelöffel Zitronensaft
und 1 Spritzer Tabasco vermischen. Nach
Geschmack mit Salz und Pfeffer würzen.
Hält sich abgedeckt im Kühlschrank bis
zu 1 Monat. Ergibt etwa 250 g.

GRÜNE-GÖTTINNEN-DRESSING
375 g Mayonnaise, 4 zerdrückte
Anchovis-Filets, 4 feingehackte
Frühlingszwiebeln, 1 zerdrückte
Knoblauchzehe, 3 Eßlöffel frische,
gehackte glatte Petersilie, 3 Eßlöffel
feingehackten Schnittlauch und 1 Teelöffel Estragon-Essig vermischen. Hält
sich abgedeckt im Kühlschrank bis zu 1
Monat. Ergibt etwa 500 g.

ZITRONEN-KAPERN-BUTTER

In einer Schüssel 250 g weiche Butter mit je 1 Eßlöffel geriebener Zitronenschale und Zitronensaft, 1 zerdrückten Knoblauchzehe und 1 Eßlöffel abgetropfte, gehackte Kapern mischen. In Klarsichtfolie zu einer festen Rolle formen. Zum Servieren in runde Stücke schneiden. Zimmerwarm servieren. Ergibt etwa 300 g.

MONTPELLIER-BUTTER

250 g weiche Butter in einer Schüssel cremig rühren. 100 g junge Spinatblätter blanchieren. Abgießen, in kaltem Wasser abschrecken, dann soviel Wasser wie möglich herausdrücken. Grob hacken, anschließend in der Küchenmaschine mit 2 Eßlöffeln frischer gehackter Petersilie, 1 Eßlöffel frischem gehacktem Estragon, 2 kleinen gehackten Gewürzgurken, 1 Eßlöffel abgetropften Kapern aus dem Glas, 2 abgetropften Anchovis-Filets, 2 hartgekochten Eigelben, 1 Teelöffel Zitronensaft und 2 Eßlöffeln Öl fein pürieren. Zur Butter geben, gut mischen, mit zerstoßenem schwarzem Pfeffer würzen. Bis zu 3 Tagen abgedeckt im Kühlschrank haltbar, oder einfrieren. Zimmerwarm servieren. Butterportionen auf heiße Meeresfrüchte legen und schmelzen lassen. Ergibt etwa 250 g.

WEISSWEINSAUCE

1 Eßlöffel Butter in einem mittelgroßen Topf schmelzen, 1 feingehackte Frühlingszwiebel zufügen und bei mittlerer Hitze unter Rühren garen, bis die Zwiebel weich ist. 125 ml Weißwein zugeben, zum Kochen bringen und 5 Minuten köcheln, bis er auf die Hälfte reduziert ist. Je 125 ml Sahne und Milch zugießen und zum Kochen bringen. Je 3 Teelöffel weiche Butter und Mehl gut verkneten, unter diese kochende Flüssigkeit heben und köcheln, bis sie eindickt. Nach Geschmack mit Salz und Pfeffer würzen. Wenn die Sauce zu dick geworden ist, mit etwas Milch verdünnen. Abgedeckt bis zu 3 Tagen im Kühlschrank haltbar. Ergibt etwa 250 g.

VON LINKS: Tartarsauce; Cocktailsauce; Grüne-Göttinnen-Dressing; Zitronen-Kapern-Butter; Montpellier-Butter; Weißweinsauce

GEBACKENER LACHS

Vorbereitungszeit: 10 Minuten
Garzeit: 35 Minuten + 45 Minuten
zum Ruhen
Für 8 Personen

★

2 kg ganzer Lachs, gesäubert und ausgenommen

2 Frühlingszwiebeln, grobgehackt

3 frische Dillzweige

1/2 Zitrone, in dünne Scheiben geschnitten

6 schwarze Pfefferkörner

60 ml trockener Weißwein

3 Lorbeerblätter

1 Den Backofen auf 180 °C vorheizen. Den Lachs unter fließend kaltem Wasser abspülen und innen und außen mit Küchenpapier trockentupfen. Das Innere mit Frühlingszwiebeln, Dill, Zitronenscheiben und Pfefferkörnern füllen.

2 Doppelt gelegte Alufolie einölen und den Lachs darauf legen. Mit Wein beträufeln und mit Lorbeerblättern bedecken. Die Folie fest über dem Lachs zusammenfalten.

3 Den Lachs in eine flache Auflaufform legen und 30 Minuten backen. Den Ofen ausstellen und den Fisch weitere 45 Minuten im Backofen lassen, die Tür dabei geschlossen halten.

4 Die Folie öffnen und vorsichtig die obere Haut vom Lachs ablösen. Den Fisch auf einen Servierteller legen und die Haut von der anderen Seite ablösen. Alle sichtbaren Gräten sowie die Flossen entfernen. Zimmerwarm mit einer Sauce Ihrer Wahl servieren.

Hinweis: Öffnen Sie die Folie nicht, solange der Lachs noch gart. Sie können auch Meerforelle auf diese Art zubereiten.
Für eine einfache Gurkensauce verrühren Sie gehackte Salatgurke mit frischem gehacktem Schnittlauch und 2 Eßlöffeln Mayonnaise mit ein wenig Dijon-Senf.

OBEN: Gebackener Lachs

SCHNAPPER-PIE

Vorbereitungszeit: 25 Minuten
Garzeit: 80 Minuten
Für 4 Personen

✷✷

2 EL Olivenöl

4 Zwiebeln, in dünne Scheiben geschnitten

375 ml Fischfond

875 ml Sahne

1 kg Schnapperfilet ohne Haut,
  in große Stücke geschnitten

2 Scheiben TK-Blätterteig, aufgetaut

1 Ei, leicht verquirlt

1 Den Backofen auf 220 °C vorheizen. Das Öl
in einer großen Pfanne erhitzen, Zwiebeln
zufügen und unter Rühren bei mittlerer Hitze
20 Minuten goldbraun dünsten.
2 Den Fischfond zugießen, zum Kochen
bringen und 10 Minuten köcheln, bis die
Flüssigkeit fast vollständig verdampft ist. Die
Sahne zugeben und erneut zum Kochen bringen.
Bei schwacher Hitze 20 Minuten köcheln, bis
die Flüssigkeit um die Hälfte reduziert ist.
3 Die Hälfte der Sauce auf 4 tiefe 500-ml-
Ramequin-Formen verteilen. Etwas Fisch in
jede Form legen und mit der restlichen Sauce
bedecken.
4 Die Blätterteigscheiben in Kreise schneiden,
die der Größe der Ramequinformen
entsprechen. Die Ränder mit Ei einpinseln. Den
Teig auf die Formen drücken und leicht mit
dem restlichen Ei bestreichen. 30 Minuten
backen, bis der Teig knusprig und goldbraun ist.
Hinweis: Anstelle des Schnappers können Sie
auch Brassen-, Barsch- oder Hornhechtfilets
verwenden.

OBEN: Schnapper-Pie

197

MEERESFRÜCHTE-QUICHE

Vorbereitungszeit: 20 Minuten + 20 Minuten
  zum Kühlen
Garzeit: 60 Minuten
Für 4-6 Personen

2 Scheiben Mürbeteig

100 g Kammuscheln

30 g Butter

100 g rohes Garnelenfleisch

100 g Krebsfleisch, frisch,
  tiefgefroren oder aus der Dose

90 g geriebener Cheddar

3 Eier

1 EL Mehl

125 ml Sahne

125 ml Milch

1 kleine Fenchelknolle, in feine Scheiben
  geschnitten

1 EL geriebener Parmesan

Salz und Pfeffer

1 Eine flache Kuchen- oder Quicheform (22 cm Durchmesser) leicht einfetten. Die beiden Teigscheiben überlappend auf eine Arbeitsplatte legen und ausrollen, bis der Teig groß genug ist, um die Form auszufüllen. Teig in die Form und an die Ränder drücken, überstehenden Teig abschneiden. 20 Minuten kalt stellen.
2 Von den Kammuscheln Adern, Haut und harte, weiße Muskel abtrennen. Den Backofen auf 190 °C vorheizen.
3 Den Teig mit Backpapier auslegen, mit getrockneten Bohnen oder Reiskörnern beschweren und 10 Minuten backen. Papier und Hülsenfrüchte entfernen und noch einmal 10 Minuten backen. Auf einem Kuchengitter abkühlen lassen. Wenn der Teig Blasen wirft, mit einem Küchenhandtuch herunterdrücken.
4 Die Butter in einer Pfanne schmelzen und Garnelenfleisch und Kammuscheln 2–3 Minuten braten. Die abgekühlten Meeresfrüchte auf dem Mürbeteig auslegen und mit Cheddar bestreuen.
5 Eier verquirlen und Mehl, Sahne und Milch unterrühren, mit Salz und Pfeffer würzen. Über die Meeresfrüchte gießen. Mit Fenchel und Parmesan besteuen. 30–35 Minuten im Backofen garen, bis die Kruste goldbraun ist. Vor dem Servieren etwas abkühlen lassen.

RECHTS:
Meeresfrüchte-Quiche

COULIBIAC

Vorbereitungszeit: 25 Minuten + 30 Minuten
  zum Kühlen
Garzeit: 40 Minuten
Für 4-6 Personen

60 g Butter
1 Zwiebel, kleingehackt
200 g kleine Champignons, in Scheiben
  geschnitten
2 EL Zitronensaft
220 g Lachsfilet, ohne Haut und Gräten,
  in 2 cm große Würfel geschnitten
2 hartgekochte Eier, gehackt
2 EL frischer Dill, gehackt
2 EL frische Petersilie, gehackt
185 g gekochter Reis
60 ml Sahne
375 g TK-Blätterteig, aufgetaut
1 Ei, leicht verquirlt
Salz und Pfeffer

1 Ein Backblech leicht einfetten. Die Hälfte der
Butter in einer Pfanne schmelzen. Zwiebel bei
mittlerer Hitze 5 Minuten darin dünsten, bis
diese weich ist. Champignons zugeben und
5 Minuten braten. Den Zitronensaft unterrühren
und die Mischung in eine Schüssel füllen.
2 Den Lachs in der restlichen Butter 2 Minuten
braten. Herausnehmen und abkühlen lassen.
Eier, Dill, Petersilie, Salz und Pfeffer in der
Pfanne miteinander verrühren. Reis und Sahne
in einer Schüssel vermischen, mit Salz und
Pfeffer würzen.
3 Die Hälfte des Blätterteigs zu einem
18 x 30 cm großen Rechteck ausrollen, auf das
vorbereitete Backblech legen. Die Hälfte der
Reismischung darauf verteilen, dabei jeweils
einen 3 cm großen Rand lassen. Den Reis zuerst
mit Lachs, dann mit Pilzen bedecken. Mit einer
Schicht Reis abschließen.
4 Den restlichen Blätterteig zu einem
20 x 32 großen Rechteck ausrollen. Über die
Füllung legen. Die Ränder fest zusammendrücken und verschließen. Nach Wunsch mit
kleinen, ausgestochenen Formen verzieren.
30 Minuten kalt stellen. Den Ofen auf 210 °C
vorheizen. Den Teig mit Ei bestreichen und
15 Minuten backen. Bei 180 °C weitere
15–20 Minuten backen, bis die Oberfläche
goldbraun ist.
Hinweis: Sie können auch Meerforelle oder
roten Lachs aus der Dose verwenden.
Sie benötigen 65 g rohen Reis.

GEBACKENE KARTOFFELN, GARNELEN UND JOGHURT

4 große Kartoffeln waschen, abtrocknen und
rundum mit einer Gabel einstechen. Auf ein
Bachblech legen und mit Öl einreiben. Kartoffeln bei 230 °C 1–1½ Stunden backen.
300 g gekochte und geschälte Garnelen
zusammen mit 1 zerdrückten Knoblauchzehe in einer eingeölten Pfanne braten.
Etwas gehackten Schnittlauch und 125 g
Naturjoghurt unterrühren. In jede Kartoffel
ein Kreuz schneiden und mit der Garnelen-
mischung füllen. Mit Zitronenscheiben servieren. Ergibt 4 Portionen.

OBEN: Coulibiac

BRIK Á L'OEUF

Vorsichtig ein Ei aufschlagen und in die Mitte der Thun-fischmischung geben.

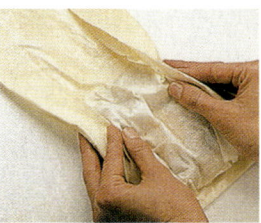

Zwei Filo-Teigscheiben auf Thunfisch und Ei legen und die Teigseiten einschlagen.

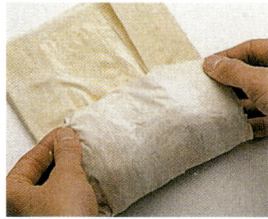

Vorsichtig die Teigscheiben aufrollen, ohne das Ei zu beschädigen.

RECHTS: Brik à l'oeuf

BRIK À L'OEUF

Vorbereitungszeit: 30 Minuten
Garzeit: 15 Minuten
Für 2 Personen

★★

6 Scheiben Filo-Teig
30 g Butter, geschmolzen
1 kleine Zwiebel, feingehackt
200 g Thunfisch in Öl aus der Dose, abgetropft
6 schwarze Oliven, entsteint und gehackt
1 EL frische Petersilie, feingehackt
2 Eier
Salz und frisch gemahlener schwarzer Pfeffer

1 Den Backofen auf 200 °C vorheizen. Filo-Teigscheiben halbieren, so daß 12 kleinere Scheiben entstehen. 4 davon mit Butter bestreichen und aufeinanderlegen. Den restlichen Teig mit einem Küchenhandtuch abdecken. Zwiebel, Thunfisch, Oliven und Petersilie mischen. Die Hälfte der Masse in die Mitte der eingebutterten Teigscheiben setzen, dabei einen Rand lassen. In eine Vertiefung in der Mitte ein Ei geben. Mit Salz und Pfeffer würzen.
2 2 weitere Filo-Scheiben mit Butter bestreichen und auf die Thunfisch-Ei-Masse legen. Die Teigseiten zusammenfalten und zu einem Päckchen wickeln. Auf ein eingeöltes Backblech legen und mit Butter bestreichen. Mit den restlichen 6 Scheiben genauso verfahren.
3 15 Minuten backen, bis der Teig goldbraun ist. Warm servieren.
Hinweis: Wenn sie ein festeres Ei bevorzugen, etwas länger backen lassen.

SCHELLFISCH DUGLESE

Vorbereitungszeit: 20 Minuten
Garzeit: 30 Minuten
Für 4 Personen

★

500 g geräucherte Schellfisch- oder Kabeljaufilets
250 ml trockener Weißwein
1 TL ganze schwarze Pfefferkörner
1 große Zwiebel, in 1 cm dicke Scheiben geschnitten
30 g Butter
2 EL Mehl
2 Tomaten, geschält, entkernt und gehackt
60 ml Sahne
1 EL frische Petersilie, gehackt, zum Garnieren

1 Den Backofen auf 180 °C vorheizen. Schellfisch reinigen und in eine Pfanne legen. Mit Wasser bedecken und langsam zum Kochen bringen. Bei reduzierter Hitze 5 Minuten köcheln lassen, dann das Wasser abgießen.

2 Wein und 250 ml Wasser über den Schellfisch gießen, Pfefferkörner und Zwiebelscheiben darauf legen. Abgedeckt 5–8 Minuten köcheln.

3 Mit einem Fischheber den Schellfisch herausnehmen und in eine ofenfeste Auflaufform legen. 250 ml Sud aufbewahren.

4 Für die Sauce die Butter bei schwacher Hitze in einem Topf schmelzen. Mehl zufügen und 1 Minute unter Rühren kochen, bis es hell aufschäumt. Den Topf vom Herd nehmen und nach und nach die Flüssigkeit unterrühren. Aufkochen lassen, bis die Sauce eindickt. Weitere 2 Minuten bei schwacher Hitze köcheln. Tomaten und Sahne zufügen und erhitzen.

5 Die Sauce über den Fisch geben, mit Petersilie bestreuen und 15–20 Minuten backen. Sofort mit heißem, lockerem Kartoffelbrei und gedämpftem Gemüse servieren.

GARNELENPIES

Vorbereitungszeit: 30 Minuten + 15 Minuten zum Kühlen
Garzeit: 30 Minuten
Für 4 Personen

250 g Mehl

125 g gekühlte Butter, in Würfel geschnitten

1 kg mittelgroße rohe Garnelen

1 EL Öl

1 Stück frischer Ingwer à 5 cm, gerieben

3 Knoblauchzehen, zerdrückt

80 ml süße Chilisauce

80 ml Limonensaft

80 ml Crème double

25 g frisches Koriandergrün, gehackt

1 Eigelb, leicht verquirlt, zum Glasieren

Limonenzesten zum Garnieren

1 Das Mehl in eine große Schüssel sieben, die Butter zufügen und mit den Händen vermischen. Eine Mulde formen und 3 Eßlöffel Wasser zugießen. Ein Messer mit flacher Klinge zur Hilfe nehmen, um den Teig zu verschlagen. Teig fest zusammendrücken und dann auf eine leicht bemehlte Arbeitsfläche legen. Zu einer

Scheibe flachdrücken. In Frischhaltefolie wickeln und 15 Minuten kühl stellen.

2 Den Backofen auf 200 °C vorheizen. Garnelen schälen und entdarmen.

3 In einer großen Pfanne das Öl erhitzen, Ingwer, Knoblauch und Garnelen 3 Minuten darin braten. Garnelen herausnehmen. Chilisauce, Limonensaft und Crème double zufügen und bei mittlerer Hitze köcheln, bis die Sauce um ein Drittel reduziert ist. Garnelen und Koriander unterrühren, abkühlen lassen.

4 2 Backbleche einölen. Den Teig in 4 Portionen teilen und jede zwischen 2 Stücken Backpapier zu einem Kreis ausrollen (20 cm Durchmesser). Auf jeden Kreis ein Viertel der Füllung legen, einen breiten Rand lassen. Die Ränder locker über die Füllung falten und mit Eigelb bestreichen. 25 Minuten backen, bis der Teig goldgelb ist. Mit Limonenschale garnieren.

OBEN: Garnelenpies

SCHNAPPER
Größere Exemplare werden
häufig auch »Alter-Mann-
Schnapper« genannt. Zum
Teil entwickeln ältere Fische über dem Genick eine
Beule, während das Maul
eine erhebliche Schwellung
zeigt. Der Fischkopf von
der Seite betrachtet erinnert viele an einen alten
Mann.

OBEN:
Meeresfrüchte Mornay

MEERESFRÜCHTE MORNAY

Vorbereitungszeit: 35 Minuten
Garzeit: 35 Minuten
Für 8-10 Personen

80 g Butter

60 g Mehl

125 ml trockener Weißwein

250 ml Crème double

250 ml Milch

125 g geriebener Cheddar

2 EL grobkörniger Senf

1 EL Meerettichsahne

6 Frühlingszwiebeln, gehackt

80 g frische Semmelbrösel

1 kg weiße Fischfilets ohne Haut
  (z. B. Seeteufel, Seelachs, Schnapper,
  Krokodilfisch), in Würfel geschnitten

450 g Kammuscheln, gereinigt

400 g gekochte kleine Garnelen, geschält

Salz und Pfeffer

Belag

240 g frische Semmelbrösel

3 EL frische Petersilie, gehackt

60 g Butter, geschmolzen

125 geriebener Cheddar

1 Den Backofen auf 180 °C vorheizen. Eine
ofenfeste 2-Liter-Form leicht einölen.
2 60 g Butter bei schwacher Hitze schmelzen.
Das Mehl zufügen und rühren, bis es hell aufschäumt. Vom Herd nehmen und nach und
nach Wein, Crème double und Milch
unterrühren. Bei hoher Hitze unter Rühren
kochen, bis die Flüssigkeit eindickt. Mit Salz und
Pfeffer würzen. Cheddar, Senf, Meerettich,
Frühlingszwiebeln und Semmelbrösel zufügen
und vermischen. Beiseite stellen.
3 Die restliche Butter in einem Topf schmelzen,
Fisch und Kammuscheln portionsweise zufügen.
Bei schwacher Hitze garen, bis die Meeresfrüchte ihre Farbe verändern. Abgießen und
zusammen mit den Garnelen zur Sauce geben. In
die vorbereitete Auflaufform füllen.
4 Belag-Zutaten mischen und auf den Meeresfrüchten verteilen. 35 Minuten goldbraun
backen, bis die Crème double schäumt.

CIOPPINO

Vorbereitungszeit: 30 Minuten + 30 Minuten
zum Einweichen
Garzeit: 1 Stunde
Für 4 Personen

 ✷✷

2 getrocknete chinesische Pilze

1 kg weiße Fischfilets ohne Haut
   (z. B. Hecht, Schnapper, Barsch, Rotbarbe)

375 g große rohe Garnelen

1 roher Hummerschwanz (ca. 400 g)

12–15 Miesmuscheln

60 ml Olivenöl

1 große Zwiebel, gehackt

1 grüne Paprika, feingehackt

2–3 Knoblauchzehen, zerdrückt

425 g Tomaten aus der Dose, zerdrückt

250 ml Weißwein

250 ml Tomatensaft

250 ml Fischfond

1 Lorbeerblatt

2 frische Petersilienzweige

2 TL frisches Basilikum, gehackt

Salz und Pfeffer

1 EL frische Petersilie, gehackt, zusätzlich

1 Pilze in eine kleine Schale legen, mit kochendem Wasser bedecken und 30 Minuten einweichen. Den Fisch in mundgerechte Stücke schneiden, alle Gräten entfernen.

2 Garnelen schälen und Darm aus dem Rücken ziehen.

3 Mit der Küchenschere den Hummerschwanz durchschneiden. Das Fleisch aus dem Panzer lösen und in kleine Stücke schneiden.

4 Muscheln gründlich mit einer harten Bürste abschrubben und Bärte herausziehen. Beschädigte Muscheln oder offene, die sich nach einem leichten Klopfen nicht schließen, wegwerfen. Muscheln gut abspülen.

5 Pilze abgießen, trockentupfen und in kleine Stücke schneiden. In einer gußeisernen Pfanne Öl erhitzen, Zwiebel, Paprika, Pfeffer und Knoblauch zufügen und unter Rühren 5 Minuten braten. Pilze, Tomaten, Wein, Tomatensaft, Fond, Lorbeerblatt, Petersilienzweige und Basilikum unterrühren. Zum Kochen bringen und bei reduzierter Hitze 30 Minuten köcheln.

6 Fisch und Garnelen in einen großen Topf legen. Sauce zugießen und abgedeckt bei schwacher Hitze 10 Minuten kochen. Hummerfleisch und Muscheln zugeben und

weitere 4–5 Minuten kochen. Würzen. Ungeöffnete Muscheln entfernen. Mit Petersilie bestreuen.

ÜBERBACKENER LACHS

1 kg mehlige Kartoffeln schälen und vierteln. Gar kochen, abgießen und zerstampfen. 60 g Butter schmelzen und darin 10 feingehackte Frühlingszwiebeln und 2 zerdrückte Knoblauchzehen dünsten. Mischung zu den Kartoffeln geben und mit 4 Eßlöffeln Milch und 415 g Lachs aus der Dose vermischen. In eine flache Kasserolle füllen. 60 g geschmolzene Butter, 160 g frische Semmelbrösel, 3 Eßlöffel geriebener Cheddar und etwas gehackte Petersilie miteinander verrühren. Über die Kartoffelmischung geben. Bei 200 °C etwa 20 Minuten überbacken, bis der Belag knusprig ist. Für 4–6 Personen.

UNTEN: Cioppino

Dill-Mayonnaise

185 g Mayonnaise

2 EL frischer Dill, gehackt

1½ EL Zitronensaft

1 Gewürzgurke, kleingehackt

1 TL Kapern aus dem Glas, abgetropft, gehackt

1 Knoblauchzehe, zerdrückt

1 Olivenöl, Zitronensaft, Senf, Honig und frischen Dill in einer Schüssel zur Marinade verrühren. Die Garnelen damit begießen und für mindestens 2 Stunden kalt stellen, gelegentlich wenden.

2 Mayonnaise, Dill, Zitronensaft, Gewürzgurke, Kapern und Knoblauch zur Dill-Mayonnaise verrühren. In eine Servierschüssel füllen und kalt stellen.

3 Das Grillblech leicht einölen. Die abgetropften Garnelen portionsweise auf hoher Stufe 4 Minuten garen, dabei häufig wenden. Sie sind gar, wenn sie eine rosa Farbe haben. Mit der Dill-Mayonnaise servieren.

THUNFISCH MIT SOJASAUCE UND HONIG

Vorbereitungszeit: 15 Minuten + 1 Stunde
  zum Kühlen
Garzeit: 8–10 Minuten
Für 4 Personen

4 Thunfischsteaks

1 Stück frischer Ingwer à 10 cm, geschält und in Juliennestreifen geschnitten

2 Frühlingszwiebeln, kleingehackt

2 EL Honig

2 EL Balsamico-Essig

125 ml milde Sojasauce

1 Thunfischsteaks, Ingwer und Frühlingszwiebeln in eine flache, säurebeständige Auflaufform legen.

2 Honig, Balsamico-Essig und Sojasauce in einer Schüssel zur Marinade verrühren und über die Thunfischsteaks geben. 1 Stunde kühlen.

3 Den Grill vorheizen. Steaks von jeder Seite 3–4 Minuten garen. Die Garzeit hängt von der Dicke der Steaks ab.

Hinweis: Schwertfisch, Marlin und Königsmakrele schmecken mit dieser Marinade ebensogut.

GARNELEN MIT DILL-MAYONNAISE

Vorbereitungszeit: 15 Minuten + 2 Stunden
  zum Marinieren
Garzeit: 10–15 Minuten
Für 4 Personen

Marinade

125 ml Olivenöl

80 ml Zitronensaft

2 EL grobkörniger Senf

2 EL Honig

2 EL frischer Dill, gehackt

20 rohe große Garnelen

*OBEN: Garnelen
mit Dill-Mayonnaise*

LACHS MIT DILL-SAHNE

Vorbereitungszeit: 25 Minuten
Garzeit: 25 Minuten
Für 4 Personen

4 Baby-Lachse

4 Knoblauchzehen, geschält

2 Zitronen, in Scheiben geschnitten

8 frische Lorbeerblätter

8 frische Petersilienzweige

8 frische Thymianzweige

Olivenöl zum Bestreichen

Dill-Sahne

90 g Butter

250 ml Fischfond

1 1/2 TL grobkörniger Senf

250 ml Sahne

2 EL Zitronensaft

3 EL frischer Dill, gehackt

Salz und Pfeffer

1 Den Grill vorheizen. Lachs abspülen und innen und außen mit Küchenpapier trockentupfen. Jeden Lachs mit 1 Knoblauchzehe, einigen Zitronenscheiben und 1 Lorbeerblatt füllen. Jeweils 1 Petersilien- und Thymianzweig zusammenbinden und am Schwanz befestigen. Beide Seiten des Fisches mit Olivenöl bepinseln.

2 Für die Dill-Sahne die Butter in einem Topf schmelzen, Fischfond, Senf und Sahne zufügen. Zum Kochen bringen und bei reduzierter Hitze 15 Minuten köcheln lassen, bis die Sauce eindickt. Zitronensaft und Dill unterrühren. Beiseite stellen und warm halten. Je nach Geschmack mit Salz und Pfeffer würzen.

3 Während die Dill-Sahne köchelt, den Lachs von beiden Seiten 3–6 Minuten garen. Den Fisch vorsichtig wenden. Die Kräuter entfernen. Zum Servieren frische Zweige zusammenbinden und wieder am Schwanz befestigen. Lachs warm mit der Dill-Sahne servieren.

Hinweis: Sie können auch Regenbogenforellen grillen. Sie schmecken ähnlich und passen gut zur Dill-Sahne-Sauce.

UNTEN: Lachs mit Dill-Sahne

205

POISSON EN PAPILLOTE

1 TL Butter und 3 Zitronenscheiben auf Lauch und Frühlingszwiebeln geben.

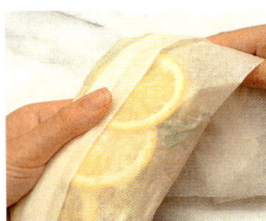

Pergamentpapier um Filets zu einem Päckchen schlagen; dabei Kanten mehrmals übereinander und Enden nach unten falten.

OBEN: Fisch in der Papierhülle (Poisson en papillote)

FISCH IN DER PAPIERHÜLLE

Zubereitungszeit: 20 Minuten
Kochzeit: 20 Minuten
Für 4 Personen

4 enthäutete Fischfilets zu je 200 g (z. B. Petersfisch, Seeteufel, Brasse)
Salz und Pfeffer
1 Lauchstange, nur das Weiße, fein geschnitten
4 Frühlingszwiebeln, in Streifen geschnitten
30 g weiche Butter
1 Zitrone, in 12 dünne Scheiben geschnitten
2–3 EL Zitronensaft

1 Backofen auf 180 °C (Gas 2) vorheizen. Jedes Fischfilet auf ein Stück Pergamentpapier legen; es muss groß genug sein, den Fisch ganz zu umschließen. Leicht salzen und pfeffern.
2 Lauch und Frühlingszwiebeln auf Fisch verteilen und je 1 TL Butter und 3 Zitronenscheiben darauf legen. Mit Zitronensaft beträufeln. Papier zu einem Packchen falten und Enden einschlagen. Auf ein Backblech legen und 20 Minuten backen; der Fisch sollte weiß sein und sich leicht mit einer Gabel zerteilen lassen. Als Päckchen servieren oder Fisch herausnehmen und den Saft darüber gießen.

POCHIERTER LACHS

Zubereitungszeit: 40 Minuten
Kochzeit: 1 Stunde
Für 8–10 Personen

2 l Weißwein
60 ml Weißweinessig
2 Zwiebeln
10 Gewürznelken
4 Möhren, gehackt
1 unbehandelte Zitrone, geviertelt
2 Lorbeerblätter
1 TL schwarze Pfefferkörner
4 Zweige frische Petersilie
2,5 kg Atlantiklachs, ausgenommen, geschuppt
Kresse und Zitronenscheiben zum Garnieren

Dillmayonnaise
1 Ei, zimmerwarm
1 Eigelb, zimmerwarm
1 EL Zitronensaft
1 TL Weißweinessig
375 ml leichtes Olivenöl
1 EL frischer Dill, gehackt
Salz und Pfeffer

1 Wein, Weinessig und 2,5 l Wasser in einen großen Topf geben. Zwiebeln mit Gewürznelken spicken, mit Möhre, Zitrone, Lorbeer, Pfefferkörnern und Petersilie der Flüssigkeit zufügen. Zum Kochen bringen, Hitze reduzieren und 30–35 Minuten köcheln lassen. Abkühlen lassen, dann in einen Fischkessel abseihen.

2 Den ganzen Fisch in den Fischkessel geben und zudecken. Sud zum Kochen bringen, Hitze reduzieren und Fisch 10–15 Minuten pochieren, bis er sich an der dicksten Stelle leicht zerteilen lässt. Vom Herd nehmen und Fisch im Sud abkühlen lassen.

3 Für die Mayonnaise Ei, Eigelb, Saft und Essig 10 Sekunden im Mixer verrühren. Bei eingeschaltetem Gerät Öl in einem dünnen Strahl zugießen und mixen, bis das gesamte Öl verbraucht und die Mayonnaise dick und cremig ist. In eine Schüssel füllen, Dill einrühren, mit Salz und Pfeffer abschmecken.

4 Fisch aus dem Sud nehmen und auf einen Servierteller legen, Haut abziehen, Fisch mit Kresse und Zitronenscheiben garnieren und mit Dillmayonnaise servieren.

2 In einer Bratpfanne 2 TL Olivenöl bei mittlerer Temperatur erhitzen, Zwiebel und Schalotten zugeben, Hitze reduzieren und 5 Minuten auf niedrigster Stufe weich braten. Wein zugeben und einige Minuten etwas einkochen lassen, dann Tomaten zugeben. Mit Salz und Pfeffer würzen und unter gelegentlichem Rühren 20 Minuten kochen, bis die Sauce sämig ist. Backofen auf 180 °C (Gas 2) vorheizen.

3 Butter und restliches Öl in einer Bratpfanne stark erhitzen, bis die Butter schaumig wird. Jakobsmuscheln portionsweise auf jeder Seite 1–2 Minuten braten, bis sie goldgelb sind. Beiseite stellen.

4 Knoblauch in die heiße Bratpfanne geben und 1 Minute rühren. Vom Herd nehmen und Petersilie, Thymian und Brösel einrühren.

5 Muschelschalen im Backofen erwärmen. In jede Schale etwas Tomatensauce, dann eine Jakobsmuschel geben und mit Brösel-Kräuter-Mischung bestreuen.

Hinweis: Sind keine Muschelschalen erhältlich, Tomatensauce auf eine Platte geben, Jakobsmuscheln darauf anrichten und Brösel-Kräuter-Mischung darüber streuen.

JAKOBSMUSCHELN AUF PROVENZALISCHE ART

Zubereitungszeit: 20 Minuten
Kochzeit: 30 Minuten
Für 4 Personen als Vorspeise

600 g vollreife Tomaten

3 EL Olivenöl

1 Zwiebel, fein gehackt

4 Schalotten, fein gehackt

60 ml trockener Weißwein

Salz und Pfeffer

20 frische Jakobsmuscheln, küchenfertig, mit Schalen

4 Knoblauchzehen, zerdrückt

2 EL frische Petersilie, fein gehackt

1/2 TL frische Thymianblätter

2 EL frische Weißbrotbrösel

1 Tomaten auf der Unterseite kreuzweise einschneiden und 10 Sekunden in kochendes Wasser legen. Kalt abschrecken und Haut abziehen. Tomaten halbieren, die Kerne mit einem Teelöffel entfernen. Fruchtfleisch fein würfeln.

UNTEN: Jakobsmuscheln

PANADEN & BACKTEIGE Die

Rezepte reichen für vier mittelgroße Fischfilets. Sie können die

Mischungen für alle Meeresfrüchte verwenden.

Als Vorbereitung füllen Sie eine tiefe gußeiserne Pfanne zu einem Drittel mit Öl und erhitzen es auf 180 °C bzw. bis ein Brotwürfel darin in 15 Sekunden braun wird. Fritieren Sie die Speisen portionsweise, damit sie gleichmäßig garen.

GRUNDTEIG

125 g Mehl und 1 gehäuften Teelöffel Backpulver in eine große Schüssel sieben, in der Mitte eine Mulde formen. 1 Ei, ·250 ml Milch und 1 Eßlöffel Öl nach und nach in die Mulde gießen, dabei mit dem Schneebesen schlagen, bis ein glatter Teig entsteht. Diesen anschließend 10 Minuten quellen lassen. Die Masse sollte die Konsistenz dicker Sahne haben. Wenn nötig, verdünnen Sie den Teig mit zusätzlicher Milch. Den Fisch mit Küchenpapier trockentupfen, leicht in Mehl wenden und in den Teig tauchen. Überschuß ablaufen lassen. Portionsweise ins Öl geben und fritieren, bis er goldbraun ist. Auf Küchenpapier abtropfen lassen.

EIWEISSTEIG

125 g Mehl und 1 gehäuften Teelöffel Backpulver in eine große Schüssel sieben, in der Mitte eine Mulde machen und 250 ml Wasser unterschlagen, bis ein glatter Teig entsteht. 5 Minuten quellen lassen. 2 Eiweiße mit dem Mixer steif schlagen, dann in zwei Portionen unter den Teig ziehen. Sofort verarbeiten. Den Fisch mit Küchenpapier trockentupfen, leicht in Mehl wenden und in den Teig tauchen. Portionsweise fritieren.

208

BIERTEIG

125 g Mehl in eine große Schüssel
sieben, in der Mitte eine Mulde formen
und nach und nach 250 ml kaltes Bier
unterschlagen. Den Fisch mit Küchenpapier trockentupfen, in Mehl wenden
und in den Teig tauchen. Portionsweise
im Öl fritieren, bis er goldbraun ist. Auf
Küchenpapier abtropfen lassen. (Anstelle
des Biers kann man auch kohlensäure-
haltiges Wasser verwenden.)

SESAM-PANADE

In einer flachen Schüssel etwas Mehl mit
Salz und Pfeffer würzen. 155 g
Sesamsamen in eine andere Schüssel
geben. In einer weiteren Schüssel 1 Ei
leicht verquirlen. Den Fisch mit
Küchenpapier trockentupfen, leicht im
Mehl wenden, ins Ei tauchen und zuletzt
in Sesamsamen wenden. Öl 3 cm hoch in
einer gußeisernen Pfanne auf 180 °C

erhitzen. Den Fisch portionsweise braten,
bis er goldbraun ist, zwischendurch
umdrehen. Auf Küchenpapier abtropfen
lassen.

NORI-SEMMELBRÖSEL-PANADE

90 g japanische Semmelbrösel in eine
Schüssel geben. 1 Noriblatt in kleine
Stücke schneiden und mit den Bröseln
verrühren. Etwas Mehl mit Salz und
Pfeffer vermischen. In einer weiteren
Schüssel 1 Ei leicht verquirlen. Den Fisch
mit Küchenpapier trockentupfen, leicht
in Mehl wenden und dann ins Ei
tauchen, schließlich in Nori wenden.
Den Fisch portionsweise fritieren, bis er
goldbraun ist.

SCHNITTLAUCH-ZITRONEN-PANADE

100 g frische Semmelbrösel mit 6
Eßlöffeln frischem feingehacktem
Schnittlauch und 1 Teelöffel feinge-

riebener Zitronenschale mischen. In
einer flachen Schüssel etwas Mehl mit
Salz und Pfeffer würzen. In einer
weiteren Schüssel 1 Ei leicht verquirlen.
Das Filet mit Küchenpapier
trockentupfen und leicht im Mehl
wenden. Ins Ei tauchen, den Überschuß
ablaufen lassen, dann in Semmelbröseln
panieren. 30 g Butter und 2 Eßlöffel Öl
in einer großen Pfanne schmelzen, den
Fisch portionsweise zufügen und bei
mittlerer Hitze braten, bis er goldbraun
ist. Wenden und die andere Seite garen,
Butter und Öl nach Bedarf zugeben.

IM UHRZEIGERSINN, VON LINKS OBEN:
Grundteig; Bierteig (mit Garnelen);
Nori-Semmelbrösel-Panade (mit Kalamaren);
Schnittlauch-Zitronen-Panade;
Sesam-Panade; Eiweißteig

INDONESISCHER KALMAR

Vorbereitungszeit: 20 Minuten
+ 10 Minuten Einweichzeit
Kochzeit: 15 Minuten
Für 6 Personen

✶✶

1 kg küchenfertige Kalmarmäntel

1 EL weißer Weißweinessig

1 EL Tamarindenmark

4 rote asiatische Schalotten, fein gehackt

8 kleine frische rote Chillies, die Hälfte davon entkernt, fein gehackt

6 Knoblauchzehen

1 Stängel Zitronengras, nur weiße Teile, fein gehackt

2 TL geriebener frischer Ingwer

1/2 TL Garnelenpaste

2 1/2 EL Erdnussöl

1/2 TL gemahlener Kreuzkümmel

1 1/2 EL brauner Zucker

1 Die Kalmarstücke längs halbieren, flach ausbreiten und auf der Innenseite vorsichtig in einem engen Muster rautenförmig einritzen. Dann das Fleisch in 5 cm große Stücke schneiden. Die Stücke in einer Schüssel mit dem Weißweinessig und 1 l Wasser mischen, 10 Minuten ziehen lassen, dann abspülen und abtropfen lassen. Beiseite stellen.

2 Tamarinde in eine Schüssel geben und 80 ml kochendes Wasser zufügen. 5 Minuten einweichen lassen, Mark zerdrücken, bis es weich ist. Kerne und Fasern durch Sieben aus der Flüssigkeit entfernen.

3 Schalotten, Chillies, Knoblauchzehen, Zitronengras, Ingwer, Garnelenpaste und 1 TL Öl in eine kleine Küchenmaschine oder einen Mörser geben, zerreiben und mischen, bis eine glatte Paste entsteht, dann Kreuzkümmel zufügen.

4 Einen antihaftbeschichteten Wok bei hoher Temperatur erhitzen, 1 EL Öl zugeben und schwenken. Paste zugeben und 5 Minuten kochen, bis sie duftet, glänzt und alle Flüssigkeit verdampft ist. Aus dem Wok nehmen.

5 Wok erneut stark erhitzen, restliches Öl zugeben und schwenken. Kalmar in kleinen Portionen zufügen, unter Rühren jeweils 1–2 Minuten braten. Aus dem Wok nehmen.

6 Hitze auf mittlere Stufe reduzieren, Würzpaste, Tamarindenwasser und Zucker zugeben. Unter Rühren 2 Minuten braten, bis alle Zutaten gut vermischt sind. Kalmar in den Wok geben, 1 Minute braten, bis er mit der Sauce bedeckt und gut erwärmt ist. Mit Reis servieren.

Hinweis: Einen antihaftbeschichteten oder Edelstahlwok benutzen, da das Tamarindenpüree bei einem herkömmlichen Wok mit dem Metall reagieren und die Speise unangenehm verfärben kann.

SAMBAL
Sambal Gorengs bzw. pfannengerührte Chili-Gerichte sind typisch für die indonesische Küche. Ihre charakteristische rote Farbe entsteht durch den hohen Chiligehalt der Würzpasten, die bei ihrer Zubereitung verwendet werden.

RECHTS: Indonesischer Kalmar

Krebspanzer an der Unterseite öffnen und Rückenpanzer abtrennen.

Darm und Kiemen entfernen, Fleisch in vier Portionen teilen.

Scheren mit einem Nussknacker öffnen, um den Verzehr des Fleisches zu erleichtern.

CHILIKREBSE

Vorbereitungszeit: 20 Minuten
Kochzeit: 15 Minuten
Für 4 Personen

✹ ✹

1 kg Blaukrabben

2 EL Erdnussöl

2 Knoblauchzehen, fein gehackt

2 TL fein gehackter frischer Ingwer

2 frische rote Chilis, entkernt, in Ringe geschnitten (siehe Hinweis)

2 EL Hoisin-Sauce

125 ml Tomatensauce

60 ml süße Chilisauce

1 EL Fischsauce

1/2 TL Sesamöl

4 Frühlingszwiebeln, gleichmäßig in Ringe geschnitten

frische Korianderzweige, zum Garnieren

1 Krebspanzer an der Unterseite öffnen und den Rückenpanzer abtrennen. Darm und Kiemen entfernen. Jeden Krebs in vier Teile schneiden. Mit einem Nussknacker die Krebsscheren öffnen; das erleichtert den Verzehr des Fleisches und das Aroma entfaltet sich besser.

2 Wok bei hoher Temperatur erhitzen, Öl zugeben und schwenken. Knoblauch, Ingwer und Chilis zufügen, 1–2 Minuten unter Rühren anbraten.

3 Krebsstücke zugeben und 6 Minuten braten, bis sie orangefarben werden. Hoisin-, Tomaten-, Chili- und Fischsauce, Sesamöl und 60 ml Wasser zugießen. Zum Kochen bringen, dann Hitze reduzieren, zugedeckt 6 Minuten köcheln lassen, bis sich der Panzer hellorange färbt und das Fleisch weiß und zart wird.

4 Mit Frühlingszwiebeln bestreuen, auf einem Teller anrichten, mit Koriander garnieren. Mit Reis servieren.

Hinweis: Die Samen und Innenhäute der Chillies tragen im Wesentlichen zu ihrer Schärfe bei. Bevorzugt man ein scharfe Sauce, sollte man sie also nicht entfernen. Bei ihrer Zubereitung sollte man Handschuhe tragen. Für dieses Gericht eignet sich jede beliebige Krebsart, auch Garnelen oder Bärenkrebse können verwendet werden.

OBEN: Chilikrebse

1 Austernsauce, Sojasauce, Sesamöl und Zucker in einem kleinen Topf verrühren, bis sich der Zucker aufgelöst hat.
2 Wok bei mittlerer Temperatur erhitzen, Öl zugeben und schwenken. Knoblauch und Ingwer zufügen, ca. 30 Sekunden braten. Zuckererbsen zugeben, 1 Minute garen, dann Muscheln und Frühlingszwiebeln zufügen und 1 weitere Minute braten, bis die Frühlingszwiebeln weich sind. Sauce unterrühren und 1 Minute ziehen lassen, bis alles erwärmt ist. Das Gericht mit Reis servieren.

GARNELEN-NUDEL-PFANNE MIT GRÜNEM CURRY

Vorbereitungszeit: 20 Minuten
Kochzeit: 15 Minuten
Für 4 Personen

400 g Hokkien-Nudeln

2 TL geriebener Palmzucker

1 EL Fischsauce

2 TL Limettensaft

1 EL Erdnussöl

1 Zwiebel, in dünne Spalten geschnitten

1¹/₂ EL grüne Currypaste

150 g Babymais, schräg halbiert

125 g Spargelbohnen, in 4 cm große Stücke geschnitten

250 ml Kokosmilch

125 ml Hühnerbrühe

800 g rohe Riesengarnelen, küchenfertig, mit Schwanzflosse

3 EL gehackte frische Korianderblätter

1 Nudeln in einer Schüssel in kochendem Wasser 1 Minute ziehen lassen, bis sie weich und locker sind. Gut abtropfen lassen.
2 Palmzucker, Fischsauce und Limettensaft in einer kleinen Schüssel mischen.
3 Wok bei hoher Temperatur erhitzen, Öl zugeben und schwenken. Zwiebel 1–2 Minuten anbraten, bis sie weich ist. Currypaste zufügen, 1 Minute erhitzen, bis sich das Aroma entfaltet. Babymais, Spargelbohnen, Kokosmilch und Brühe zugeben, 3–4 Minuten köcheln lassen. Garnelen zufügen und 3–4 Minuten garen, bis sie rosa sind. Sauce zugießen, dann Nudeln und Koriander gut unterrühren, bis die Nudeln heiß sind. Servieren.

GEBRATENE MUSCHELN MIT ZUCKERERBSEN

Vorbereitungszeit: 20 Minuten
Kochzeit: 5 Minuten
Für 4 Personen

2¹/₂ EL Austernsauce

2 TL Sojasauce

¹/₂ TL Sesamöl

2 TL Zucker

2 EL Pflanzenöl

2 große Knoblauchzehen, durchgepresst

3 TL fein gehackter frischer Ingwer

300 g Zuckererbsen

500 g Jakobsmuscheln, küchenfertig, ohne Rogen

2 Frühlingszwiebeln, in 2 cm große Stücke geschnitten

OBEN: Gebratene Muscheln mit Zuckererbsen

GARNELEN SAN CHOY BAU

Vorbereitungszeit: 20 Minuten
Kochzeit: 5 Minuten
Für 4–6 Personen

1 Eisbergsalat

2 EL Sojasauce

2 EL Austernsauce

2 EL Limettensaft

1 kg rohe mittelgroße Garnelen (siehe Hinweis)

1 EL Pflanzenöl

1 TL Sesamöl

2 Frühlingszwiebeln, fein gehackt

2 Knoblauchzehen, durchgepresst

1 Stück Ingwer, etwa 1 x 2 cm groß, gerieben

120 g abgetropfte Wasserkastanien, gehackt

1 EL gehackte frische rote Chilischoten

Salz und frisch gemahlener schwarzer Pfeffer

185 g kalter, gekochter Reis

90 g Bohnensprossen, geputzt

25 g gehackte frische Korianderblätter

60 ml Hoisin-Sauce

1 Salat säubern und Blätter trennen, gut mit Küchenkrepp trocken tupfen.

2 Sojasauce, Austernsauce und Limettensaft in einer kleinen Schüssel mischen. Beiseite stellen.

3 Garnelen schälen und Darm entfernen, gegebenenfalls in kleinere Stücke schneiden.

4 Wok bei hoher Temperatur erhitzen, Pflanzen- und Sesamöl zugeben und schwenken. Frühlingszwiebeln, Knoblauch und Ingwer zufügen und 30 Sekunden garen. Garnelen, Wasserkastanien und Chilischoten zugeben, mit Salz und Pfeffer abschmecken, unter Rühren 2 Minuten braten. Reis, Bohnensprossen und Koriander zufügen, alles gut mischen.

5 Saucenmischung zugießen, kurz umrühren, dann vom Herd nehmen. Salatblätter entweder bereits mit der Mischung gefüllt auf einer Platte oder beides getrennt voneinander servieren. Dazu Hoisin-Sauce reichen.

Hinweis: Um Zeit zu sparen, können auch 500 g küchenfertige Garnelen verwendet werden.

WASSERKASTANIEN
Auch wenn diese dunkelbraunen Früchte bezüglich Haut und Form den bei uns bekannten Kastanien ähneln, so gehören Wasserkastanien dennoch nicht zur Familie der Nüsse. Tatsächlich handelt es sich um die essbare Knolle einer Wasserpflanze, ähnlich dem in sumpfigen Feldern angebauten Reis. Im Gegensatz zum Reis werden sie aber geerntet, wenn die Pflanzen trocken sind. Pfannengerichten, Füllungen und Eintöpfen verleihen sie eine knusprige Note, was besonders in der chinesischen Küche geschätzt wird.

LINKS: Garnelen San Choy Bau

MALAYSISCHES FISCHCURRY

Vorbereitungszeit: 25 Minuten
Garzeit: 25 Minuten
Für 4 Personen

★★

500 g weiße Fischfilets ohne Haut
  (z. B. Lengfisch, Hecht, Seelachs)
3–6 mittelgroße, frische rote Chillies
1 Zwiebel, gehackt
4 Knoblauchzehen
3 Zitronengrasstengel (nur der weiße Teil),
  in Scheiben geschnitten
1 Stück frischer Ingwer à 4 cm, in Scheiben
  geschnitten
2 TL Garnelenpaste
60 ml Öl
1 EL Fischcurrypulver (siehe Hinweis)
250 ml Kokosmilch
1 EL Tamarindenkonzentrat
1 EL Kecap Manis
2 Tomaten, gehackt
1 EL Zitronensaft
Salz und Pfeffer

OBEN:
Malaysisches Fischcurry

1 Fisch in Würfel schneiden. Chillies, Zwiebel, Knoblauch, Zitronengras, Ingwer und Garnelenpaste in einer Küchenmaschine zerkleinern. 2 Eßlöffel Öl zugießen und die Zutaten zu einer glatten Paste verarbeiten.
2 Restliches Öl in einem Wok oder einer tiefen gußeisernen Pfanne erhitzen. Paste hineingeben und 3–4 Minuten bei schwacher Hitze unter ständigem Rühren erhitzen. Currypulver zufügen und weitere 2 Minuten rühren. Kokosmilch, Tamarindenkonzentrat, Kecap Manis und 250 ml Wasser zugeben und zum Kochen bringen. Bei mittlerer Hitze unter ständigem Rühren 10 Minuten köcheln.
3 Fisch, Tomaten und Zitronensaft unterrühren. Mit Salz und Pfeffer abschmecken und 5 Minuten köcheln lassen. Sofort mit gedämpftem Reis servieren.
Hinweis: Fischcurrypulver ist eine besondere Gewürzmischung für Meeresfrüchte. Sie ist in Asienläden erhältlich.
Wie viele Chillies Sie verwenden, bleibt Ihrem Geschmack überlassen. Wenn Sie sie nicht entkernen, wird das Fischcurry sehr viel schärfer.

GRÜNES THAI-FISCHCURRY

Vorbereitungszeit: 40 Minuten
Garzeit: 20 Minuten
Für 4 Personen

☆☆

4 frische grüne Chillies, entkernt und gehackt

4 Frühlingszwiebeln, gehackt

1 kleine Zwiebel, feingehackt

2 Knoblauchzehen, zerdrückt

2 Zitronengrasstengel (nur der weiße Teil), gehackt

1 EL frische Korianderwurzel, feingehackt

6 EL frisches Koriandergrün

6 ganze Pfefferkörner

1 TL Koriander, gemahlen

2 TL Kreuzkümmel, gemahlen

2 TL fein geriebene Limonenschale

2 TL Garnelenpaste

1 TL Kurkuma, gemahlen

1 TL Salz

3 EL Öl

600 ml Kokosnußmilch

2 getrocknete Kaffir-Limonenblätter

1 Stück getrocknete Galangalwurzel à 2 cm

1 EL Fischsauce

750 g weiße Fischfilets ohne Haut (Kabeljau, Seelachs, Lengfisch), in Würfel geschnitten

1 Chillies, Frühlingszwiebeln, Zwiebel, Knoblauch, Zitronengras, Korianderwurzel, Hälfte des Koriandergrüns, Pfefferkörner, gemahlenen Koriander, Kreuzkümmel, Limonenschale, Garnelenpaste, Kurkuma, Salz und 2 Eßlöffel Öl in einer Küchenmaschine mischen. Zu einer glatten Sauce verarbeiten.

2 Restliches Öl in einem Topf erhitzen. Die Hälfte der Sauce zufügen und 2 Minuten erhitzen. Kokosmilch, Kaffir-Limonenblätter, Galangal und Fischsauce unterrühren.

3 Fisch zufügen und 15 Minuten köcheln lassen. Restliches Koriandergrün unterrühren. Mit Reis servieren.

Hinweis: Dieses Curry schmeckt noch besser, wenn es bereits am Vortag zubereitet wird. Abgedeckt kalt stellen. Wer es scharf mag, kann darauf verzichten, die Chillies zu entkernen. Übriggebliebene Sauce hält sich im Kühlschrank 2 Wochen, im Tiefkühlfach bis zu 2 Monaten.

GALANGAL

Eine scharfe Wurzel, die dem Ingwer ähnelt und ein pfeffriges Aroma hat: Der weißfleischige große Galangal (auch bekannt unter den Namen Siamesischer-, Laos- oder Thai-Ingwer) ist der bekanntere. Der kleine Galangal besitzt orangerotes Fleisch, ist schärfer und kräftiger im Geschmack und wird meist als Gemüse gekocht.

OBEN:
Grünes Thai-Fischcurry

FLEISCH

SCHINKEN

Eine ganze Schinkenkeule macht etwa 20 Personen satt. Damit das Glasieren des Schinkens gelingt, ist einiges zu beachten. Zum Tranchieren hält man den Schinken am unglasierten Ende.

DEN SCHINKEN VORBEREITEN, GLASIEREN UND BRATEN

Den Backofen auf 180 °C (Gas 2–3) vorheizen. Einen Schnitt durch die dicke Schwarte eines geräucherten oder gekochten Schinkens (etwa 7 kg) etwa 6 cm oberhalb des Knochens führen, um dann die Schwarte abziehen zu können.

(Für einen rohen Schinken den Hinweis am Ende des Absatzes beachten.) Hierzu den Daumen am Rand entlang unter die Schwarte schieben, diese vorsichtig nach hinten ziehen und mit der Handfläche langsam von der Fettschicht trennen. Nun ein Netzmuster in das Fett einschneiden. Dabei nicht bis auf das Fleisch

schneiden, da das Fett beim Braten sonst abfällt. Den Schinken gleichmäßig mithilfe einer Palette oder der Rückseite eines Löffels mit der Hälfte der Glasur bestreichen und in die Mitte jeder Raute eine Gewürznelke drücken. Auf einem Bratrost in einen Bräter oder ein hohes Backblech legen und 500 ml Wasser zu-

gießen. Schinken und Bräter mit eingefetteter Aluminiumfolie bedecken, 45 Minuten braten und den Schinken mit der restlichen Glasur bestreichen. Die Temperatur des Backofens auf 210 °C (Gas 3–4) erhöhen und den Schinken unbedeckt 20 Minuten braten, bis er leicht karamellisiert. Den Schinken aus dem Backofen nehmen, 15 Minuten ruhen lassen und tranchieren.

Hinweis: Das Glasieren eines rohen Schinkens (etwa 7 kg) bedarf größerer Vorbereitungen. Zunächst den Schinken 1 Nacht in kaltem Wasser einweichen. Dabei einige Male das Wasser wechseln. Den Backofen auf 160 °C (Gas 1–2) vorheizen. Das Wasser abgießen und den Schinken unter fließend kaltem Wasser abspülen. Mit Küchenkrepp trockentup-

fen und in einen Bräter oder ein hohes Backblech legen (das Ende des Schinkens kann dabei etwas herausragen). 1 Zwiebel, 1 Karotte und 1 Staudensellerie würfeln und zusammen mit ein paar Lorbeerblättern und einigen Pfefferkörnern um den Schinken legen. 500 ml kaltes Wasser zugießen. Schinken und Bräter mit Aluminiumfolie vollständig bedecken und 2 Stunden 40 Minuten braten (für jedes Kilo mehr oder weniger 20 Minuten hinzugeben beziehungsweise abziehen). Den Schinken aus der Flüssigkeit nehmen und diese zusammen mit dem Gemüse wegwerfen. Den Schinken vollständig auskühlen lassen (dies kann problemlos einige Tage im Voraus geschehen). Danach den Schinken wie oben beschrieben zubereiten, glasieren und braten.

HONIGGLASUR

125 g braunen Zucker, 3 EL Honig und 1 EL scharfen englischen Senf in einer kleinen Schüssel gut vermischen.

ORANGENGLASUR

250 ml Orangensaft, 140 g braunen Zucker, 1 EL Dijonsenf, 175 g Honig, 2 TL Sojasauce und 2 EL Grand Marnier in einer Schüssel verrühren.

SENF-JOHANNISBEERE-GLASUR

90 g Dijonsenf, 315 g Rote-Johannisbeeren-Gelee, 4 zerdrückte Knoblauchzehen, 2 EL Öl und 2 EL Sojasauce bei mittlerer Hitze unter Rühren vorsichtig 2–3 Minuten erhitzen, bis das Gelee geschmolzen ist. Dabei darauf achten, dass die Glasur nicht am Topfboden anhaftet.

ROASTBEEF MIT YORKSHIRE-PUDDINGS

Zubereitungszeit: 15 Minuten +
1 Stunde Kühlzeit
Kochzeit: 1 Stunde 40 Minuten
Für 6 Personen

✷✷

2 kg Roastbeef
2 Knoblauchzehen, zerdrückt
Salz, frisch gemahlener schwarzer Pfeffer und Öl

Yorkshire-Puddings

90 g Mehl
125 Milch
2 Eier

Rotweinsauce

2 EL Mehl
80 ml Rotwein
600 ml Fleischbrühe

UNTEN: Roastbeef mit Yorkshire-Puddings

1 Den Backofen auf 240 °C (Gas 4–5) vorheizen. Das Roastbeef mit dem zerdrückten Knoblauch einreiben, mit Salz und Pfeffer würzen und mit Öl beträufeln. 20 Minuten braten.

2 Inzwischen für die Yorkshire-Puddings das Mehl sieben und zusammen mit Salz und Milch zu einem Teig kneten. Die Eier in einer separaten Schüssel schaumig rühren, zum Rührteig geben und alles gut vermengen. 125 ml Wasser zugießen und den Teig kräftig rühren, bis er Blasen wirft. Die Schüssel mit Klarsichtfolie bedecken und 1 Stunde in den Kühlschrank stellen.

3 Die Ofentemperatur auf 180 °C (Gas 2–3) reduzieren und das Roastbeef 1 Stunde rosa braten. Soll das Fleisch ganz durchgebraten sein, die Backzeit etwas verlängern. Lose zudecken, warm stellen und die Yorkshire-Puddings zubereiten.

4 Die Backofentemperatur auf 220 °C (Gas 3–4) erhöhen. Den Bratensaft aus der Fettpfanne in einen Krug gießen. Je ½ TL Bratensaft in die 12 Vertiefungen einer Muffins-Backform oder in 12 Pasteten-Backformen geben. (Für die Sauce 2 EL Bratensaft aufsparen.) Den Bratensaft erhitzen, bis das Fett beinahe zu rauchen beginnt. Den Teig erneut rühren, bis er Blasen wirft. Die

Vertiefungen der Muffins-Backform bzw. die Pasteten-Backformen zu drei Viertel mit Teig füllen. 20 Minuten backen, bis die Puddings aufgehen und an der Oberfläche goldbraun knusprig sind. Inzwischen die Sauce zubereiten.

5 Für die Sauce im Bräter 2 EL Bratensaft bei mittlerer Hitze aufkochen und das Mehl einrühren. Dabei den Bratensatz vollständig vom Boden des Bräters lösen. Bei mittlerer Hitze unter ständigem Rühren 1–2 Minuten kochen, bis die Mehlschwitze braun ist. Vom Herd nehmen und nach und nach den Wein und die Brühe zugießen und umrühren. Die Sauce erneut auf den Herd stellen und unter ständigem Rühren aufkochen, bis sie eindickt. 3 Minuten köcheln lassen und mit Salz und frisch gemahlenem Pfeffer abschmecken. Falls gewünscht, kann die Sauce vor dem Servieren noch durch ein Sieb passiert werden.

6 Das Roastbeef mit den heißen Yorkshire-Puddings und der Rotweinsauce servieren.

Hinweis: Die Kochzeiten können variieren. Als Faustregel gilt: Pro 500 g benötigt das Roastbeef 20 Minuten für blutig, 30 Minuten für medium und 35 Minuten für durchgebraten.

GEBRATENE LAMMKEULE MIT KNOBLAUCH UND ROSMARIN

Zubereitungszeit: 20 Minuten
Kochzeit: 1 Stunde 30 Minuten
Für 6 Personen

★

2 kg Lammkeule

2 Knoblauchzehen, in dünne Scheiben geschnitten

2 Zweige frischen Rosmarin

2 TL Öl

Salz und Pfeffer

1 Den Backofen auf 180 °C (Gas 2–3) vorheizen. Das Lammfleisch mit einem scharfen Messer an einigen Stellen einschneiden und mit Knoblauchscheiben und Rosmarin spicken.

2 Die Lammkeule mit Öl einstreichen, salzen und pfeffern. Auf einem Dunsteinsatz in den Bräter geben und 125 ml Wasser zugießen. Die Lammkeule 1½ Stunden medium braten, dabei das Fleisch immer wieder mit Bratensaft einstreichen. Die Keule nach dem Braten warm stellen und 10–15 Minuten ruhen lassen, bevor sie zerlegt wird. Mit Minzesauce (siehe S. 231) servieren.

OBEN: Gebratene Lammkeule mit Knoblauch und Rosmarin

221

GEFÜLLTER
KRUSTENROLLBRATEN

*Die Füllung gleichmäßig auf
der Innenseite des Schwei-
nenackens verteilen.*

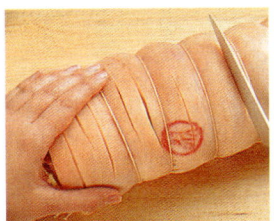

*Das Fleisch aufrollen und
mit Küchengarn zusammen-
binden. Dann die Schwarte
in regelmäßigen Abständen
einschneiden.*

GEFÜLLTER KRUSTEN-
ROLLBRATEN

Zubereitungszeit: 35 Minuten
Kochzeit: 2 Stunden
Für 8 Personen

1 Apfel (z. B. Granny Smith), gehackt

90 g Backpflaumen, gehackt

2 EL Portwein

1 EL frische Petersilie, fein gehackt

2 kg Schweinenacken, entbeint

Salz und frisch gemahlener Pfeffer

Olivenöl und Salz, zum Einreiben

Weinsauce (siehe S. 230), zum Servieren

1 Den Backofen auf 240 °C (Gas 4–5)
vorheizen. Für die Füllung Apfel, Backpflaumen,
Portwein und Petersilie vermischen. Das Fleisch
mit der Schwarte nach unten auf ein Brett legen.
Pfeffern und salzen und die Füllung auf dem
Fleisch verteilen. Aufrollen und mit Küchengarn
zum Rollbraten binden. Füllung, die am Ende des

aufgerollten Fleisches herausfällt, vorsichtig in den
Braten zurückdrücken. Die Schwarte mit einem
scharfen Messer quer in einem Abstand von etwa
1 cm einschneiden und mit Öl und Salz einreiben.
2 Das Fleisch in einen Bräter geben und im
Ofen 15 Minuten braten. Die Hitze auf 180 °C
(Gas 2–3) reduzieren und weitere 1½–2 Stunden
braten. Um zu überprüfen, ob das Fleisch fertig
ist, mit einem Spieß in den Braten stechen; tritt
klarer Bratensaft aus, kann das Fleisch aus dem
Ofen genommen werden. Bedecken und 15
Minuten stehen lassen. Das Garn entfernen und
den Braten in Scheiben schneiden. Etwas
Bratensaft für die Sauce beiseite stellen.
Hinweis: Falls die Schwarte nicht knusprig wird,
mit einem scharfen Messer zwischen Fettschicht
und Fleisch entlangschneiden und die Schwarte
vorsichtig vom Fleisch lösen. Überflüssiges Fett
abschaben. Die Schwarte auf eine Aluminiumfolie legen und knusprig grillen. Alternativ kann
die Schwarte zwischen zwei Blätter
Küchenkrepp gelegt und in der Mikrowelle auf
hoher Stufe 2- bis 3-mal je 1 Minute erhitzt
werden, bis sie knusprig ist.

*OBEN: Gefüllter
Krustenrollbraten*

RINDERFILET MIT SENFSAUCE

Zubereitungszeit: 15 Minuten
Kochzeit: 1 Stunde 30 Minuten
Für 6 Personen

✷ ✷

1,5 kg Rinderfilet
90 g grobkörnigen Senf
Salz
1 EL Dijonsenf
1 TL Honig
1 Knoblauchzehe, zerdrückt
1 EL Öl

Senfsauce

250 ml Weißwein
1 EL Dijonsenf
60 g grobkörnigen Senf
2 EL Honig
200 g kalte Butter, in Würfeln
Salz und Pfeffer

1 Den Backofen auf 220 °C (Gas 3–4) vorheizen. Das Filet von Fett und Sehnen befreien, dabei aber eine dünne Fettschicht um das Fleisch belassen. Das Filet salzen.

2 Senfsorten, Honig und Knoblauch mischen. Die Senfmischung in einer dicken Schicht gleichmäßig auf dem Fleisch verteilen.

3 Das Öl in einen Bräter geben und im Backofen 2 Minuten erhitzen. Danach das Fleisch in den heißen Bräter geben und 15 Minuten braten.

4 Die Backofentemperatur auf 200 °C (Gas 3) senken. Nach weiteren 40 Minuten ist das Fleisch blutig, nach 45–50 Minuten medium und nach 60–65 Minuten durchgegart. Das Filet aus dem Ofen nehmen, bedecken und vor dem Tranchieren 10–15 Minuten ruhen lassen.

5 Für die Senfsauce den Wein bei starker Hitze etwa 5 Minuten auf die Hälfte einkochen lassen. Senf und Honig zugeben. Die Hitze reduzieren, die Sauce köcheln lassen und langsam Butter unterrühren, ohne dass die Sauce kocht. Vom Herd nehmen und alles mit Salz und Pfeffer abschmecken. Das Fleisch in dünnen Scheiben geschnitten mit der Sauce und Gemüse servieren.

SENF
Dank der großen Vielfalt von Senfkörnern gibt es ein breites Angebot an verschiedenen Senfrezepturen. Die für die Herstellung von Senf gängigsten Senfkörner sind die gelben, die braunen und die etwas schärferen schwarzen Senfkörner. Dijonsenf wird aus Senfmehl zubereitet, das mit Traubenmost (unvergorenem, gepresstem Traubensaft), Essig, Kräutern und Gewürzen verrührt wird. Für grobkörnigen Senf (z. B. Meauxsenf) verwendet man gemahlene und grob gemahlene Senfkörner. Beim Kochen wird Senf oft erst am Ende der Zubereitung zugegeben, da erhitzter Senf schnell sein Aroma verliert.

OBEN: Rinderfilet mit Senfsauce

223

1 Den Backofen auf 210 °C (Gas 3–4) vorheizen. Das Fleisch von überflüssigem Fett und Sehnen befreien. Das Filet mit Küchengarn in regelmäßigen Abständen zusammenbinden, dabei das dünne Endstück umschlagen.

2 Das Fleisch mit Salz und frisch gemahlenem schwarzem Pfeffer einreiben. Das Öl in einer großen Pfanne stark erhitzen und darin das Fleisch von allen Seiten scharf anbraten. Die Pfanne vom Herd nehmen, das Fleisch abkühlen lassen und das Küchengarn entfernen.

3 Das Fleisch oben und an den Seiten mit der Pastete einstreichen. Mit den Pilzen belegen, diese dabei leicht in die Pastete eindrücken. Den Blätterteig auf einer leicht mit Mehl bestäubten Arbeitsfläche zu einem Rechteck ausrollen, groß genug, um darin das Filetstück einzuwickeln.

4 Das Fleisch auf den Blätterteig legen und den Rand des Teigs leicht mit Ei einstreichen. Den Teig komplett um das Fleisch legen, die Ränder erneut mit Ei bestreichen, um den Teigmantel zu verschließen. Die Enden mit Ei bestreichen und zusammenfalten. Das Filet mit der Teignaht nach unten auf ein eingefettetes Backblech legen. Die Blätterteigscheibe ausrollen und für die Dekoration blätterförmige Stücke ausschneiden und diese mit etwas Ei an den Teigmantel kleben. Die Oberseite an einigen Stellen einschneiden, damit Dampf entweichen kann, und erneut mit Ei einstreichen. Im Ofen garen (blutig: 45 Minuten; medium: 1 Stunde; durchgegart: 1½ Stunde). 10 Minuten warm stellen, bevor das Fleisch in Scheiben geschnitten und serviert wird.

Hinweis: Für das Rezept sollte eine feste Pastete ohne Gelee verwendet werden. Um zu verhindern, dass der Blätterteig zu dunkel wird, gegebenenfalls mit Aluminiumfolie bedecken.

BEEF WELLINGTON

Zubereitungszeit: 25 Minuten
Kochzeit: 1 Stunde 30 Minuten
Für 6–8 Personen

☆ ☆

1,2 kg Rinderfilet oder Hochrippe am Stück

Salz und frisch gemahlener schwarzer Pfeffer

1 EL Öl

125 g Leberpastete

60 g Champignons, in Scheiben geschnitten

375 g Blätterteig, aufgetaut

1 Ei, leicht verschlagen

1 Scheibe Blätterteig, aufgetaut

OBEN: Beef Wellington

IN SPECK GEWICKELTE CHIPOLLATAS

Den Backofen auf 180 °C (Gas 2–3) vorheizen. Die Schwarte von 6 dünnen Speckstreifen entfernen, dann den Speck der Breite nach halbieren. In jede Speckhälfte ein Chipollata einwickeln und mit einem Zahnstocher fixieren. Ein Backblech mit Backpapier auslegen und die Chipollatas darauf platzieren. 25–30 Minuten backen, bis die Chipollatas ganz durch sind. Alternativ können die Chipollatas auch die letzten 20–25 Minuten der Kochzeit um einen Braten gelegt werden. Ergibt 12 Stück.

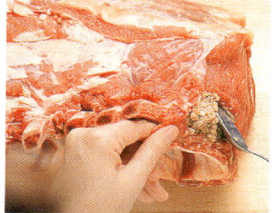

Die Pastetenmixtur in die
Tasche füllen und mit der
Rückseite eines Teelöffels
hineindrücken.

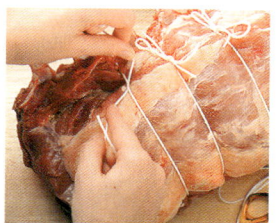

Dickes Küchengarn ver-
wenden, um das Fleisch in
regelmäßigen Abständen
zusammenzubinden.

HOCHRIPPE MIT PASTETE

Zubereitungszeit: 30 Minuten
Kochzeit: 2 Stunden 20 Minuten
Für 6 Personen

✳✳

1 Speckstreifen, gewürfelt

1 Zwiebel, fein gehackt

125 g Champignons, fein gewürfelt

50 g Weißbrot, gerieben

125 g Pastete (siehe Hinweis)

2 EL frische Petersilie, gehackt

1 EL frischen Oregano, gehackt

1 Ei, leicht verschlagen

Salz und frisch gemahlener schwarzer Pfeffer

4 kg Hochrippe am Stück (6 Koteletts)

 Den Backofen auf 240 °C (Gas 4–5) vorheizen. Den Speck in einer Pfanne ohne Flüssigkeit bei mittlerer Hitze vorsichtig rösten, bis er weich wird und Fett austritt. Zwiebeln und Pilze zugeben und unter gelegentlichem Rühren 3 Minuten garen. In eine Schüssel umfüllen und mit Weißbrot, Pastete, Petersilie, Oregano und Ei vermengen. Mit Salz und Pfeffer abschmecken.

2 Die Hochrippe mit einem langen, scharfen Messer zwischen Knochen und Fleisch einschneiden, sodass eine Tasche entsteht. Die Pastetenmischung mit einem Löffel in die Tasche füllen und das Fleisch mit Küchengarn zusammenbinden.

3 Das Fleisch mit der Fettseite nach oben in einen Bräter legen (die Rippenknochen bilden einen „natürlichen" Bratrost). 15 Minuten braten, die Hitze auf 180 °C (Gas 2–3) reduzieren und das Fleisch weitere 1½ Stunden blutig oder 2 Stunden medium garen. (Bratzeit für außen durchgegartes und innen noch leicht blutiges Fleisch: 15–20 Minuten je 500 g Fleisch.)

4 Das Fleisch vor dem Zerlegen 15 Minuten ruhen lassen. Das Garn entfernen und das Fleisch in dicke Scheiben schneiden (je 1 Kotelett pro Person). Zu diesem Gericht passen Weinsauce (siehe S. 230) und gedünstetes Gemüse.

Hinweis: Für das Rezept kann fast jede streichfähige Pastete – z. B. auch mit Pfefferkörnern oder Grand Marnier – verwendet werden. Gelee sollte jedoch nicht mit verarbeitet werden.

*OBEN: Hochrippe mit
Pastete*

225

KALB MIT SAUCE FOYOT

Zubereitungszeit: 25 Minuten
Kochzeit: 1 Stunde 35 Minuten
Für 6 Personen

50 g Butter

1 Zwiebel, gehackt

185 ml Weißwein

185 ml Hühnerbrühe

1/4 TL Salz und 1/4 TL Pfeffer

1,5 kg Kalb (von der Nuss)

Salz und weißer Pfeffer, zusätzlich

80 g Weißbrot, gerieben

125 g Gruyère, gerieben

1 Den Backofen auf 180 °C (Gas 2–3) vorheizen. 25 g Butter schmelzen und darin die Zwiebel anbraten, bis sie weich ist. Wein und Brühe

zugeben und 2 Minuten aufkochen. Salzen und pfeffern, vom Herd nehmen und abkühlen lassen.
2 Das Fleisch in einen Bräter geben und mit Salz und weißem Pfeffer einreiben. Die Wein-Zwiebel-Mischung zugießen.
3 Weißbrot und Käse mischen und fest an das Fleisch drücken. Diese Kruste verhindert das Austrocknen des Fleisches. Die restliche Butter schmelzen und über die Käsekruste träufeln.
4 Das Fleisch 1¼–1½ Stunden braten. Falls die Kruste zu braun wird, eine Aluminiumfolie darauf legen. 10 Minuten ruhen lassen und danach das Fleisch in etwa 1 cm dicke Scheiben schneiden. Den Bratensaft darüber geben und servieren.
Hinweis Das Nussstück ist ein Teil der Keule.

LAMMKRONE MIT SALBEIFÜLLUNG

Zubereitungszeit: 30 Minuten
Kochzeit: 50 Minuten
Für 4–6 Personen

1 Lammrücken (zur Krone gebunden, mindestens 12 Koteletts)

20 g Butter

2 Zwiebeln, gehackt

1 Apfel (z. B. Granny Smith), geschält und zerkleinert

160 g Weißbrot, gerieben

2 EL frischer Salbei, gehackt

1 EL frische Petersilie, gehackt

60 ml ungesüßter Apfelsaft

2 Eier, getrennt

1 Den Backofen auf 210 °C (Gas 3–4) vorheizen. Das Fleisch von überflüssigem Fett und Sehnen säubern.
2 Die Butter schmelzen, Zwiebeln und Apfel zugeben und bei mittlerer Hitze weich kochen. Vom Herd nehmen, Weißbrot und Kräuter unterrühren. Apfelsaft und Eigelbe verrühren und zur Weißbrotmischung geben.
3 Die Eiweiße zu Eischnee schlagen und unter die Füllung heben.
4 Die Lammkrone auf eine eingefettete Aluminiumfolie in einen Bräter legen. Die Knochenenden mit Aluminiumfolie umwickeln, um zu verhindern, dass sie anbrennen. Die Füllung in die Krone geben und 45 Minuten braten. 10 Minuten ruhen lassen, zum Servieren die einzelnen Koteletts voneinander trennen.

GEBRATENES SCHWEINE-FILET MIT APFEL-SENF-SAUCE UND GLASIERTEN ÄPFELN

Zubereitungszeit: 30 Minuten
Kochzeit: 45 Minuten
Für 4 Personen

750 g Schweinefilet

Salz und Pfeffer

30 g Butter

1 EL Öl

1 Knoblauchzehe, zerdrückt

½ TL frisch gemahlener Ingwer

1 EL Senf

60 ml Apfelsauce

2 EL Hühnerbrühe

125 ml Sahne

1 TL Speisestärke

Glasierte Äpfel

2 Äpfel (z. B. Granny Smith)

50 g Butter

2 EL brauner Zucker

1 Das Fleisch von überflüssigem Fett und Sehnen säubern und in Abständen von etwa 3 cm zusammenbinden. Mit Salz und Pfeffer einreiben.
2 Die Butter in einer Pfanne erhitzen und das Schweinefilet anbraten, bis es rundum leicht gebräunt ist. Aus der Pfanne nehmen und auf einem Bratrost in einen Bräter geben. Das Bratfett in der Pfanne aufbewahren. 125 ml Wasser in den Bräter gießen und das Fleisch im Backofen bei 180 °C (Gas 2–3) 15–20 Minuten braten. Aus dem Ofen nehmen und 10 Minuten ruhen lassen, bevor das Garn entfernt und das Fleisch aufgeschnitten wird.
3 Für die Sauce das Bratenfett erneut erhitzen, Knoblauch und Ingwer zugeben und 1 Minute anbraten. Senf, Apfelsauce und Brühe zufügen. Sahne und Speisestärke vermengen und in die Sauce rühren, bis sie eindickt.
4 Für die glasierten Äpfel das Obst in 1 cm dicke Scheiben schneiden. Die Butter schmelzen und den Zucker zugeben. Rühren, bis sich der Zucker aufgelöst hat, dann die Apfelscheiben unter gelegentlichem Wenden anbraten, bis sie glasiert und leicht braun sind.
5 Fleisch in Scheiben schneiden und Sauce darüber geben. Mit den glasierten Äpfeln servieren.
Hinweis: Die Kochzeit kann je nach Dicke des Schweinefilets etwas variieren.

OBEN: Gebratenes Schweinefilet mit Apfel-Senf-Sauce und glasierten Äpfeln

227

SALBEI

Im Mittelalter schrieb man der Pflanze die Eigenschaft zu, langes Leben und Weisheit zu schenken. Ursprünglich diente sie dazu, schwere, fette Speisen bekömmlicher zu machen. In der südfranzösischen Küche werden häufig Schweinefleisch, Huhn und Kalbfleisch mit dem stark duftenden und intensiv schmeckenden Kraut gewürzt. Vor allem in der getrockneten Form sollte Salbei nur sparsam verwendet werden, da eine zu großzügige Beigabe den Eigengeschmack der Nahrungsmittel, mit denen er gekocht wird, eher überdeckt als ergänzt.

SCHWEINEFILET MIT SALBEI UND KAPERN

Zubereitungszeit: 25 Minuten
Kochzeit: 1 Stunde 15 Minuten
Für 4 Personen

☆ ☆

60 ml Olivenöl extra vergine

25 g Butter

1 Zwiebel, fein gehackt

100 g frische Weißbrotbrösel

2 TL frischer Salbei, gehackt

1 TL frische glatte Petersilie, gehackt

2 TL unbehandelte Zitronenschale, gerieben

2 1/2 EL Kapern in Salzlake, abgespült und trockengetupft

1 Ei

Salz und Pfeffer

2 große Schweinefilets (je 500 g)

8 große dünne Scheiben durchwachsener Speck oder Prosciutto

2 TL Mehl

100 ml trockener Wermut

300 ml Hühner- oder Gemüsebrühe

8 ganze Salbeiblätter, zum Garnieren

1 Backofen auf 170 °C (Gas 1–2) vorheizen. 1 EL Öl und Butter in einer Bratpfanne erhitzen und Zwiebel 5 Minuten hell goldgelb braten.

2 Zwiebel, Brösel, Salbei, Petersilie, Zitronenschale, 1/2 TL Kapern und Ei in einer Schüssel vermengen und mit Salz und Pfeffer kräftig würzen.

3 Schweinefilets längs einschneiden und aufklappen. Füllung auf dem einen Filet verteilen und mit dem anderen zudecken.

4 Speck oder Prosciutto mit der flachen Messerklinge dehnen und Scheiben leicht überlappend um die Schweinefilets wickeln. In Abständen mit Küchengarn zusammenbinden.

5 Fleisch in einen Bräter legen und mit 1 EL Olivenöl beträufeln. 1 Stunde braten. Für die Garprobe Zahnstocher in die dickste Stelle stechen; der herauslaufende Bratensaft sollte klar sein. Fleisch herausnehmen, mit Alufolie zudecken und beiseite stellen. Bräter auf die Herdplatte stellen, Mehl mit Bratensatz gründlich verrühren, Wermut zugeben und 1 Minute kochen. Brühe zugießen und 5 Minuten köcheln lassen; dabei kräftig rühren, um etwaige Klümpchen aufzulösen. Restliche Kapern in die Sauce geben.

6 In einem kleinen Topf restliches Öl stark erhitzen und Salbeiblätter knusprig braten. Auf Küchenkrepp abtropfen lassen.

7 Fleisch in 1 cm dicke Scheiben schneiden. Etwas Sauce darüber geben und Portionen mit frittierten Salbeiblättern garnieren.

RECHTS: Schweinefilet mit Salbei und Kapern

GASCONNADE

(Lammkeule nach Art der Gascogne)

Zubereitungszeit: 25 Minuten
Kochzeit: 1 Stunde 30 Minuten
Für 6 Personen

★ ★

1 große Lammkeule (etwa 2,5 kg), vom Fleischer entbeint, Knochen für Brühe mitnehmen

1 Möhre, grob gehackt

1 Selleriestange, grob gehackt

1 große Zwiebel, grob gehackt

1 Lorbeerblatt

1 Kräutersträußchen (siehe Seite 243)

2 Knoblauchzehen, zerdrückt

6 Sardellenfilets, zu einer Paste zerdrückt

1/2 EL frische Petersilie, fein gehackt

1/2 EL frischer Thymian, fein gehackt

1/2 EL frischer Rosmarin, fein gehackt

3 EL Olivenöl

frisch gemahlener schwarzer Pfeffer

25 Knoblauchzehen, ungeschält

1   Backofen auf 220 °C (Gas 4–5) vorheizen. Lammknochen mit Möhre, Sellerie, Zwiebel, Lorbeerblatt und Kräutersträußchen in einen Suppentopf geben und mit kaltem Wasser bedecken. Zum Kochen bringen und ohne Deckel 1 Stunde köcheln lassen. Abseihen und, falls erforderlich, Flüssigkeit auf 500 ml einkochen.

2   Inzwischen Knoblauch, Sardellen, Kräuter und Olivenöl in einer kleinen Schüssel mit etwas frisch gemahlenem schwarzem Pfeffer verrühren. Fleisch ausbreiten, mit dem Großteil der Kräutermischung einreiben, zusammenrollen und mit Küchengarn festbinden. Außen mit der restlichen Kräutermischung einreiben und in einen Bräter legen. 15 Minuten braten, dann Temperatur auf 180 °C (Gas 2) reduzieren. Etwa 45 Minuten weiterbraten, dabei gelegentlich mit dem austretenden Saft begießen; wer das Fleisch durchgebraten mag, verlängert die Garzeit entsprechend.

3   Inzwischen Wasser in einem Topf erhitzen und Knoblauchzehen 5 Minuten kochen. Abgießen und kalt abspülen. Knoblauch schälen und Fruchtfleisch pürieren. In der Brühe zum Kochen bringen, dann 10 Minuten köcheln lassen. Lamm auf ein Tranchierbrett legen und warm halten. Bräter auf den Herd stellen. Fett vom Fleischsaft abschöpfen. Knoblauchbrühe zum Saft geben und bei starker Hitze auf die Hälfte einkochen. Mit Salz und Pfeffer abschmecken. Lamm in Scheiben schneiden und mit der Sauce servieren.

LAMMBRATEN

Ein Lieblingsgericht der französischen Bistroküche ist die gebratene Lammkeule, ursprünglich ein Eintopf, den man zum Bäcker brachte und nach dem Brotbacken in seinem noch warmen Backofen garen ließ. Es ist wichtig, die Lammhaxe nach dem Braten und vor dem Tranchieren ruhen zu lassen, damit sich der Fleischsaft im Fleisch gleichmäßig verteilt. Schneidet man den Braten zu früh auf, ist er zwar innen feucht, an den Rändern jedoch trocken, da der Fleischsaft zur Mitte hin fließt, wenn rotes Fleisch gegart wird.

OBEN: Gasconnade

SAUCEN
Die leckeren Bratensaucen sind schnell zube-

reitet, während der Braten im Backofen brutzelt oder bis zum Zerlegen ruhen muss.

Die Minzesauce sollte für ein volles Aroma einige Tage im Voraus angerührt werden.

APFELSAUCE
4 Äpfel (z. B. Granny Smith) schälen und entkernen. Das Fruchtfleisch grob würfeln und zusammen mit 1 EL Zucker, 125 ml Wasser, 2 Gewürznelken und einer Zimtstange in einen Topf geben. Aufkochen und zugedeckt 10 Minuten köcheln lassen, bis die Äpfel weich sind. Vom Herd nehmen und die Gewürznelken und die Zimtstangen entfernen.

Die Sauce pürieren oder durch ein feines Sieb geben. Mit 1–2 TL Zitronensaft abschmecken und zu einem Schweinebraten oder einem Schinken servieren. Ergibt 250 ml Sauce.

WEINSAUCE
2 TL Bratensaft (vom jeweiligen Braten) im Bräter bei mittlerer Hitze mit 2 EL Mehl verrühren und aufkochen, bis die

Mehlschwitze braun ist. Vom Herd nehmen und nach und nach 2 TL Worcestersauce, 2 EL Rot- oder Weißwein und 560 ml Fleisch- oder Hühnerbrühe unterrühren. Die Sauce zurück auf den Herd stellen und unter ständigem Rühren kochen, bis sie eindickt. Danach weitere 2 Minuten köcheln lassen. Mit Salz und Pfeffer abschmecken. Passt zu allen Bratengerichten. Ergibt 375 ml Sauce.

MINZESAUCE

10 g frische Minzeblätter auf einem
Schneidebrett verteilen und 1 EL Zucker
darüber streuen. Die Minze fein hacken
und zusammen mit 2 EL Zucker in eine
Schüssel geben. Mit 60 ml Wasser bedecken und umrühren, bis sich der Zucker
vollständig aufgelöst hat. 185 ml Malzessig einrühren, zudecken und über
Nacht kalt stellen. Diese Sauce wird vor
allem in England traditionell zu Lamm
serviert. Ergibt 375 ml Sauce.

SAUCE MIT SAHNE-
MEERRETTICH

175 g Sahnemeerrettich, 1 fein gehackte
Frühlingszwiebel und 60 g saure Sahne in
einer Schüssel vermengen. 125 ml Schlagsahne unterheben, nach Belieben würzen
und zu Roastbeef oder Kalb servieren.
Ergibt 375 ml Sauce.

BROTSAUCE

1 Zwiebel, in Scheiben geschnitten,
315 ml Milch, 1 Lorbeerblatt, 4 schwarze
Pfefferkörner und 2 Gewürznelken in
einem kleinen Topf vermischen und bei
mittlerer Hitze aufkochen. Die Hitze reduzieren und alles 10 Minuten köcheln
lassen. Die Mischung in eine große hitzebeständige Schüssel passieren und die
Zwiebel und die Gewürze wegwerfen.
100 g frisch geriebenes Weißbrot, 1 Prise
gemahlene Muskatnuss und 20 g Butter
in die Schüssel geben und die Zutaten zu
einer glatten Sauce verrühren. Mit Salz
und Pfeffer abschmecken. Die Brotsauce
wird traditionell zu Gänsebraten, zu
Truthahn oder Brathuhn gereicht. Ergibt
315 ml Sauce.

HIMBEER-PREISELBEER-SAUCE

150 g frische oder gefrorene Himbeeren
pürieren, durch ein Sieb passieren, um
die Samen zu entfernen. Das Püree zusammen mit 60 ml Orangensaft, 160 g
Preiselbeergelee, 2 TL Dijonsenf und
1 TL geriebener Schale einer unbehandelten Orange mischen und aufkochen,
bis die Zutaten weich sind. 60 ml Portwein zugießen und 5 Minuten köcheln
lassen. Die Sauce vom Herd nehmen und
abkühlen lassen – die Sauce dickt langsam
ein. Diese Sauce passt zu Truthahn, Gänsebraten, Schinken oder Ente. Ergibt
250 ml Sauce.

VON LINKS: Apfelsauce; Weinsauce;
Minzesauce; Sahnemeerrettich-Sauce;
Brotsauce; Himbeer-Preiselbeer-Sauce

WÜRZSAUCEN
Neben traditionellen Beilagen wie Kartoffeln, Klößen oder einfachem Gemüse bereichern einfallsreiche und fantasievolle Würzsaucen das Geschmackserlebnis an den Feiertagen.

ROTE-BETE-RELISH
750 g geschälte und grob geriebene Rote Bete, 1 gehackte Zwiebel, 400 g geschälte, entkernte und gewürfelte Äpfel, 400 ml Weißweinessig, 100 g braunen Zucker, 125 g weißen Zucker, 2 EL Zitronensaft und 2 TL Salz in einen großen Topf geben und bei geringer Hitze verrühren. Erst wenn sich der Zucker vollständig aufgelöst hat, das Relish aufkochen. Dann unter regelmäßigem Rühren 20–30 Minuten köcheln lassen, bis die Rote Bete und die Zwiebeln weich sind und das Relish eingekocht und eingedickt ist. Die Masse in saubere, ausgekochte Einmachgläser geben und die Gläser luftdicht verschließen. 2 Minuten auf den Kopf stellen, umdrehen und abkühlen lassen. Mit Inhalt und Datum beschriften und mindestens 1 Monat lagern, bevor das Relish verzehrt werden kann. Kühl und dunkel aufbewahrt, bleibt das Relish bis zu 12 Monate genießbar. Nach dem Öffnen in den Kühlschrank stellen und innerhalb von 6 Wochen aufbrauchen. Das Relish wird zu Schinken, Rind, Truthahn, Ente oder Gans gereicht. Ergibt 1 l.

SENFFRÜCHTE (MOSTARDA DI FRUTTA)
1 TL Stärkemehl mit 1 EL Wasser verrühren. 185 ml Wasser, 315 ml Weißwein, 1 EL Honig, 3 Gewürznelken, 1 EL gelbe Senfkörner, ¼ TL gemahlene Muskatnuss, ½ TL geriebene Muskatnuss

und 2 kleine, in Stücke gebrochene Zimtstangen in einem kleinen Topf aufkochen.
Das mit Wasser vermengte Stärkemehl
einrühren und die Flüssigkeit bei kleiner
Hitze unter Rühren 5 Minuten eindicken.
175 g zerkleinerte kandierte Früchte und
1 EL Zitronensaft zugeben und 15 Minuten köcheln lassen, bis die Früchte weich
sind. In ausgekochte Einmachgläser umfüllen und diese unverzüglich luftdicht
verschließen. Die Senffrüchte passen
besonders zu kaltem Braten, Schinken,
Geflügel und Wild. Ergibt 250 ml.

KÖRNIGER SÜSSER SENF

30 g braune oder schwarze Senfkörner
und 70 g gelbe Senfkörner vermischen
und mit 125 ml Weißweinessig vollständig
bedecken. Über Nacht stehen lassen. Drei
Viertel der Senfkörner, 2 TL Zitronensaft,
1 TL Salz und 1 EL Honig in einer Küchenmaschine weiterverarbeiten, bis die
Masse grob zerstoßen ist. In eine Schüssel

umfüllen und die restlichen Senfkörner
einrühren. In ausgekochte Einmachgläser
geben und diese luftdicht verschließen.
Nach dem Öffnen kühl lagern. Der Senf
sollte innerhalb von 2 Monaten verbraucht
werden. Ergibt 250 g.

WÁSABI-MAYONNAISE

125 g Mayonnaise, 125 g Naturjoghurt
und 2 TL frischen oder mit Wasser ange-
rührten Wásabi mit je 1 EL frisch gepresstem Zitronensaft und gehacktem frischem
Koriandergrün mischen. Die Masse so
lange verrühren, bis sie glatt ist. Die Mayonnaise vor dem Servieren 20 Minuten
ruhen lassen; passt zu kalten Meeresfrüchten und Fisch. Ergibt 250 g.

AIOLI MIT ROTEM PAPRIKA UND KORIANDER

Die Flüssigkeit von 150 g eingelegten gegrillten Paprika abgießen. Die Schoten in
einer Küchenmaschine mit 250 g Mayon-

naise 2 Minuten verarbeiten. 1 zerdrückte
Knoblauchzehe, 1 EL Zitronensaft und
1 EL gehacktes frisches Koriandergrün
zugeben. Verarbeiten, bis die Zutaten der
Masse vermengt sind. Passt zu warmen und
kalten Fleischgerichten oder zu Fisch,
Garnelen und Muscheln. Ergibt 375 ml.

HONIGSENF

8 EL Honig, 4 EL Senf, 4 EL Apfelessig
und 2 EL Olivenöl vermischen und unter
ständigem Rühren bei mittlerer Hitze
aufkochen und eindicken lassen. Die Mischung abkühlen lassen, in Einmachgläser
umfüllen und luftdicht verschließen.
Honigsenf schmeckt besonders zu Rindfleisch, Schinken oder Kalb. Ergibt 170 g.

*VON LINKS: Rote-Bete-Relish; Senffrüchte;
körniger süßer Senf; Wásabi-Mayonnaise;
Aioli mit rotem Paprika und Koriander;
Honigsenf*

SCHWEINSWÜRSTE MIT
WEISSEN BOHNEN

Jede Wurst in der Mitte so
verdrehen, dass 2 kurze
miteinander verbundene
Würste entstehen.

Wasser kochen, bis es
verdampft und die Würste
im verbleibenden Fett leicht
bräunen.

SCHWEINSWÜRSTE MIT WEISSEN BOHNEN

Zubereitungszeit: 25 Minuten
+ Einweichen über Nacht
Kochzeit: 1 Stunde 40 Minuten
Für 4 Personen

★★

350 g weiße Bohnen

150 g Speck oder Pancetta am Stück

1/2 Lauchstange, in dünne Scheiben geschnitten

2 Knoblauchzehen

1 Lorbeerblatt

1 kleine rote Chilischote, aufgeschnitten und
  entkernt

1 1/2 kleine Zwiebeln, die halbe fein gehackt

2 Gewürznelken

1 frischer Rosmarinzweig

3 frische Thymianzweige

1 frischer Petersilienzweig

3 EL Olivenöl

8 Schweinswürste

1 grüne Paprikaschote, fein gehackt

1/2 TL Paprikapulver

125 ml Tomatenpüree

Salz und Pfeffer

1 EL Apfelessig

*OBEN: Schweinswürste mit
weißen Bohnen*

1 Bohnen über Nacht in reichlich kaltem
Wasser einweichen. Kalt abspülen und trocknen.
Mit Speck, Lauch, Knoblauch, Lorbeer und
Chili in einen Topf geben. Zwiebel, mit Gewürznelken gespickt, sowie Rosmarin, Thymian
und Petersilie, mit Küchengarn zusammenge-
bunden, zufügen. Mit 750 ml kaltem Wasser
bedecken und zum Kochen bringen. 1 EL Öl
zugeben, Hitze reduzieren und zugedeckt
1 Stunde köcheln lassen, bis die Bohnen weich
sind. Kochendes Wasser nach Bedarf zugeben;
die Bohnen müssen bedeckt bleiben.
2 Würste 5- bis 6-mal einstechen und jede in
der Mitte so verdrehen, dass 2 kurze dicke miteinander verbundene Würste entstehen. In einer
Schicht in eine Bratpfanne geben und mit kaltem
Wasser halbhoch bedecken. Zum Kochen
bringen und bei 2- bis 3-maligem Wenden
köcheln lassen, bis das Wasser verdampft und die
Würste im verbleibenden Fett leicht bräunen.
Herausnehmen und Doppelwürste trennen. 2 EL
Öl, gehackte Zwiebel und Paprikaschote bei
mittlerer Hitze 5–6 Minuten braten. Paprikapulver einrühren und 30 Sekunden erhitzen.
Tomatenpüree zugeben, mit Salz und Pfeffer
würzen und unter Rühren 1 Minute kochen.
3 Speck, Kräuter und große Zwiebelstücke aus
der Bohnenmischung entfernen. Würste und
Sauce zugeben und Essig unterrühren. Aufkochen und abschmecken.
Hinweis: Wenn man es 2 Tage im Voraus kocht
und vor dem Verzehr aufwärmt, schmeckt das
Gericht noch besser.

COCHIFRITO
(Geschmortes Lamm)

Zubereitungszeit: 15 Minuten
Kochzeit: 2 Stunden 15 Minuten
Für 4 Personen

80 ml Olivenöl

1 kg Lammschulter, gewürfelt

1 große Zwiebel, fein gehackt

4 Knoblauchzehen, zerdrückt

2 TL Paprikapulver

5 EL Zitronensaft

2 EL frische glatte Petersilie, gehackt

Salz und Pfeffer

1 Öl in einer tiefen Bratpfanne stark erhitzen. Lamm in 2 Portionen je 5 Minuten braun braten. Herausnehmen und beiseite stellen.
2 Zwiebel zugeben und 4–5 Minuten weich und goldbraun braten. Knoblauch und Paprika zugeben und unter Rühren 1 Minute erhitzen. Fleisch mit 4 EL Zitronensaft und 1,75 l Wasser wieder in die Pfanne geben und bei schwacher Hitze unter gelegentlichem Rühren 2 Stunden köcheln lassen, bis die Flüssigkeit fast verdampft ist und das Öl wieder sichtbar wird. Restlichen Zitronensaft und Petersilie zufügen, mit Salz und Pfeffer abschmecken und servieren.

SOUVLAKI
(Lammfleischspieße)

Zubereitungszeit: 20 Minuten
+ 1 Nacht Marinierzeit + 30 Minuten Ruhezeit
Grillzeit: 10 Minuten
Für 4 Personen

1 kg Lammfleisch aus der Keule, vom Fett befreit, in 2 cm große Würfel geschnitten

60 ml Olivenöl

2 TL abgeriebene unbehandelte Zitronenschale

80 ml Zitronensaft

125 ml trockener Weißwein

2 TL getrockneter Oregano

2 große Knoblauchzehen, fein gehackt

2 frische Lorbeerblätter

schwarzer Pfeffer

250 g griechischer Naturjoghurt

2 Knoblauchzehen, zerdrückt

1 In einer Schüssel (kein Metall) Lamm, 2 EL Öl, Zitronenschale und -saft, Wein, Oregano, Knoblauch, Lorbeer und etwas Pfeffer vermischen und zugedeckt über Nacht kalt stellen.
2 Joghurt und Knoblauch gut vermischen und 30 Minuten ziehen lassen.
3 Lamm abtropfen lassen. Auf 8 Spieße stecken und 7–8 Minuten grillen; dabei mit restlichem Öl bestreichen. Mit Joghurt und Brot servieren.

LAMM
In Griechenland ist Lammfleisch sehr beliebt. Das hügelige Land mit seinen oft kargen Böden eignet sich nicht für die Rinderzucht, und als Fleisch- und Milchlieferanten werden Schafe und Ziegen gehalten. Weil Fleisch schon immer knapp und teuer war, bleibt es traditionell religiösen Festen und anderen besonderen Gelegenheiten vorbehalten. Zu Ostern, dem wichtigsten kirchlichen Fest der orthodoxen Griechen, ist es Brauch, ein ganzes Lamm mitsamt der Innereien am Spieß zu grillen. Griechen bevorzugen ihr Fleisch gut durchgebraten, sodass es fast vom Knochen fällt; aber bei den Rezepten dieses Kapitels können die Garzeiten ganz nach dem persönlichen Geschmack bestimmt werden.

OBEN: Souvlaki

235

OBEN: Moussaka

2 große vollreife Tomaten, abgezogen und
   gehackt

2 EL Tomatenmark

125 ml Weißwein

3 EL frische glatte Petersilie, gehackt

Salz und Pfeffer

Käsesauce

60 g Butter

60 g Mehl

625 ml Milch

Prise gemahlene Muskatnuss

40 g fein geriebener Kefalotyri oder Parmesan

2 Eier, leicht verschlagen

MOUSSAKA

Zubereitungszeit: 20 Minuten
  + 30 Minuten Ruhezeit
Kochzeit: 2 Stunden
Für 6 Personen

1,5 kg Auberginen, in 5 mm dicke Scheiben
   geschnitten

125 ml Olivenöl

2 Zwiebeln, fein gehackt

2 große Knoblauchzehen, zerdrückt

1/2 TL Piment, gemahlen

1 TL gemahlener Zimt

750 g Hackfleisch vom Rind

1 Auberginen mit Salz bestreuen und 30 Minuten ziehen lassen. Abspülen und trockentupfen. Backofen auf 180 °C (Gas 2) vorheizen.
2 In einer Bratpfanne 2 EL Öl erhitzen und Auberginen portionsweise auf jeder Seite 1–2 Minuten braten. Öl nach Bedarf zufügen.
3 In einem großen Topf 1 EL Öl erhitzen, Zwiebel zufügen und bei mäßiger Hitze 5 Minuten braten. Knoblauch, Piment und Zimt zugeben und 30 Sekunden mitbraten. Hackfleisch zufügen und 5 Minuten braten; dabei etwaige Klumpen mit dem Löffelrücken verteilen. Tomaten, Tomatenmark und Wein zugeben und bei geringer Hitze 30 Minuten köcheln lassen, bis die Flüssigkeit verdunstet. Petersilie hineinrühren und mit Salz und Pfeffer würzen.
4 Für die Käsesauce Butter in einem Topf bei geringer Hitze zerlassen. Mehl einrühren und 1 Minute erhitzen, bis die Mischung schäumt. Vom Herd nehmen und nach und nach Milch und Muskatnuss einrühren. Wieder unter Rühren erhitzen, bis die Sauce aufkocht und eindickt. Hitze reduzieren und 2 Minuten köcheln lassen. 1 EL Käse gründlich unterrühren. Die Eier erst kurz vor der Weiterverwendung einrühren.
5 Eine 25 x 30 cm große Auflaufform mit 3 l Fassungsvermögen mit einem Drittel der Auberginenscheiben auslegen. Die Hälfte der Fleischsauce darüber verteilen und mit einer weiteren Lage Auberginen bedecken. Restliche Fleischsauce darauf geben und mit restlichen Auberginen bedecken. Die Käsesauce darüber verteilen und mit dem restlichen Käse bestreuen. 1 Stunde backen. Vor dem Anschneiden 10 Minuten stehen lassen.
Hinweis: Die Auberginen können durch die gleiche Menge gebratener Zucchini- oder Kartoffelscheiben oder durch jede Kombination dieser Gemüsesorten ersetzt werden.

PASTITSIO
(Makkaroni-Auflauf)

Zubereitungszeit: 45 Minuten
Kochzeit: 1 Stunde 30 Minuten
Für 6 Personen

 ★ ★

150 g Makkaroni

Salz

40 g Butter

1/4 TL Muskatnuss, gemahlen

60 g geriebener Kefalotyri oder Parmesan

Salz und Pfeffer

1 Ei, leicht verschlagen

Fleischsauce

2 EL Öl

1 Zwiebel, fein gehackt

2 Knoblauchzehen, zerdrückt

500 g Hackfleisch vom Rind

125 ml Rotwein

250 ml Fleischbrühe

3 EL Tomatenmark

1 TL frischer Oregano, gehackt

Salz und Pfeffer

Béchamelsauce

40 g Butter

1 1/2 EL Mehl

375 ml Milch

Prise Muskatnuss

Salz und Pfeffer

1 Ei, leicht verschlagen

1 Backofen auf 180 °C (Gas 2) vorheizen. Eine Auflaufform mit 1 1/2 l Fassungsvermögen leicht einfetten. Salzwasser zum Kochen bringen und Makkaroni 10 Minuten bissfest garen. Abgießen und wieder in den Topf geben. Butter in einem kleinen Topf goldbraun zerlassen und über die Makkaroni gießen. Muskatnuss und die Hälfte des Käses unterrühren und mit Salz und Pfeffer würzen. Abkühlen lassen, dann mit dem Ei vermischen und beiseite stellen.

2 Für die Fleischsauce Öl in einer großen Pfanne erhitzen, Zwiebel und Knoblauch zufügen und bei mäßiger Hitze 6 Minuten braten. Temperatur erhöhen, Hackfleisch zugeben und unter Rühren 5 Minuten braun braten. Wein zufügen und bei starker Hitze etwa 1 Minute kochen, bis er verdunstet. Brühe, Tomatenmark, Oregano, Salz und Pfeffer zufügen. Hitze reduzieren und zugedeckt 20 Minuten köcheln lassen.

3 Inzwischen für die Béchamelsauce Butter in einem kleinen Topf bei mäßiger Hitze zerlassen. Mehl einrühren und 1 Minute erhitzen, bis es schäumt. Vom Herd nehmen und nach und nach Milch unterrühren. Wieder unter ständigem Rühren erhitzen, bis die Sauce sämig wird. Hitze reduzieren und 2 Minuten köcheln lassen. Muskatnuss und etwas Salz und Pfeffer zufügen. Leicht abkühlen lassen, dann das Ei unterrühren. 3 EL Sauce in die Fleischsauce rühren.

4 Die Hälfte der Fleischsauce in der Form verteilen und die Hälfte der Nudeln darauf geben. Mit der restlichen Fleischsauce bedecken und restliche Nudeln darauf verteilen. Mit dem Löffelrücken fest zusammendrücken. Béchamelsauce über die Nudeln verteilen und restlichen Käse darüber streuen. 45–50 Minuten backen. Vor dem Servieren 15 Minuten stehen lassen.

Hinweis: Röhrennudeln wie Bucatini können als Ersatz für Makkaroni verwendet werden. Die Nudeln sollten etwas dicker als Spaghetti sein.

UNTEN: Pastitsio

SHISH KEBAB MIT PAPRIKA UND KRÄUTERN
(Fleischspieße)

Vorbereitungszeit: 20 Minuten
  + 4 Stunden Marinierzeit
Grillzeit: 5 Minuten
Für 4 Personen

1 kg Lammkeule ohne Knochen
1 rote Paprikaschote
1 grüne Paprikaschote
3 rote Zwiebeln
Olivenöl zum Bestreichen

MARINADE
1 Zwiebel, in dünne Ringe geschnitten
2 Knoblauchzehen, zerdrückt
60 ml Zitronensaft
80 ml Olivenöl

1 EL frischer Thymian, gehackt
1 EL Paprikapulver
1/2 TL Chiliflocken
2 TL gemahlener Kreuzkümmel
15 g frische glatte Petersilie, gehackt
20 g frische Minze, gehackt
Salz und Pfeffer

1 Fleisch von Sehnen und sichtbarem Fett befreien und in 3 cm große Würfel schneiden.
2 Marinadezutaten in einer großen Schüssel mischen. Fleisch untermengen und zugedeckt 4–6 Stunden oder über Nacht kalt stellen.
3 Paprikaschoten in 3 cm große Quadrate schneiden. Zwiebeln in je 6 Schnitze schneiden.
4 Fleisch aus der Marinade nehmen und diese aufbewahren. Fleisch abwechselnd mit Zwiebelschnitzen und Paprika auf Spieße stecken. 5–6 Minuten grillen, dabei in den ersten Minuten öfter mit der Marinade bestreichen. Sofort servieren. Die Spieße schmecken köstlich mit Brot oder Pilaw.

MARINADEN
Fleisch, Huhn und Fisch werden durch das Marinieren nicht nur zarter und saftiger, sie bekommen auch mehr Aroma. Wie lange die Marinade einziehen soll, hängt von Größe und Art der Fleischstücke bzw. der Fische ab. Häufig wird eine Marinade auch dazu verwendet, Fleisch während des Garens zu begießen, damit das Aroma verstärkt wird.

RECHTS: Shish kebab mit Paprika und Kräutern

RINDSRAGOUT AUF PROVENZALISCHE ART

Zubereitungszeit: 20 Minuten
  + 1 Nacht Marinierzeit
Kochzeit: 2 Stunden 25 Minuten
Für 6 Personen

 ✫ ✫

1,5 kg Rindfleisch vom Bug, in 3 cm große
  Würfel geschnitten

2 EL Olivenöl

1 kleine Zwiebel, geschnitten

375 ml Rotwein

2 EL frische glatte Petersilie, gehackt

2 EL frischer Rosmarin, gehackt

2 EL frischer Thymian, gehackt

2 frische Lorbeerblätter

250 g Speck, Schwarte entfernt, in 1 x 2 cm
  große Stücke geschnitten

400 g zerkleinerte Tomaten aus der Dose

250 ml Rinderbrühe

Salz und Pfeffer

500 g Karotten

45 g Niçoise-Oliven, entsteint

1 Rindfleisch mit 1 EL Öl, Zwiebel, 250 ml Wein und der Hälfte der Kräuter in einer Schüssel vermengen. Mit Klarsichtfolie zudecken und über Nacht im Kühlschrank marinieren.

2 Rindfleisch abtropfen lassen, dabei die Marinade auffangen. Restliches Öl in einem großen Topf erhitzen, Fleisch und Zwiebeln portionsweise darin anbraten und aus dem Topf nehmen.

3 Speck in den Topf geben und 3–5 Minuten knusprig braten. Rindfleisch mit dem restlichen Wein und der Marinade wieder in den Topf geben und die Flüssigkeit 2 Minuten einkochen lassen; dabei den Bodensatz unter Rühren lösen. Tomaten und Brühe zugeben und zum Kochen bringen. Hitze reduzieren und restliche Kräuter zugeben. Mit Salz und Pfeffer kräftig würzen, zudecken und 1½ Stunden köcheln lassen.

4 Möhren und Oliven zufügen und im offenen Topf weitere 30 Minuten schmoren, bis das Fleisch und die Möhren weich sind. Vor dem Servieren nach Bedarf mit Salz und Pfeffer abschmecken.

NIÇOISE-OLIVEN

Die Farbe der kleinen, prallen Niçoise-Oliven reicht von Purpur über Braun bis Schwarz. In Salzlake eingelegt und häufig in Olivenöl verpackt, sind sie ein wichtiger Bestandteil des provenzalischen Speisezettels. Als Tafelolive reicht man sie zu Wein oder Aperitif; sie sind in Salaten, beispielsweise dem Salade niçoise, auf Vorspeisentellern und auf pikantem Gebäck zu finden und werden auch in Saucen und als Dekoration verwendet.

LINKS: Rindsragout auf provenzalische Art

PERLBOHNEN

In der Regel werden diese kleinen weißen Bohnen getrocknet angeboten. Sie haben ein mildes Aroma und sind vor allem in Form von „baked beans" in der Dose bekannt. Wie alle getrockneten Bohnen müssen sie in kaltem Wasser über Nacht einweichen. Dann werden sie abgegossen und weich gekocht.

OBEN: Geschmorte Lamm-haxen mit Perlbohnen

GESCHMORTE LAMMHAXEN MIT PERLBOHNEN

Vorbereitungszeit: 10 Minuten
+ 1 Nacht Einweichzeit
Kochzeit: 2 Stunden 15 Minuten
Für 4 Personen

★ ★

400 g getrocknete Perlbohnen

4 EL Öl

4 Lammhaxen, küchenfertig

2 EL Butter

2 Knoblauchzehen, zerdrückt

2 Zwiebeln, fein gehackt

1¹/₂ EL Thymianblätter

2 EL Tomatenmark

800 g zerkleinerte Tomaten aus der Dose

1 EL Paprikapulver

Salz und Pfeffer

1 getrocknete Jalapeño-Chilischote, gehackt

30 g frische glatte Petersilie, gehackt

1 Bohnen in eine Schüssel geben, mit Wasser bedecken und über Nacht einweichen.
2 3 EL Öl bei mittlerer Hitze in einer großen Bratpfanne erhitzen und die Haxen darin von allen Seiten bräunen. Herausnehmen und beiseite stellen. Pfannenfett abgießen.
3 Butter und restliches Öl in der Bratpfanne erhitzen, Knoblauch und Zwiebeln bei mittlerer Hitze 3–4 Minuten weich braten. Thymian, Tomatenmark, Tomaten und Paprika zufügen und 5 Minuten köcheln lassen. Lammhaxen und 500 ml heißes Wasser zugeben. Mit Salz und Pfeffer kräftig würzen und zum Kochen bringen. Pfanne zudecken, die Hitze reduzieren und alles 30 Minuten sanft köcheln lassen.
4 Bohnen abgießen und mit Chilischote und 500 ml heißem Wasser in die Pfanne geben. Erneut zum Kochen bringen, zudecken und 1–1¹/₂ Stunden köcheln lassen, bis die Bohnen und das Fleisch weich sind. Nach Bedarf Wasser zugeben, aber höchstens 125 ml auf einmal. Abschmecken und die Hälfte der Petersilie unterrühren. Restliche Petersilie darüber streuen und heiß servieren.

KEFTA GHAN' MI BEL'
(Lammfleischbällchen)

Vorbereitungszeit: 30 Minuten
Kochzeit: 1 Stunde
Für 4 Personen

1 kg Hackfleisch vom Lamm

1 Zwiebel, fein gehackt

2 Knoblauchzehen, fein gehackt

2 EL frische glatte Petersilie, fein gehackt

2 EL frische Korianderblätter, fein gehackt

1/2 TL Cayennepfeffer

1/2 TL Piment

1/2 TL gemahlener Ingwer

1/2 TL gemahlener Kardamom

1 TL gemahlener Kreuzkümmel

1 TL Paprikapulver

Salz und Pfeffer

SAUCE

2 EL Olivenöl

1 Zwiebel, fein gehackt

2 Knoblauchzehen, fein gehackt

2 TL gemahlener Kreuzkümmel

1/2 TL gemahlener Zimt

1 TL Paprikapulver

Salz und Pfeffer

800 g zerkleinerte Tomaten aus der Dose

2 TL Harissa (Würzpaste)

4 EL frische Korianderblätter, gehackt

1 Backofen auf 180 °C (Gas 2) vorheizen und 2 Backbleche leicht einfetten. Hackfleisch, Zwiebel, Knoblauch, Petersilie und alle Gewürze in einer Schüssel gut mischen. Mit Salz und Pfeffer kräftig würzen. Mischung esslöffelweise zu Bällchen formen und diese auf die Backbleche verteilen. 18–20 Minuten braun backen.

2 Inzwischen für die Sauce Öl in einem Topf erhitzen. Zwiebel bei mittlerer Hitze 5 Minuten weich braten. Knoblauch, Kreuzkümmel, Zimt, Paprika und etwas Salz und Pfeffer zugeben und 1 Minute erhitzen.

3 Tomaten und Harissa unterrühren und zum Kochen bringen. Bei schwacher Hitze 20 Minuten köcheln lassen, Fleischbällchen zufügen und 10 Minuten weiter köcheln lassen, bis sie durchgewärmt sind. Koriander hineinrühren und abschmecken.

GERÖSTETE PAPRIKA

8 rote Paprikaschoten jeweils in 4 gleich große Stücke schneiden und die Kerne und die weißen Häutchen entfernen. Auf ein Backblech verteilen und unter dem Grill bei starker Hitze rösten, bis die Haut schwarz wird und aufplatzt. In eine Schüssel geben, mit einem Teller oder mit Klarsichtfolie bedecken und 10 Minuten stehen lassen. Die Haut abziehen und die Paprikastücke in 3 cm breite Streifen schneiden. In eine Schüssel geben. 2 zerdrückte Knoblauchzehen mit 80 ml Rotweinessig und etwas Salz in einer Schüssel mischen. Das Dressing über die Paprikastreifen gießen und vermengen, bis diese vollständig mit dem Dressing überzogen sind. 2 TL frische Thymianblätter darüber streuen und mindestens 4 Stunden kalt stellen. Zimmerwarm servieren. Für 4–6 Personen.

UNTEN: Kefta ghan' mi bel'

STIFADO
(Schmortopf)

Zubereitungszeit: 15 Minuten
Kochzeit: 1 Stunde 30 Minuten
Für 4 Personen

★

1 kg Rindfleisch (Schulter oder Nacken)

60 ml Olivenöl

750 g ganze kleine Zwiebeln

3 Knoblauchzehen, längs halbiert

125 ml Rotwein

1 Zimtstange

4 Gewürznelken

1 Lorbeerblatt

1 EL Rotweinessig

2 EL Tomatenmark

Salz und zerstoßener schwarzer Pfeffer

2 EL Rosinen

1 Fleisch gegebenenfalls von überschüssigem Fett und Sehnen befreien und in mundgerechte Würfel schneiden. Öl bei mäßiger Hitze in einem großen Topf erhitzen und Zwiebeln unter Rühren 5 Minuten goldbraun braten. Herausnehmen und auf Küchenkrepp abtropfen lassen.

2 Fleisch zugeben und unter Rühren bei starker Hitze 10 Minuten rundum braun braten; der Fleischsaft sollte nahezu eintrocknen.
3 Knoblauch, Wein, Gewürze, Lorbeerblatt, Essig, Tomatenmark, etwas Salz, 1/4 TL Pfeffer und 375 ml Wasser hinzufügen und zum Kochen bringen. Hitze reduzieren und Gericht zugedeckt 1 Stunde unter gelegentlichem Rühren schmoren.
4 Zwiebeln zufügen und Rosinen behutsam untermischen. Zugedeckt 15 Minuten schmoren. Zimtstange vor dem Servieren entfernen. Reis, Brot oder Kartoffeln dazureichen.
Hinweis: Für ein kräftigeres Aroma statt Wasser 375 ml Fleischbrühe oder je 250 ml Wein und Wasser verwenden.

SOFRITO
(Kalbfleisch mit Essig)

Zubereitungszeit: 10 Minuten
Kochzeit: 1 Stunde 50 Minuten
Für 6–8 Personen

★

60 g Mehl

große Prise Cayennepfeffer

Salz und Pfeffer

1 kg Kalbsteaks

60 ml Olivenöl

1 Lorbeerblatt

5 Knoblauchzehen, zerdrückt

170 ml Rotweinessig

625 ml Fleischbrühe

glatte Petersilie, gehackt, zum Servieren

1 Mehl mit Cayennepfeffer mischen und mit Salz und Pfeffer kräftig würzen. Fleisch darin wenden und Überschuss abschütteln.
2 Öl in einer großen, tiefen Pfanne bei hoher Temperatur erhitzen und Fleisch portionsweise 1 Minute auf jeder Seite hellbraun braten. Herausnehmen und beiseite stellen.
3 Lorbeerblatt, Knoblauch, Essig und Brühe in der Pfanne aufkochen, dabei den Bratensatz vom Boden lösen. Hitze auf kleinste Stufe schalten und Fleisch gegebenenfalls mit ausgetretenem Saft in die Pfanne geben. Zugedeckt 1 1/2 Stunden unter gelegentlichem behutsamem Rühren schmoren, bis das Fleisch sehr zart und die Sauce sämig ist. Ist sie noch zu wässrig, das Fleisch herausnehmen und die Sauce noch etwas einkochen. Mit Petersilie bestreut servieren.

UNTEN: Stifado

LAMMFRIKASSEE MIT ARTISCHOCKEN

Zubereitungszeit: 50 Minuten
Kochzeit: 1 Stunde 50 Minuten
Für 8 Personen

✷ ✷

60 ml Zitronensaft

6 kleine Artischocken

2 große, vollreife Tomaten

80 ml Olivenöl

2 kg Lamm, gewürfelt

750 g Zwiebeln, dünn geschnitten

1 EL Mehl

2 Knoblauchzehen, zerdrückt

200 ml Weißwein

350 ml Hühnerbrühe

1 Kräutersträußchen

Salz und Pfeffer

frische glatte Petersilie, gehackt, zum Bestreuen

unbehandelte Zitronenschnitze zum Servieren

 Wasser in einem großen Topf zum Kochen bringen und Zitronensaft zugeben. Artischocken von den Stielen und harten äußeren Blättern befreien. Stachelige Spitzen der verbleibenden Blätter mit der Schere abschneiden. Artischocken 5 Minuten blanchieren, dann umgedreht abtropfen lassen. Wenn sie so weit abgekühlt sind, dass man sie anfassen kann, das Heu mit einem kleinen Löffel entfernen, dann Artischocken vierteln und beiseite stellen.

2 Tomaten an der Unterseite kreuzweise einschneiden, 10 Sekunden in kochendes Wasser legen, dann in kaltem Wasser abschrecken und vom Einschnitt aus die Haut abziehen. Tomaten halbieren, von den Kernen befreien und hacken.

3 Die Hälfte des Öls in einem Schmortopf erhitzen und Lammstücke portionsweise goldbraun braten. Restliches Öl zugeben und Zwiebeln etwa 8 Minuten braten, bis sie weich und karamellisiert sind. Mehl darüber streuen und 1 Minute erhitzen. Knoblauch, Tomaten, Wein und Hühnerbrühe hineingeben und umrühren, Lamm und Kräutersträußchen zugeben, mit Salz und Pfeffer würzen und zugedeckt 1 Stunde schmoren.

4 Artischocken zufügen und 15 Minuten im offenen Topf köcheln lassen. Fleisch und Artischocken mit dem Schaumlöffel herausnehmen, auf einem Servierteller anrichten und warm halten. Kräutersträußchen entfernen und Sauce bei starker Hitze kochen, bis sie sämig wird. Abschmecken, über das Lamm geben und mit Petersilie bestreuen. Mit Zitronenschnitzen servieren.

KRÄUTERSTRÄUSSCHEN
Auch unter der französischen Bezeichnung „Bouquet garni" bekannt, dient das mit Küchengarn zusammengebundene Kräutersträußchen dazu, Suppen, Brühen, Fonds und Saucen mit einem zarten Aroma zu versehen. Es enthält in der Regel Petersilie, Thymian und Lorbeer, aber auch andere Kräuter wie Basilikum, Estragon, Rosmarin und Bohnenkraut passend zum jeweiligen Gericht. Vor dem Servieren wird das Sträußchen entfernt.

OBEN: Lammfrikassee mit Artischocken

1 Sechs Pastetenformen (9 cm Ø, 3 cm Höhe) einfetten. 2 EL Öl in einer großen Pfanne erhitzen und die Fleischwürfel darin anbraten. Herausnehmen. Das restliche Öl erhitzen und den Knoblauch und die Zwiebeln darin gold-braun andünsten. Das Mehl einrühren und bei mittlerer Hitze etwa 2 Minuten anbräunen lassen. Von der Kochstelle nehmen und nach und nach den Rotwein und die Brühe ein-rühren. Unter Rühren aufkochen lassen. Das Fleisch zusammen mit den Lorbeerblättern und den Thymianzweigen dazugeben und etwa 1 Stunde köcheln lassen. Die gehackten Karotten dazugeben und weitere 45 Minuten köcheln lassen, bis Fleisch und Karotten zart sind und die Füllung eingedickt ist. Nach Geschmack würzen, die Lorbeerblätter und den Thymian herausnehmen und zum Abkühlen beiseite stellen.

2 Den Backofen auf 200 °C vorheizen. Den Mürbeteig in sechs gleich große Stücke teilen und zwischen zwei Lagen Backpapier zu je etwa 3 mm dicken Teigquadraten von etwa 25 cm Seitenlänge ausrollen. Aus jeder Teig-platte einen Kreis ausschneiden, der groß genug ist, um damit Boden und Rand einer Pasteten-form auszulegen. Den Teig in die Formen drücken und überstehende Teigreste mit einem scharfen Messer entfernen. Die Teigschälchen mit Backpapier auslegen, mit Hülsenfrüchten beschweren, auf ein Backblech stellen und etwa 8 Minuten blindbacken. Das Backpapier mit den Hülsenfrüchten entfernen und die Schäl-chen weitere 8 Minuten goldbraun backen. Abkühlen lassen.

3 Den Blätterteig in sechs gleich große Stücke teilen und jedes Stück zwischen zwei Lagen Backpapier zu einem Quadrat ausrollen. Aus jedem Quadrat einen Kreis ausschneiden, der groß genug ist, um die Pastetenformen damit abzudecken. Die Füllung gleichmäßig auf die Teigschälchen verteilen. Die Ränder mit etwas Ei bestreichen. Jede Form mit einem Blätter-teigdeckel verschließen, überstehende Teigreste abschneiden und die Ränder mit dem Rücken einer Gabel zusammendrücken. Die Deckel mit einem Messer leicht einschlitzen und mit Ei be-streichen. 20–25 Minuten goldbraun backen.

TIPP: An Stelle der sechs kleinen Pastetchen können Sie mit der gleichen Menge an Zutaten auch eine große in einer Pieform mit 23 cm Ø backen. Die reine Backzeit erhöht sich dann auf 30–35 Minuten. Aus den Teigresten können Sie wirkungsvolle Verzierungen herstellen.

Der Alkoholanteil im Rotwein verdampft beim Backen. Sie können den Wein aber auch durch die gleiche Menge Rinderbrühe ersetzen.

RINDFLEISCH-ROTWEIN-PASTETCHEN

Vorbereitungszeit: 2 Stunden 20 Minuten
Backzeit: 40 Minuten
Für 6 Stück

★ ★

60 ml Öl
1,5 kg Rindersteak, in Würfel geschnitten
1 Knoblauchzehe, zerdrückt
2 Zwiebeln, gehackt
30 g Mehl
315 ml trockener Rotwein
500 ml Rinderbrühe
2 Lorbeerblätter
2 Zweige frischer Thymian
2 Karotten, gehackt
500 g Mürbeteig, selbst gemacht
    oder fertig gekauft
500 g Blätterteig, selbst gemacht
    oder fertig gekauft
1 Ei, leicht verquirlt

OBEN: Rindfleisch-Rotwein-Pastetchen

STEAK-AND-KIDNEY-PIE

Vorbereitungszeit: 1 Stunde 25 Minuten
Backzeit: 40 Minuten
Für 6 Personen

★ ★

750 g Rumpsteak
4 Lammnieren
2 EL Mehl
1 EL Öl
1 Zwiebel, fein gehackt
30 g Butter
1 EL Worcestershiresauce
1 EL passierte Tomaten
125 ml trockener Rotwein
250 ml Rinderbrühe
125 g Champignons, in Scheiben geschnitten
1/2 TL getrockneter Thymian, gerebelt
4 EL frische Petersilie, gehackt
500 g Blätterteig, selbst gemacht
    oder fertig gekauft
1 Ei, leicht verquirlt

1 Das Rindfleisch von Fett und Sehnen befreien und in 2 cm große Würfel schneiden. Die Haut von den Nieren abziehen und Fett und Sehnen entfernen. Das Mehl mit dem Fleisch in eine Plastiktüte geben und sanft schütteln.

2 Das Öl in einer Pfanne erhitzen und die Zwiebel darin 5 Minuten andünsten. Mit einem Schaumlöffel herausheben. Die Butter in die Pfanne geben und die Fleischwürfel darin anbraten. Die Zwiebeln wieder dazugeben.

3 Die Worcestershiresauce, die passierten Tomaten, den Rotwein, die Brühe, die Pilze, den Thymian und die Petersilie dazugeben und zum Kochen bringen. Die Hitze reduzieren und die Mischung etwa 1 Stunde zugedeckt köcheln lassen, bis das Fleisch zart ist. Würzen und abkühlen lassen. In eine flache 1,5-l-Pieform füllen.

4 Den Backofen auf 210 °C vorheizen. Den Blätterteig auf Backpapier zu einem Kreis ausrollen, der etwa 4 cm größer ist als die Pieform. Vom Rand der Teigplatte dünne Streifen abschneiden und diese auf den Rand der Form drücken. Die Form mit dem Teigdeckel abdecken, am Rand fest andrücken und überstehende Teigreste mit einem scharfen Messer abschneiden. Zwei Löcher in den Teigdeckel stechen, damit der Dampf entweichen kann. Den restlichen Teig erneut ausrollen und Formen zum Verzieren ausstechen oder -schneiden. Die Formen auf den Deckel setzen, festdrücken und die Oberfläche mit dem Ei bestreichen. 35–40 Minuten goldbraun backen.

STEAK-AND-KIDNEY-PIE
Steak-and-Kidney-Pie ist eine Spezialität aus England, die besonders zu Feiertagen in unterschiedlichen Variationen serviert wird. Zu Ostern z.B. werden häufig zusätzlich hart gekochte Eier und Kartoffeln unter die Füllung gemischt. Bei allen Varianten jedoch wird die würzige Fleisch-Pilz-Mischung mit einer Blätterteigschicht abgedeckt und knusprig braun gebacken.

OBEN:
Steak-and-Kidney-Pie

245

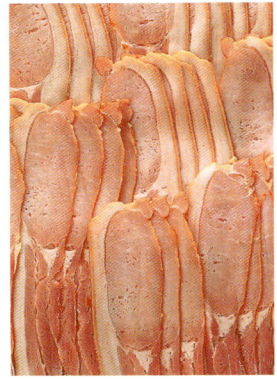

SPECK

Speck wird aus dem fett-
reichen, direkt unter der
Haut liegenden Fleisch des
Schweins hergestellt. Es gibt
verschiedene Specksorten,
je nachdem, aus welchem
Körperteil des Tieres er
stammt und auf welche Art
er behandelt wurde. So
unterscheidet man z. B.
zwischen dem gepökelten
und luftgetrockneten Rük-
kenspeck, dem wesentlich
fleischreicheren und safti-
geren Frühstücksspeck und
dem aus dem zarten Kote-
lettstück junger Schweine
gewonnenen Bacon. Bacon
wird zunächst trocken ge-
pökelt und anschließend geräuchert. Dadurch erhält er
sein feines Aroma.

OBEN: Speck-Eier-Pie

SPECK-EIER-PIE

Vorbereitungszeit: 25 Minuten
Kühlzeit: 20 Minuten
Backzeit: 55 Minuten
Für 4–6 Personen

★

2 EL Öl
4 Scheiben Frühstücksspeck oder Bacon, klein
   geschnitten
250 g Mürbeteig, selbst gemacht
   oder fertig gekauft
250 g Blätterteig, selbst gemacht
   oder fertig gekauft
5 Eier
60 ml Sahne
1 Ei, leicht verquirlt, zum Bestreichen

1 Eine runde Obstkuchen- oder Pieform
(20 cm Ø) einfetten. Das Öl in einer Pfanne
erhitzen. Den Speck dazugeben und bei mittlerer Hitze ein paar Minuten anbraten. Mit Küchenpapier trockentupfen und abkühlen lassen.
2 Den Mürbeteig zwischen zwei Lagen Backpapier auf ausreichende Größe ausrollen, um

Boden und Rand der Backform damit auszulegen. In die Form drücken und überstehende Teigreste entfernen. Den Teig in der
Form etwa 20 Minuten im Kühlschrank ruhen
lassen. Den Backofen auf 210 °C vorheizen.
3 Die gekühlte Teigschale mit Backpapier auslegen, mit Hülsenfrüchten beschweren und
etwa 10 Minuten blindbacken. Das Backpapier
mit den Hülsenfrüchten entfernen und den
Boden weitere 10 Minuten goldbraun backen.
Abkühlen lassen.
4 Den Blätterteig zwischen zwei Lagen Backpapier zu einem Kreis ausrollen, der groß
genug ist, um die Form zu bedecken. Den
gebratenen Speck auf dem Teigboden verteilen.
Die Eier mit der Sahne verquirlen und über
den Speck gießen. Den Kuchen mit dem
Blätterteigdeckel abdecken und die Ränder
fest zusammendrücken. Überstehende Teigreste entfernen. Beliebige Formen daraus ausstechen oder -schneiden und den Deckel damit verzieren. Den Deckel mit Ei bestreichen.
Den Kuchen in den Backofen schieben und
30–35 Minuten goldbraun backen. Schmeckt
warm und kalt.
TIPP: Speck-Eier-Pie eignet sich hervorragend
zu Picknicks. Sie bereiten sie am Vortag zu und
lagern sie über Nacht im Kühlschrank.

KORNISCHE FLEISCHTÄSCHCHEN

Vorbereitungszeit: 35 Minuten
Kühlzeit: 20 Minuten
Backzeit: 45 Minuten
Für 6 Stück

Mürbeteig

310 g Mehl
1 Msp. Salz
125 g kalte Butter, in Würfel geschnitten
4–5 EL Eiswasser

Füllung

160 g Rumpsteak, fein gehackt
1 kleine Kartoffel, fein gehackt
1 kleine Zwiebel, fein gehackt
1 kleine Karotte, fein gehackt
1–2 TL Worcestershiresauce
2 EL Rinderbrühe
1 Ei, leicht verquirlt

1 Ein Backblech einfetten. Das Mehl und das Salz in eine Schüssel sieben. Die Butter dazugeben und mit den Fingerspitzen einkneten, so dass sich Streusel bilden. In die Mitte eine Mulde drücken. Das Wasser hineingießen und alles mit einem breiten Messer zu einem groben Teig verarbeiten. Den Teig zu einem Ballen formen, in Frischhaltefolie wickeln und im Kühlschrank etwa 20 Minuten ruhen lassen.

2 Den Backofen auf 210 °C vorheizen. Das Fleisch, das Gemüse, die Worcestershiresauce und die Brühe in einer Schüssel vermischen und kräftig abschmecken.

3 Den Teig in sechs gleich große Portionen teilen und jede Portion zu einer etwa 3 mm dünnen Teigplatte ausrollen. Mit einem Teller von etwa 16 cm Ø als Schablone Kreise ausschneiden. Die Füllung gleichmäßig auf die Teigkreise verteilen.

4 Die Ränder der Kreise mit Ei bestreichen und den Teig in der Mitte zu halbkreisförmigen Taschen zusammenfalten. Die Ränder fest zudrücken, die Teigtaschen auf das Backblech legen, mit Ei bestreichen und etwa 15 Minuten backen. Die Backtemperatur auf 180 °C reduzieren und die Taschen in weiteren 25–30 Minuten goldbraun backen.

Das Fleisch, das Gemüse, die Worcestershiresauce und die Brühe in einer Schüssel vermischen.

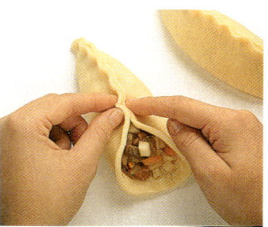

Die Teigtaschen über der Füllung zusammenklappen und die Ränder mit den Fingern fest verschließen.

LINKS: Kornische Fleischtäschchen

ZITRONEN

Frischen Zitronensaft sollte man erst kurz vor der Verwendung pressen. Sobald der Zitronensaft mit Sauerstoff in Berührung kommt, verflüchtigen sich seine Aromastoffe. Der Zitronensaft lässt sich leichter auspressen, wenn die Zitronen zuvor mit der Handfläche auf einer glatten Oberfläche einige Male gewalzt oder 15–30 Minuten in heißes Wasser gelegt wurden. Das Auspressen einer durchschnittlich großen Zitrone ergibt etwa 2–3 EL Saft. Beim Kauf sollte man leuchtend gelbe Zitronen wählen, die zudem verhältnismäßig schwer in der Hand liegen.

OBEN: Kalbskoteletts im Kräutermantel

KALBSKOTELETTS IM KRÄUTERMANTEL

Zubereitungszeit: 45 Minuten
Kochzeit: 1 Stunde 40 Minuten
Für 4–6 Personen

1 Rippenstück vom Kalb (8 Koteletts, etwa 1,2 kg)
Salz und Pfeffer
80 g Weißbrot, gerieben
50 g Semmelbrösel
1 EL frische Petersilie, gehackt
1 EL frisches Basilikum, gehackt
2 Eiweiß, leicht verschlagen
2 Knoblauchzehen, zerdrückt
1 EL Öl
30 g Butter, geschmolzen

Zitronensauce

80 ml trockener Weißwein
2 EL Zitronensaft
2 TL Zucker
125 ml Sahne
60 g kalte Butter, in Würfel geschnitten
1 EL frische Petersilie, gehackt

1 Den Backofen auf 160 °C (Gas 1–2) vorheizen. Überflüssiges Fett vom Rippenstück entfernen und das Fleisch salzen und pfeffern. Weißbrot, Semmelbrösel und Kräuter mischen. Eiweiße, Knoblauch, Öl und Butter verrühren und mit der Brotmischung vermengen. Ist die Mischung zu trocken, Wasser zugießen. Die Mischung auf dem Fleisch gleichmäßig festdrücken und dieses mit der Kruste nach oben 1¼–1½ Stunden braten.
2 Das Fleisch aus dem Bräter nehmen und 10 Minuten warm stellen. Für die Sauce etwa 2 EL Bratensaft im Bräter belassen.

SCHÄFER-AUFLAUF

Zubereitungszeit: 30 Minuten
Backzeit: 1 Stunde 15 Minuten
Für 6 Personen

750 g magerer gebratener Lammbraten

25 g Butter

2 Zwiebeln, fein gehackt

30 g Mehl

1/2 TL Senf

375 ml Hühnerbrühe

2 TL Worcestersauce

Salz und Pfeffer

Kartoffeldecke

4 große Kartoffeln

125 ml heiße Milch

30 g Butter

1 Eine 2 l fassende Auflaufform einfetten. Den Backofen auf 210 °C (Gas 3–4) vorheizen. Überschüssiges Fett vom Fleisch entfernen, dann hacken oder fein schneiden. Die Butter in einer großen Pfanne schmelzen und darin die Zwiebeln 5–10 Minuten bei mittlerer Hitze braten, bis sie goldbraun sind, gelegentlich rühren.

2 Mehl und Senf einrühren und 1 Minute erhitzen, bis die Mischung schäumt. Vom Herd nehmen und nach und nach die Hühnerbrühe einrühren. Erneut alles unter Rühren erhitzen, bis die Sauce aufkocht und eindickt. Die Hitze reduzieren und 2 Minuten köcheln lassen.

3 Das Fleisch und die Worcestersauce einrühren. Nach Geschmack würzen. Vom Herd nehmen und in die Auflaufform füllen.

4 Für die Kartoffeldecke die Kartoffeln etwa 15 Minuten in Salzwasser kochen, bis sie weich sind. Abtropfen lassen und gut zerstampfen. Milch, Butter, Salz und Pfeffer nach Bedarf einrühren, bis die Masse glatt und cremig ist. Über das Fleisch verteilen und die Oberfläche mit dem Löffelrücken auflockern. 40–45 Minuten backen, bis das Fleisch vollständig erhitzt ist und die Oberseite goldgelb gebacken ist.

OBEN: Schäfer-Auflauf

249

WORCESTERSHIRE-
SAUCE

Diese Würzsauce wurde von einem Engländer in Indien kreiert. Zu ihrem Namen kam sie, weil sie erstmalig von einer Firma namens Lea & Perrins in der englischen Stadt Worcester in Flaschen abgefüllt und vertrieben wurde. Bis heute wird die echte Worcestershiresauce von dieser Firma hergestellt. Sie besteht u. a. aus Zwiebeln, Knoblauch, Tamarinde, Sojasauce, Zucker, Limette, Currypulver, Senf und Weinessig, das genaue Rezept jedoch ist bis heute ein streng gehütetes Firmengeheimnis. Worcestershiresauce wird zum Würzen von Suppen, Eintöpfen, Gemüsen, Fleisch- und Fischgerichten verwendet. Besondere Berühmtheit erlangte sie aber auch als eine der wesentlichen Zutaten in einem Cocktail namens „Bloody Mary".

KARTOFFELKUCHEN

Vorbereitungszeit: 1 Stunde
Backzeit: 32 Minuten
Für 6 Stück

1 kg mehlige Kartoffeln, gehackt
1 EL Öl
1 Zwiebel, fein gehackt
1 Knoblauchzehe, zerdrückt
500 g Hackfleisch vom Rind
2 EL Mehl
500 ml Rinderbrühe
2 EL passierte Tomaten
1 EL Worcestershiresauce
500 g Mürbeteig, selbst gemacht
  oder fertig gekauft
45 g weiche Butter
60 ml Milch

1 Die Kartoffeln schälen und etwa 20 Minuten in reichlich Salzwasser weich kochen. Gut abgießen und zerstampfen.

2 Den Backofen auf 210 °C vorheizen. Das Öl in einer Pfanne erhitzen und die Zwiebelwürfel darin etwa 5 Minuten glasig dünsten. Den Knoblauch dazugeben und 1 Minute mitgaren. Das Hackfleisch dazugeben und bei mittlerer Hitze etwa 5 Minuten bräunen.

3 Das Fleisch mit dem Mehl bestreuen. Die Brühe, die passierten Tomaten, die Worcestershiresauce und etwas Salz und Pfeffer dazugeben und gründlich unterrühren. Aufkochen lassen, dann die Hitze reduzieren und alles etwa 5 Minuten einkochen lassen. Vollständig abkühlen lassen.

4 Sechs kleine runde Pieformen (11 cm Ø) einfetten. Den Teig zwischen zwei Lagen Backpapier ausrollen, mit Hilfe eines Tellers als Schablone sechs Kreise von 16 cm Ø ausschneiden und die Formen mit dem Teig auslegen. Die Teigschalen mit Backpapier auslegen, mit Hülsenfrüchten beschweren und etwa 7 Minuten blindbacken. Das Backpapier mit den Hülsenfrüchten entfernen und die Schalen weitere 5 Minuten goldbraun backen. Abkühlen lassen.

5 Die Fleischfüllung gleichmäßig auf die Teigschalen verteilen. Die Butter und die Milch mit dem Kartoffelbrei vermischen. Die Kartoffelmischung in einen Spritzbeutel füllen und gleichmäßig über der Fleischfüllung verteilen. In den Backofen schieben und etwa 20 Minuten goldbraun backen.

RECHTS: Kartoffelkuchen

Dieser hauchdünne Teig ist vor allem in den Küchen des Nahen Ostens, der Türkei, Griechenlands, Österreichs und Ungarns sehr beliebt. Er wird schichtweise verarbeitet und sowohl für herzhaftes als auch für süßes Gebäck verwendet. Beim Backen werden die blättrigen, zarten Schichten knusprig und goldbraun. Strudelteig ist fertig in gut sortierten Supermärkten erhältlich. Bei seiner Verarbeitung sollten Sie die noch nicht gebrauchten Blätter immer mit einem leicht feuchten Geschirrhandtuch abdecken. Die Teigblätter sind so dünn, dass sie sehr schnell austrocknen und dann nicht mehr verwendet werden können. Bestreichen Sie die Teigblätter einzeln mit Hilfe eines breiten Backpinsels so schnell wie möglich mit Öl oder zerlassener Butter, um sie vor dem Austrocknen zu schützen.

LAMMFLEISCHKUCHEN

Vorbereitungszeit: 35 Minuten
Backzeit: 40 Minuten
Für 6 Personen

★★

2 EL Öl
2 Zwiebeln, gehackt
1 Knoblauchzehe, gehackt
1 TL gemahlener Kreuzkümmel
1 TL gemahlener Koriander
1/2 TL gemahlener Zimt
1 kg Hackfleisch vom Lamm
3 EL frische Petersilie, gehackt
2 EL frische Minze, gehackt
1 EL passierte Tomaten
10 Blätter Strudelteig
250 g zerlassene Butter

1 Das Öl in einer großen Pfanne erhitzen und darin die Zwiebeln und den Knoblauch etwa 3 Minuten glasig dünsten. Den Kreuzkümmel, den Koriander und den Zimt unterrühren. Das Hackfleisch dazugeben und bei mittlerer Hitze etwa 10 Minuten anbraten. Klumpen mit einer Gabel zerkleinern. Die Kräuter, die passierten Tomaten und 1/2 TL Salz untermischen. Von der Kochstelle nehmen und vollständig abkühlen lassen.

2 Den Backofen auf 180 °C vorheizen. Eine rechteckige Auflaufform (etwa 33 x 23 cm) einfetten. Drei Teigblätter nacheinander mit der zerlassenen Butter bestreichen, übereinander legen und Boden und Ränder der Auflaufform damit auslegen.

3 Die Hackfleischmischung darauf verteilen und die überstehenden Teigränder über die Füllung klappen. Zwei weitere Teigblätter nacheinander mit der zerlassenen Butter bestreichen, übereinander legen, in der Mitte zusammenfalten und die Füllung damit bedecken. Die Ecken einschlagen. Die restlichen Teigblätter mit Butter bestreichen, in unregelmäßige Quadrate schneiden, zusammenknüllen und auf dem Teigdeckel verteilen. In den Backofen schieben und etwa 40 Minuten goldbraun und knusprig backen.

OBEN: Lammfleischkuchen

PARMESAN

Der berühmteste Parmesan ist der Parmigiano Reggiano, der seit 7 Jahrhunderten nach der gleichen Methode hergestellt wird. Der Name ist streng geschützt und darf nur für Parmesan verwendet werden, der in den Provinzen Parma, Reggio, Emilia, Modena, Mantua und Bologna produziert wird. Er reift bis zu 4 Jahre; Geschmack und Konsistenz sind unübertroffen. Äußerlich lässt er sich allerdings kaum von den Grana genannten Sorten unterscheiden, die aus anderen Gebieten Norditaliens stammen. Parmesan kauft man am besten am Stück, noch mit Rinde versehen und ohne weiße Stellen am Rand, und reibt ihn nach Bedarf, denn im geriebenen Zustand trocknet er schnell aus und verliert an Geschmack. Es empfiehlt sich nicht, fertig geriebenen Parmesan zu kaufen, der nur den Namen mit dem echten gemeinsam hat. Zum Aufbewahren wickelt man das Käsestück fest in Pergamentpapier, dann in Alufolie.

RECHTS: Kalbskoteletts mit Parmesankruste

KALBSKOTELETTS MIT PARMESANKRUSTE

Zubereitungszeit: 15 Minuten
Kochzeit: 15 Minuten
Für 4 Personen

4 Kalbskoteletts
150 g frische Weißbrotbrösel
80 g geriebener Parmesan
1 EL frischer Rosmarin, fein gehackt
2 Eier, mit Salz und Pfeffer leicht verschlagen
3 EL Olivenöl
60 g Butter
4 Knoblauchzehen

1 Koteletts von Fett und Sehnen befreien und klopfen, bis sie etwa 1 cm stark sind. Mit Küchenkrepp trockentupfen. Brösel, Parmesan und Rosmarin in einer flachen Schüssel gründlich mischen.
2 Koteletts im Ei wenden und Überschuss abtropfen lassen, dann in den Bröseln wenden und die Panierschicht gut andrücken.
3 Öl und Butter bei geringer Temperatur in einer Bratpfanne erhitzen. Den Knoblauch zufügen, goldbraun braten und herausnehmen.

4 Die Hitze etwas höher schalten und die Koteletts auf jeder Seite 4–5 Minuten goldbraun und knusprig braten. Auf einer vorgewärmten Platte anrichten und mit Salz und Pfeffer würzen.

SALSA ROSSA

Diese Sauce wird in der Regel mit Salsa verde zu Siedfleisch gereicht, schmeckt aber auch köstlich zu paniertem Fleisch wie den Kalbskoteletts auf dieser Seite.
3 große rote Paprikaschoten längs halbieren. Häutchen und Kerne entfernen und die Schoten in 1 cm breite Streifen schneiden. 60 ml Olivenöl in einer Bratpfanne erhitzen und 3 große, in feine Ringe geschnittene Zwiebeln bei mäßiger Hitze weich braten, aber nicht bräunen. Die Paprikaschoten zufügen und braten, bis beide Gemüse sehr weich sind und sich ihr Volumen auf die Hälfte verkleinert hat. 1/4 TL Chiliflocken und 400 g Tomaten aus der Dose zufügen und salzen. 25 Minuten köcheln lassen, bis die Sauce eindickt und sich das Öl von den Tomaten absetzt. Abschmecken und bei Bedarf nachwürzen. Heiß servieren. Für 4 Personen.

SALTIMBOCCA
(Kalbsschnitzel mit Schinken)

Zubereitungszeit: 15 Minuten
Kochzeit: 20 Minuten
Für 4 Personen

4 dünne Kalbsschnitzel

2 Knoblauchzehen, zerdrückt

1/4 TL Salz

1/2 TL frisch gemahlener schwarzer Pfeffer

4 Scheiben Prosciutto

4 frische Salbeiblätter

30 g Butter

170 ml Marsala

1 Schnitzel von Fett und Sehnen befreien und klopfen, bis sie 5 mm stark sind. Ränder knapp einschneiden, damit sie sich nicht einrollen, und Fleisch mit Küchenkrepp trockentupfen. Knoblauch mit Salz und Pfeffer mischen und Schnitzel auf einer Seite damit einreiben. Je 1 Scheibe Prosciutto und 1 Salbeiblatt darauf legen; der Schinken sollte nicht überhängen.
2 Butter in einer großen Bratpfanne zerlassen und Fleisch mit der Schinkenseite oben bei mäßiger Hitze etwa 5 Minuten goldbraun braten; nicht wenden. Marsala am Rand zugießen. Hitze reduzieren und 10 Minuten schwach köcheln lassen. Schnitzel auf vorgewärmte Teller legen, Sauce 2–3 Minuten sirupartig einkochen und über das Fleisch verteilen.

FEGATO GARBO E DOLCE
(Leber süß-sauer)

Zubereitungszeit: 10 Minuten
Kochzeit: 10 Minuten
Für 4 Personen

40 g Butter

80 ml Olivenöl

600 g Kalbsleber, in lange dünne Scheiben geschnitten

80 g frische Weißbrotbrösel

1 EL Zucker

2 Knoblauchzehen, zerdrückt

60 ml Rotweinessig

1 EL frische glatte Petersilie, gehackt

1 Butter und 40 ml Öl in einer Bratpfanne bei mäßiger Temperatur erhitzen. Leber in den Bröseln wenden und diese fest andrücken. Überschüssige Brösel abschütteln und die Leber in die Pfanne geben, sobald die Butter zu schäumen beginnt. Auf jeder Seite 1 Minute braten, bis die Kruste braun und knusprig ist. Herausnehmen und warm halten.
2 Das restliche Öl in die Pfanne geben und Zucker und Knoblauch bei geringer Hitze goldbraun braten. Den Essig zufügen und 30 Sekunden erhitzen, bis er fast verdampft ist. Die Petersilie zufügen und alles über die Leberscheiben gießen. Heiß oder zimmerwarm servieren.

GRÜNE BOHNEN MIT KNOBLAUCHBROT

600 g geputzte kleine grüne Bohnen in kochendem Salzwasser bissfest garen. Abgießen und unter fließendem kaltem Wasser abschrecken. Abtropfen lassen und mit Küchenkrepp trockentupfen. 60 ml Olivenöl in einer Bratpfanne erhitzen und 4 ganze geschälte Knoblauchzehen goldbraun braten, dann herausnehmen. 40 g frische Weißbrotbrösel in das Öl geben und unter ständigem Rühren bei geringer Hitze 3–4 Minuten braten, bis die Brösel braun und knusprig sind. Die Bohnen und 2 EL gehackte, frische glatte Petersilie zufügen, dann mit Salz und frisch gemahlenem schwarzem Pfeffer abschmecken. Brösel und Bohnen verrühren, bis die Bohnen warm sind. Heiß oder zimmerwarm servieren. Für 4 Personen.

OBEN: Fegato garbo e dolce

Überschüssiges Fett vom Fleisch entfernen und die Knochen mit einem scharfen Messer säubern.

Die Koteletts auf einen Bratrost legen.

Das Fleisch gründlich mit Minzegelee einstreichen.

RECHTS: Lammkoteletts mit Minze

LAMMKOTELETTS MIT MINZEGELEE

Zubereitungszeit: 15 Minuten
Kochzeit: 45 Minuten
Für 4 Personen

4 Rippenstücke vom Lamm (je 4 Koteletts)

Salz und Pfeffer

300 g Minzegelee

2 EL Weißwein

3 EL frischer Schnittlauch, fein gehackt

1 Backofen auf 200 °C (Gas 3) vorheizen. Überflüssiges Fett entfernen, dabei aber eine dünne Fettschicht um das Fleisch lassen. Die Enden der Knochen von Fleischresten säubern und mit Aluminiumfolie umwickeln. Koteletts salzen und pfeffern und auf einem Bratrost in einen Bräter geben. 2 Gelee und Wein bei starker Hitze vermischen und 4 Minuten aufkochen, bis die Mischung eindickt. Abkühlen lassen, Schnittlauch zugeben und auf dem Fleisch verstreichen. Die Koteletts braten

(15–20 Minuten: blutig; 35 Minuten: medium). Alle 10 Minuten das Fleisch mit der Glasur einstreichen. Aus dem Ofen nehmen, Folie entfernen und vor dem Servieren 5 Minuten ruhen lassen.

KÜKEN MIT KRÄUTERN

Zubereitungszeit: 30 Minuten
Kochzeit: 35 Minuten
Für 4 Personen

130 g weiche Butter

2 TL frischer Zitronenthymian, gehackt

1 EL frische Petersilie, gehackt

2 Frühlingszwiebeln, fein gehackt

1 TL abgeriebene Schale einer Zitrone

1½ EL Zitronensaft

Salz und frisch gemahlener schwarzer Pfeffer

4 Küken (je ca. 500 g)

30 g geschmolzene Butter, zusätzlich

2 EL Zitronensaft, zusätzlich

1 Die weiche Butter mit den Kräutern, den Frühlingszwiebeln, der Zitronenschale, dem Zitronensaft und etwas Salz und Pfeffer mischen.

2 Den Backofen auf 200 °C (Gas 3) vorheizen. Die Küken an beiden Seiten des Rückgrats aufschneiden, Rückgratknochen entfernen und die Küken vorsichtig auf einem Küchenbrett ausbreiten. Behutsam die Haut von Brust und Keulen anheben und die Butter darunter verteilen. Die Flügel und den Hals nach innen stecken.

3 Die Küken auf einem Bratrost in einen Bräter geben. Salzen und pfeffern. Butter und Zitronensaft mischen und auf den Küken verstreichen. 30–35 Minuten braten, bis beim Anstechen kein Blut, sondern klarer Saft austritt.

PFEFFERFILETS VOM RIND MIT SAUCE BÉARNAISE

Zubereitungszeit: 30 Minuten
Kochzeit: 45 Minuten
Für 6 Personen

★★

1 kg Rinderfilet

1 EL Öl

2 Knoblauchzehen, zerdrückt

Salz

1 EL schwarze Pfefferkörner, zerstoßen

2 TL Korianderkörner, zerdrückt

Sauce béarnaise

3 Frühlingszwiebeln, gehackt

125 ml trockener Weißwein

2 EL Estragon- oder Kräuteressig

1 EL Estragon, fein gehackt

125 g Butter

4 Eigelb

1 EL Zitronensaft

Salz und weißer Pfeffer

1 Den Backofen auf 210 °C (Gas 3–4) vorheizen. Das Filet zurechtschneiden und überflüssiges Fett entfernen. Das Fleisch in regelmäßigen Abständen mit Küchengarn zusammenbinden und salzen. Öl und Knoblauch mischen und auf dem Fleisch verstreichen. Das Filet in den Pfeffer- und Korianderkörnern wenden.

2 Das Fleisch auf einem Bratrost in einen Bräter geben. 10 Minuten braten, dann die Hitze auf 180 °C (Gas 2–3) reduzieren und das Filet weitere 10–15 Minuten garen (nach dieser Garzeit ist das Fleisch leicht blutig).

3 Für die Sauce béarnaise Frühlingszwiebeln, Wein, Essig und Estragon in einen kleinen Topf geben. Die Zutaten bei starker Hitze aufkochen, bis nur noch etwa 2 EL der Flüssigkeit übrig sind. Passieren und beiseite stellen. Die Butter in einer Pfanne schmelzen.

4 Weinmischung und Eigelbe in eine Küchenmaschine geben und 30 Sekunden verarbeiten. Die heiße Butter ohne weißen Schaum unter ständigem Rühren in einem dünnen Strahl zugeben. Die Sauce verarbeiten, bis sie dick und cremig ist. Mit Zitronensaft, Salz und Pfeffer abschmecken.

5 Das Filet mit der Sauce béarnaise, Brokkoli und Kartoffeln servieren

Hinweis: Die Sauce béarnaise hat einen intensiven Geschmack, den sie der eingekochten Wein-Essig-Essenz verdankt.

OBEN: Pfefferfilets vom Rind mit Sauce béarnaise

255

THAI-CURRYPASTEN

Es empfiehlt sich, Currypasten im Voraus zu machen. Sie sind relativ lange haltbar, erstaunlich leicht herzustellen, bilden die aromatische Basis für Suppen und Currys und verleihen auch anderen Gerichten eine angenehme Würze.

Luftdicht verpackt halten Currypasten 2 Wochen im Kühlschrank oder 2 Monate im Tiefkühlgerät. Um ein Glas zu sterilisieren, heizt man den Backofen auf 120 °C (Gas 1), wäscht Glas und Deckel gründlich (am besten im Geschirrspüler) und spült mit heißem Wasser nach. Dann stellt man sie 20 Minuten in den Backofen, bis sie vollkommen trocken sind; nicht mit dem Geschirrtuch nachreiben, sonst können Keime übertragen werden.

ROTE CURRYPASTE

Den Backofen auf 180 °C (Gas 2) vorheizen. 15 große getrocknete rote Chillies in eine hitzebeständige Schüssel legen, mit kochendem Wasser übergießen und 20 Minuten einweichen. Abgießen, entkernen und das Fleisch grob hacken.

Inzwischen 2 TL Garnelenpaste in Alufolie wickeln und zusammen mit 2 TL Korianderkörnern und je 1 TL weißen Pfefferkörnern und Kreuzkümmelsamen auf ein Backblech legen und 5–10 Minuten im Backofen rösten.

Garnelenpaste aus der Folie nehmen und mit den Chillies, 5 gehackten roten asiatischen Schalotten, 10 gehackten Knoblauchzehen, 2 kleingeschnittenen Zitronengrasstängeln (nur weiße Teile), 1 EL gehacktem frischem Galgant, 2 EL gehackter frischer Korianderwurzel und 1 TL fein geriebener Kaffir-Limettenschale im Mörser oder Mixer zu einer glatten Paste verarbeiten. Ergibt 250 ml.

GRÜNE CURRYPASTE

Backofen auf 180 °C (Gas 2) vorheizen. 2 EL Korianderkörner, 2 TL in Alufolie gewickelte Garnelenpaste und je 1 TL weiße Pfefferkörner und Kreuzkümmelsamen auf ein Backblech legen und 5–10 Minuten rösten. Garnelenpaste aus der Folie nehmen.

Alles in einen Mixer oder Mörser geben, 1 TL Meersalz, 4 fein gehackte Zi-

tronenengrasstängel (nur weiße Teile), je
2 TL gehackten frischen Galgant und fein
zerteilte frische Kaffir-Limettenblätter,
1 EL gehackte frische Korianderwurzel,
5 gehackte rote asiatische Schalotten, 10
gehackte Knoblauchzehen und 16 entkernte und gehackte große grüne Chillies
zufügen. Zu einer glatten Paste verarbeiten. Ergibt 250 ml.

CHU-CHEE-CURRYPASTE

Backofen auf 180 °C (Gas 2) vorheizen.
10 große getrocknete rote Chillies in eine
hitzebeständige Schüssel legen, mit kochendem Wasser übergießen und
20 Minuten einweichen. Abgießen,
entkernen und das Fleisch grob hacken.

Inzwischen 1 TL Korianderkörner,
1 EL in Alufolie gewickelte Garnelenpaste und 1 EL weiße Pfefferkörner
auf ein Backblech legen und 5 Minuten
rösten.

Garnelenpaste aus der Folie nehmen
und mit den gerösteten Gewürzen und
den Chillies in einen Mörser oder einen
Mixer geben. 10 fein zerteilte frische
Kaffir-Limettenblätter, 10 gehackte rote
asiatische Schalotten, 2 TL fein geriebene
Kaffir-Limettenschale, 1 EL gehackte
frische Korianderstiele und -wurzel,
1 fein gehackten Zitronengrasstängel (nur
weiße Teile), 3 EL gehackten frischen
Galgant, 1 EL gehackte Krachai nach
Belieben (siehe Hinweis) und 6 gehackte
Knoblauchzehen zufügen und zu einer
glatten Paste verarbeiten. Bei Bedarf mit
Zitronensaft verdünnen. Ergibt 125 ml.
Hinweis: Krachai oder Kleiner Galgant ist
eine zur Ingwerfamilie gehörende Wurzel, die weniger intensiv schmeckt als
Galgant (Großer Galgant); sie ist in
Asienläden in Gläsern erhältlich. Man
kann sie weglassen, ohne den Geschmack
der Paste wesentlich zu beeinträchtigen.

GELBE CURRYPASTE

8 frische kleine grüne Chillies, 5 grob
gehackte rote asiatische Schalotten,
1 gehackten Zitronengrasstängel (nur
das Weiße), 2 gehackte Knoblauchzehen,
2 EL fein gehackten frischen Galgant,
je 1 EL Limettensaft und fein gehackte
Korianderstiele und -wurzel, je 1 TL gemahlenen Koriander und Kreuzkümmel
und je ½ TL gemahlene Kurkuma und
schwarze Pfefferkörner im Mörser oder
Mixer zu einer feinen Paste verarbeiten.
Ergibt 125 ml.

*VON LINKS: Rote Currypaste, grüne Currypaste,
Chu-chee-Currypaste, gelbe Currypaste*

VERSCHIEDENE CURRYPASTEN

BALTI-CURRYPASTE

4 EL Korianderkörner, 2 EL Kreuzkümmelsamen, 2 zerkleinerte Zimtstangen, je 2 TL Fenchelsamen, schwarze
Senfsamen und Kardamomsamen,
1 TL Bockshornkleesamen und 6 Gewürznelken einzeln in einer kleinen
Pfanne bei mittlerer Hitze 2–3 Minuten
rösten, bis jedes Gewürz duftet.

Abkühlen lassen, dann alles zusammen
im Mörser oder im Mixer fein mahlen.
20 frische Curryblätter, 4 frische Lorbeerblätter, 1 EL gemahlene Kurkuma,

2 durchgepresste Knoblauchzehen,
1 EL geriebener frischer Ingwer, 1½ TL
Chilipulver und 185 ml Malzessig oder
roten Essig zufügen und gründlich
vermengen.

125 ml Pflanzenöl erhitzen und die
Paste unter Rühren 5 Minuten braten.
60 ml Malzessig oder roten Essig zufügen
und gründlich verrühren. Ergibt 250 ml.

MADRAS-CURRYPASTE

2½ EL Korianderkörner und 1 EL
Kreuzkümmelsamen in der Pfanne
30 Sekunden bis 1 Minute getrennt
rösten, bis sie duften; darauf achten, dass
sie nicht zu dunkel werden. Abkühlen
lassen, dann im Mixer oder Mörser fein
mahlen.

Gewürze in eine kleine Schüssel geben
und 2 durchgepresste Knoblauchzehen,
2 TL geriebenen frischen Ingwer,
je 1 TL braune Senfsamen, Chilipulver,
gemahlene Kurkuma und Salz und

½ TL zerdrückte schwarze Pfefferkörner zugeben. Gründlich vermengen, 3–4 EL weißen Essig (Tafelessig) zugeben und zu einer glatten Paste verrühren. Ergibt 125 ml.

VINDALOO-CURRYPASTE

2 EL geriebener frischer Ingwer, 4 gehackte Knoblauchzehen, 4 gehackte frische rote Chillies, je 1 EL gemahlenen Koriander und Kreuzkümmelsamen, je 2 TL gemahlene Kurkuma und gemahlenen Kardamom, 1 TL gemahlenen Zimt, 4 Gewürznelken, 6 Pfefferkörner und 125 ml Apfelessig im Mixer 20 Sekunden zu einer glatten Paste verarbeiten. Ergibt 125 ml.

MUSAMAN-CURRYPASTE

Backofen auf 180 °C (Gas 2) vorheizen. 10 getrocknete rote Chillies in einer hitzebeständigen Schüssel mit kochendem Wasser übergießen und 20 Minuten einweichen. Abgießen, entkernen und das Fleisch grob hacken.

Inzwischen 5 gehackte rote asiatische Schalotten, 1 fein gehackten Zitronengrasstängel (nur weiße Teile), 1 EL gehackten frischen Galgant, 10 gehackte Knoblauchzehen, 3 Kardamomkapseln, 1 EL Korianderkörner, 1 TL Kreuzkümmelsamen, 1 TL in Alufolie gewickelte Garnelenpaste und ¼ TL schwarze Pfefferkörner auf einem Backblech im Backofen 5 Minuten rösten, bis sie duften.

Garnelenpaste aus der Folie nehmen und mit den gerösteten Gewürzen, gehackten Chillies, ½ TL gemahlener Muskatnuss und je ¼ TL gemahlenem Zimt und gemahlenen Nelken im Mörser oder im Mixer zu einer glatten Paste verarbeiten. Ist die Mischung zu trocken, mit etwas weißem Essig (Tafelessig) verdünnen. Ergibt 125 ml.

DSCHUNGEL-CURRYPASTE

12 große getrocknete rote Chillies in kochendem Wasser 20 Minuten einweichen. Abgießen und hacken.

Inzwischen 1 EL Garnelenpaste in Alufolie wickeln und 1 Minute unter dem Grill erhitzen, bis sie duftet.

Garnelenpaste aus der Folie nehmen und mit den Chillies, 4 roten asiatischen Schalotten, 4 gehackten Knoblauchzehen, 1 klein geschnittenen Zitronengrasstängel (nur weiße Teile), 2 gehackten kleinen Korianderwurzeln, je 1 EL fein gehacktem frischem Galgant und fein gehacktem frischem Ingwer und je 1 TL gemahlenem weißem Pfeffer und Salz im Mixer pürieren. Bei Bedarf mit etwas Wasser verdünnen. Ergibt 125 ml.

VON LINKS: Balti-Currypaste, Madras-Currypaste, Vindaloo-Currypaste, Musaman-Currypaste, Dschungel-Currypaste

1 Tamarindenmark mit 125 ml kochendem Wasser in eine Schüssel geben und abkühlen lassen. Mit den Fingern die Tamarinde zerdrücken, bis sie sich auflöst, dann durch ein Sieb gießen. Die Flüssigkeit beiseite stellen, die Tamarindenreste wegwerfen.

2 Einen beschichteten Wok bei hoher Temperatur erhitzen und das Öl darin schwenken. Das Fleisch portionsweise bei großer Hitze 5 Minuten bräunen. Die Hitze reduzieren und das Fleisch mit Kokosmilch und Kardamom 1 Stunde köcheln lassen, bis das Fleisch weich ist. Mit dem Schaumlöffel herausnehmen und die Flüssigkeit durch ein Sieb gießen.

3 Kokoscreme im Wok erhitzen und Currypaste hineinrühren. 10 Minuten kochen, bis sich das Öl absondert.

4 Fischsauce, Zwiebeln, Kartoffeln, Fleisch, Palmzucker, Erdnüsse, Tamarindenwasser und die Kochflüssigkeit zufügen und 20-30 Minuten köcheln lassen, bis die Flüssigkeit sämig wird.

Hinweis: Die Zwiebeln und die Kartoffeln müssen klein und alle gleich groß sein (je 25–30 g), damit sie gleichmäßig garen. Für dieses Rezept muss ein beschichteter Wok oder einer aus Edelstahl verwendet werden, da die Tamarinde mit der Schicht, die sich im Eisenblechwok aufbaut, reagiert und dem Gericht einen unangenehmen Geschmack verleiht.

THAI-MUSAMANCURRY MIT RINDFLEISCH
(Gaeng Musaman nuer)

Vorbereitungszeit: 30 Minuten + Kühlzeit
Kochzeit: 2 Stunden
Für 4 Personen

✷ ✷

1 EL Tamarindenmark

2 EL Pflanzenöl

750 g mageres Rindfleisch vom Kamm,
    gewürfelt

500 ml Kokosmilch

4 Kardamomkapseln, zerdrückt

500 ml Kokoscreme

2 EL Musaman-Currypaste

2 EL Fischsauce

8 kleine Zwiebeln (siehe Hinweis)

8 kleine Kartoffeln (siehe Hinweis)

2 EL Palmzucker, gerieben

80 g Erdnüsse, geröstet und gemahlen

*OBEN: Thai-Musamancurry
mit Rindfleisch*

INDISCHE AUBERGINEN-PICKLES
(Brinjal achar)

1 kg dünne asiatische Auberginen längs halbieren, die Schnittfläche mit Salz bestreuen und 30 Minuten ziehen lassen. Inzwischen 6 Knoblauchzehen, 1 EL grob gehackter frischer Ingwer, 1 EL Garam masala, 1 TL gemahlene Kurkuma, 1 TL Chilipulver und 1 EL Pflanzenöl im Mixer zu einer Paste verarbeiten. Salz von den Auberginen spülen und mit Küchenkrepp trockentupfen. 80 ml Pflanzenöl in einer großen Bratpfanne erhitzen und die Auberginen 5 Minuten goldbraun braten. Gewürzpaste zufügen und unter Rühren 2 Minuten kochen. 410 ml Pflanzenöl hineinrühren und unter gelegentlichem Rühren 10–15 Minuten kochen. In sterile vorgewärmte Gläser füllen und luftdicht verschließen. Im Kühlschrank bis zu 5 Tage haltbar. Zu indischen Currygerichten servieren. Ergibt etwa 500 ml bzw. 24 Portionen.

THAILÄNDISCHER RIND-FLEISCHCURRY MIT KÜRBIS
(Gaeng nuer fug tong)

Vorbereitungszeit: 20 Minuten
Kochzeit: 1 Stunde 30 Minuten
Für 6 Personen

2 EL Pflanzenöl

750 g Rindfleisch (Bug oder Schaufel),
  in dünne Scheiben geschnitten

4 EL Musaman-Currypaste

2 Knoblauchzehen, fein gehackt

1 Zwiebel, längs in Scheiben
  geschnitten

6 frische Curryblätter, zerteilt

750 ml Kokosmilch

450 g Butternusskürbis, grob gewürfelt

2 EL Erdnüsse, gehackt

1 EL Palmzucker

2 EL Tamarindenpüree

2 EL Fischsauce

Curryblätter zum Garnieren

1 Einen beschichteten Wok bei hoher Temperatur erhitzen und das Öl darin schwenken. Das Fleisch portionsweise 5 Minuten bräunen und aus dem Wok nehmen.
2 Currypaste, Knoblauch, Zwiebel und Curryblätter in den Wok geben und kurz umrühren. Das Fleisch zugeben und bei mittlerer Hitze unter Rühren 2 Minuten braten.
3 Kokosmilch zugießen, dann die Hitze reduzieren und 45 Minuten köcheln lassen, bis Fleisch und Gemüse weich sind und die Sauce sämig ist.
4 Erdnüsse, Palmzucker, Tamarindenpüree und Fischsauce hineinrühren und 1 Minute köcheln lassen. Mit Curryblättern garnieren und mit Reis servieren.
Hinweis: Für dieses Rezept ist ein beschichteter Wok erforderlich, da die in der Tamarinde enthaltene Säure die Schicht, die sich am Eisenblechwok aufbaut, ablösen kann.

OBEN: Thailändischer Rindfleischcurry mit Kürbis

261

PANANG-RINDFLEISCH

Vorbereitungszeit: 30 Minuten
+ 20 Minuten Einweichzeit
Kochzeit: 1 Stunde
Für 4–6 Personen

★ ★

Currypaste

8–10 große getrocknete rote Chillies

6 rote asiatische Schalotten, gehackt

6 Knoblauchzehen, gehackt

1 TL gemahlener Koriander

1 EL gemahlener Kreuzkümmel

1 TL weißer Pfeffer

2 Stängel Zitronengras, nur weiße Teile,
zerdrückt und klein geschnitten

1 EL frischer Galgant, gehackt

6 frische Korianderwurzeln

2 TL Garnelenpaste

2 EL Erdnüsse, geröstet

400 ml Kokoscreme (Dose nicht schütteln)

1 kg Rindfleisch (Bug oder Keule), in 1 cm dicke
Scheiben geschnitten

400 ml Kokosmilch

90 g Crunchy Peanut Butter (Erdnussbutter mit
Erdnussstückchen)

4 frische Kaffir-Limettenblätter

60 ml Limettensaft

2½ EL Fischsauce

3–4 EL Palmzucker, gerieben

Erdnüsse, gehackt und geröstet, zum Garnieren

frisches Thai-Basilikum zum Garnieren

1 Für die Currypaste die Chilis mit kochendem Wasser übergießen und 20 Minuten einweichen. Die Samen entfernen und das Fleisch grob hacken. Mit Schalotten, Knoblauch, gemahlenem Koriander und Kreuzkümmel, Pfeffer, Zitronengras, Galgant, Korianderwurzeln, Garnelenpaste und Erdnüssen im Mixer zu einer glatten Paste pürieren; bei Bedarf etwas Wasser zugeben.

2 Die dicke Creme von der Kokosmilch abschöpfen und im Wok bei mittlerer Hitze 10 Minuten kochen, bis sich das Öl absondert. 8 EL Currypaste hineinrühren und unter häufigem Rühren 5–8 Minuten kochen, bis sie duftet.

3 Rindfleisch, Kokosmilch, Erdnussbutter, Limettenblätter und restliche Kokoscreme zufügen und 8 Minuten kochen, bis sich das Fleisch gerade verfärbt. Hitze auf geringste Stufe zurückschalten und 30 Minuten köcheln lassen, bis das Fleisch weich ist; öfter umrühren, damit es nicht am Wok haften bleibt.

4 Limettensaft, Fischsauce und Zucker unter Rühren mit dem Curry gründlich vermengen. Curry in Schüsseln mit Erdnüssen und Basilikum garniert servieren.

Hinweis: Panang-Curry and Musaman-Curry sind die beiden thailändischen Currys, die den indischen am meisten ähneln. Dies liegt daran, dass sie viele der getrockneten Gewürze verwenden, die auch in indischen Currys enthalten sind. Diese kräftigen Aromen, die auf den muslimischen Einfluss im Süden Thailands zurückzuführen sind, eignen sich eher für Gerichte mit rotem Fleisch wie Rind oder Lamm als für Geflügel- oder Meeresfrüchtecurrys.

UNTEN: Panang-Rindfleisch

LÖWENKOPF-KLÖSSE

Vorbereitungszeit: 20 Minuten
+ 20 Minuten Einweichzeit
Kochzeit: 45 Minuten
Für 4 Personen

6 getrocknete Shiitake-Pilze

100 g Glasnudeln

600 g Gehacktes vom Schwein

1 Eiweiß

4 Knoblauchzehen, fein gehackt

2 EL frischer Ingwer, fein gerieben

1 EL Maisstärke

1 1/2 EL chinesischer Reiswein

6 Frühlingszwiebeln, in feine Ringe geschnitten

2 EL Erdnussöl

2 l selbst gemachte Hühnerbrühe oder
   Fertigprodukt

60 ml helle Sojasauce

1 EL Zucker

400 g Pak-Choi, längs halbiert, Blätter getrennt

1 Pilze mit 250 ml kochendem Wasser übergießen und 20 Minuten einweichen. Ausdrücken und Einweichwasser beiseite stellen. Von den harten Stielen befreien und in feine Scheiben schneiden. Inzwischen Nudeln in einer hitzebeständigen Schüssel mit kochendem Wasser über-

gießen und 4–5 Minuten einweichen. Abgießen und abschrecken.
2 Hackfleisch, Eiweiß, Knoblauch, Ingwer, Maisstärke, Reiswein, 2 Drittel der Frühlingszwiebeln und Salz im Mixer stoßweise pürieren, bis alle Zutaten vollständig vermengt sind. Mischung in 8 Portionen teilen und mit den nassen Händen jeweils zu großen abgeflachten Klößen formen.
3 Den Wok stark erhitzen und das Öl darin schwenken. Die Fleischklöße portionsweise auf jeder Seite 2 Minuten goldbraun braten, aber nicht durchgaren. Auf Küchenkrepp abtropfen lassen.
4 Wok säubern und abtrocknen, dann die Hühnerbrühe hineingeben und zum Kochen bringen. Fleischklöße, Sojasauce, Zucker und Pilze zugeben, dann zugedeckt bei schwacher Hitze 20–25 Minuten kochen, bis die Klöße gar sind.
5 Pak-Choi und Nudeln hineingeben und zugedeckt 5 Minuten kochen, bis die Nudeln heiß sind. Mit der restlichen Frühlingszwiebel bestreuen und servieren.

LÖWENKOPF-KLÖSSE
Diese ostchinesische Spezialität wird traditionell mit Chinakohl zubereitet, schmeckt aber mit Pak-Choi, wie im Rezept links, ebenso gut. Die Fleischklöße verdanken ihren Namen der Tatsache, dass ihre Form an einen Löwenkopf erinnern soll, wobei die Gemüseblätter die Mähne darstellen. Nach der Überlieferung wurde das Gericht von einer Frau für ihren betagten Vater erfunden, der sämtliche Zähne verloren hatte und nur noch weiche Speisen zu sich nehmen konnte. Trotz der eher flüssigen Form wird das Gericht nicht als Suppe, sondern mit Nudeln (wie hier) oder Reis gegessen.

OBEN: Löwenkopf-Klöße

untermischen. Mit Klarsichtfolie zudecken und im Kühlschrank 20 Minuten marinieren lassen.

2 Einen Wok stark erhitzen, das Öl hineingeben und schwenken, bis es gleichmäßig verteilt ist. Das Fleisch portionsweise zufügen und jede Portion 2–3 Minuten braun braten.

3 Das Fleisch auf einer Servierplatte anrichten, mit den Nüssen und dem frischen Koriander bestreuen und mit gedämpftem Reis servieren.

KNOBLAUCH-RINDFLEISCH MIT ROTER PAPRIKA

Vorbereitungszeit: 5 Minuten
  + 15 Minuten Marinierzeit
Kochzeit: 15 Minuten
Für 4 Personen

1 EL chinesischer Reiswein

2 TL helle Sojasauce

1 Knoblauchzehe, fein gehackt

1/4 TL gemahlener weißer Pfeffer

2 EL Pflanzenöl

1/4 TL Salz

500 g mageres Rinderfilet, quer zur Faser in dünne Scheiben geschnitten

1 kleine rote Paprika, in 4 cm lange Stifte geschnitten

Knoblauchsauce

1 TL Stärkemehl

2 TL Pflanzenöl

4 Knoblauchzehen, fein gehackt

4 Frühlingszwiebeln, fein gehackt (weiße und grüne Teile getrennt)

200 ml heiße Hühnerbrühe

2 TL vegetarische Austernsauce

2 TL Chili-Knoblauch-Sauce

1/2–1 TL Chiliöl

1 Reiswein, Sojasauce, Knoblauch, Pfeffer, 1 TL Öl und Salz in einer Schüssel mischen. Das Fleisch zufügen, zudecken und für mindestens 15 Minuten kühl stellen.

2 Einen Wok stark erhitzen, 2 TL Öl hineingeben und im Wok schwenken. Die Paprika zufügen und 1–2 Minuten unter Rühren braten, bis sie gar ist. Herausnehmen.

3 Das restliche Öl im Wok erhitzen, das Fleisch in 2 Portionen zufügen und jeweils 2–3 Minuten unter Rühren braten. Herausnehmen.

CHILI-RINDFLEISCH

Vorbereitungszeit: 10 Minuten
  + 20 Minuten Marinierzeit
Kochzeit: 10 Minuten
Für 4 Personen

60 ml Ketjap Manis

2 1/2 TL Sambal Oelek

2 Knoblauchzehen, durchgepresst

1/2 TL gemahlener Koriander

1 EL geriebener Palmzucker

1 TL Sesamöl

400 g mageres Rinderfilet, quer zur Faser in dünne Scheiben geschnitten

1 EL Erdnussöl

2 EL geröstete Erdnüsse, gehackt

3 EL frische Korianderblätter, gehackt

1 Ketjap Manis, Sambal Oelek, Knoblauch, gemahlenen Koriander, Palmzucker, Sesamöl und 2 EL Wasser in einer großen Schüssel vermengen. Das Fleisch zufügen und gut

OBEN: Chili-Rindfleisch

4 Für die Knoblauchsauce das Mehl mit 1 EL Wasser verrühren und beiseite stellen. Das Öl in den Wok geben und die Hitze stark reduzieren. Den Knoblauch und die weißen Teile der Frühlingszwiebeln zufügen und 30 Sekunden braten. Die Brühe zugießen und gründlich rühren. Die Sauce bei starker Hitze zum Kochen bringen und leicht reduzieren. Austernsauce, Chili-Knoblauch-Sauce und Chiliöl zugeben und verrühren, dann die Mehlpaste untermischen. 1–2 Minuten kochen, bis die Sauce eindickt.

5 Paprika und Fleisch wieder in den Wok geben und schnell unterrühren, bis alles heiß ist. Mit den grünen Spitzen der Frühlingszwiebeln garnieren und sofort servieren.

RINDFLEISCH MIT SPARGEL UND AUSTERNSAUCE

Vorbereitungszeit: 10 Minuten
  + 15 Minuten Marinierzeit
Kochzeit: 10 Minuten
Für 4 Personen

1 EL helle Sojasauce
1/2 TL Sesamöl
1 EL chinesischer Reiswein
500 g mageres Rinderfilet, quer zur Faser in
  dünne Scheiben geschnitten

2 1/2 EL Pflanzenöl
200 g frische dünne Spargelstangen, jeweils
  schräg in 3 Stücke geschnitten
3 Knoblauchzehen, durchgepresst
2 TL frischer Ingwer, in feine Streifen
  geschnitten
60 ml Hühnerbrühe
2–3 EL Austernsauce

1 Sojasauce, Sesamöl und 2 TL Reiswein in einer großen Schüssel mischen. Das Fleisch zufügen, mit Klarsichtfolie zudecken und im Kühlschrank 15 Minuten marinieren.

2 Einen Wok stark erhitzen, 1 EL Pflanzenöl hineingeben und schwenken, bis es gleichmäßig verteilt ist. Den Spargel zufügen und 1–2 Minuten unter Rühren braten. Aus dem Wok nehmen und beiseite stellen.

3 Bei starker Hitze 1 weiteren EL Öl im Wok heiß werden lassen, dann das Fleisch in 2 Portionen zugeben und jeweils 1–2 Minuten unter Rühren braten. Das Fleisch aus dem Wok nehmen und zum Spargel geben.

4 Das restliche Öl in den Wok geben. Bevor es zu heiß wird, Knoblauch und Ingwer zufügen und 1 Minute unter Rühren braten. Brühe, Austernsaucee und den restlichen Reiswein in den Wok gießen, zum Kochen bringen und 1–2 Minuten kochen, bis die Sauce leicht reduziert ist. Fleisch und Spargel wieder hineingeben und 1 weitere Minute rühren, bis alles heiß ist. Sofort mit gedämpftem Reis servieren.

CHINESISCHE ETIKETTE
Die chinesischen Tischsitten erfordern es, beide Hände während des Essens auf dem Tisch zu lassen. Mit der einen Hand hält man die Reisschüssel und mit der anderen die Stäbchen. Die Ursprünge dieser Regel gehen auf das 3. Jahrhundert n. Chr. zurück. Damals kam es während eines großen Banketts zu Ausschreitungen: Soldaten, die am Bankett teilnahmen, hatten Dolche unter dem Tisch versteckt und griffen damit plötzlich die anderen Gäste an.

LINKS: Rindfleisch mit Spargel und Austernsauce

TERIYAKI

Teriyaki ist eine aus Japan stammende Zubereitungsart, bei der Lebensmittel wie Fleisch, Huhn oder Fisch am Ende der Grill- oder Bratzeit mit einer speziellen, süßen Marinade glasiert werden. Teri bedeutet im Japanischen Glanz und yaki Grillen oder Braten. Teriyaki ist heute fast in der ganzen Welt bekannt. Man versteht darunter inzwischen mehr die Teriyaki-Sauce selbst, mit ihren drei bevorzugten japanischen Zutaten Mirin, Sake und Sojasauce, als die Zubereitungsart (siehe nebenstehendes Rezept). Teriyaki-Sauce kann leicht zu Hause zubereitet werden, sie ist aber auch in Asienläden und einigen Supermärkten erhältlich.

OBEN: Teriyaki-Rindfleisch mit Sojabohnen

TERIYAKI-RINDFLEISCH MIT SOJABOHNEN

Vorbereitungszeit: 15 Minuten
+ 1 Nacht Einweichzeit
Kochzeit: 20 Minuten
Für 4 Personen

400 g getrocknete Sojabohnen, enthülst

1 EL Mirin

je 2 EL Sake und japanische Sojasauce

2 TL Zucker

1 EL Erdnussöl

700 g mageres Rinderfilet, quer zur Faser in
    dünne Scheiben geschnitten

6 Frühlingszwiebeln, in feine Ringe geschnitten

2 Knoblauchzehen, gehackt

2 TL frischer Ingwer, fein gehackt

50 g Sojabohnensprossen, geputzt

1 rote Paprika, in dünne Streifen geschnitten

1 Die Sojabohnen 1 Nacht in Wasser einweichen. Im Einweichwasser bei schwacher Hitze 2–2 1/2 Stunden kochen. Abgießen und abtropfen lassen.

2 Für die Sauce Mirin, Sake, japanische Sojasauce und Zucker in einer kleinen Schüssel oder einem Gefäß mischen und beiseite stellen.

3 Einen großen Wok stark erhitzen. 2 TL Erdnussöl hineingeben und im Wok schwenken, bis es gleichmäßig verteilt ist. Das Fleisch in 3 Portionen jeweils 3–4 Minuten braten, bis es gut gebräunt ist; vor dem Zufügen der zweiten und dritten Portion weiteres Öl zugeben. Herausnehmen. Die Frühlingszwiebeln zufügen und 30 Sekunden unter Rühren weich braten.

4 Das Fleisch wieder in den Wok geben, Knoblauch, Ingwer, Sojabohnen, Sojabohnensprossen und Paprika zufügen und 2 Minuten unter Rühren braten. Die Sauce zugießen und rühren, bis sie vollständig erhitzt ist. Heiß mit gedämpftem Reis servieren.

RINDFLEISCH MIT ZITRONENGRAS

Vorbereitungszeit: 15 Minuten
  + 10 Minuten Marinierzeit
Kochzeit: 25 Minuten
Für 4 Personen

3 Knoblauchzehen, fein gehackt

1 EL geriebener frischer Ingwer

4 Stängel Zitronengras (nur weiße Teile), fein
  zerkleinert

2¹/₂ EL Pflanzenöl

600 g mageres Rinderfilet, quer zur Faser in
  dünne Scheiben geschnitten

1 EL Limettensaft

1–2 EL Fischsauce

2 EL Ketjap Manis

1 große rote Zwiebel, in schmale Schnitze
  geteilt

200 g grüne Spargelbohnen, schräg in
  5 cm lange Stücke geschnitten

1 Knoblauch, Ingwer, Zitronengras und 2 TL
Öl in einer großen Schüssel vermengen. Das
Fleisch gründlich untermischen, mit Klarsichtfolie zudecken und im Kühlschrank mindestens
10 Minuten marinieren.
2 Für die Sauce Limettensaft, Fischsauce und
Ketjap Manis in einer kleinen Schüssel oder
einem Gefäß mischen und beiseite stellen.
3 Einen Wok stark erhitzen, 1 EL Öl hineingeben und im Wok schwenken. Das Fleisch darin
portionsweise jeweils 2–3 Minuten unter Rühren braun braten. Herausnehmen.
4 Den Wok wieder stark erhitzen, das restliche
Öl darin heiß werden lassen, dann die Zwiebel
zufügen und 2 Minuten unter Rühren braten.
Die Bohnen zugeben und weitere 2 Minuten
braten, anschließend das Fleisch wieder in der
Wok geben. Die Sauce hineingießen und
kochen, bis sie heiß ist. Mit gedämpftem Reis
servieren.

ZITRONENGRAS

Achten Sie beim Kauf von
Zitronengras darauf, dass es
frisch ist – das Ende der
Stängel sollte nicht zu trocken sein und noch einen
starken Zitronenduft aus-
strömen. Wenn Sie nur selten frisches Zitronengras
bekommen können, emp-
fiehlt es sich, bei Gelegenheit gleich eine größere
Menge zu kaufen, und es in
Klarsichtfolie eingewickelt
einzufrieren. Zitronengras
bewahrt seinen Duft recht
gut, wenn es eingefroren
wird. Wenn Sie gar kein frisches Zitronengras auftrei-
ben können, nehmen Sie
stattdessen Zitronensaft
oder -zesten. Verwenden
Sie aber kein getrocknetes
Zitronengras als Ersatz,
denn es hat zu wenig Ge-
schmack und duftet kaum.

*LINKS: Rindfleisch mit
Zitronengras*

RINDFLEISCH MIT SPARGEL-BOHNEN UND BASILIKUM

Vorbereitungszeit: 10 Minuten
  + 2 Stunden Marinierzeit
Kochzeit: 10 Minuten
Für 4 Personen

3 frische Bird's-eye-Chilis, entkernt und fein
  gehackt
3 Knoblauchzehen, durchgepresst
2 EL Fischsauce
1 TL geriebener Palmzucker
2 EL Erdnuss- oder Pflanzenöl
400 g mageres Rinderfilet, quer zur Faser in
  dünne Scheiben geschnitten
150 g Spargelbohnen, in 3 cm lange Stücke
  geschnitten
30 g frisches Thai-Basilikum
frische Bird's-eye-Chili, in dünne Ringe
  geschnitten, zum Garnieren

1 Chilis, Knoblauch, Fischsauce, Palmzucker
und 1 EL Öl in einer großen Schüssel
vermengen. Das Fleisch gründlich untermischen,
zudecken und im Kühlschrank 2 Stunden
marinieren.
2 Einen Wok erhitzen, 2 TL Öl hineingeben
und im Wok schwenken. Das Fleisch in 2
Portionen bei starker Hitze unter Rühren
braten, bis es leicht gebräunt ist. Herausnehmen.

3 Das restliche Öl im Wok erhitzen, dann die
Bohnen und 60 ml Wasser zufügen und alles
bei starker Hitze 3–4 Minuten unter regelmäßigem Rühren weich garen. Das Fleisch wieder in
den Wok geben und das Basilikum zufügen.
Weitere 1–2 Minuten garen, bis alles heiß ist.
Mit den Chiliringen garnieren und sofort
servieren.

RINDFLEISCH MIT ROTER BOHNENPASTE

Vorbereitungszeit: 20 Minuten
Kochzeit: 15 Minuten
Für 4–6 Personen

2 EL helle Sojasauce
je 1 EL chinesischer Reiswein und Austernsauce
1 EL rote Bohnenpaste
2 TL braune Bohnensauce
1–2 EL Erdnussöl
600 g mageres Rinderfilet, quer zur Faser in
  dünne Scheiben geschnitten
1 Zwiebel, in schmale Schnitze geteilt
2 Knoblauchzehen, durchgepresst
1 frische rote Chili
120 g grüne Bohnen, geputzt; lange Bohnen
  halbiert

RECHTS: Rindfleisch mit
Spargelbohnen und Basilikum

1 Für die Sauce Sojasauce, Reiswein, Austernsauce, rote Bohnenpaste und braune Bohnensauce in einer Schale mischen. Beiseite stellen.

2 Den Wok mit geschlossenem Deckel stark
erhitzen, 1 EL Öl hineingeben und im Wok
schwenken. Das Fleisch portionsweise bei starker
Hitze jeweils 2 Minuten unter Rühren braun
braten; bei Bedarf weiteres Öl zufügen. Herausnehmen.

3 Den Wok erhitzen, die Zwiebel zugeben und
3–5 Minuten braten, bis sie gebräunt ist, dann
Knoblauch und Chili zufügen und 1 weitere
Minute braten. Die Bohnen untermischen, die
Sauce hineingießen, den Deckel auflegen und
alles 3 Minuten garen.

4 Den Deckel abnehmen, das Fleisch wieder in
den Wok geben und 1–2 Minuten unter Rühren braten, bis alles gut gemischt und das Fleisch
wieder heiß ist. Mit gedämpftem Reis servieren.

RINDFLEISCH MIT INGWER

Vorbereitungszeit: 20 Minuten
    + 15 Minuten Marinierzeit
Kochzeit: 15 Minuten
Für 4 Personen

1 Knoblauchzehe, durchgepresst

1 TL geriebener frischer Ingwer

60 ml Ketjap Manis

60 ml chinesischer Reiswein

1 TL Zucker

Prise Fünf-Gewürze-Pulver

500 g mageres Rinderfilet, quer zur Faser in
    dünne Scheiben geschnitten

$1/2$ TL Stärkemehl

60 ml Erdnussöl

1 rote Zwiebel, in schmale Schnitze geteilt

$1 1/2$ EL frischer Ingwer, in feine Streifen
    geschnitten

400 g chinesischer Brokkoli (gai-larn), in 6 cm
    lange Stücke geschnitten

1 Knoblauch, geriebenen Ingwer, Ketjap Manis,
Reiswein, Zucker und Fünf-Gewürze-Pulver in
einer großen Schüssel vermengen. Die Fleisch-
scheiben untermischen, zudecken und im Kühlschrank mindestens 15 Minuten marinieren.

2 Das Stärkemehl mit 1 EL Wasser zu einer
Paste verrühren.

3 Einen Wok stark erhitzen, 1 EL Öl hineingeben und im Wok schwenken. Die Hälfte des

Fleisches mit einer Zange oder einem Schaumlöffel aus der Marinade nehmen, in den Wok
geben und 2–3 Minuten unter Rühren braten,
bis es gebräunt und gerade gar ist.
Herausnehmen. Den Vorgang mit weiterem Öl
und dem Rest des Fleisches wiederholen. Die
Marinade aufbewahren.

4 Das restliche Öl in den Wok geben und die
Zwiebel darin 2–3 Minuten unter Rühren braten, bis sie weich zu werden beginnt, dann den
in Streifen geschnittenen Ingwer zufügen und
1 weitere Minute unter Rühren braten. Den
chinesischen Brokkoli untermischen und alles
2–3 Minuten garen, bis der Brokkoli
zusammengefallen und weich ist.

5 Das Fleisch wieder in den Wok geben und die
aufbewahrte Marinade und den Fleischsaft
zugießen. Die Mehlpaste zufügen und rühren,
bis alles gründlich gemischt ist. 1–2 Minuten
weiter garen, bis die Sauce leicht eingedickt und
das Fleisch wieder heiß ist. Mit gedämpftem
Reis oder Nudeln servieren.

OBEN: Rindfleisch mit Ingwer

SATAY-GERICHTE IM STRASSENVERKAUF

Satay- oder Saté-Gerichte bestehen meist aus Rind-, Schweine- oder Hühnerfleisch, das in Kokosmilch und Gewürzen mariniert wurde, dann an Spießen schnell über Kohle gegrillt und mit einer würzigen Erdnuss-Sauce serviert wird. Satay-Gerichte gehören zu den Speisen, die in Südostasien häufig von Straßenhändlern angeboten werden. Sie haben meist in der Nähe von Märkten und beliebten Restaurants ihren Stand aufgebaut. In einigen Gegenden geben Kellner aus nahe gelegenen Restaurants Bestellungen aus ihrer Gaststätte an die Straßenverkäufer weiter, nehmen dann das fertige Satay-Gericht mit und setzen den Betrag dafür mit auf die Restaurantrechnung. In Malaysia, Thailand und Indonesien gibt es so viele Straßenhändler, dass man von einer regelrechten kulinarischen Subkultur sprechen kann. Manche Touristen in diesen Ländern glauben, dass das Essen von Straßenhändlern keine so gute Qualität hat wie das Essen in Restaurants, doch in vielen Fällen ist genau das Gegenteil der Fall. Die Menschen stehen Schlange vor den beliebtesten Straßenständen.

OBEN: Lamm-Satay

LAMM-SATAY

Vorbereitungszeit: 10 Minuten
Kochzeit: 15 Minuten
Für 4 Personen

60 ml Erdnussöl

750 g Lammfilet, quer zur Faser in dünne Scheiben geschnitten

2 TL gemahlener Kreuzkümmel

1 TL gemahlener Kurkuma

1 rote Paprika, in Streifen geschnitten

60 ml süße Chilisauce

60 g Erdnussbutter

250 ml Kokosmilch

2 TL weicher brauner Zucker

1–2 EL Zitronensaft, nach Belieben

4 EL frische Korianderblätter, gehackt

40 g ungesalzene Erdnüsse, geröstet und gehackt, zum Servieren

1 Einen Wok stark erhitzen, 1 EL Öl hineingeben und im Wok schwenken. Die Hälfte des Fleisches zufügen und 3 Minuten unter Rühren braun braten. Herausnehmen. Vorgang mit 1 EL Öl und dem restlichen Fleisch wiederholen.
2 Den Wok wieder erhitzen, das restliche Öl, Kreuzkümmel, Kurkuma und Paprika zufügen und 2 Minuten unter Rühren braten.

3 Das Fleisch wieder in den Wok geben. Chilisauce, Erdnussbutter, Kokosmilch und Zucker unterrühren. Zum Kochen bringen, dann die Hitze reduzieren und 5 Minuten köcheln lassen, bis das Fleisch weich und die Sauce leicht eingedickt ist. Vom Herd nehmen und den Zitronensaft zugießen. Den Koriander unterrühren und mit den Erdnüssen bestreuen. Servieren.

LAMMFLEISCH AUF SALATBLÄTTERN

Vorbereitungszeit: 15 Minuten
  + 10 Minuten Marinierzeit
Kochzeit: 10 Minuten
Für 4 Personen

2 TL helle Sojasauce

2 TL chinesischer Reiswein

300 g mageres Lammhackfleisch

8 Blätter junger Römischer Salat

2 EL Pflanzenöl

2 Knoblauchzehen, durchgepresst

2 rote asiatische Schalotten, fein gehackt

1 frische Bird's-eye-Chili, fein gehackt

120 g Wasserkastanien, fein gewürfelt

5 frische Babymaiskölbchen, fein gewürfelt

1 EL vegetarische Austernsauce

1 EL Ketjap Manis

2–3 EL Hühnerbrühe

Prise weißer Pfeffer

90 g Bohnensprossen, geputzt

2 EL frische Minze, fein zerpflückt

1 EL frische Korianderblätter, zerkleinert

frittierte Schalotten, zum Garnieren

1 Sojasauce und 1 TL Reiswein in einer Schüssel verrühren. Das Fleisch gut untermischen und mindestens 10 Minuten marinieren.
2 Inzwischen die Salatblätter waschen, trocknen und auf einer Servierplatte verteilen.
3 Einen Wok stark erhitzen, 1 EL Öl hineingeben und im Wok schwenken. Knoblauch, Schalotten und Chili zufügen und 30 Sekunden unter Rühren braten. Wasserkastanien und Babymais zugeben und 1 weitere Minute unter Rühren braten. Alles herausnehmen.
4 Den Wok sauber wischen, stark erhitzen, das restliche Öl hineingeben und im Wok schwenken. Wenn das Öl raucht, das Fleisch zufügen, schnell rühren, um die Klumpen aufzulösen, dann 4–5 Minuten unter Rühren gar braten. Austernsauce, Ketjap Manis, Brühe und den restlichen Reiswein zugeben, mit Pfeffer würzen und gut umrühren. Die Wasserkastanienmischung wieder in den Wok geben, die Bohnensprossen zufügen und alles gründlich mischen. Vom Herd nehmen und die Minze unterrühren.
5 Die Fleischmischung gleichmäßig auf die Salatblätter verteilen, mit Koriander und Schalotten garnieren. Servieren.

LAMMFLEISCH MIT MINZE

Vorbereitungszeit: 10 Minuten
Kochzeit: 15 Minuten
Für 4 Personen

60 ml Limettensaft

2 EL süße Chilisauce

2 EL Fischsauce

2 EL Pflanzenöl

750 g Lammfilet, quer zur Faser in dünne Scheiben geschnitten

2 Knoblauchzehen, fein gehackt

1 kleine rote Zwiebel, in Schnitze geteilt

1 frische Bird's-eye-Chili, fein gehackt

10 g frische Minze

1 Für die Sauce Limettensaft, Chili- und Fischsauce in einer kleinen Schüssel verrühren.
2 Einen Wok stark erhitzen, 1 EL Öl hineingeben und im Wok schwenken, bis es gleichmäßig verteilt ist. Das Fleisch portionsweise zufügen und jeweils 2 Minuten braten, bis es gebräunt ist. Herausnehmen.
3 Das restliche Öl im Wok erhitzen, Knoblauch und Zwiebel hineingeben und 1 Minute unter Rühren braten, dann die Chili zufügen und weitere 30 Sekunden braten. Das Fleisch wieder in den Wok geben, die Sauce hineingießen und 2 Minuten bei starker Hitze kochen. Die Minze unterrühren. Mit Jasminreis servieren.

LINKS: Lammfleisch mit Minze

1 Knoblauch, Ingwer, Reiswein, Sojasauce, Hoisin-Sauce und Sesamöl in einer großen Schüssel vermengen. Das Fleisch gründlich untermischen. Zudecken und im Kühlschrank 1 Nacht marinieren, dabei gelegentlich umrühren.

2 Einen Wok stark erhitzen, 1 EL Öl hineingeben und im Wok schwenken. Die Frühlingszwiebeln zufügen und 1 Minute unter Rühren braten. Herausnehmen, das Öl im Wok lassen.

3 Das Fleisch aus der Marinade nehmen; die Marinade aufbewahren. Das Fleisch in 4 Portionen in den Wok geben und jeweils 1–2 Minuten unter Rühren braten, bis es braun, aber noch nicht ganz gar ist; vor dem Zufügen der zweiten bis vierten Portion weiteres Öl zugeben und sicherstellen, dass der Wok sehr heiß ist. Alles Fleisch mit der Flüssigkeit und die Frühlingszwiebeln in den Wok geben und 1 Minute unter Rühren braten, bis das Fleisch gar ist.

4 Fleisch und Frühlingszwiebeln mit einem Schaumlöffel aus dem Wok nehmen und in eine Servierschüssel geben; die Flüssigkeit im Wok lassen. Die Marinade mit Chili- und Hoisin-Sauce in den Wok geben und 3–4 Minuten kochen lassen, bis die Sauce eindickt und sirupähnlich wird. Die Sauce über das Fleisch gießen, alles gut mischen und mit Reis servieren.

LAMM MIT KREUZKÜMMEL

Vorbereitungszeit: 15 Minuten
  + 10 Minuten Marinierzeit
Kochzeit: 10 Minuten
Für 4 Personen

je 1 EL dunkle Sojasauce, chinesischer Reiswein und helle Sojasauce

500 g mageres Lammfilet, quer zur Faser in dünne Scheiben geschnitten

80 ml Hühner- oder Gemüsebrühe

2 TL dunkler chinesischer Essig

2 TL Chili-Knoblauch-Sauce

2 EL Pflanzenöl

1 rote Zwiebel, in schmale Schnitze geteilt

1 TL Kreuzkümmelsamen, leicht zerstoßen

1 Knoblauchzehe, durchgepresst

1 TL frischer Ingwer, fein gehackt

75 g Schnittknoblauch, geputzt und Halme halbiert.

1 Dunkle Sojasauce, Reiswein und 2 TL helle Sojasauce in einer großen Schüssel vermengen.

MONGOLISCHES LAMM

Vorbereitungszeit: 25 Minuten
  + 1 Nacht Marinierzeit
Kochzeit: 15 Minuten
Für 4–6 Personen

2 Knoblauchzehen, durchgepresst

2 TL fein geriebener frischer Ingwer

60 ml chinesischer Reiswein

60 ml Sojasauce

2 EL Hoisin-Sauce

1 TL Sesamöl

1 kg Lammfilet, quer zur Faser in dünne Scheiben geschnitten

80 ml Erdnussöl

6 Frühlingszwiebeln, in 3 cm lange Stücke geschnitten

2 TL Chilisauce

1½ EL Hoisin-Sauce, zusätzlich

OBEN: Mongolisches Lamm

Das Fleisch gründlich untermischen. Mit Klarsichtfolie zudecken und im Kühlschrank mindestens 10 Minuten marinieren.

2 Brühe, Essig, Chili-Knoblauch-Sauce und die restliche helle Sojasauce in einem kleinen Gefäß mischen. Beiseite stellen.

3 Einen Wok stark erhitzen, 1 EL Öl hineingeben und im Wok schwenken. Das Fleisch in 2 Portionen zufügen und 1–2 Minuten unter Rühren braun braten. Herausnehmen.

4 Das restliche Öl im Wok erhitzen, die Zwiebel darin 2 Minuten unter Rühren braten. Kreuzkümmel, Knoblauch, Ingwer und Schnittknoblauch zufügen und 30 Sekunden garen. Die Sauce zugießen und zum Kochen bringen, bis sie leicht eindickt und mit den anderen Zutaten vermischt ist. Das Fleisch wieder in den Wok geben und schnell unterrühren. Mit gedämpftem Reis und asiatischem Gemüse servieren.

NUDELSALAT MIT LAMM-FLEISCH UND TOMATEN

Vorbereitungszeit: 20 Minuten
+ 2 Stunden Marinierzeit
Kochzeit: 20 Minuten
Für 4 Personen

✦

1 TL scharfer Senf

2 EL Pflanzenöl

60 ml Balsamessig

1/2 TL Pfeffer

400 g Lammfilet, quer zur Faser in dünne Scheiben geschnitten

250 g Chasoba-Nudeln

60 ml helle Sojasauce

2 EL Mirin

1–2 TL Sesamöl

1/2 TL Zucker

1 TL Salz

2 Gemüsegurken, der Länge nach halbiert und schräg in dünne Scheiben geschnitten

2 große Tomaten, in 1 cm große Würfel geschnitten

15 g frische Korianderblätter

2 Frühlingszwiebeln, schräg in feine Ringe geschnitten

1 EL Sesamsamen, leicht geröstet

1 Senf, 1 EL Öl, 1 EL Essig und Pfeffer in einer großen Schüssel verrühren. Das Fleisch gründ-lich untermischen. Zudecken und für 2 Stunden in den Kühlschrank stellen.

2 Die Nudeln in einen großen Topf mit kochendem Wasser geben und rühren, bis sie sich voneinander lösen. 250 ml kaltes Wasser zugießen und wieder zum Kochen bringen. Noch 3-mal 250 ml Wasser zugießen, jeweils wenn das Wasser zu kochen beginnt. Abgießen, mit kaltem Wasser abspülen. In eine Schüssel geben.

3 Sojasauce, Mirin, Sesamöl, Zucker, den restlichen Essig und 1/2 TL Salz verrühren. Die Hälfte des Dressings unter die Nudeln ziehen.

4 Gurken, Tomaten und 1/2 TL Salz in eine Schüssel geben und gut vermengen. Mit Koriander und Frühlingszwiebeln zu den Nudeln geben und alles gründlich mischen.

5 Einen Wok stark erhitzen, das restliche Öl hineingeben und im Wok schwenken. Das Fleisch abtropfen lassen, dann im Wok in 2 Portionen jeweils 2–3 Minuten unter Rühren braten, bis es den gewünschten Gargrad erreicht hat. Den Nudelsalat auf Servierschüsseln verteilen, das Fleisch darüber legen. Mit Dressing beträufeln. Mit Sesamsamen bestreuen, servieren.

UNTEN: Nudelsalat mit Lammfleisch und Tomaten

PHAD THAI
(Nudeln auf thailändische Art)

Vorbereitungszeit: 30 Minuten
+ 15–20 Minuten Einweichzeit
Kochzeit: 10 Minuten
Für 4–6 Personen

250 g getrocknete Reisstäbchennudeln

1 kleine frische rote Chilli, gehackt

2 Knoblauchzehen, gehackt

2 Frühlingszwiebeln, in Ringe geschnitten

1 EL Tamarindenpüree, mit 1 EL Wasser
verrührt

1½ EL Zucker

je 2 EL Fischsauce und Limettensaft

2 EL Pflanzenöl

2 Eier, verquirlt

150 g Schweinefilet, in Scheiben geschnitten

8 große rohe Garnelen, küchenfertig, aber
Schwänze ungeschält

100 g frittierte Tofuwürfel, in feine Streifen
geschnitten

90 g Bohnensprossen, geputzt

40 g geröstete Erdnüsse, gehackt

3 EL frische Korianderblätter

1 Limette, in Spalten geteilt

1 Die Nudeln in warmem Wasser 15–20 Minuten einweichen. Abtropfen lassen.
2 Chilli, Knoblauch und Frühlingszwiebeln in einem Mörser zerdrücken. Tamarindenpüree, Zucker, Fischsauce, Limettensaft untermischen.
3 Einen Wok stark erhitzen, 1 EL Öl hineingeben und im Wok schwenken. Die Eier zufügen, schwenken und 1–2 Minuten garen, bis sie fest sind. Herausnehmen und in Stücke teilen.
4 Das restliche Öl erhitzen und die Chilimischung darin 30 Sekunden unter Rühren braten. Das Fleisch zufügen und 2 Minuten unter Rühren braten. Die Garnelen zugeben und 1 weitere Minute rühren und braten.
5 Nudeln, Ei, Tofu und die Hälfte der Bohnensprossen zufügen und rühren, bis alles heiß ist.
6 Mit Erdnüssen, Koriander, Limettenspalten und Bohnensprossen garnieren und servieren.
Hinweis: Nehmen Sie für dieses Gericht einen Wok mit Antihaftbeschichtung oder aus Edelstahl, da das Tamarindenpüree mit dem Metall anderer Woks reagieren würde.

CHINESISCHES SCHWEINE-FILET MIT BROKKOLI

Vorbereitungszeit: 10 Minuten
Kochzeit: 10 Minuten
Für 4 Personen

60 ml Hühner- oder Gemüsebrühe

60 ml Austernsauce

1 EL Ketjap Manis

1,6 kg chinesischer Brokkoli (gai larn), in 5 cm
lange Stücke geschnitten

1 EL Erdnussöl

1 Stück frischer Ingwer (2 cm groß), in feine
Streifen geschnitten

2 Knoblauchzehen, durchgepresst

500 g chinesisches gegrilltes Schweinefilet,
in dünne Scheiben geschnitten

UNTEN: Phad Thai

Schneiden Sie die Salatblätter mit einer Schere so zurecht, dass Körbchen entstehen.

1 Für die Sauce Brühe, Austernsauce und Ketjap Manis in einer kleinen Schüssel verrühren.
2 Den Brokkoli in einen Dämpfeinsatz geben und in einem Topf oder Wok über köchelndem Wasser 5 Minuten garen, bis er weich wird, aber noch knackig ist.
3 Einen Wok stark erhitzen, das Öl hineingeben und im Wok schwenken. Ingwer und Knoblauch zufügen und 30 Sekunden unter Rühren braten. Brokkoli und Fleisch gut untermischen. Die Sauce zugießen. Rühren, bis alles vermischt und heiß ist. Mit Reis oder Nudeln servieren.

SAN CHOY BAU
(Schweinehackfleisch auf Salatblättern)

Vorbereitungszeit: 25 Minuten
Kochzeit: 10 Minuten
Ergibt 12 kleine oder 4 große Portionen

 ★ ★

60 ml Austernsauce
2 TL Sojasauce
60 ml Sherry
1 TL Zucker
1 1/2 EL Pflanzenöl
1/4 TL Sesamöl
3 Knoblauchzehen, durchgepresst
3 TL geriebener frischer Ingwer
6 Frühlingszwiebeln, schräg in Ringe geschnitten
500 g Schweinehackfleisch
100 g Bambussprossen, fein gehackt
100 g Wasserkastanien, abgetropft und fein gehackt
1 EL Pinienkerne, geröstet
12 kleine oder 4 große ganze Salatblätter (z. B. Eisbergsalat), zu Körbchen geschnitten
Austernsauce, zum Servieren (nach Belieben)

1 Für die Sauce Austern- und Sojasauce, Sherry und Zucker in einer kleinen Schüssel verrühren.
2 Einen Wok stark erhitzen, das Pflanzen- und Sesamöl hineingeben und im Wok schwenken. Knoblauch, Ingwer und die Hälfte der Frühlingszwiebeln zufügen und 1 Minute unter Rühren braten. Das Hackfleisch zugeben und 3–4 Minuten braten, bis es gerade gar ist.
3 Bambussprossen, Wasserkastanien und die restlichen Frühlingszwiebeln zufügen. Die Sauce zugießen, 2–3 Minuten garen, bis die Flüssigkeit etwas eindickt. Die Pinienkerne unterrühren.
4 Auf den Salatblättern verteilen. Nach Belieben mit Austernsauce beträufeln, dann servieren.

OBEN: San choy bau

NUDELN MIT HACKFLEISCH UND BOHNENSAUCE

Vorbereitungszeit: 10 Minuten
Kochzeit: 15 Minuten
Für 4–6 Personen

★★

60 ml braune Bohnensauce, 2 EL Hoisin-Sauce

200 ml Hühnerbrühe

1/2 TL Zucker

2 EL Erdnussöl

3 Knoblauchzehen, fein gehackt

6 Frühlingszwiebeln, in Ringe geschnitten, weiße
und grüne Teile getrennt

650 g Schweinehackfleisch

500 g frische Shanghai-Nudeln

1 Salatgurke, der Länge nach halbiert, entkernt
und schräg in Scheiben geschnitten

30 g frische Korianderblätter

90 g Bohnensprossen, geputzt

1 EL Limettensaft

1 Bohnen- und Hoisin-Sauce, Hühnerbrühe
und Zucker mischen und glatt rühren.
2 Einen Wok stark erhitzen, das Öl hineingeben
und im Wok schwenken. Knoblauch und die
weißen Teile der Frühlingszwiebeln zufügen
und 10–20 Sekunden anbraten. Das Fleisch zugeben und bei starker Hitze 2–3 Minuten braun
braten. Die Saucenmischung zugießen, die Hitze

reduzieren und 7–8 Minuten köcheln lassen.
3 Die Nudeln in einem großen Topf mit
kochendem Wasser 4–5 Minuten weich garen.
Abtropfen lassen, abspülen und auf kleine Schüsseln verteilen. Gurke, Koriander, Bohnensprossen, Limettensaft und restliche Frühlingszwiebeln vermengen. Die Fleischmischung über die
Nudeln geben und den Salat darauf verteilen.

SCHWEINEFILET IN SCHWARZER BOHNENSAUCE

Vorbereitungszeit: 10 Minuten
+ 1 Stunde Marinierzeit
Kochzeit: 15 Minuten
Für 4 Personen

★

2 Knoblauchzehen, durchgepresst

2 TL fein geriebener frischer Ingwer

2 EL Pflanzenöl

600 g Schweinefilet, quer zur Faser in dünne
Scheiben geschnitten

2–3 EL gesalzene schwarze Bohnen, abgespült

60 ml Hühnerbrühe

1 1/2 EL Sojasauce

1 1/2 TL Stärkemehl

1 TL Zucker

1/4 TL Sesamöl

1 kleine Zwiebel, in feine Ringe geschnitten

*OBEN: Nudeln mit
Hackfleisch und
Bohnensauce*

3 Frühlingszwiebeln, schräg in Ringe geschnitten
Salz und Pfeffer, nach Geschmack

1 Knoblauch, Ingwer und 2 TL Öl in einer
Schüssel mischen. Das Fleisch zugeben, zudecken und 1 Stunde kühl stellen.
2 Die Bohnen mit Brühe, Sojasauce, Mehl und
Zucker in ein kleines Gefäß geben. Gut mischen
und die Bohnen mit einer Gabel zerdrücken.
3 Einen Wok stark erhitzen. Das Sesamöl und
1 EL Pflanzenöl hineingeben und schwenken.
Das Fleisch portionsweise jeweils 3 Minuten
unter Rühren braun braten. Herausnehmen.
4 Das restliche Öl in den Wok geben und die
Zwiebel darin 2 Minuten unter Rühren braten.
Das Fleisch wieder in den Wok geben, Bohnensauce und Frühlingszwiebeln zufügen. 3 Minuten
rühren, bis die Sauce zu kochen beginnt und eindickt. Würzen. Als Teil einer Mahlzeit servieren.

KARAMELL-SCHWEINE-FLEISCH MIT KÜRBIS

Vorbereitungszeit: 15 Minuten
Kochzeit: 20 Minuten
Für 4 Personen

✳

500 g Schweinefilet, quer zur Faser in dünne
Scheiben geschnitten

2 Knoblauchzehen, durchgepresst
2–3 EL Erdnussöl
Salz und frisch gemahlener Pfeffer
300 g Birnen- oder Gartenkürbis, in etwa
2 x 4 cm große und 5 mm dicke Stücke geschnitten
60 g weicher brauner Zucker
je 60 ml Fischsauce und Reisessig
2 EL frische Korianderblätter, gehackt

1 Das Fleisch in eine Schüssel geben, Knoblauch
und etwa 2 TL Öl untermischen und mit Salz
und Pfeffer würzen.
2 Einen Wok stark erhitzen, 1 EL Öl hineingeben und im Wok schwenken. Das Fleisch in
2 Portionen jeweils etwa 1 Minute unter Rühren braten. Das Fleisch auf eine Platte geben.
3 Das restliche Öl in den Wok geben und den
Kürbis etwa 4 Minuten unter Rühren braten,
bis er weich ist, aber noch nicht auseinanderfällt.
Herausnehmen und zum Fleisch geben.
4 Zucker, Fischsauce, Reisessig und 125 ml
Wasser in den Wok geben und gut verrühren.
Zum Kochen bringen und etwa 10 Minuten kochen, bis die Mischung sirupartig ist. Fleisch und
Kürbis wieder in den Wok geben und 1 Minute
rühren, bis alles gut vermischt und wieder heiß
ist. Die Korianderblätter hineinrühren. Sofort
mit gedämpftem Reis und nach Belieben mit
asiatischem Gemüse servieren.

*UNTEN: Karamell
Schweinefleisch mit Kürbis*

GEFLÜGEL

ROSMARIN

Sein Name stammt aus dem Lateinischen und bedeutet „Tau des Meeres", vermutlich weil er in Küstennähe wächst; es heißt, Seeleute konnten ihn riechen, noch lange bevor Land in Sicht kam. Seit römischer Zeit wird die Heilkraft ebenso wie das Aroma des Rosmarins geschätzt. Das Gewürz sollte zurückhaltend eingesetzt werden, da sein kräftiger Geschmack das Aroma der anderen Zutaten sonst überdeckt. Rosmarin gehört mit Petersilie zu den beliebtesten Kräutern der italienischen Küche und wird häufig für Braten verwendet. Es empfiehlt sich, nach Möglichkeit frischen Rosmarin zu kaufen und die Spitzen von den jüngeren, aromatischeren Zweigen abzuschneiden.

OBEN: Gebratenes Hähnchen mit Rosmarin

GEBRATENES HÄHNCHEN MIT ROSMARIN

Zubereitungszeit: 15 Minuten + 10 Minuten Ruhezeit
Kochzeitzeit: 1 Stunde
Für 4 Personen

1 Hähnchen (1,5–1,8 kg)

Salz und Pfeffer

6 große frische Rosmarinzweige

4 Knoblauchzehen

3 EL Olivenöl

1 Backofen auf 220 °C (Gas 45) vorheizen. Hähnchen innen und außen waschen und mit Küchenkrepp trockentupfen. Innen mit Salz und Pfeffer würzen und 4 Rosmarinzweige und die Knoblauchzehen hineinlegen.
2 Das Hähnchen außen mit 1 EL Öl einreiben, mit Salz und Pfeffer würzen und auf einer Seite in den Bräter legen. Die restlichen Rosmarinzweige und das restliche Öl um das Hähnchen verteilen.

3 Das Hähnchen auf der mittleren Schiene des Backofens 20 Minuten braten. Wenden, mit dem ausgetretenen Saft begießen und weitere 20 Minuten braten. Die Brust nach oben drehen, erneut begießen und weitere 15 Minuten braten. Mit einer Messerspitze zwischen Körper und Schlegel einstechen; das Hähnchen ist gar, wenn klarer Saft austritt. Auf einer vorgewärmten Platte mindestens 10 Minuten ruhen lassen.
4 Das meiste Fett vom Bratensaft abgießen und den Bräter bei starker Hitze auf die Herdplatte setzen. 2 EL Wasser zugeben und mit einem Holzlöffel den Bratensatz vom Boden lösen. Salzen und pfeffern und über das Hähnchen gießen.

MARJORAM SALMORIGLIO

Das Dressing wird auf Sizilien oft zu Fisch oder anderen Meeresfrüchten gereicht. Im Mörser 2 EL frischen Majoran zerstoßen, in eine Schüssel geben und nach und nach 125 ml Olivenöl extra vergine und 1 EL Zitronensaft einrühren. Mit Salz und Pfeffer würzen. Statt Majoran kann man Thymian oder Oregano verwenden.

BRATHUHN MIT PINIEN-KERNEN UND REIS GEFÜLLT

Vorbereitungszeit: 30 Minuten
Kochzeit: 2 Stunden 30 Minuten
Für 4–6 Personen

Füllung

60 g geklärte Butter (siehe Hinweis) oder
    Ghee, zerlassen

1 Zwiebel, gehackt

1 TL Piment, gemahlen

60 g Basmatireis

30 g Walnüsse, gehackt

50 g Pinienkerne

55 g Sultaninen

125 ml Hühnerbrühe

1/2 TL Salz

1/4 TL frisch gemahlener schwarzer Pfeffer

1 Huhn (1,6 kg), 170 ml Hühnerbrühe

1 Backofen auf 180 °C (Gas 2) vorheizen. Die Hälfte der Butter in eine große Pfanne geben und die Zwiebel bei mittlerer Hitze 5 Minuten glasig braten. Den Piment unterrühren.

2 Den Reis und die Nüsse in die Pfanne geben und 3–4 Minuten bei mittlerer bis starker Hitze braten. Sultaninen, Brühe und 60 ml Wasser zufügen. Zum Kochen bringen, dann die Hitze reduzieren und 8–10 Minuten köcheln lassen, bis das Wasser aufgesogen ist. Abkühlen lassen.

3 Das Huhn innen und außen mit kaltem Wasser abspülen und mit Küchenkrepp trockentupfen.

4 Die abgekühlte Füllung in die Bauchhöhle des Huhns geben. Das Huhn mit Küchengarn dressieren, in einen Bräter legen und Salz und Pfeffer mit den Fingern in die Haut reiben.

5 Die restliche Butter über das Huhn geben, dann die Brühe in die Form gießen. 2 Stunden 10 Minuten braten, dabei alle 20–25 Minuten mit Bratensaft begießen. Das Huhn vor dem Tranchieren 15 Minuten ruhen lassen.

Hinweis: Die Butter zum Klären in einem Topf bei schwacher Hitze zerlassen, dann vom Herd nehmen und die festen Eiweißbestandteile auf den Topfboden absinken lassen. Man verwendet nur die gelbe Flüssigkeit, das reine Fett. Die Ablagerungen am Topfboden wegwerfen.

PINIENKERNE
Diese kleinen Samen aus den Zapfen verschiedener Kiefernarten sind teuer, weil ihre Ernte sehr arbeitsintensiv ist. Da Pinienkerne einen hohen Fettgehalt haben und deshalb schnell ranzig werden, empfiehlt es sich, sie erst unmittelbar vor Gebrauch zu kaufen. Notfalls kann man sie in einem luftdichten Behälter bis zu 3 Monate im Kühlschrank aufbewahren oder bis zu 9 Monate einfrieren. Ihr Aroma entfaltet sich, wenn sie in einer Pfanne oder unter dem Grill ohne Fettzugabe geröstet werden. Pinienkerne werden unter anderem für die Herstellung von Pesto verwendet. In der Küche des Nahen Osten sind sie eine beliebte Zutat für süße und pikante Gerichte. Die Wahl einer bestimmten Samen- oder Nussart weist auf die Herkunft des Kochs oder des Gerichts hin: Pinienkerne und Mandeln sind für die syrische und ägyptische Küche, Walnüsse für die türkische charakteristisch.

OBEN: Brathuhn mit Pinienkernen und Reis gefüllt

GEFÜLLTER TRUTHAHNBRATEN

Zubereitungszeit: 45 Minuten
  + Vorbereitung der Füllung
Kochzeit: 2 Stunden
Für 6–8 Personen

★ ★

1 junger Truthahn (etwa 3 kg)
Salz und Pfeffer
1 Rezeptmenge Füllung (siehe rechts)
2 EL Öl
500 ml Hühnerbrühe
2 EL Mehl

1 Innereien und Hals des Truthahns entfernen. Truthahn gut waschen. Innen und außen mit Küchenkrepp trockentupfen und mit Salz und Pfeffer einreiben. Den Backofen auf 180 °C (Gas 2–3) vorheizen.
2 Die gewünschte Füllung zubereiten und die Bauchhöhle des Truthahns mit der Füllung locker füllen. Flügel an der Unterseite zusammenstecken und die Öffnung der Bauchhöhle mit Spießen verschließen. Die Beine mit Küchengarn zusammenbinden und den Truthahn mit der Brustseite nach oben in einen Bräter legen. Öl und 125 ml Brühe vermengen und über den Truthahn gießen. Den Truthahn auf der unteren Schiene des Backofens 2 Stunden braten. Dabei nach etwa 1 Stunde Brust und Beine mit Aluminiumfolie bedecken. Aus dem Backofen nehmen, bedecken und 15 Minuten ruhen lassen.
3 Um die Sauce zuzubereiten, den Truthahn aus dem Bräter nehmen. Im Bräter bei schwacher Hitze 2 EL Bratensaft und das Mehl verrühren. Die Mehlschwitze dann bei mittlerer Hitze unter ständigem Rühren bräunen. Nach und nach die restliche Brühe zugießen und Sauce umrühren, bis sie aufgekocht und eingedickt ist.
Hinweis: Der Truthahn sollte erst unmittelbar bevor er in den Backofen geschoben wird, gefüllt werden. Die Füllung kann schon einige Zeit im Voraus vorbereitet und in der Tiefkühltruhe aufbewahrt werden. Falls man es vorzieht, die Füllung extra zu kochen, eine Backform einfetten, die Füllung hineingeben und 30 Minuten backen, bis sie goldbraun ist. Statt einer großen Form kann man auch Muffin-Backformen verwenden (Backzeit 15–20 Minuten). Alternativ die Füllung zu kleinen Bällchen kneten und in geschmolzener Butter oder Öl rundum goldbraun ausbacken.

ZITRONENFÜLLUNG

1 EL Öl in einer kleinen Bratpfanne erhitzen. Eine fein gehackte Zwiebel zugeben und glasig braten. In eine große Schüssel geben und abkühlen lassen. 200 g Hackfleisch, 2 zerdrückte Knoblauchzehen, 160 g Semmelbrösel, je 2 EL abgeriebene Schale einer unbehandelten Zitrone und einer unbehandelten Orange und 60 g fein gehackte Pekannüsse zugeben und gut vermischen. Mit Salz und Pfeffer abschmecken.

WÜRZIGE SALBEIFÜLLUNG

45 g Butter in einem kleinen Kochtopf schmelzen. Eine fein gehackte Zwiebel und einen geschnittenen Staudensellerie zugeben und bei mittlerer Hitze 3 Minuten andünsten. In eine Schüssel geben und 10 zerkleinerte frische Salbeiblätter, 160 g Semmelbrösel, 1½ TL getrockneten Salbei, 4 EL fein gehackte Petersilie, 2 leicht verschlagene Eiweiße, 1 TL Salz und ½ TL weißen Pfeffer zugeben und vermischen.

CASHEWKERNE-FÜLLUNG

60 g Butter in einem kleinen Kochtopf schmelzen. Eine fein gehackte Zwiebel zugeben und goldgelb braten. Abkühlen lassen, dann mit 370 g gekochtem Vollkornreis, 185 g gehackten getrockneten Aprikosen, 80 g ungesalzenen Cashewkernen, 3 EL fein gehackter Petersilie, 2 EL zerkleinerter frischer Minze und 1 EL Zitronensaft gründlich vermengen. Mit Salz und Pfeffer abschmecken. (Für dieses Rezept werden 200 g Vollkornreis benötigt.)

SPINAT-RICOTTA-FÜLLUNG

2 EL Öl in einem kleinen Kochtopf erhitzen. 1 fein gehackte Zwiebel und 2 zerdrückte Knoblauchzehen zugeben und bei mittlerer Hitze unter Rühren 5 Minuten anbraten. 500 g aufgetauten Spinat ausdrücken und zugeben. Unter Rühren 2–3 Minuten kochen, bis die Mischung sehr trocken ist. Vom Herd nehmen, in eine große Schüssel geben und abkühlen lassen. 80 g Pinienkerne, 80 g geriebenes Weißbrot, 400 g Ricotta und 200 g fein gehackte, getrocknete Tomaten zugeben und mischen. Mit Salz und Pfeffer abschmecken.

TRUTHAHN
Jahrhundertlang bestand das Hauptgericht eines Weihnachtsmahls aus einem Gänsebraten oder einem gekochten Karpfen. Erst im frühen 16. Jahrhundert brachten die Spanier den ursprünglich in Nordamerika vorkommenden Truthahn nach Europa. Sein saftiges Fleisch machte ihn seitdem in vielen Regionen Europas zu einem traditionellen und beliebten Weihnachtsgericht.

GEGENÜBERLIEGENDE SEITE: Gefüllter Truthahnbraten. Füllungen: In der Bauchhöhle Zitronenfüllung; in den Schüsseln mit Cashewkernen (oben links), mit Spinat und Ricotta; zu Bällchen geformt mit Salbei sowie mit Spinat und Ricotta.

ENTENBRATEN

Zubereitungszeit: 40 Minuten
Kochzeit: 2 Stunden 15 Minuten
Für 4 Personen

✻ ✻

1 junge Ente (2 kg), mit Hals

2 Hühnerflügel, zerkleinert

125 ml Weißwein

1 Zwiebel, gehackt

1 Karotte, in Scheiben geschnitten

1 reife Tomate, gewürfelt

Bouquet garni (Kräuterbund aus 1 Lorbeerblatt,
   Petersilie, Thymian und Majoran)

Salz und Pfeffer

Orangensauce

2 EL abgeriebene Schale einer unbehandelten
   Orange

170 ml Orangensaft

80 ml Cointreau

2 TL Stärkemehl

OBEN: Entenbraten

1 Entenhals, Hühnerflügel und Wein bei großer Hitze 5 Minuten aufkochen, bis der Wein auf die Hälfte reduziert ist. Zwiebel, Karotte, Bouquet garni und 500 ml Wasser zugeben, aufkochen und 40 Minuten köcheln lassen. Die Sauce passieren und 250 ml zur Seite stellen.

2 Den Backofen auf 180 °C (Gas 2–3) vorheizen. Die Ente in eine große Wanne legen und mit heißem Wasser begießen. Das Wasser abgießen und die Ente innen und außen trockentupfen. Mit einem dünnen Spieß die Haut der Ente rundum einstechen (Nicht bis zum Fleisch einstechen!). Salz und Pfeffer in die Haut reiben. Die Ente mit der Brust nach unten auf einem Bratrost in den Bräter legen und 50 Minuten braten.

3 Das Fett abschöpfen, die Ente wenden und mit der zubereiteten Brühe übergießen. Weitere 40 Minuten braten, bis die Entenbrust goldbraun ist. Die Ente aus dem Ofen nehmen und 15 Minuten warm stellen. Den Bratensaft für eine Braten- oder die Orangensauce zurückbehalten.

4 Für die Orangensauce das Fett vom Bratensaft abschöpfen. Bratensaft, Orangenschale, Orangensaft und Cointreau aufkochen und bei geringer Hitze 5 Minuten köcheln lassen. Stärkemehl mit 1 EL Wasser vermengen, zugeben und die Sauce unter ständigem Rühren kochen, bis sie eindickt.

GÄNSEBRATEN

Zubereitungszeit: 15 Minuten
Kochzeit: 1 Stunde 30 Minuten
Für 6 Personen

1 junge Gans (etwa 3 kg), frisch oder gefroren
Salz und Pfeffer
1 EL Mehl
2 EL Weinbrand
375 ml Hühnerbrühe
Brotsauce, zum Servieren

1 Wird eine gefrorene Gans verwendet, diese im Kühlschrank 1–2 Tage auftauen. Den Backofen auf 180 °C (Gas 2–3) vorheizen. Überflüssiges Fett in der Bauchhöhle der Gans entfernen, die Gans in eine große Wanne legen und mit heißem Wasser einige Zeit bedecken. Wasser abschütten und die Gans innen und außen trockentupfen.
2 Die Gans innen und außen mit Salz und Pfeffer einreiben und mit der Brust nach unten auf einem Bratrost in einen Bräter legen. Mit einem feinen Spieß die Haut der Gans rundum einstechen. Darauf achten, dass das Fleisch hierbei nicht verletzt wird.
3 Die Gans nach 1 Stunde Bratzeit aus dem Ofen nehmen, überschüssiges Fett abschöpfen, die Gans umdrehen und weitere 30 Minuten goldbraun knusprig braten. Aus dem Bräter nehmen und bedecken. 10 Minuten ruhen lassen und tranchieren.
4 Für die Sauce 2 EL Gänsefett im Bräter lassen, das restliches Fett abgießen. Das Mehl bei geringer Hitze in das Fett einrühren und die Mehlschwitze bei mittlerer Hitze unter ständigem Rühren bräunen. Darauf achten, dass das Mehl nicht anhaftet. Den Bräter vom Herd nehmen. Hühnerbrühe und Weinbrand schrittweise zugießen und mit der Mehlschwitze verrühren. Die Sauce wieder auf den Herd stellen, unter ständigen Rühren aufkochen und eindicken lassen. Mit Salz und Pfeffer abschmecken. Die Sauce mit der Brotsauce servieren.
Hinweis: Nach der angegebenen Kochzeit ist die Ganz durchgegart. Soll das Fleisch etwas weniger durch und noch saftiger sein, so können von der ersten Bratzeit 20 Minuten abgezogen werden.

UNTEN: Gänsebraten

HÜHNERBALLOTINE

Den Rumpf des Huhns am Rücken vom Halsansatz ausgehend aufschneiden.

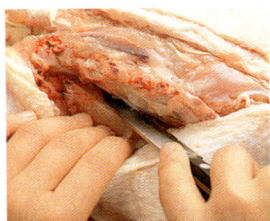

Das Fleisch vom Knochen lösen, dabei mit dem Messer den Knochen folgen.

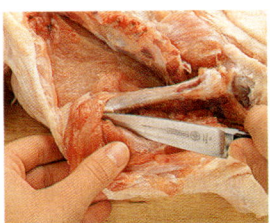

Nach und nach das Fleisch von Keule, Schlegel und Flügel lösen.

Das Fleisch mit der Füllung fest aufrollen, die Ränder sauber übereinander legen und mit Zahnstochern schließen.

OBEN: Hühnerballotine

HÜHNERBALLOTINE

Zubereitungszeit: 40 Minuten
Kochzeit: 1 Stunde 45 Minuten + Kühlzeit
Für 8 Personen

★ ★ ★

1 Huhn (ca. 1,6 kg)

2 rote Paprikaschoten

1 kg Mangold

30 g Butter

1 Zwiebel, fein gehackt

1 Knoblauchzehe, zerdrückt

50 g frisch geriebener Parmesan

80 g Weißbrot, gerieben

1 EL frischer Oregano, gehackt

200 g Ricotta

Salz und frisch gemahlener Pfeffer

1 Um das Huhn zu entbeinen, den Rumpf am Rücken vom Halsansatz ausgehend aufschneiden. Das Fleisch zur Brust hin vom Knochen lösen, dabei mit dem Messer den Knochen folgen. Nach und nach das Fleisch von Keule, Schlegel und Flügel lösen, dabei die Haut nicht verletzen. Die Keule am Gelenk drehen und durchschneiden sowie die Flügelspitzen abtrennen. Das Gerippe herausheben, dabei das Fleisch des Rumpfes an einem Stück lassen und das Fleisch der Keule nicht vom Rumpf trennen. Das Fleisch an Schlegel und Flügel ganz von den Knochen lösen und alle Knochen wegwerfen. Das Fleisch von Schlegel und Flügel nach innen stecken, das Huhn mit der Haut nach unten auf einem Küchenbrett flach ausbreiten und in den Kühlschrank stellen.

2 Den Backofen auf 180 °C (Gas 2–3) vorheizen. Paprikaschoten waschen, putzen, in dünne Streifen schneiden und diese mit der Hautseite nach oben grillen, bis die Haut Blasen bildet und geschwärzt ist. In einem Klarsichtbeutel abkühlen lassen und enthäuten.

3 Strunk des Mangolds entfernen und Blätter in feine Streifen schneiden. Butter in einer Bratpfanne schmelzen und Zwiebel und Knoblauch 5 Minuten braten, bis sie glasig sind. Mangold zugeben, rühren, bis die Blätter zusammenfallen und die Flüssigkeit verdampft ist. Kalt stellen. In der Küchenmaschine Mangold und Zwiebeln mit Parmesan, Weißbrot, Oregano und der Hälfte des Ricotta verarbeiten. Salzen und pfeffern.

4 Die Masse und dann die Paprikastreifen auf dem Huhn verteilen. Den restlichen Ricotta zu einer Wurst kneten und längs auf der Füllung verteilen. Das Fleisch mit der Füllung fest aufrollen, die Ränder genau übereinander legen und mit Zahnstochern schließen. Die Ballotine mit Küchengarn im Abstand von 3 cm zusammenbinden.

5 Aluminiumfolie einfetten, das Huhn darauf legen und sorgfältig in die Folie wickeln. Die Enden der Folie gut verschließen und das Huhn 1¼–1½ Stunden braten. Das Fleisch ist fertig, wenn beim Anstechen kein Blut, sondern klarer Saft austritt. Etwas abkühlen lassen, in den Kühlschrank stellen und ganz auskühlen lassen. Folie, Zahnstocher und Küchengarn entfernen und das Fleisch in etwa 1 cm dicke Scheiben servieren.

TRUTHAHNBRUST MIT PETERSILIENKRUSTE

Zubereitungszeit: 10 Minuten
Kochzeit: 45 Minuten
Für 8 Personen

1 kg Truthahnbrust
60 g Butter
4 Frühlingszwiebeln, fein gehackt
2 Knoblauchzehen, zerdrückt
160 g Weißbrot, gerieben
2 EL frische Petersilie, fein gehackt
Salz und Pfeffer
1 Ei, leicht verschlagen
Himbeer-Preiselbeer-Sauce (siehe S. 69) oder
  Rote-Bete-Relish (siehe S. 70) zum Servieren

1 Für die Petersilienkruste die Butter bei mittlerer Hitze schmelzen. Frühlingszwiebeln und Knoblauch zugeben und unter Rühren braten, bis sie weich sind. Weißbrot und Petersilie gut unterrühren und die Masse abkühlen lassen.
2 Den Backofen auf 180 °C (Gas 2–3) vorheizen. Den Truthahn auf einem Bratrost in den Bräter legen und mit Küchenkrepp trockentupfen. Mit Salz und Pfeffer einreiben und mit Ei einstreichen.
3 Die Petersilienkruste gleichmäßig auf die Truthahnbrust drücken. 45 Minuten braten, bis die Kruste leicht goldbraun ist. In Scheiben und mit Himbeer-Preiselbeer-Sauce oder Rote-Bete-Relish servieren.
Hinweis: Die Petersilienkruste kann 1 Tag im Voraus zubereitet werden. Die Truthahnbrust sollte entbeint und mit Haut sein; sie ist in Metzgereien oder Supermärkten erhältlich.

LINKS: Truthahnbrust mit Petersilienkruste (serviert mit Rote-Bete-Relish)

CACCIATORA

Das Wort bedeutet „auf Jägerart". Wie bei vielen anderen Gerichten der italienischen Küche gibt es auch hiervon unzählige regionale Variationen. In der Regel besteht das Gericht aus einem Hühner- oder Kaninchenfrikassee mit Tomaten, Zwiebeln und anderem Gemüse.

OBEN: Hähnchen cacciatora

HUHN CACCIATORA

Zubereitungszeit: 15 Minuten
Kochzeit: 1 Stunde
Für 4 Personen

★

60 ml Olivenöl

1 große Zwiebel, fein gehackt

3 Knoblauchzehen, zerdrückt

150 g Pancetta, fein gehackt

120 g junge Champignons, in dicke Scheiben geschnitten

1 Huhn (mindestens 1,6 kg), in 8 Stücke geteilt

Salz und Pfeffer

80 ml trockener Wermut oder Weißwein

800 g zerkleinerte Tomaten aus der Dose

1/4 TL brauner Zucker

1/4 TL Cayennepfeffer

1 Zweig frischer Oregano

1 Zweig frischer Thymian

1 Lorbeerblatt

1 In einem großen Schmortopf 30 ml Öl erhitzen. Zwiebel und Knoblauch darin 6–8 Minuten unter Rühren braten, bis die Zwiebel goldbraun ist. Pancetta und Pilze zugeben, die Temperatur erhöhen und unter Rühren 4–5 Minuten braten. Die Mischung in eine Schüssel geben.

2 Das restliche Öl in den Topf geben und das Huhn portionsweise bei mäßiger Hitze braun braten; dabei mit Salz und Pfeffer würzen. Überschüssiges Fett abschöpfen und alle Hühnerstücke wieder in den Topf geben. Die Temperatur erhöhen, Wermut zufügen und kochen, bis die Flüssigkeit fast verdunstet.

3 Tomaten, Zucker, Cayennepfeffer, Oregano, Thymian und Lorbeerblatt zugeben und 80 ml Wasser einrühren. Aufkochen, dann die Zwiebelmischung zufügen. Die Hitze reduzieren und das Gericht zugedeckt etwa 25 Minuten schmoren, bis das Hühnerfleisch weich ist, aber noch am Knochen haftet.

4 Ist die Sauce zu dünn, Huhn herausnehmen und bei stärkerer Hitze die Flüssigkeit einkochen. Die Kräuter entfernen und das Gericht abschmecken. Nach Belieben mit frischen Oregano- oder Thymianzweigen garnieren und mit gedämpftem Reis servieren.

HÄHNCHENPASTETE

Zubereitungszeit: 30 Minuten
Kochzeit: 1 Stunde 10 Minuten
Für 6 Personen

1 kg Hähnchenbrüste ohne Haut und Knochen

500 ml Hühnerbrühe

60 g Butter

2 Frühlingszwiebeln, geputzt und fein gehackt

60 g Mehl

125 ml Milch

8 Blätter Filoteig (40 x 30 cm)

60 g Butter, zerlassen

200 g Feta, zerkleinert

1 EL frischer Dill, gehackt

1 EL frischer Schnittlauch, gehackt

1/4 TL gemahlene Muskatnuss

1 Ei, leicht verschlagen

Salz und frisch gemahlener schwarzer Pfeffer

1 Hühnerfleisch in mundgerechte Stücke schneiden. Brühe in einem Topf bei starker Hitze zum Kochen bringen, auf kleinste Stufe schalten, Fleisch zugeben und 10–15 Minuten gar ziehen lassen. Abgießen, dabei die Brühe auffangen. Mit Wasser auf 500 ml verlängern. Backofen auf 180 °C (Gas 2) vorheizen.

2 Butter in einem Topf bei geringer Hitze zerlassen und Frühlingszwiebeln unter Rühren 5 Minuten braten. Mehl zufügen und 30 Sekunden rühren. Vom Herd nehmen, nach und nach unter ständigem Rühren Hühnerbrühe und Milch zugeben und langsam zum Kochen bringen. Einige Minuten köcheln lassen, bis die Sauce sämig wird. Vom Herd nehmen.

3 4 Blätter Filoteig jeweils auf einer Seite mit zerlassener Butter bestreichen und damit eine 25 x 18 x 4 cm große Backform auslegen, die gebutterten Seiten nach unten; der Teig hängt über den Rand der Form. Restliche Filoblätter mit einem feuchten Geschirrtuch bedecken, damit sie nicht austrocknen.

4 Hähnchen, Feta, Dill, Schnittlauch, Muskatnuss und Ei in die Sauce rühren und mit Salz und Pfeffer abschmecken. Die Mischung auf dem Filoteig verteilen, den überhängenden Teig über die Füllung klappen und die Pastete mit den restlichen Teigblättern bedecken, dabei jedes Blatt mit zerlassener Butter bestreichen. Die Ecken der Pastete so zusammendrücken, dass sie in die Form passen, und den Teig mit Butter bestreichen. 45–50 Minuten goldbraun und knusprig backen.

Hinweis: Statt Filoteig kann auch Blätterteig verwendet werden. In diesem Fall die Pastete zunächst 15 Minuten bei 220 °C (Gas 4–5) backen, Hitze auf 180 °C (Gas 2) reduzieren und weitere 30 Minuten backen.

OBEN: Hähnchenpastete

CERKES TAVUGU
(Tscherkessisches Huhn)

Vorbereitungszeit: 25 Minuten
Kochzeit: 1 Stunde
Für 6 Personen

★★

2 TL Paprikapulver

¼ TL Cayennepfeffer

1 EL Walnussöl

4 Hühnerbrüste mit Knochen und 4 Flügel

1 große Zwiebel, gehackt

2 Selleriestangen, grob gehackt

1 Möhre, gehackt

1 Lorbeerblatt

4 Zweige frische Petersilie

1 Zweig frischer Thymian

6 Pfefferkörner

1 TL Koriandersamen

Salz und Pfeffer

250 g Walnüsse, geröstet

2 Scheiben Weißbrot, Rinde entfernt

1 EL Paprikapulver

4 Knoblauchzehen, zerdrückt

1 Paprikapulver und Cayennepfeffer in eine kleine Pfanne geben und bei schwacher Hitze ohne Fettzugabe etwa 2 Minuten erhitzen, bis die Gewürze aromatisch duften, dann Öl zugeben und Pfanne beiseite stellen.

2 Hühnerbrüste und -flügel mit Zwiebel, Sellerie, Möhre, Lorbeerblatt, Petersilie, Thymian, Pfefferkörnern und Koriander in einen großen Topf geben. 1 l Wasser zugießen und zum Kochen bringen. Bei schwacher Hitze Mischung 15–20 Minuten köcheln lassen, bis das Hühnerfleisch weich ist. Vom Herd nehmen und abkühlen lassen, dann Hühnerfleisch herausnehmen. Brühe wieder erhitzen und 20–25 Minuten köcheln lassen, bis sie auf die Hälfte reduziert ist. Durchseihen, Fett abschöpfen und Brühe beiseite stellen. Haut vom Huhn entfernen und Fleisch in mundgerechte Stücke teilen. Mit Salz und Pfeffer würzen und mit etwas Brühe begießen. Beiseite stellen.

3 Einige Walnüsse für die Garnierung beiseite stellen und die restlichen im Mixer zu einer groben Paste verarbeiten. Brot mit 125 ml Brühe mischen, ebenfalls in den Mixer geben und stoßweise mehrmals kurz verrühren. Paprikapulver, Knoblauch und etwas Salz und Pfeffer zufügen und glatt pürieren. Nach und nach 250 ml warme Brühe zugießen, bis die Sauce glatt und flüssig ist. Nach Bedarf noch etwas Brühe zufügen.

4 Die Hälfte der Sauce mit dem Huhn mischen und auf einer Servierplatte anrichten. Restliche Sauce darüber gießen, dann mit dem gewürzten Öl beträufeln und mit den Walnüssen bestreuen. Zimmerwarm servieren.

TSCHERKESSISCHES HUHN

Dieses Gericht stammt aus dem kulinarischen Erbe der tscherkessischen Frauen, die zu Zeiten des Osmanischen Reiches zum Harem des Sultans gehörten. Die Tscherkessinnen, die gleichermaßen für ihre Schönheit und ihre Kochkünste berühmt waren, kreierten dieses köstliche Gericht, das ihren Namen trägt und zu einem Klassiker der türkischen Küche wurde.

RECHTS: Cerkes tavugu

HÄHNCHEN-SPECK-GOUGÈRES

Vorbereitungszeit: 50 Minuten
Backzeit: 30 Minuten
Für 6 Personen

60 g Butter
1–2 Knoblauchzehen, zerdrückt
1 rote Zwiebel, gehackt
3 Scheiben Frühstücksspeck oder Bacon, gehackt
30 g Mehl
375 ml Milch
125 ml Sahne
2 TL körniger Senf
250 g gekochtes Hühnerfleisch, gehackt
30 g frische Petersilie, gehackt

Brandteig

60 g Mehl
60 g kalte Butter, in Würfel geschnitten
2 Eier, leicht verquirlt
35 g geriebener Parmesan

1 Die Butter in einer Pfanne zum Schmelzen bringen und den Knoblauch, die Zwiebeln und den Frühstücksspeck darin 5–7 Minuten anbraten. Das Mehl einrühren und 1 Minute anschwitzen. Die Milch dazugeben und rühren, bis sie sich mit dem Mehl verbunden hat. 2 Minuten köcheln lassen, dann die Sahne und den Senf einrühren. Die Pfanne von der Kochstelle nehmen und das Hühnerfleisch und die Petersilie unterheben. Mit Pfeffer abschmecken.

2 Für den Brandteig das Mehl durchsieben. Die Butter und 125 ml Wasser in einem großen Topf unter Rühren zum Kochen bringen. Von der Kochstelle nehmen und das Mehl zügig mit einem hölzernen Kochlöffel einrühren. Wieder auf die Kochstelle stellen und weiterrühren, bis sich der Teig vom Topfrand löst und einen Klumpen bildet. In eine Schüssel umfüllen, leicht abkühlen lassen. Ab und zu umrühren, damit die Hitze entweichen kann. Die Eier in kleinen Portionen sorgfältig unterschlagen. So lange rühren, bis der Teig glänzt und so fest ist, dass ein Kochlöffel aufrecht darin stehen bleibt. Den Parmesan untermischen.

3 Den Backofen auf 210 °C vorheizen. Eine hohe runde Auflaufform (etwa 23 cm Ø) einfetten. Die Füllung hineingießen. Um den Außenrand herum den Brandteig esslöffelweise auf der Füllung platzieren. In den Backofen schieben und etwa 10 Minuten backen. Die Backofentemperatur auf 180 °C reduzieren. In weiteren 20 Minuten goldbraun backen. Nach Belieben mit etwas Parmesan bestreuen und kurz überbacken.

SENF
Senf wird aus den Samen der Senfpflanze hergestellt. Schon die alten Griechen und Römer schätzten den würzigen Geschmack der gelben Paste. Es gibt verschiedene Geschmacksvarianten: In Deutschland z. B. bevorzugt man mildwürzigen oder, besonders in Süddeutschland, süßen Senf, während die Franzosen lieber scharfen Senf essen. Der berühmteste französische Senf ist der Dijon-Senf, eine geschmacklich besonders feine Variante, die seit 1634 ausschließlich in Frankreich hergestellt werden darf. Englischer Senf ist besonders scharf, denn er enthält Cayennepfeffer. Je nachdem, ob die Senfkörner gemahlen werden, ist der Senf körnig oder nicht. Weitere wesentliche Zutaten sind Essig, Weinmost, Pfeffer, Salz und andere Gewürze sowie Meerrettich.

LINKS: Hähnchen-Speck-Gougères

HÄHNCHEN-LAUCH-TARTE

Zubereitungszeit: 20 Minuten
Backzeit: 40 Minuten
Für 4 Personen

✩ ✩

50 g Butter

2 große Stangen Lauch, in Ringe geschnitten

4 Frühlingszwiebeln, in Scheiben geschnitten

1 Knoblauchzehe, zerdrückt

30 g Mehl

375 ml Hühnerbrühe

125 ml Sahne

280 g gebratenes Hähnchenfleisch, gehackt

2 Fertig-Blätterteigplatten, aufgetaut

60 ml Milch

1 Die Butter schmelzen und darin Lauch, Frühlingszwiebeln und Knoblauch bei geringer Hitze 6 Minuten garen, bis der Lauch weich, aber nicht braun ist. Das Mehl einrühren und 1 Minute erhitzen, bis die Mischung schäumt. Vom Herd nehmen und nach und nach die Brühe einrühren. Unter Rühren erhitzen, bis die Sauce aufkocht und eindickt. Die Sahne und das Hähnchenfleisch einrühren. Die Mischung in eine flache Auflaufform mit 20 cm Durchmesser löffeln und abkühlen lassen. Den Backofen auf 200 °C (Gas 3) vorheizen.

2 Den Rand der Form mit etwas Milch bestreichen. 1 Teigplatte darauf legen und den Rand gut andrücken. Überschüssigen Teig entfernen und den Rand mit einer Gabel eindrücken. Die andere Teigplatte in 1 cm breite Streifen schneiden und jeden Streifen zu einer Schnecke rollen. Die Schnecken auf der Tarte anordnen, dabei in der Mitte beginnen und zwischen jeder Schnecke Platz lassen, damit die Teigspiralen nicht die ganze Tarte bedecken. Zwischen die Spiralen kleine Löcher stechen, durch die der Dampf entweichen kann. Die Tarte mit etwas Milch bestreichen und 25–30 Minuten backen, bis die Oberseite knusprig und goldgelb ist. Auch die Schnecken müssen durchgebacken sein.

Hinweis: Sie können die Mischung auch in 4 kleine, je 315 ml fassende gefettete hitzebeständige Tarte-Förmchen geben. Den Teig in 4 Scheiben schneiden und auf die Masse legen. 15 Minuten backen, bis der Teig knusprig ist.

HÄHNCHEN-SPARGEL-GRATIN

Zubereitungszeit: 10 Minuten
Backzeit: 30 Minuten
Für 6 Personen

★

540 g gebratenes Hähnchenfleisch, gehackt

425 g Dosenspargel, abgetropft

420 g Champignoncremesuppe

125 g saure Sahne

2 Frühlingszwiebeln, schräg in Stücke geschnitten

1 rote Paprikaschote, in dünne Scheiben geschnitten

125 g Cheddar, gerieben

50 g Parmesan, gerieben

1/2 TL süßes Paprikapulver

Pfeffer, Salz

1 Den Backofen auf 180 °C (Gas 2) vorheizen. Den Boden einer großen, flachen hitzebeständigen Auflaufform mit dem Hähnchenfleisch belegen und danach mit der Hälfte des Spargels bedecken.

2 Die Champignoncremesuppe, die saure Sahne, die Frühlingszwiebel und die rote Paprikaschote in einer Schale vermengen. Die Mischung würzen und über das Fleisch gießen.

3 Den restlichen Spargel darauf legen und alles mit den beiden Käsesorten bestreuen. Das Paprikapulver darauf streuen und das Gratin 30 Minuten im Ofen backen, bis es goldbraun ist und Blasen wirft. Sofort servieren.

SANDWICHTOAST MIT TRUTHAHN

Eine Scheibe Toast mit Butter bestreichen und mit dieser Seite nach unten vorsichtig in einen leicht gefetteten Sandwichtoaster drücken. Etwas Preiselbeersauce und einige Scheiben Truthahnfleisch, Camenbert sowie etwas gebackener Kürbis darüber geben. Eine zweite gebutterte Scheibe Toast darauf legen und toasten, bis das Toastbrot goldbraun ist. Ergibt 1 Toast.

UNTEN: Hähnchen-Spargel-Gratin

293

KRÖNUNGSHUHN

Angeblich wurde dieses Gericht – in Stücke geschnittenes kaltes Hähnchenfleisch mit einer Curry-Mayonnaise-Sauce – 1953 anlässlich der Krönung von Königin Elisabeth II. erdacht. Das schlichte Essen sollte so viele Geschmacksvorlieben wie möglich ansprechen. Seit dieser Zeit haben die Küchenchefs viele Varianten des Krönungshuhns (Coronation Chicken) auf ihrer Speisekarte.

OBEN: Krönungshuhn

KRÖNUNGSHUHN

Zubereitungszeit: 15 Minuten
Kochzeit: 10 Minuten
Für 4–6 Personen

500 g gebratenes Hähnchenfleisch

1 EL Speiseöl

1 Zwiebel, fein gehackt

2 TL Currypulver

2 EL Tomatenmark

2 EL Rotwein

1 1/2 EL Früchte-Chutney

125 g Mayonnaise

2 Stängel Sellerie, in feine Ringe geschnitten

3 Frühlingszwiebeln, in feine Scheiben geschnitten

1 Haut und Fett vom Hähnchenfleisch entfernen und das Fleisch in mundgerechte Stücke schneiden. Das Öl in einem Topf erhitzen und darin die Zwiebeln unter gelegentlichem Rühren bei geringer Hitze glasig braten. Das Currypulver einrühren, bis es zu duften beginnt. Tomatenmark und Rotwein zugeben und 1 Minute unter Rühren kochen. Beiseite stellen, abkühlen lassen und in einer Schüssel mit dem Chutney und der Mayonnaise verrühren.

2 Hähnchenfleisch, Sellerie und 2 Frühlingszwiebeln in eine große Schüssel geben und die Mayonnaise-Mischung unterziehen. In einer Servierschüssel anrichten und mit fein geschnittenen Frühlingszwiebeln bestreuen.

Hinweis: Zum Krönungshuhn werden oft Aprikosen serviert. Sellerie gehört nicht immer in dieses Gericht, macht es aber knuspriger.

PATO CON PERAS
(Ente mit Birnen)

Zubereitungszeit: 20 Minuten
Kochzeit: 1 Stunde 40 Minuten
Für 4 Personen

 ★ ★

2 EL Olivenöl

4 Entenbrüste

2 rote Zwiebeln, fein gewürfelt

1 Möhre, fein gewürfelt

2 TL frischer Thymian

250 ml Hühnerbrühe

2 vollreife Tomaten, geschält, entkernt und
   gewürfelt

4 feste grüne Birnen, geschält (Stiele nicht
   entfernt), halbiert und entkernt

1 Zimtstange

60 g blanchierte Mandeln, geröstet, gehackt

1 Knoblauchzehe

100 ml Weinbrand

Salz und Pfeffer

1 Öl in einer Bratpfanne erhitzen und Ente bei
mittlerer Hitze zuerst auf der Hautseite, dann
rundum braun braten. Aus der Pfanne nehmen
und beiseite stellen. 4 EL Bratfett aufheben und
die Pfanne auswischen.

2 2 EL Fett in die Pfanne zurückgeben. Zwiebeln, Möhre und Thymian zugeben und bei
mittlerer Hitze 5 Minuten braten, bis die Zwiebeln weich sind. Brühe und Tomaten zugeben
und zum Kochen bringen. Hitze reduzieren und
bei leicht geöffnetem Deckel 30 Minuten
köcheln lassen, bis die Sauce dickflüssig wird.
Etwas abkühlen lassen und im Mixer glatt pürieren. Sauce mit der Ente wieder in die Pfanne
geben. Bei schwacher Hitze 30–40 Minuten
köcheln lassen, bis die Ente weich ist.

3 Inzwischen, Birnen mit Zimt in einem Topf
mit kaltem Wasser knapp bedecken. Zum
Kochen bringen, Hitze reduzieren und 5 Minuten schwach köcheln lassen, bis die Birnen
weich, aber noch bissfest sind. Herausnehmen,
zugedeckt warm halten und 125 ml der Pochier-
flüssigkeit in die Tomatensauce geben.

4 Ente aus der Sauce nehmen und warm halten.
Mandeln, Knoblauch und Weinbrand im Mörser
zu einer Paste zerstoßen oder im Mixer glatt
pürieren. In die Sauce geben, diese mit Salz und
Pfeffer abschmecken und 10 Minuten kochen.

5 Entenbrüste auf einem Servierteller anrichten
und Sauce darüber gießen. Birnen um die Ente
anrichten und servieren.

Hinweis: Das Gericht stammt aus Katalonien, wo
es traditionell mit Gans zubereitet wird.

ENTE MIT BIRNEN

Ente und Sauce wieder in
die Pfanne geben.

Mandeln, Knoblauch und
Weinbrand im Mörser
zerstoßen oder im Mixer
pürieren.

LINKS: Pato con peras

CHAMPIGNONS

Weiße Zuchtchampignons sind heutzutage sicherlich in der Küche die am häufigsten verwendeten Pilze. Sie haben einen feinen Geschmack und eignen sich hervorragend für Füllungen und Saucen oder für Nudelgerichte. Reinigen Sie die Champignons mit einem leicht feuchten Geschirrtuch. Waschen Sie die Pilze nicht, sonst werden sie beim Kochen matschig. Champignons halten sich am besten im Kühlschrank in einer Papiertüte. Nicht in Frischhaltefolien aufbewahren, sonst schwitzen sie und verderben schnell.

OBEN: TRUTHAHN-TASCHEN

TRUTHAHNTASCHEN

Zubereitungszeit: 35 Minuten
Backzeit: 40 Minuten
Ergibt 24 Stück

★★

220 g Butter

200 g Champignons, in Scheiben geschnitten

4 Speckstreifen, gewürfelt

350 g gebratener Truthahn, gehackt

150 g Ricotta

2 Frühlingszwiebeln, in Scheiben geschnitten

3 EL frisches Basilikum, gehackt

24 Blätter Filoteig

geschmolzene Butter, zusätzlich

Sesamsamen

1 Die Butter in einem großen Topf schmelzen, Pilze und Speck zugeben. Bei großer Hitze 5 Minuten garen, bis die Champignons weich sind und keine Flüssigkeit mehr vorhanden ist. Truthahn, Ricotta, Frühlingszwiebeln und Basilikum in einer Schale vermengen, die Champignon-Mischung zugeben und würzen.

2 Den Backofen auf 180 °C (Gas 2) vorheizen. Den Teig mit einem feuchten Geschirrtuch bedecken. Jeweils 3 Teigblätter abnehmen, jedes Blatt mit geschmolzener Butter bestreichen, die Blätter aufeinander legen und in 3 Streifen schneiden. 1 EL Füllung auf das Ende jedes Streifens streichen und den Teig zum Dreieck falten. Die Taschen auf ein gefettetes Backblech setzen, mit Butter bestreichen und mit Sesam bestreuen. 30–35 Minuten backen, bis sie goldgelb sind.

TRUTHAHN-MAIS-SUPPE

20 g Butter in einem Topf schmelzen. 1 dünn geschnittene Stange Lauch zugeben und bei mittlerer Hitze 5 Minuten garen. 875 ml Hühnerbrühe einrühren und 420 g Dosenmais zugeben. Würzen. Zum Kochen bringen, dann die Hitze reduzieren und zugedeckt 5 Minuten köcheln lassen. 250 g geschnittenen gebratenen Truthahn zugeben und unter Rühren erhitzen. Für 4 Personen.

TRUTHAHNSALAT MIT ÄPFELN

Zubereitungszeit: 25 Minuten
Kochzeit: 15 Minuten
Für 6 Personen

4 Frühlingszwiebeln

2 EL Speiseöl

750 g neue Kartoffeln

1 roter Apfel

1 EL Zitronensaft

2 Zucchini, in dicke Scheiben geschnitten

400 g gebratenes Truthahnfleisch

2 EL glattblättrige Petersilie, gehackt

Dressing

125 g Mayonnaise

3 TL Dijonsenf

3 EL Ganzkornsenf

2 EL Zitronensaft

1 Die Frühlingszwiebeln in dünne Streifen schneiden. Das Öl in einer Bratpfanne erhitzen und die Zwiebeln anbraten, bis sie knusprig sind. Auf Küchenkrepp abtropfen lassen.

2 Die Kartoffeln 10 Minuten kochen oder dämpfen, bis sie gerade weich sind (mit der Messerspitze testen – wenn das Messer sich leicht einstechen lässt, ist die Kartoffel gar). Die Kartoffeln abtropfen und abkühlen lassen, dann halbieren.

3 Den ungeschälten Apfel in dünne Stücke schneiden und in einer Schale mit dem Zitronensaft vermengen, damit sich der Apfel nicht verfärbt.

4 Die Zucchini kochen, dünsten oder in der Mikrowelle garen, bis sie weich ist, dann abtropfen lassen.

5 Für das Dressing die Zutaten in einer Schale mischen und würzen.

6 Das Truthahnfleisch in dünne Streifen schneiden und in eine Schüssel geben. Kartoffeln, Apfel, Zucchini und Petersilie zufügen, das Dressing darüber gießen und alles vorsichtig vermengen. Die Zwiebeln darüber streuen und den Salat servieren.

OBEN: Truthahnsalat mit Äpfeln

ENTE MIT PFLAUMEN-INGWER-SAUCE

Vorbereitungszeit: 10 Minuten
+ 3 Stunden Marinierzeit
Kochzeit: 10 Minuten
Für 4–6 Personen

- 1 EL Hoisin-Sauce
- 1/2 TL Sesamöl
- 1 TL gemahlener Ingwer
- 1 TL Fünf-Gewürze-Pulver
- 2 Knoblauchzehen, durchgepresst
- 3 TL Sojasauce
- 4 Entenbrüste (je 185 g) ohne Haut und Knochen, quer zur Faser in dünne Scheiben geschnitten
- 60 ml Hühnerbrühe
- 60 ml Pflaumensauce
- 2 TL Orangensaft
- 1/2 TL Stärkemehl
- 2 TL Pflanzenöl
- 1 EL frischer Ingwer, in feine Streifen geschnitten
- 5 Frühlingszwiebeln, schräg in feine Ringe geschnitten
- Salz und Pfeffer, nach Geschmack

1 Hoisin-Sauce, Sesamöl, gemahlenen Ingwer, Fünf-Gewürze-Pulver, Knoblauch und 2 TL Sojasauce in einer großen Schüssel mischen. Das Fleisch zufügen, mit Klarsichtfolie zudecken und im Kühlschrank 3 Stunden marinieren.
2 Für die Sauce Brühe, Pflaumensauce, Orangensaft, Stärkemehl und die restliche Sojasauce in einem kleinen Gefäß oder einer Schüssel mischen. Mit einer Gabel kräftig schlagen.
3 Einen Wok stark erhitzen, 1 TL Pflanzenöl hineingeben und im Wok schwenken. Das Entenfleisch portionsweise jeweils 30 Sekunden unter Rühren braun braten. Achten Sie darauf, dass das Fleisch nicht übergart wird, denn dann wird es hart und zäh. Herausnehmen.
4 Das restliche Öl im Wok erhitzen, den frischen Ingwer und den größten Teil der Frühlingszwiebeln zufügen und 1 Minute unter Rühren braten, bis beides weich ist und duftet. Die Sauce hineingießen und unter Rühren 1 Minute zum Köcheln bringen, bis sie eindickt. Das Fleisch wieder in den Wok geben und sehr kurz rühren, bis alles vermischt ist. Gut würzen, mit den restlichen Frühlingszwiebeln garnieren und sofort servieren.

HÄHNCHEN KUNG PAO

Vorbereitungszeit: 15 Minuten
+ 30 Minuten Marinierzeit
Kochzeit: 15 Minuten
Für 4 Personen

- 1 Eiweiß
- 2 TL Stärkemehl
- 1/2 TL Sesamöl
- 2 TL chinesischer Reiswein
- 1 1/2 EL Sojasauce
- 600 g Hähnchenschenkel ohne Haut und Knochen, in 2 cm große Würfel geschnitten
- 60 ml Hühnerbrühe
- 2 TL dunkler chinesischer Essig
- 1 TL brauner Zucker
- 2 EL Pflanzenöl
- 3 lange getrocknete rote Chilis, der Länge nach halbiert
- 3 Knoblauchzehen, fein gehackt
- 2 TL fein geriebener frischer Ingwer
- 2 Frühlingszwiebeln, schräg in feine Ringe geschnitten
- 50 g geschälte ungesalzene Erdnüsse, grob zerstoßen

1 Eiweiß, Stärkemehl, Sesamöl, Reiswein und 2 TL Sojasauce in einer großen Schüssel leicht verquirlen. Das Hähnchenfleisch untermischen. Mit Klarsichtfolie zudecken und im Kühlschrank 30 Minuten marinieren.
2 Für die Sauce Brühe, Essig, Zucker und restliche Sojasauce in einem kleinen Gefäß mischen.
3 Einen Wok stark erhitzen, 1 EL Pflanzenöl hineingeben und im Wok schwenken. Das Fleisch portionsweise jeweils 3 Minuten unter Rühren braun braten. Herausnehmen.
4 Das restliche Öl im Wok erhitzen, die Chilis zugeben und 15 Sekunden garen. Knoblauch, Ingwer, Frühlingszwiebeln und Erdnüsse zufügen und 1 Minute unter Rühren braten. Das Fleisch wieder in den Wok geben, die Sauce zugießen und 3 Minuten unter Rühren braten, bis alles ganz heiß ist und die Sauce leicht eindickt. Sofort servieren.
Hinweis: Über diese Hähnchenpfanne wird erzählt, sie sei für einen bedeutenden chinesischen Hofbeamten namens Kung Pao kreiert worden. Die getrockneten Chilis und die knackigen Erdnüsse geben dem Gericht seine besondere Note. Es kann auch mit Rind- oder Schweinefleisch oder mit Garnelen zubereitet werden.

GEGENÜBERLIEGENDE SEITE Ente mit Pflaumen-Ingwer-Sauce (oben); Hähnchen Kung Pao

BASILIKUM

Basilikum wird häufig mit der Mittelmeerküche in Verbindung gebracht, aber es hat auch einen wichtigen Platz in der Küche Südostasiens. Das ist nicht überraschend, wenn man bedenkt, dass die Pflanze ursprünglich aus Indien stammt. Da die Blätter recht schnell welk werden, sollte man sie nach dem Kauf so schnell wie möglich verwenden. Wenn Sie kein Thai-Basilikum bekommen, können Sie auch jede andere Sorte nehmen. Basilikum sollte zerpflückt und nicht gehackt werden. Damit sein Aroma erhalten bleibt, gibt man es erst ganz zum Schluss dem heißen Gericht zu.

OBEN: Hähnchen mit Basilikum

HÄHNCHEN MIT BASILIKUM

(Gai paht bai graprao)

Vorbereitungszeit: 15 Minuten
Kochzeit: 15 Minuten
Für 4 Personen

60 ml Erdnussöl
500 g Hähnchenbrustfilet, in dünne Streifen geschnitten
1 Knoblauchzehe, durchgepresst
4 Frühlingszwiebeln, in feine Ringe geschnitten
150 g Spargelbohnen, geputzt und in 5 cm lange Stücke geschnitten
2 kleine frische rote Chillies, in feine Ringe geschnitten
40 g frisches Thai-Basilikum
2 EL frische Minze, gehackt
je 1 EL Fischsauce und Austernsauce
2 TL Limettensaft
1 EL geriebener Palmzucker
frisches Thai-Basilikum, zusätzlich, zum Garnieren

1 Einen Wok stark erhitzen, 1 EL Öl hineingeben und im Wok schwenken. Das Hähnchenfleisch darin portionsweise jeweils 3–5 Minuten garen, bis es leicht gebräunt und fast gar ist; bei Bedarf noch Öl zugeben. Herausnehmen.
2 Das restliche Öl erhitzen. Knoblauch, Früh-

lingswiebeln, Bohnen und Chilis zufügen und 1 Minute unter Rühren braten. Das Fleisch wieder in den Wok geben.
3 Basilikum und Minze untermischen. Fischsauce, Austernsauce, Limettensaft, Palmzucker und 2 EL Wasser verrühren, die Sauce in den Wok gießen und 1 Minute kochen. Mit Basilikum garnieren und mit Jasminreis servieren.

HÄHNCHEN MIT SPARGEL

Vorbereitungszeit: 15 Minuten
Kochzeit: 10 Minuten
Für 4 Personen

2 EL Pflanzenöl
1 Knoblauchzehe, durchgepresst
1 Stück frischer Ingwer, etwa 1 x 10 cm groß, in dünne Scheiben geschnitten
3 Hähnchenbrustfilets, in Scheiben geschnitten
4 Frühlingszwiebeln, in Ringe geschnitten
200 g frischer Spargel, schräg in 1 cm große Stücke geschnitten
2 EL Sojasauce
40 g Mandelblättchen, geröstet

1 Einen Wok stark erhitzen, das Öl hineingeben und im Wok schwenken. Knoblauch, Ingwer und Hähnchenfleisch zufügen und 1–2 Minuten unter Rühren braten,

bis das Fleisch weiß wird.

2 Frühlingszwiebeln und Spargel zugeben und weitere 2 Minuten unter Rühren braten, bis die Frühlingszwiebeln weich sind.

3 Sojasauce und 60 ml Wasser hineinrühren, zudecken und 2 Minuten köcheln lassen, bis das Fleisch weich wird. Mit den Mandeln bestreuen und auf Reis oder Hokkien-Nudeln servieren.

HÄHNCHEN CHOW MEIN

Vorbereitungszeit: 15 Minuten
  + 1 Stunde Ruhezeit
Kochzeit: 40 Minuten
Für 4 Personen

250 g frische dünne Eiernudeln

2 TL Sesamöl, 125 ml Erdnussöl

1 EL chinesischer Reiswein

1½ EL helle Sojasauce

3 TL Stärkemehl

400 g Hähnchenbrustfilet, in dünne Streifen
  geschnitten

1 Knoblauchzehe, durchgepresst

1 EL frischer Ingwer, fein gehackt

100 g Zuckererbsen, geputzt

250 g Chinakohl (wom bok), fein zerpflückt

4 Frühlingszwiebeln, in 2 cm lange Stücke
  geschnitten

100 ml Hühnerbrühe

1½ EL Austernsauce

100 g Bohnensprossen, geputzt

1 kleine frische rote Chili, entkernt und in
  feine Streifen geschnitten, zum Garnieren
  (nach Belieben)

1 Die Nudeln in einem Topf mit kochendem Wasser 1 Minute weich garen. Abtropfen lassen. Sesamöl und 1 EL Erdnussöl gut untermischen. Die Nudeln auf einem Backblech in einer dünnen Schicht auslegen. An einem trockenen Ort mindestens 1 Stunde ruhen lassen.

2 Inzwischen Reiswein, 1 EL Sojasauce und 1 TL Stärkemehl in einer großen Schüssel verrühren. Das Hähnchenfleisch gründlich untermischen. Mit Klarsichtfolie zudecken und 10 Minuten marinieren.

3 1 EL Erdnussöl in einer kleinen, antihaft-beschichteten Bratpfanne bei starker Hitze heiß werden lassen. Ein Viertel der Nudeln zufügen und pfannkuchenförmig auslegen. Auf mittlere

Hitze reduzieren und den Nudelpfannkuchen von jeder Seite 4 Minuten knusprig braten. Auf zerknülltem Küchenkrepp abtropfen lassen und warm stellen. Den Vorgang mit den restlichen Nudeln und insgesamt 3 EL Erdnussöl wiederholen, bis 4 Nudelpfannkuchen gebraten sind.

4 Einen Wok stark erhitzen, das restliche Öl hineingeben und im Wok schwenken. Knoblauch und Ingwer 30 Sekunden unter Rühren anbraten. Das Fleisch zufügen und 3–4 Minuten unter Rühren goldbraun braten. Erbsen, Chinakohl und Frühlingszwiebeln zugeben und 2 Minuten unter Rühren braten, bis der Kohl zusammengefallen ist. Brühe, Austernsauce und Sprossen hineinrühren und zum Kochen bringen.

5 Das restliche Stärkemehl mit 1–2 TL kaltem Wasser mischen. Mit der restlichen Sojasauce in den Wok rühren und 1–2 Minuten kochen, bis die Sauce eindickt.

6 Die Nudelpfannkuchen auf 4 Teller verteilen und die Hähnchen-Gemüse-Mischung darüber geben. Nach Belieben mit Chilistreifen garnieren und sofort servieren.

UNTEN: Hähnchen chow mein

CHINESISCHE GERÖSTETE ENTE

Die Haut und das Fett mit den Fingern von der Ente lösen.

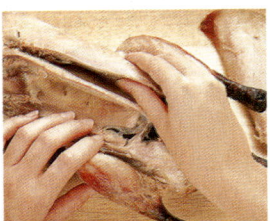

Das Fleisch mit den Fingern vorsichtig von den Knochen abtrennen.

CHINESISCHE GERÖSTETE ENTE MIT REISNUDELN

Vorbereitungszeit: 25 Minuten
Kochzeit: 15 Minuten
Für 4 Personen

✶ ✶

1 chinesische geröstete Ente von 1,5 kg (siehe Hinweis)

500 g frische flache Reisnudeln (1 cm breit)

3½ EL Erdnussöl

3 kleine schmale Auberginen, in 1 cm dicke Scheiben geschnitten

1 EL frischer Ingwer, in dünne Scheiben geschnitten

2 kleine frische rote Chilis, fein gehackt

4 Frühlingszwiebeln, schräg in feine Ringe geschnitten

3 EL frisches Basilikum, zerpflückt

60 ml chinesische Barbecue-Sauce

 Die knusprige Haut und das Fleisch von den Knochen der Ente abtrennen, Karkasse und Fett wegwerfen. Das Fleisch und die Haut in kleine Stücke schneiden und in eine Schüssel geben; man sollte mindestens 350 g Fleisch haben.

2 Die Nudeln in eine hitzebeständige Schüssel geben, mit kochendem Wasser übergießen und kurz einweichen. Die Nudeln vorsichtig voneinander lösen. Mit kaltem Wasser abspülen und gut abtropfen lassen.

3 Einen Wok stark erhitzen, 2½ EL Erdnussöl hineingeben und im Wok schwenken. Die Auberginen zufügen und 3–4 Minuten unter Rühren weich braten. In eine Schüssel geben.

4 Das restliche Öl im Wok bei starker Hitze heiß werden lassen. Ingwer, Chilis und Frühlingszwiebeln darin unter ständigem Rühren 30 Sekunden garen. Die Auberginen wieder in den Wok geben, Entenfleisch, Basilikum und Grillsauce zufügen und 1–2 Minuten vorsichtig rühren, bis alles heiß ist. Die Nudeln zugeben und 1–2 Minuten unter Rühren braten, bis sie heiß sind. Achten Sie darauf, dass die Nudeln nicht zerbrechen. Sofort servieren.

Hinweis: Chinesische geröstete Ente ist eine knusprige Ente mit dunkel glänzender Haut, die fertig gebraten und tiefgekühlt in Asienläden erhältlich ist.

OBEN: Chinesische geröstete Ente mit Reisnudeln

PFANNENGERÜHRTES HÄHNCHEN-SATAY

Vorbereitungszeit: 10 Minuten
Kochzeit: 20 Minuten
Für 4 Personen

1 ½ EL Erdnussöl

6 Frühlingszwiebeln, in 3 cm lange Stücke geschnitten

800 g Hähnchenbrustfilet, schräg in dünne Scheiben geschnitten

1–1 ½ EL thailändische rote Currypaste (siehe S. 56)

90 g Erdnussbutter (crunchy peanut butter)

270 ml Kokosmilch

2 TL brauner Zucker

1 ½ EL Limettensaft

Salz und Pfeffer, nach Geschmack

1 Einen Wok stark erhitzen, 1 TL Öl hineingeben und im Wok schwenken. Die Frühlingszwiebeln 30 Sekunden unter Rühren braten, bis sie weich werden. Herausnehmen.

2 Weiteres Öl in den Wok geben und das Hähnchenfleisch in 3 Portionen jeweils etwa 1 Minute unter Rühren braten. Herausnehmen.

3 Noch etwas Öl in den Wok geben, die Currypaste 1 Minute unter Rühren braten. Erdnussbutter, Kokosmilch, Zucker und 250 ml Wasser hineinrühren. Zum Kochen bringen, 3–4 Minuten kochen, bis die Sauce eingedickt ist; die Hitze leicht reduzieren, wenn es spritzt. Fleisch und Frühlingszwiebeln wieder in den Wok geben, 2 Minuten garen, bis alles heiß ist. Den Limettensaft unterrühren, würzen und servieren.

GEDÄMPFTER REIS

300 g Jasminreis in einem Sieb abspülen, bis das Wasser klar ist. Mit 450 ml Wasser in einen großen Topf geben, zum Kochen bringen und 1 Minute kochen. Den Deckel fest auflegen, die Hitze sehr stark reduzieren und den Reis 10 Minuten garen. Vom Herd nehmen und zugedeckt 10 Minuten stehen lassen. Den Reis vor dem Servieren mit einer Gabel auflockern. Zu Currygerichten und pfannengerührten sowie gedämpften Speisen reichen. Für 4 Personen.

THAILÄNDISCHE CURRYPASTEN

Fertige Currypasten sind in Asienläden und den Asienabteilungen großer Supermärkte erhältlich. Rote Currypasten werden mit einem hohen Anteil getrockneter roter Chilis hergestellt, die ihnen ihre Farbe verleihen. Für grüne Currypasten hingegen werden frische grüne Chilis verwendet. Die diversen Marken unterscheiden sich in Schärfe und Aroma, probieren Sie deshalb mehrere davon aus, bis Sie ihre Lieblingsmarke gefunden haben. Man kann Currypasten auch ganz einfach selbst herstellen. Der Geschmack selbstgemachter Pasten ist weit besser als der fertig gekaufter, die Arbeit lohnt sich also. Viele Fans von Currypasten schwören darauf, die Pasten mit Mörser und Stößel zuzubereiten, denn sie glauben, dass man auf diese Weise bessere Ergebnisse erzielt als mit einer Küchenmaschine.

LINKS: Pfannengerührtes Hähnchen-Satay

HÄHNCHEN GENERAL TSO

Vorbereitungszeit: 10 Minuten + 1 Stunde Marinierzeit + 20 Minuten Einweichzeit
Kochzeit: 10 Minuten
Für 4–6 Personen

2 EL chinesischer Reiswein

1 EL Stärkemehl

80 ml dunkle Sojasauce, 3 TL Sesamöl

900 g Hähnchenschenkel ohne Haut und Knochen, in 3 cm große Würfel geschnitten

2 Stücke getrocknete Zitrusschale, etwa 2 x 3 cm groß

125 ml Erdnussöl

1½–2 TL Chiliflocken

2 EL frischer Ingwer, fein gehackt

120 g Frühlingszwiebeln, in feine Ringe geschnitten

2 TL Zucker, ½ TL Salz

Frühlingszwiebel, in feine Ringe geschnitten, zum Garnieren

1 Reiswein, Stärkemehl, 2 EL Sojasauce und 2 TL Sesamöl in einer großen Schüssel mischen. Das Hähnchenfleisch zufügen, in der Marinade wenden, zudecken und im Kühlschrank 1 Stunde marinieren.

2 Inzwischen die getrocknete Zitrusschale in warmem Wasser 20 Minuten einweichen. Herausnehmen und fein hacken; man sollte 1½ TL gehackte Schale erhalten.

3 Das Öl im Wok bei starker Hitze heiß werden lassen. Das Fleisch mit einem Schaumlöffel aus der Marinade nehmen und abtropfen lassen, dann portionsweise jeweils 2 Minuten unter Rühren braun und gerade gar braten. Mit einem Schaumlöffel herausnehmen und in einem Durchschlag oder Sieb abtropfen lassen.

4 Das Öl bis auf 1 El aus dem Wok entfernen. Den Wok wieder stark erhitzen, anschließend Chiliflocken und Ingwer zugeben. 10 Sekunden unter Rühren anbraten, dann das Fleisch wieder in den Wok geben. Frühlingszwiebeln, Zucker, Zitrusschale, restliche Sojasauce, restliches Sesamöl und Salz zufügen und weitere 2–3 Minuten unter Rühren braten, bis alles gut vermischt und heiß ist. Mit der Frühlingszwiebel garnieren und mit Reis servieren.

RECHTS: Hähnchen General Tso

Hinweis: Dieses Gericht wurde nach einem chinesischen General benannt, der im 19. Jh. in der Provinz Yunnan wirkte.

HÄHNCHENSALAT AUF THAILÄNDISCHE ART
(Larb gai)

Vorbereitungszeit: 25 Minuten
Kochzeit: 20 Minuten
Für 6 Personen

1 EL Jasminreis

2 TL Pflanzenöl

400 g Hähnchenfleisch, klein gehackt

2 EL Fischsauce

1 Stängel Zitronengras (nur weiße Teile), gehackt

80 ml Hühnerbrühe

60 ml Limettensaft

4 Frühlingszwiebeln, schräg in feine Ringe geschnitten

4 rote asiatische Schalotten

30 g frische Korianderblätter, fein gehackt

20 g frische Minze, zerpflückt

200 g Kopfsalatblätter, zerpflückt

40 g ungesalzene Erdnüsse, geröstet und gehackt

1 kleine frische rote Chilli, in Streifen geschnitten

Limettenspalten, zum Servieren

1 Eine Bratpfanne bei schwacher Hitze heiß werden lassen. Den Reis hineingeben und 3 Minuten ohne Fettzugabe braten, bis er goldgelb wird. Den Reis in einen Mörser geben und mit einem Stößel zu feinem Pulver mahlen.

2 Einen Wok bei mittlerer Hitze heiß werden lassen. Das Öl hineingeben und im Wok schwenken. Das Fleisch zufügen und 4 Minuten garen, bis es weiß wird, dabei eventuelle Fleischklümpchen mit dem Rücken eines Holzlöffels auflösen. Fischsauce, Zitronengras und Brühe zugeben und weitere 10 Minuten garen. Vom Herd nehmen und abkühlen lassen.

3 Limettensaft, Frühlingszwiebeln, Schalotten, Koriander, Minze und gemahlenen Reis unterrühren und alles gründlich mischen.

4 Die Salatblätter auf einer Servierplatte verteilen und die Hähnchenmischung darauf legen. Mit Erdnüssen und Chillistreifen bestreuen und mit den Limettenspalten servieren.

LARB
Larb-Salate sind im Norden und Nordosten Thailands sehr beliebt. Sie haben ihren Ursprung im benachbarten Laos. Typisch für dieses Salate ist, dass Chilli und Limettensaft – die dominierenden Aromen – mit frischen Kräutern und anderen Salatzutaten kombiniert werden. Dies zeigt, wie wichtig frische und rohe Zutaten in der laotischen Küche sind. Viele laotische Larb-Salate enthalten ausschließlich rohe Lebensmittel, auch rohen Fisch oder ungegartes Fleisch wie Rind- oder Büffelfleisch. Weil Laos keinen Zugang zum Meer hat und in seiner Geschichte politisch recht isoliert war, basiert die laotische Küche auf regionalen Zutaten.

OBEN: Hähnchensalat auf thailändische Art

305

VIETNAMESISCHER
HÜHNERCURRY

Haut und überschüssiges
Fett vom Huhn entfernen.

Jedes Hühnerviertel in drei
gleich große Stücke schneiden.

MILDER VIETNAMESISCHER HÜHNERCURRY

Vorbereitungszeit: 30 Minuten
  + 1 Nacht Kühlzeit
Kochzeit: 1 Stunde 10 Minuten
Für 6 Personen

 ★ ★

4 große Hühnerviertel (Bein und Keule),
  von Haut und überschüssigem Fett befreit
  und gedrittelt
1 EL Currypulver
1 EL feinster Zucker
$1/4$ TL schwarzer Pfeffer
2 TL Salz
80 ml Pflanzenöl
500 g Süßkartoffeln, geschält und in 3 cm große
  Würfel geschnitten
1 große Zwiebel, in dünne Schnitze geschnitten
4 Knoblauchzehen, gehackt
1 Stängel Zitronengras, nur weiße Teile,
  fein gehackt
2 Lorbeerblätter

1 große Möhre, schräg in 1 cm dicke Scheiben
  geschnitten
400 ml Kokosmilch

1 Huhn waschen und mit Küchenkrepp trocknen. Currypulver, Zucker, Pfeffer und Salz
gründlich verrühren und Huhn damit einreiben.
Zugedeckt über Nacht kalt stellen.
2 Wok stark erhitzen und das Öl darin schwenken. Süßkartoffeln 3 Minuten hell goldgelb
braten und mit dem Schaumlöffel herausnehmen.
3 Öl bis auf 2 EL aus dem Wok nehmen und
Zwiebel unter Rühren 5 Minuten braten.
Knoblauch, Zitronengras und Lorbeerblätter zufügen und 2 Minuten braten.
4 Huhn zugeben und unter Rühren bei mittlerer Hitze 5 Minuten braten, bis es mit der Mischung überzogen ist und sich verfärbt. 250 ml
Wasser zugießen und zugedeckt bei geringer
Hitze 20 Minuten köcheln lassen; ab und zu
umrühren.
5 Möhre, Süßkartoffeln und Kokosmilch einrühren und im offenen Wok unter gelegentlichem Rühren 30 Minuten köcheln lassen;
die Süßkartoffeln sollten nicht zerfallen. Mit gedämpftem Reis oder Reisnudeln servieren.

*OBEN: Milder vietna-
mesischer Hühnercurry*

SALZIGER MALAIISCHER HÜHNERCURRY
(Ayam kapitan)

Vorbereitungszeit: 35 Minuten
Kochzeit: 1 Stunde 20 Minuten
Für 4–6 Personen

1½ TL getrocknete Garnelen
6–8 frische rote Chilis, entkernt und fein gehackt
4 Knoblauchzehen, fein gehackt
3 Stängel Zitronengras, nur weiße Teile, fein gehackt
2 TL gemahlene Kurkuma
10 Kemirinüsse
80 ml Pflanzenöl
2 große Zwiebeln, gehackt
¼ TL Salz
250 ml Kokosmilch
1 Huhn, 1,5 kg schwer, in 8 Teile zerlegt
125 ml Kokoscreme
2 EL Limettensaft

1 Garnelen bei geringer Hitze 3 Minuten rösten, bis sie sich orangen färben und duften; dabei die Pfanne in Abständen schütteln. In den Mixer geben und fein mahlen.
2 Chilis, Knoblauch, Zitronengras, Kurkuma, Kemirinüsse und 2 EL Öl in den Mixer geben und stoßweise fein hacken; zwischendurch die Mischung mit dem Spatel von der Wandung des Behälters schaben.
3 Wok bei hoher Temperatur erhitzen und restliches Öl darin schwenken. Zwiebeln und Salz hineingeben und bei niedriger Hitze unter Rühren 8 Minuten goldgelb braten. Falls etwas am Boden des Wok haften bleibt, 2 EL Kokosmilch zufügen.
4 Huhn in den Wok geben und unter Rühren 5 Minuten hellbraun braten. Restliche Kokosmilch und 375 ml Wasser hineinrühren und zum Kochen bringen. Hitze auf kleinste Stufe schalten und Huhn zugedeckt 45 Minuten köcheln lassen. Überschüssiges Öl abschöpfen, dann ohne Deckel 25 Minuten köcheln lassen, bis das Huhn gar und die Sauce leicht sämig ist. Überschüssiges Öl abschöpfen, Kokoscreme zufügen und alles unter ständigem Rühren wieder zum Kochen bringen. Limettensaft hineinrühren und mit Reis servieren.

NONYA-KÜCHE
Ayam kapitan, ein Gericht, das salzige getrocknete Garnelen mit scharfen Chilis und aromatischem Zitronengras kombiniert, ist ein klassisches Beispiel der traditionellen Nonya-Küche Malaysias. Vom 15. Jahrhundert an kamen viele chinesische Einwanderer, meist Händler, nach Malaysia. Die Chinesen und die heimische Bevölkerung heirateten untereinander, und so entwickelte sich eine eigenständige Küche, die nach der Bezeichnung für die malaiischen Frauen chinesischer Männer Nonya heißt (die Männer heißen Baba). Die Nonya-Küche kombiniert Chilis, Garnelenpaste, Kokosmilch sowie aromatische Kräuter und Gewürze mit chinesischen Grundzutaten wie Nudeln und Schweinefleisch.

LINKS: Salziger malaiischer Hühnercurry

REIS & ASIATISCHE NUDELN

ARANCINI

Das Hackfleisch beim Braten mit einem Holzlöffel fein zerteilen.

Je 2 gehäufte TL Füllung in die Mitte der Reisbällchen geben.

Die Füllung mit dem Reis umschließen und dabei wieder ein Bällchen formen.

Jedes Bällchen in Mehl, in Ei und schließlich in Semmelbröseln wälzen.

ARANCINI
(Gefüllte Reisbällchen)

Zubereitungszeit: 30 Minuten
+ 30 Minuten Abkühlzeit
+ 30 Minuten Kühlzeit
Kochzeit: 45 Minuten
Ergibt 12 Stück

 ★ ★

500 g Rundkornreis

1/4 TL Safranfäden

2 Eier, verschlagen

100 g frisch geriebener Parmesan

Mehl zum Bestäuben

2 Eier, verschlagen

100 g Semmelbrösel

Öl zum Frittieren

Füllung

1 EL Olivenöl

1 kleine Zwiebel, fein gehackt

150 g gemischtes oder Rinderhackfleisch

170 ml Weißwein

1 EL Tomatenmark

2 TL frische Thymianblätter

Salz und Pfeffer

1 In einem Topf 1 l Wasser zum Kochen bringen, Reis und Safranfäden zufügen, erneut aufkochen, dann den Reis bei schwacher Hitze zugedeckt etwa 20 Minuten weich garen. In eine Schüssel füllen und auf Zimmertemperatur abkühlen lassen. Eier und Parmesan hineinrühren.

2 Für die Füllung Öl in einer kleinen Bratpfanne auf mittlere Temperatur erhitzen. Zwiebel zufügen und 2–3 Minuten weich braten. Das Hackfleisch zugeben und etwa 2 Minuten braun braten, dabei alle Klumpen auflösen. Wein und Tomatenmark zufügen, die Hitze reduzieren und 3–4 Minuten köcheln, bis der Wein verdunstet ist. Thymian hineinrühren, mit Salz und Pfeffer würzen und die Füllung abkühlen lassen.

3 Mit nassen Händen aus dem Reis 12 Bällchen formen. Jedes Bällchen flach drücken und in der Mitte eine Mulde formen. Jeweils 2 gehäufte TL Füllung hineingeben und den Reis um die Füllung herum schließen.

4 Bällchen zuerst in Mehl, dann in Ei und schließlich in Semmelbröseln wenden. 30 Minuten kalt stellen.

5 Frittiertopf ein Drittel hoch mit Öl füllen und auf 180 °C erhitzen; ein Brotwürfel sollte in 15 Sekunden braun werden. Bällchen in 4 Portionen jeweils 2–3 Minuten goldbraun frittieren. Auf Küchenkrepp abtropfen lassen und heiß oder zimmerwarm servieren.

RECHTS: Arancini

LAMMPILAW

Vorbereitungszeit: 25 Minuten
  + 1 Stunde Ruhezeit
Kochzeit: 40 Minuten
Für 4–6 Personen

 ✸ ✸

1 große Aubergine, etwa 500 g, in 1 cm große
  Würfel geschnitten

Salz und Pfeffer

125 ml Olivenöl

1 große Zwiebel, fein gehackt

2 TL gemahlener Kreuzkümmel

1 TL gemahlener Zimt

1 TL gemahlener Koriander

300 g Langkornreis

500 ml Hühner- oder Gemüsebrühe

500 g Hackfleisch vom Lamm

1/2 TL Piment

2 EL Olivenöl

2 Strauchtomaten, geachtelt

2 EL Pistazien, geröstet

2 EL Korinthen

2 EL frische Korianderblätter, gehackt, zum
  Garnieren

1 Auberginenwürfel in einen Durchschlag
geben, mit Salz bestreuen und 1 Stunde stehen
lassen. Abspülen und in einem sauberen Küchentuch trockendrücken. 2 EL Öl in einer großen,
tiefen Bratpfanne erhitzen, Auberginenwürfel
zugeben und bei mittlerer Hitze 8–10 Minuten
goldgelb braten. Auf Küchenkrepp abtropfen
lassen.
2 Restliches Öl erhitzen und Zwiebel darin
4–5 Minuten weich braten. Kreuzkümmel, Zimt
und Koriander je zur Hälfte zufügen. Reis zugeben und mit Ölmischung gründlich verrühren,
Brühe zugießen, mit Salz und Pfeffer würzen
und zum Kochen bringen. Hitze reduzieren und
zugedeckt 15 Minuten köcheln lassen; etwas
Wasser zugießen, falls der Reis zu trocken wird.
3 In der Zwischenzeit Fleisch mit Piment und
restlichem Kreuzkümmel, Zimt und Koriander
in eine Schüssel geben, mit Salz und Pfeffer
würzen, mischen und zu Bällchen formen. Öl in
der Pfanne erhitzen und Bällchen darin portionsweise bei mittlerer Hitze jeweils 5 Minuten
hellbraun braten. Auf Küchenkrepp abtropfen
lassen. Tomaten in die Pfanne geben und
3–5 Minuten goldgelb braten. Herausnehmen.
4 Aubergine, Pistazien, Korinthen und Fleischbällchen unter den Reis mischen. Tomaten rund
um das Pilaw anrichten, Korianderblättchen
darüber streuen und servieren.

PISTAZIEN

Diese Nüsse haben in ihrer
harten, hellen Schale einen
grünen Kern, der in der
ganzen Welt geschätzt wird.
Wenn Pistazien reifen, öffnen sich die Schalen leicht,
und der Kern mit dem
feinen Aroma kommt zum
Vorschein. Pistazien werden
geröstet und gesalzen aus
der Hand gegessen oder als
Zutat bei sowohl süßen als
auch pikanten Gerichten
verwendet.

OBEN: Lammpilaw

LACHANO DOLMATHES
(Kohlrouladen)

Zubereitungszeit: 30 Minuten
Kochzeit: 1 Stunde 35 Minuten
Ergibt 12 große Rouladen

★ ★ ★

1 EL Olivenöl
1 Zwiebel, fein gehackt
große Prise Piment
1 TL gemahlener Kreuzkümmel
große Prise gemahlene Muskatnuss
2 Lorbeerblätter
1 großer Kohlkopf
500 g Hackfleisch vom Lamm
250 g Rundkornreis

OBEN: Lachano dolmathes

4 Knoblauchzehen, zerdrückt
50 g Pinienkerne, geröstet
2 EL frische Minze, gehackt
2 EL frische glatte Petersilie, gehackt
1 EL Rosinen, gehackt
250 g Olivenöl
80 ml Zitronensaft
1 TL Salz
Olivenöl extra vergine zum Beträufeln
Zitronenschnitze, unbehandelt, zum Servieren

1 Olivenöl im Topf erhitzen und Zwiebel bei mäßiger Hitze goldbraun braten. Piment, Kreuzkümmel und Muskatnuss zufügen und 2 Minuten erhitzen, bis sie duften. Herausnehmen und beiseite stellen.

2 In einem sehr großen Topf Wasser zum Kochen bringen und Lorbeerblätter zufügen. Die äußeren Kohlblätter und etwa 5 cm vom Strunk abschneiden, dann den Kohl vorsichtig ins kochende Wasser legen. 5 Minuten garen, dann ein ganzes Blatt mit einer Zange lösen und herausnehmen. Weiter garen, dabei alle Blätter nach und nach herausholen und abtropfen lassen. Kochflüssigkeit zum Abkühlen beiseite stellen.

3 12 Blätter gleicher Größe wählen. Den dicken Ansatz der mittleren Rippe v-förmig ausschneiden und alle starken Rippen mit einem scharfen Messer flach schneiden. Drei Viertel der restlichen Blätter auf dem Boden eines sehr großen Topfes auslegen, damit die Rouladen nicht anhängen.

4 Hackfleisch, Zwiebelmischung, Reis, Knoblauch, Pinienkerne, Minze, Petersilie und Rosinen gründlich mischen. 2 EL davon zu einer Wurst formen und in die Mitte eines Kohlblattes legen. Das Blatt vom Strunk her aufrollen, dabei die Seiten über die Füllung schlagen. Die restlichen Blätter ebenso füllen. Die Rouladen mit der Nahtstelle nach unten in einer Schicht in den Topf legen.

5 600 ml Kochflüssigkeit mit Öl, Zitronensaft und Salz mischen und über die Rouladen gießen; sie sollten knapp bedeckt sein. Die restlichen Kohlblätter darüber verteilen und alles zugedeckt bei starker Hitze zum Kochen bringen. Die Hitze reduzieren und 1¹/₄ Stunden garen. Mit dem Schaumlöffel herausnehmen und mit Olivenöl beträufeln. Mit Zitronenschnitzen servieren.

Hinweis: Statt Hühnerbrühe kann nach Belieben die Kochflüssigkeit der gegarten Rouladen für diese Sauce verwendet werden.

GEFÜLLTE PAPRIKA

Zubereitungszeit: 25 Minuten
Kochzeit: 1 Stunde 15 Minuten
Für 6 Personen

180 g Langkornreis

320 ml Hühnerbrühe

6 mittelgroße rote, gelbe oder orangefarbene
   Paprikaschoten

60 g Pinienkerne

80 ml Olivenöl

1 große Zwiebel, gehackt

125 g passierte Tomaten

60 g Rosinen

2¹/₂ EL frische glatte Petersilie, gehackt

2¹/₂ EL frische Minzeblätter, gehackt

¹/₂ TL gemahlener Zimt

Salz und Pfeffer

1 Reis und Brühe in einem Topf bei mäßiger Hitze zum Kochen bringen. Hitze etwas reduzieren, Deckel fest auflegen und den Reis 15 Minuten weich garen. Zugedeckt beiseite stellen.

2 Wasser in einem großen Topf zum Kochen bringen. Jeweils einen Deckel von den Paprikaschoten abschneiden und beiseite legen. Kerne und Häutchen entfernen. Schoten ohne Deckel 2 Minuten im kochenden Wasser blanchieren, abgießen und umgekehrt auf Küchenkrepp trocknen lassen.

3 Backofen auf 180 °C (Gas 2) erhitzen. Pinienkerne in einer kleinen Pfanne bei geringer Hitze goldbraun rösten, dann herausnehmen und beiseite stellen. Bei mäßiger Hitze 2 EL Öl erhitzen und Zwiebel 10 Minuten unter gelegentlichem Rühren weich braten.

4 Tomaten, Rosinen, Petersilie, Minze, Zimt, Reis und Pinienkerne in die Pfanne geben, 2 Minuten rühren und mit Salz und Pfeffer abschmecken.

5 Paprikaschoten in eine Auflaufform stellen, in die sie gerade hineinpassen, mit Reismischung füllen und jeweils einen Deckel aufsetzen.

6 100 ml kochendes Wasser in die Form gießen und das restliche Öl über die Paprikaschoten träufeln. 40 Minuten backen; mit einer Messerspitze prüfen, ob die Schoten weich sind. Heiß oder kalt servieren.

GEFÜLLTES GEMÜSE
Jemista oder gefülltes Gemüse ist ein wichtiger Bestandteil der griechischen Gastronomie und in den Tavernen überall in Griechenland sehr beliebt. Vegetarische Versionen werden mit Reis, Kräutern, Rosinen oder Korinthen und Nüssen gefüllt. Wenn Hackfleisch zugefügt wird, dann meist nur in kleiner Menge, um den Geschmack abzurunden.

LINKS: Gefüllte Paprika

WILDREISERNTE
Vor Hunderten von Jahren fuhren bei der Wildreisernte je zwei Indianerfrauen in einem Kanu durch die Felder in dem großen Seendistrikt zwischen Kanada und Amerika und pflückten den Reis mühsam mit der Hand aus dem Wasser. Noch heute wird Wildreis manchmal auf diese traditionelle Weise eingeholt, aber natürlich überwiegen effektive maschinelle Erntemethoden.

WILDREIS-PILAW MIT THYMIAN UND MISCHPILZEN

Zubereitungszeit: 20 Minuten + 5 Minuten Ruhezeit
Garzeit: 45 Minuten
Ergibt: 4 Portionen

★★

100 g Wildreis
375 ml Gemüsebrühe
60 g Butter
1 große Zwiebel, fein gehackt
2 Knoblauchzehen, zerdrückt
265 g Langkornreis
300 g gemischte Pilze, in Scheiben (z. B. Champignons, Egerlinge)
1¹/₂ EL gehackter Thymian
1 frisches Lorbeerblatt
2 EL gehackte glatte Petersilie
geröstete Pinienkerne zum Servieren

OBEN: Wildreis-Pilaw mit Thymian und Mischpilzen

1 Wildreis waschen und in reichlich kochendem Wasser 25 Minuten lang kochen – er ist danach nur halb gar. Abgießen.

2 Brühe mit 375 ml Wasser in einem großen Topf zum Kochen bringen. Dann die Hitze reduzieren und weiter köcheln.

3 Butter in einer großen Pfanne mit schwerem Boden schmelzen, Zwiebel und Knoblauch darin schmoren, sodass die Zwiebel glasig, aber nicht braun wird. Nun den Weißen Reis zugeben und so lange rühren, bis die Körner rundum von Butter glänzen. Anschließend die verschiedenen Pilze unterrühren.

4 Wildreis, Brühe, Thymian und Lorbeerblatt zufügen, alles unter Rühren zum Kochen bringen, dann bei reduzierter Hitze mit einem dicht schließenden Deckel 15 Minuten lang köcheln, bis der Reis weich ist und die Brühe aufgenommen wurde.

5 Pilaw 5 Minuten stehen lassen, Lorbeerblatt herausnehmen. Abschmecken, Petersilie zufügen und den Reis mit einer Gabel lockern. Mit Pinienkernen bestreut servieren.

REISPIE MIT FILOTEIG

Zubereitungszeit: 45 Minuten
Garzeit: 1 Stunde, 45 Minuten
Ergibt: 8 Portionen

2 große rote Paprikaschoten

250 ml trockener Weißwein

1 Liter Gemüsebrühe

2 EL Öl

1 Knoblauchzehe, zerdrückt

1 Lauchstange (ohne Grün), in Scheiben

1 Fenchelknolle, in dünnen Scheiben

440 g Risottoreis (Arborio)

65 g frisch geriebener Parmesan

10 Lagen Filoteig

60 ml Olivenöl

500 g Blattspinat, blanchiert

250 g Schafskäse (Feta), in Scheiben

1 EL Sesamsamen

1 Die Paprikaschoten längs halbieren. Samen und Trennwände entfernen, die Hälften waschen und in große flache Stücke schneiden. So lange in die Gasflamme halten oder unter den Grill legen, bis die Haut dunkel wird und Blasen wirft. Auf ein Brett legen, mit einem feuchten Küchentuch bedecken und abkühlen lassen. Die Haut abziehen und das Fruchtfleisch in kleine Stücke schneiden.
2 Wein und Brühe in einem großen Topf aufkochen. Die Hitze reduzieren und die Mischung zugedeckt am Siedepunkt halten.
3 Öl und Knoblauch in einem großen Topf erhitzen. Lauch und Fenchel darin bei mittlerer Hitze in 5 Minuten leicht bräunen. Den Reis zugeben und 3 Minuten rühren, bis er glänzt.
4 250 ml Brühe zum Reis geben und so lange rühren, bis die Flüssigkeit aufgenommen ist. Immer wieder 125 ml Brühe unter Rühren zugießen, bis die ganze Brühe aufgebraucht und der Reis weich ist. Vom Herd nehmen, den Parmesan unterrühren, nach Geschmack würzen und leicht abkühlen lassen. Den Backofen auf 180 °C (Gas 2) vorheizen.
5 Jede Lage Filoteig mit Olivenöl bestreichen und längs zusammenfalten. Eine 23 cm große Springform mit dem Teig auslegen. Die Lagen überlappend nebeneinander legen, die Enden jeder Lage über die Form hinaushängen lassen.
6 Hälfte der Reismischung auf dem Teig verteilen und jeweils die Hälfte der Paprikastücke, Spinat und Feta darauf legen. Diesen Vorgang wiederholen.

7 Die überhängenden Teigenden über die Füllung schlagen, leicht mit Öl bestreichen und mit Sesam bestreuen. Die Pie im Ofen 50 Minuten backen, bis sie goldbraun und knusprig ist.

GEMÜSEBRÜHE

In einem großen Topf 1 EL Öl erhitzen. 1 gehackte Zwiebel, 2 gehackte Lauchstangen, 4 gehackte Möhren, 2 gehackte Pastinaken, und 4 gehackte Selleriestangen (mit Grün) kurz andünsten. Nun zudecken und 5 Minuten garen, ohne dass etwas braun wird. 3 Liter Wasser dazugießen und aufkochen lassen. Falls nötig, abschäumen, dann 2 Lorbeerblätter, 4 ungeschälte Knoblauchzehen, 8 schwarze Pfefferkörner und einige Petersilienstängel zufügen. Auf schwache Hitze reduzieren und 1 Stunde köcheln. Brühe durch ein feines Sieb gießen. Feste Zutaten vorsichtig ausdrücken. Zugedeckt in den Kühlschrank stellen. Ergibt 2½ Liter.

OBEN: Reispie mit Filoteig

RISOTTO MIT
MEERESFRÜCHTEN

Die Garnelen in den Topf
geben und rosa garen.

Die heiße Flüssigkeit nach
und nach hineinrühren, bis
sie vollständig aufgenom-
men ist.

RISOTTO MIT MEERESFRÜCHTEN

Zubereitungszeit: 25 Minuten
Kochzeit: 45 Minuten
Für 4 Personen

 ★ ★

2 vollreife Tomaten

500 g Miesmuscheln

300 ml Weißwein

1,25 l Fischfond

Prise Safranfäden

2 EL Olivenöl

30 g Butter

500 g rohe Garnelen, geschält, Darm entfernt

225 g Tintenfischbeutel, in dünne Ringe
geschnitten

200 g Jakobsmuscheln

3 Knoblauchzehen, zerdrückt

1 Zwiebel, fein gehackt

375 g Risottoreis (z. B. Arborio, Avorio, Vialone)

2 EL frische Petersilie, gehackt

Salz und Pfeffer

1 Tomaten auf der Unterseite kreuzweise
einschneiden und 10 Sekunden in kochendes
Wasser legen, anschließend kalt abschrecken
und die Haut abziehen. Das Fruchtfleisch
hacken.

2 Muscheln gründlich abbürsten und die Bärte
entfernen. Muscheln, die nicht schließen, wenn
man auf die Schale klopft, sowie beschädigte
wegwerfen. Wein in einem großen Topf
aufkochen. Muscheln zufügen und zugedeckt bei
mäßiger Hitze 3–5 Minuten garen, bis sie sich
öffnen. Noch geschlossene Muscheln wegwerfen. Abgießen und den Sud aufbewahren. Das
Muschelfleisch aus den Schalen entfernen.

3 Muschelsud mit Fischfond und Safran im
geschlossenen Topf erhitzen und köcheln lassen.

4 Öl und Butter in einem großen Topf bei mittlerer Temperatur erhitzen. Garnelen zufügen,
garen, bis sie rosa sind, dann herausnehmen. Tin-
tenfischringe und Jakobsmuscheln zugeben und
1–2 Minuten erhitzen, bis sie weiß sind, herausnehmen. Knoblauch und Zwiebel zufügen und
etwa 3 Minuten goldbraun braten. Reis zugeben
und gut mit Knoblauch und Zwiebel mischen.

5 Etwa 25 ml heißen Sud zufügen und ständig
rühren, bis die Flüssigkeit vom Reis aufgenommen wurde. Weiterhin je 125 ml Sud unter
Rühren vom Reis aufnehmen lassen, bis der
ganze Sud verbraucht ist; dies dauert etwa
25 Minuten. Dann Tomaten, Meeresfrüchte
und Petersilie hineinrühren und erhitzen. Mit
Salz und Pfeffer abschmecken.

Hinweis: Für dieses Risotto können fast alle
Meeresfrüchte in beliebiger Kombination ver-
wendet werden, beispielsweise auch jeder weiße
Fisch mit festem Fleisch, in kleine Stücke
geschnitten, Venusmuscheln, Krake oder
Kalmar.

*OBEN: Risotto mit
Meeresfrüchten*

PILZRISOTTO

Zubereitungszeit: 10 Minuten
+ 30 Minuten Einweichzeit
Kochzeit: 1 Stunde
Für 4–6 Personen

20 g getrocknete Steinpilze

1 l Hühner- oder Gemüsebrühe

2 EL Olivenöl

100 g Butter, gehackt

650 g kleine Champignons, geputzt und in Scheiben geschnitten

3 Knoblauchzehen, zerdrückt

80 ml trockener weißer Wermut

1 Zwiebel, fein gehackt

440 g Risottoreis (z. B. Arborio, Avorio Vialone)

150 g geriebener Parmesan

Salz und Pfeffer

1 Die Steinpilze 30 Minuten in 500 ml warmem Wasser einweichen. Abtropfen lassen und die Flüssigkeit auffangen. Die Pilze hacken; die Flüssigkeit durch ein feines, mit Küchenkrepp ausgelegtes Sieb gießen.

2 Brühe und Pilzflüssigkeit in einem Topf zum Kochen bringen, die Hitze reduzieren und die Flüssigkeit zugedeckt köcheln lassen.

3 Die Hälfte des Öls und 40 g Butter in einer großen Bratpfanne stark erhitzen. Alle Pilze und den Knoblauch zufügen und etwa 10 Minuten unter Rühren braten, bis die Pilze weich sind und Flüssigkeit absondern. Auf geringster Stufe weitere 5 Minuten erhitzen, bis die Flüssigkeit ganz verdunstet. Die Temperatur erhöhen, den Wermut zufügen und 2–3 Minuten erhitzen, bis er verdunstet. Beiseite stellen.

4 Das restliche Olivenöl und 20 g Butter in einem großen Topf bei mäßiger Temperatur erhitzen. Die Zwiebel zufügen und 10 Minuten braten, bis sie weich ist. Den Reis zugeben und 1–2 Minuten gründlich mit Zwiebel und Fett verrühren. 125 ml Brühe zufügen und unter ständigem Rühren bei mäßiger Hitze kochen, bis der Reis die Flüssigkeit aufgenommen hat. Je 125 ml Brühe zugeben und unter Rühren vom Reis aufnehmen lassen, bis die ganze Flüssigkeit verbraucht ist. Nach etwa 25 Minuten ist der Reis weich und cremig.

5 Den Topf vom Herd nehmen und Pilze, Parmesan und die restliche Butter unterrühren. Mit Salz und Pfeffer abschmecken.

Hinweis: Die Steinpilze müssen mindestens 30 Minuten in warmem Wasser eingeweicht und die Einweichflüssigkeit durch ein Stück Küchenkrepp oder ein Geschirrtuch abgeseiht werden, um Verunreinigungen vollständig zu entfernen. In einem luftdicht verschließbaren Gefäß trocken aufbewahrt, sind getrocknete Steinpilze unbegrenzt haltbar.

RISOTTO

Entgegen der verbreiteten Meinung muss ein Risotto nicht heiß gegessen werden, denn anders als Nudeln schmeckt er besser, wenn man ihn vor dem Servieren kurze Zeit stehen lässt, bis alles durchgezogen ist und sich der Dampf verzogen hat. In Italien verteilt man den Risotto häufig über den Teller und fängt am Rand zu essen an.

LINKS: Pilzrisotto

MIESMUSCHELN

Manchmal als »Auster des armen Mannes« oder als blaue Miesmuschel bezeichnet, ist die Muschel Geschmack pur. Miesmuscheln hängen in Trauben an Felsen, in Muschelfarmen dagegen an langen Tauen, die an Pfosten im Wasser befestigt sind. Sie benötigen dort zum Wachsen 18–24 Monate. Beim Kauf sollten Sie keine beschädigten Muscheln nehmen. Miesmuscheln sollten stets frisch verbraucht oder an einem kühlen Ort aufbewahrt werden. Am besten in einem Behälter mit kaltem Wasser, der mit einem feuchten Tuch abgedeckt ist. Bevor Sie Muscheln kochen, sortieren Sie beschädigte oder offene, die sich nach einem leichten Klopfen nicht wieder schließen, aus. Wenn sich die Muscheln nach 3–5 Minuten Kochzeit nicht öffnen, sind sie ebenfalls ungenießbar.

OBEN: Paella

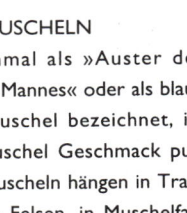

PAELLA

Vorbereitungszeit: 30 Minuten + 2 Stunden zum Einweichen
Garzeit: 45 Minuten
Für 4 Personen

✷ ✷

12 rohe mittelgroße Garnelen
12–16 Miesmuscheln
125 ml Weißwein
1 kleine rote Zwiebel, gehackt
125 ml Olivenöl
1 kleines Hähnchenbrustfilet, in mundgerechte Würfel geschnitten
100 g Kalmarringe
100 g weiße Fischfilets ohne Haut (z. B. Kabeljau, Lengfisch, Große Goldmakrele, Blue-Eye-Bastardmakrele, Seeteufel), in Würfel geschnitten
1/2 kleine rote Zwiebel, feingehackt, zusätzlich
1 Scheibe Speck, feingehackt
4 Knoblauchzehen, zerdrückt
1 kleine rote Paprika, kleingehackt
1 Tomate, geschält und gehackt

90 g Chorizo oder Pepperoni, in dünne Scheiben geschnitten
1 Prise Cayennepfeffer
200 g Langkornreis
1/4 TL Safranfäden
500 ml heißer Geflügelfond
80 g Erbsen
2 EL frische Petersilie, feingehackt
Salz und Pfeffer

1 Garnelen schälen und entdarmen.
2 Muscheln mit einer Bürste abschrubben und Bärte herausziehen. Beschädigte Muscheln oder offene, die sich nach einem leichten Klopfen nicht schließen, wegwerfen.
3 Wein und Zwiebel in einem großen Topf erhitzen. Muscheln zugeben und abgedeckt bei hoher Hitze 4–5 Minuten kochen. Alle ungeöffneten Muscheln wegwerfen. Die Flüssigkeit aufbewahren.
4 Die Hälfte des Öls in einer Pfanne erhitzen. Die Hähnchenbrust trockentupfen und dann 5 Minuten braten, bis sie goldbraun ist. Aus der Pfanne nehmen und beiseite stellen. Garnelen, Kalmarringe und Fisch in die Pfanne legen und 1 Minute braten. Herausnehmen.

5 Restliches Öl in der Pfanne erhitzen, zusätzliche Zwiebel, Speck, Knoblauch und Paprika hineingeben und 5 Minuten braten, bis die Zwiebel weich ist. Tomaten, Chorizo und Cayenne zufügen. Nach Geschmack würzen. Die zurückgestellte Kochflüssigkeit unterrühren, den Reis zugeben und alles gut vermischen.

6 Safranfäden mit 125 ml Fond vermischen, dann mit dem restlichen Fond zum Reis geben und gut verrühren. Bei schwacher Hitze ohne Deckel 15 Minuten köcheln lassen, ohne umzurühren.

7 Erbsen, Hähnchen, Garnelen, Kalmarringe und Fisch auf den Reis legen. Mit einem Holzlöffel vorsichtig Stücke davon in den Reis drücken, zugedeckt bei schwacher Hitze 10–15 Minuten garen, bis der Reis zart und die Meeresfrüchte gar sind. Wenn der Reis noch nicht gar ist, noch etwas Fond zugießen und für einige Minuten weiterköcheln lassen. In tiefen Tellern servieren, Muscheln darauf legen und mit Petersilie bestreuen.

FISCHRISOTTO MIT ZITRONEN-KRÄUTERN

Vorbereitungszeit: 20 Minuten
Garzeit: 30 Minuten
Für 4 Personen

★★

60 g Butter
400 g weiße Fischfilets ohne Haut (z. B. Seelachs, Kabeljau, Blue-Eye-Bastardmakrele, Lengfisch), in 3 cm große Würfel geschnitten
1,25 l Fischfond
1 Zwiebel, feingehackt
1 Knoblauchzehe, zerdrückt
1 TL Kurkuma, gerieben
330 g Arborio-Reis
2 EL Zitronensaft
1 EL frische Petersilie, gehackt
1 EL frischer Schnittlauch, gehackt
1 EL frischer Dill, gehackt

1 Die Hälfte der Butter in einer Pfanne schmelzen. Portionsweise den Fisch zugeben und bei mittlerer Hitze 3 Minuten braten. Aus der Pfanne nehmen und beiseite legen.

2 Den Fischfond in einen Topf füllen, zum Kochen bringen und abgedeckt köcheln lassen.

3 Restliche Butter in die Pfanne geben, Zwiebel und Knoblauch 3 Minuten dünsten, bis die Zwiebel weich ist. Kurkuma zufügen und 1 Minute rühren. Reis unterrühren, 125 ml Fischfond zugießen und unter ständigem Rühren bei schwacher Hitze garen, bis der Reis die Flüssigkeit aufgesogen hat. Wiederholen, bis der gesamte Fond verbraucht und der Reis zart und cremig ist.

4 Abschließend Zitronensaft, Petersilie, Schnittlauch und Dill zugeben und den Fisch unterheben. Mit Zitronen- oder Limonenscheiben garnieren und mit frischen Kräutern bestreuen.

Hinweis: Bis der Reis den gesamten Fond aufgesogen hat, dauert es ungefähr 20 Minuten. Wenn Sie keine Zeit haben, selbst Fischfond zuzubereiten, können Sie frischen oder tiefgefrorenen Fond in Delikatessengeschäften, Fischläden oder Supermärkten kaufen.

UNTEN: Fischrisotto mit Zitronen-Kräutern

GEBRATENER REIS

Für die Zubereitung von gebratenem Reis brauchen Sie kalten gegarten Reis. Nehmen Sie entweder übrig gebliebenen Reis oder kochen Sie ihn einen Tag vorher und stellen Sie ihn bis zum Gebrauch in den Kühlschrank.

GEBRATENER THAI-REIS
(Khao pad)

Einen Wok stark erhitzen, 2 EL Pflanzenöl hineingeben und schwenken. 3 in Ringe geschnittene rote asiatische Schalotten, 1 fein gehackte Knoblauchzehe und 1 fein gehackte kleine frische rote Chilli 2 Minuten unter Rühren braten, bis die Schalotten braun werden. 100 g in Stücke geschnittene Spargelbohnen, 1 in 5 cm lange feine Streifen geschnittene kleine rote Paprika und 90 g halbierte Champignons zufügen. 3 Minuten unter Rühren gar braten. 550 g kalten gegarten Jasminreis unterrühren, bis er heiß ist.

1 TL geriebenen Palmzucker in 60 ml heller Sojasauce auflösen; über den Reis gießen. 3 EL zerpflücktes frisches Thai-Basilikum und 1 EL gehackten frischen Koriander unterrühren. Für 4 Personen.

GEBRATENER REIS AUF INDONESISCHE ART
(Nasi goreng)

150 g fein gehackte Spargelbohnen 3 Minuten in kochendem Wasser garen. Abtropfen lassen, abspülen, beiseite stellen.

3 grob gehackte Knoblauchzehen, 1 gehackte Zwiebel und 1 kleine frische Bird's eye chilli mit dem Mixer zu einer groben Paste verarbeiten. 2 EL Pflanzenöl in einem Wok erhitzen und schwenken. Die Paste 1 Minute garen, bis sie duftet. 200 g geschälte kleine Garnelen ohne Darm und 250 g in dünne Scheiben geschnittene Hähnchenbrust zufügen und 3 Minuten unter Rühren braten. Die Bohnen und 2 EL Wasser zugeben. Mit Salz und Pfeffer würzen. 750 g kalten gegarten Langkornreis, 4 in feine Ringe geschnittene Frühlingszwiebeln, 1 EL Ketjap Manis und 1–2 EL helle Sojasauce zufügen und ständig rühren, bis alles heiß ist. Für 4–6 Personen.

Hinweis: Nasi goreng wird vor dem Servieren normalerweise mit in Stücke geteiltem Rührei und Krabbenbrot (Krupuk) angerichtet.

GEBRATENER REIS MIT ANANAS-RINDFLEISCH

Einen Wok stark erhitzen, 1 EL Erdnussöl und einige Tropfen Sesamöl hineingeben und schwenken. 2 TL fein gehackten frischen Ingwer, 1 fein gehackte kleine frische rote Chilli und 2 durchgepresste Knoblauchzehen zufügen und einige Sekunden unter Rühren anbraten. 250 g Rinderhackfleisch zugeben und 4–5 Minuten unter Rühren gar braten. 80 g gegarte TK-Erbsen und 4 fein gehackte Frühlingszwiebeln zufügen und 1 Minute unter Rühren braten, bis die Frühlingszwiebeln weich sind. 750 g kalten gegarten Langkornreis, 60 g fein gewürfelte Bambussprossen, 180 g sehr gut abge-

tropfte ausgedrückte Ananasstücke zugeben und rühren, anschließend 2–3 Minuten unter Rühren braten, bis der Reis heiß ist. 1^1/$_2$ EL Sojasauce, 1^1/$_2$ EL Fischsauce und 1 EL Reisessig zugießen und 1 Minute unter Rühren braten, bis alles vermischt ist. 2 EL fein gehackte frische Korianderblätter unterrühren und servieren. Für 4–6 Personen.

GEBRATENER REIS AUF CHINESISCHE ART

2 EL getrocknete Garnelen 20 Minuten in kochendem Wasser einweichen. Abtropfen lassen und fein hacken. Einen Wok stark erhitzen, 1 EL Pflanzenöl hineingeben und im Wok schwenken. 3 leicht verquirlte Eier zufügen und rühren, bis sie langsam fest werden. Wenn sie fast gar sind, in dünne Streifen schneiden und aus dem Wok nehmen.

1 EL Pflanzenöl im Wok erhitzen,

250 g fein gewürfeltes chinesisches gegrilltes Schweinefilet hineingeben und 1 Minute unter Rühren braten, bis es heiß ist. 50 g abgetropfte, abgespülte und fein gewürfelte Strohpilze sowie die Garnelen zufügen und 1–2 Minuten unter Rühren braten. 1 EL Öl zugeben, dann nach und nach 750 g kalten gegarten Langkornreis zufügen und 2 Minuten rühren, bis er heiß ist. Die Hitze reduzieren, 2 EL helle Sojasauce, 3 fein gehackte Frühlingszwiebeln und 2^1/$_2$ EL fein gehackten Schnittknoblauch zugeben und unter Rühren braten, bis alles vermischt ist. Mit weißem Pfeffer und etwas Sesamöl würzen, mit den Eistreifen belegen und servieren. Für 4 Personen.

VON LINKS: Gebratener Thai-Reis, Gebratener Reis auf indonesische Art, Gebratener Reis mit Ananas-Rindfleisch, Gebratener Reis auf chinesische Art

GEBRATENE THAI-NUDELN MIT GARNELEN

Vorbereitungszeit: 25 Minuten + 8 Minuten
zum Einweichen
Garzeit: 10 Minuten
Für 4 Personen

⋆⋆

200 g getrocknete dicke Reisnudeln

1 EL Öl

2 Knoblauchzehen, zerdrückt

2 frische rote Chillies, entkernt und
kleingehackt

1 Hähnchenbrustfilet, in dünne Scheiben
geschnitten

150 g rohes Garnelenfleisch, gehackt

30 g frischer Schnittlauch, gehackt

2 EL Fischsauce

1 EL brauner Zucker

2 EL Zitronensaft

1 Ei, leicht verquirlt

50 g fritierter Tofu, in Streifen geschnitten

3 EL frisches Koriandergrün

25 g Bohnensprossen

40 g geröstete Erdnüsse, gehackt

1 Zitrone, in Spalten geschnitten, zum
Garnieren

1 Nudeln in eine hitzebeständige Schale legen,
mit kochendem Wasser begießen und
5–8 Minuten ruhen lassen, bis die Nudeln weich
sind. Abgießen und beiseite stellen.

2 Den Wok auf höchster Stufe erhitzen, Öl
zugeben, dabei den Wok etwas drehen, damit
die Seiten mit Öl bedeckt sind. Knoblauch,
Chillies und Hähnchenbrust 2–3 Minuten
anbraten, bis das Fleisch gebräunt ist.

3 Garnelenfleisch zufügen und 2 Minuten
anbraten, bis das Fleisch rosa ist. Nudeln und
Schnittlauch unterrühren.

4 Fischsauce, Zucker, Zitronensaft, Ei und Tofu
mit einem Holzlöffel vorsichtig mit den übrigen
Zutaten vermischen. Mit Koriandergrün,
Bohnensprossen, Erdnüssen und Zitronenspalten
servieren.

Hinweis: Fritierten Tofu gibt es in Asienläden
und in einigen gut sortierten Supermärkten.

*OBEN: Gebratene Thai-
Nudeln mit Garnelen*

322

NASI GORENG

Vorbereitungszeit: 25 Minuten
Garzeit: 15 Minuten
Für 6 Personen

300 g mittelgroße rohe Garnelen

5–8 große rote Chillies,
   entkernt und kleingehackt

2 TL Garnelenpaste

8 Knoblauchzehen, feingehackt

4 EL ÖL

2 Eier, leicht verquirlt

350 g dünne Hähnchenfilets,
   in dünne Streifen geschnitten

1,5 kg gekochter Reis

80 ml Kecap Manis

80 ml Sojasauce

2 kleine Salatgurken, kleingehackt

1 große Tomate, entkernt und kleingehackt

Salz und zerstoßener schwarzer Pfeffer

Limonenhälften zum Garnieren

1 Garnelen schälen und vorsichtig den Darm aus dem Rücken herausziehen.

2 Chillies, Garnelenpaste und Knoblauch in einer Küchenmaschine pürieren.

3 Den Wok auf hoher Stufe erhitzen, 1 EL Öl zufügen. Wok etwas drehen, damit auch die Seiten mit Öl bedeckt sind. Eimasse hineingeben und 1 Minute bei mittlerer Hitze braten, bis sie gestockt ist. Wenden und das Omelett von der anderen Seite 1 Minute braten. Aus dem Wok heben und kalt stellen. In Streifen schneiden.

4 Den Wok wieder erhitzen. 1 EL Öl zugeben und Hähnchenfleisch und die Hälfte der Chili-Garnelenpaste anbraten, bis das Fleisch gar ist. Fleisch aus dem Wok nehmen.

5 1 EL Öl in den heißen Wok geben. Garnelen und restliche Chili-Garnelenpaste anbraten. Aus dem Wok nehmen.

6 1 EL Öl in den heißen Wok geben. Bei mittlerer Hitze den Reis 4–5 Minuten anbraten. Kecap Manis und Sojasauce unterrühren, bis der Reis vollständig damit überzogen ist. Hähnchenfleisch und Garnelen mit den übrigen Zutaten vermischen und erwärmen. Mit Pfeffer und Salz würzen. In eine Servierschüssel füllen und mit Omelettestreifen, Gurke und Tomate belegen. Mit Limonenhälften servieren.

NASI GORENG

Kerne aus den roten Chillies herauskratzen und das Fleisch sehr fein hacken.

Chillies, Garnelenpaste und Knoblauch in einer Küchenmaschine pürieren.

LINKS: Nasi Goreng

YUM WOON SEN
Der Name bedeutet „zusammengestellt" oder „vermischt". Yums sind thailändische Salate, die leicht gegartes Fleisch oder gegarte Meeresfrüchte enthalten. Das Dressing besteht aus Limettensaft, Fischsauce, Zucker und Chilli. Diese Salate sind typisch für die thailändische Küche, denn sie zeigen, wie sehr die Thailänder frische Zutaten und das Gleichgewicht von sauren, salzigen, süßen und scharfen Aromen mögen.

HACKFLEISCH-NUDELSALAT AUF THAILÄNDISCHE ART
(Yum woon sen)

Vorbereitungszeit: 20 Minuten
Kochzeit: 35 Minuten
Für 4–6 Personen

Brühe

250 ml Hühnerbrühe
3 Korianderwurzeln
2 frische Kaffir-Limettenblätter
1 Stück frischer Ingwer, etwa 3 x 3 cm groß, in Scheiben geschnitten

30 g frische Mu-Err-Pilze
100 g Glasnudeln oder getrocknete Reis-Vermicelli
1 kleine frische rote Chilli, entkernt und in feine Ringe geschnitten
2 rote asiatische Schalotten, in feine Ringe geschnitten
2 Frühlingszwiebeln, in feine Ringe geschnitten
2 Knoblauchzehen, durchgepresst
1 EL Pflanzenöl
250 g Schweinehackfleisch
je 2½ EL Limettensaft und Fischsauce
1½ EL geriebener Palmzucker

¼ TL gemahlener weißer Pfeffer
15 g frische Korianderblätter, gehackt
Salz, nach Geschmack
Eichblattsalat oder Lollo rosso, zerpflückt
Limettenspalten, zum Garnieren
frische rote Chilli, zusätzlich, in Streifen geschnitten, zum Garnieren
frische Korianderblätter, zusätzlich, zum Garnieren (nach Belieben)

1 Brühe, Koriander, Kaffir-Limettenblätter, Ingwer und 250 ml Wasser in einen Wok geben. 25 Minuten köcheln lassen, bis die Flüssigkeit etwas reduziert ist. Durch ein Sieb seihen.
2 Die Pilze von den holzigen Stielen befreien, dann in dünne Scheiben schneiden. Die Nudeln in kochendem Wasser 3–4 Minuten einweichen. Abspülen, abtropfen lassen, anschließend 3 cm lang schneiden. Nudeln, Pilze, Chilli, Schalotten, Frühlingszwiebeln und Knoblauch mischen.
3 Einen Wok stark erhitzen, das Öl hineingeben und im Wok schwenken. Das Fleisch zufügen und 1–2 Minuten unter Rühren gar braten. Die Brühe zugießen und bei starker Hitze zum Kochen bringen. 1 Minute kochen, das Fleisch abtropfen lassen und zur Nudelmischung geben.
4 Limettensaft, Fischsauce, Palmzucker und Pfeffer verrühren, bis sich der Zucker aufgelöst hat. Mit dem Koriander zur Fleischmischung geben und vermengen. Mit Salz abschmecken.
5 Den Salat auf eine Platte legen, die Mischung

RECHTS: Hackfleisch-Nudelsalat auf thailändische Art

darauf verteilen und mit Limettenspalten, Chilli und nach Belieben mit Koriander garnieren.

SCHWEINEFLEISCH MIT HOKKIEN-NUDELN

Vorbereitungszeit: 15 Minuten
 + 10 Minuten Marinierzeit
Kochzeit: 15 Minuten
Für 4 Personen

80 ml Sojasauce

60 ml Mirin

2 TL geriebener frischer Ingwer

2 Knoblauchzehen, durchgepresst

1 1/2 EL weicher brauner Zucker

350 g Schweinefilet, quer zur Faser in dünne
 Scheiben geschnitten

500 g Hokkien-Nudeln

2 EL Erdnussöl

1 Zwiebel, in schmale Schnitze geteilt

1 rote Paprika, in dünne Streifen geschnitten

2 Möhren, schräg in dünne Scheiben
 geschnitten

4 Frühlingszwiebeln, schräg in feine Ringe
 geschnitten

200 g frische Shiitake-Pilze, in Scheiben
 geschnitten

1 Sojasauce, Mirin, Ingwer, Knoblauch und Zucker in einer Schüssel vermengen. Das Fleisch untermischen. Zudecken und im Kühlschrank mindestens 10 Minuten marinieren.
2 Inzwischen die Nudeln in einer hitzebeständigen Schüssel mit kochendem Wasser übergießen, 1 Minute einweichen und dann voneinander lösen. Gut abtropfen lassen, abspülen.
3 Einen großen Wok stark erhitzen, 1 EL Öl hineingeben und im Wok schwenken. Das Fleisch mit einem Schaumlöffel aus der Marinade nehmen; die Marinade aufbewahren. Das Fleisch portionsweise jeweils 3 Minute unter Rühren braten, bis es braun ist. Herausnehmen.
4 Den Wok bei starker Hitze wieder heiß werden lassen, das restliche Öl hineingeben und im Wok schwenken. Zwiebel, Paprika und Möhren darin 2–3 Minuten unter Rühren gerade weich braten. Frühlingszwiebeln und Pilze zufügen und weitere 2 Minuten garen. Fleisch, Nudeln und Marinade in den Wok geben. Gründlich mischen, bis alles heiß ist. Sofort servieren.

CHILLI-RELISH
(Samball bajak)

25 g getrocknete Tamarinde 10 Minuten in 60 ml heißem Wasser einweichen. Ausdrücken, abtropfen lassen; die Flüssigkeit aufbewahren. 3–4 gehackte kleine frische rote Chilis, 100 g rote asiatische Schalotten, 2 Knoblauchzehen, 7 Kemirinüsse und 1/2 TL geriebenen frischen Galgant in einer Küchenmaschine zu einer Paste verarbeiten. 80 ml Pflanzenöl in einem Wok erhitzen, die Paste darin 5 Minuten garen. Die Tamarindenflüssigkeit, 2 TL Ketjap Manis, 1 EL Zucker und Salz nach Geschmack zugeben und bei schwacher Hitze unter häufigem Rühren 5–10 Minuten köcheln lassen. In ein vorgewärmtes Gefäß gießen, verschließen. Abkühlen lassen. Ergibt 24 Portionen. Im Kühlschrank bis zu 5 Tagen haltbar.
Hinweis: Diese Gewürzsauce nimmt man in Südostasien für verschiedene Gerichte.

OBEN: Schweinefleisch mit Hokkien-Nudeln

GEBRATENE NUDELN AUF INDONESISCHE ART

(Bahmi goreng)

Vorbereitungszeit: 25 Minuten
Kochzeit: 20 Minuten
Für 4 Personen

400 g frische flache Eiernudeln (5 mm breit)

2 Tomaten

2 EL Erdnussöl

4 rote asiatische Schalotten, in feine Ringe geschnitten

2 Knoblauchzehen, gehackt

1 kleine frische rote Chilli, fein gewürfelt

100 g Schweinefilet, quer zur Faser in dünne Scheiben geschnitten

300 g Hähnchenbrustfilet, in dünne Scheiben geschnitten

200 g kleine rohe Garnelen, küchenfertig, aber mit Schwanzflosse

2 Blätter Chinakohl (wom bok), zerpflückt

2 Möhren, der Länge nach halbiert und in dünne Scheiben geschnitten

100 g Spargelbohnen, in 3 cm lange Stücke geschnitten

60 ml Ketjap Manis

1 EL helle Sojasauce

4 Frühlingszwiebeln, schräg in Ringe geschnitten

Salz und Pfeffer, nach Geschmack

1 EL Röstzwiebeln, zum Garnieren

frische glattblättrige Petersilie, zum Garnieren

1 Die Nudeln in einem Topf mit kochendem Wasser 1 Minute weich garen. Abtropfen lassen und mit kaltem Wasser abspülen.

2 Die Tomaten auf der Oberseite kreuzweise einritzen. 30 Sekunden in einer Schüssel mit kochendem Wasser überbrühen, dann in kaltes Wasser tauchen und die Haut vom Kreuz aus abziehen. Die Tomaten quer halbieren, die Kerne mit einem Teelöffel herausschaben und das Fruchtfleisch zerkleinern.

3 Einen Wok stark erhitzen, das Öl hineingeben und schwenken. Die Schalotten 1 Minute unter Rühren braten. Knoblauch, Chilli und Schweinefleisch zufügen und 2 Minuten unter Rühren braten. Das Hähnchenfleisch zugeben und 2 Minuten braten. Die Garnelen zufügen und weitere 2 Minuten unter Rühren gar braten.

4 Chinakohl, Möhren und Bohnen hineinrühren und 3 Minuten garen, dann die Nudeln zufügen und weitere 4 Minuten unter Rühren braten, bis alles heiß ist.

5 Ketjap Manis, Sojasauce, Frühlingszwiebeln und Tomaten zugeben. 2 Minuten rühren. Würzen und mit Röstzwiebeln und Petersilie garnieren. Servieren.

UNTEN: Gebratene Nudeln auf indonesische Art

SINGAPUR-NUDELN

Vorbereitungszeit: 35 Minuten
Garzeit: 15 Minuten
Für 2-4 Personen

300 g getrocknete Reis-Vermicelli

300 g rohe mittelgroße Garnelen

2 EL Öl

2 Knoblauchzehen, fein zerdrückt

350 g Schweinelende, in Streifen geschnitten

1 große Zwiebel, in Stücke geschnitten

1–2 EL asiatisches Currypulver (siehe Hinweis)

150 g grüne Bohnen, in kurze Stücke
  geschnitten

1 große Karotte, in Scheiben geschnitten

1 TL Zucker

1 TL Salz

1 EL Sojasauce

200 g Bohnensprossen

1 Frühlingszwiebel, in feine Streifen geschnitten,
  zum Garnieren

Salz und Pfeffer

1 Vermicelli etwa 5 Minuten in kochendem Wasser einweichen, bis sie weich sind. Abgießen und in kurze Stücke schneiden.

2 Garnelen schälen und Darm entfernen.

3 Die Hälfte des Öls in einem Wok erhitzen und Knoblauch, Schweinefleisch und Garnelen portionsweise bei großer Hitze unter ständigem Rühren 2 Minuten anbraten. Aus dem Wok nehmen und beiseite stellen.

4 Die Hitze auf mittlere Stufe reduzieren. Restliches Öl in den Wok geben und Zwiebel und Currypulver 2–3 Minuten unter Rühren anbraten. Bohnen, Karotte, Zucker und Salz zufügen, die Mischung mit etwas Wasser beträufeln und 2 Minuten braten.

5 Vermicelli und Sojasauce unterheben. Bohnensprossen, Garnelen und Fleisch unterrühren. Mit Salz und Pfeffer würzen. Vermischen und mit Frühlingszwiebeln garnieren.

Hinweis: Es gibt unterschiedliche Sorten von asiatischem Currypulver, je nachdem, ob es zum Würzen von Fleisch, Geflügel oder Meeresfrüchten dient. In diesem Gericht haben wir Fischcurrypulver verwendet, das wie auch die anderen Sorten in Asienläden erhältlich ist. Handelsübliche Marken eignen sich nicht.

REIS-VERMICELLI
Während sie in den Reisanbaugebieten Südchinas meist frisch gegessen werden, verkauft man Vermicelli hierzulande üblicherweise in getrockneter Form. Um sie verarbeiten zu können, müssen Vermicelli kurz in heißem Wasser eingeweicht werden. Getrocknet können sie auch in heißem Öl fritiert werden, um knusprige Nudeln zuzubereiten.

LINKS: Singapur-Nudeln

CHILI-TINTENFISCH MIT GLASNUDELSALAT

Vorbereitungszeit: 30 Minuten
  + 10 Minuten Einweichzeit
  + 15 Minuten Marinierzeit
Kochzeit: 10 Minuten
Für 4 Personen

★ ★ ★

1 EL getrocknete Shrimps
2 EL chinesischer Reiswein
2 EL helle Sojasauce
1 EL dunkler chinesischer Essig
2 TL frischer Ingwer, fein gehackt
2 Frühlingszwiebeln, dünn geschnitten
1 TL Chili-Knoblauch-Sauce
1 TL Sesamöl

OBEN: Chili-Tintenfisch mit Glasnudelsalat

Salat

600 g Tintenfischmäntel, gesäubert
125 ml Zitronensaft
250 g Glasnudeln
1 kleine Salatgurke, entkernt und in Stäbchen geschnitten
90 g Sojabohnensprossen, geputzt
2 EL frisches Koriandergrün, gehackt
1 EL Sichuan-Pfefferkörner, trocken geröstet
2 TL Meersalz
1 TL weißer Pfeffer aus der Mühle
1 TL schwarzer Pfeffer aus der Mühle
1/4 TL Chiliflocken
60 g Mehl
45 g Reismehl
Erdnussöl zum Frittieren
2 Eiweiß, leicht verquirlt
etwas frisches Koriandergrün zum Garnieren

1 Die Shrimps in einer kleinen hitzebeständigen Schüssel mit kochendem Wasser bedecken und 10 Minuten einweichen. Abtropfen lassen, fein hacken. Shrimps zurück in die Schüssel geben, mit dem Reiswein bedeckt beiseite stellen.
2 Für das Dressing Sojasauce, dunklen Essig, Ingwer, Frühlingszwiebeln, Chili-Knoblauch-Sauce und Sesamöl in einer kleinen Schüssel gut vermengen und beiseite stellen.
3 Die Tintenfischmäntel öffnen, auswaschen und sorgfältig mit Küchenkrepp trockentupfen. Die nach oben gerichtete weiche Innenseite an der Oberfläche rautenförmig einschneiden. Die Tintenfische in 2,5 x 4 cm große Stücke schneiden. Die Stücke auf einen flachen Teller legen und mit Zitronensaft beträufeln. Mit Frischhaltefolie bedeckt 15 Minuten im Kühlschrank marinieren.
4 Inzwischen die Glasnudeln in einer hitzebeständigen Schüssel mit kochendem Wasser bedecken und 3–4 Minuten einweichen. Abgießen und unter fließendem kaltem Wasser abspülen. Abtropfen lassen, in eine Servierschüssel geben. Salatgurke, Bohnensprossen und Koriandergrün zufügen.
5 Sichuan-Pfefferkörner, Meersalz, weißen und schwarzen Pfeffer und Chiliflocken mit Mörser und Stößel oder in der Gewürzmühle zu einem feinen Pulver vermahlen. Mit Mehl und Reismehl in einer Schüssel gut vermischen. Tintenfische abtropfen lassen und mit Küchenkrepp trockentupfen.
6 Den Wok zu einem Drittel mit Öl füllen und auf 180 °C erhitzen (ein Brotwürfel sollte in 15 Sekunden bräunen). Die Tintenfischstücke in

das Eiweiß tauchen und gut in der Mehlmischung wenden. Immer fünf oder sechs Stücke auf einmal etwa 1 Minute goldbraun frittieren – den Wok nicht überfüllen. Auf zerknülltem Küchenkrepp abtropfen lassen und mit etwas Salz bestreuen – das hilft, überschüssiges Öl aufzusaugen.

7 Vor dem Servieren Dressing und Shrimpmischung behutsam unter die Glasnudeln heben. Tintenfische auf die Nudeln geben, das Gericht mit Koriandergrün garnieren und sofort anrichten.

KNUSPRIGE NUDELN
(Mee grob)

Vorbereitungszeit: 30 Minuten
+ 20 Minuten Einweichzeit
Kochzeit: 15 Minuten
Für 4–6 Personen

✹ ✹

4 getrocknete Shiitake-Pilze

Öl zum Frittieren

100 g feine Reisnudeln (Reis-Vermicelli)

100 g frittierte Tofu-Würfel, in schmale Streifen geschnitten

4 Knoblauchzehen, durchgepresst

1 Zwiebel, gehackt

1 Hähnchenbrustfilet, dünn geschnitten

8 grüne Bohnen, schräg in Stücke geschnitten

6 Frühlingszwiebeln, schräg in dünne Ringe geschnitten

8 rohe mittelgroße Garnelen, küchenfertig, aber mit Schwanzflossen

30 g Sojabohnensprossen, geputzt

frisches Koriandergrün zum Garnieren

Sauce

60 ml weißer Essig

60 ml Fischsauce

5 EL Zucker

1 EL Sojasauce

1 EL süße Chilisauce

1 Pilze mit kochendem Wasser bedecken und 20 Minuten einweichen. Ausdrücken, Stiele entfernen, Hüte in dünne Scheiben schneiden.

2 Den Wok zu einem Drittel mit Öl füllen, auf 180 °C erhitzen (ein Brotwürfel sollte in 15 Sekunden bräunen). Die Nudeln in kleinen Portionen etwa 5 Sekunden knusprig frittieren. Gut auf Küchenkrepp abtropfen lassen.

3 Tofu portionsweise etwa 1 Minute knusprig frittieren. Abtropfen lassen. Vorsichtig das Öl bis auf 2 EL entfernen.

4 Den Wok sehr heiß werden lassen. Knoblauch und Zwiebel 1 Minute unter Rühren anbraten. Hähnchen, Pilze, Bohnen und die Hälfte der Frühlingszwiebeln zufügen, etwa 2 Minuten unter Rühren braten. Garnelen zugeben, weitere 2 Minuten pfannenrühren, bis sie rosa werden.

5 Die Saucenzutaten in einer Schüssel mischen, dann in den Wok geben. Etwa 2 Minuten unter Rühren braten, bis die Sauce zu Sirup eingedickt ist.

6 Vom Herd nehmen und Nudeln, Tofu und Bohnensprossen unterrühren. Mit Koriander und den restlichen Frühlingszwiebeln garnieren.

MEE GROB

Mee grob wurde vom Küchenchef eines Restaurants nahe des königlichen Palastes in Bangkok kreiert. Eines Tages kehrte der König von einer Reise zurück und bemerkte eine Menschenmenge neben dem Palast. Als er sich nach dem Grund für den Auflauf erkundigte, erfuhr er, dass die Menschen alle ein neues Nudelgericht namens mee grob ausprobieren wollten. Und so wurde auch der König ein großer Fan dieser knusprig gebratenen Nudeln. Heute wird mee grob in ganz Thailand als Snack oder Beilage zu Currys serviert. Es ist ein Beispiel für die Kunst der thailändischen Köche, fremde Küchen zu integrie-ren, da hier traditionelle chinesische Garmethoden mit thailändischen Aromen und Zutaten vermengt werden.

OBEN: Knusprige Nudeln

GEWÜRZTER REIS

INDONESISCHER KOKOSREIS
(Nasi lemak)

300 g Mittelkornreis im Sieb spülen, bis das Wasser klar läuft. 30 Minuten stehen lassen.

Reis, je 250 ml Wasser und Kokosmilch und 1 Pandanblatt, zum Knoten geschlungen, in einen großen Topf geben. Zum Kochen bringen, Hitze auf kleinste Stufe schalten und 12 Minuten köcheln lassen. Von der Hitze nehmen und 10 Minuten quellen lassen. Pandanblatt herausnehmen und Reis mit einer Gabel lockern. Nach Belieben mit Frühlingszwiebel garniert servieren. Eine köstliche Beilage zu indonesischen und malaiischen Gerichten. Für 4 Personen.

WÜRZIGER INDISCHER GHEE-REIS

300 g Basmatireis im Sieb spülen, bis das Wasser klar läuft. 30 Minuten stehen lassen.

25 g Ghee (geklärte Butter) im Topf erhitzen. 4 zerdrückte Kardamomkapseln, 1 Zimtstange, 3 getrocknete Curryblätter, 1 gehackte Knoblauchzehe, 2 TL geriebener frischer Ingwer und 1 TL Kreuzkümmelsamen zufügen und unter Rühren braten, bis sie duften. Reis hineinrühren und 500 ml Wasser zugießen. Zum Kochen bringen, zudecken, Hitze auf kleinste Stufe schalten und 12 Minuten köcheln lassen. Von der Hitze nehmen und zugedeckt 10 Minu-

ten quellen lassen. 2 EL Sultaninen und 1 TL Ghee hineinrühren. Als Beilage zu Currys servieren. Für 4 Personen.

SAFRANREIS

300 g Langkornreis im Sieb spülen, bis das Wasser klar läuft. 30 Minuten stehen lassen.

Inzwischen ¼ TL Safranfäden mit 2 EL heißem Wasser übergießen und 2–3 Minuten ziehen lassen.

1 Zwiebel in dünne Ringe schneiden. 1 EL Olivenöl im Topf erhitzen und Zwiebel 7–8 Minuten bei mäßiger Hitze goldbraun braten. Herausnehmen und warm halten.

Reis in den Topf geben und umrüh-

330

ren, bis er vom Öl überzogen ist. Je 250 ml Hühnerbrühe und Wasser zugießen, zum Kochen bringen und Safranfäden mit Einweichwasser zufügen. 2–3 Minuten köcheln lassen, dann einen dicht schließenden Deckel aufsetzen. Hitze auf kleinste Stufe schalten und den Reis 10 Minuten kochen. Von der Hitze nehmen und zugedeckt 10 Minuten quellen lassen, dann die Zwiebel hineinrühren. Sofort servieren. Passt gut zu Currys. Für 4 Personen.

REIS MIT ZITRONENGRAS UND LIMETTE

400 g Langkornreis im Sieb spülen, bis das Wasser klar läuft, dann 30 Minuten stehen lassen.

Reis mit 250 ml Wasser, 500 ml Kokoscreme, 1 zerdrückten Zitronengrasstängel, 2 frischen Kaffir-Limettenblättern und 1 TL Salz bei starker Hitze zum Ko-

chen bringen, gut umrühren und die Hitze auf kleinste Stufe zurückschalten. Einen gut schließenden Deckel aufsetzen und Reis 15 Minuten kochen. Von der Hitze nehmen und zugedeckt 5 Minuten quellen lassen. Mit einer Gabel lockern, um etwaige überschüssige Kokoscreme unterzumischen. Zitronengras und Limettenblätter herausnehmen. Schmeckt ausgezeichnet zu pfannengerührten Gerichten. Für 4–6 Personen.

REIS MIT INGWER UND FRÜHLINGSZWIEBEL

250 g Jasminreis im Sieb spülen, bis das Wasser klar läuft, dann 30 Minuten stehen lassen.

Reis mit 440 ml Wasser zum Kochen bringen, dann zugedeckt bei geringer Hitze 10 Minuten kochen. Topf von der Hitze nehmen und zugedeckt 10 Minuten quellen lassen.

1 EL Pflanzenöl in einem kleinen Topf bei mittlerer bis geringer Temperatur erhitzen; das Öl darf nicht rauchen. 2 TL geriebener frischer Ingwer und 3 fein gehackte Frühlingszwiebeln mit 1/4 TL Salz rasch hineinrühren, aber nicht braun werden lassen. Die Mischung zusammen mit 1 EL Sojasauce mit dem Reis vermengen. Eine schmackhafte Beilage zu pfannengerührten Gerichten. Für 4 Personen.

VON LINKS: Indonesischer Kokosreis, Würziger indischer Ghee-Reis, Safranreis; Reis mit Zitronengras und Limette, Reis mit Ingwer- und Frühlingszwiebel

PASTA & GNOCCHI

NUDELN SELBST GEMACHT

FRISCH ODER GETROCKNET?

Im Gegensatz zu getrockneter Pasta enthält frische auch Eier, außerdem wird dafür weicheres Weizenmehl verwendet, nicht der Hartweizengrieß, der getrocknete Nudeln bissfest macht. Frische Pasta eignet sich für Lasagne, für lange und gefüllte Nudeln.

TIPPS FÜR DIE HERSTELLUNG

Nudeln selbst herzustellen ist nicht schwierig, wenn man ein paar Dinge beachtet. Alle Zutaten müssen zimmerwarm sein. Die Küche sollte gut belüftet, die Arbeitsfläche groß, fest und eben sein und möglichst aus Holz oder Marmor bestehen. Der Teig muss gründlich

geknetet werden, damit der Glutengehalt des Mehls seine Wirkung entfaltet, denn dadurch wird der Teig griffig und elastisch und lässt sich leichter verarbeiten, vor allem wenn man ihn von Hand ausrollt und schneidet. Wenn er zu weich ist oder klebt, gibt man kleine Mengen Mehl dazu. Auch sollte der Teig gründlich und dünn ausgerollt werden, da die Nudeln dadurch poröser werden, Saucen besser aufnehmen und nach dem Garen zarter sind.

GRUNDTEIG FÜR NUDELN

Für 6 Personen als Vorspeise oder 4 Personen als Hauptgang benötigt man folgende Zutaten: 300 g Mehl, 3 Eier (Ge-

wichtsklasse L), 30 ml Olivenöl und 1 große Prise Salz.

1 Mehl auf die Arbeitsfläche oder in eine große Schüssel häufen und in die Mitte eine Mulde drücken. Eier in die Mulde geben, Öl und Salz zufügen. Mit einer Gabel Eier und Öl verquirlen und etwas Mehl mit hineinrühren. Nach und nach Mehl mit den Eiern mischen, dabei von der Mitte aus arbeiten.

2 Teig auf einer leicht bemehlten Fläche etwa 6 Minuten kneten, bis er weich, glatt und elastisch ist und sich trocken anfühlt. Wenn er an den Händen oder der Arbeitsfläche hängt, etwas Mehl einarbeiten. In Frischhaltefolie wickeln und 30 Minuten ruhen lassen.

VON HAND AUSROLLEN

1 Den Teig vierteln und mit einem Geschirrtuch bedecken. Die Arbeitsfläche leicht bemehlen und mit einer großen, bemehlten Teigrolle die erste Portion von der Mitte aus nach außen ausrollen. Teig häufig drehen und immer von sich weg nach außen rollen.

2 Wenn der Teig nahezu kreisförmig ist, auf die Hälfte zusammenfalten und erneut ausrollen. Das Verfahren noch 7- oder 8-mal wiederholen, bis die Teigplatte glatt und etwa 5 mm stark ist. Diese schnell 2,5 cm stark und glatt ausrollen.

3 Alle Portionen ebenso verarbeiten und jeweils auf ein trockenes Geschirrtuch legen. Für gefüllte Nudeln die Platten zudecken; wenn sie zu Formen oder in Streifen geschnitten werden sollen, offen liegen lassen, damit sie etwas trocknen.

4 Für Lasagne den Teig in entsprechend große Blätter schneiden.

5 Um den Teig in Streifen zu schneiden, etwa für Fettuccine, wird er wie eine Biskuitrolle aufgerollt und mit einem langen scharfen Messer quer in gleichmäßige Streifen geschnitten. Die Streifen nebeneinander auf ein Geschirrtuch legen oder über einen Besenstiel zwischen 2 Stühle hängen und höchstens 10 Minuten trocknen lassen.

6 Für Farfalle (Fliegen) mit einem gezackten Teigrädchen und einem Lineal 2,5 x 5,5 cm große Rechtecke ausschneiden und diese in der Mitte zusammendrücken, um die Form einer Fliege zu erhalten. Auf einem Geschirrtuch 10–12 Minuten trocknen lassen.

MIT DER NUDELMASCHINE

1 Den Nudelteig vierteln. 3 Portionen mit einem Geschirrtuch bedecken, damit sie nicht austrocknen. 1 Portion mit der Teigrolle flach drücken, dabei Rechtecke etwa von der Breite der Maschine formen. Den Teig und die Rollen der Maschine leicht mit Mehl bestäuben.

2 Den Rollenabstand auf die größte Stufe stellen und den Teig 2- bis 3-mal durchkurbeln. Den Teig zu einem Drittel falten, um 90° drehen und erneut durchkurbeln. 8- bis 10-mal wiederholen, bis der Nudelteig glatt und geschmeidig ist und ein samtartiges Aussehen hat.

3 Die Rollen um eine Stufe enger stellen und den Teig durchkurbeln. Auch diesen Vorgang wiederholen, dabei den Rollenabstand jeweils um eine Stufe verringern, bis der Teig die erforderliche Stärke hat. Sollen die Nudeln mit der Maschine geschnitten werden, kurbelt man den Teig sofort nach dem Ausrollen durch und lässt die Nudeln 10 Minuten trocknen. Zudecken, wenn sie gefüllt werden sollen.

20 Miesmuscheln

200 g rohe mittelgroße Garnelen

60 ml Weißwein

60 ml Fischfond

I Knoblauchzehe, zerdrückt

375 Spaghetti

30 g Butter

125 Kalmarringe

125 g weiße Fischfilets ohne Haut (z. B. Blue-
   Eye-Bastardmakrele, Groper, Marlin),
   in Würfel geschnitten

10 g frische Petersilie, gehackt

200 g Venusmuscheln aus der Dose, abgetropft

1 Für die Tomatensauce Olivenöl in einer Pfanne erhitzen, Zwiebel und Karotte zufügen und unter Rühren bei mittlerer Hitze 10 Minuten dünsten, bis das Gemüse leicht gebräunt ist. Knoblauch, Tomaten, Weißwein und Zucker unterrühren, zum Kochen bringen. Bei reduzierter Hitze 30 Minuten köcheln lassen, dabei gelegentlich umrühren.

2 Muscheln mit einer harten Bürste reinigen und die Bärte herausziehen. Beschädigte Muscheln oder offene, die sich nach einem leichten Klopfen nicht schließen, wegwerfen. Muscheln gut abspülen.

3 Garnelen schälen und dunklen Darm herausziehen.

4 Weißwein, Fond und Knoblauch in einem großen Topf erhitzen. Die Muscheln zugeben. Zugedeckt auf hoher Stufe 5 Minuten kochen. Nach 3 Minuten beginnen, die geöffneten Muscheln herauszunehmen. Nach 5 Minuten alle geschlossenen Muscheln wegwerfen. Flüssigkeit aufbewahren.

5 Spaghetti in einem großen Topf mit sprudelnd kochendem, gesalzenem Wasser *al dente* kochen. Abgießen und warm halten.

6 In der Zwischenzeit die Butter in einer Pfanne schmelzen und Kalmarringe, Fisch und Garnelen portionsweise 2 Minuten darin braten. Pfanne vom Herd nehmen und die Muschel-flüssigkeit zusammen mit Muscheln, Kalmar-ringen, Fisch, Garnelen, Petersilie und Venusmuscheln zur Tomatensauce geben und unter ständigem Rühren erhitzen. Mit den Spaghetti vermischen und sofort servieren.

SPAGHETTI MARINARA

Vorbereitungszeit: 40 Minuten
Garzeit: 50 Minuten
Für 6 Personen

✶✶

Tomatensauce

2 EL Olivenöl

I Zwiebel, feingehackt

I Karotte, in Scheiben geschnitten

2 Knoblauchzehen, zerdrückt

425 g Tomaten aus der Dose, kleingehackt

125 ml Weißwein

I TL Zucker

OBEN:
Spaghetti Marinara

SPAGHETTI CARBONARA

Vorbereitungszeit: 10 Minuten
Kochzeit: 20 Minuten
Für 6 Personen

☆

500 g Spaghetti

8 Scheiben Frückstücksspeck

4 Eier

50 g frisch geriebener Parmesan

320 ml Sahne

1 Die Spaghetti in einem großen Topf mit sprudelndem Salzwasser *al dente* kochen. Abtropfen und wieder in den Topf geben.

2 Zwischenzeitlich den Speck vom Rand befreien und in dünne Streifen schneiden. In einer gußeisernen Pfanne bei Mittelhitze knusprig braten. Auf Küchenkrepp abtropfen lassen.

3 Die Eier, den Parmesan und die Sahne in einer Schüssel gut verschlagen. Den Speck zugeben und die Sauce über die warmen Nudeln löffeln. Vorsichtig unterheben, bis die Spaghetti vollständig mit Sauce bedeckt sind.

4 Die Pasta bei Niedrighitze in der Pfanne noch 1 Minute erwärmen, bis die Sauce etwas eindickt. Mit schwarzem Pfeffer aus der Mühle würzen und nach Wunsch mit frischen Kräutern garnieren.

CARBONARA

Um den Ursprung und den Namen dieser Pastasauce ranken sich Geheimnisse. Die einen halten Carbonara für eine relativ neue Sauce, die während des Zweiten Weltkriegs in Rom entstand, als die amerikanischen GI's ihre Speck- und Eierrationen mit den regionalen Spaghetti kombinierten. Wahrscheinlicher ist hingegen, daß dieses Gericht schon älteren Ursprungs ist. Vielleicht läßt sich der Name von den Kohlenhändlern ableiten, den *carbonaio*, die dieses einfache, schnelle Essen auf der Straße auf ihren Holzöfen zauberten. Vielleicht bezieht sich der Name aber auch auf den grob gemahlenen schwarzen Pfeffer, der sich wie kleine Rußflecken gegen die Sahnesauce abhebt. Doch wie immer dieses Gericht auch entstanden ist: Es zeugt von Einfallsreichtum, eine Sauce aus einfachem Speck mit Sahne und Ei anzudicken und zu aromatisieren.

OBEN:
Spaghetti carbonara

PESTO

Diese berühmte italienische Sauce passt besonders gut zu Nudeln oder Fisch. Die Zubereitung verlangt etwas Geduld, weil das Öl sehr langsam nach und nach in die Basilikum-Pinienkern-Mischung gerührt werden muss. Egal ob man Pesto im Mixer oder auf traditionelle Art mit Mörser und Stößel herstellt, der Käse wird immer zum Schluss hineingerührt. Die Sauce wird zimmerwarm serviert, darf aber nicht erwärmt werden.

LINGUINE MIT PESTO

Zubereitungszeit: 15 Minuten
Kochzeit: 15 Minuten
Für 4–6 Personen

100 g frische Basilikumblätter

2 Knoblauchzehen, zerdrückt

40 g Pinienkerne, geröstet

180 ml Olivenöl

50 g geriebener Parmesan

500 g Linguine (geknäulte flache Nudeln)

gehobelter oder geriebener Parmesan zum
   Servieren

1 Basilikum, Knoblauch und Pinienkerne im Mixer fein hacken. Öl in gleichmäßigem Strahl langsam zufügen, bis eine glatte Paste entsteht. Mit Parmesan mischen und abschmecken.
2 Nudeln in stark kochendem Salzwasser bissfest garen. Abgießen und wieder in den Topf geben. Mit Pesto gründlich mischen. Mit Parmesan bestreut servieren.
Hinweis: Pesto hält in einem luftdicht verschließbaren Gefäß bis zu 1 Woche im Kühlschrank. Die Oberfläche mit Öl bedecken. Tiefgekühlt ist es bis zu 1 Monat haltbar.

ORECCHIETTE MIT BROKKOLI

Zubereitungszeit: 5 Minuten
Kochzeit: 15 Minuten
Für 6 Personen

750 g Brokkoli, in Röschen geteilt

450 g Orecchiette (Nudeln in Öhrchenform)

60 ml Olivenöl extra vergine

8 Sardellenfilets in Öl, abgetropft

1/2 TL Chiliflocken

Salz und Pfeffer

30 g geriebener Pecorino oder Parmesan

1 Brokkoli in kochendem Salzwasser 5 Minuten blanchieren. Mit dem Schaumlöffel herausnehmen und gründlich abtropfen lassen. Wasser erneut aufkochen. Nudeln darin bissfest garen, abgießen und wieder in den Topf geben.
2 Öl in einer Bratpfanne erhitzen und Sardellen bei sehr geringer Hitze 1 Minute braten. Chiliflocken und Brokkoli zufügen, bei mäßiger Hitze unter Rühren etwa 5 Minuten braten, bis der Brokkoli auseinander zu fallen beginnt. Mit Salz und Pfeffer würzen und mit Nudeln und Käse mischen.

RECHTS: Linguine mit Pesto

PENNE ALLA NAPOLITANA

Zubereitungszeit: 20 Minuten
Kochzeit: 25 Minuten
Für 4–6 Personen

2 EL Olivenöl

1 Zwiebel, fein gehackt

2–3 Knoblauchzehen, fein gehackt

1 kleine Möhre, fein gewürfelt

1 Selleriestange, fein gewürfelt

800 g zerkleinerte Tomaten aus der Dose oder
   1 kg vollreife Tomaten, geschält und gehackt

1 EL Tomatenmark

20 g frische Basilikumblätter, zerkleinert

Salz und frisch gemahlener schwarzer Pfeffer

500 g Penne

geriebener oder gehobelter Parmesan zum
   Servieren

1 Öl in einer großen Bratpfanne erhitzen,
Zwiebel und Knoblauch zufügen und etwa
2 Minuten goldbraun braten. Möhre und Sellerie zugeben und weitere 2 Minuten garen.

2 Tomaten und Tomatenmark zufügen. 20 Minuten unter gelegentlichem Rühren köcheln
lassen, bis die Sauce eindickt. Basilikum hineinrühren und mit Salz und Pfeffer abschmecken.
3 Während die Sauce gart, Nudeln in einem
großen Topf mit stark kochendem Salzwasser
bissfest garen. Gut abtropfen lassen, wieder in
den Topf geben und mit der Sauce gut mischen.
Mit frisch geriebenem oder geraspeltem Parmesan bestreut servieren.

BUCATINI AMATRICIANA

2 EL Olivenöl in einer Bratpfanne bei mittlerer Temperatur erhitzen und 1 fein gehackte Zwiebel goldgelb braten. 150 g gehackten Pancetta zufügen und 1 Minute
braten. 400 g zerkleinerte Tomaten aus der
Dose, Salz, Pfeffer und $1/2$ TL Chilliflocken
zugeben und 20–25 Minuten köcheln
lassen. Inzwischen 450 g Bucatini in einem
großen Topf mit kochendem Wasser bissfest
garen. Abgießen und mit 3 EL frisch geriebenem Parmesan zur Sauce geben. Nudeln
und Sauce gründlich mischen und sofort
servieren. Für 4 Personen.

TOMATEN

Wenn man sie nicht am
Strauch reifen lässt, sind
Tomaten meist wässrig,
haben wenig Aroma und ge-
ben einem Gericht nichts
als Säure. Außer in den
Sommermonaten sind die
meisten Tomaten, die es zu
kaufen gibt, von minderer
Qualität. Wenn man außer-
halb der Saison ein Gericht
mit Tomaten zubereiten
will, sollte man lieber Do-
senware kaufen, am besten
ganze geschälte Tomaten
italienischer Herkunft.

*OBEN: Penne alla
napolitana*

339

PUTTANESCA

Der Name leitet sich von „puttana", dem Italienischen Wort für Hure, ab. Um dieses Gericht ranken sich viele Geschichten; einmal heißt es, die Sauce verdanke ihren Namen dem intensiven Aroma, das wie Sirenengesang auf die Freier wirkte. Eine weitere Geschichte besagt, dass es den vom rechten Wege abgekommenen Frauen untersagt war, Lebensmittelgeschäfte gleichzeitig mit den ehrbaren Damen zu den normalen Öffnungszeiten zu betreten. So mussten sie für ihre Sauce auf die in der Speisekammer vorhandenen Zutaten zurückgreifen, also Oliven, Kapern und Sardellen.

OBEN: Spaghetti puttanesca

SPAGHETTI PUTTANESCA

Zubereitungszeit: 15 Minuten
Kochzeit: 20 Minuten
Für 6 Personen

80 ml Olivenöl

2 Zwiebeln, fein gehackt

3 Knoblauchzehen, fein gehackt

1/2 TL Chiliflocken

6 große vollreife Tomaten, gewürfelt

4 EL Kapern, abgespült

8 Sardellen in Öl, abgetropft, gehackt

150 g Kalamata-Oliven

3 EL frische glatte Petersilie, gehackt

375 g Spaghetti

Salz und frisch gemahlener schwarzer Pfeffer

1 Olivenöl im Topf erhitzen, Zwiebeln zufügen und bei mäßiger Hitze 5 Minuten braten. Knoblauch und Chiliflocken zugeben und 30 Sekunden mitbraten. Tomaten, Kapern und Sardellen zufügen. Sauce bei geringer Hitze 10–15 Minuten einkochen. Oliven und Petersilie hineinrühren.
2 Während die Sauce gart, Spaghetti in einem großen Topf mit stark kochendem Salzwasser bissfest garen. Abgießen und wieder in den Topf geben.
3 Sauce zu den Spaghetti geben und gründlich mischen. Mit Salz und Pfeffer abschmecken und sofort servieren.

SPAGHETTINI MIT KNOBLAUCH UND CHILI

500 g Spaghettini in einem großen Topf mit stark kochendem Salzwasser bissfest garen. Abgießen und wieder in den Topf geben. Inzwischen 125 ml Olivenöl extra vergine in einer großen Pfanne erhitzen. 2–3 fein gehackte Knoblauchzehen und 1–2 entkernte, fein gehackte, frische rote Chilischoten zufügen und bei sehr geringer Hitze 2–3 Minuten braten, bis der Knoblauch goldgelb ist. Nicht dunkel werden lassen, sonst schmeckt die Sauce bitter. Zusammen mit 3 EL gehackter frischer glatter Petersilie unter die Nudeln mischen und mit Salz und frisch gemahlenem schwarzem Pfeffer würzen. Mit geriebenem Parmesan servieren. Für 4–6 Personen.

SPAGHETTI MIT SARDINEN, FENCHEL UND TOMATEN

Zubereitungszeit: 30 Minuten
Kochzeit: 45 Minuten
Für 4–6 Personen

3 Roma-Tomaten, abgezogen, entkernt, gehackt
80 ml Olivenöl
3 Knoblauchzehen, zerdrückt
80 g frische Weißbrotbrösel
1 rote Zwiebel, in dünne Ringe geschnitten
1 Fenchelknolle, geviertelt, fein gehobelt
40 g Rosinen
40 g Pinienkerne, geröstet
4 Sardellenfilets in Öl, abgetropft, gehackt
125 ml Weißwein
1 EL Tomatenmark
4 EL frische glatte Petersilie, fein gehackt
350 g Sardinen, ausgenommen und küchenfertig
500 g Spaghetti
Salz und Pfeffer

1 Tomaten auf der Unterseite kreuzweise einschneiden, 10 Sekunden in kochendes Wasser legen, kalt abschrecken und die Haut abziehen.

Tomaten halbieren und Kerne mit einem Teelöffel entfernen. Fruchtfleisch grob hacken.
2 In einer großen Bratpfanne 1 EL Öl bei mäßiger Temperatur erhitzen. 1 Knoblauchzehe und Brösel zufügen und unter Rühren etwa 5 Minuten goldbraun und knusprig braten. Auf einen Teller geben.
3 Restliches Öl in derselben Pfanne erhitzen und Zwiebel, Fenchel und restlichen Knoblauch etwa 8 Minuten weich braten. Tomaten, Rosinen, Pinienkerne und Sardellen zufügen und weitere 3 Minuten garen. Wein, Tomatenmark und 125 ml Wasser zugeben. Etwa 10 Minuten köcheln, bis die Sauce etwas eindickt. Petersilie hineinrühren und Sauce beiseite stellen.
4 Sardinen aufklappen, mit Küchenkrepp trockentupfen und portionsweise in einer leicht geölten Bratpfanne bei mäßiger Hitze etwa 1 Minute braten; nicht zu lange garen, sonst zerfallen sie. Fisch beiseite stellen.
5 Nudeln in einem großen Topf mit stark kochendem Salzwasser bissfest garen. Abgießen und wieder in den Topf geben.
6 Sauce und Nudeln gründlich mischen und mit Salz und Pfeffer abschmecken. Sardinen und die Hälfte der Brösel zufügen und behutsam unterheben. Restliche Brösel darüber streuen und sofort servieren.

SARDINEN

Das Fleisch dieses Fisches ist fettreich, weich und zart. Das Rückgrat lässt sich leicht entfernen; die verbleibenden Gräten sind essbar. Sie haben einen kräftigen, unverwechselbaren Geschmack und eignen sich zum Backen, Grillen, Frittieren und Braten.

LINKS: Spaghetti mit Sardinen, Fenchel und Tomaten

341

KRÄUTERRAVIOLI
MIT SALBEIBUTTER

In regelmäßigem Abstand je
1 gehäuften TL Füllung auf
den Teig setzen.

Mit einem Teigrädchen oder
einem scharfen Messer die
Ravioli ausschneiden.

KRÄUTERRAVIOLI
MIT SALBEIBUTTER

Zubereitungszeit: 1 Stunde
+ 30 Minuten Ruhezeit
Kochzeit: 10 Minuten
Für 4 Personen

★ ★ ★

Nudeln

300 g Mehl
3 Eier, verschlagen
3 EL Öl

250 g Ricotta
2 EL geriebener Parmesan
2 TL frischer Schnittlauch, gehackt
1 EL glatte Petersilie, gehackt
2 TL frisches Basilikum, gehackt
1 TL frischer Thymian, gehackt
Salz und Pfeffer

Salbeibutter

200 g Butter
12 frische Salbeiblätter

gehobelter Parmesan zum Bestreuen

1 Mehl in eine Schüssel sieben und in die Mitte eine Mulde drücken. Eier und Öl nach und nach untermischen. Auf der leicht bemehlten Arbeitsfläche etwa 6 Minuten zu einem glatten Teig kneten. In Klarsichtfolie gewickelt 30 Minuten ruhen lassen.

2 Käse, Kräuter, etwas Salz und Pfeffer mischen.

3 Teig wie auf Seite 107 beschrieben zu 4 Platten ausrollen, 2 von ihnen etwas größer. Mit einem Geschirrtuch bedecken.

4 Eine kleine Platte auf die Arbeitsfläche legen, gehäufte Teelöffel der Füllung im Abstand von 5 cm darauf setzen und Teig dazwischen mit etwas Wasser bestreichen. Eine große Platte darauf legen und beide Platten zwischen den Erhebungen fest zusammendrücken. Ravioli mit Teigrädchen oder Messer ausschneiden und auf ein leicht bemehltes Blech legen. Den restlichen Teig ebenso füllen.

5 Butter bei geringer Hitze zerlassen; nicht rühren oder schütteln. Klare Butter vorsichtig in einen zweiten Topf abgießen und bei mäßiger Temperatur erhitzen. Salbeiblätter darin knusprig, aber nicht braun braten und auf Küchenkrepp abtropfen lassen. Butter beiseite stellen.

6 Ravioli portionsweise in einem großen Topf mit köchelndem Salzwasser 5–6 Minuten weich garen. Salbeibutter und Blätter darüber geben und mit Parmesan bestreuen.

Hinweis: Ravioli nicht stark kochen, sonst platzen sie auf und verlieren die Füllung.

*RECHTS: Kräuterravioli
mit Salbeibutter*

BASILIKUM

Wichtig zu wissen: Basilikum sollte gar nicht oder nur möglichst kurz erhitzt werden. Man gibt es also erst zum Schluss zur Sauce, unmittelbar bevor sie mit den Nudeln vermengt wird. Zwar wird Basilikum gelegentlich in einer Suppe oder einem Eintopf mitgekocht, damit sich sein Aroma mit den anderen Zutaten verbindet, aber im Zweifelsfall sollte man es erst im letzten Moment zufügen. Die Blätter müssen frisch sein; welke oder verfärbte werden nicht verwendet. Man zerteilt sie einfach mit den Fingern, es sei denn, das Rezept verlangt ausdrücklich fein geschnittenes Basilikum. Beim Schneiden können die Blätter allerdings verletzt werden und sich bräunlich verfärben.

BUCATINI ALLA NORMA

Zubereitungszeit: 15 Minuten
Kochzeit: 40 Minuten
Für 4–6 Personen

180 ml Olivenöl

1 Zwiebel, fein gehackt

2 Knoblauchzehen, zerdrückt

800 g zerkleinerte Tomaten aus der Dose

Salz und Pfeffer

1 große Aubergine (ca. 500 g)

30 g frische Basilikumblätter, grob zerteilt

400 g Bucatini (Röhrennudeln)

60 g Ricotta salata (siehe Hinweis), zerbröckelt

50 g geriebener Pecorino oder Parmesan

1 EL Olivenöl extra vergine

1 In einer Bratpfanne 2 EL Öl erhitzen, Zwiebel bei mäßiger Hitze etwa 5 Minuten weich braten. Knoblauch zufügen und weitere 30 Sekunden erhitzen. Tomaten zugeben, mit Salz und Pfeffer würzen und die Hitze reduzieren. 25–30 Minuten kochen, bis die Sauce eingedickt ist.

2 Inzwischen die Aubergine längs in 5 mm dicke Scheiben schneiden. Das restliche Öl in einer großen Bratpfanne erhitzen. Bevor es raucht, Auberginenscheiben portionsweise zufügen und 3–5 Minuten auf beiden Seiten hellbraun braten. Aus der Pfanne nehmen und auf Küchenkrepp abtropfen lassen.

3 Jede Auberginenscheibe in 3 Stücke schneiden und mit dem Basilikum zur Tomatensauce geben. Umrühren und bei geringster Hitze warm halten.

4 Die Bucatini in einem großen Topf mit stark kochendem Salzwasser bissfest garen. Gut abtropfen lassen und mit je der Hälfte Ricotta und Pecorino zur Tomatensauce geben. Gründlich mischen, den restlichen Käse darüber streuen und sofort servieren. Mit Olivenöl extra vergine beträufeln.

Hinweis: Ricotta salata ist ein leicht gesalzener, gepresster Ricotta. Falls er nicht erhältlich ist, kann er hier durch einen milden Feta ersetzt werden.

OBEN: Bucatini alla Norma

SPAGHETTI BOLOGNESE

Vorbereitungszeit: 20 Minuten
Kochzeit: 1 Stunde 40 Minuten
Für 4-6 Personen

2 EL Olivenöl

2 Knoblauchzehen, zerdrückt

1 große Zwiebel, gehackt

1 Möhre, gehackt

1 Selleriestange, in Röllchen geschnitten

500 g Hackfleisch

500 ml Rinderbrühe

380 ml Rotwein

800 g Dosentomaten, zerkleinert

1 EL Zucker

7 g frische glatte Petersilie, gehackt

500 g Spaghetti

frisch geriebener Parmesan zum Servieren

1 Das Olivenöl in einer großen, tiefen Pfanne erhitzen. Knoblauch, Zwiebel, Möhre und Selleriestange 5 Minuten bei Niedrighitze dünsten, bis die Gemüse angebräunt sind.
2 Die Hitze erhöhen und das Hack gut anbräunen, dabei mit der Gabel zerkleinern. Die Brühe und den Wein zugießen, Tomaten, Zucker und Petersilie unterrühren.
3 Den Sugo aufkochen lassen und bei Niedrighitze 90 Minuten köcheln lassen. Gelegentlich umrühren. Zum Schluß abschmecken.
4 Kurz vor dem Servieren die Spaghetti in einem großen Topf mit sprudelndem Salzwasser *al dente* kochen. Abtropfen lassen und auf Pastaschalen verteilen. Die Sauce darüberlöffeln und mit Parmesan bestreuen.

OBEN:
Spaghetti Bolognese

TAGLIATELLE MIT KALBS-FLEISCH UND WEISSWEIN-SAHNE-SAUCE

Vorbereitungszeit: 15 Minuten
Kochzeit: 20 Minuten
Für 4 Personen

500 g Kalbsfleischrouladen, in dünne Streifen
  geschnitten

Mehl, mit Salz und Pfeffer gewürzt

60 g Butter

1 Zwiebel, in feine Ringe geschnitten

120 ml Weißwein

3–4 EL Rinder- oder Hühnerbrühe

170 ml Sahne

600 g Eier- oder Spinat-Tagliatelle (oder
  gemischt)

frisch geriebener Parmesan

1 Die Kalbfleischstreifen im Mehl wenden. Die
Butter in einer Pfanne zerlaufen lassen und das
Fleisch anbraten. Mit einem Schaumlöffel aus der
Pfanne heben und beiseite stellen.
2 Nun die Zwiebelringe 8–10 Minuten goldbraun
weich dünsten. Den Wein zugießen, aufkochen
und reduzieren lassen. Die Sahne und die Brühe
einrühren und mit Salz und Pfeffer abschmecken.
Nochmals reduzieren lassen. Am Ende der Kochzeit die Fleischstreifen beigeben.
3 Gleichzeitig die Tagliatelle in einem großen
Topf mit sprudelndem Salzwasser *al dente* kochen.
Abtropfen lassen und auf einer vorgewärmten
Servierplatte anrichten.
4 1 EL Parmesan unter die Pasta heben. Die Sauce
darüberlöffeln und mit etwas Parmesan bestreuen.
Frische Kräuter sind ein dekorativer Blickfang und
geben der Sauce noch zusätzlich Geschmack.
Hinweis: Dieses Gericht schmeckt besonders gut
mit einem gemischten Salat. Wenn man eine
leichtere und kalorienärmere Sauce wünscht, kann
man auch auf die Sahne verzichten, sie schmeckt
trotzdem köstlich.

ALS BEILAGEN

GEBACKENER KÜRBIS MIT SALBEI
Den Backofen auf hohe Hitze (220 °C) vorheizen. Den Kürbis in kleine Stücke schneiden
und in Olivenöl wenden. Anschließend in
einer backofenfesten Form mit 2 EL feingehacktem Salbei und Salz und Pfeffer 20 Minuten bräunen. Zum Servieren noch mit etwas
Salbei bestreuen.

SALATGURKE MIT GERÖSTETEN
SESAMSAMEN 1 Salatgurke in Juliennestreifen schneiden, mit Salz und Pfeffer würzen, und 2 EL Sesamöl und 1 EL geröstete
Sesamsamen untermengen. 20 Minuten
marinieren lassen und servieren.

WEISSWEIN
Weißwein verleiht vielen
Gerichten eine besondere
Note. Er sollte aber nur in
kleinen Mengen verwen-
det werden und muß voll-
ständig verkochen. Nehmen
Sie nur Tischweinqualität.
Trockene, nicht zu fruch-
tige Weißweine eignen sich
gut für pikante Gerichte,
besonders wenn Meeres-
früchte dabei ins Spiel
kommen. Für Gerichte mit
einer süßen Note sollte man
nicht auf süße Weißweine
zurückgreifen, sondern auf
Südweine oder Liköre.

*OBEN: Tagliatelle mit
Kalbsfleischstreifen in
Weißwein-Sahne-Sauce*

ZIMT

Die hochwertigste Qualität liefert Ceylon-Zimt aus Sri Lanka vom Zimtbaum *cinnamomum zeylanicum*, der den intensivsten Duft und den feinsten, frischesten Geschmack hat. Die Stangen werden aus der getrockneten Innenrinde junger Schößlinge gewonnen. Die dünnen Schichten rollen sich beim Trocknen zu Zylindern auf. Diese Rollen werden zu zehnt ineinandergesteckt und dann auf gleiche Länge gestutzt. Der Ceylon-Zimt ist teurer als die aus China stammende *cassia*, die in den USA meist als Zimt verkauft wird. Bei *cassia* handelt es sich um ältere Außenrinde, die zum Trocknen gesammelt wird. Zimt wird in Stangenform, in kleinen Stücken und gemahlen verwendet und an Süßspeisen und gebackene Gerichte gegeben. Zimt ist auch ein Bestandteil von Currypuder und Garam Masala.

OBEN:
Makkaroni mit Käse

MAKKARONI MIT KÄSE

Vorbereitungszeit: 20 Minuten
Kochzeit: 35 Minuten
Für 4 Personen

500 ml Milch

250 ml Sahne

1 Lorbeerblatt

1 Gewürznelke

1/2 Zimtstange

60 g Butter

2 EL Mehl

250 g frisch geriebener Cheddar oder mittelalter Gouda

50 g frisch geriebener Parmesan

380 g kurze Makkaroni

80 g frische Semmelbrösel

2 Scheiben Frühstücksspeck, gehackt und knusprig gebraten

1 Den Backofen auf Mittelhitze (180 °C) vorheizen. Sahne und Milch in einem mittelgroßen Topf mit dem Lorbeerblatt, der Nelke und der Zimtstange aufkochen. Den Topf vom Herd nehmen und 10 Minuten stehen lassen. Die Flüssigkeit in ein Gefäß abseihen und die Gewürze entfernen.

2 Die Butter bei Niedrighitze in einem mittelgroßen Topf zerlassen. Das Mehl einstäuben und 1 Minute unterrühren. Den Topf vom Herd nehmen und langsam die Milch-Sahne-Flüssigkeit einrühren, bis sie eine glatte Konsistenz angenommen hat. Die Sauce nun bei Mittelhitze unter ständigem Rühren aufkochen, bis sie eindickt. Die Sauce noch 2 Minuten köcheln lassen, dann vom Herd nehmen und die Hälfte des Cheddar oder Gouda und die Hälfte des Parmesans einrühren. Mit Salz und Pfeffer abschmecken.

3 Die Makkaroni in einem großen Topf mit sprudelndem Salzwasser *al dente* kochen. Abtropfen und wieder in den Topf geben. Die Sauce an die Pasta gießen und gut vermischen. Die Pasta-Käse-Masse in eine tiefe Kasserolle gießen. Semmelbrösel, Speck und restlichen Käse gut vermengen und damit die Pasta-Käse-Masse bestreuen. Den Auflauf 15–20 Minuten goldgelb backen und servieren.

CONCHIGLIE MIT HUHN-RICOTTA-FÜLLUNG

Vorbereitungszeit: 15 Minuten
Kochzeit: 1 Stunde 10 Minuten
Für 4 Personen

 ☆ ☆

500 g Conchiglie

2 EL Olivenöl

1 Zwiebel, gehackt

1 Knoblauchzehe, zerdrückt

60 g Prosciutto, in Scheiben geschnitten

120 g Champignons, gehackt

250 g Huhnfilet, feingehackt oder durch den
   Fleischwolf gedreht

2 EL Tomatenmark, 2fach konzentriert

425 g Dosentomaten, zerkleinert

120 ml trockener Weißwein

1 TL getrockneter Oregano

250 g Ricottakäse oder Magerquark, abgetropft

150 g geriebener Mozzarella

1 TL frische Schnittlauchröllchen

1 EL frische glatte Petersilie, feingehackt

3 EL frisch geriebener Parmesan

1 Die Pasta in einem großen Topf mit sprudelndem Salzwasser *al dente* kochen. Gut abtropfen.
2 Das Öl in einer großen Bratpfanne erhitzen. Die Zwiebel und den Knoblauch bei Niedrighitze unter Rühren darin dünsten, bis die Zwiebel weich ist. Den Prosciutto zugeben und 1 Minute unterrühren. Die Champignons 2 Minuten in der Zwiebel-Schinken-Masse köcheln lassen. Nun das Hühnerhack zugeben und gut anbräunen. Dabei mit einer Gabel das Fleisch ständig verrühren, um eine Klümpchenbildung zu vermeiden.
3 Das Tomatenmark, die Tomaten, den Wein und den Oregano unterrühren und mit Salz und Pfeffer abschmecken. Die Füllung aufkochen, dann bei Niedrighitze 20 Minuten köcheln lassen.
4 Den Backofen auf Mittelhitze (180 °C) vorheizen. Den Ricotta oder Quark, den Mozzarella, den Schnittlauch, die Petersilie und die Hälfte des Parmesans mengen. Etwas von der Füllung in die einzelnen Conchiglie löffeln. Den Boden einer Kasserolle mit etwas Hühnerfüllung auskleiden und darauf die Conchiglie legen. Die Pasta mit der restlichen Sauce begießen und mit dem restlichen Parmesan bestreuen. 25–30 Minuten goldgelb backen.
Hinweis: Conchiglie gibt es in verschiedenen Größen. Für dieses Gericht eignen sich die mittleren oder großen Pastamuscheln am besten.

ALS BEILAGE

ROTE-BETE-SALAT MIT HIMBEER-DRESSING 1 küchenfertige Packung rote Bete schälen und in Scheiben schneiden. Mit einem Dressing aus Himbeeressig, Orangensaft und Honig begießen, gut mengen und mit etwas Kümmel bestreuen.

SPINATSALAT MIT WALNÜSSEN UND CHEDDAR Frischen Spinat putzen und waschen. Walnußhälften rösten. Von Cheddarkäse oder altem Gouda feine Hobel abziehen. Den Spinat gut abgetropft zerrupfen, die Walnüsse und den Käse unterheben, dann den Spinatsalat mit einer Vinaigrette beträufeln.

RICOTTA

Ricotta kann man selbst machen: 1 Liter Vollmilch mit 125 ml saurer Sahne aufkochen. Unter Rühren 2–5 Minuten kochen, bis die Milch gerinnt. Ein Küchen- oder Musselintuch über ein Sieb hängen, geronnene Milch hineingießen. Tuch zusammenbinden und über ein Gefäß hängen. Nach ca. 1 Stunde ist der Käse im Tuch fest. Er hält sich aber nur wenige Tage.

OBEN: Conchiglie mit Huhn-Ricotta-Füllung

OBEN: Spaghetti-Frittata

SPAGHETTI-FRITTATA

Vorbereitungszeit: 30 Minuten
Kochzeit: 35 Minuten
Für 4 Personen

✷ ✷

30 g Butter

120 g Champignons, in Scheiben geschnitten

1 grüne Paprika, Samen und Rippen entfernt,
    feingehackt

120 g Schinken

80 g tiefgefrorene Erbsen

6 Eier

250 ml Sahne oder Milch

100 g Spaghetti, gekocht und kleingeschnitten

2 EL frische glatte Petersilie, feingehackt

30 g frisch geriebener Parmesan

1 Den Backofen auf Mittelhitze (180 °C) vorheizen. Eine Pieform (Ø 23 cm) mit geschmolzener Butter oder Öl leicht einfetten.

2 Die Butter in einer Pfanne zerlassen. Die Pilze bei Niedrighitze 2–3 Minuten darin dünsten. Die Paprika unterrühren und 1 Minute dünsten. Den Schinken und die Erbsen zugeben. Die Pfanne vom Herd nehmen und die Füllung etwas abkühlen lassen.

3 Nun die Eier, die Sahne oder Milch und Salz und Pfeffer nach Geschmack in einer Schüssel verschlagen. Die Spaghetti, die Petersilie und die Pilzmasse unterrühren. Die Masse in die Pieform gießen und mit Parmesan bestreuen. 25–30 Minuten goldgelb backen.

Hinweis: Zur Frittata paßt sehr gut gegrilltes Gemüse und ein grüner Salat.

CANNELLONI MILANESE

Vorbereitungszeit: 40 Minuten
Kochzeit: 1 Stunde 50 Minuten
Für 4 Personen

500 g Schweine-Kalbs-Hack

50 g frische Semmelbrösel

100 g frisch geriebener Parmesan

2 Eier, verschlagen

1 TL getrockneter Oregano

12–15 Cannelloni

380 g Ricottakäse oder Magerquark, gut
    abgetropft

60 g frisch geriebener Cheddar oder
    mittelalter Gouda

Tomatensauce

425 g Tomatenpassata (Tomatenpüree)

425 g Dosentomaten, zerkleinert

2 Knoblauchzehen, zerdrückt

3 EL frisches Basilikum, feingezupft

1 Den Backofen auf Mittelhitze (180 °C) vorheizen. Eine rechteckige Kasserolle mit zerlassener
Butter oder mit Öl leicht einfetten.
2 In einer Schüssel das Schweine-Kalbs-Hack mit
den Semmelbröseln, der Hälfte des Parmesan, den
Eiern und dem Oregano mengen und mit Salz
und Pfeffer nach Geschmack würzen. Die Füllung
mit Hilfe eines Teelöffels in die Cannelloniröhren
löffeln. Die Pasta beiseite stellen.
3 Für die Tomatensauce das Tomatenpüree, die
zerkleinerten Tomaten und den Knoblauch in
einem mittelgroßen Topf aufkochen. Bei Niedrighitze 15 Minuten köcheln lassen. Dann das Basilikum unterziehen, mit Pfeffer nach Geschmack
würzen und alle Zutaten gut verrühren.
4 Den Boden der Kasserolle mit der Hälfte der
Tomatensauce bedecken. Darüber die gefüllten
Cannelloni schichten. Die restliche Sauce über die
Pasta löffeln. Nun den Ricotta oder Magerquark
darauf verstreichen. Den Parmesan und den Cheddar
oder Gouda mengen und als Kruste über die Cannelloni streuen. Mit Alufolie abgedeckt 1 Stunde
backen. Die Alufolie entfernen und noch 15 Minuten goldgelb backen. Zum Servieren in Viertel
teilen.

ALS BEILAGE

BLUMENKOHL MIT KÄSE 1 Blumenkohl in
mundgerechte Röschen zerteilen und diese in
einer Mikrowelle oder in Salzwasser weich
garen. Abtropfen und in eine feuerfeste Form
geben. 30 g Butter in einem kleinen Topf
zerlassen und 1 EL Mehl einstäuben. Unter
ständigem Rühren glatt streichen. Bei Mittelhitze 350 ml Milch einrühren und 1 Minute
verschlagen, bis die Sauce aufkocht und eindickt. Nun 60 g feingeriebenen Cheddar
oder mittelalten Gouda in der Béchamelsauce
schmelzen und die Sauce mit etwas Dijonsenf
abschmecken. Die Béchamel über die Blumen-
kohlröschen gießen und die Sauce mit fein-
geriebenem Cheddar oder mittelaltem Gouda
bestreuen. Den Blumenkohlauflauf bei hoher
Hitze (210 °C) 10 Minuten backen, bis der
Käse goldgelb zerläuft.

OBEN:
Cannelloni Milanese

349

2 EL frisch geriebener Parmesan

I Ei, verschlagen

I EL frische glatte Petersilie, feingehackt

I Knoblauchzehe, zerdrückt

eine Prise Piment

Tomatensauce

2 EL Olivenöl

I Zwiebel, feingehackt

2 Knoblauchzehen, zerdrückt

850 g Dosentomaten, zerkleinert

3 EL frisches Basilikum, feingezupft

I TL getrocknete Kräuter der Provence

frische Kräuterzweige zum Garnieren (nach

    Wunsch)

I Für die Pasta das Mehl und eine Prise Salz in eine große Schüssel sieben und in der Mitte eine Vertiefung bilden. Die Eier, das Öl und 1 EL Wasser verquirlen und langsam mit dem Mehl verkneten, bis sich ein Teigballen formt. Den Teig auf einer bemehlten Arbeitsfläche 5 Minuten weich und elastisch kneten. Den Ballen dann in eine mit Öl ausgestrichene Schüssel geben, mit Klarsichtfolie abdecken und 30 Minuten ruhen lassen.

2 Für die Füllung alle Zutaten in einer Küchenmaschine fein hacken und mit Salz und Pfeffer abschmecken.

3 Für die Tomatensauce das Öl in einer Pfanne erhitzen und die Zwiebel und den Knoblauch bei Niedrighitze dünsten, bis die Zwiebel weich ist. Bei Mittelhitze die Tomaten, das Basilikum, die Kräuter sowie Salz und Pfeffer nach Geschmack unterrühren. Die Sauce aufkochen lassen. Dann bei Niedrighitze 15 Minuten köcheln lassen und vom Herd nehmen.

4 Den Pastateig auf 1 mm Dicke ausrollen und mit einem Messer oder einem Teigrädchen in 10 cm breite Streifen schneiden. In Abständen von 5 cm auf die Teigstreifen je 1 TL Füllung setzen. Das zusätzliche Eigelb mit 3 EL Wasser verquirlen und die Flüssigkeit entlang der Teigränder und Zwischenräume verstreichen. Den Teig über der Füllung zusammenfalten und paßgenau Rand auf Rand setzen. Die angefeuchteten Seiten fest zusammendrücken. Mit einem Teigrädchen oder Messer zwischen die Hügel mit Füllung schneiden und die Ravioliplatten in einzelne Päckchen trennen. Die Ravioli portionsweise in einem großen Topf mit sprudelndem Salzwasser 10 Minuten kochen. Die Sauce in einem großen Topf erhitzen. Die Ravioli unterziehen und erwärmen. Anschließend garnieren und servieren.

RAVIOLI MIT HUHNFÜLLUNG

Vorbereitungszeit: I Stunde + 30 Minuten
    Ruhezeit
Kochzeit: 35 Minuten
Für 4 Personen

Pasta

250 g Mehl

3 Eier

I EL Olivenöl

I Eigelb, zusätzlich

Füllung

120 g Hühnerbrustfilet, feingeschnitten oder
    durch den Fleischwolf gedreht

80 g Ricottakäse oder Magerquark, gut abge-
    tropft

60 g Hühnerleber, von Sehnen befreit, fein-
    geschnitten

30 g Prosciutto, feingehackt

I dicke Scheibe Salami, feingehackt

OBEN: Ravioli
mit Huhnfüllung

MEZZELUNE MIT HUHN IN SAHNESAUCE

Vorbereitungszeit: 45 Minuten
Kochzeit: 15 Minuten
Für 4-6 Personen als Vorspeise

 ✴ ✴

250 g Reispapier für Dim Sums (erhältlich in Asia-Shops), kurz in Wasser eingelegt

Huhn-Schinken-Füllung

250 g Hühnerbrust

1 Ei, verschlagen

90 g Schinken oder Prosciutto

2 TL frische Schnittlauchröllchen

2 EL frischer Majoran, feingehackt

Sahnesauce

30 g Butter

2 Frühlingszwiebeln, in Röllchen geschnitten

2 EL Weißwein

380 ml Sahne

1 Die Hühnerbrüste von Sehnen und Membranen befreien. Das Fleisch klein schneiden und in einer Küchenmaschine hacken. Das Ei und eine Prise Salz und Pfeffer zugeben, dann in der Küchenmaschine fein pürieren. Die Fleischmasse in eine Schüssel geben. Den Schinken oder Prosciutto fein hacken und mit den Kräutern unter das Fleisch ziehen.

2 Das Reispapier auf eine Arbeitsfläche legen und je nach Größe des Papiers mit 1 TL bis 1–2 EL Fleischfarce füllen. Die Ränder der Teigtaschen mit kaltem Wasser bestreichen und die Ravioli zu Halbmonden (mezzelune) falten. Die mit kaltem Wasser bestrichenen Ränder fest zusammendrükken, um sie zu versiegeln. Die fertig gefüllten Täschchen auf ein Küchentuch legen.

3 Wenn man statt dessen selbstgemachte Pasta verwendet, den Teig hauchdünn auf einer leicht bemehlten Arbeitsfläche ausrollen oder fünf- bis sechsmal durch die engste Öffnung einer Pastamaschine treiben. Mit einem Teigstecher Kreise von 8 cm Durchmesser ausstechen und die Ravioli wie in Schritt 2 beschrieben füllen, falten und versiegeln.

4 Für die Sahnesauce Butter in einem Topf zerlassen und die Frühlingszwiebeln 2–3 Minuten darin bräunen. Mit Wein und Sahne aufgießen. Köcheln lassen, bis die Sauce reduziert. Abschmecken.

5 Die Mezzelune in kleinen Portionen in einem großen Topf mit sprudelndem Salzwasser 2–3 Minuten kochen, bis die Fleischfüllung gar ist. (Die Mezzelune nicht zu lange garen, denn sonst trocknet die Fleischfüllung aus.) Abtropfen, die Sauce über die Mezzelune geben und sofort servieren.

UNTEN: Mezzelune mit Huhn in Sahnesauce

RICOTTAKÄSE

Der ungesalzene, ungereifte Ricotta wird aus der Molke von Schafs- oder Kuhmilch zubereitet. Er hält sich nur einige Tage, danach entwickelt er einen säuerlichen Geschmack und kann nicht mehr verarbeitet werden. Wenn er frisch ist, hat er einen zart sahnigen Geschmack und eine leichte, etwas krümelige Konsistenz, die sich gut mit anderen Zutaten, besonders mit Milchprodukten, verbindet. Der Name bedeutet wörtlich »wiedergekocht« und beschreibt die Herstellungsmethode des Ricotta: Heiße Molke, die bei der Käserei anfällt, wird wiedererhitzt. Die festen Käseteile werden abgeschöpft und abgetropft. Ricotta ist in gutsortierten Supermärkten und in italienischen oder türkischen Lebensmittelgeschäften erhältlich.

OBEN: Pastamuscheln mit Spinat und Ricotta

PASTAMUSCHELN MIT SPINAT UND RICOTTA

Vorbereitungszeit: 20 Minuten
Kochzeit: 15 Minuten
Für 4 Personen

20 große Conchiglie

1 EL Öl

2 Scheiben Frühstücksspeck, feingehackt

1 Zwiebel, feingehackt

500 g Blattspinat, gehackt

750 g Ricottakäse oder Magerquark, abgetropft

50 g frisch geriebener Parmesan

250 g Tomatenpastasauce aus dem Glas

1 Die Conchiglie in einem großen Topf mit sprudelndem Salzwasser *al dente* kochen. Abtropfen.

2 Das Öl in einer Pfanne erhitzen und den Speck und die Zwiebel bei Mittelhitze 3 Minuten anbräunen. Den Spinat zugeben und bei Niedrighitze zerfallen lassen. Nun den Ricotta oder Quark unter die Spinatmasse ziehen.

3 Die Pastamuscheln mit dem gewürzten Spinat füllen und mit Parmesan bestreuen. Die Conchiglie auf ein leicht gefettetes kaltes Grillblech oder auf ein mit Backpapier ausgelegtes Blech legen und im Backofen bei mittelhoher Temperatur 3 Minuten erhitzen, bis der Käse leicht gebräunt ist.

4 Die Pastasauce in einem kleinen Topf bei hoher Hitze 1 Minute gleichmäßig erhitzen. Die Sauce auf Teller verteilen und darauf die gefüllten Pastamuscheln setzen.

TORTELLONI MIT GARNELENFÜLLUNG

Vorbereitungszeit: 40 Minuten
Kochzeit: 20–30 Minuten
Für 4 Personen

 ☆ ☆

300 g rohe Garnelen

20 g Butter

1 Knoblauchzehe, zerdrückt

2 Frühlingszwiebeln, in Röllchen geschnitten

120 g Ricottakäse oder Magerquark, gut abgetropft

1 EL frisches Basilikum, feingezupft

200 g Reispapier für Dim Sums (in Asia-Shops erhältlich), kurz in Wasser eingelegt

Sauce

5 EL Olivenöl

Garnelenschalen und -köpfe

1 Knoblauchzehe, zerdrückt

2 Frühlingszwiebeln mit Grün, in Röllchen geschnitten

1 getrocknete Chilischote, zerstoßen

1 feste Tomate, feingewürfelt, oder 1 EL getrocknete Tomaten, gewürfelt

1 Die Garnelen schälen und die Köpfe und die Schalen für die Sauce aufbewahren. Mit einem scharfen Messer die Garnelenrücken einritzen und den Darm entfernen. Das Garnelenfleisch grob hacken.

2 Die Butter zerlassen und den Knoblauch und die Frühlingszwiebeln darin goldgelb und weich dünsten. Abkühlen lassen und dann mit den Garnelen, dem Ricotta, dem Basilikum und dem Salz und Pfeffer nach Geschmack vermengen. Das Reispapier je nach Größe mit 1 TL bis 1–2 EL der Füllung belegen. Für kleinere Tortelloni die Enden mit Wasser bestreichen, das gefüllte Reispapier an den Enden übereinander schlagen, fest zusammendrücken und die Ecken aufeinanderlegen, so daß eine Tortelloniform entsteht. Für größere Tortelloni ein bereits gefülltes Reispapier mit einer zweiten Schicht Reispapier bedecken und wie oben verfahren.

3 Für die Sauce 3 EL des Olivenöls in einer großen Pfanne erhitzen. Die Garnelenköpfe und -schalen im heißen Öl bei hoher Hitze anbraten, bis sie die Farbe wechseln. Köpfe und Schalen bei Niedrighitze einige Minuten köcheln lassen und dabei die Köpfe mit einem Löffel an den Pfannenboden drücken, um ihnen zusätzlichen Geschmack zu entziehen. 120 ml Wasser zugießen und den Fond abgedeckt bei Niedrighitze 5 Minuten köcheln

lassen. Dann die sorgfältig ausgedrückten Schalen und Köpfe mit einem Schaumlöffel herausheben.

4 In einer anderen Pfanne 2 EL Olivenöl erhitzen und den Knoblauch, die Frühlingszwiebeln und den Chili bei Niedrighitze dünsten, bis der Knoblauch hellgelb ist. Den Garnelenfond dazugießen, die Tomatenstückchen unterrühren und alles gleichmäßig erhitzen.

5 Die Tortelloni in einem großen Topf mit sprudelndem Salzwasser 3–4 Minuten garen. Abtropfen, an die Sauce geben und gut mischen, bis die Pasta gleichmäßig mit Sauce bedeckt ist.

Hinweis: Tortelloni sind große Tortellini.

OBEN: Tortelloni mit Garnelenfüllung

353

85 g Mehl

500 ml Milch

500 ml trockener Weißwein

125 g geriebener Cheddar

125 ml Sahne

60 g geriebener Parmesan

2 EL frische Petersilie, gehackt

Salz und Pfeffer

1 Den Backofen auf 180 °C vorheizen. Eine feuerfeste, flache Auflaufform (ca. 30 cm lang) einfetten und mit Lasagneblättern auslegen.
2 Von den Kammuscheln alle Adern, Häute und harten, weißen Muskeln entfernen.
3 Garnelen schälen und entdarmen. Filets in gleich große Stücke schneiden.
4 Butter bei schwacher Hitze schmelzen, Porree zufügen und unter Rühren bei mittlerer Hitze 1 Minute weich dünsten. Mehl zugeben und 1 Minute rühren, bis es hell aufschäumt. Topf vom Herd nehmen und nach und nach Milch und Wein zugießen. Bei mittlerer Hitze köcheln lassen, bis die Sauce eindickt. Hitze reduzieren und 2 Minuten ziehen lassen. Den Cheddar unterrühren und mit Salz und Pfeffer würzen.
5 Die Hälfte der Meeresfrüchte auf den Lasagneblättern verteilen, dann erneut mit Lasagneblättern belegen. Restliche Meeresfrüchte darüber geben und mit Lasagneblättern bedecken.
6 Sahne darüber gießen und mit Parmesan und Petersilie bestreuen. 30 Minuten backen, bis der Käse zerläuft bzw. goldbraun ist.

SPAGHETTI MIT KALMARTINTE

Vorbereitungszeit: 20 Minuten
Garzeit: 20 Minuten
Für 4-6 Personen

500 g kleine Kalmarmäntel

375 g Spaghetti

4 EL extra natives Olivenöl

3 Knoblauchzehen, zerdrückt

1 Zwiebel, kleingehackt

80 ml Weißwein

12 g Kalmartinte

Salz und Pfeffer

1 Kalmarmäntel halbieren und anschließend in Streifen schneiden.

MEERESFRÜCHTE-LASAGNE

Vorbereitungszeit: 15 Minuten
Garzeit: 45 Minuten
Für 4-6 Personen

250 g Instant-Lasagneblätter

125 g Kammuscheln

500 g rohe mittelgroße Garnelen

500 g weiße Fischfilets ohne Haut (Blauer Weißfisch, Schnapper, Gemfish, Lengfisch)

125 g Butter

1 Porreestange (nur der weiße Teil), in dünne Scheiben geschnitten

OBEN:
Meeresfrüchte-Lasagne

2 Spaghetti in einem großen Topf mit sprudelndem Wasser *al dente* kochen. Abgießen und warm halten.

3 In einer großen, tiefen Bratpfanne 2 Eßlöffel Öl erhitzen, Knoblauch und Zwiebel unter Rühren bei mittlerer Hitze goldgelb dünsten. Wein zugießen und 5 Minuten kochen, bis die Flüssigkeit auf die Hälfte reduziert ist. Bei schwacher Hitze Kalmartinte unterrühren. Spaghetti vorsichtig in der Sauce wenden. Mit Salz und Pfeffer würzen.

4 Restliches Öl erhitzen und Kalmar bei starker Hitze portionsweise 1 Minute unter Rühren anbraten. Er sollte weiß und zart sein. Über die Spaghetti geben.

FARFALLE MIT THUNFISCH, PILZEN UND SAHNE

Vorbereitungszeit: 10 Minuten
Garzeit: 15 Minuten
Für 4 Personen

60 g Butter
1 EL Olivenöl
1 Zwiebel, gehackt
1 Knoblauchzehe, zerdrückt
125 g kleine Champignons, in Scheiben geschnitten
250 ml Sahne
450 g Thunfisch aus der Dose, abgetropft und zerpflückt
1 EL Zitronensaft
1 EL frische Petersilie, gehackt
500 g Farfalle
Salz und Pfeffer

1 Butter und Olivenöl in einer großen Bratpfanne erhitzen. Zwiebel und Knoblauch zufügen und bei schwacher Hitze 3–5 Minuten dünsten, bis die Zwiebel weich ist.

2 Pilze zugeben und 2 Minuten braten. Sahne zugießen und aufkochen. Bei niedrigerer Hitze köcheln lassen, bis die Sahne eindickt. Thunfisch, Zitronensaft und Petersilie hineingeben und erhitzen. Mit Salz und Pfeffer abschmecken.

3 Während die Sauce kocht, die Farfalle in einem großen Topf mit sprudelndem Wasser *al dente* kochen. Abgießen und wieder in den Topf füllen. Die Pasta vorsichtig in der Sauce wenden und sofort servieren.

Hinweise: Sie können auch Lachs aus der Dose verwenden.

Farfalle gibt es in unterschiedlichen Größen und Geschmacksrichtungen, beispielsweise mit Tomaten- oder Spinataroma.

KALMARTINTE

Um sich zu verteidigen bzw. Raubtiere zu vertreiben, setzen Kalmar und Oktopus Tinte ein. Diese wird ins Wasser gefeuert und formt eine Wolke, etwa so groß wie Kalmar oder Oktopus selbst sind. Diese Wolke ermöglicht die Flucht und verwirrt den räuberischen Angreifer. Kalmartinte ist heutzutage ein gern verwendeter Pasta-Farbstoff. Sepia, das Pigment aus dem Tintenbeutel, wurde bereits in der Antike von den Römern als Tinte genutzt.

LINKS: Farfalle mit Thunfisch, Pilzen und Sahne

355

GNOCCHI SELBSTGEMACHT

Gnocchi werden meist aus Kartoffeln gemacht, doch auch anderes Gemüse wie

Kürbis oder Pastinaken eignet sich, auch Semolina-Weizengrieß oder Käse.

Gnocchi sind kleine Klößchen. Sie sollten leicht und weich in der Konsistenz sein. Daher dürfen die für die Gnocchi verwendeten Gemüsesorten nicht zu weich gekocht werden, denn das würde in der Weiterverarbeitung mit einem Mehr an Mehl ausgeglichen werden und den Teig zu schwer machen. Die Verarbeitung des Gnocchiteigs muß schnell erfolgen, damit er nicht klebrig oder zu weich wird. Gnocchi schmecken am besten

ganz frisch, und die dazu passende Sauce sollte schon fertig sein, wenn die Gnocchi zubereitet werden.

TRADITIONELLE KARTOFFELGNOCCHI

Für Kartoffelgnocchi verwendet man alte mehlige Kartoffeln mit möglichst geringem Feuchtigkeitsgehalt. Nach der traditionellen Methode werden die Kartoffeln in der

Schale gedünstet, um den Feuchtigkeitsgehalt gering zu halten. Da dieses jedoch recht zeitaufwendig ist, ist man mittlerweile zum Dämpfen oder Kochen übergangen, man sollte aber in jedem Fall die Kartoffeln nicht zu weich kochen, denn sonst zerfallen sie und nehmen zuviel Feuchtigkeit auf. Vor der Weiterverarbeitung müssen die Kartoffeln deshalb auch gut abgetropft werden. Viele Rezepte für Kartoffelgnocchi sehen Eier vor, die den Teig zwar geschmei-

356

diger machen, doch auch feuchter. Diese Feuchtigkeit muß durch mehr Mehl ausgeglichen werden, was zu einem zähen Teig führt. Am besten sollte man selbst ausprobieren, welches Rezept einem am ehesten zusagt. Als Grundrezept benötigt man für 4–6 Personen 1 kg ungeschälte, mehlige alte, Kartoffeln und etwa 200 g Mehl.

1 Die ungeschälten Kartoffeln gleichmäßig mit einer Gabel einstechen und bei mittelhoher Hitze (200 °C) im Backofen 1 Stunde weich backen. (Nicht einwickeln.) Etwas abkühlen lassen, schälen und mit einem Stampfer zerdrücken.

2 Mit den Händen drei Viertel des Mehls unterkneten. Sobald ein lockerer Teig entstanden ist, diesen auf eine leicht bemehlte Arbeitsfläche legen und mit dem restlichen Mehl verkneten. Der Teig muß weich, leicht und feucht in der Konsistenz sein, ohne an den Händen oder der Ar-

beitsfläche zu kleben. Die Arbeitsfläche und einen Gabelrücken leicht bemehlen. Etwa ein Fünftel des Teigs zu einer langen, glatten, fingerdicken Wurst rollen und sie in Stücke von 2 cm Durchmesser zerteilen.

3 Nun den Gabelrücken mit leichtem Druck über jedes Gnocchi rollen, so daß sich eine nach innen gerollte Muschel bildet, die außen leichte Rillen hat. Durch die Vertiefung im Inneren garen die Gnocchi gleichmäßig und nehmen auch Sauce besser auf.

4 Die Gnocchi portionsweise in einen großen Topf mit sprudelndem Salzwasser tauchen. Wenn sie gar sind, steigen sie an die Oberfläche und können mit einem Schaumlöffel abgeschöpft werden. Die fertigen Gnocchi warm halten, mit warmer Sauce begießen und servieren. Kartoffelgnocchi können vorgeformt roh

bis zu 2 Monate eingefroren werden. Damit sie nicht zusammenkleben, müssen sie erst in Einzellagen angefroren werden, bevor man sie in eine große, luftdichte Gefrierdose gibt. Vor dem Kochen sollte man sie aber nicht auftauen, sondern direkt aus der Tiefkühltruhe in kochendes Wasser geben.

357

GNOCCHI ALLA ROMANA

Vorbereitungszeit: 20 Minuten + 1 Stunde
Kühlzeit
Kochzeit: 40 Minuten
Für 4 Personen

750 ml Milch

eine Prise Muskat

90 g Semolina-Weizengrieß

1 Ei, verschlagen

150 g frisch geriebener Parmesan

60 Butter, zerlassen

120 ml Sahne

80 g Mozzarella, feingeschnitten

1 Die Milch mit Muskat, Salz und Pfeffer in
einem beschichteten mittelgroßen Topf aufkochen.
Bei Niedrighitze langsam den Weizengries einrieseln lassen. 5–10 Minuten bei mehrmaligem
Rühren köcheln lassen, bis die Masse fest ist und
sich vom Seitenrand löst.
2 Den Topf vom Feuer nehmen, und das Ei und
100 g Parmesan unterrühren. Die Masse fingerdick
auf einem Backblech verstreichen und 1 Stunde
im Kühlschrank ruhen lassen, bis sie fest ist.
3 Den Backofen auf Mittelhitze (180 °C) vorheizen. Mit einem Teigstecher (Ø 4 cm) oder einem
angefeuchteten Glasrand Kreise aus dem Teig
stechen und überlappend in einer Einzellage in
eine Pie-Form schichten. Mit dem restlichen Parmesan und dem Mozzarella bestreuen. Im Backofen 20–25 Minuten goldbraun backen. Zur
Garnierung eignen sich frische Kräuter.
Hinweis: Einige Experten wollen dieses traditionelle Gericht bis in die Zeiten des Römischen
Imperiums zurückdatieren. Ein frischer, knackiger
Gartensalat paßt gut zu diesem recht üppigen
Gericht.

SEMOLINA
Semolina wird aus Durum-
Weizen und Weichweizen
hergestellt. Er ist grobkörniger als normales Mehl,
das fein und pudrig ist, und
hat noch erkennbare ein-
zelne Körner. Semolina
hat einen höheren Prote-
ingehalt als Mehl und eine
festere Konsistenz, die
Pasta und anderen Gerich-
ten »Biß« verleiht. Semo-
lina wird verschieden stark
ausgemahlen; die feinste
Stufe wird für Gnocchi
verwendet, gröbere Aus-
mahlungen für gebackene
Nachspeisen und auch für
Puddings.

ALS BEILAGE

**PASTINAKEN MIT TOMATEN,
KNOBLAUCH UND ROTWEIN** Etwas
Olivenöl in einer Bratpfanne erhitzen und
darin bei Niedrighitze etwas gehackten
Knoblauch, Zwiebel und Chillies goldgelb
dünsten. Eine kleine Dose Tomaten zerkleinert mit Saft zugeben, Rotwein nach
Geschmack angießen, aufkochen und dann
bei Niedrighitze köcheln lassen. Pastinaken
schälen und in dicke Scheiben schneiden.
In der Sauce garen, bis sie gerade weich sind
und die Sauce andickt. Bei zu langem Kochen
zerfallen die Pastinaken. Etwas Basilikum
unterziehen und servieren.

*OBEN: Gnocchi alla
Romana*

KARTOFFELGNOCCHI IN BASILIKUM-TOMATEN-SAUCE

Vorbereitungszeit: 1 Stunde
Kochzeit: 45–50 Minuten
Für 4-6 Personen

Tomatensauce

1 EL Öl

1 Zwiebel, gehackt

1 Selleriestange, gehackt

2 Möhren, gehackt

850 g Dosentomaten, zerkleinert

1 TL Zucker

30 g frisches Basilikum, feingezupft

Kartoffelgnocchi

1 kg alte mehlige Kartoffeln

30 g Butter

250 g Mehl

2 Eier, verschlagen

frisch geriebener Parmesan zum Servieren

1 Für die Tomatensauce das Öl in einer großen Bratpfanne erhitzen und die Zwiebel, den Sellerie und die Möhren bei Mittelhitze unter regelmäßigem Rühren 5 Minuten dünsten. Tomaten und Zucker zugeben und mit Salz und Pfeffer abschmekken. Aufkochen. Bei kleinster Stufe 20 Minuten köcheln lassen. Etwas abkühlen und portionsweise in der Küchenmaschine glatt pürieren. Das Basilikum unterziehen und beiseite stellen.

2 Für die Gnocchi die Kartoffeln schälen, in große Stücke schneiden und weich kochen oder dünsten. Sorgfältig abtropfen und mit einem Stampfer zu einer glatten Masse zerdrücken. Mit einem Holzlöffel die Butter und das Mehl einrühren, danach die Eier verschlagen. Abkühlen lassen.

3 Den Teig auf einer bemehlten Arbeitsfläche ausrollen und halbieren. Jede Hälfte zu einer langem Wurst ausrollen, dann in kleine Stücke schneiden. Kugeln daraus formen und mit einem Gabelrücken über die Gnocchi fahren.

4 Die Gnocchi portionsweise in einem großen Topf mit sprudelndem Salzwasser 2 Minuten kochen, bis sie an die Oberfläche steigen. Mit einem Schaumlöffel herausheben und in Portionsschüsseln geben. Mit der Tomatensauce und frisch geriebenem Parmesan servieren. Mit frischen Kräutern garnieren.

KARTOFFELN

Am besten eignen sich für Gnocchi alte weichkochende Kartoffeln mit hohen Stärkegehalt. Ihr mehligkochendes Fleisch ergibt zarte und leichte Gnocchi, während Kartoffeln, die viel Feuchtigkeit enthalten, auch mehr Mehl aufsaugen, und die Gnocchi dann schnell gummiartig werden. Kartoffeln kann man in der Schale backen, dünsten oder kochen. Eine Küchenmaschine empfiehlt sich nicht, denn das entstehende Kartoffelpüree wird dann zu klebrig für einen Kartoffelteig.

LINKS: Kartoffelgnocchi in Basilikum-Tomaten-Sauce

FONTINAKÄSE

Der halbfeste Fontinakäse stammt aus den italienischen Alpen. Er hat eine sahnige Konsistenz und einen nussigen, leicht süßen Geschmack. Er eignet sich sowohl als Tafel- als auch als Kochkäse, denn beim Schmelzen wird er zu einer dickflüssigen, reichhaltigen, sahnigen Creme. Fontina verfeinert Pasta- und Gemüsesaucen, und ist die wichtigste Zutat der berühmten *Fonduta*, der Piemonteser Version des Fondues.

OBEN: Gnocchi mit Fontinakäsesauce

GNOCCHI MIT FONTINA-KÄSESAUCE

Vorbereitungszeit: 10 Minuten
Kochzeit: 15 Minuten
Für 4 Personen

200 g Fontinakäse, feingewürfelt

120 ml Sahne

80 g Butter

2 EL frisch geriebener Parmesan

400 g frische Kartoffelgnocchi

1 Den Käse, die Sahne, die Butter und den Parmesan unter gelegentlichem Rühren in einem Wasserbad 6–8 Minuten erhitzen, bis der Käse geschmolzen und die Sauce glatt und heiß ist.

2 Unterdessen in einem großen Topf Wasser aufsetzen und nach dem Aufkochen salzen. Die Gnocchi portionsweise 2 Minuten kochen, bis sie an die Oberfläche steigen.

3 Die Gnocchi mit einem Schaumlöffel abtropfen. Die Sauce über die Gnocchi löffeln. Das Gericht kann mit Oreganoblättern oder anderen frischen Kräutern garniert werden.

KARTOFFEL-KRÄUTER-GNOCCHI MIT TOMATEN-SAUCE

Vorbereitungszeit: 1 Stunde
Kochzeit: 30 Minuten
Für 4 Personen

500 g mehlige Kartoffeln, geschält und in
   Stücke geschnitten

1 Eigelb

3 EL geriebener Parmesan

3 EL frische Kräuter, feingehackt (glatte
   Petersilie, Basilikum, Schnittlauch)

120 g Mehl, oder etwas weniger

2 Knoblauchzehen, zerdrückt

1 Zwiebel, gehackt

4 Scheiben Frühstücksspeck, grobgehackt

150 g getrocknete Tomaten, grobgehackt

425 g Dosentomaten, grobgehackt

1 TL weicher brauner Zucker (Demerara-
   oder Rohrzucker)

1 EL Balsamicoessig

1 EL frisches Basilikum, feingezupft

frisch gehobelter Parmesan zum Servieren

1 Für die Gnocchi die Kartoffeln dünsten oder kochen, bis sie gerade gar sind. Gut abtropfen, abkühlen lassen und zerdrücken. Die Kartoffeln in eine große Schüssel geben, das Eigelb, den Parmesan und die Kräuter unterheben und gut vermengen. Langsam ausreichend Mehl zugeben, bis sich ein etwas klebriger Teig formt. 5 Minuten zu einem glatten Teig kneten; bei Bedarf Mehl zugeben.

2 Den Teig vierteln und jedes Stück auf einer bemehlten Fläche zu einer 2 cm dicken Wurst rollen. Gnocchi in Fingerbreite abtrennen. Jedes Gnocchi in eine leicht ovale Form drücken und über die bemehlten Zinken eines Gabelrückens rollen, so daß sich in der Mitte eine Mulde bildet. Nebeneinander auf ein mit Backpapier ausgelegtes Blech legen, mit einem Küchenhandtuch abdecken.

3 Für die Sauce 1 EL Olivenöl in einer großen Pfanne erhitzen und den Knoblauch und die Zwiebel bei Mittelhitze 5 Minuten dünsten, bis die Zwiebel weich und goldgelb ist.

4 Den Speck unter gelegentlichem Rühren 5 Minuten bräunen.

5 Die getrockneten Tomaten, die Tomaten, Zucker und Essig unterrühren und die Sauce bei Niedrighitze 15 Minuten köcheln lassen, bis sie eindickt. Kurz vor dem Servieren das Basilikum unterziehen.

6 Die Gnocchi portionsweise in einem großen Topf mit sprudelndem Salzwasser 2 Minuten kochen, bis sie an die Oberfläche steigen. Gut abtropfen und mit der Tomatensauce und dem gehobelten Parmesan servieren.

UNTEN: Kartoffel-Kräuter-Gnocchi mit Tomatensauce

GEMÜSE

ROSMARIN
Einer mittelalterlichen Legende zufolge hält frischer Rosmarin auf dem Altar zur Weihnachtszeit böse Geister fern und bringt den Menschen Segen. Manchmal wurde Rosmarin auch auf dem Kirchenboden verstreut oder statt teurem Weihrauch verbrannt. Frischer Rosmarin steht als Symbol für Gedenken, Treue und Freundschaft und wurde zunächst in Klostergärten als Heil- und Gewürzpflanze angebaut. Griechische Studenten pflegten z. B. die Sitte, sich zur Examenszeit Rosmarinzweige ins Haar zu stecken, um ihr Gedächtnis zu unterstützen.

GEGENÜBERLIEGENDE SEITE, VON OBEN: Backofenkartoffeln; Orangene Süßkartoffeln; Gebackene Zwiebeln; Speckkartoffeln

BACKOFENGEMÜSE

Für alle Rezepte den Backofen auf 180 °C (Gas 2) vorheizen. Das Gemüse schälen. Die Garzeit variiert je nach Größe und Art des Gemüses. Man kann Gemüse auch um den Braten herum verteilen. Bratensaft verleiht Gemüse einen ganz besonderen Geschmack. Wenn man das Fleisch aus dem Ofen nimmt, kann man das Gemüse bei 200 °C (Gas 3) noch weiter knusprig braten.

BACKOFENKARTOFFELN

Zubereitungszeit: 15 Minuten
Backzeit: 55 Minuten
Für 4 Personen

4 große mehlige oder fest kochende Kartoffeln
20 g Butter, geschmolzen
1 EL Speiseöl
Salz

Die Kartoffeln halbieren und in einer mit Wasser gefüllten Pfanne 5 Minuten köcheln lassen. Abgießen und auf Küchenkrepp abkühlen lassen. Mit einer Gabel in die gewölbte Seite der Kartoffeln ein grobes Muster ritzen. Die Kartoffeln auf ein gefettetes Backblech geben und mit Butter und Öl bestreichen. 50 Minuten goldbraun backen. Ab und zu mit Butter und Öl bestreichen. Vor dem Servieren mit Salz bestreuen.

ORANGENE SÜSS-KARTOFFELN

Zubereitungszeit: 10 Minuten
Backzeit: 25 Minuten
Für 4 Personen

800 g orangene Süßkartoffeln (Kumera)
20 g Butter, geschmolzen
2 TL Sesamsamen
1/2 TL schwarzer Pfeffer, geschrotet
Salz

Die Kartoffeln in 1 cm dicke Scheiben schneiden. Mit Butter, Sesamsamen und Pfeffer vermischen. Auf einem Blech 25 Minuten backen, bis die Kartoffeln gebräunt und gar sind; einmal wenden. Vor dem Servieren mit Salz bestreuen.

GEBACKENE ZWIEBELN

Zubereitungszeit: 20 Minuten
Koch- und Backzeit: 1 Stunde 10 Minuten
Für 6 Personen

6 Zwiebeln
60 g frisches Weißbrot, gerieben
25 g Romano oder Parmesan, gerieben
1 EL frisches Basilikum, gehackt
20 g Butter, geschmolzen
Salz und Pfeffer

Die Zwiebeln schälen, die Wurzel an der Unterseite nicht entfernen. In einen Topf mit Wasser legen, aufkochen und 20 Minuten köcheln lassen. Aus dem Topf nehmen und abkühlen lassen. Von jeder Zwiebel das obere Viertel abschneiden und jede zu einem Drittel aushöhlen. Weißbrot, Käse, Basilikum und Butter in einer Schüssel mischen, salzen und pfeffern. Die Mischung in die ausgehöhlten Zwiebeln geben und auf einem eingefetteten Backblech 50 Minuten backen, bis sie gar sind.

SPECKKARTOFFELN

Zubereitungszeit: 20 Minuten
Kochzeit: 50 Minuten
Für 4 Personen

8 mehlige oder fest kochende Kartoffeln
2 Scheiben Speck
8 Zweige frischen Rosmarin
2 TL weiche Butter
Speiseöl zum Bestreichen

Die Kartoffeln auf einer Seite flach schneiden, sodass sie gerade stehen. Den Speck in je 4 Längsstreifen schneiden; einen Streifen um je einen Rosmarinzweig wickeln. Die Kartoffeln halb aushöhlen, den Speck mit dem Rosmarin hineinstecken und auf ein eingefettetes Backblech stellen. Auf jede Kartoffel 1/4 TL Butter geben, mit Öl bestreichen und mit Salz und Pfeffer bestreuen. 40–50 Minuten goldbraun backen.
Hinweis: Fest kochende bis leicht mehlige Kartoffeln eignen sich für Aufläufe, Gratins und andere Backofengerichte. Mehlige Sorten werden für Püree oder Kroketten verwendet.

2 Aprikosen, Rosinen und Orangensaft in einem Topf vermengen, bedecken und aufkochen; vom Herd nehmen und 5 Minuten ruhen lassen.
3 Die Kartoffeln und die Früchte mit etwas Sud in einer flachen Auflaufform verteilen, die Butterwürfel darüber streuen und etwa 45 Minuten backen, bis alles leicht gebräunt ist. Salzen und pfeffern und mit Schnittlauch bestreuen.
Hinweis: Dieses Gericht kann bis zu 4 Stunden vor dem Backen vorbereitet werden.

SÜSSE ROTE BETE

Zubereitungszeit: 15 Minuten
Kochzeit: 1 Stunde 30 Minuten
Für 6 Personen

12 kleine Knollen frische Rote Bete
1½ TL Olivenöl
20 g Butter
1½ TL Kreuzkümmelpulver
1 TL Korianderkörner, leicht zerdrückt
½ TL Gewürzmischung
1 Knoblauchzehe, zerdrückt, nach Belieben
3–4 TL brauner Zucker
1 EL Balsamessig
Salz und Pfeffer

1 Den Backofen auf 180 °C (Gas 2) vorheizen und ein Backblech mit geschmolzener Butter oder Öl einfetten. Die Blätter der Roten Beten entfernen (etwa 3 cm über der Knolle abschneiden, damit keine Flüssigkeit austritt), die Knollen gründlich waschen und auf das Backblech legen. 1 Stunde 15 Minute backen, bis die Knollen sehr weich sind. Anschließend abkühlen lassen.
2 Die Knollen schälen und die oberen und unteren Enden entfernen. Öl und Butter in einer Pfanne erhitzen, Kreuzkümmelpulver, Korianderkörner, Gewürzmischung und Knoblauch zufügen und bei mittlerer Hitze 1 Minute anbraten. Zucker und Essig zugeben und 2–3 Minuten verrühren, bis sich der Zucker aufgelöst hat. Die Roten Beten zufügen, die Temperatur reduzieren und die Knollen wenden, bis sie gleichmäßig glasiert sind. Mit Salz und Pfeffer abschmecken. Warm oder zimmerwarm servieren.
Hinweis: Rote Beten schmecken auch gut als Salat in Stücke geschnitten und mit Joghurt verrührt. Beim Zubereiten von Roter Bete sollte keine Flüssigkeit austreten. Vorsichtig waschen und die Knollen vor dem Kochen nicht zerschneiden.

FRUCHTIGE KARTOFFELN

Zubereitungszeit: 20 Minuten
Backzeit: 50 Minuten
Für 8 Personen

1 kg neue Kartoffeln
1 kg orangene Süßkartoffeln (Kumera)
135 g getrocknete Aprikosen
90 g Rosinen
170 ml Orangensaft
60 g Butter, gewürfelt
Salz und Pfeffer
2 EL frischer Schnittlauch, gehackt

1 Den Backofen auf 180 °C (Gas 2) vorheizen. Die Kartoffeln schälen, in 3 cm große Stücke schneiden und in leicht kochendem Wasser etwa 5 Minuten garen; dann abgießen.

OBEN: Fruchtige Kartoffeln

ZUCCHINIFRIKADELLEN

Vorbereitungszeit: 20 Minuten
Kochzeit: 15 Minuten
Ergibt 16 Stück

 ★ ★

300 g Zucchini, geraspelt

1 kleine Zwiebel, fein gehackt

30 g Mehl

1 Msp. Backpulver

35 g geriebener Kefalotyri oder Parmesan

1 EL frische Minze, gehackt

2 TL frische glatte Petersilie, gehackt

1 Prise gemahlene Muskatnuss

25 g Paniermehl

1 Ei, leicht verschlagen

Salz und zerstoßener schwarzer Pfeffer

Olivenöl zum Braten

1 Zucchini und Zwiebel in die Mitte eines sauberen Küchentuchs legen, die Ränder des Tuchs zusammenhalten und das Tuch fest drehen, um die Flüssigkeit herauszudrücken. Zucchini, Zwiebel, Mehl, Backpulver, Käse, Minze, Petersilie, Muskatnuss, Paniermehl und Ei in einer großen Schüssel mischen. Kräftig mit Salz und Pfeffer würzen und anschließend mit den Händen zu einer steifen Mischung kneten.

2 Öl bei mittlerer Hitze in einer großen Bratpfanne erhitzen, dann jeweils einige gestrichene Esslöffel der Mischung in die Pfanne geben und 2–3 Minuten braten, bis sie von allen Seiten gut gebräunt sind. Auf Küchenkrepp abtropfen lassen und heiß servieren, etwa mit Zitronenschnitzen oder Gurken-Joghurt-Salat (Seite 69).

KICHERERBSENSALAT

220 g getrocknete Kichererbsen in kaltem Wasser 8 Stunden oder über Nacht einweichen. Abgießen, in einen großen Topf geben und mit Wasser bedeckt bei starker Hitze zum Kochen bringen. Auf niedrigste Stufe schalten und 1½ Stunden köcheln lassen, dabei gelegentlich Wasser auffüllen, damit die Erbsen bedeckt bleiben. Abgießen und abkühlen lassen. Kichererbsen in einer Schüssel mit 2 EL fein gehackter frischer glatter Petersilie, 1 fein gehackten kleinen roten Zwiebel, 1 fein gehackten Knoblauchzehe, 60 ml Zitronensaft, 2 EL Olivenöl, je ½ EL gemahlenem Kreuzkümmel und Salz, 1 Prise Cayennepfeffer und ½ TL frisch gemahlenem schwarzem Pfeffer gründlich mischen. Für 6 Personen.

OBEN: Zucchinifrikadellen

AUFLAUF AUS ORANGENEN SÜSSKARTOFFELN

Zubereitungszeit: 25 Minuten
Koch- und Backzeit: 40 Minuten
Für 6 Personen

1 kg orangene Süßkartoffeln (Kumera)

50 g Butter

80 ml Milch oder Sahne

1/4 TL Zimt, gemahlen

Salz und Pfeffer

480 g Laib Sauerteigbrot

55 g Parmesan, gerieben

1 TL getrocknete Thymianblätter

1 Den Backofen auf 180 °C (Gas 2) vorheizen. Die Kartoffeln in Stücke schneiden, in einen Topf mit Wasser geben und etwa 15 Minuten kochen, bis sie gar sind.

OBEN: Auflauf aus orangenen Süßkartoffeln

2 Das Wasser abgießen und die Kartoffeln nach Zugabe von Butter, Milch und Zimt mit einem Kartoffelstampfer zerdrücken. Salzen und pfeffern, den Kartoffelbrei in eine flache Auflaufform geben und die Oberfläche glätten.
3 Die Brotrinde entfernen, das Brot in Stücke brechen und in der Küchenmaschine sehr fein zerkleinern. Parmesan und Thymian unterrühren, die Mischung über den Kartoffelbrei streuen und 20 Minuten backen, bis die Brotkruste goldbraun und knusprig ist.

GESCHMORTER FENCHEL

Zubereitungszeit: 15 Minuten
Kochzeit: 30 Minuten
Für 8 Personen

4 kleine Fenchelknollen

20 g Butter

1 EL Zucker

80 ml Weißwein

160 ml Hühnerbrühe

1 EL saure Sahne

1 Die Fenchelknollen vierteln und das Grün beiseite legen. Die Butter in einer Pfanne schmelzen und den Zucker hineinrühren. Den Fenchel zugeben und 5–10 Minuten braten, bis er gebräunt ist.
2 Wein und Brühe zugießen, aufkochen, die Hitze reduzieren und alles zugedeckt für 10 Minuten köcheln lassen, bis der Fenchel gar ist.
3 Den Deckel abnehmen und so lange weiterkochen lassen, bis der größte Teil der Flüssigkeit verdampft und die Sauce dickflüssig geworden ist. Die Pfanne vom Herd nehmen und die saure Sahne einrühren. Abschließend mit dem Fenchelgrün garnieren.

BROKKOLI MIT MANDELN

Zubereitungszeit: 10 Minuten
Kochzeit: 10 Minuten
Für 6 Personen

500 g Brokkoli, in Röschen geteilt
2 TL Speiseöl
20 g Butter
1 Knoblauchzehe, zerdrückt
1 EL Mandelblättchen
Salz und Pfeffer

1 Den Brokkoli in einen Topf mit kochendem Wasser geben und 1–2 Minuten kochen, bis er gar ist. Sorgfältig abtropfen lassen. Das Öl und die Butter in einer großen Pfanne erhitzen und darin Knoblauch und Mandelblättchen 1–2 Minuten anbraten, bis die Mandeln goldbraun sind. Aus der Pfanne nehmen und beiseite legen.
2 Den Brokkoli in die Pfanne geben und 2–3 Minuten bei mittlerer Temperatur erhitzen. Die Mandeln zugeben und alles gut verrühren. Mit Salz und Pfeffer abschmecken. Heiß servieren.

SELLERIE-ESTRAGON-PÜREE

Zubereitungszeit: 15 Minuten
Kochzeit: 15 Minuten
Für 6 Personen

500 ml Gemüsebrühe
60 ml Zitronensaft
3 Selleriestangen, geschält und gehackt
40 g Butter
1 EL Sahne
Salz und Pfeffer
1 EL frischer Estragon, fein gehackt

1 Gemüsebrühe, Zitronensaft und 500 ml Wasser in einen Topf geben und aufkochen. Den Sellerie zugeben und 10–15 Minuten kochen, bis er gar ist. Abhängig von der Selleriemenge weiteres Wasser zugießen.
2 Den Sellerie abtropfen lassen und zusammen mit der Butter und der Sahne in eine Küchenmaschine geben. Mit Salz und frisch gemahlenem schwarzem Pfeffer würzen und zu einer weichen Paste verarbeiten. Den gehackten Estragon unterrühren. Wenn der Brei zu dick ist, mit etwas mehr Sahne verdünnen.

ERBSEN MIT MINZE

Zubereitungszeit: 5 Minuten
Kochzeit: 6 Minuten
Für 6 Personen

620 g frische oder tiefgefrorene Erbsen
4 Zweige frische Minze
30 g Butter
2 EL frische Minze, gehackt
Salz und Pfeffer

1 Die Erbsen und Wasser in einen Topf geben, die Minzezweige zufügen und alles erhitzen.
2 Die Erbsen etwa 5 Minuten köcheln lassen; das Wasser abgießen, die Minzezweige wegwerfen. Die Butter und die gehackte Minze zugeben und die Butter bei geringer Hitze schmelzen. Mit Salz und geschrotetem Pfeffer würzen.

OBEN: Brokkoli mit Mandeln

LAUCH

Lauch gehört zur selben Familie wie Zwiebeln, doch ist er milder und süßer im Geschmack. Er ist als gekochtes Gemüse sehr beliebt und wird auch manchmal roh in Salaten verwendet sowie als Zutat für Suppen und Saucen, denen er einen mild-würzigen Geschmack gibt. Lauch wird – genau wie Zwiebeln – langsam gegart, bis er weich ist. Beim Einkauf darauf achten, dünnere Stangen zu wählen, da diese milder und aromatischer sind als dikkere. Bei jungem Lauch kann meist die ganze Pflanze verwendet werden, wenn die grünen Blätter nicht zu hart sind.

OBEN: Kleine Bohnenbündel

KLEINE BOHNENBÜNDEL

Zubereitungszeit: 15 Minuten
Kochzeit: 8 Minuten
Für 4 Personen

8 lange Schnittlauchhalme
20 grüne Bohnen
20 Butterbohnen
Salz und Pfeffer

1 Die Schnittlauchhalme in eine kleine Schüssel geben und mit kochendem Wasser übergießen, damit sie weich werden. Abtropfen lassen. Die Enden der Bohnen abschneiden; die Bohnen zu 8 Bündel ordnen und jedes mit einem Schnittlauchhalm umwickeln. Diese Bündel in einen Topf legen und 3 EL Wasser zufügen.
2 Den Topf zudecken und die Bohnen bei mittlerer Hitze 5–8 Minuten dämpfen, bis sie weich sind. Das Wasser darf nicht ganz verdampfen – wenn nötig muss nachträglich noch Wasser hinzugegeben werden. Die gegarten Bohnen mit Salz und gemahlenem schwarzem Pfeffer bestreuen und sofort servieren.

LAUCH MIT SCHINKEN

Zubereitungszeit: 15 Minuten
Kochzeit: 25 Minuten
Für 6 Personen

3 Stangen Lauch
2 Scheiben Schinken
20 g Butter, weich
1 TL frischer Thymian, gehackt

1 Den Backofen auf 180 °C (Gas 2) vorheizen. Die oberen grünen Enden der Lauchstangen entfernen, jede Stange in zwei Längshälften schneiden und gut waschen.
2 Die Schinkenscheiben in jeweils 3 lange Streifen schneiden. Um die Mitte jeder Lauchstangenhälfte je einen Schinkenstreifen wickeln.
3 Die Lauchstangen mit der runden Seite nach oben in eine flache eingefettete Auflaufform legen. Butter und Thymian mischen und über den Lauch verteilen. Anschließend 25 Minuten backen, bis der Lauch gar ist.
Hinweis: Oft sitzt feiner Sand zwischen den Lauchblättern, daher diese sorgfältig waschen.

SPARGEL MIT BUTTER UND PARMESAN

Zubereitungszeit: 15 Minuten
Kochzeit: 3 Minuten
Für 4–6 Personen

300 g frischer Spargel
40 g Butter, geschmolzen
Salz
Parmesan, frisch geraspelt
schwarzer Pfeffer zum Servieren, geschrotet

1 Die dicken holzigen Spargelenden entfernen und wegwerfen. Die untere Hälfte jeder Spargelstange mit einem Gemüseschäler schälen.
2 Den Spargel in einen Topf mit kochendem Salzwasser geben und 5–15 Minuten garen. Abtropfen lassen und auf eine Servierplatte legen. Mit Butter beträufeln, die Parmesanraspel auf dem Spargel verteilen und mit Pfeffer bestreuen.
Hinweis: Für dieses Rezept eignet sich sowohl grüner als auch weißer Spargel. Grüner Spargel muss meist nicht geschält werden, da er im Gegensatz zum weißen Spargel nur eine sehr dünne Schale hat.

KARTOFFELN MIT ROSMARIN

Zubereitungszeit: 10 Minuten
Kochzeit: 20 Minuten
Für 6 Personen

750 g kleine neue Kartoffeln, halbiert
30 g Butter
2 EL Olivenöl
1 TL schwarzer Pfeffer, geschrotet
2 Knoblauchzehen, zerdrückt
1 EL frischer Rosmarin, fein gehackt
1 TL Meersalz

1 Die Kartoffeln 5 Minuten kochen oder dämpfen, bis sie gar sind (mit einer Messerspitze testen – wenn das Messer sich leicht einstechen lässt, ist die Kartoffel gar). Abgießen und die Kartoffeln etwas abkühlen lassen.
2 Butter und Öl in einer Pfanne erhitzen. Die Kartoffeln zugeben und mit der Hälfte des Pfeffers würzen. Bei mittlerer Hitze 5–10 Minuten goldbraun und knusprig braten. Ab und zu wenden.
3 Knoblauch, Rosmarin und Salz unter die Kartoffeln mischen und weitere 2–3 Minuten braten. Den restlichen Pfeffer zugeben.

SPARGEL
Es gibt insgesamt drei Sorten von Spargel, die angebaut werden: den grünen, den violetten und den weißen Spargel. Grüner Spargel ist z. B. in England, Australien oder Griechenland am weitesten verbreitet, während weißer Spargel in Belgien, Deutschland und in weiten Teilen Frankreichs die beliebteste Sorte ist. Grüner und weißer Spargel sind von der gleichen Art, nur mit dem Unterschied, dass der weiße geerntet wird, wenn er noch unter der Erde ist. Weißer Spargel ist meist dicker als der grüne und hat auch eine festere Schale, die entfernt werden muss. Violetter Spargel ist im Geschmack dem grünen Spargel ähnlich, ist jedoch seltener erhältlich.

LINKS: Spargel mit Butter und Parmesan

GEMÜSECHIPS Papierdünn und hauchfein

oder solide und robust – diese Gemüsechips kommen immer an. Kartoffeln sind

aber nicht das einzige für Chips geeignete Gemüse, wie Sie hier sehen werden.

ROTE-BETE-CHIPS

Mit einem Gemüseschäler oder einem scharfen Messer 500 g geschälte rote Bete in papierdünne Scheiben schneiden. Dann 3/4 l Öl in einer Friteuse erhitzen und die Rote-Bete-Chips darin portionsweise knusprig braun fritieren. Anschließend auf Küchenpapier abtropfen lassen und bei 180 °C im Backofen warm halten,

bis alle fertig sind. Dazu eine mit frisch-gehackten Kräutern gemischte Mayonnaise reichen.

KNUSPRIGE SÜSSKARTOFFELSCHEIBEN

500 g orangefarbene Süßkartoffeln mit dem Gemüseschäler oder einem scharfen Messer schälen und in dünne Scheiben

schneiden. 3/4 l Öl in einer Friteuse erhitzen und die Süßkartoffelscheiben darin portionsweise schön knusprig fritieren. Die Scheiben auf Küchenpapier abtropfen lassen und im vorgeheizten Backofen bei 180 °C warm halten, bis alle fertig fritiert sind. Anschließend mit einer Mischung aus Mayonnaise, Limettensaft und Curry servieren.

ZUCCHINISTREIFEN

Mit einem Gemüseschäler 500 g große Zucchini längs in Streifen schneiden. Die Streifen in eine Schüssel mit 4 verquirlten Eiern, dann in eine Mischung aus 100 g Semmelbröseln und 1 EL frischgehackten Kräutern tauchen. In der Friteuse die panierten Zucchinistreifen portionsweise in 3/4 l heißem Öl goldgelb fritieren. Auf Küchenpapier abtropfen lassen und im vorgeheizten Backofen bei 180 °C warm halten, bis alle fertig sind. Köstlich schmeckt dazu ein Dip aus gehackten getrockneten Tomaten und Naturjoghurt.

GOLDENE KARTOFFELSCHNITZE

Zuerst 500 g gewaschene alte Kartoffeln in Schnitze schneiden. Dann 3/4 l Öl in einer Friteuse erhitzen und die Kartoffeln darin goldgelb fritieren; auf Küchenpapier

abtropfen lassen. Wenn alle fertig sind, die Schnitze kurz vor dem Servieren noch einmal ins Öl geben und knusprig goldbraun fritieren. Eventuell mit Meersalz bestreuen und mit Essig beträufeln.

KÜRBISCHIPS

500 g Kürbisfleisch mit einem Buntmesser in Scheiben schneiden. Dann 3/4 l Öl in einer Friteuse erhitzen und die Scheiben darin portionsweise knusprig und goldbraun fritieren. Anschließend auf Küchenpapier abtropfen lassen und im vorgeheizten Backofen bei 180 °C warm halten, bis alle fertig sind.

MÖHREN-KRÄUTER-STREIFEN

Von 500 g Möhren mit dem Gemüseschäler lange Bänder schälen. 50 g große Basilikumblätter abwaschen und trockentupfen. In 3/4 l Öl in einer Friteuse mit

den Möhrenbändern portionsweise knusprig fritieren. Auf Küchenpapier abtropfen lassen und im vorgeheizten Backofen bei 180 °C warm halten, bis alles fertig ist. Dann mit einem Dip aus süßer Chilisauce, Limettensaft und frischem gehacktem Koriandergrün servieren.

IM UHRZEIGERSINN VON OBEN LINKS: Goldene Kartoffelschnitze; Zucchinistreifen; Rote-Beete-Chips; Kürbischips; Möhren-Kräuter-Streifen; Knusprige Süßkartoffelscheiben

SAHNE-KARTOFFEL-GRATIN

Jede Zwiebelschicht mit etwas geriebenem Cheddar bestreuen.

Die Sahnesauce über die geschichteten Zwiebeln und Kartoffeln gießen.

SAHNE-KARTOFFELGRATIN

Zubereitungszeit: 20 Minuten
Backzeit: 40 Minuten
Für 6 Personen

☆

750 g fest kochende Kartoffeln

1 Zwiebel

125 g Cheddar, gerieben

375 ml Sahne

2 TL Hühnerbrühepulver

1 Den Backofen auf 180 °C (Gas 2) vorheizen. Die Kartoffeln in dünne Scheiben und die Zwiebel in Ringe schneiden.

2 Eine Schicht Kartoffelscheiben so in eine Auflaufform legen, dass sie sich überlappen. Eine Schicht Zwiebelringe darüber legen. Den Käse in zwei Portionen teilen, die eine Hälfte zum Überbacken beiseite stellen. Einen Teil der anderen Käseportion über die Zwiebeln streuen. Mit dieser Schichtung fortfahren, bis Kartoffeln, Zwiebeln und Käse aufgebraucht sind.

3 Die Sahne in ein kleine Schüssel füllen, das Hühnerbrühepulver zugeben und alles gut vermischen. Die Mischung über die geschichteten Kartoffeln und Zwiebeln gießen und die zweite Portion Käse darüber streuen. 40 Minuten backen, bis die Kartoffeln gar sind und der geschmolzene Käse goldbraun ist.

Hinweise: Jedes Gericht, das mit Käse und/oder geriebenem Weißbrot überbacken wird, ist eine Art Gratin. Für die Zubereitung von Kartoffelgratin gibt es verschiedene Variationen.

Geschmackliche Abänderungen kann man z. B. durch die Wahl einer anderen Brühe erreichen wie etwa Gemüsebrühe.

Fest kochende Kartoffeln sind am besten für Gratins geeignet, da sie nicht zerbröckeln und ihre Form behalten.

Um die Kartoffeln in hauchdünne Scheiben schneiden zu können, sollte man ein sehr scharfes Messer verwenden. Auch die Schale sehr dünn schälen.

OBEN: Sahne-Kartoffelgratin

GEMÜSE MIT MOHN UND ORANGENDRESSING

Zubereitungszeit: 20 Minuten
Kochzeit: 50 Minuten
Für 8 Personen

500 g neue Kartoffeln, halbiert

6 Pastinaken, geschält und längs geviertelt

500 g Süßkartoffeln (Kumera), geviertelt

330 g kleine Möhren, teilweise mit Grün

6 kleine Zwiebeln, halbiert

80 ml Speiseöl

2 EL Mohnkörner

200 g Brie, dünn geschnitten

Orangendressing

125 ml Orangensaft

2 Knoblauchzehen, zerdrückt

1 EL Dijonsenf

1 TL Weißweinessig

1 TL Sesamöl

Salz und Pfeffer

1 Den Backofen auf 200 °C (Gas 3) vorheizen. Das Gemüse mit dem Öl in eine große, tiefe Auflaufform geben. Das Gemüse gut durchrühren, damit sich das Öl verteilt. 50 Minuten backen, bis das Gemüse gebräunt und gar ist. Alle 15 Minuten umrühren. Die Form aus dem Ofen nehmen und den Mohn über das Gemüse streuen.

2 Für das Orangendressing alle Zutaten in einer kleinen Schüssel verrühren.

3 Das Dressing über das warme Gemüse gießen und umrühren. In eine Schüssel umfüllen, mit den Briescheiben bedecken und warm servieren.

ZUCCHINI MIT ZITRONE UND KAPERNBUTTER

2 EL eingelegte Kapern waschen, abtropfen lassen, fein hacken und in eine kleine Schüssel geben. 100 g Butter, 2 TL geriebene Zitronenschale, etwas Salz und Pfeffer zugeben und alles gut miteinander vermischen. 8 kleine Zucchini in dünne Längsstreifen schneiden und in einem Topf 3–5 Minuten dünsten, bis sie gar sind. Mit der Kapernbutter vermischen und sofort servieren. Für 4 Personen.

OBEN: Gemüse mit Mohn und Orangendressing

MIT HONIG GEBACKENES GEMÜSE

Zubereitungszeit: 20 Minuten
Kochzeit: 50 Minuten
Für 4 Personen

4 Pastinaken

2 Möhren

2 kleine orangene Süßkartoffeln (Kumera)

4 Rote Beten, in Keile geschnitten

8 Knoblauchzehen, ungeschält

60 ml Speiseöl

1 EL Honig

1 TL Kümmelkörner

1/2 TL schwarzer Pfeffer, geschrotet

1/2 TL Steinsalz

1 Den Backofen auf 200 °C (Gas 3) vorheizen. Pastinaken, Möhren und Süßkartoffeln in 10 cm lange Stücke schneiden. Das Gemüse und den Knoblauch in eine große Auflaufform legen und mit dem Öl und dem Honig beträufeln. Kreuzkümmelsamen, Salz und Pfeffer darüber streuen. Alles gut vermischen.
2 Das Gemüse 40–50 Minuten backen, bis es gegart und goldbraun ist.

HERZOGIN-KARTOFFELN

Zubereitungszeit: 20 Minuten + Kühlzeit
Kochzeit: 30 Minuten
Für 6 Personen

860 g mehlige Kartoffeln, geviertelt

2 Eier

60 ml Sahne

2 EL Parmesan, frisch gerieben

1/4 TL Muskatnuss, gerieben

1 Eigelb zum Bestreichen

Salz und Pfeffer

1 Die Kartoffeln 10 Minuten kochen oder dämpfen (mit einer Messerspitze testen – wenn das Messer sich leicht einstechen lässt, ist die Kartoffel gar). Die Kartoffeln abgießen, bei kleiner Hitze wieder auf den Herd stellen, ab und zu schütteln und 1–2 Minuten dämpfen. In eine Schüssel geben und sorgfältig zerstampfen.

2 Eier, Sahne, Parmesan, Muskatnuss, Salz und schwarzen Pfeffer verschlagen, dem Kartoffelbrei zufügen und alles verrühren. Abschmecken, dann bedecken und 20 Minuten abkühlen lassen. Den Backofen auf 180 °C (Gas 2) vorheizen.
3 Den noch warmen Kartoffelbrei in einen Spritzbeutel mit einer 1,5 cm großen sternförmigen Tülle geben. Den Brei in Form von kleinen gedrehten Häufchen auf ein gefettetes Backblech spritzen; auf ausreichend Abstand achten. Die Häufchen mit Eigelb bestreichen und 15–20 Minuten goldbraun backen. Heiß servieren.
Hinweis: Die Kartoffelbreihäufchen können schon im Voraus zubereitet und bedeckt im Kühlschrank aufbewahrt werden. Vor dem Servieren mit Eigelb bestreichen und backen.

GEFÜLLTE ZWIEBELN

Zubereitungszeit: 15 Minuten
Kochzeit: 1 Stunde 40 Minuten
Für 8 Personen

8 Zwiebeln (etwa 200 g pro Stück)

1 EL Speiseöl

20 g Butter

70 g Champignons, gehackt

20 g Schinken, gehackt

110 g Risottoreis

600 ml heiße Hühnerbrühe

2 EL Parmesan, gerieben

2 EL frische Petersilie, gehackt

1 Den Backofen auf 200 °C (Gas 3) vorheizen. Die Zwiebeln unten flach schneiden, dass sie gerade stehen; den oberen Teil abschneiden. Die Zwiebeln auf ein Backblech stellen, mit Öl beträufeln und 1–1 1/2 Stunden goldbraun backen.
2 Die Butter in einem Topf schmelzen, Pilze und Schinken zufügen und 5 Minuten braten, bis die Pilze gar sind. Den Reis zugeben und alles gut verrühren, sodass sich die Butter gleichmäßig verteilt. Nach und nach jeweils 125 ml heiße Hühnerbrühe einrühren. Immer erst dann wieder nachgießen, wenn der Reis alles aufgesogen hat. Wenn die Hühnerbrühe verbraucht ist, Parmesan und Petersilie einrühren.
3 Die Zwiebeln bis auf die äußeren drei Häute aushöhlen. Das Innere der Zwiebeln fein hacken und mit dem Risotto vermengen. Die Reismischung in die Zwiebeln füllen und oben etwas anhäufen. 10 Minuten backen und heiß servieren.

GEGENÜBERLIEGENDE SEITE IM UHRZEIGERSINN VON OBEN: Mit Honig gebackenes Gemüse; Gefüllte Zwiebeln; Herzogin-Kartoffeln

KÄSE-BLUMENKOHL

Zubereitungszeit: 15 Minuten
Kochzeit: 20 Minuten
Für 4 Personen

★

500 g Blumenkohl, in Stücke geschnitten

2 EL frisches Weißbrot, gerieben

30 g Cheddar, gerieben

Käsesauce

30 g Butter

30 g Mehl

315 ml warme Milch

1 TL Dijonsenf

60 g Cheddar, gerieben

50 g Parmesan, gerieben

Salz und Pfeffer

 OBEN: Käse-Blumenkohl

1 Eine 1,5 l fassende, hitzebeständige Auflaufform leicht einfetten. Die Blumenkohlstücke in
einem Topf mit leicht gesalzenem Wasser etwa
10 Minuten garen. Abtropfen lassen, in die Auflaufform geben und warm halten.
2 Für die Käsesauce die Butter bei kleiner Hitze
in einem Topf schmelzen. Das Mehl zugeben
und 1 Minute verrühren, bis es schäumt. Den
Topf vom Herd nehmen und langsam die Milch
und den Senf einrühren. Den Topf zurück auf
den Herd stellen und gleichmäßig rühren, bis
die Sauce kocht und andickt. Die Hitze reduzieren, weitere 2 Minuten köcheln lassen und
den Topf vom Herd nehmen. Cheddar und Parmesan zugeben und alles so lange verrühren, bis
der Käse geschmolzen ist. Die Sauce nicht wieder erhitzen. Mit Salz und gemahlenem, weißem
Pfeffer abschmecken und über den Blumenkohl
gießen.
3 Weißbrot und Cheddar vermischen und über
die Sauce streuen. Bei mittlerer Hitze unter den
Backofengrill stellen und so lange backen, bis die
Oberfläche braun ist und Blasen wirft. Sofort
servieren.
Hinweis: Diese Käsesauce passt auch zu anderen
Gemüsesorten wie Brokkoli, Spargel, Möhren
oder bunten Gemüsevariationen.

PAPRIKA MIT TOMATEN-FENCHEL-FÜLLUNG

Zubereitungszeit: 20 Minuten
Kochzeit: 1 Stunde
Für 6 Personen

2 kleine Fenchelknollen

3 große rote Paprikaschoten

6 reife Cocktailtomaten

6 Knoblauchzehen, in Scheiben geschnitten

3 TL Fenchelsamen

Salz und Pfeffer

60 ml Zitronensaft

2 EL Olivenöl

1 Den Backofen auf 180 °C (Gas 2) vorheizen. Eine große Auflaufform mit Öl ausstreichen.

2 Die Fenchelknollen halbieren, in dicke Scheiben schneiden und in einen Topf mit kochendem, gesalzenem Wasser geben. 1 Minute kochen, dann abtropfen und abkühlen lassen.

3 Paprikaschoten längs halbieren, den Stiel nicht abschneiden. Samen und Trennhäute entfernen.

4 Die Tomaten längs halbieren und mit den Fenchelscheiben in die Paprikaschoten geben. (Die Fenchelmenge hängt von der Größe der Paprikaschoten ab, aber die Gemüsestücke sollten die Paprikahälften gut ausfüllen). Die Knoblauchstückchen auf die gefüllten Schoten legen und mit den Fenchelsamen bestreuen. Salzen und pfeffern. Den Zitronensaft und die Hälfte des Olivenöls über die Paprikahälften träufeln.

5 Etwa 1 Stunde backen, bis die Paprikaschoten gar sind. Während der Garzeit ab und zu mit dem restlichen Öl bestreichen. Heiß servieren.

TOMATEN MIT FETAFÜLLUNG

In 6 reife Tomaten jeweils ein tiefes Kreuz schneiden. 150 g krümeligen griechischen Schafskäse mit 2 TL frischem gehacktem Oregano und 1 EL frisch geriebenem Parmesan in einer Schüssel vermischen. Mit Pfeffer würzen. Jede Tomate mit etwa 1 EL der Schafskäsemischung füllen. Abschließend bei 200 °C (Gas 3) 20 Minuten im Backofen backen, bis die Tomaten gar sind. Ergibt 6 Stück.

FETA
Dieser beliebte salzige griechische Käse, der in fast allen griechischen Salaten zu finden ist, wird mittlerweile auch in vielen anderen Ländern auf der ganzen Welt produziert. Der ursprünglich nur aus Schafs- oder Ziegenmilch hergestellte Feta wird heute auch häufig als Kuhmilchprodukt angeboten. Die großen Käseblöcke werden gesalzen, geschnitten und dann wieder gesalzen. Danach wird der Käse bedeckt, sodass er einen Monat in der Salzlake reifen kann.

LINKS: Paprika mit Tomaten-Fenchel-Füllung

VEGETARISCHE GERICHTE

OBEN: Vegetarische Tarte mit Salsa verde

VEGETARISCHE TARTE MIT SALSA VERDE

Zubereitungszeit: 30 Minuten +
  30 Minuten Kühlzeit
Backzeit: 50 Minuten
Für 6 Personen

★ ★ ★

Teig

215 g Mehl
120 g kalte Butter, gehackt
60 ml Sahne

Salsa verde

1 Knoblauchzehe
40 g glattblättrige Petersilie
80 ml Olivenöl
3 EL frischer Dill, gehackt
1 1/2 EL Dijonsenf
1 EL Rotweinessig
1 EL junge Kapern aus der Dose, abgetropft

Füllung

1 große Kartoffel, gewürfelt
1 EL Olivenöl
2 Knoblauchzehen, zerdrückt
1 rote Paprikaschote
1 rote Zwiebel, in Ringe geschnitten
2 Zucchini, in Scheiben geschnitten
2 EL frischer Dill, gehackt
1 EL frischer Thymian, gehackt
1 EL junge Kapern aus der Dose, abgetropft
150 g marinierte Artischockenherzen, abgetropft
30 g junger Blattspinat
Salz und Pfeffer

1 Für den Teig das Mehl mit 1/2 TL Salz in eine große Schüssel sieben. Die Butter mit den Fingerspitzen einarbeiten, bis die Mischung feinen Brotkrümeln ähnelt. Die Sahne und 1–2 EL kaltes Wasser zugeben und mit einem Messer mit gerader Klinge hacken, bis sich die Zutaten vermischen. Den Teig zusammendrücken, auf leicht bemehlter Arbeitsfläche zu einer Kugel formen und diese flach drücken. In Klarsichtfolie wickeln und 30 Minuten in den Kühlschrank stellen.

2 Den Backofen auf 200 °C (Gas 3) vorheizen. Eine etwa 27 cm große runde Flan-Form mit herausnehmbarem Boden einfetten.

3 Den Teig zwischen 2 Lagen Backpapier ausrollen, bis er in die Form passt. Papier entfernen, Form damit auslegen und den Teig leicht hineindrücken. Mit dem Teigroller über die Form rollen, um überstehende Teigreste zu entfernen. Den Teig so mit Backpapier belegen, dass es Boden und Seiten bedeckt, mit getrockneten Hülsenfrüchten

belegen. Die Backform auf ein Backblech stellen und 15–20 Minuten backen. Hülsenfrüchte und Papier entfernen, die Backofentemperatur auf 180 °C (Gas 2) reduzieren und weitere 20 Minuten backen, bis der Tortenboden trocken ist.

4 Für die Salsa verde alle Zutaten in einer Küchenmaschine vermengen, bis die Masse glatt ist.

5 Für die Füllung die Kartoffeln kochen oder dünsten, bis sie fast weich sind, abtropfen lassen.

6 Das Öl in einer großen Bratpfanne erhitzen und Knoblauch, Pfeffer und Zwiebeln zufügen. Bei mittlerer Hitze 3 Minuten kochen, dabei oft umrühren. Zucchini, Dill, Thymian und Kapern zugeben und weitere 3 Minuten kochen, dabei gelegentlich umrühren. Tomaten und Artischocken zugeben, die Temperatur reduzieren und weitere 3–4 Minuten kochen lassen, bis die Tomaten und Artischocken heiß sind. Würzen.

7 Etwa 60 ml der Salsa verde über den Boden des Teiges streichen. Das Gemüse in die Form geben und die Hälfte der restlichen Salsa verde darüber geben. Spinat in der Mitte garnieren, die restliche Salsa verde darüber geben und servieren.

PILZ-NUSS-SCHNITTEN MIT TOMATENSAUCE

Zubereitungszeit: 30 Minuten
Kochzeit: 1 Stunde
Für 6 Personen

2 EL Olivenöl

1 große Zwiebel, gewürfelt

2 Knoblauchzehen, zerdrückt

300 g Champignonhüte, fein gehackt

200 g Cashewnüsse

200 g Paranüsse

125 g Cheddar, gerieben

25 g frischen Parmesan, gerieben

1 Ei, leicht verschlagen

2 EL frischer Schnittlauch, gehackt

80 g Vollkornbrot gerieben

Salz und Pfeffer

Tomatensauce

1 1/2 EL Olivenöl

1 Zwiebel, fein gehackt

1 Knoblauchzehe, zerdrückt

400 g Dosentomaten, gewürfelt

1 EL Tomatenmark

1 TL feinster Zucker

1 Eine etwa 14 x 21 cm große Kastenform einfetten und mit Backpapier auslegen.

2 Das Öl in einer Pfanne erhitzen und Zwiebel, Knoblauch und Pilze zugeben. Dünsten, bis sie weich sind, dann abkühlen lassen.

3 Die Nüsse in einer Küchenmaschine hacken. Den Backofen auf 180 °C (Gas 2) vorheizen.

4 Die abgekühlten Pilze, die gehackten Nüsse, Cheddar, Parmesan, Ei, Schnittlauch und Vollkornbrot in eine Schüssel geben. Die Zutaten gut mischen und würzen. Die Masse in die Kastenform geben und 45 Minuten backen, bis sie fest ist. 5 Minuten ruhen lassen, dann stürzen und in Scheiben schneiden.

5 Für die Tomatensauce das Öl in einem kleinen Topf erhitzen, Zwiebel und Knoblauch zugeben und unter ständigem Rühren 5 Minuten andünsten, bis sie weich, aber nicht braun sind. Tomaten, Tomatenmark, Zucker und 80 ml Wasser einrühren. 3–5 Minuten köcheln lassen, bis die Sauce leicht eingedickt ist. Mit Salz und Pfeffer würzen. Die Tomatensauce mit den Pilz-Nuss-Schnitten servieren.

Hinweis: Sie können auch andere Nüsse und Samen mischen. Es eignen sich Pekannüsse, Mandeln, Haselnüsse (ohne Haut) und Pinienkerne.

OBEN: Pilz-Nuss-Schnitten mit Tomatensauce

CHAMPIGNONS MIT
BOHNENPÜREE, PUY-
LINSEN UND ROTWEIN-
SAUCE

Die Stiele der Champignons
entfernen und sehr fein
hacken.

Die Linsen köcheln lassen,
bis sie gar sind und die Flüssigkeit entwichen ist.

Beide Seiten der Pilzhüte in
Butter und Knoblauch bra-
ten, bis die Pilze weich sind.

*OBEN: Champignons mit
Bohnenpüree, Puy-Linsen und
Rotweinsauce*

CHAMPIGNONS MIT BOHNENPÜREE, PUY-LINSEN UND ROTWEINSAUCE

Zubereitungszeit: 30 Minuten
Kochzeit: 50 Minuten
Für 4 Personen

✷ ✷

4 Riesenchampignons

1 TL Olivenöl

1 rote Zwiebel, in dünne Streifen geschnitten

3 Knoblauchzehen, zerdrückt

200 g französische Puy-Linsen

185 ml Rotwein

440 ml Gemüsebrühe

1 EL glattblättrige Petersilie, fein gehackt

30 g Butter

Bohnenpüree

1 große Kartoffel, in Stücke geschnitten

2 EL Olivenöl

400 g Canellino-Bohnen aus der Dose,
 abgetropft und abgespült

2 große Knoblauchzehen, zerdrückt

1 EL Gemüsebrühe

Rotweinsauce

170 ml Rotwein

2 EL Tomatenmark

375 ml Gemüsebrühe

1 EL brauner Zucker

1 Die Champignons säubern und die Stiele fein
hacken. Das Öl in einer Pfanne erhitzen, die
Zwiebel zugeben und bei mittlerer Hitze 2–3 Minuten glasig dünsten. 1 Knoblauchzehe und die
Pilzstiele zufügen und 1 Minute dünsten. Linsen,
Rotwein und Gemüsebrühe einrühren und aufkochen lassen. Den Herd herunterschalten und
das Gericht bedeckt unter gelegentlichem Rühren
20–25 Minuten köcheln lassen, bis die Linsen gar
sind und die Flüssigkeit verdunstet ist, gegebenenfalls den Deckel abnehmen. Die Petersilie einrühren. Warm stellen.

2 Für das Bohnenpüree die Kartoffel in einem kleinen Topf in kochendem Wasser etwa 15 Minuten kochen lassen, bis sie weich ist (wenn sich eine scharfe Messerspitze leicht hineinstechen lässt, ist die Kartoffel gar). Abtropfen lassen und die Kartoffel mit dem Mixstab oder der Gabel pürieren. In das Mus die Hälfte des Olivenöls einrühren und beiseite stellen. In der Küchenmaschine die Canellino-Bohnen mit dem Knoblauch vermengen. Die Gemüsebrühe und das restliche Öl zugeben und rühren, bis eine glatte Masse entsteht. In eine Schale geben und die Kartoffel unterrühren. Warm stellen.

3 Die Butter in einer hohen Bratpfanne schmelzen. Den restlichen Knoblauch und die Pilzhüte zugeben und bei mittlerer Hitze jede Seite der Pilze 3–4 Minuten dünsten, bis die Pilze gar sind. Beiseite stellen und warm stellen.

4 Für die Sauce den Rotwein in die gleiche Bratpfanne geben und die Bratreste vom Boden lösen. Tomatenmark, Gemüsebrühe und Zucker zugeben und alles aufkochen. Etwa 10 Minuten kochen lassen, bis die Sauce eingedickt ist.

5 Die Pilzhüte auf die Teller geben und mit dem warmen Bohnenpüree bestreichen. Etwas Linsenmischung darüber geben und ein wenig Rotweinsauce darüber gießen. Nach Geschmack würzen und servieren.

Hinweis: Die Pilze fallen schnell zusammen, wenn sie im Backofen warm gehalten werden.

KÜRBIS-TARTES

Zubereitungszeit: 20 Minuten
 + 30 Minuten Kühlzeit
Backzeit: 35 Minuten
Für 6 Personen

250 g Mehl
125 g kalte Butter, gehackt
1,2 kg Kürbis, in 6 cm lange Stücke geschnitten
6 EL Sahne oder Frischkäse
süße Chilisauce, zum Servieren
Salz und Pfeffer

1 Das Mehl in eine große Schüssel sieben, eine Prise Salz zugeben und die Butter mit den Fingerspitzen einarbeiten, bis die Mischung feinen Brotkrümeln ähnelt. Eine Vertiefung in die Mitte drücken, 80 ml kaltes Wasser zugeben und mit einem Messer mit gerader Klinge hacken, bis sich die Zutaten verbinden. Den Teig zusammendrücken, auf leicht bemehlter Arbeitsfläche zu

einer Kugel formen und diese flach drücken. In Klarsichtfolie wickeln und 30 Minuten in den Kühlschrank stellen.

2 Den Backofen auf 200 °C (Gas 3) vorheizen. Den Teig in 6 Portionen teilen, ausrollen und Kuchenformen mit 10 cm Durchmesser damit auslegen. Den überschüssigen Teig abschneiden und den Boden mit einer Gabel einstechen. Auf einem Backblech 15 Minuten goldgelb backen. Abkühlen lassen, dann aus den Formen nehmen.

3 Derweil den Kürbis etwa 15 Minuten dünsten, bis er gar ist.

4 Auf jede Tarte 1 EL Sahne geben und die Kürbisstücke darauf schichten. Mit Salz und zerstoßenem schwarzem Pfeffer und nach Geschmack mit süßer Chilisauce würzen. Erneut einige Minuten in den Backofen stellen, bis die Tarte heiß ist. Sofort servieren.

OBEN: Kürbis-Tartes

3 Artischocken, mariniert, in Scheiben

85 g getrocknete Tomaten, abgetropft und gehackt

100 g Champignons, mariniert, halbiert

Pfeffer und Salz

1 Eine 23,5 x 13 x 6,5 cm große Kastenform mit Klarsichtfolie so auslegen, dass ein großes Stück an den Seiten überhängt. Ricotta und Knoblauch in einer Schüssel schlagen, bis eine weiche Masse entsteht. Würzen und beiseite stellen.

2 Den Boden der Form mit der Hälfte der Auberginen so auslegen, dass er ganz bedeckt ist. Die Hälfte der Paprikascheiben darauf schichten, danach alle Zucchinischeiben. Gleichmäßig mit der Ricottamischung bestreichen und vorsichtig andrücken. Die Rucolablätter auf den Ricotta legen. Die Artischocken, Tomaten und Pilze in 3 Schichten auf dem Ricotta anordnen.

3 Die restlichen Paprikascheiben und die restlichen Auberginen darauf legen. Die Terrine mit der Klarsichtfolie bedecken. Ein Stück Pappe darauf fixieren und mit Konservendosen beschweren. Über Nacht in den Kühlschrank stellen.

4 Vor dem Servieren die Folie abziehen und die Terrine auf eine Platte stürzen. Restliche Folie entfernen und Terrine in Scheiben schneiden.

Hinweis: Wenn man kein gegrilltes, eingelegtes Gemüse erhält, kann man auch mariniertes Gemüse verwenden.

KANDIERTER KÜRBIS

Zubereitungszeit: 20 Minuten
Backzeit: 35 Minuten
Für 4 Personen

500 g Kürbis

30 g Butter

2 EL Sahne

1 EL Zucker

frischer Schnittlauch, gehackt, zum Garnieren

1 Den Backofen auf 180 °C (Gas 2) vorheizen. Kürbis schälen, Haut und Kerne entfernen und in dünne Scheiben schneiden. Die Scheiben in eine 1 l fassende feuerfeste Form legen. Butter, Sahne und Zucker in einen kleinen Topf geben und bei kleiner Hitze köcheln. Rühren, bis eine weiche Masse entsteht und diese dann über den Kürbis gießen. 35 Minuten backen, bis der Kürbis weich ist. Mit Schnittlauch garnieren.

TERRINE AUS GEGRILLTEM, EINGELEGTEM GEMÜSE

Zubereitungszeit: 30 Minuten
+ 1 Nacht Kühlzeit
Kochzeit: Keine
Für 8 Personen

350 g Ricotta

2 Knoblauchzehen, zerdrückt

8 Auberginenscheiben, gegrillt und eingelegt, abgetropft

10 rote Paprikascheiben, gegrillt und eingelegt, abgetropft

8 Zucchinischeiben, gegrillt und eingelegt, abgetropft

45 g Rucolablätter

OBEN: Terrine aus gegrilltem, eingelegtem Gemüse

Die Hefemischung 10 Minuten gehen lassen, bis sich Bläschen bilden.

Den Teig in 2 Hälften teilen und jede zu einer Platte ausrollen.

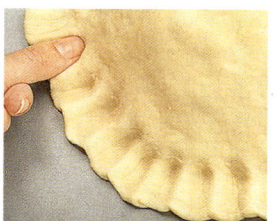

Die Ränder aufeinander drücken, um sie zu verschliessen und ein Muster formen.

FETA-OLIVEN-KRÄUTER-PIE

Zubereitungszeit: 40 Minuten + Aufgehzeit
Backzeit: 45 Minuten
Für 4–6 Personen

✷ ✷

2 TL Zucker

1/2 Päckchen Trockenhefe

2 EL Olivenöl

185 g Mehl

1 Zwiebel, in Ringe geschnitten

15 g frische glattblättrige Petersilie, gehackt

1 Zweig frisches Rosmarin, gehackt

3 Zweige frischen Thymian, gehackt

5 frische Basilikumblätter, zerkleinert

40 g Pinienkerne, geröstet

1 Knoblauchzehe, zerdrückt

175 g Feta, zerbröckelt

35 g kernlose Oliven, gehackt

Salz und Pfeffer

 Die Hälfte des Zuckers, 125 ml warmes Wasser und die Hefe in einer Schüssel gründlich mischen. 10 Minuten gehen lassen, bis sich Bläschen bilden. Die Hälfte des Öls untermischen.

Das Mehl in eine große Schüssel sieben und 1/2 TL Salz zugeben. Die Hefemischung gut untermischen. Auf der bemehlten Arbeitsfläche zu einem weichen, glatten, nicht klebrigen Teig kneten. Den Teig halbieren und jede Hälfte zu einer Platte mit 20 cm Durchmesser ausrollen. Eine davon auf ein gefettetes Backblech geben, die andere auf ein Blech, das mit Backpapier belegt ist. Den Teig mit einem Geschirrtuch bedecken und 10–15 Minuten an einen warmen Ort stellen, bis er doppelt so groß geworden ist.

2 Den Backofen auf 200 °C (Gas 3) vorheizen. Das restliche Öl in einer Bratpfanne erhitzen und die Zwiebel 10 Minuten dünsten, bis sie goldbraun ist. Den restlichen Zucker darüber streuen und so lange garen, bis er karamellisiert ist. In einer Schüssel mit Kräutern, Pinienkernen, Knoblauch, Feta und Oliven mischen. Die Mischung auf den Teig auf dem gefetteten Blech verteilen. Den Rand mit Wasser einstreichen und die zweite Teigplatte mithilfe des Backpapiers darauf setzen. Die beiden Ränder zusammendrücken, um sie zu verschließen, und mit dem Zeigefinger ein Muster eindrücken. Schlitze in den Deckel schneiden, damit der Dampf entweichen kann. 30–35 Minuten backen, bis der Deckel knusprig und goldbraun ist. Warm servieren.

Hinweis: Die Pinienkerne unter ständigem Rühren vorsichtig in einer Pfanne rösten.

OBEN:
Feta-Oliven-Kräuter-Pie

DIE AUBERGINE

Die Aubergine kommt ursprünglich aus Hinterindien. Heute gibt es sie in einer erstaunlichen Vielzahl an Farben (von dunkelviolett bis weiß), Formen und Größen; Auberginen werden überall in der Welt angebaut, wo das Klima es zulässt. Durch ihren milden Geschmack und das weiche Fleisch passen Auberginen zu den verschiedensten Gerichten und lassen sich gut mit anderen Gemüsesorten und Fleisch kombinieren. Die ersten Sorten, die nach Europa kamen, hatten die Form eines Eies, daher wird die Aubergine auch Eierfrucht genannt. Die Europäer akzeptierten sie zunächst nicht als essbares Gemüse und bauten sie nur zu Dekorationszwecken an. Ab dem 16. Jh. jedoch stieg ihre Beliebtheit und sie breitete sich weltweit aus.

OBEN: Auberginentürmchen mit Ziegenkäse

AUBERGINENTÜRMCHEN MIT ZIEGENKÄSE

Zubereitungszeit: 15 Minuten
Kochzeit: 10 Minuten
Für 4 Personen

★

125 ml Olivenöl

2 große Knoblauchzehen, zerdrückt

2 kleine Auberginen

2 reife Tomaten

150 g Ziegenkäse

8 große, frische Basilikumblätter

kleine Rucolablätter, zum Garnieren

Olivenöl

Dressing

135 g in Öl eingelegte getrocknete Tomaten

1 Knoblauchzehe, zerdrückt

1 EL Weinessig

60 g Mayonnaise

Pfeffer und Salz

1 Öl und Knoblauch in einer Schüssel mischen und beiseite stellen. Jede Aubergine in sechs 1 cm dicke und jede Tomate in vier 1 cm dicke Scheiben schneiden. Ein scharfes Messer in heißes Wasser tauchen und damit den Ziegenkäse in acht 1 cm dicke Scheiben schneiden.

2 Beide Seiten der Auberginen mit Öl bestreichen und in einer Pfanne portionsweise bei großer Hitze braten. Jede Seite 3–4 Minuten braten, bis die Auberginen goldbraun sind. Beide Seiten der Tomate mit dem restlichen Öl bestreichen und jede Seite 1 Minute braten.

3 Für das Dressing die getrockneten Tomaten abtropfen lassen und 1 EL Öl davon aufbewahren. Tomaten, Knoblauch und Öl in der Küchenmaschine verarbeiten. Den Essig und die Mayonnaise einrühren und alles würzen.

4 Eine Auberginenscheibe auf jeden Teller legen. Jeweils eine Tomatenscheibe darauf legen, dann ein Basilikumblatt und eine Scheibe Ziegenkäse. Diese Schichtung einmal wiederholen und zuletzt eine Auberginenscheibe auflegen. Etwas Dressing darüber gießen und den Rucola um jedes Türmchen arrangieren. Ein wenig Olivenöl um jedes Türmchen gießen. Sofort servieren.

RATATOUILLE-QUICHE

Zubereitungszeit: 45 Minuten
+ 20 Minuten Kühlzeit
Backzeit: 50 Minuten
Für 6 Personen

185 g Mehl

90 g kalte Butter, gehackt

1 Ei, leicht verschlagen

1 EL Speiseöl

20 g Butter

2 Zucchini, längs halbiert und in Scheiben
geschnitten

250 g Auberginen, in mundgerechte Stücke
geschnitten

1 große rote Zwiebel, in mundgerechte Stücke
geschnitten

1 rote Paprikaschote, in Stücke geschnitten

1 grüne Paprikaschote, in Stücke geschnitten

250 g Kirschtomaten, halbiert

2 EL Balsamessig

60 Cheddar, gerieben

300 g saure Sahne

60 g Pesto aus dem Glas

1 Das Mehl in eine große Schüssel sieben und die Butter mit den Fingerspitzen einarbeiten, bis die Mischung feinen Brotkrümeln ähnelt. Eine Vertiefung in die Mitte drücken, das Ei zugeben und mit einem Messer mit gerader Klinge hacken, bis sich die Zutaten verbinden. 1 EL Wasser zugeben, falls der Teig zu trocken ist. Den Teig zusammendrücken, auf leicht bemehlter Arbeitsfläche zur Kugel formen und diese flach drücken. In Klarsichtfolie wickeln und 20 Minuten kühl stellen.

2 Den Backofen auf 200 °C (Gas 3) vorheizen. Eine etwa 25 cm große Springform leicht einfetten und den Boden mit Backpapier auslegen. Öl und Butter in einer großen Bratpfanne erhitzen, Zucchini, Aubergine, Zwiebel und Paprika zugeben und bei großer Hitze 8–10 Minuten dünsten, bis sie weich sind. Tomaten und Essig hineingeben und 3–4 Minuten garen.

3 Die Form auf ein Backblech stellen, das Gemüse in die Form geben, mit Käse bestreuen. Den Teig zwischen 2 Lagen Backpapier zu einer etwa 28 cm großen runden Platte ausrollen. Das Papier entfernen und den Teig über die Füllung in die Form legen. Mit einem Löffelstiel die Ecken des Teiges in die Form drücken. 30–35 Minuten backen, dann 1–2 Minuten stehen lassen. Aus der Form nehmen und mit dem Teig nach unten auf einen Teller legen. Saure Sahne mit dem Pesto mischen und mit der Quiche servieren.

Mehl und Butter mit einem Messer mit gerader Klinge mit dem Ei mischen, bis sich die Zutaten verbinden.

Die halbierten Tomaten und den Essig zugeben und alles 3–4 Minuten garen.

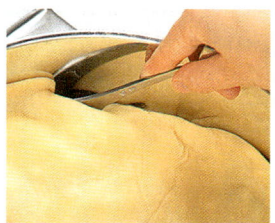

Die Teigecken mit einem Löffelstiel in die Form drücken.

LINKS: Ratatouille-Quiche

TAGINE

Tagine bedeutet eigentlich „Eintopf" und wird in Verbindung mit vielen köstlichen marokkanischen Gerichten verwendet. Gängige Zutaten sind Lamm oder Huhn, oft mit eingelegter Zitrone. Traditionell wurden Tagine-Gerichte langsam über einem offenen Feuer oder einem Kohlenfeuer zubereitet, in einer besonderen irdenen Schale (tagine slaoui). Diese Kochgefäße sind oft mit leuchtenden Farben und schönen Mustern glasiert. Dennoch können diese Gerichte auch ohne das spezielle Kochgeschirr zubereitet werden.

OBEN: Birnen-Couscous mit vegetarischer Tagine

BIRNEN-COUSCOUS MIT VEGETARISCHER TAGINE

Zubereitungszeit: 20 Minuten
Kochzeit: 1 Stunde
Für 4–6 Personen

1/2 eingelegte Zitrone

3 EL Speiseöl

2 Zwiebeln, gehackt

1 TL Ingwer, gemahlen

2 TL Paprika, gemahlen

2 TL Kreuzkümmel, gemahlen

1 Zimtstange

1 Prise Safran

1,5 kg Gemüse (z. B. Möhren, Auberginen, Süßkartoffeln, Pastinaken, Kartoffeln, Kürbis), in große Stücke geschnitten

400 g geschälte Dosentomaten

250 ml Gemüsebrühe

100 g getrocknete Birnen, halbiert

50 g Backpflaumen, entsteint

2 Zucchini, in große Stücke geschnitten

3 EL glattblättrige Petersilie, gehackt

300 g Couscous

30 g Mandelblättchen oder Mandelstifte, geröstet

1 Den Backofen auf 180 °C (Gas 2) vorheizen. Das Fruchtfleisch der eingelegten Zitrone entfernen und die Zitronenschale fein schneiden.
2 Etwa 2 EL Öl in einem großen Topf oder einer hitzebeständigen Form erhitzen und die Zwiebeln darin bei mittlerer Hitze 5 Minuten glasig braten. Die Gewürze zugeben und 3 Minuten garen. Das Gemüse außer den Zucchini zugeben und gut rühren. Garen, bis das Gemüse beginnt, weich zu werden. Zitrone, Tomaten, Brühe, Birnen und Pflaumen zugeben. Zudecken (wenn ein Topf benutzt wird, das Gemüse in eine hitzebeständige Form geben) und 30 Minuten im Ofen backen. Zucchini zugeben und ohne Deckel 15 Minuten backen, bis das Gemüse weich ist. Die Zimtstange entfernen und die Petersilie unterrühren.
3 Couscous mit dem restlichen Öl und 500 ml kochendem Wasser bedecken und stehen lassen, bis das Wasser aufgesaugt ist. Mit einer Gabel lockern und mit dem Gemüse auf einem Teller anrichten. Mit gerösteten Mandeln bestreuen.

VEGETARISCHER COUSCOUS-KUCHEN

Zubereitungszeit: 20 Minuten
+ 1 Nacht Kühlzeit
Kochzeit: 15 Minuten
Für 6–8 Personen

 ☆☆

1 l Gemüsebrühe

500 g Couscous

30 g Butter

3 EL Olivenöl

2 Knoblauchzehen, zerdrückt

1 Zwiebel, fein gehackt

1 EL Koriander, gemahlen

1 TL Zimt, gemahlen

1 TL Garam masala

250 g Kirschtomaten, geviertelt

1 Zucchini, fein gehackt

130 g Dosenmais, abgetropft

8 große, frische Basilikumblätter

150 g eingelegte Paprikaschoten

60 frisches Basilikum, gehackt

Dressing

80 ml Orangensaft

1 EL Zitronensaft

3 EL glattblättrige Petersilie, gehackt

1 TL Honig

1 TL Kreuzkümmel, gemahlen

1 Die Brühe in einem Topf aufkochen. Couscous und Butter in eine große Schüssel geben, mit der Brühe übergießen und 10 Minuten beiseite stellen.

2 Etwa 1 EL Öl in einer großen Pfanne erhitzen und Knoblauch und Zwiebel bei geringer Hitze 5 Minuten glasig braten. Die Gewürze zugeben und 1 Minute kochen lassen, bis sie duften. Aus der Pfanne nehmen.

3 Das restliche Öl in die Pfanne geben und Tomaten, Zucchini und Mais bei großer Hitze braten, bis sie weich sind.

4 Eine 3 l fassende Kastenform mit Klarsichtfolie auslegen und diese an den Seiten überhängen lassen. Basilikumblätter auf dem Boden zu 2 Blumen legen. Die Paprikaschoten abtropfen lassen, 2 EL Öl aufbewahren, und die Schoten grob hacken. Zwiebeln, gedünstetes Gemüse, Paprika und restliches Basilikum unter das Couscous mischen. In die Form drücken, ganz in die Klarsichtfolie wickeln und über Nacht in den Kühlschrank stellen.

5 Alle Zutaten für das Dressing und das Öl von den Paprikaschoten in ein verschließbares Gefäß geben und gut schütteln. Den Kuchen stürzen und mit dem Dressing servieren.

OBEN: Vegetarischer Couscous-Kuchen

VEGETARISCHE PIE

Teigboden mit der Gabel einstechen und backen, bis er trocken und goldgelb ist.

Das Gemüse garen, bis es weich ist und fast auseinander fällt, wenn man mit dem Messer hineinsticht.

GEGENÜBERLIEGENDE SEITE: Vegetarische Pie (oben); Vegetarische Fritatta

VEGETARISCHE PIE

Zubereitungszeit: 25 Minuten + 30 Minuten Kühlzeit
Backzeit: 1 Stunde 10 Minuten
Für 6 Personen

Teig

125 g Mehl

60 g kalte Butter, gehackt

1 Eigelb

2 TL Mohn

Füllung

30 g Butter

2 EL Speiseöl

1 Zwiebel, in dünne Streifen geschnitten

1 Stange Lauch, in Scheiben geschnitten

3 Kartoffeln, in Stücke geschnitten

300 g Süßkartoffel, in Stücke geschnitten

300 g Kürbis, in Stücke geschnitten

200 g Kohlrübe, in Stücke geschnitten

250 ml Gemüsebrühe

1 rote Paprikaschote, in Streifen geschnitten

200 g Brokkoli, in Röschen geschnitten

2 Zucchini, in Stücke geschnitten

125 g Cheddar, gerieben

1 Den Backofen auf 200 °C (Gas 3) vorheizen. Das Mehl in eine Schüssel sieben und die Butter mit den Fingerspitzen einarbeiten, bis die Mischung feinen Brotkrümeln ähnelt. Eine Vertiefung in die Mitte drücken und Eigelb, Mohn und 1–2 EL kaltes Wasser zugeben. Mit einem Messer mit gerader Klinge hacken, bis sich die Zutaten verbinden. Den Teig zusammendrücken, auf leicht bemehlter Arbeitsfläche zur Kugel formen und diese flach drücken. In Klarsichtfolie wickeln und 30 Minuten in den Kühlschrank legen.
2 Den Teig zwischen 2 Lagen Backpapier ausrollen, das obere Papier entfernen und den Teig in eine etwa 23 cm große runde Kuchenform legen und andrücken. Überschüssigen Teig entfernen. Den Boden mit einer Gabel einstechen und 15–20 Minuten backen, bis der Teig trocken und goldgelb ist.
3 Inzwischen für die Füllung Butter und Öl in einem großen Kochtopf erhitzen und darin Zwiebeln und Lauch bei mittlerer Hitze 5 Minuten glasig braten. Kartoffeln, Süßkartoffeln, Kürbis, Kohlrüben zugeben und unter gelegentlichem Rühren dünsten, bis sie beginnen, weich zu wer-

den. Die Gemüsebrühe zugeben und 30 Minuten kochen.
4 Das restliche Gemüse zugeben und teilweise bedeckt 20 Minuten kochen, bis das Gemüse weich ist. Würzen und etwas abkühlen lassen. Das Gemüse auf dem Teig verteilen, mit Käse bestreuen und bei mittlerer Oberhitze (Grill) 5 Minuten backen, bis der Käse goldbraun ist.

VEGETARISCHE FRITTATA

Zubereitungszeit: 35 Minuten + Kühlzeit
Kochzeit: 35 Minuten
Für 6 Personen

1 große rote Paprikaschote

60 ml Olivenöl

2 Stangen Lauch, in feine Scheiben geschnitten

2 Knoblauchzehen, zerdrückt

125 g Zucchini, in feine Scheiben geschnitten

150 g Auberginen, in feine Scheiben geschnitten

150 g Süßkartoffeln, in Scheiben geschnitten

7 Eier, leicht verschlagen

2 EL Basilikum, fein gehackt

100 g Parmesan, gerieben

Pfeffer

1 Die Paprikaschote in Stücke schneiden, dabei Samen und Trennhäute entfernen. Im Backofengrill mit der Hautseite nach oben backen, bis die Haut dunkel wird und Blasen wirft. In einem Gefrierbeutel abkühlen lassen, dann schälen. Die Stücke in Streifen schneiden.
2 Etwa 1 EL Öl in einer hohen Pfanne erhitzen und Lauch, Knoblauch und Zucchini unter Rühren bei mittlerer Hitze 5 Minuten braten, bis sie weich sind. Auf Küchenkrepp abtropfen lassen.
3 Das restliche Öl in der gleichen Pfanne erhitzen und portionsweise die Auberginen braten, bis sie auf beiden Seiten goldbraun sind. Die Süßkartoffeln in der Pfanne dünsten und abtropfen lassen. Den Boden der Pfanne mit der Hälfte der Aubergine auslegen und die Lauchmischung darauf streichen. Mit Paprika, Auberginen und Süßkartoffeln belegen.
4 Eier, Basilikum, Parmesan und etwas Pfeffer in einer Schüssel vermischen und über das Gemüse schütten. Bei geringer Hitze 15 Minuten braten, bis es fast gestockt ist. Die Pfanne 2–3 Minuten unter den heißen Backofengrill stellen, bis die Frittata goldbraun ist. 30 Minuten abkühlen lassen, dann auf eine Servierplatte geben. In Stücke schneiden und kalt oder lauwarm servieren.

EXOTISCHE GEMÜSE-
TARTE

Die Zwiebelmischung auf
den Teig streichen, dabei
einen breiten Rand lassen.

Den Teigrand so nach oben
falten, dass er das Gemüse
umschließt.

*OBEN: Exotische
Gemüse-Tarte*

EXOTISCHE GEMÜSE-TARTE

Zubereitungszeit: 30 Minuten
  + 30 Minuten Kühlzeit
Backzeit: I Stunde 50 Minuten
Für 4–6 Personen

✳ ✳

1 Aubergine, in dicke Scheiben geschnitten

350 g Kürbis, in dicke Scheiben geschnitten

2 Zucchini, in dicke Scheiben geschnitten

I–2 EL Olivenöl

I große rote Paprikaschote, gehackt

I EL Olivenöl zusätzlich

I rote Zwiebel, in Scheiben geschnitten

I EL Korma-Currypaste

Naturjoghurt

Salz und Pfeffer

Teig

185 g Mehl

125 g kalte Butter, gehackt

100 g Cashewkerne, geröstet, fein gehackt

I TL Kreuzkümmelkörner

2–3 EL eiskaltes Wasser

I Den Backofen auf 200 °C (Gas 3) vorheizen. Aubergine, Kürbis und Zucchini auf ein Backblech legen, das Gemüse mit Öl bestreichen und 30 Minuten backen. Die Paprikaschote zugeben und weitere 30 Minuten backen; danach abkühlen lassen. Mit Salz und Pfeffer würzen.

2 Für den Teig das Mehl in eine große Schüssel sieben und die gehackte Butter mit den Fingerspitzen einarbeiten, bis die Mischung feinen Brotkrümeln ähnelt. Die Cashewkerne und Kreuzkümmelkörner einrühren. Eine Vertiefung in die Mitte drücken, das Wasser zugeben und mit einem Messer mit gerader Klinge hacken, bis sich die Zutaten verbinden. Den Teig zusammendrücken, auf leicht bemehlter Arbeitsfläche zur Kugel formen und diese flach drücken. In Klarsichtfolie wickeln und 30 Minuten in den Kühlschrank stellen. Zwischen 2 Lagen Backpapier zu einer etwa 35 cm großen runden Platte ausrollen.

3 Das Öl in einer Pfanne erhitzen und darin die Zwiebeln 2–3 Minuten glasig braten. Die Currypaste zufügen und unter Rühren 1 Minute kochen, bis sie duftet und gebunden ist. Abkühlen lassen. Die Backofentemperatur auf 180 °C (Gas 2) reduzieren.

4 Den Teig auf ein Backblech legen und die Zwiebelmischung darauf streichen; dabei einen 6 cm breiten Rand lassen. Das andere Gemüse auf die Zwiebeln legen und in der Mitte etwas höher schichten. Den Teigrand so falten, dass er das Gemüse fest umschließt. 45 Minuten backen, bis der Teig goldgelb und fest ist. Sofort mit etwas Joghurt servieren.

ZWIEBEL-FLAN MIT BLAUSCHIMMELKÄSE

Zubereitungszeit: 40 Minuten
+ 30 Minuten Kühlzeit
Backzeit: 1 Stunde 40 Minuten
Für 8 Personen

2 EL Olivenöl

1 kg rote Zwiebeln, sehr dünn geschnitten

1 TL Zucker

185 g Mehl

100 kalte Butter, gewürfelt

185 ml Sahne

3 Eier

100 g Blauschimmelkäse, fein gewürfelt

1 TL frische Thymianblätter, gehackt

Pfeffer und Salz

1 Das Öl in einer Bratpfanne bei geringer Hitze heiß werden lassen und die Zwiebeln mit dem Zucker unter Rühren 45 Minuten dünsten, bis die Zwiebeln karamellisiert sind.
2 Das Mehl in eine große Schüssel sieben und die Butter mit den Fingerspitzen einarbeiten, bis die Mischung feinen Brotkrümeln ähnelt. Eine Vertiefung in die Mitte drücken und 3–4 EL kaltes Wasser zugeben und mit einem Messer mit gerader Klinge hacken, bis sich die Zutaten verbinden. Den Teig zusammendrücken, auf leicht bemehlter Arbeitsfläche zur Kugel formen und diese flach drücken. In Klarsichtfolie wickeln und 30 Minuten in den Kühlschrank stellen.
3 Den Backofen auf 180 °C vorheizen. Den Teig auf einer leicht bemehlten Arbeitsfläche so ausrollen, dass er in eine etwa 22 cm große, leicht gefettete Flan-Form passt. Den Teig in die Form legen und andrücken. Überschüssigen Teig entfernen und 10 Minuten kühlen. Den Teig mit Backpapier auslegen und mit Hülsenfrüchten belegen. Auf einem Backblech 10 Minuten backen. Papier und Backerbsen entfernen und 10 Minuten backen, bis der Teig goldgelb und trocken ist.
4 Abkühlen lassen und die Zwiebeln auf dem Boden verteilen. Mit dem Schneebesen Sahne, Eier, Blauschimmelkäse, Thymian und etwas Pfeffer verquirlen. Über die Zwiebeln gießen und 35 Minuten backen, bis die Masse fest ist.

UNTEN: Zwiebel-Flan mit Blauschimmelkäse

¹/4 TL Cayennepfeffer

2 TL frischer Thymian, gehackt

2 Lorbeerblätter

I EL Rotweinessig

I TL feiner Zucker

3 EL frische Basilikumblätter, fein geschnitten

Salz und schwarzer Pfeffer

I Tomaten an der Unterseite kreuzweise einschneiden, 10 Sekunden in kochendes Wasser legen, kalt abschrecken und vom Einschnitt aus die Haut abziehen. Fruchtfleisch grob hacken.

2 2 EL Öl in einem großen Topf erhitzen, Auberginen zugeben und bei mittlerer Hitze 4–5 Minuten braten, bis sie weich, aber nicht braun sind. Herausnehmen. Weitere 2 EL Öl in den Topf geben, Zucchini darin 3–4 Minuten weich braten und herausnehmen. Paprika zugeben, 2 Minuten braten und herausnehmen.

3 Restliches Öl erhitzen, Zwiebel zugeben und 2–3 Minuten weich braten. Knoblauch, Cayennepfeffer, Thymian und Lorbeer zugeben und unter Rühren 1 Minute erhitzen. Auberginen, Zucchini und Paprika wieder in den Topf geben und Tomaten, Essig und Zucker zufügen. 20 Minuten unter gelegentlichem Rühren köcheln lassen. Basilikum einrühren und mit Salz und Pfeffer abschmecken. Heiß oder zimmerwarm servieren.

Hinweis: Ratatouille kann entweder als Gemüsebeilage oder mit Brot als Vorspeise, auch kalt, serviert werden.

RATATOUILLE
(Gemüseragout)

Zubereitungszeit: 25 Minuten
Kochzeit: 40 Minuten
Für 4–6 Personen

6 Strauchtomaten

5 EL Olivenöl

500 g Auberginen, in 2 cm große Würfel geschnitten

375 g Zucchini, in 2 cm dicke Scheiben geschnitten

I grüne Paprikaschote, entkernt, in 2 cm große Quadrate geschnitten

I rote Zwiebel, längs in Achtel geschnitten

3 Knoblauchzehen, fein gehackt

OBEN: Ratatouille

GRÜNER SPARGEL MIT VINAIGRETTE

Für die Vinaigrette ¹/2 EL Dijon-Senf, 2 EL Sherryessig, 80 ml Olivenöl extra vergine und ¹/2 TL fein gehackten Schnittlauch in einer kleinen Kanne verrühren. 24 grüne Spargelstangen von holzigen Enden befreien und in einem großen Topf in Salzwasser bei mittlerer Hitze 8–10 Minuten bissfest garen. Inzwischen 3 EL Olivenöl in einer mittelgroßen Bratpfanne erhitzen, darin 2 ganze geschälte Knoblauchzehen bei schwacher Hitze goldbraun braten, dann herausnehmen. 80 g frische Weißbrotbrösel in die Pfanne geben, auf mittlere Hitze schalten und Brösel knusprig und goldbraun braten. Mit Salz und Pfeffer würzen und auf Küchenkrepp abtropfen lassen. Spargel abgießen und auf einem Servierteller anrichten. Mit Vinaigrette beträufeln und mit Bröseln bestreuen. Für 4 Personen.

TIAN
Ursprünglich der Name einer Form aus glasiertem Ton, die zum Überbacken dient, wird die Bezeichnung „tian" heute auch für das Gericht selbst verwendet.

GEMÜSE-TIAN

Zubereitungszeit: 40 Minuten
Kochzeit: 1 Stunde 20 Minuten
Für 6–8 Personen

1 kg rote Paprikaschoten

Salz und Pfeffer

125 ml Olivenöl

800 g Mangold, Stiele entfernt, grob zerteilt

2 EL Pinienkerne

gemahlener Muskat nach Geschmack

1 Zwiebel, gehackt

2 Knoblauchzehen

2 TL Thymian, gehackt

750 g Tomaten, geschält, entkernt, gewürfelt

1 große Aubergine, in 1 cm dicke Scheiben
    geschnitten

5 kleine Zucchini (etwa 500 g), diagonal in
    dünne Scheiben geschnitten

3 vollreife Tomaten, in 1 cm dicke Scheiben
    geschnitten

1 EL frische Weißbrotbrösel

30 g Parmesan, gerieben

30 g Butter

1 Backofen auf 200 °C (Gas 3) vorheizen. Grill auf höchster Stufe vorheizen.

2 Paprika von Kernen und Häutchen befreien und unter den Grill legen, bis die Haut schwarz wird und Blasen wirft. In einem Plastikbeutel abkühlen lassen, schälen und in 8 x 3 cm große Stücke schneiden. In eine leicht gefettete ofenfeste Form geben (25 x 20 x 5 cm) und mit Salz und Pfeffer sparsam würzen.

3 In der Bratpfanne 2 EL Öl bei mittlerer Temperatur erhitzen, Mangold 8–10 Minuten weich braten. Pinienkerne zugeben, mit Salz, Pfeffer und Muskat würzen. Mangold auf die Paprikastücke verteilen.

4 1 EL Olivenöl erhitzen. Zwiebel zugeben und 7–8 Minuten bei mittlerer Hitze goldgelb braten. Knoblauch und Thymian zugeben, 1 Minute braten, dann Tomatenwürfel zugeben und aufkochen. Hitze reduzieren, 10 Minuten köcheln lassen und über dem Mangold verteilen.

5 Restliches Olivenöl stark erhitzen und Auberginenscheiben 8–10 Minuten auf beiden Seiten goldbraun braten. Auf Küchenkrepp abtropfen lassen und in einer einzigen Schicht in die Form legen. Mit wenig Salz und Pfeffer würzen.

6 Zucchini- und Tomatenscheiben abwechselnd auf die Aubergine verteilen. Brösel und Parmesan darüber streuen, Butter in Flöckchen darauf setzen und 25–30 Minuten überbacken. Warm oder zimmerwarm servieren.

OBEN: Gemüse-Tian

FETA

Dieser traditionelle griechische Käse passt hervorragend zu herzhaftem Gebäck. Feta ist ein weicher, weißer Käse mit einem intensiv salzigen Aroma. Er wird meist aus Schafsmilch hergestellt. Feta reift in Salzlake, daher der salzige Geschmack. Beim Kauf sollten Sie darauf achten, dass der Käse noch feucht ist. Auch zu Hause sollte er in Flüssigkeit gelagert und innerhalb von vier Tagen verbraucht werden. Heutzutage wird Feta auch außerhalb Griechenlands, zum Beispiel in Italien, Bulgarien, Dänemark oder Deutschland hergestellt und erfreut sich auf der ganzen Welt großer Beliebtheit.

OBEN:
Süßkartoffel-Feta-Strudel

SÜSSKARTOFFEL-FETA-STRUDEL

Vorbereitungszeit: 25 Minuten
Backzeit: 55 Minuten
Für 6 Personen

450 g Süßkartoffeln, in kleine Würfel
   geschnitten
3 EL Olivenöl
80 g Pinienkerne, geröstet
250 g Feta, zerbröselt
2 EL frisches Basilikum, gehackt
4 Frühlingszwiebeln, gehackt
40 g zerlassene Butter
7 Blätter Strudelteig
2–3 TL Sesamkörner

1 Den Backofen auf 180 °C vorheizen. Die Süßkartoffelwürfel auf einem Backblech verteilen, mit etwas Öl bestreichen und etwa 20 Minuten im Backofen garen. In eine Schüssel umfüllen und etwas abkühlen lassen.

2 Die Pinienkerne, den Feta, das Basilikum und die Frühlingszwiebeln untermischen und mit Salz und Pfeffer abschmecken.

3 Die zerlassene Butter und das restliche Olivenöl vermischen. Die Teigblätter nacheinander mit der Mischung bestreichen und übereinander legen.

4 Die Füllung mittig auf einer Fläche von etwa 10 x 30 cm auf der Teigplatte verteilen. Den Teig über der Füllung zusammenlegen und die Kanten einschlagen. Den Strudel vorsichtig wenden und mit der Naht nach unten auf das Backblech legen. Die Oberseite mit der restlichen Fettmischung bestreichen und mit den Sesamkörnern bestreuen. Etwa 35 Minuten goldbraun und knusprig backen. Warm servieren.

TIPP: Sie können die Süßkartoffeln auch durch 450 g Kürbisfleisch ersetzen.

ZWIEBELKUCHEN

Vorbereitungszeit: 1 Stunde 15 Minuten
Kühlzeit: 40 Minuten
Backzeit: 55 Minuten
Für 4–6 Personen

Mürbeteig

155 g Mehl
90 g kalte Butter, in Würfel geschnitten
2–3 EL Eiswasser

Füllung

25 g Butter
7 Zwiebeln, in feine Scheiben geschnitten
1 EL scharfer Senf
3 Eier, leicht verquirlt
125 g saure Sahne
25 g geriebener Parmesan

1 Eine runde Obstkuchenform mit gerilltem Rand (23 cm Ø) einfetten. Das Mehl in eine Schüssel sieben. Die Butter dazugeben und mit den Fingerspitzen einkneten, so dass sich Streusel bilden. In die Mitte eine Mulde drücken. Fast das ganze Wasser hineingießen und alles mit einem breiten Messer zu einem groben Teig verarbeiten. Bei Bedarf mehr Wasser zugeben.

2 Den Teig zu einem Ballen formen, in Frischhaltefolie einwickeln und etwa 20 Minuten im Kühlschrank ruhen lassen. Anschließend zwischen zwei Lagen Backpapier auf ausreichende Größe ausrollen, um Boden und Rand der Form damit auszulegen. In die Form drücken und überstehende Teigreste mit einem scharfen Messer entfernen. Abdecken und weitere 20 Minuten im Kühlschrank ruhen lassen.

3 Den Backofen auf 180 °C vorheizen. Den gekühlten Teigboden mit Backpapier auslegen, mit Hülsenfrüchten beschweren und etwa 10 Minuten blindbacken. Das Backpapier mit den Hülsenfrüchten entfernen und den Boden weitere 10 Minuten goldbraun backen. Vollständig abkühlen lassen.

4 Für die Füllung die Butter in einer großen Pfanne erhitzen. Die Zwiebeln dazugeben und zugedeckt bei mittlerer Hitze etwa 25 Minuten weich dünsten. Den Deckel abnehmen und weitere 10 Minuten unter Rühren golden anbraten. Abkühlen lassen.

5 Die Teigboden mit dem Senf bestreichen und die Zwiebeln darauf verteilen. Die Eier und die saure Sahne verrühren und über die Zwiebeln gießen. Mit Parmesan bestreuen und 35 Minuten goldbraun backen.

ZWIEBELN

Es gibt eine Unmenge verschiedener Zwiebelsorten, die sich in Form, Farbe und sogar Geschmack zum Teil stark unterscheiden. In unseren Breiten sind die braunen Sommerzwiebeln am geläufigsten, inzwischen sind aber auch die geschmacklich etwas feineren weißen und roten Zwiebeln fast überall erhältlich. Beim Kochen sind diese drei im Grunde austauschbar, zum rohen Verzehr z. B. in Salaten eignet sich jedoch die rote Zwiebel am besten, da sie milder ist als ihre Verwandten. Zwiebeln sollten immer nur bei mittlerer Hitze angedünstet oder gebraten werden, da sie durch zu große Hitze bitter werden. Als Grundregel kann also gelten: Je langsamer und behutsamer Sie die Zwiebeln garen, desto angenehmer sind sie im Geschmack.

LINKS: Zwiebelkuchen

DASHI

Das in der japanischen Küche gebräuchliche Dashi ist eine aus getrocknetem Fisch und Seetang bestehende Brühe, die ähnlich wie Hühner-, Fleisch- oder Fischbrühe verwendet wird. Zu ihrer Zubereitung wird der Seetang (Konbu) in heißes Wasser getaucht, anschliessend wird getrockneter Fisch (Bonito) zugefügt. Durch die Zugabe weiterer Ingredienzen kann sie verfeinert werden; doch das ist ein von guten Köchen sorgsam gehütetes Geheimnis. Instant-Dashi ist in Form von Granulat oder Flocken erhältlich.

GEGENÜBERLIEGENDE SEITE, VON OBEN:
Pilz-Nudel-Variation;
Geschmorter Pak-Choi

PILZ-NUDEL-VARIATION

Vorbereitungszeit: 30 Minuten
  + 20 Minuten Einweichzeit
Kochzeit: 15 Minuten
Für 4–6 Personen

25 g getrocknete Shiitake-Pilze
500 g dünne Hokkien-Nudeln, getrennt
1 EL Pflanzenöl
1/2 TL Sesamöl
1 EL fein gehackter frischer Ingwer
4 Knoblauchzehen, durchgepresst
100 g frische Shiitake-Pilze, geputzt, in Streifen geschnitten
150 g Austernpilze, in Streifen geschnitten
150 g Shimejipilze, geputzt, zerkleinert
1 1/2 TL Dashi-Granulat, aufgelöst in 185 ml Wasser
60 ml Sojasauce
60 ml Mirin
1/4 TL weißer Pfeffer
25 g Butter
2 EL Zitronensaft
1 TL Salz
100 g Enoki-Pilze, geputzt und getrennt
1 EL gehackter frischer Schnittlauch

1 Getrocknete Pilze mit 375 ml kochendem Wasser übergießen und 20 Minuten einweichen. Abgießen, die Flüssigkeit aufbewahren. Holzige Stiele entfernen, Köpfe in Streifen schneiden. Nudeln 1 Minute in kochendem Wasser ziehen lassen, dann abgießen und abspülen.
2 Wok bei hoher Temperatur erhitzen, Öle zugeben und schwenken. Ingwer, Knoblauch, frische Shiitake-, Austern- und Shimejipilze zufügen und 1–2 Minuten braten, bis die Pilze gar sind. Aus dem Wok nehmen.
3 Dashi, Sojasauce, Mirin, Pfeffer und 185 ml der aufbewahrten Flüssigkeit mischen, in den Wok gießen und 3 Minuten kochen. Butter, Zitronensaft und Salz zugeben, 1 Minute köcheln lassen, bis die Sauce eindickt. Pilze zufügen, 2 Minuten garen, dann Enoki- und eingeweichte Shiitake-Pilze unterheben.
4 Nudeln zufügen und 3 Minuten unterrühren, bis sie heiß sind. Mit Schnittlauch bestreut sofort servieren.

GESCHMORTER PAK-CHOI

Vorbereitungszeit: 10 Minuten
Kochzeit: 5 Minuten
Für 4 Personen (als Beilage)

2 EL Erdnussöl
1 Knoblauchzehe, durchgepresst
1 EL fein geschnittener frischer Ingwer
500 g Pak-Choi, Blätter einzeln, in 8 cm lange Stücke geschnitten
1 TL Zucker
je 1 Prise Salz und Pfeffer
1 TL Sesamöl
1 EL Austernsauce

1 Wok bei hoher Temperatur erhitzen, Öl zugeben und schwenken. Knoblauch und Ingwer zufügen, 1–2 Minuten anbraten, Pak-Choi zugeben. 1 Minute braten. Zucker, Salz und Pfeffer und 60 ml Wasser zugeben. Zum Kochen bringen, Hitze reduzieren, zugedeckt 3 Minuten köcheln lassen, bis das Gemüse zart, aber noch bissfest ist.
2 Sesamöl und Austernsauce unterrühren und sofort servieren.

MARINIERTER TOFU

Vorbereitungszeit: 10 Minuten
  + 1 Nacht Marinierzeit
Kochzeit: 15 Minuten
Für 4 Personen (als Beilage)

125 ml Erdnussöl
2 Knoblauchzehen, durchgepresst
1 TL geriebener frischer Ingwer
2 Stängel Zitronengras, weiße Teile, fein gehackt
1 kleine frische rote Chilischote, fein gehackt
2 EL Fischsauce
2 EL Limettensaft
1 EL brauner Zucker
500 g frittierte Tofuwürfel, schräg halbiert

1 Zutaten in einer Schale (nicht aus Metall) mischen. Tofu unterheben und zugedeckt über Nacht im Kühlschrank ziehen lassen.
2 Einen leicht eingeölten Wok bei hoher Temperatur erhitzen, Tofu portionsweise 1–2 Minuten goldbraun braten. Heiß servieren.

*OBEN: Nudeln auf buddhis-
tisch-vegetarische Art*

NUDELN AUF BUDDHISTISCH-VEGETARISCHE ART

Vorbereitungszeit: 25 Minuten
  + 20 Minuten Einweichzeit
Kochzeit: 15 Minuten
Für 4 Personen

15 g getrocknete Shiitake-Pilze
400 g frische breite Eiernudeln
2–3 EL Erdnuss- oder Sonnenblumenöl
1 kleine Karotte, in feine Streifen geschnitten
150 g frischer Babymais, längs geviertelt
227 g Bambussprossen aus der Dose,
  abgetropft, in feine Streifen geschnitten
150 g Zuckererbsen, in feine Streifen
  geschnitten
1/2 kleine rote Paprika, in feine Streifen
  geschnitten
1 kleine grüne Paprika, in feine Streifen
  geschnitten
90 g Bohnensprossen, geputzt
40 g Chinakohl, fein geschnitten
1 EL in feine Streifen geschnittener frischer
  Ingwer
2 EL vegetarische Austernsauce
1 EL Pilz-Sojasauce
1 EL helle Sojasauce
1 EL chinesischer Reiswein
1 TL Sesamöl
gemahlener weißer Pfeffer, nach Belieben
frische Korianderblätter, zum Garnieren

1 Pilze mit kochendem Wasser übergießen und 20 Minuten ziehen lassen. Abgießen. Holzige Stiele entfernen, Köpfe in dünne Streifen schneiden.
2 Nudeln in einem großen Topf 1 Minute in kochendem Wasser ziehen lassen, umrühren, vorsichtig voneinander lösen. Abgießen. Unter kaltem Wasser abschrecken, erneut abgießen.
3 Wok bei hoher Temperatur erhitzen, 1 EL Öl zugeben und schwenken. Karotte und Mais unter Rühren 1 Minute anbraten, Bambussprossen zufügen, 1–2 Minuten braten, bis sie gerade gar, aber noch bissfest sind. Gemüse aus dem Wok nehmen.
4 Wok erneut erhitzen (gegebenenfalls 2 TL Öl zugeben), Zuckererbsen und Paprika zufügen. 1–2 Minuten unter Rühren braten, bis sie gerade gar sind. Zur Karotten-Mais-Mischung geben. Wok wieder erhitzen (gegebenenfalls 2 weitere TL Öl zugeben), dann Bohnensprossen, Chinakohl und Pilze zufügen, 30 Sekunden garen. Ingwer zugeben, weitere 1–2 Minuten braten. Aus dem Wok nehmen und zum übrigen Gemüse geben.
5 Restliches Öl im Wok erhitzen. Nudeln kurz 1–2 Minuten anbraten, bis sie warm sind. Vorsicht, dass sie nicht zerbrechen. Austernsauce, Sojasaucen und Reiswein unterrühren. Gemüse wieder in den Wok geben, alles vorsichtig 1–2 Minuten umrühren. Mit Sesamöl beträufeln, mit weißem Pfeffer abschmecken und mit Koriander garnieren. Sofort servieren.
Hinweis: Knoblauch, Frühlingszwiebeln und Chillies werden nicht verwendet, da traditionsbewusste chinesische Vegetarier sie nicht essen.

PFANNENGERÜHRTER TOFU MIT PAK-CHOI

Vorbereitungszeit: 20 Minuten
  + 10 Minuten Marinierzeit
Kochzeit: 10 Minuten
Für 4 Personen
★

600 g schnittfester Tofu, gewürfelt

1 EL fein gehackter frischer Ingwer

2 EL Sojasauce

2 EL Erdnussöl

1 rote Zwiebel, in dünne Scheiben geschnitten

4 Knoblauchzehen, durchgepresst

500 g Baby-Pak-Choi, längs in Streifen
  geschnitten

2 TL Sesamöl

2 EL Ketjap Manis

60 ml süße Chilisauce

1 EL geröstete Sesamsamen

1 Tofu und Ingwer in eine Schüssel geben. Sojasauce darübergießen und 10 Minuten marinieren. Abgießen.
2 Wok bei hoher Temperatur erhitzen, Hälfte des Öls zugeben, schwenken. Zwiebel zufügen, 3 Minuten anbraten. Tofu und Knoblauch zufügen, 3 Minuten braten. Aus dem Wok nehmen.
3 Wok erneut sehr stark erhitzen, restliches Öl und Pak-Choi zugeben und 2 Minuten braten, bis er gar ist. Tofu-Mischung gut unterrühren.
4 Sesamöl, Ketjap Manis und Chilisauce unterheben. Mit Sesamsamen bestreuen. Servieren.

IN TAMARI GERÖSTETE MANDELN MIT BOHNEN

Vorbereitungszeit: 10 Minuten
Kochzeit: 5 Minuten
Für 4–6 Personen
★

2 EL Sesamöl

1 große frische rote Chilischote, entkernt und
  fein gehackt

1 Stück frischer Ingwer, etwa 2 cm groß,
  gerieben

2 Knoblauchzehen, durchgepresst

375 g grüne Bohnen, in 5 cm lange Stücke
  geschnitten

125 ml Hoisin-Sauce

1 EL brauner Zucker

2 EL Mirin

250 g in Tamari geröstete Mandeln, grob
  gehackt (siehe Hinweis)

1 Wok bei hoher Temperatur erhitzen, Öl zugeben, schwenken. Chilli, Ingwer und Knoblauch zufügen, 1 Minuten goldgelb braten. Bohnen, Hoisin-Sauce und Zucker zugeben, 2 Minuten braten. Mirin zugeben, 1 Minute kochen, bis die Bohnen zart, aber noch bissfest sind.
2 Vom Herd nehmen und Mandeln kurz vor dem Servieren unterheben. Auf Reis anrichten.
Hinweis: In Tamari geröstete Mandeln sind in Reformhäusern erhältlich. Tamari ist eine fermentierte, dickflüssige japanische Sojasauce.

UNTEN: In Tamari geröstete Mandeln mit Bohnen

403

CHINAKOHL

Der heute während des gesamten Jahres angebaute Chinakohl ist ursprünglich ein Wintergemüse. Er ist sehr vielseitig verwendbar: In Pfannengerichten, Schmortöpfen, Suppen und Salaten. Chinakohl ist ein wertvoller Lieferant von Folsäure, Vitamin A und Kalium. Frischer Chinakohl zeichnet sich durch feste, dichte, am oberen Rand grünlich gezeichnete Blätter aus. Zur Zubereitung wird die Wurzel abgetrennt, dann der Kohl längs halbiert und der feste Kern keilförmig herausgeschnitten und entfernt.

OBEN: Pfannengemüse

PFANNENGEMÜSE
(Pad pak ruam)

Vorbereitungszeit: 20 Minuten
Kochzeit: 5 Minuten
Für 6 Personen

2 EL Sojasauce

1 TL Fischsauce

1 EL Austernsauce

60 ml Brühe

1/2 TL geriebener Palmzucker

2 EL Pflanzenöl

4 Frühlingszwiebeln, in 3-cm-Stücke geschnitten

3 Knoblauchzehen, durchgepresst

1 frische rote Chilischote, entkernt, in feine Ringe geschnitten

75 g Champignons, geviertelt

100 g Chinakohl, grob gehackt

150 g Zuckererbsen

150 g Blumenkohl, in kleine Röschen zerteilt

150 g Brokkoli, in kleine Röschen zerteilt

einige frische Korianderblätter, gehackt

1 Soja-, Fisch- und Austernsauce mit der Brühe und dem Palmzucker in einer Schüssel mischen.
2 Wok bei hoher Temperatur erhitzen, Öl zugeben und schwenken. Frühlingszwiebeln,

Knoblauch und Chilischote zufügen. 20 Sekunden braten. Pilze und Chinakohl zugeben, 1 Minute braten. Sauce und restliches Gemüse unterheben. 2 Minuten garen. Mit Koriander garnieren.

AUBERGINE MIT ROTER BOHNENPASTE

Vorbereitungszeit: 20 Minuten
Kochzeit: 15 Minuten
Für 4–6 Personen

125 ml Gemüsebrühe

60 ml chinesischer Reiswein

2 EL Reisessig

1 EL Tomatenmark

2 TL brauner Zucker

2 EL Sojasauce

60 ml Erdnussöl

800 g Auberginen, in 2 cm große Würfel geschnitten

4 Frühlingszwiebeln, gehackt

3 Knoblauchzehen, durchgepresst

1 EL fein gehackter frischer Ingwer

1 EL rote Bohnenpaste

1 TL Maismehl, mit 1 EL Wasser zu einer Paste vermischt

1 Brühe, Reiswein, Reisessig, Tomatenmark, Zucker und Sojasauce in einer Schüssel mischen.
2 Wok bei hoher Temperatur erhitzen, die Hälfte des Öls zugeben und schwenken. Auberginen portionsweise 3 Minuten goldbraun braten. Aus dem Wok nehmen.
3 Restliches Öl im Wok erhitzen. Frühlingszwiebeln, Knoblauch, Ingwer und Bohnenpaste 30 Sekunden anbraten. Sauce zugießen, 1 Minute braten. Maismehlpaste zugeben, zum Kochen bringen. Auberginen zufügen, 2–3 Minuten braten, bis sie heiß sind.

SÜSSKARTOFFEL-SPINAT-PFANNE MIT WASSER-KASTANIEN

Vorbereitungszeit: 15 Minuten
Kochzeit: 20 Minuten
Für 4 Personen

500 g rote Süßkartoffeln, geschält und in
1,5 cm große Würfel geschnitten
1 EL Pflanzenöl
2 Knoblauchzehen, durchgepresst
2 TL Sambal Oelek
227 g Wasserkastanien aus der Dose,
in Scheiben geschnitten
2 TL geriebener Palmzucker
390 g Spinat, ohne Stängel

2 EL Sojasauce
2 EL Gemüsebrühe

1 Süßkartoffeln 15 Minuten in kochendem Wasser garen. Abgießen.
2 Wok bei hoher Temperatur erhitzen, Öl zugeben und schwenken. Knoblauch und Sambal Oelek 1 Minute anbraten, bis sich das Aroma entfaltet. Süßkartoffeln und Wasserkastanien zufügen, bei mittlerer bis kräftiger Hitze unter Rühren 2 Minuten braten. Hitze auf mittlere Stufe reduzieren, Palmzucker zugeben und weitere 2 Minuten kochen, bis er sich aufgelöst hat. Spinat, Sojasauce und Brühe unterrühren, bis der Spinat gar ist. Mit Reis servieren.

PFANNENGERÜHRTE ERDNÜSSE MIT CHILI

Wok bei hoher Temperatur erhitzen, 2 TL Erdnussöl und einige Tropfen Sesamöl zugeben und schwenken. 240 g naturbelassene Erdnüsse zufügen und 3–4 Minuten goldbraun anbraten. 1 sehr fein gehackte frische rote Chilischote, 2 durchgepresste Knoblauchzehen und 1½ TL Salz zugeben und weitere 1–2 Minuten unter Rühren braten. Vorsicht, dass die Erdnüsse nicht anbrennen! Mit 1½ TL Zucker bestreuen, gut umrühren. Aus dem Wok nehmen und vor dem Servieren abkühlen lassen. Als Snack servieren. Ergibt 1½ Tassen.

LINKS: Süßkartoffel-Spinat-Pfanne mit Wasserkastanien

SESAMÖL

Das in der chinesischen Küche ausgiebig verwendete Sesamöl verleiht den Speisen ein unverwechselbares Aroma. Da es sehr intensiv schmeckt, wird es nur in kleinen Mengen benutzt. Sesamöl wird aus gepressten gerösteten Sesamsamen gewonnen, was ihm die charakteristische goldgelbe Farbe verleiht. Eine dagegen etwas blassere und bei weitem auch nicht so aromatisch-nussige Sorte stammt aus der Pressung naturbelassener Sesamsamen.

OBEN: Pfannengerührtes Tempeh

PFANNENGERÜHRTES TEMPEH

Vorbereitungszeit: 15 Minuten
Kochzeit: 15 Minuten
Für 4 Personen

1 TL Sesamöl
1 EL Erdnussöl
2 Knoblauchzehen, durchgepresst
1 EL geriebener frischer Ingwer
1 frische rote Chilischote, in Ringe geschnitten
4 Frühlingszwiebeln, schräg in Ringe geschnitten
300 g Tempeh, in 2 cm große Würfel geschnitten
500 g Baby-Pak-Choiblätter
800 g chinesischer Brokkoli, gehackt
125 ml vegetarische Austernsauce
2 EL Reisessig
2 EL frische Korianderblätter
40 g geröstete Cashewnüsse

1 Wok bei hoher Temperatur erhitzen, Öle darin schwenken. Knoblauch, Ingwer, Chilischote und Frühlingszwiebeln zufügen, 1–2 Minuten garen. Tempeh zugeben und 5 Minuten goldbraun braten. Aus dem Wok nehmen.
2 Die Hälfte vom Gemüse und 1 EL Wasser zugeben und zugedeckt 3–4 Minuten kochen.

Aus dem Wok nehmen und mit dem restlichen Gemüse ebenso verfahren.
3 Gemüse und Tempeh wieder in den Wok geben, Austernsauce und Essig zugießen und gut erwärmen. Mit Koriander und Nüssen garnieren. Mit Reis servieren.

ASIATISCHE PILZ-PFANNE

Vorbereitungszeit: 10 Minuten
Kochzeit: 5 Minuten
Für 4 Personen

1 TL Maismehl
1/4 TL Fünf-Gewürze-Pulver
2 1/2 EL chinesischer Reiswein
1 EL Austernsauce
2 EL Erdnussöl
1 TL Sesamöl
20 g in Ringe geschnittene Frühlingszwiebeln
2 Knoblauchzehen, fein gehackt
1 EL in feine Streifen geschnittener frischer Ingwer
200 g frische Shiitake-Pilze, halbiert
100 g Champignons, halbiert
100 g Austernpilze
100 g Enoki-Pilze, geputzt
1 EL Sesamsamen, geröstet

1 Maismehl und Fünf-Gewürze-Pulver in einer Schüssel nach und nach mit Reiswein und Austernsauce mischen.
2 Wok bei mittlerer Temperatur erhitzen, Sesam- und Erdnussöl zugeben und schwenken. Frühlingszwiebeln, Knoblauch und Ingwer zufügen und bei mittlerer Hitze 2 Minuten braten. Temperatur erhöhen, Shiitake-Pilze und Champignons zufügen und braten, bis die Pilze fast gar und zart sind. Austern- und Enoki-Pilze zugeben und braten, bis sie zart sind.
3 Fünf-Gewürze-Mischung zugießen und 30 Sekunden unterrühren, bis die Pilze glasig sind. Mit Sesamsamen bestreuen.

GESCHMORTES GEMÜSE MIT CASHEWNÜSSEN

Vorbereitungszeit: 15 Minuten
Kochzeit: 10 Minuten
Für 4 Personen

1 EL Erdnussöl
2 Knoblauchzehen, durchgepresst
2 TL geriebener frischer Ingwer
300 g Choisum, in 10 cm lange Stücke geschnitten
150 g Babymais, schräg halbiert
185 ml Hühner- oder Gemüsebrühe

200 g in Streifen geschnittene Bambussprossen
150 g Austernpilze, halbiert
2 TL Maismehl
2 EL Austernsauce
2 TL Sesamöl
90 g Bohnensprossen, geputzt
75 g geröstete ungesalzene Cashewnüsse

1 Wok bei mittlerer Temperatur erhitzen, Öl zugeben und schwenken. Knoblauch und Ingwer zufügen und 1 Minute braten. Hitze erhöhen, Choisum und Babymais zugeben und unter Rühren 1 weitere Minute braten.
2 Brühe zugeben und 3–4 Minuten kochen, bis der Choisum gerade gar ist. Bambussprossen und Pilze zufügen, 1 weitere Minute kochen lassen.
3 Maismehl und 1 EL Wasser in einer Schüssel zu einer Paste vermischen und mit der Austernsauce unter das Gemüse rühren. Ca. 1–2 Minuten köcheln lassen, bis die Sauce leicht eindickt. Sesamöl und Bohnensprossen zugeben, auf einer Schicht Reis anrichten und mit Cashewnüssen bestreuen.

BABYMAIS
Beim Babymais handelt es sich um junge kleine (bis zu 10 cm lange) Maiskolben. Insbesondere wegen ihrer Bissfestigkeit und ihres süßen Geschmacks geschätzt, werden sie als ganze Kolben verzehrt. Pfannengerichte verleihen sie durch ihre hellgelbe Farbe und knusprige Konsistenz eine besondere Note. Vor allem in der chinesischen und thailändischen Küche sind sie eine beliebte Zutat.

LINKS: Geschmortes Gemüse mit Cashewnüssen

BROT & PIZZA

ALLES ÜBER BROT

Wenn Sie erst einmal die folgenden Grundtechniken des Brotbackens beherrschen,

wird Ihr Haus bald von dem köstlichen Duft frisch gebackenen Brotes erfüllt sein.

BROT BACKEN

Es gibt eigentlich nur wenige grundlegende Dinge, die es beim Backen von Brot zu beachten gilt, z. B. den richtigen Umgang mit Hefe oder das richtige Kneten des Teigs. Sobald Sie diese Dinge verinnerlicht haben, werden Sie merken, dass es ganz einfach ist, Brot zu backen. Wie beim Backen im Allgemeinen ist es wichtig, zuerst das Rezept sorgfältig durchzulesen, alle Zutaten abzuwiegen und den Angaben entsprechend vorzubereiten sowie alle benötigten Geräte bereitzustellen.

DAS GEHEIMNIS DER HEFE

Die Verarbeitung von Hefe, der wahrscheinlich wichtigsten Zutat beim Brotbacken, ist nicht so schwierig, wie Sie vielleicht denken, also keine Angst!

Es gibt frische Hefe und Trockenhefe. Trockenhefe wird normalerweise in Tütchen zu 7 g verkauft. Diese Menge reicht für einen mittelgroßen Laib Brot aus. Frische Hefe finden Sie im Kühlregal. Sie ist nicht besonders lang haltbar und sollte deshalb möglichst bald nach dem Kauf verarbeitet werden. 25 g frische Hefe entsprechen in ihrer Wirkung einem Tütchen Trockenhefe. In den folgenden Rezepten verwenden wir Trockenhefe, weil sie sich besser lagern lässt.

MEHLSORTEN

Art und Qualität des Mehls, das Sie verwenden, ist ungemein wichtig für das Gelingen Ihres Brotes. Bei vielen der folgenden Rezepte wird ein spezielles Mehl für Brot verwendet. Es ist sehr eiweiß- und glutenreich und sorgt dafür, dass der Teig gut aufgeht und das Brot eine feste Rinde erhält. Auch herkömmliches Mehl eignet sich zum Brotbacken, es kann allerdings passieren, dass das Brot dann etwas feuchter und schwerer wird.

GRUNDREZEPT

Das folgende Grundrezept für Weißbrot ist eine hervorragende Basis für alle weiteren Versuche in Sachen Brotbacken, denn hier werden die geläufigsten Techniken angewandt. 7 g Trockenhefe, 125 ml warmes Wasser und 1 TL Zucker in einer kleinen Schüssel sorgfältig verrühren. An einem warmen Ort etwa 10 Minuten gehen lassen, bis sich auf der Oberfläche der Mischung Bläschen gebildet haben. Wird die Mischung nicht schaumig, war die Hefe zu alt. Dann versuchen Sie es mit einem neuen Päckchen Hefe noch einmal. 500 g Weizenmehl für Brot, 1 TL Salz, 2 EL Vollmilchpulver und 1 EL Zucker in eine große Schüssel sieben und vermischen. Eine Mulde in die Mitte drücken, die Hefemischung, 60 ml Pflanzenöl und 250 ml warmes Wasser hineingießen. Alles mit einem großen Metalllöffel zu einem weichen Teig verarbeiten. Die Saugfähigkeit von Mehl variiert sehr stark, deshalb bei Bedarf entweder Wasser oder Mehl zugeben, je nachdem, ob der Teig zu trocken oder zu klebrig ist. Aber Vorsicht: Durch das Kneten wird der Teig ohnehin noch etwas trockener, also nicht zu viel Mehl zugeben.

DEN TEIG KNETEN

Den Teig zu einem Ballen formen und auf einer leicht bemehlten Arbeitsfläche gründlich durchkneten. Es ist wichtig, dass der Teig lange genug durchgeknetet wird, denn zum einen verteilt sich die Hefe dadurch gleichmäßig im Teig, zum anderen kann sich das Mehlprotein Gluten erst durch die Bewegung richtig entfalten. Gluten macht den Teig geschmeidig und kräftig und führt dazu, dass er beim Backen gleichmäßig aufgeht.

Die Knetbewegung sollte ein einfacher und rhythmischer Wechsel aus ziehenden und faltenden Bewegungen sein. Es dauert etwa 10 Minuten, einen Brotteig schön glatt und geschmeidig zu kneten. Anschließend den Teig wieder zu einem Ballen formen und wie auf den folgenden Seiten beschrieben weiterverarbeiten.

WEITER IM TEIG

Nach dem Durchkneten den Teigballen in eine leicht gefettete Schüssel legen, damit er nicht darin festklebt. Locker mit Frischhaltefolie oder einem feuchten Geschirrhandtuch zudecken. Das verhindert, dass der Teig austrocknet oder sich eine feste Haut an der Oberfläche bildet. Die Schüssel an einen warmen Ort (etwa 30 °C sind ideal) stellen, damit der Teig aufgehen kann. Den Teig unter keinen Umständen größerer Hitze aussetzen, um den Prozess zu beschleunigen. Zu starke Hitze hemmt den Gärungsprozess der Hefe und gibt dem Brot einen bitteren Beigeschmack. In etwas kühlerer Umgebung wird der Teig zwar etwas länger brauchen um aufzugehen, das wirkt sich aber nicht nach-

teilig auf den Geschmack aus. Der Teig ist fertig gegangen, wenn er seinen Umfang ungefähr verdoppelt hat. Das dauert in etwa 1 Stunde. Nun ist es an der Zeit, eine Brotform (22 x 9 x 9 cm) mit zerlassener Butter oder Öl einzupinseln. Es gibt besonders hitzeresistente Brotformen, die sich auch bei hohen Temperaturen nicht verformen und verhindern, dass der Laib am Boden anbrennt.

Nachdem der Teig aufgegangen ist, wird er noch einmal kurz durchgeknetet und kann dann in die gewünschte Form gebracht werden. Dabei sollte er aber immer mit Vorsicht behandelt werden. Den Teig mit den Händen nach formen und behutsam in die vorbereitete

Backform drücken. Mit Frischhaltefolie oder einem feuchten Geschirrhandtuch abdecken und an einem warmen, zugluftfreien Ort erneut gehen lassen. Dieses letzte Aufgehen dauert normalerweise zwischen 45 und 60 Minuten.

DAS BACKEN
Den Backofen auf 210 °C vorheizen. 1 Ei mit 1 EL Milch verquirlen und den Teig mit Hilfe eines Backpinsels damit bestreichen. Das Brot auf der mittleren Schiene in den Backofen schieben und etwa 10 Minuten backen. Während dieser Zeit den Backofen unter keinen Umständen öffnen, denn in der Anfangsphase braucht das Brot gleich-

mäßige, starke Hitze. Anschließend die Backofentemperatur auf 180 °C reduzieren und das Brot weitere 30–40 Minuten backen. Um zu testen, ob es durchgebacken ist, das Brot aus der Form lösen und mit dem Fingerknöchel auf den Boden klopfen. Klingt es hohl, ist das Brot durch. Wenn nicht, geben Sie es zurück in die Form und backen es weitere 5–10 Minuten. Aus dem Backofen nehmen, aus der Form lösen und auf einem Kuchengitter abkühlen lassen. VARIATION Das Brot nach diesem Grundrezept erhält einen kräftigeren Geschmack, wenn Sie 125 g des Weizenmehls durch 150 g Vollkornmehl ersetzen.

FORMENVIELFALT

Brot kann nicht nur in den unterschiedlichsten Backformen oder sogar -körben gebacken werden – die Kastenform ist nur eine von vielen Varianten –, Sie können es auch von Hand in fast jede beliebige Form bringen und auf einem eingefetteten Backblech backen.

ROLLLAIB Nach dem Aufgehen den Teig auf einer leicht bemehlten Arbeitsfläche zu einer etwa 2,5 cm dicken rechteckigen Teigplatte ausrollen. Die Teigplatte von der kurzen Seite her fest aufrollen, so dass ein kurzer, dicker Brotlaib entsteht. Mit der Nahtstelle nach unten auf das Backblech legen. Zugedeckt an einem warmen, zugluftfreien Ort etwa 1 Stunde gehen lassen. Mit einem scharfen Messer sechs gleich lange Schlitze in die Oberfläche schneiden. Den Laib mit etwas Wasser besprengen und etwa 10 Minuten bei 220 °C backen. Die Backofentemperatur auf 200 °C reduzieren und das Brot weitere 30 Minuten goldbraun backen. Zum Abkühlen auf ein Kuchengitter legen. BROTZOPF Den aufgegangenen Teig in drei gleich große Stücke teilen. Jedes Stück zu einer etwa 30 cm langen Wurst formen, alle drei Teigwürste nebeneinander auf ein gefettetes Backblech legen und zu einem Zopf verflechten. Die Enden zusammendrücken und unterschlagen. Den Brotzopf zudecken und an einem warmen Ort etwa 1 Stunde gehen lassen. Mit Milch bestreichen und etwa 10 Minuten bei 220 °C backen. Die Backofentemperatur auf 200 °C reduzieren und das Brot weitere 30 Minuten goldbraun backen.

LAGERUNG

Da hausgemachtes Brot keine Konservierungsmittel enthält, bleibt es nicht so lange frisch wie gekauftes. Es kann aber bis zu drei Monate eingefroren werden. Bei Zimmertemperatur auftauen lassen und 10 Minuten bei 180 °C aufbacken.

HÜTTENLAIB

Der „Cottage Loaf", zu deutsch Hüttenlaib, ist ein traditionelles Brot aus England mit einem ganz charakteristischen Aussehen. Es besteht gleichsam aus zwei aufeinander gesetzten, runden Brotlaiben. Der obere, kleinere Laib wird in der Mitte mit zwei Fingern eingedrückt, um ihn mit dem unteren zu verbinden. Sie können den Teig aber selbstverständlich auch in einer beliebigen anderen Form backen. Ein Hüttenlaib kann sowohl aus Weizenals auch aus Vollkornmehl oder aus einer Mischung von beidem gebacken werden. Mischt man etwas Öl in den Teig, verbessert das die Haltbarkeit des Brotes. Getoastet schmeckt der Hüttenlaib auch nach einigen Tagen noch ganz köstlich.

HÜTTENLAIB

Vorbereitungszeit: 30 Minuten
Gehzeit: 1 Stunde 35 Minuten
Backzeit: 40 Minuten
Für 1 großen Laib

7 g Trockenhefe
1 EL brauner Zucker
250 g Weizenmehl für Brot
300 g Vollkornmehl für Brot
1 TL Salz
1 EL Pflanzenöl

1 Die Hefe, 1 TL braunen Zucker und 125 ml lauwarmes Wasser in einer kleinen Schüssel gründlich vermischen. An einem warmen, zugluftfreien Ort etwa 10 Minuten gehen lassen, bis sich auf der Oberfläche der Mischung Bläschen gebildet haben. Wenn die Mischung nicht reagiert, ist die Hefe zu alt. Dann mit frischer Hefe neu ansetzen.

2 Das Mehl und das Salz in einer großen Schüssel vermischen. In die Mitte eine Mulde drücken und die Hefemischung, das Öl, den restlichen Zucker und 250 ml warmes Wasser hineingeben und mit einem Holzlöffel unterrühren. Auf einer bemehlten Arbeitsfläche etwa 10 Minuten lang zu einem glatten, geschmeidigen Teig verkneten. Hier und da etwas Mehl zugeben, damit der Teig nicht an den Händen kleben bleibt.

3 Den Teig zu einem Ballen formen, in eine leicht geölte Schüssel legen, mit etwas Öl bestreichen und zugedeckt an einem warmen Ort etwa 45 Minuten gehen lassen.

4 Den Teig noch einmal kurz durchkneten. Ein Drittel des Teigs abteilen und beide Stücke zu glatten Kugeln formen. Den großen Ballen auf ein bemehltes Backblech legen und mit Wasser bestreichen. Den kleineren Ballen darauf setzen und in der Mitte mit zwei Fingern auf dem unteren Ballen festdrücken. Mit Frischhaltefolie oder einem feuchten Geschirrhandtuch zudecken und an einem warmen Ort etwa 40 Minuten gehen lassen.

5 Den Backofen auf 190 °C vorheizen. Den Brotlaib mit etwas Mehl bestäuben und etwa 40 Minuten goldbraun backen. 2–3 Minuten auf dem Backblech abkühlen lassen, dann zum Auskühlen auf ein Kuchengitter legen.

RECHTS: Hüttenlaib

SOJA-LEINSAMEN-BROT

Vorbereitungszeit: 50 Minuten
Gehzeit: 1 Stunde 55 Minuten
Backzeit: 30 Minuten
Für 1 Laib

★ ★

110 g Perlgraupen (geschälte, polierte
   Gerstenkörner)
7 g Trockenhefe
1 TL Zucker
1 TL Salz
1 EL Leinsamen
2 EL Sojamehl
150 g Vollkornmehl für Brot
330 g Weizenmehl für Brot
2 EL Olivenöl

 Eine 26 x 10 cm große Kastenform mit Öl auspinseln. Die Graupen in einem Topf mit 500 ml Wasser zum Kochen bringen und etwa 20 Minuten weich kochen. Abschütten und gut abtropfen lassen.

2 Die Hefe, den Zucker und 155 ml lauwarmes Wasser in einer kleinen Schüssel gründlich vermischen. An einem warmen, zugluftfreien Ort etwa 10 Minuten gehen lassen, bis sich auf der Oberfläche der Mischung Bläschen gebildet haben. Wenn die Mischung nicht reagiert, ist die Hefe zu alt. Dann mit frischer Hefe neu ansetzen.

3 Die Graupen, das Salz, die Leinsamen, das Sojamehl, das Vollkornmehl und 250 g Weizenmehl in einer großen Schüssel vermischen. In die Mitte eine Mulde drücken und die Hefemischung, das Öl und 155 ml warmes Wasser hineingeben. Mit einem Holzlöffel vermischen.

4 Auf einer bemehlten Arbeitsfläche etwa 10 Minuten zu einem glatten, geschmeidigen Teig verkneten. Bei Bedarf etwas Mehl dazugeben, damit der Teig nicht mehr klebt.

5 Den Teig zu einem Ballen formen, in eine leicht geölte Schüssel legen, mit etwas Öl bestreichen und zugedeckt an einem warmen Ort etwa 45 Minuten gehen lassen.

6 Den aufgegangenen Teig noch einmal kurz durchkneten. Mit den Händen zu einer etwa 24 x 20 cm großen Teigplatte flach drücken. Von der Längsseite her fest zusammenrollen und mit der Naht nach unten in die Kastenform drücken. Mit Frischhaltefolie oder einem feuchten Geschirrhandtuch zudecken und an einem warmen, zugluftfreien Ort etwa 1 Stunde gehen lassen. Den Backofen auf 200 °C vorheizen. Die Oberfläche des Brotlaibs mit Wasser bestreichen und zweimal einschneiden. Etwa 30 Minuten goldbraun backen. Aus der Form lösen und auf einem Kuchengitter abkühlen lassen.

SOJABOHNEN
In Asien werden Sojabohnen schon seit vielen Jahrhunderten als Nahrungsmittel angebaut. Nach Europa kamen sie erst im 17. Jahrhundert. Sojabohnen werden vor allem zur Herstellung von Sojaöl verwendet, es gibt aber auch eine ganze Reihe von anderen Produkten, die aus den extrem nährstoffreichen Bohnen produziert werden. Sojamehl z. B. ist sehr eiweißreich. Durch seinen hohen Ölanteil verleiht es Brot einen ganz speziellen Geschmack und macht es saftiger. Da Sojamehl jedoch kein Gluten, das für das lockere Aufgehen des Brotteigs wesentliche Eiweiß des Weizenmehls, enthält, sollte es nur in Verbindung mit anderen Mehlen zum Brotbacken verwendet werden.

OBEN:
Soja-Leinsamen-Brot

415

SHERRY

Sherry ist ein Dessertwein aus weißen Trauben. Heutzutage wird Sherry vielerorts hergestellt, der echte Sherry jedoch stammt aus dem Hinterland der spanischen Stadt Jerez de la Frontera. Sherry hat einen sehr intensiven Geschmack und wird, nicht zuletzt wegen seines hohen Alkoholgehalts, in kleinen Gläsern serviert. Es gibt lieblichen, halbtrockenen und trockenen Sherry. Zum Backen verwendet man gewöhnlich eine der lieblicheren Sorten. Besonders gut schmeckt ein Gläschen Sherry zu einem Stück frisch gebackenem Früchtebrot.

GEGENÜBER: Leichtes Früchtebrot (oben), schweres Früchtebrot

LEICHTES FRÜCHTEBROT

Vorbereitungszeit: 25 Minuten
Gehzeit: 1 Stunde 30 Minuten
Backzeit: 35 Minuten
Für 1 Laib

160 g Rosinen
1 EL Sherry
1 EL geriebene Orangenschale
7 g Trockenhefe
250 ml warme Milch
60 g Zucker
375 g Weizenmehl für Brot
1/2 TL Salz
30 g Butter, in kleine Würfel geschnitten

Glasur

1 Eigelb
2 EL Sahne

1 Die Rosinen, den Sherry und die geriebene Orangenschale in einer Schüssel vermischen.
2 Die Hefe, die Milch und 1 TL Zucker in einer kleinen Schüssel gründlich verrühren. An einem warmen, zugluftfreien Ort etwa 10 Minuten gehen lassen, bis sich auf der Oberfläche Bläschen gebildet haben.
3 340 g Mehl und das Salz in einer großen Schüssel vermischen. Die Butter und den restlichen Zucker dazugeben und mit den Fingerspitzen einkneten. Die Hefemischung dazugießen und untermischen. Den Teig etwa 10 Minuten glatt und geschmeidig kneten, dabei bei Bedarf das restliche Mehl einarbeiten.
4 Zu einem Ballen formen, in eine eingeölte Schüssel legen, mit etwas Öl bestreichen und zugedeckt an einem warmen Ort etwa 1 Stunde gehen lassen. Anschließend noch einmal kurz durchkneten und zu einer etwa 40 x 20 cm großen Teigplatte ausrollen. Die Rosinenmischung darauf verteilen und den Teig von der Längsseite her fest zusammenrollen.
5 Eine flache Kastenform (21 x 8 cm) einfetten und den Boden mit Backpapier auslegen. Die Teigrolle in die Form drücken, abdecken und etwa 30 Minuten gehen lassen. Den Backofen auf 180 °C vorheizen.
6 Das Eigelb mit der Sahne verquirlen und die Oberfläche des Früchtebrots mit einem Teil der Mischung glasieren. Das Brot etwa 30 Minuten goldbraun backen. Erneut glasieren und weitere 5 Minuten backen. Ein drittes Mal glasieren und auf einem Kuchengitter abkühlen lassen.

SCHWERES FRÜCHTEBROT

Vorbereitungszeit: 25 Minuten
Gehzeit: 1 Stunde 40 Minuten
Backzeit: 50 Minuten
Für 1 großen Laib

7 g Trockenhefe
1/4 TL Zucker
450 g Weizenmehl für Brot
1/4 TL Salz
25 g Butter
1/2 TL Ingwerpulver
1/4 TL geriebene Muskatnuss
90 g Zucker
320 g Sultaninen
185 g Korinthen
45 g gemischte geriebene Zitronen- und Orangenschale

1 Die Hefe, den Zucker und 315 ml lauwarmes Wasser in einer kleinen Schüssel gründlich vermischen. An einem warmen, zugluftfreien Ort etwa 10 Minuten gehen lassen, bis sich auf der Oberfläche Bläschen gebildet haben. Wenn die Mischung nicht reagiert, ist die Hefe zu alt. Dann mit frischer Hefe neu ansetzen.
2 Das Mehl und das Salz in einer großen Schüssel vermischen. Die Butter dazugeben und mit den Fingerspitzen einkneten, bis sich Streusel gebildet haben. Die Gewürze und drei Viertel des Zuckers einrühren. In die Mitte eine Mulde drücken, die Hefemischung hineingießen und gründlich unterrühren. Zu einem Ballen formen und auf einer leicht bemehlten Arbeitsfläche etwa 10 Minuten zu einem glatten, geschmeidigen Teig verkneten. In eine saubere Schüssel legen, abdecken und an einem warmen, zugluftfreien Ort etwa 1 Stunde gehen lassen.
3 Auf einer bemehlten Arbeitsfläche die Rosinen und die Zitrusschale einkneten. Den Teig zu einem großen, runden Ballen formen und auf ein gefettetes Backblech legen. Abdecken und erneut 30–40 Minuten gehen lassen.
4 Den Backofen auf 200 °C vorheizen. Das Früchtebrot auf der mittleren Schiene in den Backofen schieben und 40–45 Minuten zartbraun backen. Auf einem Kuchengitter leicht ankühlen lassen.
5 Den restlichen Zucker in 1 EL heißem Wasser auflösen und das Früchtebrot damit bestreichen. Weitere 2–3 Minuten backen, dann zum Abkühlen auf ein Kuchengitter legen.

AUSTRALISCHES FLADENBROT

Vorbereitungszeit: 20 Minuten
Backzeit: 25 Minuten
Für I Laib

350 g Mehl
6 TL Backpulver
I–2 TL Salz
90 g zerlassene Butter
125 ml Milch
etwas Milch zum Bestreichen
etwas Mehl zum Bestäuben

UNTEN:
Australisches Fladenbrot

I Den Backofen auf 210 °C vorheizen. Ein Backblech einfetten. Das Mehl, das Backpulver und das Salz in eine Schüssel sieben und in die Mitte eine Mulde drücken. Die Butter, die Milch und 125 ml Wasser miteinander verrühren und in die Mulde gießen. Mit einem Messer locker untermischen. Einen Ballen formen und auf einer bemehlten Arbeitsfläche kurz durchkneten. Auf das Backblech legen und zu einem Fladen von etwa 20 cm Ø flach drücken.
2 Die Oberfläche mit einem scharfen, spitzen Messer durch etwa 1 cm tiefe Schnitte in acht Segmente unterteilen. Mit Milch bestreichen und mit etwas Mehl bestäuben. Etwa 10 Minuten backen.
3 Die Backofentemperatur auf 180 °C reduzieren und das Brot weitere 15 Minuten goldbraun backen. Noch warm mit Butter servieren.
TIPP: In seiner Heimat Australien ist dieses leckere Fladenbrots unter dem Namen „Damper" bekannt. Es wird meist mit Butter und Honig oder Sirup serviert. Statt eines großen Laibs können Sie aus der gleichen Menge Teig auch vier kleine Laibe backen. Dann verkürzt sich die Backzeit ein wenig. Die kleinen Laibe kreuzförmig an der Oberfläche einritzen.

DUNKLES FLADENBROT

Vorbereitungszeit: I0 Minuten
Backzeit: 30 Minuten
Für I Laib

240 g Mehl
240 g ungebleichtes Mehl
4 TL Backpulver
I TL Natron
750 ml Buttermilch

I Den Backofen auf 190 °C vorheizen. Ein Backblech einfetten. Die Mehle, das Backpulver und das Natron in eine Schüssel sieben. In die Mitte eine Mulde drücken und 625 ml Buttermilch hineingießen. Mit einem Messer untermischen. Bei Bedarf die restliche Buttermilch zugeben.
2 Den Teig kurz durchkneten, auf das Backblech legen und zu einem runden Fladen von etwa 20 cm Ø flach drücken. Die Oberfläche mit einem bemehlten Messer kreuzförmig tief einschneiden. Mit Wasser bestreichen und mit etwas Mehl bestäuben. 20–30 Minuten backen.
TIPP: Statt des Weizenmehls können Sie auch Vollkornmehl verwenden. Die Buttermilch kann durch Joghurt ersetzt werden.

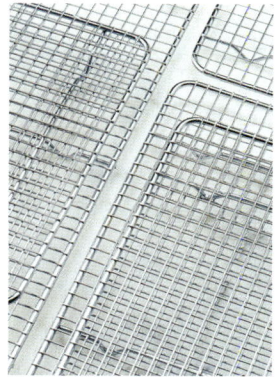

Roggen wird hauptsächlich in Nordeuropa, vor allem Skandinavien und Russland, angebaut. Nur ein geringer Anteil wird zu Lebensmitteln verarbeitet. Der Großteil dient als Futtermittel. Im Gegensatz zu vielen anderen Getreidesorten ist Roggen recht anspruchslos und gedeiht auch auf kargem Boden und bei niedrigen Temperaturen. Roggenmehl wird häufig zum Brotbacken verwendet. Im Roggenmehl fehlt Gluten, das Getreideeiweiß, das für die Elastizität des Brotes verantwortlich ist. Deshalb ist Roggenbrot wesentlich dichter und schwerer als Brot aus Weizenmehl. Es hat einen kräftigen Geschmack und passt hervorragend zu Käse oder Fisch. Es ist recht lange haltbar.

ROGGENBROT

Vorbereitungszeit: 40 Minuten
Gehzeit: 2 Stunden 30 Minuten
Backzeit: 45 Minuten
Für 1 Laib

✩ ✩

7 g Trockenhefe
1 TL Zucker
185 ml lauwarme Milch
200 g Roggenmehl
165 g Weizenmehl für Brot
1 TL Salz
etwas Roggenmehl zum Bestäuben

1 Die Hefe, den Zucker und die Milch in einer kleinen Schüssel gründlich vermischen. An einem warmen, zugluftfreien Ort etwa 10 Minuten gehen lassen, bis sich auf der Oberfläche Bläschen gebildet haben. Wenn die Mischung nicht reagiert, ist die Hefe zu alt. Dann mit frischer Hefe neu ansetzen.
2 Die Mehle und das Salz in eine große Schüssel sieben und in die Mitte eine Mulde drücken. Die Hefemischung und 185 ml warmes Wasser hineingießen und behutsam mit den Händen untermischen.
3 Einen Ballen formen und auf einer bemehlten Arbeitsfläche etwa 10 Minuten zu einem glatten, geschmeidigen Teig verkneten. Den Teig in eine leicht geölte Schüssel legen, mit Frischhaltefolie oder einem feuchten Geschirrhandtuch abdecken und an einem warmen Ort etwa 1 1/2 Stunden gehen lassen.
4 Ein Backblech einfetten und leicht mit Mehl bestäuben. Den Teig noch einmal kurz durchkneten und zu einem runden Laib von etwa 18 cm Ø formen. Mit einem scharfen Messer ein Zickzackmuster in die Oberfläche ritzen und das Brot mit etwas Roggenmehl bestäuben.
5 Das Brot mit Frischhaltefolie oder einem feuchten Geschirrhandtuch bedecken und an einem warmen Ort etwa 1 Stunde gehen lassen. Den Backofen auf 180 °C vorheizen. Das Brot in den Backofen schieben und 40–45 Minuten goldbraun backen. Auf einem Kuchengitter abkühlen lassen.

OBEN: Roggenbrot

RUSTIKALES KÄSE-KRÄUTER-BROT

Vorbereitungszeit: 30 Minuten
Gehzeit: 1 Stunde 30 Minuten
Backzeit: 30 Minuten
Für 1 Brot

★ ★

7 g Trockenhefe
1 TL Zucker
500 g Mehl
1 1/2 TL Salz
2 EL frische Petersilie, gehackt
2 EL frischer Schnittlauch, gehackt
1 EL frischer Thymian, gehackt
60 g Cheddarkäse, gerieben
Milch zum Bestreichen

 Die Hefe, den Zucker und 125 ml lauwarmes Wasser in einer kleinen Schüssel gründlich vermischen. An einem warmen, zugluftfreien Ort etwa 10 Minuten gehen lassen, bis sich auf der Oberfläche Bläschen gebildet haben. Wenn die Mischung nicht reagiert, ist die Hefe zu alt.

2 Das Mehl und das Salz in eine große Schüssel sieben. In die Mitte eine Mulde drücken, die Hefemischung sowie 250 ml lauwarmes Wasser hineingießen und alles gründlich vermengen. Den Teig auf einer bemehlten Arbeitsfläche etwa 10 Minuten glatt und geschmeidig kneten. Zu einem Ballen formen, in eine leicht geölte Schüssel legen, mit Frischhaltefolie oder einem feuchten Geschirrhandtuch bedecken und an einem warmen Ort etwa 1 Stunde gehen lassen.

3 Den Teig noch einmal kurz durchkneten, halbieren und jede Hälfte in zehn flache Scheiben von etwa 6 cm Ø teilen. Die Kräuter mit dem Cheddar vermischen. 2 TL der Kräuter-Käse-Mischung auf einer der Teigscheiben verteilen. Eine zweite Scheibe darauf legen und festdrücken. Mit der restlichen Kräuter-Käse-Mischung und den restlichen Teigscheiben ebenso verfahren.

4 Eine 21 x 10,5 x 6,5 cm große Kastenform einfetten. Die gestapelten Teigscheiben quer in die Form drücken. Mit Frischhaltefolie oder einem feuchten Geschirrhandtuch abdecken und an einem warmen Ort etwa 30 Minuten gehen lassen. Den Backofen auf 210 °C vorheizen.

5 Das Brot auf der Oberseite mit etwas Milch bestreichen, in den Backofen schieben und etwa 30 Minuten backen, bis die Oberfläche gut gebräunt und knusprig ist.

OBEN: Rustikales Käse-Kräuter-Brot

ROSETTENBRÖTCHEN

Vorbereitungszeit: 40 Minuten
Gehzeit: 2 Stunden
Backzeit: 25 Minuten
Für 10 Brötchen

7 g Trockenhefe
1 TL Zucker
560 g ungebleichtes Mehl
1 TL Salz
50 g weiche Butter
60 ml Olivenöl
60 g Zucker
etwas Milch zum Bestreichen
etwas Mehl zum Bestäuben

1 Zwei Backbleche einfetten. Die Hefe, den Zucker und 125 ml lauwarmes Wasser in einer kleinen Schüssel gründlich vermischen. An einem warmen, zugluftfreien Ort etwa 10 Minuten gehen lassen, bis sich auf der Oberfläche Bläschen gebildet haben. Wenn die Mischung nicht reagiert, ist die Hefe zu alt. Dann mit frischer Hefe neu ansetzen.

2 530 g Mehl und das Salz in eine große Schüssel sieben. In die Mitte eine Mulde drücken und die Hefemischung, die Butter, das Öl, den Zucker und 315 ml lauwarmes Wasser hineingießen. Alles mit einem Holzlöffel zu einem groben Teig verarbeiten. Zu einem Ballen formen und auf einer bemehlten Arbeitsfläche etwa 10 Minuten glatt und geschmeidig kneten. Bei Bedarf das restliche Mehl zugeben. Den Teig in eine leicht geölte Schüssel legen, mit Frischhaltefolie oder einem feuchten Geschirrhandtuch bedecken und an einem warmen Ort etwa 1 Stunde gehen lassen.

3 Den Teig noch einmal kurz durchkneten, in zehn gleich große Stücke teilen und die Stücke zu Kugeln formen. Die Teigkugeln im Abstand von etwa 5 cm auf die Backbleche legen und ein wenig flach drücken. Mit einem runden Ausstecher (3 cm Ø) jedes Brötchen in der Mitte etwa 1 cm tief einstechen. Mit einem scharfen Messer von dem Kreis zum Rand hin strahlenförmig jeweils fünf Einschnitte in die Oberfläche ritzen. Die Backbleche mit Frischhaltefolie oder einem feuchten Geschirrhandtuch abdecken und an einem warmen Ort etwa 1 Stunde gehen lassen.

4 Den Backofen auf 180 °C vorheizen. Die Brötchen mit Milch bestreichen und mit Mehl bestäuben. Etwa 25 Minuten goldbraun backen. Zwischendurch die Backbleche austauschen, damit die Brötchen gleichmäßig bräunen. Auf einem Kuchengitter abkühlen lassen.

ROSETTENBRÖTCHEN

Mit einem runden Ausstecher jedes Brötchen in der Mitte einstechen.

Die Brötchen vor dem Backen mit einer feinen Mehlschicht bestäuben.

UNTEN: Rosettenbrötchen

BIERLAIB

Vorbereitungszeit: 15 Minuten
Backzeit: 40 Minuten
Für 1 Laib

410 g Weizenmehl
3 TL Backpulver
1 TL Salz
1 EL Zucker
2 TL Dillsamen
50 g kalte Butter, in kleine Würfel geschnitten
375 ml Bier
Dillsamen zum Bestreuen
etwas grobes Meersalz zum Bestreuen

1 Den Backofen auf 210 °C vorheizen. Ein Backblech einfetten. Das Mehl, das Backpulver und das Salz in eine große Schüssel sieben. Den Zucker und die Dillsamen untermischen. Die Butter dazugeben und mit den Fingerspitzen einkneten, so dass sich Streusel bilden. In die Mitte eine Mulde drücken, das Bier hineingießen und alles mit einem Holzlöffel zügig vermischen.

2 Den Teig zu einem Ballen formen und auf einer bemehlten Arbeitsfläche 1–2 Minuten durchkneten. Den Teigballen etwas auseinanderziehen, auf das Backblech legen, flach drücken und mit dem Rücken eines Messers längs in der Mitte des Laibs etwa 2 cm tief eindrücken. Die Oberseite mit Wasser bestreichen und mit den restlichen Dillsamen und dem Meersalz bestreuen.

3 Das Brot in den Backofen schieben und etwa 20 Minuten backen. Die Backofentemperatur auf 180 °C reduzieren und das Brot weitere 15–20 Minuten durchbacken. Herausnehmen und auf einem Kuchengitter auskühlen lassen.

TIPP: Eingefroren hält sich dieses würzige Brot bis zu eine Woche. Es passt besonders gut zu frischer Butter und herzhaftem Käse.

MAISBROT

Vorbereitungszeit: 20 Minuten
Backzeit: 25 Minuten
Für 1 Laib

125 g Mehl
2 TL Backpulver
150 g fein gemahlenes Maismehl
1 TL Salz
1 Ei
250 ml Buttermilch
60 ml Öl

1 Den Backofen auf 220 °C vorheizen. Eine ofenfeste Pfanne oder eine runde Kuchenform großzügig mit Öl einfetten. Zum Anwärmen in den Backofen schieben.

2 Das Mehl, das Backpulver das Maismehl und das Salz in eine Schüssel sieben. In die Mitte eine Mulde drücken. Das Ei, die Buttermilch und das Öl in einer kleinen Schüssel miteinander verschlagen. Zu den trockenen Zutaten in die Mulde gießen und alles zu einem lockeren Teig verrühren.

3 Den Teig in die vorgewärmte Backform füllen, in den Backofen schieben und etwa 25 Minuten backen, bis sich der Teig verfestigt und goldbraun gefärbt hat. Warm servieren.

ZWIEBEL-BUTTERMILCH-BROT

Den Backofen auf 180 °C vorheizen. 350 g Mehl und 6 TL Backpulver in eine Schüssel sieben. 35 g Zwiebelsuppe aus der Tüte und 2 EL frischen, gehackten Schnittlauch darunter mischen. 440 ml Buttermilch mit einem breiten Messer in schneidenden Bewegungen unterrühren. Den Teig auf einer leicht bemehlten Arbeitsfläche kurz durchkneten. In vier gleich große Stücke teilen und jedes Stück zu einem Ballen formen. In ausreichendem Abstand auf ein bemehltes Backblech legen. Die Oberflächen mit etwas Mehl bestäuben und jedes Brot mit einem Schnitt über die Oberseite versehen. Die Brote in den Backofen schieben und 25–30 Minuten goldbraun backen.
Für 4 kleine Laibe

MAISMEHL

Mais ist das einzige Getreide, das ursprünglich aus Amerika stammt. Er hat seine Wurzeln wahrscheinlich im peruanischen Andenhochland. Archäologische Funde deuten darauf hin, dass es dort schon vor mehr als 7000 Jahren Mais gab. Als die ersten europäischen Eroberer nach Amerika kamen, war er bereits auf dem ganzen Kontinent verbreitet, von Kanada bis nach Chile. Die amerikanischen Ureinwohner nutzten das gelbe Korn zu verschiedensten Zwecken, ebenso wie die ersten Siedler aus Europa. Mais ist aber auch ungewöhnlich vielseitig. Er schmeckt gekocht als frisches Gemüse, kann aber auch zu Mehl, Grieß, Stärke, Öl, Cornflakes usw. verarbeitet werden. Maismehl wird aus getrockneten Maiskörnern gemahlen. Zum Backen, z. B. von Maisbrot oder Tortillas, verwendet man gewöhnlich sehr feines Maismehl.

GEGENÜBER:
Maisbrot (oben), Bierlaib

BRÖTCHEN

Backen Sie Ihre ganz persönlichen Lieblingsbrötchen. Der Teig wird nach dem

Grundrezept für Weißbrot (Seite 410) hergestellt.

SCHNECKENBRÖTCHEN
Den Teig in 16–24 gleich große Stücke teilen. Zu etwa 30 cm langen Würsten rollen und zu Schnecken formen, dabei die Enden gut festdrücken. Im Abstand von etwa 5 cm auf eingefettete Backbleche legen und zugedeckt etwa 20 Minuten gehen lassen. Nach Belieben bestreuen oder glasieren. Den Backofen auf 180 °C vorheizen und die Brötchen 15–20 Minuten goldbraun backen.

KNOTENBRÖTCHEN
Den Teig in 16–24 gleich große Stücke teilen, zu etwa 30 cm langen Würsten rollen und zu Knoten formen. Auf eingefettete Backbleche legen und fortfahren wie bei den Schneckenbrötchen.

KLEEBLATTBRÖTCHEN
Den Teig in 16–24 gleich große Stücke und jedes Stück noch einmal in drei Teigkugeln teilen. Je drei Kugeln dicht nebeneinander in Kleeblattform anordnen und etwas zusammendrücken. Auf eingefettete Backbleche legen und fortfahren wie bei den Schneckenbrötchen.

OVALE BRÖTCHEN
Den Teig in 16–24 gleich große Stücke teilen und zu etwa faustgroßen, ovalen Ballen formen. Die Oberseiten nach Belieben mit einem scharfen Messer einritzen. Auf eingefettete Backbleche

legen und im Rezept fortfahren wie bei den Schneckenbrötchen.

GLASUREN UND BELÄGE
Die Wahl dessen, womit Sie Ihre Brötchen bestreuen oder glasieren, verändert nicht nur deren Aussehen, sondern auch deren Geschmack. Eine Glasur z. B. wirkt sich auf Farbe und Beschaffenheit der Rinde aus. Sie können Ihre Brötchen vor oder nach dem Backen glasieren. Durch die hohen Temperaturen, bei denen Brot gebacken wird, kann es vorkommen, dass die Brötchen zu schnell braun werden. Wenn das passiert, sollten Sie entweder die Backofentemperatur leicht reduzieren oder die Brötchen mit Alufolie abdecken.

BELÄGE
Bestreuen Sie die Brötchen vor dem Backen mit Mehl, Haferflocken, grob-körnigem Salz oder geriebenem Käse. Auch Mohn, Sesam, Kümmel, Kürbis- oder Sonnenblumenkerne, Dill- oder Fenchelsamen eignen sich hervorragend zum Bestreuen.

GLASUREN
Bestreichen Sie die Brötchen mit Hilfe eines breiten Backpinsels mit einer der folgenden Mischungen:

NACH DEM BACKEN
Weiche Rinde: Die fertig gebackenen, noch heißen Brötchen mit zerlassener Butter bestreichen und weitere 2 Minuten backen. Noch einmal bestreichen.
Glänzende Rinde: 1 Eiweiß mit 1 EL Wasser verquirlen. Die fertig gebackenen, noch heißen Brötchen damit bestreichen und für weitere 5 Minuten backen.
Süße, glänzende Rinde: 1 EL Zucker mit 2 EL Milch verrühren und die fertig gebackenen, noch heißen Brötchen damit bestreichen. Für weitere 5 Minuten backen.
Zuckerglasur: 60 g Zucker bei schwacher Hitze in 2 EL Wasser auflösen. 2 Minuten aufkochen und eindicken lassen. Die fertig gebackenen, noch heißen Brötchen damit bestreichen.

VOR DEM BACKEN
Dunkle Rinde: 1 Ei oder 1 Eigelb mit 1 TL Wasser verquirlen.
Glänzende Rinde für herzhafte Brötchen: 1 Ei mit 1 TL Öl und etwas Salz und Pfeffer verquirlen.
Knusprige Rinde: 1 Eiweiß mit 1 TL Wasser verquirlen.
Leichter Glanz: Mit Milch, Sahne oder zerlassener Butter bestreichen.

VON LINKS: Schnecken-, Knoten-, Kleeblatt-brötchen, ovale Brötchen, Knotenbrötchen. Beläge (rechts): Sesam, Mohn, grobes Salz, Sonnenblumenkerne

SAUERTEIGBROT

Für den Vorteig Mehl vom Rand her langsam unter die Hefemischung rühren, bis eine glatte Masse entsteht.

Nach und nach das restliche Mehl und etwas lauwarmes Wasser unterschlagen.

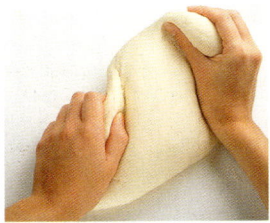

Den Teig etwa 10 Minuten glatt und geschmeidig kneten, bei Bedarf noch etwas Mehl zugeben.

Die Oberseiten der Brote mit einem scharfen Messer mehrmals einschneiden.

SAUERTEIGBROT

Vorbereitungszeit: 30 Minuten
Ruhezeit: 2 Tage
Gehzeit: 1 Stunde 45 Minuten
Backzeit: 40 Minuten
Für 2 Laibe

Vorteig

250 g Weizenmehl für Brot
2 TL frische Hefe

Teig

375 g Weizenmehl für Brot
1 TL Salz
2 TL frische Hefe

1 Für den Vorteig 125 g Mehl in eine Schüssel sieben und in die Mitte eine Mulde drücken. Die Hefe mit 250 ml lauwarmem Wasser glatt rühren. In die Mulde gießen und das Mehl vom Rand her langsam untermischen, bis eine glatte Masse entsteht. Mit Frischhaltefolie abdecken und bei Zimmertemperatur 24 Stunden ruhen lassen. Anschließend das restliche Mehl und nach und nach 125 ml lauwarmes Wasser unterschlagen. Weitere 24 Stunden ruhen lassen.

2 Für den Teig das Mehl und das Salz in eine große Schüssel sieben und in die Mitte eine Mulde drücken. Die Hefe mit 80 ml lauwarmem Wasser glatt rühren. Zusammen mit dem Vorteig in die Mulde gießen und nach und nach vom Rand her das Mehl einarbeiten. Den Teig auf einer leicht bemehlten Arbeitsfläche etwa 10 Minuten glatt und geschmeidig kneten, bei Bedarf etwas Mehl zugeben.

3 Zu einem Ballen formen, in eine leicht eingeölte Schüssel legen, mit Frischhaltefolie oder einem feuchten Geschirrhandtuch abdecken und an einem warmen Ort etwa 1 Stunde gehen lassen. Zwei Backbleche einfetten und leicht mit Mehl bestäuben. Den Teig noch einmal kurz durchkneten und in zwei gleich große Stücke teilen. Jedes Stück zu einem runden Ballen von etwa 20 cm Ø formen. Die Oberseiten der Brote mit einem scharfen Messer mehrmals etwa 1 cm tief einschneiden.

4 Die Brotlaibe auf die Backbleche legen, mit Frischhaltefolie oder feuchten Geschirrhandtüchern abdecken und etwa 45 Minuten an einem warmen Ort gehen lassen. Den Backofen auf 190 °C vorheizen. Die Brote in den Backofen schieben und 35–40 Minuten goldbraun und knusprig backen. Nach der Hälfte der Backzeit die Bleche austauschen. Zum Abkühlen auf ein Kuchengitter legen.

RECHTS: Sauerteigbrot

KARTOFFELBROT

Vorbereitungszeit: 45 Minuten
Gehzeit: 1 Stunde 45 Minuten
Backzeit: 35 Minuten
Für 1 Laib

7 g Trockenhefe
500 g ungebleichtes Weizenmehl
1 TL Salz
2 EL Vollmilchpulver
230 g gekochte Kartoffeln, gestampft
25 g frischer Schnittlauch, gehackt
1 Eiweiß zum Bestreichen
2 TL kaltes Wasser
Sonnenblumen- oder Kürbiskerne zum
    Bestreuen

1 Eine runde Kuchenform (25 cm Ø) einfetten und den Boden mit Backpapier auslegen. Die Hefe und 60 ml lauwarmes Wasser in einer kleinen Schüssel gründlich vermischen. An einem warmen, zugluftfreien Ort etwa 10 Minuten gehen lassen, bis sich auf der Oberfläche Bläschen gebildet haben. Wenn die Mischung nicht reagiert, ist die Hefe zu alt. Dann mit frischer Hefe neu ansetzen.
2 435 g Mehl, das Salz und das Milchpulver in eine große Schüssel sieben. Den Kartoffelbrei und den Schnittlauch mit einer Gabel untermischen. Die Hefemischung und 250 ml lauwarmes Wasser dazugeben und alles zu einem glatten Teig verrühren. Bei Bedarf das restliche Mehl zugeben.
3 Den Teig auf einer bemehlten Arbeitsfläche glatt und geschmeidig kneten. Zu einem Ballen formen, in eine leicht eingeölte Schüssel legen und mit etwas Öl bestreichen. Mit Frischhaltefolie abdecken und an einem warmen Ort etwa 1 Stunde gehen lassen.
4 Den Teig noch einmal kurz durchkneten, in zwölf gleich große Stücke teilen und jedes Stück zu einer Kugel formen.
5 Die Teigkugeln in Blumenform in der Backform anordnen, dabei in der Mitte zwei Kugeln aufeinander drücken. Mit Frischhaltefolie abdecken und etwa 45 Minuten an einem warmen Ort gehen lassen. Den Backofen auf 210 °C vorheizen.
5 Das Eiweiß mit dem kalten Wasser verquirlen, die Oberseite des Brotes damit bestreichen und das Mittelstück mit den Kernen bestreuen. Das Brot etwa 15 Minuten backen. Die Backofentemperatur auf 180 °C reduzieren und das Brot weitere 20 Minuten goldbraun und knusprig backen. Etwa 10 Minuten in der Form abkühlen lassen, dann zum Auskühlen auf ein Kuchengitter legen.
TIPP: Je nachdem, wie feucht der Kartoffelbrei ist, müssen Sie etwas mehr Mehl verwenden, damit der Teig schön geschmeidig wird.

KARTOFFELBROT
Wenn man herkömmlichen Brotteig mit frischem Kartoffelbrei vermischt, entsteht ein saftiges, dichtes Brot mit einem ganz besonderen Geschmack. Für Kartoffelbrot eignen sich am besten mehlig kochende Kartoffelsorten. Die Kartoffeln schälen, in kleine Würfel schneiden und in etwas Wasser weich kochen. Anschließend gut abtropfen lassen und noch heiß zu Brei zerstampfen.

OBEN: Kartoffelbrot

GLUTENFREIES BROT

Vorbereitungszeit: 25 Minuten
Gehzeit: 1 Stunde
Backzeit: 45 Minuten
Für 1 Laib

7 g Trockenhefe
2 TL Zucker
400 g glutenfreies Mehl (siehe Tipp)
1/2 TL Salz
50 g Milchpulver
1 EL Xanthan (siehe Tipp)
2 Eier, leicht verquirlt
60 ml Öl
1 EL Sesamkörner

1 Eine Kastenform (22 x 9 x 5,5 cm) leicht einfetten. Die Hefe, den Zucker und 440 ml lauwarmes Wasser in einer kleinen Schüssel gründlich vermischen. An einem warmen, zugluftfreien Ort etwa 10 Minuten gehen lassen, bis sich auf der Oberfläche Bläschen gebildet haben. Wenn die Mischung nicht reagiert, ist die Hefe zu alt. Dann mit frischer Hefe neu ansetzen.
2 Das Mehl, das Salz, das Milchpulver und das Xanthan in eine große Schüssel sieben. In die Mitte eine Mulde drücken und die Hefemischung, die Eier und das Öl hineingießen. Alles gründlich mit einem Holzlöffel vermischen und kurz durchschlagen.
3 Den Teig in die Form geben und die Oberfläche mit angefeuchteten Händen glatt streichen und mit den Sesamkörnern bestreuen. Mit einer leicht eingefetteten Frischhaltefolie abdecken und an einem warmen, zugluftfreien Ort etwa 1 Stunde gehen lassen. Den Backofen auf 190 °C vorheizen. Das Brot in den Backofen schieben und 40–45 Minuten goldbraun backen. Herausnehmen und in der Form etwa 5 Minuten abkühlen lassen, dann aus der Form lösen und zum Auskühlen auf ein Kuchengitter legen.
TIPP: Der Glutenersatz Xanthan ist ein künstliches Verdickungsmittel auf pflanzlicher Basis. Xanthan wird mit Hilfe von Bakterien aus zuckerhaltigen Substraten gewonnen. Als Ballaststoff wirkt es verdauungsfördernd. Xanthan ist ebenso wie glutenfreies Mehl in Reformhäusern und Naturkostläden erhältlich.

WALNUSSBROT

Vorbereitungszeit: 45 Minuten
Gehzeit: 2 Stunden 30 Minuten
Backzeit: 50 Minuten
Für 1 Laib

2 1/2 TL Trockenhefe
90 g flüssiges Malz
2 EL Olivenöl
300 g Walnusshälften, leicht geröstet
530 g Weizenmehl für Brot
1 1/2 TL Salz
1 Ei, leicht verquirlt

1 Ein Backblech leicht einfetten. Die Hefe, das Malz und 350 ml lauwarmes Wasser in einer kleinen Schüssel gründlich vermischen. An einem warmen, zugluftfreien Ort etwa 10 Minuten gehen lassen, bis sich auf der Oberfläche Bläschen gebildet haben. Wenn die Mischung nicht reagiert, ist die Hefe zu alt. Anschließen das Öl einrühren.
2 200 g Walnüsse in der Küchenmaschine oder einer Getreidemühle zu einem groben Mehl zermahlen. Mit 500 g Mehl und dem Salz in einer großen Schüssel vermischen. In die Mitte eine Mulde drücken und die Hefemischung hineingießen. Alles mit einem großen Metalllöffel zu einem groben Teig verrühren. Den Teig auf einer leicht bemehlten Arbeitsfläche etwa 10 Minuten glatt und geschmeidig kneten. Bei Bedarf das restliche Mehl zugeben. Den Teig zu einem Ballen formen, in eine leicht eingeölte Schüssel legen, mit Frischhaltefolie oder einem feuchten Geschirrhandtuch abdecken und etwa 1 1/2 Stunden an einem warmen Ort auf etwa die doppelte Größe aufgehen lassen.
3 Den Teig noch einmal kurz durchkneten und zu einem etwa 25 x 20 cm großen Rechteck formen. Die restlichen Walnüsse auf der Teigplatte verteilen und die Teigplatte von der kurzen Seite her fest zusammenrollen. Auf das Backblech legen, mit Frischhaltefolie oder einem feuchten Geschirrhandtuch abdecken und an einem warmen Ort etwa 1 Stunde gehen lassen.
4 Den Backofen auf 190 °C vorheizen. Das Brot mit dem Ei bestreichen und 45–50 Minuten goldbraun backen. Auf einem Kuchengitter abkühlen lassen.
TIPP: Verwenden Sie hochwertige Walnüsse. Billigere können beim Backen bitter werden.

WALNUSSBROT

Die Walnüsse auf der Teigplatte verteilen und fest in den Teig einrollen.

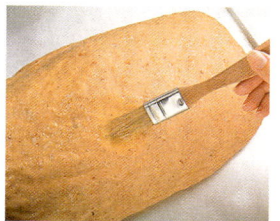

Die Oberseite des Brotes vor dem Backen mit verquirltem Ei bestreichen.

GEGENÜBER: Glutenfreies Brot (oben), Walnussbrot

GRISSINI

Diese langen, dünnen Brotstängchen stammen ursprünglich aus der italienischen Stadt Turin. Es gibt sie dünn wie Bleistifte und dick wie Havannazigarren. In Italien werden sie traditionell zu den Vorspeisen, den Antipasti, serviert, weil sie so leicht sind und einem nicht den Appetit auf den Hauptgang verderben. Grissini werden blank oder mit grobem Salz, Körnern, getrockneten Kräutern oder Käse bestreut gebacken.

GRISSINI

Vorbereitungszeit: 40 Minuten
Gehzeit: 1 Stunde
Backzeit: 15 Minuten
Für 24 Stück

 ★ ★

7 g Trockenhefe
1 TL Zucker
500 g Weizenmehl für Brot
1 TL Salz
60 ml Olivenöl
15 g frisches Basilikum, gehackt
4 Knoblauchzehen, zerdrückt
50 g fein geriebener Parmesan
2 TL grobes Meersalz zum Bestreuen
2 EL fein geriebener Parmesan zum Bestreuen

1 Die Hefe, den Zucker und 315 ml lauwarmes Wasser in einer kleinen Schüssel gründlich vermischen. An einem warmen, zugluftfreien Ort etwa 10 Minuten gehen lassen, bis sich auf der Oberfläche Bläschen gebildet haben.

2 Das Mehl und das Salz in eine Schüssel sieben. In die Mitte eine Vertiefung drücken, die Hefemischung und das Öl hineingießen und alles gründlich vermischen. Bei Bedarf etwas Wasser zugeben.

3 Den Teig zu einem Ballen formen und auf einer leicht bemehlten Arbeitsfläche etwa 10 Minuten glatt und geschmeidig kneten. In zwei gleich große Portionen teilen. Das Basilikum und den Knoblauch unter die eine Hälfte, den geriebenen Parmesan unter die andere mischen. Hierzu den Teig zu einer rechteckigen Teigplatte flach drücken und die Zutaten darauf verteilen. Anschließend die Teigplatte zusammenklappen und einige Minuten durchkneten.

4 Jede Teigportion in eine leicht eingeölte Schüssel legen, mit Frischhaltefolie oder einem feuchten Geschirrhandtuch abdecken und etwa 1 Stunde an einem warmen, zugluftfreien Ort auf die doppelte Größe aufgehen lassen. Den Backofen auf 230 °C vorheizen und zwei Backbleche einfetten.

5 Die Teigstücke noch einmal kurz durchkneten und in je zwölf gleich große Stücke teilen. Jedes Stück zu einer etwa 30 cm langen und 5 mm dicken Wurst rollen. Auf die Backbleche legen, mit Wasser bestreichen und die Basilikum-Knoblauch-Stangen mit dem Meersalz, die Käsestangen mit dem Parmesan bestreuen. In den Backofen schieben und etwa 15 Minuten goldbraun und knusprig backen.

RECHTS: Grissini

430

CIABATTA

Vorbereitungszeit: 30 Minuten
Gehzeit: 5 Stunden 45 Minuten
Backzeit: 30 Minuten
Für 1 Laib

7 g Trockenhefe
1 TL Zucker
2 TL Salz
750 g Weizenmehl für Brot
50 ml Olivenöl
Mehl zum Bestäuben

1 Die Hefe, den Zucker und 75 ml lauwarmes Wasser in einer kleinen Schüssel gründlich vermischen. An einem warmen, zugluftfreien Ort etwa 10 Minuten gehen lassen, bis sich auf der Oberfläche Bläschen gebildet haben. Wenn die Mischung nicht reagiert, ist die Hefe zu alt. Dann mit frischer Hefe neu ansetzen.
2 Das Salz und 250 g Mehl in eine große Schüssel sieben. In die Mitte eine Mulde drücken, die Hefemischung, das Öl und 225 ml Wasser hineingießen und alles sorgfältig vermischen. Den Teig mit den Händen gründlich durcharbeiten.
3 Zu einem Ballen formen und in eine saubere Schüssel legen. Mit Frischhaltefolie oder einem feuchten Geschirrhandtuch abdecken und an einem warmen Ort etwa 4 Stunden auf die doppelte Größe aufgehen lassen.
4 Mit den Händen das restliche Mehl in den Teig einarbeiten. Den Teig abdecken und nochmals 1–1 1/4 Stunden gehen lassen. Ein großes Backblech großzügig mit Mehl bestäuben. Den Teig mit bemehlten Händen auf dem Backblech zu einem ovalen Laib formen. Großzügig mit Mehl bestäuben. Mit Frischhaltefolie abdecken und nochmals 30 Minuten gehen lassen.
5 Den Backofen auf 210 °C vorheizen. Eine feuerfeste Form mit Eiswürfeln füllen und in den Backofen stellen. Das Ciabatta in den Ofen schieben und etwa 30 Minuten backen, bis es gut aufgegangen ist und sich goldbraun gefärbt hat. Das geschmolzene Eis nach etwa 20 Minuten aus dem Backofen entfernen.

CIABATTA

Die Heimat dieser italienischen Brotspezialität ist die Region Emilia Romagna. Inzwischen ist das lockere Weißbrot jedoch auf der ganzen Welt bekannt und beliebt. „Ciabatta" bedeutet soviel wie „Hausschuh", weil das Brot in seiner Form einem gut eingelaufenen Pantoffel ähnelt. Ciabatta verdankt seine lockere Konsistenz den langen Gehzeiten und dem hohen Flüssigkeitsanteil im Teig. Ciabattateig muss mit großer Vorsicht bearbeitet werden, damit die Luftbläschen, die sich durch das lange Aufgehen gebildet haben, nicht zerstört werden.

OBEN: Ciabatta

BAGELS

Die Hefemischung gehen lassen, bis sich feine Bläschen darauf gebildet haben.

Den Teig so lange durchkneten, bis er glatt und ziemlich fest ist.

Die Teigkugeln mit den Händen zu etwa 28 cm langen Würsten rollen.

Jeden Teigring über die Finger streifen und hin- und herrollen, bis er überall die gleiche Stärke hat.

OBEN: Bagels

BAGELS

Vorbereitungszeit: 35 Minuten
Kühlzeit: 12 Stunden
Backzeit: 15 Minuten
Für 8 Stück

★ ★

7 g Trockenhefe
1 TL Zucker
1 EL Honig
500 g Weizenmehl für Brot
2 TL Salz
grobe Polenta zum Bestreuen

 Die Hefe, den Zucker und 375 ml lauwarmes Wasser in einer kleinen Schüssel gründlich vermischen. An einem warmen, zugluftfreien Ort etwa 10 Minuten gehen lassen, bis sich auf der Oberfläche Bläschen gebildet haben. Wenn die Mischung nicht reagiert, ist die Hefe zu alt. Dann mit frischer Hefe neu ansetzen. Den Honig einrühren.

2 250 g Mehl in eine große Schüssel sieben, in die Mitte eine Mulde drücken und die Hefemischung und das Salz hineingießen. Alles mit einem Holzlöffel vermischen. Den Teig auf einer bemehlten Arbeitsfläche 10–12 Minuten glatt kneten. Der Teig sollte recht fest sein, deshalb bei Bedarf das restliche Mehl zugeben. Den Teig in acht gleich große Stücke teilen und jedes Stück zu einer Kugel formen. Mit Frischhaltefolie oder einem sauberen Geschirrhandtuch abdecken und etwa 5 Minuten gehen lassen.

3 Jede Teigkugel mit dem Handballen zu einer etwa 28 cm langen Wurst rollen. Die Enden etwas flach drücken und so übereinanderschlagen, dass sie sich um etwa 4 cm überlappen. Fest zusammendrücken. Jeden Teigring über die Finger streifen und einige Male hin- und herrollen, bis der Ring überall die gleiche Stärke hat und die Nahtstelle fest verbunden ist. Zwei Backbleche mit Polenta bestreuen und die Teigringe darauf platzieren. Mit Frischhaltefolie abdecken und etwa 12 Stunden im Kühlschrank ruhen lassen.

4 Den Backofen auf 240 °C vorheizen. Zwei Backbleche mit Backpapier auslegen. Die Bagels etwa 20 Minuten vor dem Backen aus dem Kühlschrank nehmen. In einem großen Topf Wasser zum Kochen bringen und die Bagels jeweils etwa 30 Sekunden lang darin brühen. Gut abtropfen lassen.

5 Auf die Backbleche legen und etwa 15 Minuten goldbraun und knusprig backen. Auf einem Kuchengitter abkühlen lassen. Mit Butter oder Frischkäse servieren.

分

SCHOTTISCHE BAPS

Vorbereitungszeit: 40 Minuten
Gehzeit: 1 Stunde 15 Minuten
Backzeit: 30 Minuten
Für 12 Stück

 ☆ ☆

7 g Trockenhefe
1 TL Zucker
435 g Weizenmehl für Brot
250 ml lauwarme Milch
1 1/2 TL Salz
45 g zerlassene Butter
1 EL Mehl zum Bestäuben

1 Zwei Backbleche leicht mit Mehl bestäuben. Die Hefe, den Zucker und 2 EL Mehl in einer kleinen Schüssel gründlich vermischen. Nach und nach die Milch unterrühren, bis sich alles zu einer glatten Mischung verbunden hat. An einem warmen, zugluftfreien Ort etwa 10 Minuten gehen lassen, bis sich auf der Oberfläche Bläschen gebildet haben. Wenn die Mischung nicht reagiert, ist die Hefe zu alt.

2 Das Salz und das restliche Mehl in eine große Schüssel sieben. In die Mitte eine Mulde drücken und die Hefemischung sowie die Butter hineingießen. Alles mit einem Messer zu einem weichen Teig verarbeiten.

3 Auf einer bemehlten Arbeitsfläche 3 Minuten glatt kneten. Zu einem Ballen formen, in eine leicht geölte Schüssel legen, mit Frischhaltefolie oder einem feuchten Geschirrhandtuch abdecken und an einem warmen Ort etwa 1 Stunde gehen lassen.

4 Den Backofen auf 210 °C vorheizen. Den Teig noch einmal kurz durchkneten und in zwölf gleich große Stücke teilen. Jedes Stück noch einmal kurz durchkneten, dann zunächst zu einer Kugel, anschließend zu einem flachen Oval formen.

5 Die Teigfladen auf die Backbleche legen und mit Mehl bestäuben. Abdecken und an einem warmen Ort noch einmal etwa 15 Minuten gehen lassen. In die Mitte jedes Fladens mit dem Finger eine Mulde drücken. Etwa 30 Minuten zart goldbraun backen. Warm servieren.

SCHOTTISCHE BAPS
Baps sind die traditionellen kleinen Fladenbrote Schottlands. Da sie meist zum Frühstück gegessen werden, heißen sie in anderen Teilen Englands auch schlicht „Frühstücksbrötchen". Am besten schmecken sie warm, frisch aus dem Ofen. Durch die Milch im Rezept werden Baps besonders zart im Teig und haben eine weiche Rinde. Unter dem Namen „Baps" sind die leckeren Milchbrötchen etwa seit dem 16. Jahrhundert bekannt.

LINKS: Schottische Baps

BROTE

Die nordindische Küche kennt herrliche Brote –
von papierdünnen Parathas bis zu aufgegangenen Naan-Broten. Traditionell werden
sie im Lehmofen gebacken. Man ißt mit ihnen z. B. Curry-Gerichte.

PARATHAS

280 g Chapatimehl und eine Prise Salz in eine große Schüssel geben. Mit den Fingerspitzen 40 g Ghee in das Mehl reiben, bis es fein zerkrümelt ist. In der Mitte eine Mulde bilden, 185 ml Wasser zugießen und einen festen Teig formen. Diesen dann durchkneten, bis er glatt ist. Mit Frischhaltefolie abgedeckt 40 Minuten ruhen lassen. Den Teig in 10 Portionen aufteilen. Jede zu einem Kreis von 13 cm Durchmesser ausrollen. Leicht mit geschmolzenem Ghee oder Öl einpinseln. Jeden Kreis bis zur Mitte einschneiden, eng zu einer Kegelform zusammenrollen und anschließend wieder flachdrücken. Erneut in einen 13 cm großen Kreis ausrollen. Parathas einzeln in heißem Ghee oder Öl in einer Bratpfanne braten, bis sie aufgehen und beidseitig leicht gebräunt sind. Auf Papiertüchern abtropfen lassen. Ergibt 10 Stück.

NAAN

500 g Mehl, ½ TL Natron, 1 TL Backpulver und 1 TL Salz in eine Schüssel sieben. 1 geschlagenes Ei, 1 EL Ghee oder Butter und 125 g Joghurt zugeben. Nach und nach Milch zugießen (ca. 250 ml), bis ein weicher Teig entsteht. Mit einem feuchten Tuch bedecken und 2 Stunden an einem warmen Platz ruhen lassen. 2–3 Minuten auf einer bemehlten Oberfläche durchkneten, bis der Teig glatt ist. Den Backofen auf 200 °C (Gas: Stufe 6) vorheizen.

In 8 Portionen teilen und jede zu einem 15 cm langen Oval ausrollen. Mit Wasser einpinseln und mit der feuchten Seite nach unten auf eingefettete Backbleche legen. Mit geschmolzener Butter oder Ghee bestreichen. In etwa 8–10 Minuten goldbraun backen. Ergibt 8 Stück.

PURIS

375 g Vollkornmehl und eine Prise Salz in eine Schüssel sieben. Mit den Fingerspitzen 1 EL Ghee oder Öl einreiben. Nach und nach mit ca. 250 ml Wasser zu einem festen Teig verarbeiten und auf einer leicht bemehlten Oberfläche glattkneten. Mit Frischhaltefolie bedecken und 50 Minuten beiseite stellen. In 18 Portionen aufteilen und jede zu einem 14 cm großen Kreis ausrollen. In eine tiefe Bratpfanne 3 cm hoch Öl gießen und mäßig erhitzen. Die Fladen einzeln fritieren, bis sie aufgehen und goldbraun sind. Sofort servieren. Ergibt 18 Stück.

CHAPATIS

280 g Chapatimehl mit 1 Prise Salz in eine Schüssel geben. Nach und nach etwa 250 ml Wasser zugießen, bis ein fester Teig entsteht. Auf einer leicht bemehlten Fläche glattkneten. Mit Frischhaltefolie bedecken und 50 Minuten beiseite stellen. In 14 Portionen aufteilen und jede zu einem 14 cm großen Kreis ausrollen. Eine heiße Bratpfanne mit etwas Ghee oder Öl einpinseln. Die Chapatis bei mittlerer Hitze braten, die Oberfläche dabei flachdrücken, bis beide Seiten goldbraun sind und sich Blasen bilden. Ergibt 14 Stück.

PAPADS

Papads sind dünne Waffeln aus Linsen-, Reis- oder Kartoffelmehl. Mit Zangen jeweils eine in 2 cm hohes, sehr heißes Öl gleiten lassen. Umdrehen, schnell herausnehmen und auf Papiertüchern abtropfen lassen.

VON LINKS NACH RECHTS: Parathas, Naan, Puris, Chapatis, Papads

435

OLIVENBROT

Zubereitungszeit: 30 Minuten
+ 2 Stunden 30 Minuten Aufgehzeit
Backzeit: 35 Minuten
Ergibt I Laib

★★

375 g Mehl
I TL Salz
I Päckchen (7 g) Trockenhefe
2 TL Zucker
2 EL Olivenöl
110 g Kalamata-Oliven, entsteint, halbiert
2 TL Mehl zum Bestreuen
I kleiner frischer Oreganozweig, nach Belieben
Olivenöl zum Glasieren

OBEN: Olivenbrot

I Ein Drittel des Mehls mit dem Salz in einer großen Schüssel mischen. Hefe, Zucker und 250 ml lauwarmes Wasser in einer kleinen Schüssel gründlich verrühren und an einem warmen, vor Zugluft geschützten Ort 10 Minuten gehen lassen, bis sich Bläschen an der Oberfläche bilden und sich das Volumen etwas vergrößert hat.

2 Die Hefemischung zum Mehl geben und grob vermengen. Mit einem Geschirrtuch bedecken und an einem warmen, vor Zugluft geschützten Ort etwa 45 Minuten gehen lassen, bis sich das Volumen verdoppelt hat.

3 Restliches Mehl, Öl und 125 ml warmes Wasser zum Vorteig geben und mit einem Holzlöffel rühren, bis sich die Zutaten verbinden. Auf der leicht bemehlten Arbeitsfläche 10–12 Minuten kneten, dabei möglichst wenig zusätzliches Mehl einarbeiten; der Teig soll weich und feucht, aber nicht klebrig sein. Zu einer Kugel formen. Eine saubere Schüssel einölen und den Teig darin wenden, bis er ringsum mit Öl überzogen ist. Die Kugel oben kreuzweise einschneiden, die Schüssel mit einem Geschirrtuch bedecken und den Teig 1 Stunde an einem warmen Ort gehen lassen, bis sich das Volumen verdoppelt hat.

4 Ein Backblech leicht einfetten und mit Mehl bestäuben. Den Teig auf der leicht bemehlten Arbeitsfläche mit der Faust zusammendrücken und zu einer 30 x 25 x 1 cm großen Platte ausrollen. Die Oliven ausdrücken, um überschüssige Flüssigkeit zu entfernen, und in 2 TL Mehl wenden. Oliven und grob zerteilte Oreganoblätter über den Teig verteilen. Die Teigplatte der Länge nach fest aufrollen, dabei kräftig drücken, um etwaige Luftbläschen zu entfernen. Die Enden zusammendrücken und einen ovalen, 25 cm langen Laib formen. Mit der Naht nach unten auf das Backblech legen. An der Oberseite 3 leichte diagonale Einschnitte anbringen. Das Backblech in eine große Plastiktüte schieben und an einem warmen Ort etwa 45 Minuten gehen lassen, bis sich das Volumen des Brotlaibs verdoppelt hat.

5 Den Backofen auf 220 °C (Gas 4–5) vorheizen. Das Brot oben mit Olivenöl bestreichen und 30 Minuten backen. Die Temperatur auf 180 °C (Gas 2) zurückschalten und weitere 5 Minuten backen. Auf einem Kuchengitter abkühlen lassen. Warm oder kalt servieren.
Hinweis: Statt Oregano kann man auch 2 TL fein gehackten Rosmarin unter den Teig heben. Das Brot mit Olivenöl bepinseln und ganze Rosmarinblätter darüber streuen.

FOCACCIA
(Italienisches Fladenbrot)

Zubereitungszeit: 30 Minuten
 + 3 Stunden 30 Minuten Aufgehzeit
Backzeit: 20 Minuten je Laib
Ergibt 2 Laibe

1/2 TL feiner Zucker
1 Päckchen (7 g) Trockenhefe
1 kg Mehl
2 TL Salz
60 ml Olivenöl

1 Zucker, Hefe und 2 EL lauwarmes Wasser in einer kleinen Schüssel gründlich mischen und an einem warmen, vor Zugluft geschützten Ort 10 Minuten gehen lassen, bis sich Bläschen bilden und sich das Volumen etwas vergrößert hat.
2 Mehl mit 2 TL Salz in einer großen Schüssel mischen. 2 EL Olivenöl, die Hefemischung und zunächst 250 ml lauwarmes Wasser zugießen. Mit einem Holzlöffel verrühren, dabei nach und nach Wasser zufügen, bis sich die Zutaten verbinden, und auf der leicht bemehlten Arbeitsfläche 8 Minuten zu einem weichen, glatten, feuchten, aber nicht klebrigen Teig kneten; nach Bedarf etwas Mehl oder lauwarmes Wasser zufügen. Eine mit dem Finger gedrückte Vertiefung sollte sofort wieder herausspringen.
3 Eine große Schüssel leicht einölen und den Teig darin wenden, bis er rundum mit Öl überzogen ist. Die Oberseite mit einem scharfen Messer kreuzweise einritzen. Mit einem sauberen Geschirrtuch bedecken und an einem trockenen warmen Ort 1 1/2 Stunden gehen lassen, bis sich das Volumen verdoppelt hat.
4 Den Teig auf der leicht bemehlten Arbeitsfläche mit der Faust zusammendrücken und halbieren. Nach Belieben 1 Portion einfrieren. Eine Hälfte zu einer 28 x 20 cm großen Platte ausrollen, dann mit den Handballen von der Mitte aus auf 38 x 28 cm vergrößern.
5 Ein Backblech leicht einölen und mit Mehl bestäuben. Den Teig in die Mitte legen und das Blech in eine große Plastiktüte schieben. An einem warmen trockenen Ort 2 Stunden gehen lassen, bis sich das Volumen verdoppelt hat.
6 Den Backofen auf 220 °C (Gas 4–5) vorheizen. Den Teig mit etwas Olivenöl bestreichen und 20 Minuten goldbraun backen. Auf einem Kuchengitter abkühlen lassen; die Luft muss um das Brot zirkulieren können, damit die Kruste knusprig bleibt. Die zweite Teigportion ebenso

backen. Das Brot schmeckt innerhalb von 6 Stunden nach dem Backen am besten.
Hinweis: Mit den folgenden Belägen lässt sich Focaccia auf einfache Weise variieren; man fügt sie zu, nachdem der Teig zum zweiten Mal gegangen ist.

Die Oberseite mit Olivenöl bestreichen, 200 g grüne Oliven über den Teig verteilen und fest hineindrücken. Mit Meersalz und Rosmarinzweigen bestreuen und backen.

Die Oberseite mit Olivenöl bestreichen, 100 g gewürfelten Pancetta über den Teig verteilen und fest hineindrücken. Mit 2 EL geriebenem Parmesan bestreuen und backen.

UNTEN: Focaccia

PIZZA

Die Idee, einen runden Teigfladen herzhaft zu belegen, hatten schon die alten Griechen und Römer, obwohl auch die Armenier die Erfindung der Pizza für sich beanspruchen. Die Pizza, wie wir sie kennen, stammt aus Neapel, obwohl jede Region Italiens ihre eigenen Pizzaspezialitäten hat. Die typisch neapolitanische Pizza hat einen sehr dünnen Boden und wird mit Tomatensauce, Mozzarella, Kräutern, Anchovis und schwarzen Oliven belegt. Ihren Rang als weltweit beliebtestes Fastfoodgericht verdankt die Pizza jedoch den Amerikanern. Heutzutage hat Pizza meist einen etwas dickeren, brotartigen Boden und wird nach Herzenslust üppig belegt.

RECHTS:
Pizza Napoletana

PIZZATEIG

Vorbereitungszeit: 30 Minuten
Gehzeit: 1 Stunde 30 Minuten
Backzeit: 30 Minuten
Für 2 Pizzaböden (30 cm Ø)

7 g Trockenhefe
3 TL Zucker
435 g Weizenmehl für Brot
1/2 TL Salz
60 ml Olivenöl

1 Die Hefe, den Zucker und 80 ml lauwarmes Wasser in einer kleinen Schüssel gründlich vermischen. An einem warmen, zugluftfreien Ort etwa 5 Minuten gehen lassen, bis sich auf der Oberfläche Bläschen gebildet haben. Wenn die Mischung nicht reagiert, ist die Hefe zu alt.
2 Das Mehl und das Salz in eine große Schüssel sieben. In die Mitte eine Mulde drücken und die Hefemischung, das Öl und 125 ml warmes Wasser hineingießen. Alles sorgfältig vermischen.

3 Auf einer bemehlten Arbeitsfläche etwa 12 Minuten weich und geschmeidig kneten. In eine eingeölte Schüssel legen, mit etwas Öl bestreichen und zugedeckt an einem warmen Ort 1–1 1/2 Stunden auf die doppelte Größe aufgehen lassen.
4 Den Teig in zwei gleich große Stücke teilen und auf einer leicht bemehlten Arbeitsfläche in die gewünschte Form kneten.
TIPP: Für eine leckere Variante der klassischen Pizza Napoletana eine Hälfte des Pizzateigs zu einem Kreis von 30 cm Ø ausrollen. 185 ml fertige Tomatensauce aus dem Glas gleichmäßig darauf verteilen. 125 g italienische Salami in Streifen schneiden und darauf verstreuen. Mit 2 EL frisch gehacktem Basilikum, 125 g in Scheiben geschnittenen frischen Champignons, einer in feine Ringe geschnittenen Zwiebel, einer halben entkernten und in feine Scheiben geschnittenen grünen Peperoni sowie zwölf entsteinten schwarzen Oliven belegen. Sechs Anchovisfilets auf der Pizza verteilen und eine Mischung aus 150 g geriebenem Mozzarella und 30 g geriebenem Parmesan über dem Belag verstreuen. Im auf 190 °C vorgeheizten Backofen etwa 30 Minuten backen.

KARTOFFEL-ZWIEBEL-PIZZA

Vorbereitungszeit: 45 Minuten
Gehzeit: 1 Stunde 30 Minuten
Backzeit: 40 Minuten
Für 4 Personen

7 g Trockenhefe
1/2 TL Zucker
185 g Weizenmehl für Brot
150 g Vollkornmehl
1 EL Olivenöl

Belag

1 große rote Paprika
1 Kartoffel
1 große Zwiebel, in Scheiben geschnitten
125 g weicher Ziegenkäse, zerkrümelt
3 EL Kapern
1 EL getrockneter Oregano, gerebelt
1 TL grob gemahlener Pfeffer
1 TL Olivenöl

1 Die Hefe, den Zucker, etwas Salz und 250 ml lauwarmes Wasser in einer kleinen Schüssel gründlich vermischen. An einem warmen Ort etwa 10 Minuten gehen lassen, bis sich auf der Oberfläche Bläschen gebildet haben. Das Mehl in eine große Schüssel sieben. In die Mitte eine Mulde drücken, das Öl und die Hefemischung hineingießen und alles vermischen. Den Teig etwa 5 Minuten glatt und geschmeidig kneten. Zu einem Ballen formen, in eine eingeölte Schüssel legen und zugedeckt 1–1 1/2 Stunden auf die doppelte Größe aufgehen lassen.

2 Den Backofen auf 200 °C vorheizen. Eine Pizzaform (30 cm Ø) einfetten. Den Teig noch einmal kurz durchkneten, zu einem Kreis von etwa 35 cm Ø ausrollen und in die Form drücken. Den überstehenden Rand einschlagen.

3 Für den Belag die Paprika waschen, entkernen und die weißen Trennwände entfernen. Die Schote in große Stücke schneiden und mit der Außenseite nach oben im Backofen grillen, bis sich die Haut schwarz färbt. In einem Plastikbeutel abkühlen lassen. Die Haut abziehen und die Paprikastücke in feine Streifen schneiden.

4 Die Kartoffel schälen und in hauchdünne Scheiben schneiden. Zusammen mit den Paprikastreifen, den Zwiebelringen und der Hälfte des Ziegenkäses auf dem Pizzaboden verteilen. Mit den Kapern, dem Oregano und dem Pfeffer bestreuen und mit etwas Olivenöl beträufeln. Den Teigrand mit Öl bestreichen und die Pizza etwa 20 Minuten backen. Mit dem restlichen Käse bestreuen und weitere 15–20 Minuten backen, bis der Teig schön knusprig ist.

OBEN:
Kartoffel-Zwiebel-Pizza

TÜRKISCHES BROT

Vorbereitungszeit: 30 Minuten + Aufgehzeit
Backzeit: 30 Minuten
Ergibt 6 Stück

★★☆

2 Päckchen (je 7 g) Trockenhefe

1/2 TL Zucker

500 g Mehl

I TL Salz

60 ml Olivenöl

I Ei

schwarzer Kreuzkümmel oder Sesamsamen
  zum Bestreuen

I Hefe, Zucker und 125 ml warmes Wasser in einer Schüssel mischen. 60 g Mehl zugeben und alles glatt rühren. Mit einem Teller bedecken und 30 Minuten gehen lassen, bis die Mischung schaumig ist und ihr Volumen verdreifacht hat.
2 Restliches Mehl mit Salz in eine große Schüssel geben. Öl, Hefemischung und zunächst 125 ml warmes Wasser unterrühren, dann nach und nach Wasser zufügen, bis ein weicher Teig entsteht. Auf die leicht bemehlte Arbeitsfläche legen und 15 Minuten kneten. Dabei möglichst wenig Mehl verwenden; der Teig soll weich und feucht sein.
3 Zu einer Kugel formen und in eine große eingeölte Schüssel legen. Mit einem Küchentuch bedecken und 1 Stunde an einem warmen Ort gehen lassen, bis die Kugel ihr Volumen verdoppelt hat. Mit der Faust zusammendrücken, damit die Luft entweicht, dann in 6 Stücke teilen und diese zu kleinen Kugeln formen; dabei so wenig wie möglich kneten. Auf ein Tablett legen und 10 Minuten in einen Gefrierbeutel geben.
4 Ein großes Backblech mit Mehl bestreuen. 2 Teigkugeln zu Fladen von je 15 cm Durchmesser ausrollen und in einigem Abstand zueinander auf das Blech legen. Mit einem Küchentuch bedecken und 20 Minuten beiseite stellen. Backofen auf 230 °C (Gas 4–5) vorheizen und ein zweites Backblech zum Erhitzen auf die mittlere Schiene schieben.
5 Fladen in der Mitte mit dem Finger eindrücken. Ei mit 60 ml Wasser leicht verschlagen und Fladen mit der Mischung bestreichen, dann mit Samen bestreuen. Backblech auf das heiße Blech stellen und Fladen 8–10 Minuten backen, bis sie goldgelb sind. In ein Küchentuch wickeln, damit die Rinde während des Abkühlens weich wird. In der Zwischenzeit die übrigen Teigkugeln ebenso verarbeiten.

TÜRKISCHE PIZZA

Vorbereitungszeit: 25 Minuten + Aufgehzeit
Backzeit: 45 Minuten
Ergibt 8 Stück

★★☆

I TL Trockenhefe

1/2 TL Zucker

225 g Mehl

Salz und Pfeffer

4 EL Olivenöl

250 g Zwiebeln, fein gehackt

500 Hackfleisch vom Lamm

2 Knoblauchzehen

I TL gemahlener Zimt

I1/2 TL gemahlener Kreuzkümmel

1/2 TL Cayennepfeffer

3 EL Tomatenmark

400 g zerkleinerte Tomaten aus der Dose

50 g Pinienkerne

3 EL frischer Koriander, gehackt

Naturjoghurt nach griechischer Art

I Hefe, Zucker und 60 ml warmes Wasser in einer Schüssel mischen. An einem warmen Ort 20 Minuten stehen lassen, bis die Mischung schaumig ist und sich vergrößert hat.
2 Mehl und 1 TL Salz in eine Schüssel sieben, Hefemischung, 1 EL Öl und 100 ml warmes Wasser unterrühren, bis ein weicher Teig entsteht. Auf ein bemehltes Brett legen und 10 Minuten kneten. In einer eingeölten Schüssel 1 Stunde an einem warmen Ort gehen lassen.
3 In einer Pfanne 2 EL Öl bei geringer Temperatur erhitzen und Zwiebel 5 Minuten weich braten. Fleisch zufügen und 10 Minuten braun braten. Knoblauch, Gewürze, Tomatenmark und Tomaten zugeben und 15 Minuten erhitzen, bis die Mischung trocken ist. Die Hälfte der Pinienkerne und 2 EL Koriander zufügen. Mit Salz und Pfeffer würzen und anschließend abkühlen lassen. Backofen auf 210 °C (Gas 3–4) vorheizen und 2 Backbleche einfetten.
4 Teig mit der Faust zusammendrücken und auf eine bemehlte Fläche legen. In 8 Stücke teilen, diese zu Ovalen ausrollen, auf die Backbleche legen. Fleischmischung auf die Ovale verteilen, dabei einen Rand lassen. Mit Pinienkernen bestreuen. Ränder mit Öl bestreichen. Teig an den länglichen Seiten hochziehen und Ränder an beiden Enden zusammendrücken. Mit Öl bestreichen und 15 Minuten backen. Mit Koriander bestreuen und mit Joghurt servieren.

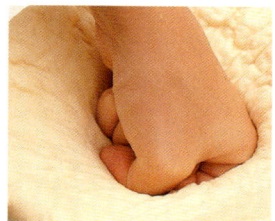

Den Teig mit der Faust zusammendrücken und auf eine bemehlte Fläche legen.

Die Fleischmischung auf die Teigovale verteilen und Pinienkerne darüber streuen.

GEGENÜBERLIEGENDE SEITE: Türkisches Brot (oben); Türkische Pizza

TOMATEN-PIZZA MIT SAURER SAHNE

Vorbereitungszeit: 30 Minuten + 90 Minuten Ruhezeit
Kochzeit: 40 Minuten
Für 4 Personen

1 TL Trockenhefe
1 TL Zucker
170 ml lauwarmes Wasser
250 g Mehl
1 Prise Salz
125 ml Olivenöl

Belag
125 g saure Sahne
90 g Ricotta
2 EL frische Kräuter (Basilikum, Zitronenthymian, Salbei), gehackt
2 EL Öl
2 mittelgroße Zwiebeln, in feine Ringe geschnitten
5 reife Tomaten, in Scheiben geschnitten
2 Knoblauchzehen, in dünnen Scheiben
50 g eingelegte Nicoise-Oliven
10 Zweige frischer Zitronenthymian
frisch zerstoßener schwarzer Pfeffer

1 Backofen auf 200 °C vorheizen. Für den Boden Hefe, Zucker und Wasser in einer Schüssel verrühren, bis sich der Zucker aufgelöst hat. An einem warmen, zugluftgeschützten Platz 5 Minuten gehen lassen.
2 Mehl und Salz in die Küchenmaschine geben, Olivenöl hineingeben und die Hefemischung bei laufender Maschine hineingießen. Zu einem groben Teig verarbeiten. Auf einer leicht bemehlten Arbeitsfläche zu einem elastischen Teig kneten. Dann in einer leicht geölten Schüssel an einem warmen Platz 1 1/2 Stunden gehen lassen. Den Teig zusammendrücken und aus der Schüssel nehmen. Kneten und zu einem Kreis von 30 cm oder zu vier Kreisen à 14 cm Durchmesser ausrollen. Auf ein beschichtetes Backblech legen.
3 Saure Sahne, Ricotta und Kräuter verrühren und auf dem Boden verteilen; dabei einen Rand von 1 cm lassen.
4 Öl in einer Pfanne erhitzen und die Zwiebeln darin in 10 Minuten glasig dünsten. Etwas abkühlen lassen, auf die Ricottamischung geben und mit Tomatenscheiben, Knoblauch, Oliven und Zitronenthymian belegen. Mit Pfeffer bestreuen. Je nach Größe 15–30 Minuten backen, bis der Boden knusprig goldbraun ist.

SANTA-FE-PIZZETTA

Vorbereitungszeit: 15 Minuten
Kochzeit: 15 Minuten
Für 6 Personen

6 Fertigböden für Mini-Pizzas
180 g scharfe Tomatensalsa (Fertigprodukt)
4 Frühlingszwiebeln, in Ringe geschnitten
1 rote Paprikaschote, in Streifen geschnitten
440 g rote Bohnen aus der Dose, abgespült und abgetropft
2 EL frisches Basilikum, gehackt
80 g Mozzarella, geraspelt
30 g geriebener Cheddar oder mittelalter Gouda
125 g saure Sahne
125 g Tortillachips (Maischips)

Guacamole
1 Knoblauchzehe, zerdrückt
1 kleine rote Zwiebel, feingehackt
1 große Avocado, zerdrückt
1 TL Zitronensaft
1 EL Tomatensalsa (Fertigprodukt)
2 EL saure Sahne

1 Backofen auf 200 °C vorheizen. Pizzaböden mit der scharfen Tomatensalsa bestreichen.
2 Die Böden mit Frühlingszwiebeln, Paprikaschote, Bohnen und Basilikum belegen.
3 Mit geriebenem Käse bestreuen. Dann 15 Minuten backen, bis der Käse goldbraun und die Böden knusprig sind. Vor dem Servieren die Pizzetta mit Tortillachips, Guacamole und saurer Sahne garnieren.
4 Für die Guacamole: Alle Zutaten in eine Schüssel geben und sorgfältig verrühren.

GEGENÜBER: Tomaten-Pizza mit Saurer Sahne (oben); Santa-Fe-Pizzetta

PISSALADIÈRE
(Zwiebelkuchen mit Sardellen und Oliven)

Zubereitungszeit: 30 Minuten
  + 15 Minuten Ruhezeit
  + 1 Stunde 30 Minuten Aufgehzeit
Kochzeit: 1 Stunde 25 Minuten
Für 4–6 Personen

1 Päckchen Trockenhefe

185 g Mehl

1/4 TL Salz

1 Ei, verschlagen

1 EL Olivenöl

Belag

60 ml Olivenöl

2 Knoblauchzehen

1 Thymianzweig

4 große Zwiebeln, fein geschnitten

Prise gemahlener Muskat

Salz und Pfeffer

30 g Sardellenfilets in Öl, abgetropft, längs
  halbiert

16 entsteinte schwarze Oliven

1 Hefe mit 2 EL lauwarmem Wasser verrühren
und 15 Minuten an einem warmen, zugfreien
Ort stehen lassen, bis die Hefe schäumt.
2 Mehl mit Salz in eine Schüssel sieben, eine
Vertiefung hineindrücken und Hefe, Ei, Öl und
2 EL warmes Wasser hineingeben. Mit einem
Lochlöffel verrühren, dann auf einer leicht bemehlten Fläche zu einem weichen Teig kneten;
nach Bedarf noch Wasser oder Mehl zugeben.
6–8 Minuten weiterkneten, bis der Teig glatt
und elastisch ist. Eine zweite Schüssel mit Öl
bepinseln und den Teig darin wenden, bis er mit
Öl überzogen ist. Schüssel mit einem Geschirrtuch zudecken und Teig etwa 1 Stunde an
einem warmen Ort gehen lassen, bis sich sein
Volumen verdoppelt hat.
3 Für den Belag Öl in einer großen Bratpfanne
erhitzen. Knoblauch, Thymian und Zwiebeln
bei sehr schwacher Hitze 1 Stunde unter gelegentlichem Rühren braten, bis die Zwiebeln
weich sind; sie dürfen nicht braun werden.
Knoblauch und Thymian entfernen, Muskat
zufügen und mit Salz und Pfeffer würzen.
4 Pizzaform mit 30 cm Durchmesser mit Öl bestreichen. Teig zu einer Kugel kneten, zu einem
Kreis mit 30 cm Durchmesser ausrollen und in
die Form legen. Zwiebeln darauf verteilen, dabei
einen 1 cm breiten Rand frei lassen. Sardellen
rautenförmig darauf legen und Oliven dazwi-
schensetzen. Form in eine große Plastiktüte
schieben und Kuchen 30 Minuten gehen lassen.
Backofen auf 200 °C (Gas 3) vorheizen.
5 Kuchen 20–25 Minuten goldbraun backen;
wird die Kruste zu dunkel, Backofen auf 190 °C
(Gas 2–3) zurückschalten. Warm servieren.

UNTEN: Pissaladière

ZIEGENKÄSEKUCHEN

Zubereitungszeit: 20 Minuten + Kühlzeit
Kochzeit: 1 Stunde 15 Minuten
Für 6 Personen

Teig

125 g Mehl
1 Prise Salz
60 ml Olivenöl
3–4 EL kaltes Wasser

Füllung

1 EL Olivenöl
2 Zwiebeln, in dünne Scheiben geschnitten
Salz und Pfeffer
1 TL frische Thymianblätter
125 g Ricotta
100 g Ziegenkäse
2 EL entsteinte Niçoise-Oliven
1 Ei, leicht verquirlt
60 ml Sahne

1 Für den Teig Mehl und Salz in eine Schüssel sieben und eine Mulde hineindrücken. Olivenöl zugeben und mit einem Messer mit flacher Klinge vermengen, bis sich Krümel bilden. Nach und nach Wasser zugeben, bis ein Teig entsteht. Aus der Schüssel nehmen und mit leichtem Druck zu einer flachen Kugel formen. 30 Minuten kühlen.

2 Für die Füllung Olivenöl in einer Bratpfanne erhitzen. Zwiebel zugeben, zudecken und bei schwacher Hitze 30 Minuten lang garen. Salzen und Pfeffern und die Hälfte des Thymians unterrühren. Etwas abkühlen lassen.

3 Backofen auf 180 °C (Gas 2) vorheizen. Arbeitsfläche leicht bemehlen und Teig zu einem Kreis mit 30 cm Durchmesser ausrollen. Zwiebel darauf verteilen, dabei 2 cm breiten Rand lassen. Ricotta und Schafskäse über den Zwiebeln verteilen. Oliven auf den Käse setzen und restlichen Thymian darüber streuen. Teig nach innen zu einem gebogten Rand falten.

4 Ei und Sahne verquirlen und über die Füllung gießen. Auf einem vorgewärmten Backblech auf der unteren Schiene des Backofens 45 Minuten backen, bis der Teig goldfarben ist. Warm oder zimmerwarm servieren.

ZIEGENKÄSE
Umgangssprachlich „chèvre", das französische Wort für Ziege, genannt, zeichnet sich Ziegenkäse durch seinen unverwechselbaren säuerlichen, nussigen Geschmack aus, der je nach Herkunft und Reifegrad von streng bis mild reicht.

UNTEN: Ziegenkäsekuchen

DESSERTS

SCHOKOLADE

Schokolade wurde ursprünglich nur als Zutat in Rezepten verarbeitet oder als heißes Getränk genossen. Sie war als Paste oder fester Riegel erhältlich und ausgesprochen teuer. Zwar waren Kakaobohnen in Europa seit der Zeit Kolumbus bekannt, doch erst 1519, als Hernando Cortez eine Schokolade trank, die ihm von Azteken angeboten wurde, erfuhr man in Europa, wie man sie verwendete. Man glaubte fortan, Kakao spende Energie, und er wurde daher vor allem Soldaten als Stärkungsmittel verabreicht. Schon früh sah man im Schokoladentrunk auch eine Alternative zum Alkohol – bei den Spaniern des 17. Jahrhunderts ebenso wie bei den amerikanischen Abstinenzvereinen des 19. Jahrhunderts. Bis zur Entwicklung der Schokolade, wie wir sie heute kennen, war es jedoch noch ein langer Weg. Es waren schließlich die Schweizer, die Mitte des 19. Jahrhunderts als erste Milchschokolade produzierten.

OBEN: Schokoladentöpfchen

SCHOKOLADENTÖPFCHEN

Zubereitungszeit: 20 Minuten + Kühlzeit
Backzeit: 1 Stunde
Für 8 Personen

★★

170 ml Crème double
$^1/_2$ Vanilleschote, längs aufgeschlitzt
150 g gute Zartbitterschokolade, zerkleinert
80 ml Milch
2 Eigelb
60 g feiner Zucker
Schlagsahne und Kakaopulver zum Dekorieren

1 Acht 80-ml-Förmchen dünn mit geschmolzener Butter einfetten und in eine tiefe Auflaufform setzen. Backofen auf 140 °C (Gas 1) vorheizen. Sahne und Vanilleschote in einem kleinen Topf erwärmen und ziehen lassen.
2 Schokolade und Milch in einem kleinen Topf unter ständigem Rühren bei schwacher Hitze erwärmen, bis die Schokolade geschmolzen ist.
3 Eigelb in eine kleine Schüssel geben und langsam den Zucker unterrühren. Weiter schlagen, bis sich der Zucker aufgelöst hat und eine leichte, cremige Mischung entstanden ist. Das Mark aus der Vanilleschote kratzen und in die Sahne geben. Vanillesahne, geschmolzene Schokolade und geschlagenes Eigelb gut mischen.
4 Jedes Förmchen zu $^2/_3$ mit der Creme füllen. Kochendes Wasser in die Auflaufform gießen, so daß die Förmchen zur Hälfte im Wasser stehen. 45 Minuten backen, bis die Schokoladenmasse leicht aufgegangen und locker ist (sie sollte bei Druck federnd nachgeben). Aus der Auflaufform nehmen und gut abkühlen lassen. Mit Frischhaltefolie abdecken und vor dem Servieren 6 Stunden kühlen. Mit einem Klacks Schlagsahne und etwas Kakaopulver verziert servieren.
Hinweis: Die Töpfchen haben oben eine leichte Kruste, wenn man sie aus dem Backofen nimmt.

SCHOKOLADEN-BAVAROIS

Zubereitungszeit: 30 Minuten + Kühlzeit
Kochzeit: 5 Minuten
Für 6 Personen

200 g gute Bitterschokolade, zerkleinert
375 ml Milch
4 Eigelb
90 g feiner Zucker
1 EL Gelatine
315 ml Sahne

1 Schokolade und Milch in einem kleinen Topf unter Rühren bei schwacher Hitze erwärmen, bis die Schokolade geschmolzen ist. Vom Herd nehmen.
2 Eigelb und Zucker gut vermischen. Unter Rühren langsam die heiße Schokoladenmilch zugießen und ebenfalls gründlich unterschlagen. In einem sauberen Topf bei schwacher Hitze erwärmen, bis die Mischung so stark eingedickt ist, daß sie die Rückseite eines Holzlöffels überzieht. Nicht aufkochen. Vom Herd nehmen.
3 Gelatine mit 2 Eßlöffeln Wasser in einer kleinen feuerfesten Schüssel quellen lassen, dann unter Rühren in der heißen Schokolade auflösen.
4 Kalt stellen, bis die Mischung abgekühlt, aber noch nicht geliert ist, gelegentlich umrühren. Sahne schlagen, bis sich weiche Spitzen bilden. In 2 Portionen unter die Schokoladenmischung heben. In sechs 250-ml-Gläser geben und mehrere Stunden oder über Nacht kühl stellen.

BLANCMANGER

Zubereitungszeit: 40 Minuten + Kühlzeit
Kochzeit: 10 Minuten
Für 6 Personen

100 g Mandeln, blanchiert
250 ml Milch
125 g feiner Zucker
3 TL Gelatine
315 ml Sahne

1 Sechs geriffelte Förmchen à 125 ml einfetten. Mandeln mit 3 Eßlöffeln Wasser in der Küchenmaschine zu einer Paste mixen. Bei laufendem Motor nach und nach die Milch zugeben. In einen kleinen Topf umfüllen, Zucker zugeben und unter Rühren bei schwacher Hitze auflösen. Abkühlen lassen.
2 Durch ein mit Musselin ausgekleidetes Sieb passieren. Gut ausdrücken, um möglichst viel Milch zu erhalten – es sollten 315 ml sein.
3 Drei Eßlöffel kaltes Wasser in eine kleine feuerfeste Schüssel geben. Gelatine gleichmäßig auf der Oberfläche verteilen und quellen lassen. Nicht umrühren. Einen kleinen Topf bis zu ca. 4 cm mit Wasser füllen. Zum Kochen bringen, vom Herd nehmen und die Schüssel vorsichtig hineinsetzen. Sie sollte zur Hälfte im Wasser stehen. Gelatine verrühren, bis sie klar ist und sich aufgelöst hat. Anschließend unter die Mandelmilch mischen. Vollkommen abkühlen lassen.
4 Sahne steif schlagen. Mandelmilch unterziehen, in die Förmchen gießen und 6–8 Stunden kühl stellen, bis die Creme fest ist. Zum Lösen mit der Fingerspitze den Rand lockern, dann auf einen Teller stürzen. Löst sie sich nicht, ein Geschirrtuch in heißes Wasser tauchen und die Oberfläche der Form damit abwischen.

BLANCMANGER
Blancmanger, auch Mandel-sulz genannt, ist eine Gelee-speise, die früher aus fein-gemahlenen Bitter- und Süßmandeln hergestellt wurde; heutzutage verwendet man jedoch Gelatine oder Speisestärke. Ursprünglich handelte es sich bei Blancmanger um ein pikantes französisches Gericht aus Hühnchen und Mandeln.

OBEN: Schokoladen-Bavarois

fest ist. Ein Tuch in heißes Wasser tauchen, und die Formen damit abreiben, um die Crème zu lösen. Auf einen Teller stürzen.

3 Für die Rotweinsauce den Zucker mit 250 ml Wasser in einem Topf bei mittlerer Hitze erwärmen, bis er sich vollständig aufgelöst hat (nicht aufkochen). Zimtstangen zugeben und 5 Minuten ziehen lassen. Himbeeren und Wein zufügen. 5 Minuten kochen. Zimtstange entfernen und die Sauce durch ein Sieb passieren. Kerne wegwerfen. Gut gekühlt mit der Panna Cotta servieren. Nach Wunsch mit Obst dekorieren.

Hinweis: Übersetzt bedeutet Panna Cotta „gekochte Sahne": Sie erhielt ihren Namen, da Sahne erst erhitzt wird, bevor sie mit Gelatine zu einer dicken, sahnigen Creme verarbeitet wird. Man kann die Vanilleschote auch aufschlitzen und das Mark in die Creme geben.

PANNA COTTA MIT ROTWEINSAUCE

Zubereitungszeit: 20 Minuten + Kühlzeit
Kochzeit: 20 Minuten
Für 6 Personen

750 ml Sahne
3 TL Gelatine
1 Vanilleschote
90 g feiner Zucker

Rotweinsauce

250 g feiner Zucker
1 Zimtstange
125 g Himbeeren, frisch oder tiefgefroren
125 ml guter Rotwein

1 Sechs 150-ml-Förmchen leicht mit geschmacks-neutralem Öl einfetten. 3 Eßlöffel der Sahne in eine kleine Schüssel geben; Gelatine gleichmäßig auf der Oberfläche verteilen und quellen lassen.
2 Verbleibende Sahne mit der Vanilleschote und dem Zucker in einen Topf geben und unter Rühren langsam erhitzen, bis die Mischung fast kocht. Vom Herd nehmen. Gelatine unter-rühren, bis sie sich aufgelöst hat. In die Formen füllen und 2 Stunden kühlen, bis die Mischung

OBEN: Panna Cotta mit Rotwein

GEBACKENE EIERCREME

Zubereitungszeit: 5 Minuten
Backzeit: 35 Minuten
Für 4 Personen

3 Eier
95 g feiner brauner Zucker
375 ml Milch
125 ml Sahne
2 Tropfen Vanillearoma
geriebene Muskatnuß zum Bestäuben

1 Ofen auf 180 °C vorheizen (Gas 2–3). Eine feuerfeste Form von 1 Liter Fassungsvermögen mit geschmolzener Butter einfetten.
2 Eier, Zucker, Milch, Sahne und Vanillearoma 1 Minute in einer Schüssel verrühren. Masse in die Form gießen und dann in eine Fettpfanne oder eine flache Auflaufform stellen. Ausreichend kochendes Wasser hineingießen, so daß die Eiercreme zur Hälfte im Wasser steht. In den Ofen schieben und die Oberfläche mit Muskatnuß bestäuben, 15 Minuten backen.
3 Temperatur auf 160 °C (Gas 1–2) zurück-stellen und nochmals 20 Minuten backen, bis die Creme eingedickt ist. Sie sollte fest sein, aber noch leicht wackeln, wenn die Form etwas bewegt wird. Sofort aus dem Wasserbad nehmen. Warm oder kalt servieren.

450

WEISSE MOUSSE AU CHOCOLAT

Zubereitungszeit: 40 Minuten + Kühlzeit
Kochzeit: 5 Minuten
Für 6 Personen

60 g gute Bitterschokolade, geschmolzen

4 Eigelb

125 g feiner Zucker

1 EL Honig

1 TL Instantkaffee, wahlweise

200 g weiße Schokolade, geschmolzen

125 g Butter

170 ml Crème double

Nougat

80 g Mandeln, blanchiert und leicht geröstet

125 g Zucker

1 Dunkle Schokolade in einen kleinen Spritz-beutel füllen und spiralförmig an der Innenseite von 6 Dessertgläsern verteilen. Zum Festwerden kühl stellen.
2 Zur Herstellung des Nougat ein Backblech mit Backpapier auslegen und die Mandeln darauf verteilen. Zucker mit 80 ml Wasser in einem kleinen Topf bei schwacher Hitze ohne aufzukochen auflösen. Den Rand des Topfes mit Wasser einstreichen. Zum Kochen bringen, Hitze reduzieren und ohne umzurühren köcheln lassen, bis die Masse goldbraun ist. Sofort vom Herd nehmen und vorsichtig über die Mandeln gießen. Hart werden lassen. Die Hälfte für die Verzierung in Stücke brechen. Die restlichen Mandeln in feine Krümel hacken.
3 Eigelb, Zucker, Honig und den mit 1 Tee-löffel Heißwasser vermischten Kaffee in einer kleinen Schüssel mit dem elektrischen Hand-rührgerät zu einer sehr dicken Masse verquirlen. Weiße Schokolade unterrühren, bis eine glatte Mischung entstanden ist. Butter in einer mittel-großen Schüssel mit dem elektrischen Handrühr-gerät leicht und cremig schlagen. Eigelbmasse zugeben und glattrühren.
4 Crème double schlagen, bis sich weiche Spit-zen bilden. Mit einem Metalllöffel vorsichtig unter die Schokoladenmischung heben. Das feingehackte Nougat ebenfalls unterheben. Auf Dessertgläser verteilen. 2–3 Stunden kühlen. Mit den großen Nougatstücken verzieren und even-tuell mit Schlagsahne servieren.

SCHNELLE MOUSSE AU CHOCOLAT

Hat man einmal nur sehr wenig Zeit, ist dieses Rezept eine tolle Alternative. 175 g Bitterschokolade zerkleinern, in eine feuer-feste Schüssel über einen Topf mit heißem Wasser stellen und unter Rühren schmelzen lassen. 5 Eier trennen. Das Eiweiß in einer großen, sauberen Glasschüssel steif schlagen. Schokolade etwas abkühlen lassen. Erst vor-sichtig die Eigelbe untermischen, danach 1 Eßlöffel Eischnee zugeben und gut ver-rühren. Nun die Schokoladenmischung zum restlichen Eischnee geben und diesen vor-sichtig unterheben, so daß nicht zu viel Vo-lumen verloren geht. Auf sechs 150-ml-Ramequinförmchen verteilen. 4 Stunden im Kühlschrank fest werden lassen. Mit Schlag-sahne servieren. Für 6 Personen.

UNTEN: Weiße Mousse au Chocolat

In jede Form etwas heißen Karamelsirup gießen, so daß der Boden bedeckt ist.

UNTEN: Karamelcreme

KARAMELCREME

Zubereitungszeit: 25 Minuten + Kühlzeit
Backzeit: 35 Minuten
Für 8 Personen

180 g Zucker

Eiercreme

750 ml Milch

90 g feiner Zucker

4 Eier

2 Tropfen Vanillearoma

1 Backofen auf 160 °C (Gas 1–2) vorheizen. Acht 125-ml-Ramequin- oder ähnliche Formen mit geschmolzener Butter einfetten.
2 Zucker mit 60 ml Wasser in einen Topf geben und unter Rühren bei schwacher Hitze auflösen. Kurz aufkochen, Temperatur reduzieren. Köcheln lassen, bis die Mischung eine gold-gelbe Farbe annimmt und karamelisiert. Sofort vom Herd nehmen und in jede Form so viel heißen

Karamelsirup gießen, daß der Boden bedeckt ist. Der Karamel kocht im Topf weiter, deshalb muß man schnell arbeiten und aufpassen, daß man sich nicht verbrennt.
3 Für die Eiercreme die Milch in einem Topf bei schwacher Hitze erwärmen, bis sie fast kocht. Vom Herd nehmen. Zucker, Eier und Vanillearoma mischen und 2 Minuten mit einem Schneebesen schlagen, dann die warme Milch einrühren. Die Mischung durch ein Sieb in eine Kanne gießen und auf die Förmchen verteilen.
4 Die Förmchen in eine Auflaufform stellen und soviel kochendes Wasser hineingießen, daß sie zur Hälfte im Wasser stehen. 30 Minuten backen, bis die Creme fest ist, aber noch etwas wackelt, wenn die Form leicht bewegt wird. Abkühlen lassen, dann mindestens 2 Stunden kühl stellen. Zum Lösen vorsichtig mit einem Messer am Rand der Form entlangfahren und dann auf die Dessertteller stürzen. Wenn nötig, dabei leicht schütteln. Man kann Karamelcreme allein servieren oder mit frischen Beeren, Schlagsahne und Waffeln garniert.
Hinweis: Das Rezept läßt sich durch Gewürze wie Kardamom, Zimt und Muskatnuß oder Zitronen- und Orangenschale ebenso variieren wie durch einen Schuß des Lieblingslikörs. Karamelcreme heißt in Frankreich crème renversée, in Italien crema caramella und in Spanien, Südamerika und Mexiko flan.

BANANEN-EIERCREME

Zubereitungszeit: 15 Minuten
Kochzeit: 5 Minuten
Für 4 Personen

1 Ei, leicht geschlagen

2 EL Eiercremepulver

2 EL Zucker

250 ml Milch

125 ml Crème double

2 Bananen, schräg in Scheiben geschnitten

1 Das geschlagene Ei, Eiercremepulver, Zucker, Milch und Crème double in eine feuerfeste Schüssel geben und glattrühren.
2 In einem Topf unter Rühren 5 Minuten bei schwacher Hitze erwärmen, bis die Creme leicht eindickt und den Holzlöffel überzieht.
3 Vom Herd nehmen und vorsichtig die Banane einrühren. Heiß oder kalt servieren.

KIRSCHCLAFOUTIS

Zubereitungszeit: 15 Minuten
Backzeit: 35 Minuten
Für 6-8 Personen

☆

500 g frische Kirschen oder
   800 g Kirschen aus dem Glas,
   entsteint, gut abgetropft

60 g Mehl

90 g Zucker

4 Eier, leicht geschlagen

250 ml Milch

25 g Butter, zerlassen

Puderzucker zum Bestäuben

1 Backofen auf 180 °C (Gas 2–3) vorheizen. Eine flache Auflaufform aus Glas oder Keramik (23 cm Ø) mit zerlassener Butter einfetten.
2 Kirschen entsteinen und in einer Schicht in der Form verteilen. Kirschen aus dem Glas in einem Sieb erst gut abtropfen lassen. Sind sie zu naß, weichen sie den Teig auf.
3 Mehl in eine Schüssel sieben, Zucker zugeben und in die Mitte eine Mulde drücken. Eier, Milch und Butter mischen, nach und nach in die Vertiefung geben und verrühren, bis einer glatter Teig ohne Klumpen entstanden ist.
4 Teig über den Kirschen verteilen. 30–35 Minuten backen. Der Teig sollte aufgegangen und goldbraun sein. Aus dem Ofen nehmen und großzügig mit Puderzucker bestreuen. Sofort servieren.
Hinweis: Ein Clafoutis ist ein klassischer französischer Auflauf, eine Spezialität der Limousinregion. Der Name stammt von dem Dialektwort „clafir", was soviel wie „füllen" bedeutet. Ein Clafoutis wird traditionsgemäß mit dunklen Kirschen zubereitet. Andere Beeren wie z. B. Heidelbeeren, Brombeeren, Himbeeren oder kleine aromatische Erdbeeren können aber ebenfalls eingesetzt werden. Immer eine flache Form verwenden, da die Oberfläche sonst nicht goldbraun wird.

OBEN: Kirschclafoutis

MANDEL-MASCARPONE-CRÊPES MIT SOMMERFRÜCHTEN

Zubereitungszeit: 40 Minuten + Ruhezeit
Backzeit: 35 Minuten
Ergibt ca. 12 Crêpes

Mandel-Mascarpone

60 g Mandeln, gestiftelt
125 g feiner Zucker
500 g Mascarpone

250 g frische Erdbeeren, in Scheiben geschnitten
1 EL feiner Zucker
125 g Mehl
2 Eier
125 ml Milch
30 g Butter, zerlassen
4 Kiwis, in dünne Scheiben geschnitten
200 g Himbeeren
250 g Blaubeeren

1 Für die Mandel-Mascarpone Mandeln bei niedriger Temperatur unter dem Grill hellbraun rösten, dann auf einem gefetteten Backblech verteilen. Zucker in 125 ml Wasser in einem kleinen, gußeisernen Topf ohne zu Kochen unter Rühren auflösen. Zum Kochen bringen. Hitze reduzieren und ohne Umrühren 15 Minuten köcheln lassen, bis die Flüssigkeit goldbraun wird. Schnell über die Mandeln gießen und fest werden lassen. Im Mixer fein zerkleinern. In eine Schüssel füllen und die Mascarpone unterrühren. Zugedeckt kalt stellen.
2 Erdbeeren in eine große Schüssel geben und mit Zucker bestreut kalt stellen.
3 Mehl, Eier und Milch 10 Sekunden in der Küchenmaschine mischen. 125 ml Wasser und die Butter zugeben und glattrühren. In einen Krug gießen und 30 Minuten ruhen lassen.
4 Eine kleine Crêpe- oder beschichtete Pfanne erhitzen und mit zerlassener Butter einfetten. 60 ml Teig hineingeben. Schwenken, damit der ganze Boden dünn bedeckt ist. 30 Sekunden backen, bis sich die Ränder etwas kräuseln, dann wenden und die andere Seite leicht bräunen. Auf einen Teller legen und mit einem Geschirrtuch zudecken. Mit dem restlichen Teig ebenso verfahren.
5 Jede Crêpe noch warm mit Mandel-Mascarpone bestreichen und in Viertel falten. Mit den Erdbeeren, Kiwi-Scheiben, Himbeeren und Blaubeeren servieren.

CRÊPE-FÜLLUNGEN

BEERENMISCHUNG: Beeren in Orangensaft mit etwas Puderzucker und geriebener Orangenschale einige Stunden ziehen lassen, bis sirupartiger Saft ausgetreten ist.

ÄPFEL: Apfelscheiben in zerlassener Butter dünsten, bis sie goldfarben und weich sind, aber noch nicht zerfallen. Mit Zucker bestreut weitergaren, bis sie karamelisieren. Zitronensaft oder Zimt darübergeben.

OBEN: Mascarpone-Crêpes mit Sommerfrüchten

Ein großes Backblech mit Backpapier auslegen und einen Kreis darauf zeichnen. Das Papier wenden.

Die Eiweiße in einer großen trockenen Schüssel steif schlagen.

Die Masse innerhalb des vorgezeichneten Kreises auf das Backpapier geben.

Mit einer Platte rundum Furchen in den Rand der Pawlowa ziehen.

PAWLOWA MIT FRÜCHTEN

Zubereitungszeit: 30 Minuten
Backzeit: 55 Minuten
Für 6–8 Personen

★★

6 Eiweiß

500 g feinster Zucker

1 1/2 EL Stärkemehl

1 1/2 TL Essig

500 ml Sahne, geschlagen

2 Bananen, in Scheiben geschnitten

500 g Erdbeeren, in Scheiben geschnitten

4 Kiwis, in Scheiben geschnitten

Fruchtfleisch von 4 Passionsfrüchten

 Den Backofen auf 150 °C (Gas 1) vorheizen. Ein großes Backblech mit Backpapier auslegen und einen Kreis mit 26 cm Durchmesser auf das Papier zeichnen. Das Papier wenden. Die Eiweiße mit dem Elektroquirl steif schlagen. Nach und nach den Zucker bis auf 2 EL zufügen, dabei weiter kräftig schlagen. Speisestärke, Essig und restlichen Zucker vermischen und 1 Minute verschlagen, bevor die Mischung zum Eiweiß gegeben wird. Alles 5–10 Minuten schlagen, bis sich der Zucker aufgelöst hat und die Baisermasse steif ist und glänzt. Die Masse innerhalb des vorgezeichneten Kreises auf das Backpapier geben.

2 Die Baisermasse gleichmäßig formen. Dazu mit einer Palette über den Rand und die Oberfläche streichen. Dann mit dem Messer rundum Furchen in den Rand ziehen. Dies verstärkt die Pawlowa und verhindert, dass der Rand allzu leicht zerfällt.

3 Etwa 40 Minuten backen, bis die Pawlowa hell und trocken ist. Die Hitze auf 120 °C reduzieren und weitere 15 Minuten backen. Backofen ausschalten und die Pawlowa darin abkühlen lassen, dabei mit einem Rührlöffel den Ofen leicht geöffnet halten. Wenn die Pawlowa abgekühlt ist, mit Sahne und Früchten garnieren. Mit dem Fruchtfleisch der Passionsfrüchte beträufelt servieren.

Hinweis: Statt einer können auch mehrere kleine Pawlowas zubereitet werden. Dazu 6 oder 8 Kreise der Mischung auf 2 mit Backpapier belegte Backbleche löffeln.

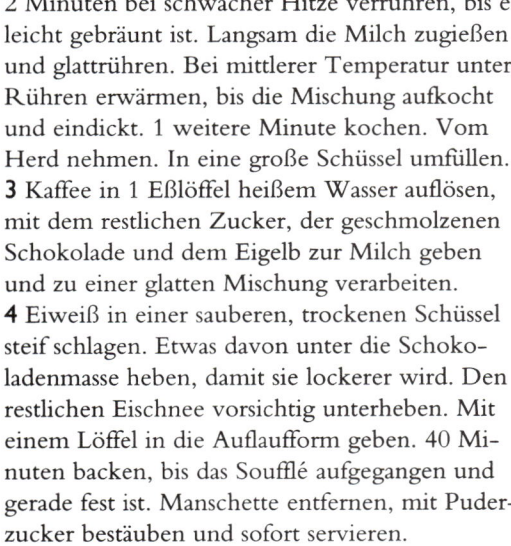

2 Butter im Topf schmelzen, Mehl zugeben und 2 Minuten bei schwacher Hitze verrühren, bis es leicht gebräunt ist. Langsam die Milch zugießen und glattrühren. Bei mittlerer Temperatur unter Rühren erwärmen, bis die Mischung aufkocht und eindickt. 1 weitere Minute kochen. Vom Herd nehmen. In eine große Schüssel umfüllen.
3 Kaffee in 1 Eßlöffel heißem Wasser auflösen, mit dem restlichen Zucker, der geschmolzenen Schokolade und dem Eigelb zur Milch geben und zu einer glatten Mischung verarbeiten.
4 Eiweiß in einer sauberen, trockenen Schüssel steif schlagen. Etwas davon unter die Schokoladenmasse heben, damit sie lockerer wird. Den restlichen Eischnee vorsichtig unterheben. Mit einem Löffel in die Auflaufform geben. 40 Minuten backen, bis das Soufflé aufgegangen und gerade fest ist. Manschette entfernen, mit Puderzucker bestäuben und sofort servieren.

HEISSES SCHOKO-SOUFFLÉ

Zubereitungszeit: 30 Minuten
Backzeit: 20 Minuten
Ergibt 6 Personen

✯ ✯

175 g gute Bitterschokolade, zerkleinert
5 Eigelb, leicht geschlagen
60 g feiner Zucker
7 Eiweiß
Puderzucker zum Bestäuben

1 Backofen auf 200 °C (Gas 3) vorheizen. Sechs 250-ml-Ramequinformen mit einer doppelten Schicht Pergamentpapier umwickeln, so daß es 3 cm übersteht. Mit Faden befestigen. Innenseiten mit geschmolzener Butter einfetten und gleichmäßig mit Zucker ausstreuen, überschüssigen Zucker ausschütteln. Auf ein Backblech setzen.
2 Einen Topf zur Hälfte mit Wasser füllen und zum Kochen bringen. Vom Herd nehmen. Schokolade in einer feuerfesten Schüssel auf den Topf setzen, ohne daß sie das Wasser berührt. Gelegentlich umrühren, bis die Schokolade geschmolzen ist. Eigelb und Zucker einrühren. Masse in eine große Schüssel füllen. Eiweiß in einer großen Schüssel steif schlagen.
3 ¹/₃ des Eischnees unter die Schokoladenmasse rühren, damit sie locker wird. Mit einem Metalllöffel den restlichen Eischnee unterheben. Mit einem Löffel in die Förmchen füllen. 12–15 Minuten backen. Papier entfernen. Mit Puderzucker bestäubt sofort servieren.

HEISSES MOKKA-SOUFFLÉ

Zubereitungszeit: 25 Minuten
Backzeit: 45 Minuten
Für 6 Personen

✯ ✯

3 EL feiner Zucker
40 g Butter
2 EL Mehl
185 ml Milch
1 EL Instant-Espresso
100 g gute Bitterschokolade, geschmolzen
4 Eier, getrennt
Puderzucker zum Bestäuben

1 Backofen auf 180 °C (Gas 2–3) vorheizen. Eine Manschette aus 2 Schichten Pergamentpapier um eine 1,25-l-Auflaufform legen, so daß sie am Rand 3 cm übersteht; gut mit einem Faden befestigen. Mit Öl oder geschmolzener Butter einfetten und 1 Eßlöffel Zucker ausstreuen, so daß Boden und Rand gleichmäßig bedeckt sind. Überschüssigen Zucker ausschütten.

OBEN: Heißes Mokka-Soufflé

SLUMP

Zubereitungszeit: 30 Minuten
Backzeit: 30 Minuten
Für 6 Personen

 ✷✷

500 g Kirschen, frisch oder aus dem Glas, entkernt
feiner Zucker zum Abschmecken
180 g Mehl
2¹/₂ TL Backpulver
50 g kalte Butter, gewürfelt
50 g Demerara-Zucker
150 ml Sahne

1 Kirschen in einem großen Topf mit 60 ml Wasser bei mäßiger Hitze 5 Minuten kochen, bis sie beginnen, weich zu werden. Zucker zugeben. Zum Abkühlen in eine 1-l-Auflaufform füllen. Backofen auf 200 °C (Gas 3) vorheizen.
2 Mehl, Backpulver und etwas Salz in eine große Schüssel sieben. Butter und Demerara-Zucker zugeben. Nur mit den Fingerspitzen einarbeiten, bis feine Krümel entstehen. Sahne zugießen und gründlich umrühren, damit sich die Zutaten gut vermischen. Man sollte eine streichfähige Masse erhalten.
3 Mit kleinen Abständen Teig in Klecksen über den abgekühlten Kirschen verteilen. 25 Minuten backen, bis der Überzug aufgegangen und goldbraun ist. Slump kann mit Sahne, eventuell leicht geschlagen, serviert werden.

PFLAUMEN-COBBLER

Zubereitungszeit: 15 Minuten
Backzeit: 45 Minuten
Für 6-8 Personen

✷✷

750 g rote Pflaumen oder andere Pflaumen
60 g feiner Zucker

Überzug

185 g Mehl
1 TL Backpulver
60 g feiner Zucker
125 g Butter, in Stücke geschnitten
1 Ei
125 ml Milch
Puderzucker zum Bestäuben

1 Backofen auf 180 °C (Gas 2–3) vorheizen. Eine feuerfeste 2-l-Form leicht einfetten. Pflaumen vierteln und entsteinen.
2 Mit dem Zucker und 1 Eßlöffel Wasser in einen Topf geben. Auf niedriger Stufe 5 Minuten unter Rühren erhitzen, bis sich der Zucker aufgelöst hat und die Früchte etwas weich geworden sind. Dann die Mischung in der vorbereiteten Form verteilen.
3 Mehl in eine Schüssel sieben, Zucker zufügen und mischen. Butter nur mit den Fingerspitzen einarbeiten, bis eine feine, krümelige Masse entstanden ist. Ei und Milch mischen und glattrühren. Dann in die Mehlmischung rühren.
4 Teig mit einem großen Löffel über den Pflaumen verteilen. 30–40 Minuten backen, bis die Oberfläche goldbraun und durchgebacken ist. Vor dem Servieren mit Puderzucker bestäuben.

UNTEN: Pflaumen-Cobbler

MERINGE/BAISER

Es gibt verschiedene Arten von Meringen – normale gebackene, italienische und im Wasserbad warm geschlagene. Je Eiweiß benötigt man mindestens 45 g Zucker – bei geringeren Mengen erhält man eine sehr weiche Baisermasse, die als Obstkuchenbelag Verwendung findet. Damit es sich gut schlagen läßt, muß Eiweiß frisch und zimmerwarm sein und darf keine Öl- oder Eigelbrückstände enthalten. Bei der Zubereitung normaler Baisers wird der Zucker in mindestens 2 Arbeitsschritten zugegeben und so lange geschlagen, bis er sich löst und das Eiweiß steif wird. Die Baisermasse sollte dick und glänzend sein und beim Spritzen ihre Form behalten. An feuchten Tagen sollte man Meringen nicht zubereiten, da die Baisermasse zusammenfallen könnte. Italienische Meringen werden hergestellt, indem man kochenden Zuckersirup zum Eischnee gibt. Für gekochte Meringe werden Eiweiß und Puderzucker über einer Hitzequelle verrührt. In beiden Fällen erhält man eine feste Baisermasse, die ihre Form gut hält.

GEGENÜBERLIEGENDE SEITE GEFÜLLTE BAISERNESTER, VON OBEN: Ingwer-Eiercreme und Rhabarber; Schokoladen-Mousse; gegrillte Feige und Ricotta

BAISERNESTER

Zubereitungszeit: 20 Minuten
Backzeit: 35 Minuten + Kühlzeit
Ergibt 4 Nester

☆

2 Eiweiß
125 g feiner Zucker

1 Backofen auf 150 °C (Gas 1) vorheizen. Backblech mit Butterbrotpapier auslegen. 4 Kreise (Ø 9 cm) aufzeichnen. Eiweiß in einer großen, sauberen, trockenen Schüssel einige Minuten ruhen lassen, damit es zimmerwarm wird. Dann mit dem elektrischen Handrührgerät schlagen, bis sich weiche Spitzen bilden. Nach und nach Zucker zugeben, und immer wieder gut unterrühren, bis die Masse dick und glänzend ist. Allerdings nicht zu lange schlagen.
2 Je 1 Eßlöffel Baisermasse gleichmäßig in einer Höhe von 5 mm auf den Kreisen verteilen. Den Rest in einem Spritzbeutel mit einer 1-cm-Sterntülle an den Rand der Baiserkreise spritzen, so daß Nester von 1–2 cm Höhe entstehen.
3 30–35 Minuten goldbraun backen. Backofen ausschalten und Nester vollständig darin abkühlen lassen. Anschließend vorsichtig vom Backblech lösen. Bis zum Verzehr in einem Behälter luftdicht verschlossen aufbewahren.

INGWER-EIERCREME UND RHABARBERFÜLLUNG

4 Eigelbe und 125 g Zucker in einer Schüssel cremig rühren, dann 1 Eßlöffel Speisestärke unterheben. 250 ml Milch mit 2 Teelöffeln frischem, geriebenem Ingwer in einem kleinen Topf zum Kochen bringen. Vom Herd nehmen, durch ein Sieb gießen und etwas abkühlen lassen. Dann nach und nach in die Eiermasse rühren. Wieder in den Topf geben und bei niedriger Temperatur 5 Minuten unter Rühren erhitzen, bis die Masse eindickt. Erneut vom Herd nehmen und abkühlen lassen. 2 Stangen Rhabarber längs halbieren und in 3 cm lange Stücke schneiden. 1 Eßlöffel feinen Zucker in 60 ml Wasser in einem kleinen Topf unter Rühren bei niedriger Temperatur auflösen. Rhabarber zugeben. Vorsichtig 3–5 Minuten kochen, bis der Rhabarber weich ist, die Stücke aber noch nicht zerfallen. Abgekühlte Eiercreme mit einem Löffel auf die Nester verteilen, Rhabarber darüber geben und sofort servieren. Zur Dekoration mit Puderzucker bestäuben oder mit feinen Ingwerstreifen belegen. Für 4 Personen.

HIMBEER-MASCARPONE-FÜLLUNG

250 g Mascarpone mit der feingeriebenen Schale einer Limette mischen. 60 g Himbeeren unterrühren, wiederum gut mischen, damit sich der Himbeersaft teilweise mit dem Mascarpone verbindet. Masse gleichmäßig auf die 4 Nester verteilen und mit ca. 60 g Himbeeren verzieren. Zum Servieren mit frischen Pfefferminzblättern garnieren oder mit Puderzucker bestäuben. Für 4 Personen.

SCHOKOLADEN-MOUSSE-FÜLLUNG

Einen Topf bis zu ca. 4 cm mit Wasser füllen. Zum Kochen bringen, dann vom Herd nehmen. 60 g grobgehackte Bitterschokolade in eine feuerfeste Schüssel geben. Diese auf den Topf setzen, ohne daß sie das Wasser berührt. Schokolade unter Rühren schmelzen. Abkühlen lassen. 250 ml Sahne und 60 g feinen Zucker mit dem elektrischen Handrührgerät steif schlagen, bis sich weiche Spitzen bilden. $1/3$ der Sahne zur geschmolzenen Schokolade geben und gut mischen. Restliche Sahne unterheben. Abgedeckt 2 Stunden kühl stellen. Sobald sie erstarrt ist, die Mousse mit einem Löffel auf die Baisernester verteilen und mit Schokoladenlocken verzieren. Mit Puderzucker bestäubt sofort servieren. Für 4 Personen.

GEGRILLTE FEIGE UND RICOTTA-FÜLLUNG

500 g Ricotta mit 2 Eßlöffeln Honig, 2–3 Eßlöffeln Orangensaft, 2 Teelöffeln feinem braunen Zucker, $1/2$ Teelöffel Zimt und 1 Tropfen Vanillearoma in der Küchenmaschine zu einer glatten Mischung verarbeiten. In eine Schüssel umfüllen und 50 g Sultaninen einrühren. 4 feste, violette Feigen längs vierteln, auf ein Backblech setzen und mit 1 Eßlöffel feinem braunen Zucker bestreuen. 5–6 Minuten unter einem Grill erhitzen, bis der Zucker karamelisiert. Ricotta-Masse mit einem Löffel auf die Nester verteilen, gegrillte Feigen darauf setzen, mit feingehackten Pistazien bestreuen und sofort servieren. Übriggebliebene Feigen können separat serviert werden. Für 4 Personen.

GEBACKENER ALASKA-KUCHEN

GEBACKENER ALASKA-KUCHEN

Eiscreme in einer isolierenden heißen Schicht zu backen, ist eine Erfindung, die vermutlich auf die Chinesen zurückgeht, die mit Teig umhüllte Eiscreme backten. Die Franzosen verwendeten dieselbe Idee für Omelette Norvégienne, benutzten allerdings Baisermasse statt Teig. Die Amerikaner kreierten den gebackenen Alaska-Kuchen.

OBEN: Gebackener Alaska-Kuchen

Zubereitungszeit: 40 Minuten + Gefrierzeit
Backzeit: 8 Minuten
Für 6-8 Personen

★★

2 l gutes Vanilleeis

250 g gemischte kandierte Früchte, feingehackt

125 ml Grand Marnier oder Cointreau

2 Teelöffel geriebene Orangenschale

60 g Mandeln, geröstet, feingehackt

60 g Bitterschokolade, feingehackt

1 Biskuit- oder Sandkuchen, in 3 cm dicke Scheiben geschnitten

3 Eiweiß

180 g feiner Zucker

1 Eine 2-l-Puddingform mit feuchtem Musselin auslegen. 1 l Eiscreme etwas auftauen, so daß die kandierten Früchte mit 2 Eßlöffeln Likör und 1 Teelöffel Orangenschale eingearbeitet werden können. In die Form füllen, am Boden und an den Seiten glattstreichen und in die Gefriertruhe stellen. Restliche Eiscreme antauen. Mandeln, Schokolade, restlichen Likör und Orangenschale unterheben. In die gefrorene Form über die erste Schicht füllen, Oberfläche glätten.

2 Eiscreme gleichmäßig mit einer 3 cm dicken Kuchenschicht bedecken. Dabei schnell arbeiten. Mit Frischhaltefolie abdecken und mindestens 2 Stunden tiefkühlen. Backofen auf 220 °C (Gas 3–4) vorheizen. Mit dem elektrischen Handrührgerät Eiweiß in einer sauberen Schüssel steif schlagen, bis sich weiche Spitzen bilden. Nach und nach den Zucker zugeben und immer wieder gut einarbeiten. 4–5 Minuten schlagen, bis der Eischnee dick und glänzend ist.

3 Eiscreme in eine feuerfeste Form stürzen, Musselin entfernen. Baisermasse schnell auf der Oberfläche verteilen, so daß die Eiscreme vollkommen umhüllt ist. 5–8 Minuten hellbraun backen. In Stücke geschnitten sofort servieren.

Hinweis: Man kann vor dem Backen ¹/₂ Eierschale oben in die Baisermasse setzen. Anschließend mit warmem Weinbrand füllen und beim Servieren anzünden.

460

TIRAMISU

Zubereitungszeit: 30 Minuten
+ Kühlzeit über Nacht
Kochzeit: keine
Für 6 Personen

★ ★

500 ml starker Kaffee, abgekühlt

60 ml Marsala

2 Eier, getrennt

60 g feinster Zucker

250 g Mascarpone

250 ml Sahne

16 Löffelbiskuits

2 TL dunkles Kakaopulver

1 Kaffee und Marsala in einer Schüssel vermischen und beiseite stellen. Die Eigelbe und den Zucker in einer zweiten Schüssel etwa 3 Minuten schlagen, bis die Masse dick und hell ist. Den Mascarpone unterrühren, bis alles gerade ver-mischt ist. In eine große Schüssel geben. Die Sahne in einer anderen Schüssel steif schlagen, dann unter die Mascarponemischung heben.

2 Die Eiweiße schaumig schlagen und ebenfalls unterheben.

3 Die Hälfte der Löffelbiskuits in die Kaffee-mischung tauchen, überschüssige Flüssigkeit ab-tropfen lassen und mit den Biskuits den Boden einer 2,5 l fassenden gläsernen Servierschale auslegen. Die Hälfte der Mascarponemischung darauf geben.

4 Die restlichen Löffelbiskuits in die restliche Kaffeemischung tauchen und die Schichtung wiederholen. Die Oberfläche glätten und gleich-mäßig mit dem Kakaopulver bestäuben. Über Nacht in den Kühlschrank stellen.

Hinweis: Dieses traumhafte Dessert stammt aus Venedig und der Name kann etwa mit „Zieh mich hoch" übersetzt werden. Am besten schmeckt Tiramisu, wenn es bereits am Vortag zubereitet wurde. Wenn dies nicht möglich ist, sollte man es vor dem Servieren mindestens 2 Stunden lang in den Kühlschrank stellen, da-mit es fest wird.

OBEN: Tiramisu

461

BEEREN IN
CHAMPAGNERGELEE

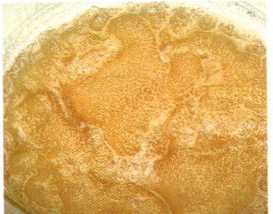

Die Gelatine auf den Champagner geben und etwas fest
werden lassen.

Das Gelee langsam in die
Sektgläser gießen, bis die
Beeren fast bedeckt sind.

*OBEN: Beeren in
Champagnergelee*

BEEREN IN CHAMPAGNER-
GELEE

Zubereitungszeit: 10 Minuten + Kühlzeit
Kochzeit: 5 Minuten
Für 8 Personen

1 l Champagner oder Sekt

1½ EL Gelatinepulver

250 g Zucker

4 Zitronenschalenstreifen, unbehandelt

4 Orangenschalenstreifen, unbehandelt

250 g kleine Erdbeeren, entstielt

250 g Heidelbeeren

1 Die Hälfte des Champagners in eine Schüssel
geben und warten, bis die Bläschen verschwun-
den sind. Die Gelatine in einer gleichmäßigen
Schicht auf den Champagner geben und etwas
fest werden lassen, nicht rühren. Inzwischen den
restlichen Champagner in einen großen Topf
gießen, den Zucker und die Schalenstreifen zugeben und bei mittlerer Hitze rühren, bis sich
der Zucker aufgelöst hat.

2 Den Topf vom Herd nehmen, die Gelatine-
mischung hineingeben und rühren, bis sie sich
aufgelöst hat. Ganz abkühlen lassen, dann die
Schalenstreifen entfernen.

3 Die Beeren auf 8 Sektgläser, je 125 ml,
verteilen und das Gelee langsam in die Sektgläser
gießen. In den Kühlschrank stellen, bis die Gelatine fest geworden ist. 15 Minuten vor dem
Servieren aus dem Kühlschrank nehmen.

PROFITEROLES MIT DUNKLER SCHOKOLADENSAUCE

Zubereitungszeit: 40 Minuten
+ Zeit zum Abkühlen
Backzeit: 50 Minuten
Für 4–6 Personen

60 g Butter, zerkleinert

90 g Mehl

3 Eier, leicht verschlagen

Weiße Schokoladenfüllung

30 g Vanillepuddingpulver

1 EL feinster Zucker

375 ml Milch

150 g weiße Schokolade, gehackt

1 EL Grand Marnier

Dunkle Schokoladensauce

125 g dunkle Schokolade, gehackt

125 ml Sahne

1 Den Backofen auf 210 °C (Gas 3–4) vorheizen. Ein Backblech mit Backpapier auslegen. Die Butter mit 185 ml Wasser in eine Pfanne geben. Aufkochen lassen, dann die Pfanne vom Herd nehmen. Das Mehl auf einmal hineingeben, die Pfanne zurück auf den Herd stellen und unter Rühren die Masse zu einem Kloß abbrennen. Beiseite stellen und etwas abkühlen lassen. Die Masse in eine Schüssel geben und mit den Knethaken des Elektroquirls rühren. Nach und nach die Eier zugeben, danach jeweils kräftig rühren, bis ein dicker, glatter und glänzender Teig entstanden ist.

2 Jeweils 2 gehäufte TL des Teigs mit 5 cm Abstand auf das Backblech setzen. Leicht mit Wasser besprühen und 12–15 Minuten backen, bis der Teig aufgegangen ist. Den Ofen ausschalten. Mit der Messerspitze ein kleines Loch in den Boden jedes Profiterole stechen und zurück in den Ofen stellen. Das Gebäck dort 5 Minuten lang trocknen lassen.

3 Für die Füllung das Vanillepuddingpulver und den Zucker in eine Pfanne geben. Nach und nach die Milch zugeben. Rühren, bis sich das Pulver und der Zucker aufgelöst haben, dann bei kleiner Hitze weiterrühren, bis die Mischung kocht und eindickt. Von der Hitze nehmen, die weiße Schokolade und den Grand Marnier zugeben und erneut rühren, bis sich die Schokolade aufgelöst hat. Mit Klarsichtfolie bedecken und abkühlen lassen. Den Pudding rühren, bis er glatt ist, und in einen Spritzbeutel mit einer Tülle mit 1 cm Durchmesser geben. Etwas Füllung in jedes Profiterole spritzen. Mit der warmen Schokoladensauce servieren.

4 Für die Schokoladensauce die Schokolade und die Sahne in einen kleinen Kochtopf geben. Bei geringer Hitze rühren, bis die Schokolade geschmolzen und eine glatte Mischung entstanden ist. Warm servieren.

Hinweis: Die Profiteroles können bereits am Vortag zubereitet werden. Kurz vor dem Servieren füllen. Man kann auch kleinere Profiteroles zubereiten, indem man jeweils nur 1 TL Teig verwendet. Die Spitzen der Profiteroles dann in geschmolzene Schokolade tauchen. Wenn diese getrocknet ist, die Profiteroles mit geschlagener Sahne füllen.

OBEN: Profiteroles mit dunkler Schokoladensauce

CREMES UND SAUCEN

Diese fantastischen Zugaben machen jeden Pudding noch besser – egal, ob man

klassische Leckereien bevorzugt oder Neues ausprobieren möchte.

VANILLESAUCE

250 ml Milch und 60 ml Sahne in einem Topf miteinander vermischen. Aufkochen lassen, dann den Topf sofort vom Herd nehmen. In einer Schüssel 3 Eigelb, 125 g Zucker und 2 TL Stärkemehl verschlagen. Unter ständigem Schlagen langsam die heiße Milchsahne in die Eiermischung gießen. Alles zurück in den Topf geben und bei geringer Hitze 5 Minuten rühren,

bis die Mischung eindickt – nicht kochen lassen. Vom Herd nehmen und ½ TL Vanilleessenz zugeben. Servieren. Ergibt 375 ml.

WHISKYSAUCE

Bei geringer Hitze 2 EL Butter in einem Topf schmelzen. Vom Herd nehmen, 40 g Mehl zugeben und rühren, bis alles gut vermischt ist. Nach und nach 500 ml

Milch und 2 EL Zucker unterschlagen. Den Topf zurück auf den Herd stellen und bei mittlerer Hitze rühren, bis die Sauce kocht und eindickt. Die Hitze reduzieren und unter gelegentlichem Rühren 10 Minuten köcheln lassen. Vom Herd nehmen und 80 ml Whisky, 2 TL Butter und 1 EL Crème double unterrühren. Bis zum Servieren mit Klarsichtfolie zudecken. Ergibt 600 ml.

464

CREME A L'ANGLAISE

3 Eigelb und 2 EL feinster Zucker in einer feuerfesten Schüssel 2 Minuten verschlagen, bis eine cremige Masse entsteht. 375 ml Milch fast aufkochen lassen, dann unter Rühren in die Schüssel geben. Alles in den Topf zurückgeben und bei kleiner Hitze 5 Minuten rühren, bis die Mischung an einem Löffelrücken haften bleibt. Die Mischung darf nicht kochen, sonst gerinnt sie. Vom Herd nehmen und ½ TL Vanilleessenz einrühren. Zum Servieren in einen Krug gießen. Ergibt 500 ml.

GRAND-MARNIER-BUTTER

Mit einem Gemüseschäler eine Orange sehr dünn schälen (ohne weiße Fasern!). Die Schale in lange dünne Streifen schneiden, in eine Pfanne mit kaltem Wasser geben und aufkochen. Abtropfen lassen und wiederholen. Mit 80 ml Wasser und 2 EL feinstem Zucker zurück in die Pfanne geben. Bei geringer Hitze rühren, bis sich der Zucker aufgelöst hat, dann 2 Minuten kochen lassen, bis eine sirupartige Masse entstanden ist. 250 g weiche Butter in einer Schüssel schlagen, bis eine lockere Masse entsteht. 40 g Puderzucker, 60 ml Orangensaft und 2–3 EL Grand Marnier unterschlagen, dann den Orangenschalensirup unterheben. Die Flüssigkeit nicht zu schnell zugießen, damit sich die Mischung nicht trennt. Falls dies passiert, so viel Puderzucker unterschlagen, dass sie wieder bindet. Die Grand-Marnier-Butter in großen Klumpen auf den noch heißen Weihnachtspudding geben. Ergibt 250 g.

KOGNAKBUTTER

250 g weiche Butter und 185 g durchgesiebten Puderzucker mit dem Elektroquirl verschlagen, bis eine glatte und cremige Masse entsteht. Unter kräftigem Rühren nach und nach 60 ml Weinbrand zugeben. Bis zum Servieren in den Kühlschrank stellen. Ergibt 250 g.

DUNKLE SCHOKOLADENSAUCE

150 g gehackte dunkle Schokolade in eine Schüssel geben. 315 ml Sahne in einer Pfanne aufkochen. 2 EL feinsten Zucker einrühren, dann alles über die Schokolade gießen. 2 Minuten stehen lassen, dann rühren, bis eine glatte Sauce entsteht. Nach Geschmack 1 EL Likör zugeben. Warm servieren. Ergibt 375 ml.

VON LINKS: Vanillesauce; Whiskysauce; Crème à l'Anglaise; Grand-Marnier-Butter; Kognakbutter; Dunkle Schokoladensauce; Vanillesauce (auf dem Pudding)

WEIHNACHTSPUDDING

Diese vor allem in angelsächsischen Ländern weit verbreitete Spezialität hat ihren Ursprung im 14. Jahrhundert. Der Vorläufer des heutigen Puddings war eine Art Brei, der entstand, indem man Rind- und Hammelfleisch mit Rosinen, Korinthen, Pflaumen, Wein und Gewürzen kochte. 1595 war daraus dann der Plumpudding geworden, indem der Brei mit Eiern, Brotkrumen und Trockenfrüchten fester gemacht und mit Ale und Weinbrand verfeinert wurde. Der Plumpudding entwickelte sich zum Weihnachtsdessert, doch 1664 verboten ihn die Puritaner. Nachdem George I. 1714 Plumpudding probiert hatte, setzte er die Wiedereinführung als Weihnachtsdessert durch. Im viktorianischen Zeitalter hatten sich die Weihnachtspuddings fast schon zu dem entwickelt, was wir heute kennen.

OBEN: Gedämpfter Pudding

GEDÄMPFTER PUDDING

Zubereitungszeit: 40 Minuten
   + Ruhezeit über Nacht
Kochzeit: 8 Stunden
Für 10-12 Personen

★ ★

640 g gemischte Sultaninen, Korinthen und
   Rosinen

330 g gemischte Trockenfrüchte, gehackt

je 20 g Zitronat und Orangeat

125 ml dunkles Bier

2 EL Rum oder Weinbrand

80 ml Orangensaft

80 ml Zitronensaft

1 TL Orangenschale, fein gerieben

1 TL Zitronenschale, fein gerieben

225 g Schweineschmalz (siehe Hinweis)

245 g brauner Zucker

3 Eier, leicht verschlagen

200 g Weißbrot, gerieben

90 g Mehl

1 TL Backpulver

1 TL Lebkuchengewürz

¼ TL Muskatnuss, gerieben

100 g geschälte Mandeln, grob gehackt

1 Sultaninen, Korinthen, Rosinen, Trockenfrüchte, Zitronat, Orangeat, Bier, Rum, Säfte und Schalen in eine große Schüssel geben und mischen. Zugedeckt über Nacht stehen lassen.
2 Fett, Zucker, Eier, Weißbrot, Mehl, Backpulver, Gewürze und Mandeln zugeben und vermischen. Die Mischung sollte locker vom Löffel fallen – falls sie zu fest ist, etwas mehr Bier zugeben.
3 Eine 2 l fassende Puddingform auf einen Spezial- oder Dämpfeinsatz in einen großen Kochtopf mit Deckel stellen. Wasser bis zur halben Höhe der Form einfüllen. Die Form herausnehmen und das Wasser aufkochen lassen.
4 Die Puddingform vorbereiten, mit der Puddingmischung füllen und zudecken. Den Pudding 8 Stunden dämpfen, Wasser nachfüllen, falls notwendig. Wenn der Pudding aufbewahrt werden soll, nur 6 Stunden dämpfen und erst am Tag der Verwendung weitere 2 Stunden dämpfen. An einem kühlen, trockenen Ort lässt sich der Pudding bis zu 3 Monate aufbewahren.
Hinweis: In angelsächsischen Ländern wird statt Schweineschmalz Rindertalg verwendet.

SOMMERLICHER PUDDING

Zubereitungszeit: 30 Minuten
+ Gefrierzeit über Nacht
Kochzeit: 5 Minuten
Für 6 Personen

je 150 g schwarze Johannisbeeren, rote
  Johannisbeeren, Himbeeren, Brombeeren
200 g Erdbeeren, geviertelt oder halbiert
125 g feinster Zucker, nach Geschmack
6–8 Scheiben Weißbrot, ohne Kruste

1 Alle Beeren, außer die Erdbeeren, mit 125 ml
Wasser in einen großen Topf geben und 5
Minuten bei geringer Hitze erwärmen, bis die
Beeren zusammenzufallen beginnen. Die
Erdbeeren zugeben und den Topf vom Herd
nehmen. Nach Geschmack Zucker zugeben
(dies ist auch davon abhängig, wie süß die
Früchte sind). Abkühlen lassen.
2 Eine 1 l fassende Puddingform oder sechs
170 ml fassende Förmchen mit dem Weißbrot
auskleiden. Dazu für die große Form ein großes
rundes Stück für den Boden und Streifen für die
Ränder der Form zuschneiden. Für die
Förmchen jeweils eine Brotscheibe verwenden:
ein kleines rundes Stück für den Boden und
Streifen zuschneiden, die entlang den Rändern
eingepasst werden können. Etwas Beerensaft in
eine kleine Schüssel abgießen und eine Seite
jedes Brotstücks in den Saft tauchen, bevor man
es – mit der eingetauchten Seite nach unten – in
die Form einpasst. Keine Lücken lassen und das
Brot weder andrücken noch platt drücken, sonst
nimmt es keine Flüssigkeit mehr auf.
3 Das Innere der Form mit den Früchten füllen
und etwas Flüssigkeit zugeben. Falls Früchte
übrig bleiben sollten, können diese später mit
dem Pudding serviert werden. Die Oberseite
ganz mit dem restlichen eingetauchten Brot
(eingetauchte Seite nach oben) belegen. Mit
Klarsichtfolie bedecken. Einen kleinen Teller,
der auf die Oberseite der Form passt, auf die
Folie stellen und mit Konservendosen
beschweren. Alles auf ein Backblech stellen, um
eventuell austretende Flüssigkeit aufzufangen.
Verwendet man Förmchen, diese ebenfalls in
Klarsichtfolie einpacken und mit kleinen
Konservendosen oder Ähnlichem beschweren.
Über Nacht in den Kühlschrank stellen. Den
Pudding bzw. die Puddings stürzen und – falls
vorhanden – mit den restlichen Früchten und
etwas Sahne servieren.

MANGOSORBET

Zubereitungszeit: 20 Minuten + Gefrierzeit
Kochzeit: 4 Minuten
Für 4-6 Personen

250 g feinster Zucker
2 EL Zitronensaft
500 ml Mangopüree (Mango-Pulp) oder
  3 mittelgroße Mangos, püriert

1 Den Zucker mit 315 ml Wasser in einen Topf
geben und bei geringer Hitze rühren, bis sich der
Zucker aufgelöst hat. Aufkochen und 2 Minuten
kochen lassen, ohne zu rühren. Beiseite stellen und
auf Zimmertemperatur abkühlen lassen.
2 Zitronensaft zum Mangopüree geben und auf
den Zuckersirup gießen. Verrühren und in eine
flache Metallschale gießen. Mit Folie verschließen
und 4–6 Stunden in den Gefrierschrank stellen.
3 Die Mischung in einer Küchenmaschine pürieren, bis eine glatte Masse entstanden ist. Diese in
einen luftdichten Behälter geben und 4–6 Stunden in den Gefrierschrank stellen, bis sie fest ist.

*OBEN: Sommerlicher
Pudding*

SPOTTED DICK

Zubereitungszeit: 15 Minuten + Ruhezeit
Kochzeit: 1 Stunde 30 Minuten
Für 4 Personen

 ⋆ ⋆

SPOTTED DICK

Spotted Dick, was soviel heißt wie „gesprenkelter Kerl", ist ein traditioneller englischer Talgpudding, der meist in Form eines Zylinders zubereitet wird.

180 g Mehl
1½ TL Backpulver
125 g Zucker
1½ TL gemahlener Ingwer
160 g frisches Paniermehl
60 g Sultaninen
100 g Korinthen
125 g Talg, gerieben
2 TL feingeriebene Zitronen-
    schale
2 Eier, leicht geschlagen
170 ml Milch

UNTEN: Spotted Dick

1 Mehl, Backpulver, Zucker und Ingwer in eine große Schüssel sieben. Paniermehl, Sultaninen, Korinthen, Talg und Zitronenschale zufügen, mit einem Holzlöffel gut vermischen.
2 Ei-Milch-Mischung zugeben und gut unterrühren. Bei Bedarf etwas mehr Milch zugießen. 5 Minuten ruhen lassen.
3 Ein Stück Backpapier auf die Arbeitsfläche legen. Den Teig zu einer ca. 20 cm langen Rolle formen. In das Papier rollen, Enden nach oben falten – nicht zu fest wickeln, weil sich der Pudding beim Kochen ausdehnt. In ein Geschirrtuch wickeln und in die obere Hälfte eines Bambus- oder Metalldämpfers legen. Abgedeckt 1 Stunde 30 Minuten dämpfen, bei Bedarf kochendes Wasser aufgießen (nicht trocken werden lassen). Pudding auf einen Teller setzen und in Scheiben schneiden. Mit Eiercreme oder Sahne servieren.

BANANENKUCHEN

Zubereitungszeit: 20 Minuten
Backzeit: 45 Minuten
Für 8 Personen

⋆

50 g Butter, zerlassen
60 g feiner brauner Zucker
6 reife große Bananen, längs halbiert
125 g weiche Butter
230 g feiner brauner Zucker, zusätzlich
2 Eier, leicht geschlagen
180 g Mehl
3 TL Backpulver
2 große Bananen zusätzlich, zerdrückt

1 Backofen auf 180 °C (Gas 2–3) vorheizen. Eine viereckige Kuchenform (20 cm) einfetten und mit Backpapier auslegen. Zerlassene Butter über den Boden gießen, mit Zucker bestreuen. Bananen mit der Schnittfläche nach unten darüber verteilen.
2 Butter mit dem zusätzlichen Zucker cremig rühren, bis eine leichte und lockere Masse entstanden ist. Die Eier einzeln zugeben und jeweils gut unterschlagen.
3 Mehl und Backpulver in eine Schüssel sieben, dann mit der zerdrückten Banane unter die Kuchenmischung heben. Vorsichtig in der Form verteilen. 45 Minuten backen; Stäbchenprobe durchführen. Warm aus der Form lösen.
Hinweis: Die Banane muß sehr reif sein, sonst wird sie beim Kochen nicht zart und weich.

BANANENPUDDING MIT KARAMELSAUCE

Zubereitungszeit: 30 Minuten
Kochzeit: 1 Stunde 40 Minuten
Für 6-8 Personen

✶ ✶

150 g Butter

140 g feiner brauner Zucker

250 g Mehl

2 TL Backpulver

1/2 TL Natron

1/2 TL gemahlene Muskatnuß

2 Tropfen Vanillearoma

2 Eier, leicht geschlagen

185 ml Buttermilch

2 kleine reife Bananen, zerdrückt

Karamelsauce

125 g Butter

125 g feiner brauner Zucker

315 g Kondensmilch

350 ml Sahne

1 Eine 2-l-Puddingform einfetten, den Boden mit Backpapier auslegen. Leer auf einen Dreifuß in einen Topf stellen. Wasser zugießen, bis die Form zur Hälfte darin steht. Wieder herausnehmen, das Wasser zum Kochen bringen. Ein Stück Alufolie auf die Arbeitsfläche legen und darauf Backpapier. Papier einfetten. In der Mitte eine Falte knicken.

2 Butter und Zucker bei schwacher Hitze unter Rühren auflösen. Vom Herd nehmen. Mehl, Natron und Muskatnuß in eine Schüssel sieben. In die Mitte eine Mulde drücken, Buttermischung, Vanille, Ei und Buttermilch hineingeben. Mit einem Holzlöffel glattrühren. Banane einrühren. Mit einem Löffel in der Form verteilen. Mit Alufolie und Papier abdecken (Folie oben). Den Deckel der Form auflegen oder eine doppelte Schnur um den Rand binden. Fest verknoten. Mit einer weiteren Schnur einen Griff anbringen. Vorsichtig ins kochende Wasser stellen. Hitze reduzieren, so daß das Wasser köchelt. Abgedeckt 1 Stunde 30 Minuten dämpfen, bei Bedarf Wasser nachfüllen. Stäbchenprobe durchführen. Vor dem Stürzen 5 Minuten ruhen lassen.

3 Für die Sauce Zutaten in einem Topf bei schwacher Hitze glattrühren, bis sich der Zucker aufgelöst hat. Zum Kochen bringen, Hitze reduzieren. 3–5 Minuten köcheln lassen. Heiß servieren.

OBEN: Bananenpudding mit Karamelsauce

469

SÜSSE SAUCEN gehen eine

himmlische Verbindung mit lockeren Puddings ein, die den köstlichen Sirup in sich

aufnehmen und dadurch eine unwiderstehliche Konsistenz erhalten.

KARAMELSAUCE
75 g Butter, 185 g feinen braunen Zucker und 185 ml Sahne in einem kleinen Topf bei schwacher Hitze verrühren, bis die Butter zerlaufen ist und sich der Zucker aufgelöst hat. Zum Kochen bringen, Hitze reduzieren. 2 Minuten köcheln lassen. Ergibt 410 ml.

SAUCE AUS SCHOKORIEGELN
4 Snickers kleinschneiden. Mit 60 ml Milch und 185 ml Sahne in einen Topf geben und bei schwacher Hitze unter Rühren schmelzen. 100 g zerkleinerte Milchschokolade zufügen und schmelzen, dabei weiterrühren. Auf Raumtemperatur abkühlen lassen. Ergibt 560 ml.

BITTERSCHOKOLADEN-SAUCE
150 g zerkleinerte Bitterschokolade in eine Schüssel geben. 300 ml Sahne in einem Topf zum Kochen bringen. 2 Eßlöffel feinen Zucker einrühren. Über die Schokolade gießen. 2 Minuten ruhen lassen, dann glattrühren. 1 Löffel beliebigen Likör zugeben. Warm servieren. Ergibt 500 ml.

SCHOKOLADENKARAMELSAUCE

250 ml Sahne, 30 g Butter, 1 Eßlöffel Rohrzuckersirup und 200 g zerkleinerte Bitterschokolade in einen Topf geben. Bei schwacher Hitze schmelzen lassen und glattrühren. Heiß oder warm servieren. Ergibt 500 ml.

LIKÖR MIT TOKAIER-SIRUP

250 g Zucker und 250 ml Wasser in einem mittelgroßen Topf langsam zum Kochen bringen. Rühren, um den Zucker aufzulösen. $1/2$ Vanillestange zugeben und ohne umzurühren 5 Minuten kochen. 250 ml Tokaierlikör, Muskatlikör oder Sauterne zugießen und verrühren. Zum Kochen bringen. Je nach gewünschter Dicke ca. 15 Minuten kochen. Ergibt 500 ml.

VANILLE-HASELNUSSAUCE

300 ml Sahne in einen kleinen Topf gießen. 1 Vanillestange teilen, das Mark in die Sahne schaben. Stange ebenfalls hineingeben. Zum Kochen bringen. Vom Herd nehmen. Abgedeckt 10 Minuten ruhen lassen, dann abgießen. 200 g zerkleinerte weiße Schokolade in einer Schüssel mit der aufgewärmten Sahne begießen. 2 Minuten ruhen lassen, dann rühren, bis die Schokolade geschmolzen ist. 30 g gehackte geröstete Haselnüsse einrühren. Ergibt 500 ml.

WEINBRANDSAUCE

500 ml Sahne in einem gußeisernen Topf zum Kochen bringen. 4 Eigelb mit 125 g feinem Zucker cremig schlagen. Unter Rühren langsam die heiße Sahne zugießen. Wieder in den Topf füllen. Bei schwacher Hitze 5–6 Minuten zu einer leicht eingedickten Masse verrühren, nicht kochen. Vor dem Servieren 3 Eßlöffel Weinbrand einrühren. Ergibt 810 ml.

ZITRUS-SIRUP

Schale von je 1 Orange, Zitrone und Limette abschneiden. Weiße Haut entfernen. Schale in Zesten schneiden. Mit dem Limettensaft und der Hälfte des Zitronen- und Orangensafts in einen Topf geben. 125 g Zucker und 125 ml Wasser zufügen. Bei schwacher Hitze unter Rühren auflösen. $1/2$ Vanillestange zugeben. 10 Minuten köcheln, nicht umrühren. Ergibt 250 ml.

VON LINKS: Karamel, Schokoriegel, Bitterschokolade, Tokaierlikör, Schokoladenkaramel, Vanille-Haselnuß, Weinbrand, Zitronensirup

TRIFLES UND ZUPPA INGLESE

Trifles – was übersetzt soviel wie „Kleinigkeit" bedeutet – waren ursprünglich aromatisierte Cremes, die man im elisabethanischen Zeitalter aß. Im Laufe der Zeit veränderten sie sich jedoch immer mehr: Die Creme wurde verdickt, Biskuits und andere Zutaten kamen hinzu und man begann, sie reich zu verzieren. Aus dem Jahr 1755 kennt man ein Rezept von Hannah Glasse für ein „Grand Trifle", mit der Beschreibung, daß es für den Tisch des Königs würdig sei. Es beinhaltete in Sherry getränkte Biskuits sowie je eine Schicht Eiercreme und Syllabub auf der Oberseite. Obwohl Zuppa Inglese übersetzt „englische Suppe" bedeutet, stammt sie doch aus Italien. Woher der Name kommt, weiß man nicht genau. Vielleicht wurde sie so genannt, weil sie dem englischen Trifle so ähnelt. Ursprünglich wurde die Zuppa Inglese gebacken, modernere Versionen verzichten jedoch darauf.

GEGENÜBERLIEGENDE SEITE: Englisches Trifle (oben), Zuppa Inglese

ENGLISCHES TRIFLE

Zubereitungszeit: 25 Minuten + Kühlzeit
Kochzeit: 10 Minuten
Für 6 Personen

4 Scheiben Madeira- oder Biskuitkuchen

60 ml süßer Sherry oder Madeira

250 g Himbeeren

4 Eier

2 EL feiner Zucker

2 EL Mehl

500 ml Milch

1 Tropfen Vanillearoma

125 ml Sahne

25 g Mandeln, gehobelt, zum Dekorieren

Himbeeren zum Dekorieren

1 Kuchen in eine schöne Schüssel legen, mit Sherry beträufeln. Himbeeren darüberstreuen und mit der Rückseite eines Löffels vorsichtig in den Biskuit drücken, einige Beeren ganz lassen.
2 Eier, Zucker und Mehl in einer Schüssel mischen. Milch in einem Topf erhitzen, über die Eimasse gießen, gut umrühren. Zurück in einen sauberen Topf gießen. Auf mittlerer Stufe erhitzen, bis die Eimasse eindickt und die Rückseite eines Löffels überzieht. Vanillearoma einrühren. Mit Frischhaltefolie abgedeckt abkühlen lassen.
3 Die gekühlte Eiercreme über die Himbeeren gießen. Im Kühlschrank ruhen lassen; sie wird fest aber nicht hart. Sahne schlagen und über der Creme verteilen. Mit Mandeln und Himbeeren verzieren und bis zum Verzehr kühl stellen.

TIPSY TRIFLE

Zubereitungszeit: 25 Minuten + Kühlzeit
Kochzeit: keine
Für 6 Personen

20 cm Biskuitkuchen

160 g Aprikosenmarmelade

125 ml Weinbrand

80 g Aprikosengelee

2 Bananen, in Scheiben geschnitten, mit etwas Zitronensaft beträufelt

500 ml fertige Eiercreme

250 ml Sahne, geschlagen

60 g Mandeln, geröstet, gehackt

Fruchtfleisch von 2 Passionsfrüchten

1 Biskuitkuchen in kleine Würfel schneiden und in eine große Servierschüssel geben oder in einzelne Parfaitgläser schichten. Marmelade, Weinbrand und 60 ml Wasser vermischen und über den Biskuitkuchen träufeln.
2 Aprikosengelee in 500 ml kochendem Wasser unter Rühren auflösen. In eine 27 x 18 cm große, rechteckige Form füllen. Abkühlen lassen, bis sich sie Mischung gesetzt hat, dann mit einem Gummispatel in Würfel schneiden.
3 Geleewürfel auf dem Biskuitkuchen verteilen und darauf die Bananen und die Eiercreme. Mit Sahne, Mandeln und Passionsfrüchten dekorieren. Bis zum Verzehr kühlen.

ZUPPA INGLESE

Zubereitungszeit: 35 Minuten + Kühlzeit
Kochzeit: 10 Minuten
Für 6 Personen

500 ml Milch

1 Vanillestange, längs geteilt

4 Eigelb

125 g feiner Zucker

2 EL Mehl

300 g Madeira-Kuchen, in 1 cm dicke Scheiben geschnitten

80 ml Rum

30 g Schokolade, gerieben oder geraspelt

50 g Mandeln, gehobelt, geröstet

1 Eine Servierform von 1¹/₂ l Fassungsvermögen mit geschmacksneutralem Öl oder zerlassener Butter einfetten. Milch und Vanillestange in einem Topf langsam erhitzen, bis am Rand Blasen aufsteigen. Eigelbe, Zucker und Mehl in einer Schüssel hell-cremig schlagen.
2 Vanillestange entfernen, die warme Milch langsam in die Eimischung rühren und gut vermischen. In einen sauberen Topf füllen und bei mittlerer Hitze unter Rühren erhitzen, bis die Eiercreme eindickt.
3 Boden der vorbereiteten Form mit ¹/₃ der Kuchenscheiben belegen. Rum mit 1 Eßlöffel Wasser mischen, Kuchen gut damit einpinseln. ¹/₃ der Creme über dem Kuchen verteilen, erneut mit Kuchenscheiben belegen und mit der Rummischung einpinseln. Die Schichtung nochmals wiederholen, mit der Creme abschließen. Abgedeckt mindestens 3 Stunden kühlen. Vor dem Servieren mit geriebener oder geraspelter Schokolade und gerösteten Mandeln bestreuen.

SORBETS, SCHERBETTS UND SPOOMS

Sorbet ist ein halbgefrorenes Frucht- oder Wassereis, das traditionell keine Milchprodukte oder Eier enthält, obwohl es inzwischen üblich ist, geschlagenes Eiweiß hinzuzufügen. Sorbets werden sowohl zwischen den einzelnen Gängen, als auch als erfrischende Desserts serviert. Escoffier sagt, daß Sorbets gegessen werden sollten, wenn sie fast eine trinkbare Konsistenz haben. Sorbets können sowohl mit der Eismaschine hergestellt werden wie tiefgefroren werden. Scherbett ist ein Wassereis, das etwas Milch oder Sahne enthält. Das Wort kommt von der arabischen Bezeichnung *sharab/sharbah,* was soviel bedeutet wie „gesüßtes, kaltes Getränk". Scherbett kann aber auch synonym für Sorbet verwendet werden. Dem Spoom werden größere Mengen von süßem Eischnee – italienischen Meringer – beigemischt. Dann wird er ohne weiteres Mischen oder Schlagen eingefroren.

OBEN: Zitronen-
Limettensorbet

ZITRONEN-LIMETTEN-SORBET

Zubereitungszeit: 25 Minuten + Gefrierzeit
Kochzeit: 10 Minuten
Für 4 Personen

★

250 g Zucker
185 ml Zitronensaft
185 ml Limettensaft
2 Eiweiß, leicht geschlagen

1 Zucker mit 500 ml Wasser in einem Topf bei schwacher Hitze unter Rühren auflösen. Zum Kochen bringen, Hitze reduzieren, 5 Minuten köcheln, dann abkühlen lassen.
2 Zitronen- und Limettensaft zugeben. In eine Metallform gießen. Mit Butterbrotpapier abgedeckt 2 Stunden einfrieren. Dann in einer Küchenmaschine oder mit dem elektrischen Handrührgerät in einer Schüssel zu einer Art Schneematsch verarbeiten. Erneut einfrieren. Diesen Prozeß 2mal wiederholen.
3 In eine Schüssel oder Küchenmaschine geben. Mit dem elektrischen Rührgerät oder bei laufendem Motor Eiweiß unterschlagen. Zurück in den Tiefkühlbehälter füllen und mit Butterbrotpapier abgedeckt einfrieren, bis das Eis fest ist.
4 Wenn Sie eine Eismaschine verwenden, Eiweiß zugeben, wenn das Sorbet fast gefroren ist, die Maschine aber noch läuft.

ANANASSORBET

Zubereitungszeit: 25 Minuten + Gefrierzeit
Kochzeit: 15 Minuten
Für 4 Personen

★

850 ml ungesüßter Ananassaft
375 g Zucker
3 EL Zitronensaft, abgesiebt
1 Eiweiß, leicht geschlagen

1 Zucker mit dem Saft in einem Topf bei schwacher Hitze unter Rühren auflösen. Zum Kochen bringen. Hitze reduzieren, 5 Minuten köcheln. Eventuelle Rückstände abschöpfen.
2 Zitronensaft zugeben. In eine Metallform gießen. Mit Butterbrotpapier abgedeckt 2 Stunden einfrieren. Dann in einer Küchenmaschine oder mit dem elektrischen Handrührgerät in einer Schüssel zu einer Art Schneematsch verarbeiten. Erneut einfrieren. Diesen Prozeß 2mal wiederholen. Anschließend noch einmal aufschlagen und dabei das Eiweiß gut untermischen. Zu einer glatten Masse schlagen. Zurück in den Tiefkühlbehälter geben und mit Butterbrotpapier abgedeckt einfrieren, bis das Eis fest ist.
3 Wenn Sie eine Eismaschine verwenden, Eiweiß zugeben, wenn das Sorbet fast gefroren ist, die Maschine aber noch läuft.

HIMBEERMOUSSE

Fett pro Portion: 2 g
Zubereitungszeit: 30 Minuten + Kühlzeit
Kochzeit: keine
Für 4 Personen

3 TL Gelatine

250 g fettarmer Vanillejoghurt

400 g leichter Frischkäse

4 Eiweiß

150 g frische Himbeeren, zerdrückt, oder
  tiefgefroren und aufgetaut

frische Himbeeren und Pfefferminzblätter zum
  Servieren

1 1 Eßlöffel heißes Wasser in eine kleine, feuerfeste Schüssel geben, Gelatine auf der Oberfläche
verteilen und quellen lassen. In einem kleinen
Topf etwas Wasser zum Kochen bringen. Vom
Herd nehmen und die Gelatineschüssel hineinsetzen. Sie sollte bis zur Hälfte im Wasser stehen.
Gelatine verrühren, bis sie sich auflöst. In einer
großen Schüssel Joghurt und Frischkäse miteinander verrühren. Dann die abgekühlte Gelatine
zugeben und gut untermischen.
2 Eiweiß mit dem elektrischen Handrührgerät
steif schlagen. Unter die Joghurtcreme heben,
bis sich beides gerade vermischt hat. Die Hälfte
in einer extra Schüssel mit den Himbeeren
mischen.
3 Himbeermousse auf 4 hohe Gläser verteilen.
Darauf die Vanillemischung geben. Einige Stunden zum Festwerden kühl stellen. Mit frischen
Himbeeren und Pfefferminzblättern dekorieren.

SCHOKOLADENMOUSSE

Fett pro Portion: 3 g
Zubereitungszeit: 20 Minuten + Kühlzeit
Kochzeit: keine
Für 6 Personen

2 EL Kakao

1 TL Gelatine

300 g weicher Tofu

1 EL Weinbrand

2 Eiweiß

60 g feiner Zucker

1 Kakao in 60 ml heißem Wasser auflösen.
1 Eßlöffel Wasser in eine kleine, feuerfeste
Schüssel geben, Gelatine auf der Oberfläche
verteilen und quellen lassen. In einem kleinen
Topf etwas Wasser zum Kochen bringen. Vom
Herd nehmen und die Gelatineschüssel hineinsetzen. Sie sollte bis zur Hälfte im Wasser stehen.
Gelatine verrühren, bis sie sich auflöst.
2 Tofu abtropfen lassen und mit der Kakao-
mischung und dem Weinbrand im Mixer glattpürieren. An den Seiten hochgespritzte Masse
wieder nach unten kratzen. In eine Schüssel
umfüllen und die Gelatine einrühren.
3 Eiweiß in einer sauberen, trockenen Schüssel
schlagen, bis sich weiche Spitzen bilden. Nach
und nach den Zucker zugeben und immer gut
einarbeiten, bis der Eischnee steif und glänzend
wird. Unter die Schokoladenmischung heben
und in sechs 125-ml-Formen füllen. Einige
Stunden kühlen, bis die Mousse fest ist.

OBEN: Himbeermousse

PARFAITS
Das original französische Parfait ist ein cremiges Eis aus Eiern, Zucker und Sahne. Die hier vorgestellten Parfaits weichen davon etwas ab: Es sind köstliche Schichten aus Eis, Früchten und Saucen.

VANILLE-KARAMEL-PARFAIT
90 g Butter in einem gußeisernen Topf erhitzen. 140 g feinen braunen Zucker zugeben und auf niedriger Stufe – ohne zu kochen – unter Rühren auflösen. Temperatur erhöhen. 3 Minuten köcheln lassen (nicht kochen), bis die Mischung goldbraun ist. Vom Herd nehmen, leicht abkühlen lassen. 170 ml Sahne einrühren,

abkühlen lassen. Zu einer glatten Masse schlagen. 500 g Vanilleeis, halbierte Schokoladenkugeln und die Karamelsauce in 4 Parfaitgläsern schichten und mit weiteren halbierten Schokoladenkugeln garnieren. Sofort servieren. Für 4 Personen.

ERDBEER-HIMBEER-PARFAIT
80 g Geleepulver mit Erdbeeraroma in

500 ml kochendes Wasser einrühren (oder Packungshinweise beachten). Kühl stellen, bis es fest geworden ist. 125 g zerkleinerte Erdbeeren 30 Sekunden im Mixer pürieren. 500 g Vanilleeis, das Gelee, 125 g kleingeschnittene Erdbeeren, 100 g Himbeeren und das Erdbeerpüree in 6 Parfaitgläsern schichten. Sofort servieren. Für 6 Personen.

WÜRZIGES WEINBRAND-KIRSCH-PARFAIT

3 Eßlöffel Zucker, 2 Eßlöffel feinen braunen Zucker, 1 Teelöffel Gewürzmischung und 3 Eßlöffel Weinbrand in einen Topf mit 250 ml Wasser mischen. Ohne zu kochen unter ständigem Rühren erwärmen, bis sich der Zucker aufgelöst hat. Zum Kochen bringen. 500 g entkernte Kirschen zugeben, Hitze reduzieren. 10 Minuten köcheln, vom Herd nehmen und abkühlen lassen. Kirschen mit 1 l Vanilleeis in hohe Gläser schichten und mit etwas Kirschsirup begießen. Mit Weinbrandplätzchen servieren. Für 6 Personen.

SCHOKOLADEN-KAHLUA-PARFAIT

125 g gehackte Schokolade und Vanillebiskuits mit 2 Eßlöffeln Kahlua in einer Schüssel vermischen. 5 Minuten ruhen lassen. 500 g Schokoladeneis, Biskuitmischung, 250 ml geschlagene Sahne und 60 g Schokoladenstückchen abwechselnd in 4 Parfaitgläsern schichten. Mit der geschlagenen Sahne abschließen und mit Schokostückchen bestreuen. Für 4 Personen.

KARAMEL-NUSS-PARFAIT

100 g Butter, 2 Eßlöffel Rohrzuckersirup, 100 g feinen braunen Zucker und 250 ml Sahne in einem Topf mischen. Auf niedriger Stufe unter ständigem Rühren erhitzen, bis alles geschmolzen ist. Nicht kochen. Leicht abkühlen lassen. 1 l Vanilleeis und die warme Sauce in Parfaitgläsern schichten. Mit gehackten Nüssen bestreuen. Für 4–6 Personen.

BANANENSPLIT

200 g gute Bitterschokolade, 185 ml Sahne und 30 g Butter in einen Topf geben und bei schwacher Hitze glattrühren. Leicht abkühlen lassen. 4 reife Bananen längs teilen und jeweils auf die Seiten einer länglichen, flachen Glasform legen. 3 Kugeln Eis zwischen die Bananen setzen. Mit Schokoladensauce begießen und gehackten Nüssen garnieren. Für 4 Personen.

VON LINKS: Vanille-Karamel-Parfait, Erdbeer-Himbeer-Parfait, Weinbrand-Kirsch-Parfait, Schokoladen-Kahlua-Parfait, Karamel-Nuß-Parfait, Bananensplit

PAPAYA/PAWPAW

Papayas sind die Früchte eines großen tropischen Weichholzbaumes ihre Größe sagt nichts über ihren Reifegrad. Die Schale der Papaya variiert von gelb-grün bis rosarot. Auch die Farbe des Fruchtfleisches ist unterschiedlich. Es kann gelb, rosarot oder orange sein. Papayas sollte man bei Zimmertemperatur nach-reifen lassen, bis die Schale ihren grünlichen Stich fast vollständig verloren und die Frucht einen angenehmen Duft hat. Für eine weitere Lagerung im Kühlschrank aufbewahren. Zum Verzehr der Länge nach halbieren und die Samen mit einem Löffel entfernen. Dann schälen und in Stücke oder Scheiben schneiden. Papayas eignen sich gut für einen mit Sahne zubereiteten Kompott und andere sah-nige Desserts. Einzig mit Gelantine können sie nicht gut verarbeitet werden, da sie Papain enthalten, ein Enzym, das das Gelieren verhindert.

GEGENÜBERLIEGENDE SEITE, IM UHRZEIGERSINN VON OBEN: Asiatischer Fruchtteller; Melonenmedley; Sommersalat aus Zitrus-früchten

SOMMERSALAT AUS ZITRUSFRÜCHTEN

Zubereitungszeit: 15 Minuten
Kochzeit: 5 Minuten
Für 4-6 Personen

3 rote Grapefruits, geschält, weiße Haut entfernt
3 große Orangen, geschält, weiße Haut entfernt
1 EL feiner Zucker
1 Zimtstange
3 EL Pfefferminzblätter, ganz

1 Grapefruits und Orangen filetieren und in einer Schüssel mischen.
2 Restliche Zutaten mit 3 Eßlöffeln Wasser in einem kleinen Topf bei schwacher Hitze verrüh-ren, bis sich der Zucker gelöst hat. Zimt und Pfefferminze entfernen. Über die Früchte geben.

ASIATISCHER FRUCHTTELLER

Zubereitungszeit: 15 Minuten
Kochzeit: 5 Minuten
Für 4-6 Personen

1 Stengel Zitronengras, nur der weiße Teil, gehackt
2 cm Ingwer, grobgehackt
1 TL feiner brauner Zucker
125 ml Kokosmilch
2 Mangos
1 Nashi-Birne, geviertelt
6 Litschis oder Rambutans, halbiert und entkernt
1 rote Papaya, entkernt, in Spalten geschnitten
2 Karambolen, in dicke Scheiben geschnitten
1 Limette, geviertelt

1 Zitronengras, Ingwer, Zucker und Kokosmilch in einem kleinen Topf bei milder Hitze 5 Minu-ten köcheln. Abgießen und zur Seite stellen.
2 Mangos halbieren. Ein Kreuzmuster in jede Hälfte kerben, ohne die Haut zu durchtrennen. Den Außenrand umklappen, so daß das Mittelstück nach oben gedrückt wird. Mit den anderen Früch-ten anrichten. Die Limettenviertel dazu reichen, ihren Saft nach Belieben über die Früchte pressen.
3 Kokossauce entweder am Rand als Dipping anbieten oder vor dem Servieren über die Früchte träufeln.

MELONENMEDLEY

Zubereitungszeit: 10 Minuten + Kühlzeit
Kochzeit: keine
Für 4 Personen

1/2 Kantalupe
1/2 Honigmelone
1/4 Wassermelone
Fruchtfleisch von 2 Passionsfrüchten

1 Melonen mundgerecht zerschneiden oder Kugeln ausstechen. Zugedeckt 30 Minuten kalt stellen. Passionsfrüchte darauf verteilen.

ROTER OBSTSALAT

Zubereitungszeit: 10 Minuten + Ruhezeit
Kochzeit: 5 Minuten
Für 4 Personen

250 g Erdbeeren, halbiert
125 g Himbeeren
250 g Kirschen, entkernt
1 EL Cointreau
1 EL feiner brauner Zucker

1 Früchte in einer Schüssel mit Cointreau begießen. Abgedeckt 20 Minuten ziehen lassen.
2 Zucker in 2 Eßlöffel Wasser in einem kleinen Topf bei milder Hitze 3 Minuten unter Rühren, auflösen. Abgekühlt über die Früchte gießen.

STEINOBST

Zubereitungszeit: 15 Minuten
Kochzeit: keine
Für 4 Personen

4 Aprikosen, halbiert und dünn geschnitten
4 Pfirsiche, halbiert und dünn geschnitten
4 Nektarinen, halbiert und dünn geschnitten
4 Pflaumen, halbiert und dünn geschnitten
2 EL Aprikosensaft
125 g Mascarpone
1 TL feiner brauner Zucker

1 Früchte mischen und mit Aprikosensaft beträufeln. Mascarpone und Zucker mischen und zum Fruchtsalat servieren.

kochendem Wasser setzen. Dabei aufpassen, daß die Schüssel das Wasser nicht berührt. In der Schüssel servieren und mit Marshmallows und frischem Obst reichen.

Hinweis: Für das Fondue eignen sich Erdbeeren, Birnen, Kirschen und Bananen.

WEISSES SCHOKOLADEN-FONDUE MIT FRÜCHTEN

Zubereitungszeit: 30 Minuten
Kochzeit: 20 Minuten
Für 6-8 Personen

125 ml leichter Maissirup

170 ml Crème double

60 ml Cointreau

250 g weiße Schokolade, zerkleinert

Marshmallows und kleingeschnittenes frisches
   Obst zum Servieren

1 Maissirup und Crème double in einen kleinen Topf oder Fonduetopf geben. Aufkochen und vom Herd nehmen.
2 Cointreau und weiße Schokolade zugeben und unter Rühren auflösen. Mit Marshmallows und frischem Obst servieren.

GEGRILLTE APFELSTAPEL

Zubereitungszeit: 10 Minuten
Kochzeit: 5–10 Minuten
Für 4 Personen

3–4 große Äpfel, Gehäuse entfernt

30 g Butter

Limetten- oder andere Marmelade

Sahne, Eiscreme oder Eiercreme zum Servieren

1 Äpfel quer in dünne Ringe schneiden und in eine leicht gefettete, feuerfeste Form legen. Auf jede Scheibe ein kleines Stückchen Butter und 1/2 Teelöffel Marmelade setzen.
2 Unter den heißen Grill stellen, bis die Butter geschmolzen ist und die Äpfel goldbraun sind. Zum Servieren 4–5 Scheiben aufeinander setzen und mit einem Löffel Sahne, Eiscreme oder Eiercreme dekorieren.

Hinweis: Zu empfehlen sind Äpfel wie Golden Delicious, die beim Backen ihre Form behalten.

DUNKLES SCHOKOLADEN-FONDUE MIT FRÜCHTEN

Zubereitungszeit: 30 Minuten
Kochzeit: 20 Minuten
Für 6-8 Personen

250 g gute Bitterschokolade, zerkleinert

125 ml Crème double

Marshmallows und kleingeschnittenes frisches
   Obst zum Servieren

1 Schokolade und Crème double in einen Fonduetopf oder eine feuerfeste Schüssel geben und entweder vorsichtig auf dem Fondue erhitzen und glattrühren oder die Schüssel über einen vom Herd genommenen Topf mit

*OBEN: Weißes Schoko-
ladenfondue mit Früchten
(oben), dunkles Schoko-
ladenfondue mit Früchten*

480

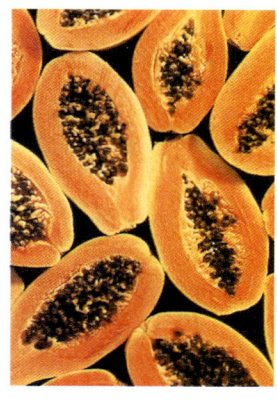

PAPAYA-LIMETTEN-DESSERT

Zubereitungszeit: 15 Minuten + Kühlzeit
Kochzeit: keine
Für 4 Personen

2 rote Papaya, ca. 1 kg
1–2 EL Limettensaft
3 EL Vanillezucker
315 ml Sahne

1 Papaya schälen, Kerne entfernen. Das Fruchtfleisch zerdrücken, bis es glatt ist. Nicht im Mixer pürieren, da es dort zu flüssig wird.
2 Je nach Süße der Frucht und Vorliebe mit Limettensaft und Vanillezucker abschmecken.
3 Sahne schlagen, bis sie weiche Spitzen bildet. Anschließend das Papayapüree unterheben. Auf Dessertgläser verteilen und bis zum Servieren kalt stellen.
Hinweis: Alternativ zur Papaya 500 g gedämpften Rhabarber verwenden.

MANGO-SAHNE-DESSERT

Zubereitungszeit: 20 Minuten + Kühlzeit
Kochzeit: keine
Für 6 Personen

3 große Mangos
250 ml Eiercreme
410 ml Sahne

1 Mangos schälen, entkernen und das Fleisch im Mixer pürieren. Eiercreme zugeben und gut unterrühren.
2 Sahne schlagen, bis sich weiche Spitzen bilden. Vorsichtig unter die Mangos heben. Beides sollte sich nur gerade verbinden, damit die Marmorierung erhalten bleibt. Also nicht zu lange rühren.
3 In Dessertgläser oder eine Schüssel füllen. Oberfläche vorsichtig glätten, vor dem Servieren mindestens 1 Stunde kalt stellen.
Hinweis: Nach Wunsch mit frischen Früchten servieren.

UNTEN: Papaya-Limetten-Dessert

ERDBEEREN ROMANOW

Zubereitungszeit: 20 Minuten + Kühlzeit
Kochzeit: keine
Für 4 Personen

750 g Erdbeeren, geviertelt
2 EL Cointreau
$^1/_4$ TL feingeriebene Orangenschale
1 EL feiner Zucker
125 ml Sahne
2 EL Puderzucker

1 Erdbeeren, Cointreau, Orangenschale und Zucker in eine große Schüssel geben, abdecken und 1 Stunde kalt stellen. Erdbeeren abtropfen lassen, Saft auffangen. Ungefähr $^1/_4$ der Erdbeeren mit dem aufgefangenen Saft pürieren.
2 Die restlichen Erdbeeren auf 4 Gläser verteilen. Sahne und Puderzucker schlagen, bis sich weiche Spitzen bilden. Anschließend das Erdbeerpüree unter die Schlagsahne heben. Die Mischung auf den Erdbeeren verteilen, abdecken und bis zum Verzehr kalt stellen.

MIT COINTREAU GLASIERTE PFIRSICHE

Zubereitungszeit: 10 Minuten
Backzeit: 8 Minuten
Für 6 Personen

6 Pfirsiche
1–2 EL feiner brauner Zucker
80 ml Cointreau
250 g Mascarpone
geriebene Muskatnuß zum Bestäuben

1 Ein Grillblech mit Alufolie auslegen, Folie leicht fetten. Grill auf mittlere Temperatur vorheizen. Pfirsiche halbieren, Steine entfernen und mit der Schnittfläche nach oben auf das Blech legen.
2 Mit Zucker bestreuen und mit Cointreau beträufeln. 5–8 Minuten grillen, bis die Pfirsiche weich sind und sich an der Oberfläche eine goldene Glasur gebildet hat.
3 Sofort mit einem kräftigen Klacks Mascarpone servieren. Leicht mit geriebener Muskatnuß bestäuben.

PFIRSICH MELBA

Zubereitungszeit: 25 Minuten
Kochzeit: 10 Minuten
Für 4 Personen

300 g Himbeeren, frisch oder tiefgefroren und aufgetaut
2 EL Puderzucker
375 g Zucker
1 Vanilleschote, längs aufgeschlitzt
4 feste, reife Pfirsiche
Vanilleeis zum Servieren

1 Himbeeren und Puderzucker im Mixer pürieren. Durch ein Sieb passieren, Kerne entfernen. Zucker, Vanilleschote und 600 ml Wasser in einem Topf bei milder Hitze unter Rühren erhitzen, bis sich der Zucker vollständig aufgelöst hat.
2 Zuckersirup zum Kochen bringen. Pfirsiche hineingeben; sie müssen vom Sirup bedeckt sein. 5 Minuten köcheln lassen, bis sie weich sind. Mit einem Schaumlöffel herausheben. Vorsichtig die Haut abziehen.
3 Je 1 Kugel Vanilleeis und 1 Pfirsich auf einen Teller setzen und das Püree darüber verteilen.

BIRNE HÉLÈNE

Zubereitungszeit: 15 Minuten
Kochzeit: 15 Minuten
Für 6 Personen

375 g Zucker
2 Zimtstangen
2 Gewürznelken
6 Birnen, geschält und entkernt
6 Kugeln Vanilleeis
250 ml dunkle Schokoladensauce (s. Seite 204)

1 Zucker, Zimt und Gewürznelken mit 750 ml Wasser in einem großen Topf bei geringer Hitze unter Rühren erhitzen, bis sich der Zucker aufgelöst hat. Dann den Sirup zum Kochen bringen. Birnen zugeben und 10 Minuten weich köcheln. Mit einem Schaumlöffel herrausnehmen und abkühlen lassen.
2 Eine Kugel Eiscreme auf jeden Teller geben und mit der Löffelrückseite eine kleine Vertiefung hineindrücken. Birnen in diese Vertiefung sezten und mit Schokoladensauce überziehen.

PFIRSICH MELBA
Pfirsich Melba wurde 1892 von Escoffier im Carlton Hotel kreiert und bestand ursprünglich aus Vanilleeis und Pfirsichen, die zwischen die Flügel eines aus Eis geschnitzten und mit Zuckerfäden bedeckten Schwans gesetzt wurden. 1900 vereinfachte er die Nachspeise etwas und verwendete Himbeersoße anstelle des Schwans. Escoffier servierte die Nachspeise der berühmten australischen Opernsängerin Nelly Melba und bat sie, seine Kreation nach ihr benennen zu dürfen.

GEGENÜBERLIEGENDE SEITE: Erdbeeren Romanow (oben), Pfirsich Melba

CRÊPES SUZETTE

Die erste Seite backen, bis
sich die Ränder gerade
etwas kräuseln.

Crêpes einzeln in die
Pfanne geben, jede fertige
Crêpe in Viertel falten und
an die Seite legen.

ZITRONE-SAHNE-CRÊPES

Zubereitungszeit: 10 Minuten + Ruhezeit
Backzeit: 25 Minuten
Ergibt ca. 14 Crêpes

✵ ✵

125 g Mehl

1 Prise Salz

1 Ei

315 ml Milch

30 g Butter, zerlassen

Zucker, Zitronensaft und Crème double zum
   Servieren

1 Mehl und Salz in eine große Schüssel sieben,
in die Mitte eine Mulde drücken. Ei und Milch
mischen. Nach und nach hineingeben und zu
einem glatten Teig ohne Klumpen verarbeiten.
Zugedeckt 30 Minuten ruhen lassen.
2 Teig in einen Krug füllen. Eine kleine Crêpe-
oder beschichtete Pfanne erhitzen und mit
geschmolzener Butter einfetten. Etwas Teig
hineingeben. Schwenken, so daß der Boden
dünn bedeckt ist. Überschüssigen Teig zurückgießen. Ist der Teig zu dick, mit 2–3 Teelöffel
Milch verdünnen. 20 Sekunden backen, bis sich
die Ränder etwas kräuseln, dann hochwerfen
oder wenden und die andere Seite bräunen. Auf
einen Teller legen und mit einem Geschirrtuch

zudecken. Mit dem Restteig ebenso verfahren,
Pfanne nach Bedarf fetten. Beim Stapeln Butterbrotpapier zwischen die Crêpes legen, damit sie
nicht zusammenkleben.
3 Crêpes mit Zucker bestreuen, einem Spritzer
Zitronensaft beträufeln und in Viertel falten. Je
2 oder 3 Crêpes auf einem Teller mit Crème
double verzieren.

CRÊPES SUZETTE

Zubereitungszeit: 10 Minuten + Ruhezeit
Backzeit: 45 Minuten
Für 4-6 Personen

✵ ✵

250 g Mehl

3 Eier, leicht geschlagen

200 ml Milch

50 g Butter, zerlassen

125 g Butter

125 g feiner Zucker

Schale von 1 Orange, gerieben

185 ml Orangensaft

3 EL Orangenlikör

2 EL Weinbrand

Schale von 1 Orange, in Zesten geschnitten

1 Für die Crêpes Mehl in eine große Schüssel sieben. In die Mitte eine Mulde drücken. Nach und nach die Eier einarbeiten, dabei das Mehl vom Rand hineinziehen. Wird der Teig dicker, die mit 250 ml Wasser verdünnte Milch zugeben. Mit dem Schneebesen glattrühren. Die geschmolzene Butter unterrühren. Gut mischen. In einen Krug füllen (so läßt sich der Teig später besser gießen) und zugedeckt 30 Minuten ruhen lassen.

2 Eine Crêpe- oder beschichtete Pfanne (Ø 20 cm) erhitzen, leicht mit geschmolzener Butter einfetten. Etwas Teig hineingeben. Schwenken, so daß der Boden dünn bedeckt ist, überschüssigen Teig zurückgießen. Backen, bis sich die Ränder leicht kräuseln, dann wenden und die andere Seite bräunen. Auf einen Teller legen, mit einem Geschirrtuch zudecken. Mit dem Restteig ebenso verfahren, Pfanne nach Bedarf fetten. Beim Stapeln Butterbrotpapier zwischen die Crêpes legen, damit sie nicht zusammenkleben.

3 Butter, Zucker, Orangenschale, Saft und Likör in einer großen Pfanne 2 Minuten köcheln lassen. Crêpes einzeln flach in die Pfanne legen, dann in Viertel falten und an die Seite schieben.

4 Weinbrand über die Crêpes gießen und vorsichtig mit einer Gasflamme oder einem Streichholz anzünden. (Einen ausreichend großen Deckel parat halten, falls die Flamme erstickt werden muß.) Auf vorgewärmten Tellern mit Orangenzeste verziert servieren.

1 Mehl und Backpulver in eine große Schüssel sieben, Zucker zugeben, eine Mulde in die Mitte drücken. Eier, Milch und Butter mischen, hineingeben und zu einem glatten Teig verarbeiten. Zur Seite stellen, 30 Minuten ruhen lassen.

2 Birnen schälen, halbieren, entkernen und in Spalten schneiden. Zitrone schälen, die Schale in Zesten schneiden. Zucker, Honig und 375 ml Wasser in einem Topf bei milder Hitze verrühren, bis sich der Zucker löst. Zitronensaft zugeben, aufkochen, Hitze reduzieren und 8 Minuten köcheln. Eventuellen Schaum abschöpfen. Birnen zugeben. Weitere 5 Minuten dünsten, bis sie gerade weich sind. Vom Herd nehmen, Zitronenschale unterrühren und leicht abkühlen lassen.

3 60 ml Pfannkuchenteig in eine leicht gefettete, beschichtete Pfanne (Ø 20 cm) geben. Bei mittlerer Hitze von jeder Seite 2 Minuten backen. Mit dem restlichen Teig ebenso verfahren; Pfanne nach Bedarf fetten. Zum Stapeln Butterbrotpapier zwischen die Pfannkuchen legen, damit sie nicht zusammenkleben. Für die Sauce 125 ml des Zitronensirups durch ein Sieb gießen und dann mit dem Sauerrahm mischen. Birnen vor dem Servieren abgießen. Mit Zeste dekorieren.

Hinweis: Für ein kräftigeres Aroma die pochierten Birnen bis zu 2 Tagen zugedeckt im Sirup im Kühlschrank lagern. Vor dem Servieren erhitzen.

UNTEN: Zitronensirup-Birnen mit Pfannkuchen

ZITRONENSIRUP-BIRNEN MIT PFANNKUCHEN

Zubereitungszeit: 40 Minuten + Ruhezeit
Kochzeit: 1 Stunde 10 Minuten
Für 6 Personen

✹ ✹

200 g Mehl
1 TL Backpulver
2 EL feiner Zucker
3 Eier, leicht geschlagen
375 ml Milch
60 g Butter, zerlassen

Zitronensirup-Birnen

5 feste Birnen, z. B. Boscs Flaschenbirnen
1 Zitrone
180 g feiner Zucker
2 EL Honig
125 ml Zitronensaft
250 g Sauerrahm

EINGELEGTES OBST

Diese alkoholisierten Früchte schmecken phantastisch mit Sahne, Eis, Crêpes oder

Waffeln – und sie passen ebenso gut zu Brioche oder Panettone mit Ricotta.

BIRNEN IN GLÜHWEIN

500 g Zucker und 750 ml Rotwein in einen großen Topf geben. Bei geringer Hitze rühren, bis sich der Zucker aufgelöst hat. 1,25 kg geschälte, halbierte und entkernte kleine Birnen, 1 Zimtstange, 6 Gewürznelken, 6 ganze Pimentkörner und je 2 Streifen Orangen- und Zitronenschale zugeben. Einen Teller auflegen, damit die Birnen von Flüssigkeit umgeben bleiben. Aufkochen lassen, die Hitze reduzieren und 10 Minuten köcheln lassen. Die Birnen in ein hitzebeständiges, warmes, sterilisiertes 1 l fassendes Glas geben. Die Flüssigkeit 15 Minuten kochen lassen. 125 ml der Flüssigkeit mit 125 ml Weinbrand und 3 Gewürznelken mischen. Über die Birnen gießen, sodass diese bedeckt sind. Das Glas verschließen und 2 Minuten auf den Kopf stellen. Das Glas kann man an einem kühlen dunklen Ort bis zu 1 Monat aufbewahren. Für ein 1 l fassendes Glas.

BESCHWIPSTE BACKPFLAUMEN

750 g entsteinte Backpflaumen in ein hitzebeständiges, warmes, sterilisiertes 1 l fassendes Glas geben. 1 Vanilleschote längs halbieren und zugeben. 500 ml hellen Portwein zugießen, sodass die Pflaumen bedeckt sind, das Glas verschließen und 2 Minuten auf den Kopf stellen. Vor dem Verwenden mindestens 1 Monat stehen lassen. Kann bis zu 6 Monate aufbewahrt werden. Für ein 1 l fassendes Glas.

486

CLEMENTINEN ODER KUMQUATS IN ALKOHOL

Ein Kreuz oben in 500 g unbehandelte Clementinen oder Kumquats schneiden und in hitzebeständige, warme, sterilisierte Gläser geben. 250 g Zucker und 185 ml Wasser in einen Topf geben. 1 Minute kochen. 60 ml Orangenlikör einrühren, die Flüssigkeit über die Früchte gießen. Die Deckel der Gläser nur auflegen. Mehrere zusammengefaltete Geschirrtücher auf den Boden eines Topfes legen und die Gläser hineinstellen. Heißes Wasser eingießen, sodass die Gläser bis knapp unter den Rand im Wasser stehen. Das Wasser aufkochen, die Hitze reduzieren und 20 Minuten köcheln lassen. Die Gläser herausnehmen und sofort mithilfe eines Geschirrtuchs zuschrauben. Abkühlen lassen, mit Inhalt und Datum beschriften und an einem kühlen dunklen Ort vor dem Verwenden mindestens 2 Monate stehen lassen. Gläser alle 2 Wochen drehen. Bis zu 6 Monate verwendbar. Für ein 750 ml fassendes Glas.

PFIRSICHE IN WEISSWEIN

4–6 kg reife Pfirsiche halbieren, Kerne entfernen und die Pfirsiche mit 1 Zimtstange und 1 Sternanis in ein hitzebeständiges, warmes, sterilisiertes 1 l fassendes Glas geben. 500 g Zucker in einen großen Topf geben, 500 ml Wasser zugeben und bei geringer Hitze rühren, bis sich der Zucker vollständig aufgelöst hat. Aufkochen und 5 Minuten kochen. Den heißen Sirup und 250 ml Weißwein über die Pfirsiche gießen. Wie beim vorhergehenden Rezept vorgehen und im Glas 10 Minuten köcheln lassen, bis der Pfirsichsirup 90 °C erreicht (mit einem Thermometer überprüfen). An einem kühlen dunklen Ort vor dem Verwenden mindestens 2 Wochen stehen lassen. Bis zu 6 Monate verwendbar, nach dem Öffnen in den Kühlschrank stellen. Für ein 2 l fassendes Glas.

WEINBRANDKIRSCHEN

Die Haut von 750 g Kirschen mit einem dünnen Stäbchen einstechen. 375 g Zucker mit je 125 ml Weinbrand und Wasser in einem Topf erhitzen, bis sich der Zucker aufgelöst hat. Die Kirschen und 1 Vanilleschote zugeben und aufkochen. Die Kirschen und die Flüssigkeit in ein hitzebeständiges, warmes, sterilisiertes Glas geben. Noch heiß gut verschließen und 2 Minuten auf den Kopf stellen. An einem kühlen Ort 6 Wochen aufbewahren, dabei in den ersten beiden Wochen alle 2 Tage umdrehen. Die Kirschen in der Flüssigkeit servieren. Für ein 1 l fassendes Glas.

VON LINKS: Birnen in Glühwein; Beschwipste Backpflaumen; Clementinen in Alkohol; Pfirsiche in Weißwein; Weinbrandkirschen

BLÄTTERTEIG ist eine Kreation aus Teig

und Butter, immer wieder geduldig gefaltet und ausgerollt, die sich beim Backen

durch Dampf und das Schmelzen der Butter in Hunderte von Schichten entfaltet.

Für perfektes, gleichmäßig aufgehendes Blätterteiggebäck müssen die Kanten sauber geschnitten und dürfen nicht gerissen werden. Eierglasur, die das Gebäck glänzen läßt, vorsichtig auftragen: Tropft sie am Rand herunter, kann sie die Schichten verkleben, und ein gleichmäßiges Aufgehen verhindern. Vor dem Backen Blätterteig mindestens 30 Minuten kühl stehen und ruhen lassen.

Blätterteig immer bei sehr hoher Temperatur backen. Ist die Hitze im Ofen ungleichmäßig verteilt, muß man das Gebäck zwischendurch drehen. Blätterteig ist gar, wenn er oben und unten goldbraun und an der Innenseite leicht feucht ist und die blättrigen Schichten erkennbar sind. Blätterteiggebäck gelingt nicht immer perfekt — es kann z. B. passieren, daß es nicht wie gewünscht

aufgeht —, aber solange es gar und nicht angebrannt ist, schmeckt es immer noch gut.

BLÄTTERTEIG ZUBEREITEN
Beim Fett wurde eine variable Menge angegeben; wenn man noch keine Erfahrungen mit Blätterteig hat, ist es einfacher, weniger Fett zu verwenden. Dieses Rezept ergibt ca. 500 g Gebäck.

Dafür benötigt man 200–250 g Butter, 250 g Mehl, ¹/₂ Teelöffel Salz und 170 ml eisgekühltes Wasser.

1 30 g Butter in einem Topf schmelzen. Mehl und Salz auf eine Arbeitsfläche sieben, in die Mitte eine Mulde drücken. Butter und Wasser hineingeben. Mit den Fingerspitzen mischen, langsam immer mehr Mehl hinzunehmen, bis eine krümelige Mischung entsteht. Ist sie zu trocken, einige Tropfen Wasser zugeben.

2 Nun die Mischung mit einem Teigschaber in einer Schneidebewegung von oben nach unten weiter verarbeiten. Den Teig drehen und den Vorgang in entgegengesetzter Richtung wiederholen. Der Teig sollte sich dabei zu einer weichen Kugel formen. Kreuzweise oben einschneiden (dadurch fällt der Teig nicht zusammen) und eingewickelt 15–20 Minuten in den Kühlschrank legen.

3 Geschmeidige Restbutter mit einem Rollholz zwischen 2 Blatt Backpapier zerdrücken und zu einem 10 x 10 cm Quadrat ausrollen. Die Butter muß dieselbe Konsistenz wie der Teig haben, sonst läßt sich beides nicht zu gleichmäßigen Schichten ausrollen. Ist die Butter zu weich, quillt sie an den Seiten heraus. Ist sie zu hart, zerstört sie den Teig.

4 Teig auf einer gut bemehlten Oberfläche zu einem Kreuz ausrollen, wobei die Mitte etwas dicker als die Arme sein sollte. Butter in die Mitte geben, die Arme zu einem Päckchen darüberfalten. Teig drehen, so daß er wie ein Buch aussieht mit dem Rücken auf der linken Seite. Etwas klopfen und zu einem 15 x 45 cm Rechteck ausrollen. So exakt wie möglich arbeiten, besonders an den Ecken, sonst werden diese mit jedem Falten unordentlicher und die Schichten uneben.

5 Das obere Drittel des Teiges herunter-, das untere Drittel darüberklappen, so daß ein neues Rechteck entsteht. Überschüssiges Mehl dabei zwischen den Schichten mit dem Pinsel entfernen. Teig um 90° drehen, so daß der Rücken links ist. Die Ränder mit dem Rollholz festdrücken. Man nennt diese Falttechnik „einfache Tour". Wieder ausrollen und falten, bis 2 ganze Touren beendet sind. Pro Tour mit der Fingerspitze in eine Teigecke ein kleines Loch drücken, dann weiß man, wie weit man ist. Teig eingewickelt kalt stellen.

6 Den gesamten Vorgang 2mal wiederholen, bis 6 vollständige Touren vollzogen wurden. An einem sehr heißen Tag den Teig zwischen jeder Tour kalt stellen, sonst nach jeder zweiten. Der Teig sollte zum Schluß gleichmäßig gelb sein. Ist er noch etwas streifig, nochmals ausrollen und falten. Bis zur Verwendung kalt stellen.

489

MÜRBETEIG Das Geheimnis von gutem Mürbe-

teiggebäck ist, an einem nicht zu heißen Tag in einem möglichst kühlen Raum kalte Zu-

taten schnell und leicht zu verarbeiten. Ideale Arbeitsfläche ist eine kalte Marmorplatte.

Alternativ zur Marmorplatte vor Arbeitsbeginn einige Zeit ein Tablett mit Eiswasser auf die Arbeitsfläche stellen. Für Gebäck sollte man Butter verwenden, keine Margarine oder Fettaufstriche. Ungesüßtes Gebäck und süße Füllungen stehen im guten Kontrast zueinander. Für süßes Gebäck 2 Eßlöffel feinen Zucker zum Mehl geben. Einige Rezepte enthalten Eigelb, um das Gebäck anzureichern und ihm eine schöne Farbe zu verleihen.

MÜRBETEIG Für eine Backform (Ø 23 cm) benötigt man 185 g Mehl, 100 g gekühlte und in Stücke geschnittene Butter sowie 2–4 Eßlöffel kaltes Wasser.
1 Mehl in eine große Schüssel sieben. Butter nur mit den Fingerspitzen unterreiben, bis eine krümelige Masse entsteht.
2 Eine Vertiefung in die Mitte drücken, 2–4 Eßlöffel Wasser hineingießen. Mit einem Messer einarbeiten. Dabei den Teig eher schneiden als rühren und die Schüssel

mit der freien Hand drehen. Es entstehen kleine Teigkrümel. Etwas Teig zwischen den Finger zerdrücken, um zu prüfen, ob weiteres Wasser benötigt wird. Bleibt er nicht zusammen, etwas Wasser zugeben. Ein zu trockener Teig fällt beim Ausrollen auseinander, ein zu feuchter zieht sich beim Backen zusammen.
3 Teigkrümel vorsichtig mit der Hand sammeln und auf ein Blatt Backpapier oder eine bemehlte Arbeitsfläche geben.

490

4 Zu einer Kugel zusammenpressen – nicht kneten. Vorsichtig arbeiten, mit möglichst wenigen, leichten Handgriffen.
5 Teig zu einer flachen Scheibe drücken und eingewickelt 20 Minuten kalt stellen. Zwischen 2 Blättern Backpapier oder Frischhaltefolie oder auf einer leicht bemehlten Fläche ausrollen. Immer von der Mitte nach außen streichen (statt vor und zurück) und den Teig dabei drehen.
6 Wurde mit Backpapier gearbeitet, oberstes Blatt entfernen und den Teig vorsichtig auf die Backform stürzen (richtig plazieren – er kann nicht mehr bewegt werden). Das andere Papier entfernen. Wurde er auf der Arbeitsfläche ausgerollt, den Teig über das Rollholz aufrollen, so daß er darüber hängt, und dann in die Form gleiten lassen.
7 Ist der Teig in der Form, überhängende Ränder schnell anheben, damit sie nicht am Rand der Backform zerreißen, der vor allem bei Metallformen sehr scharf sein

kann. Mit einer kleinen Kugel aus Restteig die Teigplatte in die Seiten der Backform drücken. Nun erst die Ränder überhängen lassen und abschneiden. Dafür bei einer Obstkuchenform aus Metall einfach mit dem Rollholz darüberfahren; bei einer Glas- oder Keramikform die Ränder mit einem scharfen Messer abschneiden.
8 Egal wie vorsichtig man ist, der Teig wird sich immer etwas zusammenziehen. Daher die Ränder ein wenig überstehen lassen. Hat man sie mit dem Rollholz abgeschnitten, können sie vielleicht schon „gerutscht" sein. Dann vorsichtig mit den Daumen flachdrücken und hochziehen. Teig 15 Minuten in der Form kalt stellen. Durch diese Ruhezeit zieht er sich nicht so stark zusammen. Backofen vorheizen.

BLINDBACKEN

Wird der Boden mit einer feuchten Füllung belegt, muß er, um nicht aufzu-

weichen, teilweise blindgebacken werden. Wird der Kuchen nach dem Füllen nicht nochmals gebacken, muß der Boden vollständig blindgebacken werden. Blindbacken bedeutet, den Teig nur mit einem Gewicht gefüllt vorzubacken, das ein Aufgehen verhindert. Teig mit zerknittertem Pergament- oder Backpapier auslegen. Backperlen, Bohnen oder Erbsen (kann mehrmals verwendet werden) darauf verteilen. Wie angegeben backen, dann das Papier entfernen. Wieder in den Ofen stellen. Durchgebacken sollte der Teig trocken aussehen, ohne fettige Stellen. Kleine Törtchenformen nur mit einer Gabel einstechen, um Aufgehen oder Blasenbildung zu verhindern – allerdings nur, wenn es im Rezept angegeben ist, da sonst die Füllung auslaufen könnte.
Boden vor dem Füllen gut abkühlen lassen. Auch gekochte Füllungen sollten kühl sein, um den Teig nicht aufzuweichen.

JALOUSIE

Zubereitungszeit: 40 Minuten
Backzeit: 45 Minuten
Für 4-6 Personen

30 g Butter

50 g feiner brauner Zucker

500 g Äpfel, geschält, entkernt und gewürfelt

1 TL geriebene Zitronenschale

1 EL Zitronensaft

$1/4$ TL Muskatnuß

$1/4$ TL Zimt

30 g Sultaninen

375 g Blätterteig

1 Ei, leicht geschlagen, zum Glasieren

1 Backofen auf 220 °C (Gas 3–4) vorheizen. Ein Backblech leicht einfetten und mit Backpapier auslegen. Butter und Zucker in einer Pfanne schmelzen lassen. Äpfel, Zitronenschale und -saft zugeben. 10 Minuten bei mittlerer Hitze garen, gelegentlich umrühren, bis die Äpfel gekocht und die Mischung dick wie Sirup ist. Muskatnuß, Zimt und Sultaninen unterrühren. Vollständig abkühlen lassen.

2 Nicht ausgerollten Blätterteig halbieren. Arbeitsfläche etwas mit Mehl bestäuben. Eine Hälfte auf 24 x 18 cm Größe ausrollen. Fruchtmasse darauf verteilen. Dabei einen Rand von 2,5 cm stehenlassen und leicht mit geschlagenem Ei einpinseln.

3 Die zweite Hälfte auf einer mit Mehl bestäubten Arbeitsfläche zu einem 25 x 18 cm großen Rechteck ausrollen. Mit einem scharfen Messer über die ganze Breite Schlitze hineinschneiden, dabei rundherum einen 2-cm-Rand stehenlassen. Die Schlitze sollten sich leicht öffnen und wie eine Lamellenjalousie aussehen (daher der Name). Über die Fruchtmasse legen, die Kanten zusammenpressen. Überschüssigen Teig abschneiden. Blätterteig mit einem Messer etwas anheben (die Seiten hochbürsten), damit er während des Backens aufgeht. Oberfläche mit Ei glasieren. 25–30 Minuten goldbraun backen.

BLÄTTERTEIG

Blätterteig wird in verschiedenen Formen angeboten. Sowohl Blätterteigblöcke als auch schon fertig ausgerollte Scheiben (flach oder zusammengerollt) sind tiefgefroren oder frisch erhältlich. Man muß die Scheiben zwar nicht mehr ausrollen, sollte aber die Kanten nochmals gerade abschneiden. Handelsüblicher Blätterteig enthält als Fett Speiseöl, Rapsöl oder Butter. Speiseöl-Blätterteig kann man etwas Buttergeschmack verleihen, indem man das Gebäck mit geschmolzener Butter einpinselt und vor dem Glasieren kalt stellt.

RECHTS: Jalousie

MILLE FEUILLE

Zubereitungszeit: 30 Minuten
Backzeit: 1 Stunde 30 Minuten
Für 6-8 Personen

600 g Blätterteig oder 3 Blätter, fertig ausgerollt

600 ml Crème double

500 g kleine Erdbeeren, halbiert

70 g Blaubeeren, wahlweise

1 Backofen auf 220 °C (Gas 3–4) vorheizen. Ein Backblech mit Backpapier auslegen. Nicht ausgerollten Blätterteig dritteln und jedes Drittel zu einem 25 x 25 cm Quadrat ausrollen. Ein Quadrat auf das Backblech legen, mit der Gabel überall einstechen. Mit einem zweiten Blatt Backpapier sowie einem Backblech bedecken. 15 Minuten backen. Backbleche umdrehen und von der anderen Seite 10–15 Minuten goldbraun backen. Abkühlen lassen und Vorgang mit dem restlichen Quadraten wiederholen.

2 Kanten der Stücke gleichmäßig abschneiden, dann halbieren. Crème double in einer großen Schüssel mit dem Schneebesen steif schlagen. 2 Stücke auf einen Teller legen. Etwas Sahne darauf verteilen, und vorsichtig einige Erdbeeren und Blaubeeren darin festdrücken. Je ein weiteres Blätterteigstück auflegen und nochmals Erdbeeren und Blaubeeren darauf verteilen. Zum Abschluß mit einer weiteren Blätterteigschicht bedecken und mit Puderzucker bestäuben.

APFEL-GALETTES

Zubereitungszeit: 45 Minuten + Kühlzeit
Backzeit: 30 Minuten
Für 8 Personen

250 g Mehl

250 g Butter, in Stücke geschnitten

8 Äpfel

180 g feiner Zucker

125 g Butter, in Stücke geschnitten

1 Mehl und Butter in eine Schüssel geben; die Butter mit 2 Messern in das Mehl hacken, bis große Krümel entstanden sind. Nach und nach ca. 125 ml eisgekühltes Wasser zugeben, mit einem Messer einarbeiten und zusammenpressen, so daß sich ein grober Teig bildet. Auf einem leicht mit Mehl bestäubtem Backbrett zu einem Rechteck ausrollen. Zu diesem Zeitpunkt ist der Teig krümelig und schwer zu verarbeiten. Teig zu einer einfachen Tour falten und drehen, so daß der Rücken auf der linken Seite ist. Zu einem großen Rechteck ausrollen. Den Teig immer in dieselbe Richtung drehen, so daß der Rücken auf der linken Seite ist. In Frischhaltefolie eingewickelt 30 Minuten kalt stellen.

2 Zwei weitere Touren vollenden, dann nochmals 30 Minuten kalt stellen. Vorgang wiederholen, bis man den Teig 6mal touriert hat. In Frischhaltefolie wickeln und vor der Verwendung kalt stellen. Der Teig hält sich 2 Tage im Kühlschrank und bis zu 3 Monaten im Tiefkühlschrank.

3 Backofen auf 190 °C (Gas 2–3) vorheizen. Teig auf einer leicht mit Mehl bestäubten Arbeitsfläche ausrollen, bis er 3 mm dick ist. 8 Kreise (Ø 10 cm) ausstechen. Äpfel schälen, entkernen und in dünne Scheiben schneiden. Spiralförmig auf den Teig legen. Großzügig mit Zucker bestreuen und Butterflocken daraufsetzen. Auf gefetteten Backblechen 20-30 Minuten kroß und goldbraun backen. Warm servieren.

OBEN: Apfel-Galettes

1 Eine Pieform (23 cm Ø) leicht einfetten. Die Äpfel schälen, entkernen, in dünne Spalten schneiden und in einem Topf mit dem Zucker, der Zitronenschale, der gemahlenen Gewürznelke und 2 EL Wasser bei schwacher Hitze zugedeckt etwa 8 Minuten weich kochen. Dabei gelegentlich umrühren. Die Flüssigkeit abgießen und die Äpfel vollständig abkühlen lassen.

2 Das Mehl und das Backpulver in eine Schüssel sieben. Die Butter dazugeben und mit den Fingerspitzen einkneten, bis sich Streusel bilden. Den Zucker einrühren. In die Mitte eine Mulde drücken. Fast das ganze Wasser hineingießen und alles mit einem breiten Messer zu einem groben Teig vermischen. Ist der Teig zu trocken, mehr Wasser zugeben. Den Teig mit den Händen auf einer leicht bemehlten Arbeitsfläche zu einem Ballen formen und in zwei nicht ganz gleich große Stücke teilen. In Frischhaltefolie wickeln und im Kühlschrank etwa 20 Minuten ruhen lassen.

3 Den Backofen auf 200 °C vorheizen. Den größeren Teigklumpen zwischen zwei Lagen Backpapier ausrollen und die Pieform damit auslegen. Die überstehenden Teigreste mit einem scharfen Messer abschneiden. Den Teigboden mit der Orangenmarmelade bestreichen und die Apfelspalten darauf verteilen. Das andere Teigstück zwischen zwei Lagen Backpapier so weit ausrollen, dass die Platte die Form bedecken kann. Den Rand des Teigbodens mit Wasser bestreichen und die Deckplatte darauf setzen. Ringsherum mit den Fingern andrücken und überstehende Teigränder mit dem Messer abschneiden. Ein Loch oder Schlitze in den Deckel schneiden, damit der Dampf entweichen kann.

4 Die Teigreste ausrollen und zum Verzieren in Blattform schneiden. Die Oberseite des Kuchens mit etwas Ei bestreichen und mit dem Zucker bestreuen. Etwa 20 Minuten backen. Dann die Temperatur auf 180 °C reduzieren und weitere 15–20 Minuten goldbraun backen.

GEDECKTER APFELKUCHEN

Vorbereitungszeit: 55 Minuten
Kühlzeit: 20 Minuten
Backzeit: 40 Minuten
Für 6 Personen

✫ ✫

Füllung

6 große Äpfel (Granny Smith)
2 EL Zucker
1 TL fein geriebene Zitronenschale
1 Msp. gemahlene Gewürznelke

280 g Mehl
1/2 TL Backpulver
150 g kalte Butter, in Würfel geschnitten
2 EL Zucker
4–5 EL Eiswasser
2 EL Orangenmarmelade
1 Ei, leicht verquirlt
1 EL Zucker zum Bestreuen

OBEN:
Gedeckter Apfelkuchen

ZITRONEN-BAISER-PIE

Vorbereitungszeit: 1 Stunde
Kühlzeit: 15 Minuten
Backzeit: 35 Minuten
Für 6 Personen

✫ ✫

185 g Mehl
125 g kalte Butter, in Würfel geschnitten
2 EL Puderzucker
2–3 EL Eiswasser

Zitronenfüllung

30 g Maismehl
30 g Mehl
250 g Zucker
185 ml Zitronensaft
3 TL geriebene Zitronenschale
40 g Butter
6 Eigelbe

Baiserhaube

6 Eiweiße
375 g Zucker
1/2 TL Maismehl

1 Eine Pieform (23 cm Ø) einfetten. Das Mehl in eine Schüssel sieben. Die Butter dazugeben und mit den Fingerspitzen einkneten, bis sich Streusel bilden. Den Puderzucker einrühren.
In die Mitte eine Mulde drücken. 2 EL Wasser hineingießen und alles mit einem breiten Messer vermischen.
2 Den Teig zu einem Ballen formen und zwischen zwei Lagen Backpapier zu einer Platte ausrollen, die groß genug ist, um die Form damit auszulegen. In die Form drücken und überstehende Teigreste mit einem scharfen Messer abschneiden. Den oberen Rand mit einer Gabel eindrücken. Den Teig in der Form etwa 15 Minuten im Kühlschrank ruhen lassen.
3 Den Backofen auf 180 °C vorheizen. Den Teigboden mit Backpapier auslegen und mit Hülsenfrüchten beschweren. 10–15 Minuten blindbacken. Papier und Gewichte entfernen und den Boden weitere 10 Minuten fertig backen. Vollständig abkühlen lassen. Inzwischen die Backofentemperatur auf 220 °C erhöhen.
4 Für die Zitronenfüllung das Maismehl, das Weizenmehl und den Zucker in einem Topf mit dem Zitronensaft, der Zitronenschale und 375 ml Wasser bei mittlerer Hitze unter Rühren aufkochen, danach bei schwacher Hitze etwa 1 Minute eindicken lassen. Von der Kochstelle nehmen. Die Butter und ein Eigelb nach dem anderen unterschlagen. Mit Frischhaltefolie abdecken und abkühlen lassen. Auf dem Teigboden verteilen.
5 Für die Baiserhaube die Eiweiße und den Zucker in einer sauberen, trockenen Schüssel etwa 10 Minuten mit dem Rührgerät steif schlagen. Das Maismehl einrieseln lassen und unterschlagen. Die Baisermasse mit einer Palette auf der Zitronenfüllung verteilen, dabei dekorative Spitzen nach oben ziehen. In den Backofen schieben und 5–10 Minuten goldbraun backen. Kühl servieren.

BAISERMASSE

Baisermasse besteht aus Eischnee und Zucker, normalerweise in einem Verhältnis von 60 g Zucker auf ein Eiweiß. Der Zucker wird nach und nach unter den Eischnee geschlagen, bis er sich vollständig aufgelöst hat. Weiche Baisermasse eignet sich hervorragend als ebenso dekorativer wie schmackhafter Belag für süße Pies und Obstkuchen. Die Baisermasse wird auf der Kuchenfüllung aufgetürmt und im Ofen eher getrocknet als gebacken. Kuchen mit Baiserhaube sollten möglichst bald serviert werden, denn die weiche Baisermasse fällt nach einiger Zeit zusammen.

LINKS: Zitronen-Baiser-Pie

PUDDINGTÖRTCHEN

Vorbereitungszeit: 30 Minuten
Kühlzeit: 20 Minuten
Backzeit: 45 Minuten
Für 12 Törtchen

250 g Mehl
60 g Reismehl
30 g Puderzucker
120 g kalte Butter, in kleine Würfel geschnitten
1 Eigelb
2 EL Eiswasser
1 Eiweiß, leicht verquirlt

Puddingfüllung

3 Eier
375 ml Milch
60 g Zucker
1 TL Vanillearoma
1/2 TL gemahlene Muskatnuss

1 Den Backofen auf 180 °C vorheizen. Zwölf Törtchenformen (10 cm Ø) leicht einfetten. Das Mehl und den Puderzucker in eine Schüssel sieben. Die Butter dazugeben und mit den Fingerspitzen einkneten, bis sich Streusel bilden. In die Mitte eine Mulde drücken. Das Eigelb und fast das ganze Wasser hineingießen und alles mit einem breiten Messer vermischen. Bei Bedarf mehr Wasser zugeben. Den Teig zu einem Ballen formen und zwischen zwei Lagen Backpapier ausrollen. In zwölf gleich große Stücke teilen und jede Portion weiter ausrollen, bis sie Boden und Rand einer Törtchenform bedeckt. In die Formen drücken und überstehende Teigreste entfernen. Die Törtchen etwa 20 Minuten im Kühlschrank ruhen lassen.
2 Die gekühlten Törtchen mit Backpapier belegen und mit Hülsenfrüchten beschweren. Etwa 10 Minuten blindbacken. Das Backpapier und die Gewichte entfernen und die Törtchen weitere 10 Minuten goldgelb backen. Abkühlen lassen. Boden und Ränder mit dem verquirlten Eiweiß bestreichen. Die Backofentemperatur auf 150 °C reduzieren.
3 Für die Füllung die Eier in einer Schüssel mit der Milch verrühren. Den Zucker einrieseln lassen und unterschlagen, bis er sich völlig aufgelöst hat. Das Vanillearoma einrühren. Die Puddingcreme in die Törtchenböden gießen und mit etwas Muskatnuss bestreuen. Die Törtchen etwa 25 Minuten backen, bis sich die Füllung verfestigt hat.

FRANZÖSISCHER APFEL-KUCHEN (TARTE TATIN)

Vorbereitungszeit: 45 Minuten
Kühlzeit: 45 Minuten
Backzeit: 35 Minuten
Für 6 Personen

210 g Mehl
125 g kalte Butter, in kleine Würfel geschnitten
2 EL Zucker
1 Ei, leicht verquirlt
2 Tropfen Vanillearoma

Belag

8 mittelgroße Äpfel (Granny Smith)
125 g Zucker
40 g Butter, gehackt

1 Das Mehl in eine Schüssel sieben. Die Butter dazugeben und mit den Fingerspitzen einkneten, bis sich Streusel bilden. Den Zucker einrühren. In die Mitte eine Mulde drücken. Das Ei und das Vanillearoma hineingießen und alles mit einem breiten Messer vermischen. Den Teig zu einem Ballen formen, in Frischhaltefolie wickeln und mindestens 30 Minuten im Kühlschrank ruhen lassen.
2 Die Äpfel schälen, entkernen und in je acht Spalten schneiden. Den Zucker mit 1 EL Wasser in eine backofengeeignete Pfanne geben. Bei schwacher Hitze verrühren, bis sich der Zucker aufgelöst hat. Die Hitze erhöhen und die Mischung 4–5 Minuten köcheln lassen, bis sie sich goldbraun verfärbt. Die Butter unterrühren. Von der Kochstelle nehmen.
3 Die Apfelspalten in dichten Kreisen in die Karamellmischung legen. Die Pfanne wieder auf die Kochstelle setzen und die Äpfel bei schwacher Hitze 10–12 Minuten köcheln, bis sie weich und von einer zarten Karamellschicht umhüllt sind. Von der Kochstelle nehmen und etwa 10 Minuten abkühlen lassen.
4 Den Backofen auf 220 °C vorheizen. Den Teig auf einer leicht bemehlten Arbeitsfläche zu einem Kreis ausrollen, der die Größe der Pfanne ringsherum um etwa 1 cm überschreitet. Die Äpfel mit dem Teigkreis bedecken, die Ränder fest herunterdrücken. In den Backofen schieben und 30–35 Minuten goldbraun backen. Herausnehmen und in der Pfanne 15 Minuten abkühlen lassen. Anschließend auf eine Kuchenplatte stürzen. Noch warm mit Vanilleeis oder kalt mit Schlagsahne servieren.

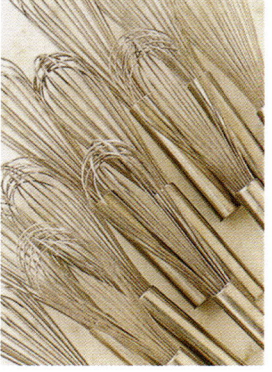

TARTE TATIN
Dieser gestürzte Apfel-, manchmal auch Birnenkuchen ist eine Spezialität aus Frankreich. Das Obst wird in einer backofengeeigneten Pfanne gegart, und dann mit einer Teigschicht bedeckt gebacken. Der fertige Kuchen wird gestürzt, so dass das karamellisierte Obst oben ist. Der Name „Tarte Tatin" bezieht sich auf die Erfinderinnen, die Schwestern Tatin, die Anfang des 20. Jahrhunderts im Tal der Loire lebten und vom Verkauf ihrer köstlichen Kuchen lebten. In Frankreich heißt der Kuchen deshalb auch „tarte des demoiselles Tatin", „Kuchen der Fräulein Tatin".

GEGENÜBER:
Puddingtörtchen (oben),
Tarte Tatin

KÜRBISKUCHEN

Vorbereitungszeit: 30 Minuten
Kühlzeit: 20 Minuten
Backzeit: 1 Stunde 15 Minuten
Für 8 Personen

Füllung

500 g Kürbisfleisch
2 Eier, leicht verquirlt
140 g brauner Zucker
80 ml Sahne
1 EL süßer Sherry
1 TL gemahlener Zimt
1/2 TL gemahlene Muskatnuss
1/2 TL gemahlener Ingwer

Mürbeteig

UNTEN: Kürbiskuchen

155 g Mehl
100 g Butter, in kleine Würfel geschnitten

2 TL Zucker
80 ml Eiswasser
1 Eigelb, leicht verquirlt, zum Bestreichen
1 EL Milch zum Bestreichen

1 Eine runde Pieform (23 cm Ø) leicht einfetten. Das Kürbisfleisch in kleine Stücke hacken und etwa 10 Minuten in etwas Wasser weich kochen. Gut abtropfen lassen, pürieren und abkühlen lassen.

2 Für den Teig das Mehl in eine Schüssel sieben. Die Butter dazugeben und mit den Fingerspitzen einkneten, bis sich Streusel gebildet haben. Den Zucker einrühren. In die Mitte eine Mulde drücken. Fast das ganze Wasser hineingießen und alles mit einem breiten Messer vermischen. Bei Bedarf mehr Wasser zugeben.

3 Den Teig zu einem Ballen formen und zwischen zwei Lagen Backpapier auf ausreichende Größe ausrollen, um die Form damit auszulegen. In die Form drücken und überstehende Teigreste mit einem scharfen Messer entfernen. Die Teigreste zusammenkneten, zu einer etwa 2 mm dünnen Teigplatte ausrollen und mit einem scharfen Messer Blätter oder andere Formen zur Verzierung ausschneiden. Den Teigboden und die -figuren etwa 20 Minuten im Kühlschrank ruhen lassen.

4 Den Backofen auf 180 °C vorheizen. Den gekühlten Teigboden mit Backpapier auslegen, mit Hülsenfrüchten beschweren und etwa 10 Minuten blindbacken. Das Backpapier mit den Hülsenfrüchten entfernen und den Boden weitere 10 Minuten goldbraun backen.

5 In der Zwischenzeit das Eigelb mit der Milch verquirlen, die Teigfiguren auf ein mit Backpapier belegtes Backblech legen und mit der Ei-Milch-Mischung bestreichen. In den Backofen schieben und 10–15 Minuten goldbraun backen. Herausnehmen und abkühlen lassen.

6 Für die Füllung die Eier in einer großen Schüssel mit dem Zucker verschlagen. Das pürierte Kürbisfleisch, die Sahne, den Sherry und die Gewürze dazugeben und gründlich untermischen. Die Füllung auf den Teigboden gießen, die Oberfläche glatt streichen, den Kuchen in den Backofen schieben und etwa 40 Minuten backen, bis sich der Belag verfestigt hat. Wenn der Teigrand zu schnell braun wird, mit etwas Alufolie abdecken. Den Kuchen aus dem Backofen nehmen, abkühlen lassen und mit den Teigfiguren verzieren. Mit Schlagsahne oder Eis servieren.

TIPP: Dieser Kuchen ist die Attraktion bei Ihrer nächsten Halloween-Party!

HEIDELBEEREN

Die Heidelbeere, auch als Blau- oder Schwarzbeere bekannt, ist die Frucht eines Heidekrautgewächses, das in ganz Europa, Nordamerika und Nordasien beheimatet ist. Wie die meisten anderen Beeren hat auch die Heidelbeere im Sommer Saison. Dann reifen die kleinen, runden, bläulich-violetten Beeren auch in unseren heimischen Wäldern in rauen Mengen an den niedrigen Sträuchern. Wenn Sie die Heidelbeeren für ihren Kuchen nicht selbst sammeln, achten Sie beim Kauf darauf, dass sie fest und trocken sind und die weißliche Schutzschicht, die jede Beere umgibt, noch intakt ist.

RUSTIKALER HEIDELBEERKUCHEN

Vorbereitungszeit: 20 Minuten
Kühlzeit: 10 Minuten
Backzeit: 35 Minuten
Für 4 Personen

185 g Mehl
90 g Puderzucker
125 g kalte Butter, in Würfel geschnitten
60 ml Zitronensaft
500 g Heidelbeeren
1 TL fein geriebene Zitronenschale
1/2 TL gemahlener Zimt
1 Eiweiß, leicht verquirlt
Puderzucker zum Bestäuben

1 Den Backofen auf 180 °C vorheizen. Das Mehl und 60 g Puderzucker in eine Schüssel sieben. Die Butter dazugeben und mit den Fingerspitzen einkneten, bis sich Streusel bilden. In die Mitte eine Mulde drücken. Fast den gesamten Zitronensaft hineingießen und alles mit einem breiten Messer in schneidenden Bewegungen zu einem groben Teig vermischen. Ist der Teig zu trocken, mehr Saft zugeben.

2 Den Teig vorsichtig zu einem Ballen formen und auf einer Lage Backpapier zu einem Kreis von etwa 30 cm Ø ausrollen. Mit Frischhaltefolie abdecken und etwa 10 Minuten im Kühlschrank ruhen lassen.

3 Die Heidelbeeren vorsichtig waschen und gut trocknen lassen. In eine Schüssel geben und mit dem restlichen Puderzucker, der Zitronenschale und dem Zimt vermischen.

4 Den gekühlten Teig mit dem Backpapier auf ein Backblech legen. Die Mitte mit etwas Eiweiß bestreichen. Die Heidelbeeren auf den Teigboden häufen, dabei ringsherum etwa 5 cm Rand frei lassen. Die Teigränder von allen Seiten über die Heidelbeeren klappen, so dass in der Mitte eine Öffnung bleibt.

5 Den Kuchen in den Backofen schieben und 30–35 Minuten backen. Vor dem Servieren mit etwas Puderzucker bestäuben. Noch warm mit Schlagsahne oder Vanilleeis servieren.

OBEN: Rustikaler Heidelbeerkuchen

HOHER APFELKUCHEN

Vorbereitungszeit: 1 Stunde 10 Minuten
Kühlzeit: 50 Minuten
Backzeit: 50 Minuten
Für 8 Personen

★ ★

280 g Mehl
1/2 TL Backpulver
150 g kalte Butter, in kleine Würfel geschnitten
2 EL Zucker
4–5 EL Eiswasser
1 Ei, leicht verquirlt, zum Bestreichen

Füllung

8 große Äpfel (Granny Smith)
2 breite Streifen Zitronenschale
6 Gewürznelken
1 Zimtstange
125 g Zucker

UNTEN:
Hoher Apfelkuchen

1 Eine hohe runde Springform (20 cm Ø) einfetten, mit Backpapier auslegen, das Backpapier einfetten und die Form mit Mehl bestäuben.
2 Das Mehl und das Backpulver in eine Schüssel sieben. Die Butter dazugeben und mit den Fingerspitzen einkneten, bis sich Streusel bilden. Den Zucker einrühren. In die Mitte eine Mulde drücken. Das Wasser hineingießen und alles mit einem breiten Messer vermischen. Zu einem Ballen formen, in Frischhaltefolie wickeln und etwa 20 Minuten im Kühlschrank ruhen lassen.
3 Zwei Drittel des gekühlten Teigs zwischen zwei Lagen Backpapier auf ausreichende Größe ausrollen, um Boden und Rand der Form damit auszulegen. In die Form drücken. Den restlichen Teig zwischen zwei Lagen Backpapier auf die Größe der Backform ausrollen. Den Teig in der Form und den Teigdeckel mit Frischhaltefolie abdecken und etwa 20 Minu-ten im Kühlschrank ruhen lassen.
4 Die Äpfel schälen, entkernen und in je zwölf Spalten schneiden. Zusammen mit der Zitronen-schale, den Gewürznelken, der Zimtstange, dem Zucker und 500 ml Wasser in einem großen Topf zugedeckt etwa 10 Minuten köcheln lassen. Die Flüssigkeit abgießen, die Zitronenschale und die Gewürze entfernen und abkühlen lassen.
5 Den Backofen auf 180 °C vorheizen. Die Äpfel in die Teigform füllen. Den Teigdeckel darauf legen. Die Ränder mit etwas verquirltem Ei bestreichen, zusammendrücken und mit einem scharfen Messer zurechtschneiden. Die Oberfläche mehrmals mit einer Gabel einstechen und mit dem restlichen Ei bestreichen. Etwa 50 Minuten goldbraun backen. In der Form etwa 10 Minuten abkühlen lassen.

LINZER TORTE

Vorbereitungszeit: 30 Minuten
Kühlzeit: 40 Minuten
Backzeit: 30 Minuten
Für 1 Torte

★ ★

100 g geschälte Mandeln
185 g Mehl
1/2 TL gemahlener Zimt
90 g kalte Butter
60 g Zucker
2 Eigelbe
2–3 EL Zitronensaft
315 g Himbeermarmelade
80 g Aprikosenmarmelade

LINZER TORTE
Diese besonders attraktive Torte stammt aus der österreichischen Stadt Linz. Ihren typischen Geschmack erhält sie durch die gemahlenen Mandeln im Teig. Der Teigboden wird mit Himbeermarmelade bestrichen, mit einem dekorativen Teiggitter verziert und mit Eigelb glasiert. Daher die schöne goldbraune Farbe.

1 Die Mandeln in der Küchenmaschine zu einem groben Mehl mahlen. Das Mehl und den Zimt in eine Schüssel sieben. Die Butter dazugeben und mit den Fingerspitzen einkneten, bis sich Streusel bilden. Den Zucker und die gemahlenen Mandeln einrühren.
2 In die Mitte eine Mulde drücken. Ein Eigelb und den Zitronensaft hineingießen und alles mit einem breiten Messer zu einem groben Teig vermischen. Auf einer leicht bemehlten Arbeitsfläche sanft durchkneten. Zu einem Ballen formen, in Frischhaltefolie einwickeln und etwa 20 Minuten im Kühlschrank ruhen lassen.
3 Eine runde Obstkuchenform mit gerilltem Rand (20 cm Ø) einfetten. Zwei Drittel des gekühlten Teigs zwischen zwei Lagen Backpapier auf ausreichende Größe ausrollen, um Boden und Rand der Form damit auslegen zu können. In die Form drücken und überstehende Teigreste mit einem scharfen Messer entfernen. Die Himbeermarmelade gleichmäßig auf dem Teigboden verteilen.

4 Den restlichen Teig zu einer etwa 3 mm dünnen Teigplatte ausrollen. Mit einem gewellten Teigrädchen in etwa 2 cm breite Streifen schneiden. Die Hälfte der Streifen im Abstand von etwa 1 cm auf ein Blatt Backpapier legen. Mit den restlichen Streifen zu einem Gitter verweben. Das Teiggitter auf den Kuchen legen und die Ränder mit einem scharfen Messer zurechtschneiden. Den Kuchen mit Frischhaltefolie abdecken und etwa 20 Minuten im Kühlschrank ruhen lassen.
5 Den Backofen auf 180 °C vorheizen. Ein Backblech zum Vorwärmen in den Ofen schieben. Das zweite Eigelb mit 1 TL Wasser verquirlen und den Kuchen damit bestreichen. Die Backform auf das vorgewärmte Backblech stellen und 25–30 Minuten goldbraun backen. In der Zwischenzeit die Aprikosenmarmelade und 1 EL Wasser unter Rühren erhitzen. Den noch heißen Kuchen damit bestreichen. In der Form abkühlen lassen.
TIPP: Gewellte Teigrädchen sind im Fachhandel erhältlich. Ein scharfes Messer tut es aber auch.

OBEN: Linzer Torte

ÄPFEL

Vielleicht sind Äpfel die ersten Früchte, die von Menschen kultiviert wurden, und die Urform war vermutlich eine wilde Art des Holzapfels. Der Apfel spielt seit langem eine bedeutende Rolle in der Mythologie, und schon in den alten Kulturen war er ein Symbol der Fruchtbarkeit. Im Christentum wurde er zum Zeichen des Sündenfalls. Welche volkskundliche Rolle der Apfel spielt, zeigt sich nicht zuletzt aber auch an zahlreichen Sprichwörtern – „Der Apfel fällt nicht weit vom Stamm", „Im schönsten Apfel sitzt der Wurm" usw. Es gibt Tausende verschiedener Apfelsorten; im Handel erhält man hauptsächlich Arten, die sich gut transportieren lassen und haltbar sind. Äpfel sollten schwer und fest sein und weder Falten noch Druckstellen aufweisen. In Plastiktüten im Kühlschrank lagern, so bleiben sie schön knackig.

GEGENÜBERLIEGENDE SEITE: Tarte au Citron (oben); Apfel-Tarte

TARTE AU CITRON

Zubereitungszeit: 1 Stunde + Kühlzeit
Backzeit: 1 Stunde 40 Minuten
Für 6-8 Personen

✷ ✷

Teig

125 g Mehl
80 g weiche Butter
1 Eigelb
2 EL Puderzucker, gesiebt

3 Eier
2 Eigelb
180 g feiner Zucker
125 ml Sahne
185 ml Zitronensaft
1½ EL feingeriebene Zitronenschale
2 kleine Zitronen
160 g Zucker

1 Für den Teig das Mehl und 1 Prise Salz in eine große Schüssel sieben. In die Mitte eine Mulde drücken. Butter, Eigelb und Puderzucker zugeben und mit den Fingerspitzen vermischen. Dann langsam das Mehl einarbeiten. Zu einer Kugel formen; eventuell einige Tropfen Kaltwasser zugeben. Etwas flach drücken, in Frischhaltefolie wickeln und 20 Minuten kalt stellen.
2 Backofen auf 200 °C (Gas 3) vorheizen. Eine flache Obstkuchenform mit herausnehmbarem Boden (ca. 2 cm tief, Ø 21 cm) leicht einfetten.
3 Teig zwischen 2 Blättern Backpapier auf 3 mm Dicke ausrollen; in die Form legen, so daß er Boden und Seiten bedeckt. Rand abschneiden, 10 Minuten kalt stellen. Mit zerknittertem Backpapier auslegen und Backperlen oder Erbsen füllen. 10 Minuten backen. Papier und Perlen entfernen und nochmals 6–8 Minuten backen, bis der Teig insgesamt trocken wirkt. Abkühlen lassen, Temperatur auf 150 °C (Gas 1) reduzieren.
4 Eier, Eigelbe und Zucker mit dem Schneebesen verquirlen. Sahne und Saft zugeben, gut mischen. Durch ein Sieb in einen Krug gießen, dann Zitronenschale zugeben. Obstkuchenform auf einem Backblech auf mittlerer Schiene in den Backofen stellen und vorsichtig die Füllung bis an den Rand gießen. 40 Minuten backen, bis die Füllung gerade fest ist – sie sollte in der Mitte noch wackeln, wenn man die Form fest aufklopft. Abkühlen lassen, dann aus der Form lösen.
5 Zitronen gut abwaschen und abbürsten und in sehr dünne Scheiben (ca. 2 mm) schneiden. Zucker mit 200 ml Wasser in eine kleine Pfanne geben und bei milder Hitze unter Rühren auflösen. Zitronenscheiben zugeben. Auf niedriger Stufe 40 Minuten köcheln, bis die Schale weich und das Weiße glasig ist. Aus dem Sirup nehmen, auf Backpapier abtropfen lassen. Wird die Tarte sofort serviert, Zitronenscheiben darauf verteilen. Sonst die Scheiben abdecken und erst kurz vor dem Servieren dekorieren. Warm oder kalt mit etwas Sahne genießen.

APFEL-TARTE

Zubereitungszeit: 30 Minuten + Kühlzeit
Backzeit: 1 Stunde 15 Minuten
Für 6-8 Personen

✷ ✷

Teig

180 g Mehl
100 g gekühlte Butter, in Stücke geschnitten
2–3 EL kaltes Wasser

2 Äpfel zum Backen
3 EL Zucker
1 Ei
80 ml Sahne
1 EL Calvados oder Kirschwasser

1 Mehl in eine Schüssel sieben. Mit den Fingerspitzen Butter einarbeiten, bis eine krümelähnliche Masse entsteht. In die Mitte eine Mulde drücken und fast das gesamte Wasser zugeben. Mit einem Messer zu einem Teig verarbeiten, eventuell mehr Wasser zugießen. Zu einer Kugel formen und auf Backpapier legen. Vorsichtig zu einem glatten Teig zusammendrücken. Eingewickelt 15 Minuten kalt stellen. Ausrollen und eine geriffelte Obstkuchenform (Ø 23 cm) mit herausnehmbarem Boden auskleiden. Überschüssigen Teig abschneiden. 20 Minuten kalt stellen. Backofen auf 190 °C (Gas 2–3) vorheizen.
2 Teig mit zerknittertem Backpapier auslegen und Backperlen oder Erbsen füllen. 10 Minuten backen, Papier und Perlen entfernen. Weitere 15 Minuten goldbraun backen. Abkühlen lassen.
3 Äpfel schälen, entkernen und in dünne Scheiben schneiden. Leicht überlappend auf dem Boden anordnen. Mit 2 Eßlöffeln Zucker bestreut 15 Minuten backen. Währenddessen das Ei, den Restzucker und die Sahne mit dem Schneebesen verquirlen. Likör unterrühren. Vorsichtig über die Äpfel gießen. 35 Minuten backen, bis die Füllung fest, aufgegangen und hellbraun ist (sie sackt beim Abkühlen wieder zusammen). Heiß oder zimmerwarm servieren.

FRUCHTSAUCEN Frische

Früchte, Kräuter und Gewürze sind Ausgangspunkt für wundervolle Saucen, die ein

einfaches Eis oder ein schlichtes Dessert in etwas Außergewöhnliches verwandeln.

RHABARBERSAUCE

350 g Rhabarber zerkleinern und in einen Topf mit 100 g feinem braunem Zucker, 250 ml Wasser und $\frac{1}{4}$ Teelöffel gemahlener Gewürzmischung geben. Unter Rühren langsam zum Kochen bringen, so daß sich der Zucker auflöst. 10 Minuten köcheln, dabei oft umrühren. Durch ein Sieb passieren. Heiß oder kalt servieren. Ergibt 375 ml.

ZITRONENGRAS-, LIMETTEN- UND KORIANDERSIRUP

250 g Palmzucker feinreiben. In einem kleinen Topf mit 250 ml Wasser bei schwacher Hitze unter Rühren auflösen. 2 Stangen Zitronengras, in feine Scheiben geschnitten (nur der weiße Teil), 1 Teelöffel leicht zerdrückte Koriandersamen, 1 Teelöffel Limettenschale und 2 Teelöffel Limettensaft zugeben. Zum Kochen

bringen. 15–20 Minuten zu einer Art Sirup einköcheln. Nach Wunsch abgießen. Mit tropischen Früchten, Eis oder Pfannkuchen servieren. Ergibt 250 ml.

MANGOPÜREE

2 kleine Mangos kleinschneiden. Im Mixer mit 3 Eßlöffeln Orangensaft und 2 Teelöffeln Cointreau (wahlweise) glattpürieren. Ergibt 350 ml.

PASSIONSFRUCHTPÜREE

125 ml frisches Passionsfruchtfleisch (Dosenfrucht ist für dieses Rezept nicht geeignet), 125 ml Wasser und 2 Eßlöffel feinen Zucker in einem kleinen Topf verrühren. Langsam zum Kochen bringen, dabei umrühren, um den Zucker aufzulösen. Dann 5 Minuten ohne umzurühren köcheln. Ergibt 250 ml.

HEISSE HEIDELBEERSAUCE

In einer Schüssel (kein Metall) 500 g Heidelbeeren, 60 g Zucker und 1 Eßlöffel Aceto Balsamico mischen. 30 Minuten ruhen lassen. In einen Topf mit 2 Eßlöffeln Wasser geben. Auf niedriger Stufe unter Rühren erhitzen, um den Zucker aufzulösen. Zum Kochen bringen, 5 Minuten köcheln. Warm servieren. Köstlich zu Eis, frischem Ricotta und warmem Schokoladenkuchen. Ergibt 500 ml.

ERDBEERPÜREE

250 g Erdbeeren entstielen und mit 2 Eßlöffeln Puderzucker, 2 Teelöffeln Zitronensaft und 1–2 Teelöffeln Grand Marnier (walweise) im Mixer zu einem glatten Brei verarbeiten. Nach Belieben durch ein feines Sieb passieren. Ergibt 250 ml.

BEERENPÜREE

300 g frische oder aufgetaute Beeren (z. B. eine Mischung aus Himbeeren, Erdbeeren, Heidelbeeren und Brombeeren) und 2 Eßlöffel Puderzucker im Mixer in kurzen Intervallen zu einem glatten, glänzenden Püree verarbeiten. Durch ein feines Sieb passieren, um Kerne zu entfernen. 2 Teelöffel Zitronensaft und 3 Teelöffel Cassis (wahlweise) zugießen und gut untermischen. Ergibt 250 ml.

WÜRZIGE PFIRSICHSAUCE

500 g Pfirsiche in einer Schüssel mit kochendem Wasser bedecken, 20 Sekunden ruhen lassen. Abgießen, schälen und zerkleinern, dann mit 250 ml Wasser, $1/2$ Vanillestange, 2 Gewürznelken und 1 Zimtstange in einem Topf zum Kochen bringen. Hitze reduzieren. 15–20 Minuten weich garen. 3 Eßlöffel Zucker zugeben und bei schwacher Hitze unter Rühren auflösen. Hitze erhöhen, 5 Minuten köcheln. Vanille und Gewürze entfernen, leicht abkühlen lassen. Im Mixer pürieren. Vor dem Servieren durch ein feines Sieb streichen. Ergibt 440 ml.

IM UHRZEIGERSINN VON OBEN LINKS:
Zitronengras, Limette und Koriander,
Mango, Passionsfrucht, Beerenmix, Pfirsich,
Erdbeere, Heidelbeere, Rhabarber

OBEN: Pekanuß-Pie

PEKANNÜSSE

Pekannüsse stammen ursprünglich aus Nordamerika, werden aber inzwischen überall in Amerika sowie in Australien und Südafrika angebaut. Sie sehen wie längliche Walnüsse aus, unterscheiden sich allerdings durch ihre glatte, sehr harte, braunrote Schale. Die Bäume erreichen eine Höhe von bis zu 50 m, und die Nüsse müssen durch Schütteln geerntet werden, teilweise durch mechanische Schüttelmaschinen. Gewöhnlich werden die Nüsse in der harten Schale verkauft, die vorsichtig geknackt werden muß, damit man einen intakten Kern erhält. Pekannuß-Pie ist ein beliebter Nachtisch, den man weltweit auf den Speisekarten findet, der jedoch immer noch mit Amerika verbunden wird.

PEKANNUSS-PIE

Zubereitungszeit: 30 Minuten + Kühlzeit
Backzeit: 1 Stunde 15 Minuten
Für 6 Personen

Mürbeteig

180 g Mehl
125 g gekühlte Butter, in Stücke geschnitten
2–3 EL kaltes Wasser

Füllung

200 g Pekannüsse
3 Eier, leicht geschlagen
50 g Butter, zerlassen und abgekühlt
140 g feiner brauner Zucker
170 ml leichter Maissirup
2 Tropfen Vanillearoma

1 Backofen auf 180 °C (Gas 2–3) vorheizen. Mehl in eine große Schüssel sieben. Mit den Fingerspitzen die Butter einarbeiten, bis eine krümelähnliche Masse entsteht. Fast das gesamte Wasser untermischen, bis sich der Teig verbindet, gegebenenfalls mehr Wasser verwenden. Auf einer leicht bemehlten Arbeitsfläche zu einer Kugel zusammenfassen.

2 Teig zu einem Kreis (Ø 35 cm) ausrollen und in eine Obstkuchenform (Ø 23 cm) legen. Ränder abschneiden, 20 Minuten kalt stellen. Teigreste sammeln. Auf Backpapier zu einem Rechteck von 2 mm Dicke ausrollen. Dann kalt stellen.

3 Die Kuchenform mit zerknittertem Backpapier auslegen und einer gleichmäßigen Schicht Backperlen oder Erbsen füllen. 15 Minuten backen, Papier und Perlen entfernen. Nochmals 15 Minuten hellbraun backen. Vollständig abkühlen lassen.

4 Für die Füllung Pekannüsse auf dem Kuchenboden verteilen. In einem großen Krug Eier, Butter, Zucker, Maissirup, Vanillearoma und 1 Prise Salz mit dem Schneebesen gut verquirlen, dann über die Nüsse gießen.

5 Mit einem gewellten Teigrädchen oder einem kleinen, scharfen Messer dünne Streifen aus der Hälfte des Teigs schneiden. Aus dem restlichen Teig mit einer Ausstechform kleine Sterne stechen. Die Füllung damit verzieren. Kuchen 45 Minuten backen, bis er fest ist. Vollständig abkühlen lassen und zimmerwarm servieren.

KIRSCHPIE

Zubereitungszeit: 25 Minuten + Kühlzeit
Backzeit: 40 Minuten
Für 6–8 Personen

✷ ✷

Mandelteig

150 g Mehl

30 g Puderzucker

100 g gekühlte Butter, in Stücke geschnitten

60 g Mandeln, gemahlen

3 EL kaltes Wasser

1400 g Schattenmorellen aus dem Glas, entkernt und abgetropft

1 Ei, leicht geschlagen

feiner Zucker zum Dekorieren

Sahne oder Eiscreme, wahlweise, zum Servieren

 Mehl und Puderzucker in eine Schüssel sieben. Mit den Fingerspitzen die Butter einarbeiten, bis eine feine, krümelähnliche Masse entsteht. Geriebene Mandeln unterrühren, dann fast das gesamte Wasser zugeben und mit einem Messer einarbeiten, bis sich die Zutaten zu einem Teig verbinden. Gegebenenfalls auch das restliche Wasser zugießen.

2 Teig auf eine mit Mehl bestäubte Arbeitsfläche geben und zu einer Kugel zusammenfassen. Etwas flachdrücken, in Klarsichtfolie wickeln und 20 Minuten kalt stellen. Auf einem Blatt Backpapier zu einem Kreis (Ø 26 cm) ausrollen. Kirschen in einer runden Pieform (Ø 23 cm) verteilen.

3 Backofen auf 200 °C (Gas 3) vorheizen. Pieform mit dem Teig abdecken, überhängende Ränder abschneiden. Teigreste ausrollen und mit einem kleinen, scharfen Messer Verzierungen ausschneiden. Den gesamten Teigdeckel mit geschlagenem Ei bestreichen und die Dekorationen darauf verteilen. Diese ebenfalls mit Ei einpinseln und leicht mit feinem Zucker bestreuen. Die Pieform auf ein Backblech setzen (der Kirschsaft könnte etwas überkochen) und 35–40 Minuten goldbraun backen. Warm oder zimmerwarm servieren und nach Geschmack mit Sahne oder Eiscreme anrichten.

MANDELN

Mandeln sind die Samen eines Baumes, der mit Aprikosen und Pfirsichen verwandt ist. Sie sind im Nahen Osten beheimatet und besitzen eine feste, ovale, hellbraune äußere Schale, die an einem Ende spitz zuläuft. In Europa werden Mandeln gesammelt, wenn die Schale noch von einer pelzigen grünen Außenschicht überzogen ist. Der Mandelkern ist von einer dunkelbraunen Haut umhüllt, die man durch Blanchieren entfernt. Mandeln sind mit Schale, ohne Schale, aber mit Haut, blanchiert, gehobelt, gestiftet und gemahlen erhältlich. Gemahlene Mandeln sind die Grundlage vieler Plätzchen und Kuchen und werden in Teig und Nachspeisen verwendet.

OBEN: Kirschpie

507

Backpulver und 2 Eßlöffel Kakao in eine große Schüssel sieben. 125 g Zucker einrühren und in die Mitte eine Mulde drücken.

2 Milch, Ei, Butter und Vanillearoma mischen und in die Vertiefung geben. Zu einer glatten Masse verarbeiten, dabei aber nicht zu lange rühren. In die vorbereitete Form füllen. Den restlichen Kakao und Zucker in 600 ml kochendem Wasser auflösen und vorsichtig über die Rückseite eines Löffels auf den Pudding gießen.

3 40 Minuten backen, bis ein hineingestecktes Holzstäbchen beim Herausziehen sauber bleibt.

4 Für die Creme alle Zutaten mit dem elektrischen Handrührgerät schlagen, bis sich weiche Spitzen bilden.

5 Pudding mit Puderzucker bestäuben und sofort mit der Orangencreme servieren.

EVAS PUDDING

Zubereitungszeit: 25 Minuten
Backzeit: 55 Minuten
Für 4–6 Personen

★ ★

500 g Äpfel zum Backen

2 EL Zucker

125 g Butter

125 g feiner Zucker

2 Eier

2 Tropfen Vanillearoma

125 ml Milch

180 g Mehl

2 TL Backpulver

1 Backofen auf 180 °C (Gas 2–3) vorheizen. Eine feuerfeste 1,5-l-Form mit Öl oder zerlassener Butter einfetten. Boden mit Backpapier auslegen.

2 Äpfel schälen, entkernen und in dicke Scheiben schneiden. Mit dem Zucker und 1 Eßlöffel Wasser in einen Topf geben. Abgedeckt bei mittlerer Hitze 12 Minuten kochen, bis die Äpfel weich sind, aber nicht zerfallen. Mit einem Schaumlöffel auf dem Boden der Form verteilen. Abkühlen lassen.

3 Mit einem elektrischen Rührgerät Butter und Zucker leicht und cremig schlagen. Nach und nach die Eier zugeben und jeweils gut einarbeiten. Vanillearoma und Milch mischen und abwechselnd mit dem Mehl mit einem großen Metallöffel unterheben.

4 Mit einem Löffel über den Äpfeln verteilen, Oberfläche glattstreichen. 40–45 Minuten backen, bis die Stäbchenprobe erfolgreich ist.

SAFTIGER SCHOKOLADEN-PUDDING

Zubereitungszeit: 25 Minuten
Backzeit: 40 Minuten
Für 4–6 Personen

★ ★

125 g Mehl

1 TL Backpulver

40 g Kakaopulver

300 g feiner Zucker

125 ml Milch

1 Ei

60 g Butter, zerlassen

2 Tropfen Vanillearoma

Puderzucker zum Bestäuben

Orangencreme

315 ml Sahne

1 TL geriebene Orangenschale

1 EL Puderzucker

1 EL Grand Marnier

1 Backofen auf 180 °C (Gas 2–3) vorheizen. Eine feuerfeste 2-l-Form einfetten. Mehl,

OBEN: Saftiger Schoko-ladenpudding

ZITRONENKÖSTLICHKEIT

Zubereitungszeit: 20 Minuten
Backzeit: 40 Minuten
Für 4 Personen

✷✷

60 g Butter

180 g feiner Zucker

3 Eier, getrennt

1 TL geriebene Zitronenschale

40 g Mehl + ¹/₂ TL Backpulver, gesiebt

60 ml Zitronensaft

185 ml Milch

Puderzucker zum Bestäuben

1 Backofen auf 180 °C (Gas 2–3) vorheizen. Eine feuerfeste 1-l-Auflaufform mit Öl einfetten. Mit dem elektrischen Handrührgerät Butter, Zucker, Eigelbe und Zitronenschale in einer kleinen Schüssel leicht und cremig schlagen. Dann in eine mittelgroße Schüssel umfüllen.

2 Mehl zugeben und mit einem Holzlöffel unterrühren, bis sich die Zutaten gerade vermischt haben. Saft und Milch unterrühren.

3 Eiweiß in einer kleinen, trockenen Schüssel mit dem elektrischen Handrührgerät steif schlagen. Mit einem Metallöffel die Puddingmasse unterheben, bis sich beides gerade vermischt hat.

4 Mit einem Löffel in der Auflaufform verteilen. Dann in eine andere tiefe Backform oder eine Fettpfanne stellen. Kochendes Wasser zugießen, so daß die Auflaufform zu ¹/₃ im Wasser steht. 40 Minuten backen. Mit Puderzucker bestäuben.

TIPS ZUR ZITRONE

Beim Zitronenkauf, Früchte auswählen, die für ihre Größe schwer sind und sich fest anfühlen. Zitronen mit dünnerer Schale wie z. B. Lisbon sind saftiger als dickschalige wie z. B. Eureka oder Verner. Lisbon und Eureka sind saurer und herber als Verner-Zitronen. Der Saft einer Zitrone ergibt normalerweise ca. 3 Eßlöffel. Zitronen, die zimmerwarm sind oder ein paar Sekunden in der Mikrowelle aufgewärmt wurden, geben leichter Saft ab als kalte Zitronen. Um die Schale leicht zu reiben, die rauhe Seite der Reibe mit einem Stück Backpapier abdecken und durch das Papier durchreiben. Anschließend das Papier von der Reibe ziehen und die Schale abkratzen. Die ätherischen Öle, die in der Zitronenschale enthalten sind, ergeben eher einen Duft als ein Aroma. Das Aroma kommt hauptsächlich vom Saft. Zitronen, die Flecken haben oder aussehen als ob sie schimmelig werden würden, wegwerfen. Zitronen schimmeln schneller, wenn sie zusammen mit anderen Früchten gelagert werden. Daher getrennt aufbewahren.

OBEN: Zitronenköstlichkeit

APFELBETTY

Zubereitungszeit: 15 Minuten
Backzeit: 50 Minuten
Für 4–6 Personen

5 Äpfel, zum Kochen, geschält, entkernt und
   kleingeschnitten
100 g Butter
100 g feiner brauner Zucker, plus 1 EL extra
geriebene Schale von 1 Zitrone
1/4 TL gemahlener Zimt
1 Prise gemahlene Muskatnuß
240 g frisches Paniermehl

1 Äpfel mit 1 Eßlöffel Butter, 1 Eßlöffel braunem Zucker, Zitronenschale, Zimt und
Muskatnuß 10–15 Minuten kochen, bis die
Äpfel weich genug zum Pürieren sind.
2 Backofen auf 180 °C (Gas 2–3) vorheizen.
Restbutter bei schwacher Hitze in einer Pfanne
schmelzen, Paniermehl und restlichen braunen
Zucker zugeben. Hin- und herschwenken, bis
alle Brotkrumen bedeckt sind. Dann unter
ständigem Wenden goldbraun braten.
3 1/3 des Paniermehls in einer feuerfesten 1-l-
Form verteilen. Darauf gleichmäßig die Hälfte
des Apfelpürees streichen. Das zweite Drittel des
Paniermehls daraufgeben, dann die restlichen
Äpfel. Mit einer Schicht Paniermehl abschließen.
20 Minuten knusprig und goldbraun backen.

APFEL-CRUMBLE

Zubereitungszeit: 20 Minuten
Backzeit: 45 Minuten
Für 4–6 Personen

8 Äpfel zum Kochen (ca. 1,4 kg)
2 EL feiner Zucker
125 g Mehl
100 g feiner brauner Zucker
3/4 TL gemahlener Zimt
100 g Butter, in Stücke geschnitten

1 Backofen auf 180 °C (Gas 2–3) vorheizen.
Äpfel schälen, entkernen und jeweils in 8 Stücke
schneiden. In einen Topf mit 60 ml Wasser
geben. Zum Kochen bringen. Hitze reduzieren.
Den Deckel auflegen und ca. 15 Minuten
kochen, bis die Äpfel gerade weich sind. Vom
Herd nehmen, abgießen und Zucker einrühren.

Mit einem Löffel in einer feuerfesten 1 1/2-l-Form
verteilen.
2 Mehl in einer Schüssel mit braunem Zucker
und Zimt vermischen. Butter zugeben und nur
mit den Fingerspitzen einarbeiten, bis der Teig
groben Brotkrümeln ähnelt. Gleichmäßig über
die Apfelmischung streuen und diese dabei
vollständig bedecken. 25–30 Minuten knusprig
und goldbraun backen. Sofort mit Sahne oder
Eis servieren.

RHABARBERSTREUSEL

Zubereitungszeit: 15 Minuten
Backzeit: 25 Minuten
Für 4–6 Personen

1 kg Rhabarber
160 g Zucker
100 g Butter
90 g Mehl
80 g Demerara-Zucker
10 Amaretti, zerdrückt

Ahorncreme

200 ml Crème double
2 EL Rohrzuckersirup oder reiner Ahornsirup
3 Amaretti, zerdrückt

1 Backofen auf 200 °C (Gas 3) vorheizen.
Rhabarber putzen, in kurze längliche Stücke
schneiden und mit dem Zucker in einen Topf
geben. Den Zucker bei schwacher Hitze unter
Rühren auflösen. Dann den Topf abdecken und
die Mischung 8–10 Minuten köcheln lassen, bis
der Rhabarber weich ist, aber noch nicht zerfällt.
Mit einem Löffel in einer feuerfesten 1 1/2-l-Form
verteilen.
2 Butter in das Mehl einarbeiten, bis die Masse
feinen Brotkrümeln ähnelt. Dann Demerara-
Zucker und Amaretti einrühren.
3 Über den Rhabarber streuen. 15 Minuten
goldbraun backen. Mit Ahorncreme servieren.
4 Für die Ahorncreme Sahne in eine Schüssel
gießen. Zuerst vorsichtig den Rohrzuckersirup
hineinziehen, dann die zerdrückten Amaretti.
Nicht zu lange vermischen: Der Sirup sollte wie
eine Art Maserung in der Sahne zu sehen sein.
Hinweis: Rhabarber probieren: Möglicherweise
muß man eine größere Menge Zucker verwenden.

*GEGENÜBERLIEGENDE
SEITE: Rhabarberstreusel
(oben), Apfelbetty*

OBEN: Brot-und-Butter-pudding

BROT-UND-BUTTER-PUDDING

Zubereitungszeit: 20 Minuten + Einweichzeit + Kühlzeit
Kochzeit: 40 Minuten
Für 4 Personen

60 g Korinthen und Sultaninen, vermischt

2 EL Weinbrand oder Rum

30 g Butter

4 Scheiben gutes Weißbrot oder Brioche

3 Eier

3 EL feiner Zucker

750 ml Milch

60 ml Sahne

1 Tropfen Vanillearoma

¼ TL gemahlener Zimt

1 EL Demerara-Zucker

1 Korinthen und Sultaninen ca. 30 Minuten in Weinbrand oder Rum ziehen lassen. Brot- oder Briochescheiben mit Butter bestreichen, jede Scheibe in 8 Dreiecke schneiden und in einer feuerfesten 1-l-Form verteilen.

2 Eier und Zucker mischen. Milch, Sahne, Vanillearoma und Zimt zugeben und gut verrühren. Rosinen und Sultaninen abgießen; die gesamte Flüssigkeit in die Eiercreme geben.

3 Rosinen und Sultaninen auf dem Brot verteilen und darauf die Eiercreme. Mit Frischhaltefolie abgedeckt 1 Stunde kühl stellen.

4 Backofen auf 180 °C (Gas 2–3) vorheizen. Pudding mit Demerara-Zucker bestreuen. 35–40 Minuten backen, bis sich die Creme gesetzt hat und die Oberfläche knusprig-goldbraun ist.

Hinweis: Für dieses Rezept ist es sehr wichtig, qualitativ hochwertiges Brot zu verwenden. Normales aufgeschnittenes Weißbrot wird meist fad und verliert seine Konsistenz, wenn es sich mit Milch vollsaugt.

KARAMEL-BROTPUDDING

Zubereitungszeit: 40 Minuten + Ruhezeit + Kühlzeit
Backzeit: I Stunde
Für 6-8 Personen

✹ ✹

160 g feiner Zucker

500 g Panettone oder Brioche

125 g feiner Zucker, zusätzlich

500 ml Milch

2 breite Streifen Zitronenschale, weiße Haut entfernt

3 Eier, leicht geschlagen

frische Früchte und Sahne, wahlweise, zum Servieren

I Backofen auf 180 °C (Gas 2–3) vorheizen. Eine 1¹/₂-l-Brotform (ungefähr 23 x 13 x 7 cm groß) mit Öl oder zerlassener Butter einfetten.
2 Feinen Zucker in 2 Eßlöffel Wasser in einem kleinen Topf bei mittlerer Hitze unter Rühren ohne aufzukochen auflösen. Zum Kochen bringen, Hitze leicht reduzieren. Ca. 10 Minuten ohne umzurühren köcheln, bis der Sirup eine schöne goldene Farbe angenommen hat. Darauf achten, daß der Sirup nicht anbrennt. Sobald die gewünschte Färbung eintritt, in die Brotform gießen und abkühlen lassen.
3 Mit einem Brotmesser Panettone oder Brioche in 2 cm dicke Scheiben schneiden, Krusten entfernen. In lange Stücke schneiden, so daß die Form in 3 Schichten belegt werden kann. Eventuelle Lücken werden mit entsprechenden Panettone- oder Briochestücken gefüllt.
4 Zusätzlichen Zucker mit der Milch und Zitronenschale in einem Topf bei schwacher Hitze unter Rühren auflösen. Kurz zum Kochen bringen, vom Herd nehmen und in eine Kanne füllen. Zur Entfaltung des Aromas und zum Abkühlen ruhen lassen. Zitronenschale entfernen. Die geschlagenen Eier zugeben. Mischung langsam in die Brotform gießen, so daß sie nach und nach von der Panettone aufgesogen werden kann. 20 Minuten ruhen lassen, bis die Flüssigkeit vollständig aufgenommen wurde.
5 Brotform in eine andere größere Backform stellen. In diese Wasser gießen, so daß die Puddingform zur Hälfte darin steht. 50 Minuten backen, bis sich der Pudding gesetzt hat. Brotform vorsichtig herausnehmen und abkühlen lassen. Über Nacht im Kühlschrank kalt stellen.
6 Zum Servieren Pudding auf einen Teller stürzen und in Scheiben schneiden. Nach Belieben frische Früchte und Sahne dazu reichen.

BROT-UND-BUTTER-PUDDING

Brot-und-Butter-Pudding kann mit den verschiedensten Brotsorten oder Kuchenresten zubereitet werden: Croissants, Panettone, Brioche oder auch Früchtebrot oder Rosinenbrötchen. Das Bestreuen mit Demerara-Zucker oder zerbröselten Zuckerwürfeln ergibt einen knusprigen Überzug. Für eine glänzende Oberfläche den heißen Pudding mit Aprikosenmarmelade glasieren.

OBEN: Karamel-Brotpudding

VANILLEEIS

Eine fertige Eiercreme überzieht die Rückseite eines
Holzlöffels – fährt man mit
dem Finger hindurch, sollte
eine klare Linie sichtbar
bleiben.

Oberfläche der Eiercreme
mit Frischhaltefolie ab-
decken und 2 Stunden
einfrieren.

Das halbgefrorene Eis mit
dem elektrischen Hand-
rührgerät verquirlen, um
große Eiskristalle aufzubre-
chen. Mit jedem Rühren
werden die Kristalle kleiner
und das Eis glatter.

*GEGENÜBERLIEGENDE
SEITE: Vanilleeis (oben),
Schokoladen-Zimteis*

VANILLEEIS

Zubereitungszeit: 30 Minuten + Kühlzeit +
Gefrierzeit
Kochzeit: 15 Minuten
Für 4 Personen

250 ml Milch

250 ml Sahne

1 Vanillestange, aufgeschlitzt

6 Eigelb

125 g feiner Zucker

1 Milch und Sahne in einem Topf vermischen.
Vanille zugeben. Zum Kochen bringen, dann vom
Herd nehmen und 10 Minuten ruhen lassen.
2 Eigelb und Zucker mit einem Schneebesen
2–3 Minuten in einer Schüssel zu einer dicken,
hellen Masse aufschlagen. Die warme Milchmischung einrühren. Mark der Vanillestange
hineinkratzen, Stange enfernen.
3 Den Topf säubern, die Mischung wieder
hineingeben. Bei sehr schwacher Hitze ca. 5–10
Minuten unter Rühren eindicken lassen. Als Test
mit dem Finger über die Rückseite eines mit der
Mischung überzogenen Holzlöffels streichen –
bleibt eine klare Linie zurück, ist die Creme fertig.
4 In einer Schüssel auf Zimmertemperatur
abkühlen lassen. Dabei ständig umrühren, um den
Prozeß zu beschleunigen.
5 In einen flachen Metallbehälter gießen, Oberfläche mit Frischhaltefolie oder Backpapier abdecken. Ca. 2 Stunden einfrieren, bis die Eiercreme fast gefroren ist. In eine gekühlte Schüssel
umfüllen und mit dem elektrischen Handrührgerät
glattrühren. Dann zurück in den Behälter geben
und erneut einfrieren. Diesen Prozeß 2mal
wiederholen, bevor man das Eis in den endgül-
tigen Tiefkühlbehälter füllt. Mit Backpapier oder
Frischhaltefolie sowie einem Deckel abdecken,
damit sich keine Eiskristalle auf der Oberfläche
bilden, und einfrieren.
6 Zum Servieren das Eis ca. 30 Minuten im
Kühlschrank etwas weich werden lassen. Eis hält
sich fest verschlossen 1 Monat im Gefrierfach.
Hinweis: Das Rezept kann auch mit einer
Eismaschine zubereitet werden.
Variationen: Für Erdbeereis 250 g Erdbeeren im
Mixer glattpürieren. Gut gekühlt in die Eiercreme rühren (Ende von Punkt 4). Dann wie
beschrieben einfrieren. Für Bananeneis 3 reife
Bananen grob zerdrücken (oder für ein feineres
Ergebnis im Mixer pürieren). Gut gekühlt mit
1 Eßlöffel Zitronensaft in die Eiercreme gießen
und einfrieren. Ergibt 1¹⁄₂ l.

SCHOKOLADEN-ZIMTEIS

Zubereitungszeit: 20 Minuten + Kühlzeit+
Gefrierzeit
Kochzeit: 30 Minuten
Für 6-8 Personen

500 ml Milch

200 g gute Bitterschokolade, zerkleinert

4 Zimtstangen

180 g feiner Zucker

1¹⁄₂ TL gemahlener Zimt

4 Eigelb

500 ml Sahne

1 Milch, Schokolade und Zimtstangen in einem
gußeisernen Topf auf niedriger Stufe 15 Minuten
vermischen und erhitzen. Gelegentlich umrühren,
bis die Schokolade schmilzt. Nicht kochen lassen.
Zimtstangen entfernen.
2 Zucker und Zimt in einer großen feuerfesten
Schüssel mischen. Eigelb zugeben und die
Schüssel über einen Topf mit köchelndem Wasser
stellen. Mit dem Schneebesen schlagen, bis eine
dicke, helle Masse entstanden ist.
3 Nach und nach die Schokolade untermischen.
5 Minuten kochen, bis die Mischung die Rückseite eines Holzöffels überzieht. Dabei ständig
rühren.
4 30 Minuten im Kühlschrank abkühlen lassen.
Durch ein Sieb gießen. Langsam die Sahne einrühren. In einen flachen Metallbehälter füllen. 2 Stunden einfrieren (der Rand sollte gefroren, das Innere
noch weich sein). In einer großen Schüssel mit
dem elektrischen Rührgerät glattschlagen, dann
wieder einfrieren. Diese Prozedur 2mal wiederholen. In einen 2-l-Tiefkühlbehälter aus Plastik
füllen. Mit Backpapier oder Frischhaltefolie sowie
einem Deckel abgedeckt 7–8 Stunden einfrieren.
Hinweis: Das Rezept kann auch mit einer Eismaschine zubereitet werden.

EISCREMETIPS

Die Temperatur Ihrer Gefriertruhe sollte bei
-18 °C liegen, um einwandfreies Tieffrieren
zu garantieren. Zudem sollte die Truhe kein
Eis angesetzt haben und nicht zu voll sein.
Das Eis mit Backpapier oder Frischhaltefolie
abdecken, damit sich keine Eiskristalle auf
der Oberfläche bilden.
Für ein volles Aroma das Eis leicht angetaut
essen.

SOMMERFRÜCHTE Überall frische

Blumen, lange Tage voll schwerer Düfte, Schwimmen im Freien und eine Fülle

köstlicher reifer Früchte und Beeren – was könnte schöner sein als der Sommer?

HIMBEERCREME

320 ml Sahne steif schlagen, anschließend 40 g gesiebten Puderzucker einrühren. Dann 250 g frische Himbeeren mit einer Gabel leicht zerdrücken. Himbeeren unter die Sahne heben und bis zu 2 Stunden kalt stellen. Zum Servieren in Glasschalen geben und schließlich mit Beeren und Waffeln garnieren.

MANGO-EISCREME

320 ml Sahne erhitzen, einmal aufwallen lassen und vom Herd nehmen. 4 Eigelb in einer feuerfesten Form mit 180 g feinem Zucker dick und cremig aufschlagen. Nach und nach unter ständigem Rühren die heiße Sahne angießen. Die Mischung wieder in den Topf geben und bei schwacher Hitze unter Rühren in 5 Minuten etwas eindicken lassen. Nicht zum Kochen bringen, sonst gerinnt die Mischung. In eine frische Schüssel geben und abkühlen lassen. Dabei gelegentlich umrühren. 2 große Mangos schälen, entsteinen und das Fleisch in der Küchenmaschine pürieren. In die abgekühlte Creme rühren und in eine flache Metallschale gießen. Abgedeckt gefrieren lassen. In eine Schüssel geben, mit dem Handrührgerät glattrühren und wieder in die Schale geben. Gefrieren lassen.

NEKTARINENTÖRTCHEN

Den Backofen auf 200 °C vorheizen. Ein Backblech mit zerlassener Butter bepinseln. 180–200 g tiefgefrorenen Blätterteig auftauen, ausrollen und in 4 Quadrate schneiden (ca. 12 x 12 cm). Mit zerlassener Butter bepinseln und großzügig mit Puderzucker bestäuben. Dicke Nektarinenscheiben diagonal auf den Teigstücken anordnen. 2 Teigecken in der Mitte darüber zusammenklappen (siehe Abbildung). Den Teig erneut mit Butter bepinseln und die Törtchen auf das Backblech legen. In 20 Minuten goldbraun backen. Mit Puderzucker bestreuen und warm mit Crème double servieren.

FRISCHES OBST MIT KARAMEL-MASCARPONE

60 g Butter, 90 g feinen braunen Zucker und 250 ml Sahne in einem kleinen Topf bei schwacher Hitze erwärmen, bis die Mischung glatt ist; zum Kochen bringen. Hitze reduzieren und 3 Minuten kochen. Verschiedene Früchte der Saison wie Beeren, Feigen, Pflaumen, Aprikosen, Pfirsiche oder Sternfrüchte (Karambole) mit Mascarpone oder Sahneklecksen servieren. (Schmeckt auch mit frischem Ricotta köstlich). Dann die Karamelsauce über das Obst und den Mascarpone gießen. Sofort servieren.

KIRSCHGRATIN

500 g Kirschen entsteinen und in eine flache, feuerfeste Form geben. 125 ml Sahne und 125 ml Crème double in einem Topf kurz aufkochen. 2 Eigelb mit 2 EL Zucker in einer feuerfesten Form mit dem Schneebesen dick und cremig rühren. Nach und nach unter ständigem Rühren Sahne angießen. Die Mischung wieder in den Topf geben und bei schwacher Hitze 5 Minuten rühren; nicht kochen. Etwas abkühlen lassen und über die Kirschen gießen. In diesem Stadium kann man das Gratin bis zu 4 Stunden im Kühlschrank aufbewahren. Zum Servieren mit 2 EL feinem braunen Zucker bestreuen und unter den heißen Grill schieben: herausnehmen, sobald die Oberfläche braun wird und Blasen wirft. Kurz vor dem Servieren mit Puderzucker bestreuen.

KAFFEETAFEL

OBEN: Sultaninen-Scones

SCONES

Teebrötchen, in England unter dem Namen „Scones" bekannt und beliebt, gehören zu den einfachsten und vielseitigsten Backwaren überhaupt, denn man kann sie mühelos und schnell in den verschiedensten Variationen zubereiten. Schon in seiner Reinform, mit Butter und Marmelade oder Sahne serviert, ist das lockere Gebäck eine wahre Köstlichkeit. Bei der Wahl der ergänzenden Zutaten sind der Fantasie fast keine Grenzen gesetzt – erlaubt ist alles, was schmeckt. Der Teig für süße Scones kann mit Zucker, verschiedenen Gewürzen oder Trockenfrüchten verfeinert werden. Als pikante Zutaten eignen sich Kräuter, Schinken, Kürbisfleisch oder Käse.

SULTANINEN-SCONES

Vorbereitungszeit: 10 Minuten
Backzeit: 15 Minuten
Für 12 Stück

250 g Mehl
5 TL Backpulver
etwas Salz
30 g kalte Butter, in kleine Würfel geschnitten
80 g Sultaninen
250 ml Milch
Milch zum Bestreichen

1 Den Backofen auf 220 °C vorheizen. Ein Backblech einfetten oder mit Backpapier auslegen. Das Mehl, das Backpulver und etwas Salz in eine Schüssel sieben. Die Butter mit den Fingerspitzen einkneten, so dass sich Streusel bilden. Die Sultaninen untermischen. In die Mitte eine Mulde drücken.
2 Die Milch bis auf einen kleinen Rest in die Mulde gießen. Alles mit einem breiten Messer in schneidenden Bewegungen zu einem groben Teig verarbeiten. Bei Bedarf die restliche Milch zugeben. Den Teig mit den Händen ohne Druck zu einem Ballen formen. Nicht kneten!

3 Den Teigballen vorsichtig zu einer etwa 2 cm dicken Platte ausrollen. Mit einem runden Ausstecher (5 cm Ø) Kreise ausstechen. Die Teigreste zusammennehmen, erneut ausrollen und weitere Kreise ausstechen. Auf das Backblech legen und mit etwas Milch bestreichen. Etwa 15 Minuten goldbraun backen.

KÄSE-SCONES

Vorbereitungszeit: 15 Minuten
Backzeit: 15 Minuten
Für 12 Stück

250 g Mehl
5 TL Backpulver
1/2 TL Senfpulver
30 g kalte Butter, in kleine Würfel geschnitten
25 g geriebener Parmesan
90 g fein geriebener Cheddarkäse
250 ml Milch
geriebener Parmesan zum Bestreuen

1 Den Backofen auf 220 °C vorheizen. Ein Backblech einfetten oder mit Backpapier auslegen. Das Mehl, das Backpulver, das Senfpulver und etwas Salz in eine Schüssel sieben. Die Butter mit den Fingerspitzen einkneten, so dass sich Streusel bilden. Den Käse untermischen, dabei darauf achten, dass sich keine Klümpchen bilden. In die Mitte eine Mulde drücken.

2 Die Milch bis auf einen kleinen Rest in die Mulde gießen. Alles mit einem breiten Messer zu einem groben Teig verarbeiten. Bei Bedarf die restliche Milch zugeben. Den Teig mit den Händen ohne Druck zu einem Ballen formen. Nicht kneten!

3 Den Teigballen vorsichtig zu einer etwa 2 cm dicken Platte ausrollen. Mit einem runden Ausstecher (5 cm Ø) Kreise ausstechen. Die Teigreste zusammennehmen, erneut ausrollen und weitere Kreise ausstechen. Auf das Backblech legen und mit geriebenem Käse bestreuen. 12–15 Minuten goldbraun backen.

KÜRBIS-SCONES

Vorbereitungszeit: 15 Minuten
Backzeit: 15 Minuten
Für 12 Stück

★

250 g Kürbisfleisch, in Würfel geschnitten
250 g Mehl
5 TL Backpulver
1 Msp. geriebene Muskatnuss
30 g kalte Butter, in kleine Würfel geschnitten
2 EL brauner Zucker
125 ml Milch
Milch zum Bestreichen

1 Das Kürbisfleisch etwa 12 Minuten in etwas Wasser weich kochen. Gut abtropfen lassen und mit der Gabel zerdrücken. Den Backofen auf 220 °C vorheizen. Ein Backblech einfetten oder mit Backpapier auslegen.

2 Das Mehl, das Backpulver und etwas Salz in eine Schüssel sieben. Die Muskatnuss untermischen. Die Butter mit den Fingerspitzen einkneten, so dass sich Streusel bilden. Den Zucker unterrühren. In die Mitte eine Mulde drücken.

3 Die Milch mit dem Kürbismus vermengen. Die Mischung in die Mulde gießen. Alles mit einem breiten Messer zu einem groben Teig vermengen. Den Teig mit den Händen ohne Druck zu einem Ballen formen. Nicht kneten!

4 Den Teigballen vorsichtig zu einer etwa 2 cm dicken Platte ausrollen. Mit einem runden Ausstecher (5 cm Ø) Kreise ausstechen. Die Teigreste zusammennehmen, erneut ausrollen und weitere Kreise ausstechen. Auf das Backblech legen und mit etwas Milch bestreichen. 12–15 Minuten goldbraun backen.

UNTEN: Kürbis-Scones

SCHOKOMUFFINS

Vorbereitungszeit: 15 Minuten
Backzeit: 25 Minuten
Für 12 Stück

300 g Mehl
4 TL Backpulver
40 g Kakaopulver
1/2 TL Natron
180 g Zucker
375 ml Buttermilch
2 Eier
150 g zerlassene Butter, abgekühlt

1 Den Backofen auf 200 °C vorheizen. Ein Standard-Muffinblech mit zwölf Löchern einfetten. Das Mehl, das Backpulver, den Kakao und das Natron in eine Schüssel sieben. Den Zucker untermischen. In die Mitte eine Mulde drücken.
2 Die Buttermilch und die Eier in einer Schüssel kräftig miteinander verschlagen. Die Mischung in die Mulde gießen. Die zerlassene Butter dazugeben und alles vorsichtig mit einem Metalllöffel zu einem groben Teig vermengen.
3 Den Teig gleichmäßig auf die Muffinformen verteilen. 20–25 Minuten backen. Ein paar Minuten in der Form abkühlen lassen, dann herauslösen und auf ein Kuchengitter legen.

APFEL-ZIMT-MUFFINS

Vorbereitungszeit: 15 Minuten
Backzeit: 25 Minuten
Für 12 Stück

300 g Mehl
4 TL Backpulver
2 TL gemahlener Zimt
125 g brauner Zucker
350 ml Milch
2 Eier
1 TL Vanillearoma
150 g zerlassene Butter, abgekühlt
400 g Apfelkompott
60 g fein gehackte Walnüsse

1 Den Backofen auf 200 °C vorheizen. Ein Standard-Muffinblech mit zwölf Löchern leicht einfetten. Das Mehl, das Backpulver und den Zimt in eine Schüssel sieben. Den Zucker untermischen und in die Mitte eine Mulde drücken.
2 Die Milch, die Eier und das Vanillearoma in einer Schüssel miteinander verschlagen. Die Mischung in die Mulde gießen und die zerlassene Butter dazugeben. Alles mit einem Metalllöffel vorsichtig zu einem groben Teig vermengen. Das Apfelkompott untermischen. Nicht zu kräftig rühren!

GESCHMACKSACHE
Wenn Sie die Milch beim Muffinbacken durch Buttermilch ersetzen, werden Ihre Muffins innen noch zarter und außen noch knuspriger. Außerdem verleiht die Buttermilch den Muffins ein besonderes, leicht säuerliches Aroma. Eine schlichte Glasur lässt Ihre Muffins nicht nur noch besser aussehen, sondern verfeinert auch deren Geschmack. Verrühren Sie hierzu 125 g gesiebten Puderzucker mit 10 g Butter und 1 EL heißem Wasser zu einer glatten Paste. Geben Sie dieser mit etwas Vanillearoma oder geriebener Zitronenschale den gewünschten Geschmack. Für eine Schokoladenglasur mischen Sie 1 EL Kakaopulver unter den Puderzucker. Zum Glasieren verwenden Sie einen kleinen Metallspachtel.

RECHTS: Schokomuffins

3 Den Teig gleichmäßig auf die Muffinformen verteilen und mit den gehackten Walnüssen bestreuen. 20–25 Minuten goldbraun backen. Ein paar Minuten in der Form abkühlen lassen, dann herauslösen und zum weiteren Abkühlen auf ein Kuchengitter legen.

ORANGEN-MOHN-MUFFINS

Vorbereitungszeit: 15 Minuten
Backzeit: 25 Minuten
Für 12 Stück

300 g Mehl
4 TL Backpulver
40 g Mohnsamen
90 g Zucker
125 g Butter
315 g Orangenmarmelade
250 ml Milch
2 Eier
1 TL fein geriebene Orangenschale

1 Den Backofen auf 200 °C vorheizen. Ein Standard-Muffinblech mit 12 Löchern leicht einfetten. Das Mehl, das Backpulver und den Zucker in eine Schüssel sieben. Die Mohnsamen untermischen. In die Mitte eine Mulde drücken.

Die Butter und 210 g Orangenmarmelade in einem kleinen Topf bei schwacher Hitze unter ständigem Rühren erwärmen, bis die Butter geschmolzen ist und sich mit der Marmelade verbunden hat. Leicht abkühlen lassen.
2 Die Milch, die Eier und die Orangenschale in einer Schüssel miteinander verschlagen. Zusammen mit der Butter-Marmeladen-Mischung in die Mulde gießen und alles mit einem Metalllöffel vorsichtig zu einem groben Teig vermengen. Nicht zu kräftig rühren!
3 Den Teig gleichmäßig auf die Muffinformen verteilen, so dass jede zu etwa drei Vierteln gefüllt ist. In den Backofen schieben und 20–25 Minuten goldbraun backen.
4 Die restliche Marmelade in einem kleinen Topf erhitzen und durch ein Haarsieb passieren. Die noch heißen Muffins großzügig damit bestreichen. Ein paar Minuten in der Form abkühlen lassen, dann herauslösen und zum weiteren Abkühlen auf ein Kuchengitter legen. Warm oder bei Zimmertemperatur servieren.
TIPP: Als Variation können Sie diese Muffins auch mit Zitronenmarmelade und abgeriebener Zitronenschale zubereiten.

Muffins schmecken am besten ganz frisch und noch warm. Wenn Sie sie dennoch lagern möchten, lassen Sie sie zunächst vollständig abkühlen und verpacken Sie sie dann in einem luftdichten Behälter. Muffins lassen sich auch gut einfrieren und halten sich so bis zu drei Monate.

EIER
Eier sind leicht verderblich, es ist also sehr wichtig, sie richtig zu lagern. Überprüfen Sie beim Kauf das Haltbarkeitsdatum und achten Sie darauf, dass alle Eier unbeschädigt sind. Am besten geschützt sind Eier in ihren Kartons. Für den Verkauf werden sie mit der runden Seite nach oben verpackt, um Beschädigungen am Luftsack im Inneren des Eis zu vermeiden. Eier sollten stets kühl gelagert werden. Bei ungekühlter Aufbewahrung verdirbt ein Ei viermal so schnell wie bei gekühlter.

LINKS:
Orangen-Mohn-Muffins

FRIANDS

Friands sind kleine ovale Küchlein, die in speziellen, teilweise hübsch verzierten Backformen gebacken werden. Mitunter wird der gleiche Teig auch in einer Kastenform gebacken. Dann wird das Gebäck wegen seiner Form „Financier" (franz. für „Goldbarren") genannt. Beide Gebäckformen sind in Frankreich und Großbritannien sehr beliebt und werden dort in unzähligen Geschmacksvariationen angeboten. Die dekorativen kleinen Friandsformen sind in gut sortierten Haushaltswarenläden erhältlich. Hauptbestandteil der Küchlein sind fein gemahlene Mandeln.

GEGENÜBER:
Haselnuss-Schokoladen-Friands (auf dem Teller links), Mandelfriands

MANDELFRIANDS

Vorbereitungszeit: 10 Minuten
Backzeit: 15 Minuten
Für 10 Stück

 ✫ ✫

160 g Butter
90 g Mandelblättchen
40 g Mehl
165 g Puderzucker
5 Eiweiße, leicht verquirlt
Puderzucker zum Bestäuben

1 Den Backofen auf 210 °C vorheizen. Zehn Friandsformen (125 ml) einfetten.
2 Die Butter bei mittlerer Hitze in einem kleinen Topf schmelzen und 3–4 Minuten köcheln lassen, bis sie sich goldbraun verfärbt. Von der Kochstelle nehmen und abkühlen lassen.
3 Die Mandelblättchen in der Küchenmaschine sehr fein mahlen. Das Mandelmehl in eine Schüssel geben. Das Mehl und den Puderzucker dazusieben.
4 Die Butter und die Eiweiße zu der Mehlmischung geben und alles mit einem Metalllöffel behutsam, aber gründlich vermengen.
5 Den Teig gleichmäßig auf die Friandsformen verteilen, so dass jede zu etwa drei Vierteln gefüllt ist. Die Formen auf ein Backblech stellen und die Friands auf mittlerer Schiene etwa 10 Minuten backen. Die Backofentemperatur auf 180 °C reduzieren und die Friands weitere 5 Minuten backen. Mit einem Spieß hineinstechen. Bleibt kein Teig mehr daran kleben, sind die Friands fertig. Aus dem Backofen nehmen und in den Formen etwa 5 Minuten abkühlen lassen. Dann vorsichtig aus den Formen lösen und zum Abkühlen auf ein Kuchengitter legen. Vor dem Servieren mit Puderzucker bestäuben.
TIPP: In einem luftdichten Behälter halten sich diese Friands bis zu drei Tage.

Diese Grundrezept lässt sich durch ein paar kleine Änderungen ganz einfach variieren:
Beerenfriands: Vor dem Backen eine frische oder tiefgefrorene Heidel- oder Himbeere in den Teig drücken.
Zitronenfriands: 2 TL abgeriebene Zitronenschale unter das Mehl mischen. Dann im Rezept fortfahren, wie oben beschrieben.

HASELNUSS-SCHOKOLADEN-FRIANDS

Vorbereitungszeit: 20 Minuten
Backzeit: 25 Minuten
Für 12 Stück

✫ ✫

200 g Haselnüsse
185 g Butter
6 Eiweiße
155 g Mehl
30 g Kakaopulver
250 g Puderzucker
Puderzucker zum Bestäuben

1 Den Backofen auf 200 °C vorheizen. Zwölf Friandsformen (125 ml) einfetten.
2 Die Haselnüsse auf einem Backblech verteilen und 8–10 Minuten backen. In ein sauberes Geschirrtuch wickeln und kräftig rubbeln, um die Häute zu lösen. Die Häute entfernen. Die Haselnüsse abkühlen lassen und in der Küchenmaschine fein mahlen.
3 Die Butter in einem kleinen Topf bei mittlerer Hitze schmelzen und 3–4 Minuten köcheln lassen, bis sie sich goldbraun verfärbt. Von der Kochstelle nehmen und abkühlen lassen.
4 Die Eiweiße in eine trockene, saubere Schüssel geben und schaumig schlagen. Das Mehl, das Kakaopulver und den Puderzucker in eine große Schüssel sieben. Das Haselnussmehl darunter mischen. In die Mitte eine Mulde drücken und die Butter und den Eiweißschaum hineingießen. Alles mit einem Metalllöffel behutsam, aber gründlich miteinander vermengen.
5 Den Teig gleichmäßig auf die Friandsformen verteilen, so dass jede zu etwa drei Vierteln gefüllt ist. Die Formen auf ein Backblech stellen und auf mittlerer Schiene 20–25 Minuten backen. Mit einem Spieß hineinstechen. Bleibt kein Teig mehr daran kleben, sind die Friands fertig. Aus dem Backofen nehmen und in den Formen etwa 5 Minuten abkühlen lassen. Dann vorsichtig aus den Formen lösen und zum Abkühlen auf ein Kuchengitter legen. Vor dem Servieren mit Puderzucker bestäuben.
TIPP: In einem luftdichten Behälter bleiben diese Friands bis zu vier Tage frisch.

FELSENKÜCHLEIN

Vorbereitungszeit: 15 Minuten
Backzeit: 15 Minuten
Für etwa 20 Stück

240 g Mehl
4 TL Backpulver
90 g kalte Butter, in kleine Würfel geschnitten
125 g Zucker
95 g gemischte Trockenfrüchte
1/2 TL Ingwerpulver
1 Ei
60 ml Milch

1 Den Backofen auf 200 °C vorheizen. Zwei Backbleche einfetten. Das Mehl und das Backpulver in eine Schüssel sieben. Die Butter mit den Fingerspitzen einkneten, bis sich Streusel bilden. Den Zucker, die Früchte und das Ingwerpulver untermischen.
2 In einer Schüssel das Ei mit der Milch verquirlen, zu der Mehlmischung geben und alles zu einem festen Teig verarbeiten. Teighäuflein (je à etwa 3 EL) auf die Backbleche setzen. 10–15 Minuten goldbraun backen. Zum Abkühlen auf ein Kuchengitter legen.

SCHMETTERLINGSTÖRTCHEN

Vorbereitungszeit: 20 Minuten
Backzeit: 20 Minuten
Für 12 Stück

120 g weiche Butter
160 g Zucker
175 g Mehl
2 1/2 TL Backpulver
125 ml Milch
2 TL Vanillearoma
2 Eier
125 ml Sahne
105 g Erdbeermarmelade
Puderzucker zum Bestäuben

1 Den Backofen auf 180 °C vorheizen. Ein Mini-Muffinblech mit zwölf Löchern mit Papierförmchen bestücken. Die Butter, den Zucker, das Mehl, das Backpulver, die Milch, das Vanillearoma und die Eier in einer Schüssel mit dem Rührgerät auf niedriger Stufe etwa 2 Minuten verrühren. Auf höherer Stufe 2 Minuten zu einem glatten Teig schlagen. Gleichmäßig auf die Formen verteilen und etwa 20 Minuten goldbraun backen. In den Papierschalen auf einem Kuchengitter abkühlen lassen.
2 Mit einem scharfen Messer einen runden Deckel von jedem Törtchen schneiden und halbieren. Die Sahne steif schlagen und je 1/2 EL auf jedes Törtchen geben. Je 1 TL Erdbeermarmelade darauf setzen. Die Deckelhälften so auf der Sahnegarnitur anordnen, dass sie Schmetterlingsflügeln ähneln. Mit Puderzucker bestäuben.

ORANGENTÖRTCHEN

Vorbereitungszeit: 15 Minuten
Backzeit: 20 Minuten
Für 12 Stück

120 g weiche Butter
160 g Zucker
170 g Mehl
3 TL Backpulver
125 ml Orangensaft
2 TL Vanillearoma
2 Eier
3 EL abgeriebene Orangenschale
geraspelte Orangenschale zum Verzieren

Orangencreme

60 g weiche Butter
90 g Puderzucker
1 EL Orangensaft

1 Den Backofen auf 180 °C vorheizen. Ein Mini-Muffinblech mit zwölf Löchern mit Papierförmchen bestücken. Die Butter, den Zucker, das Mehl, das Backpulver, den Orangensaft, das Vanillearoma und die Eier in einer Schüssel mit dem Rührgerät auf niedrigster Stufe etwa 2 Minuten verrühren. Auf höherer Stufe 2 Minuten zu einem glatten Teig schlagen. Die abgeriebene Orangenschale untermischen. Den Teig auf die Formen verteilen und etwa 20 Minuten goldbraun backen. In den Papierschalen auf einem Kuchengitter abkühlen lassen.
2 Die Butter in einer Schüssel mit dem Rührgerät glatt rühren. Nacheinander die Hälfte des Puderzuckers, den Orangensaft und den restlichen Puderzucker einrühren. Die Creme auf den Törtchen verteilen und mit geraspelter Orangenschale dekorieren.

BUTTER
Butter wird hergestellt, indem man Rahm so lange schlägt, bis er fest wird. Beim Backen gehört Butter zu den Hauptzutaten, denn sie hat einen besonders feinen Eigengeschmack. Der Mensch kennt und schätzt die Butter schon seit über 5000 Jahren. Vor der Erfindung des Kühlschranks wurde ihr Salz zugesetzt, um sie haltbarer zu machen. Heutzutage ist Salz in der Butter reine Geschmackssache. Butter sollte im Kühlschrank immer zugedeckt oder gut eingewickelt aufbewahrt werden, denn sie nimmt sehr leicht Geschmack und Geruch anderer Lebensmittel an. Man kann sie auch gut einfrieren.

GEGENÜBER, VON OBEN: Felsenküchlein, Schmetterlingstörtchen, Orangentörtchen

TEESCHNECKEN

Die Buttercreme auf der Teigplatte verteilen. Auf einer Längsseite einen 2 cm breiten Rand aussparen.

Die Schnecken dicht nebeneinander mit den Enden nach innen im Kreis auf dem Backblech anordnen.

OBEN: Teeschnecken

TEESCHNECKEN

Vorbereitungszeit: 30 Minuten
Gehzeit: 1 Stunde 30 Minuten
Backzeit: 20 Minuten
Für 8 Stück

✵ ✵

7 g Trockenhefe
1 1/2 EL Zucker
310 g Mehl
125 ml warme Milch
185 g Butter, in kleine Würfel geschnitten
2 TL abgeriebene Zitronenschale
1 TL gemahlene Gewürze (Zimt, Muskatnuss, Gewürznelken)
1 Ei, leicht verquirlt
45 g brauner Zucker
185 g gemischte Trockenfrüchte, gehackt
1 EL Milch zum Glasieren
2 EL Zucker zum Glasieren

Zuckerguss

60 g Puderzucker
1–2 EL Milch

1 Die Trockenhefe, 1 TL Zucker und 1 TL Mehl in eine kleine Schüssel geben. Die Milch dazugießen und alles glatt rühren. An einem warmen Ort etwa 10 Minuten gehen lassen, bis sich auf der Oberfläche Bläschen gebildet haben. Das restliche Mehl in eine Schüssel sieben. 125 g Butter mit den Fingerspitzen einkneten. Den restlichen Zucker, die abgeriebene Zitronenschale und die Hälfte der Gewürze miteinander vermischen. Eine Mulde in die Mitte drücken, die Hefemischung und das Ei hineingießen und alles gründlich vermischen.

2 Den Teig auf einer bemehlten Arbeitsfläche etwa 2 Minuten durchkneten. Den Teigballen in eine große, leicht eingeölte Schüssel legen, mit Frischhaltefolie abdecken und etwa 1 Stunde gehen lassen. Anschließend noch einmal kurz durchkneten.

3 Den Backofen auf 210 °C vorheizen. Ein Backblech einfetten. Die Butter und den braunen Zucker mit dem Rührgerät cremig rühren. Den Teig zu einer Platte von etwa 40 x 25 cm ausrollen. Die Buttercreme gleichmäßig darauf verstreichen, dabei auf einer Längsseite einen etwa 2 cm breiten Rand aussparen. Die Trockenfrüchte und den Rest der Gewürze gleichmäßig auf der Teigplatte verteilen. Von der Längsseite her zu einer festen Rolle zusammenrollen. Mit einem scharfen Messer in acht etwa 5 cm dicke Scheiben schneiden. Die Scheiben mit wenig Abstand und den Enden nach innen auf das Backblech legen. Mit Frischhaltefolie abdecken und nochmals etwa 30 Minuten gehen lassen. Etwa 20 Minuten goldbraun backen. Die Milch und den Zucker in einem kleinen Topf bei schwacher Hitze unter Rühren erwärmen, bis sich der Zucker aufgelöst hat und die Mischung fast köchelt. Die Schnecken aus dem Ofen nehmen und sofort damit glasieren. Abkühlen lassen.

4 Für den Zuckerguss den Puderzucker mit der Milch zu einer glatten Masse verrühren und die Schnecken damit beträufeln.

MADELEINES

Vorbereitungszeit: 20 Minuten
Backzeit: 12 Minuten
Für 12 Stück

125 g Mehl
2 Eier
185 g Zucker
185 g zerlassene Butter, abgekühlt
1 TL fein abgeriebene Orangenschale
2 EL Puderzucker zum Bestäuben

1 Den Backofen auf 180 °C vorheizen. Ein Madeleineblech mit zwölf Formen einfetten und fein mit Mehl bestäuben.

2 Das Mehl dreimal durchsieben. Auf diese Weise werden die Madeleines wunderbar luftig und locker. Die Eier und den Zucker in eine hitzebeständige Schüssel geben. Die Schüssel über einen Topf mit kochendem Wasser halten und rühren, bis eine cremige, zartgelbe Masse entsteht. Die Schüssel von der Hitzequelle nehmen und die Eimasse unter ständigem Rühren leicht abkühlen lassen.

3 Das gesiebte Mehl, die Butter und die abgeriebene Orangenschale dazugeben und schnell und vorsichtig mit einem Metalllöffel unter die Eimasse heben. Den Teig vorsichtig mit einem Löffel auf die Madeleineformen verteilen.

4 Die Madeleines 10–12 Minuten goldbraun backen. Vorsichtig aus den Formen lösen und auf einem Kuchengitter abkühlen lassen. Vor dem Servieren mit Puderzucker bestäuben.

TIPP: Diese hauchzarte Spezialität aus Frankreich schmeckt am besten ganz frisch.

Spezielle Madeleinebleche sind in Haushaltswarenläden erhältlich. Sie können den Teig aber auch in flachen Törtchenformen oder kleinen Muffinformen backen.

MADELEINES

Die Eimischung über einen Topf mit kochendem Wasser halten und rühren.

Den Teig vorsichtig mit einem Löffel auf die Madeleineformen verteilen.

LINKS: Madeleines

ECCLES-KÜCHLEIN

Vorbereitungszeit: 20 Minuten
Backzeit: 20 Minuten
Für etwa 27 Stück

150 g Korinthen
95 g Orangeat und Zitronat, gemischt
1 TL Weinbrand
1 TL Zucker
½ EL gemahlener Zimt
500 g Blätterteig, selbst gemacht
oder fertig gekauft
1 Eiweiß
2 TL Zucker zum Bestreuen

1 Den Backofen auf 210 °C vorheizen. Zwei Backbleche einfetten. In einer Schüssel Korinthen, Orangeat, Zitronat, Weinbrand, Zucker und Zimt vermischen.
2 Den Blätterteig in drei gleich große Stücke teilen und jedes Stück 3 mm dick ausrollen. Mit einem runden Ausstecher (8 cm Ø) aus jeder Teigplatte neun Kreise ausstechen. 2 TL Füllung in die Mitte jedes Kreises setzen. Die Ränder über der Füllung zusammenführen und zusammendrücken. Die Teigtaschen mit der Naht nach unten auf eine Arbeitsfläche legen und zu etwa 1 cm dicken Ovalen ausrollen.
3 Auf die Backbleche legen. Die Oberseite mit Eiweiß bestreichen und mit dem Zucker bestreuen. Den Teig auf der Oberseite jedes Küchleins mit einem scharfen Messer dreimal einschneiden. 15–20 Minuten goldbraun backen. Warm servieren.

LAMINGTONS

Vorbereitungszeit: 50 Minuten
Backzeit: 55 Minuten
Für 16 Stück

170 g Mehl
3 TL Backpulver
40 g Maismehl
185 g weiche Butter
250 g Zucker
2 TL Vanillearoma

ECCLES-KÜCHLEIN

Diese aromatischen Küchlein stammen aus der Stadt Eccles in der Grafschaft Lancashire im Nordwesten Englands. Sie wurden früher traditionell anlässlich eines hohen kirchlichen Festes in Eccles, den Eccles Wakes, gebacken und sind heute in ganz England sehr beliebt. Die Blätterteighülle wird sehr fein ausgerollt, so dass die Füllung nach dem Backen von außen zu sehen ist. Man kann sie auch aus Mürbeteig machen, aber egal welchen Teig man verwendet, sie werden immer vor dem Backen mit grobem Zucker bestreut und schmecken am besten frisch aus dem Ofen.

RECHTS: Eccles-Küchlein

Den gefüllten Kuchen in 16 Würfel schneiden.

Die Kuchenwürfel mit Hilfe zweier Gabeln in die Schokoladenglasur tauchen und darin wenden.

Die glasierten Kuchenwürfel in den Kokosraspeln wälzen und zum Trocknen auf ein Kuchengitter legen.

3 Eier, leicht verquirlt
125 ml Milch
185 ml Crème double

Glasur

500 g Puderzucker
40 g Kakaopulver
30 g zerlassene Butter
170 ml Milch
270 g Kokosraspel

1 Den Backofen auf 180 °C vorheizen. Eine flache quadratische (23 cm Seitenlänge) Kuchenform leicht einfetten und Boden und Ränder mit Backpapier auslegen.

2 Das Mehl, das Backpulver und das Maismehl in eine große Schüssel sieben. Die Butter, den Zucker, das Vanillearoma, die Eier und die Milch dazugeben. Auf niedriger Stufe mit dem Rührgerät etwa 1 Minute verrühren. Dann auf höchster Stufe etwa 3 Minuten zu einem glatten Teig schlagen. In die Form füllen und die Oberfläche glatt streichen. 50–55 Minuten backen. Etwa 3 Minuten in der Form abkühlen lassen. Aus der Form lösen und auf einem Kuchengitter vollständig auskühlen lassen.

3 Die Kuchenoberfläche und -seiten mit einem großen geriffelten Messer begradigen. Den Kuchen horizontal in zwei Hälften schneiden. Mit dem Rührgerät die Crème double glatt rühren. Die untere Hälfte des Kuchens gleichmäßig damit bestreichen. Mit der oberen Hälfte abdecken. Den Kuchen in 16 gleich große Würfel schneiden.

4 Für die Glasur den Puderzucker und das Kakaopulver in eine hitzebeständige Schüssel geben. Die Butter und die Milch dazugeben. Die Mischung über einem Topf mit kochendem Wasser zu einer glatten, glänzenden Masse verrühren. Von der Hitzequelle nehmen. Die Kuchenstücke einzeln mit Hilfe zweier Gabeln in der Schokoladenglasur wenden, bis sie gleich-mäßig überzogen sind. Wenn die Glasur zu dickflüssig ist, 1 EL kochendes Wasser dazugeben. Gut abtropfen lassen. Die Kokosraspel gleichmäßig auf einem Blatt Backpapier verteilen. Die Kuchenstücke darin wälzen und zum Trocknen auf ein Kuchengitter legen.

LINKS: Lamingtons

BAISERS
Das Grundrezept für Baisers besteht aus nur zwei Zutaten. Ein Schaum aus Eiweiß und Zucker wird, kurz gebacken, wie durch ein Wunder zu einer knusprigen kleinen Köstlichkeit für Auge und Gaumen.

GRUNDREZEPT
Den Backofen auf 150 °C vorheizen. Zwei Backbleche mit Backpapier auslegen. 2 Eiweiße in einer kleinen sauberen Schüssel mit dem Rührgerät steif schlagen. 125 g Zucker esslöffelweise einrieseln lassen und gründlich unterschlagen. So lange weiterrühren, bis die Mischung fest und glänzend ist und der Zucker sich vollständig aufge-löst hat. Das dauert normalerweise etwa 10 Minuten. Die

Mischung in einen Spritzbeutel füllen und nach Belieben kleine Formen auf das Backblech spritzen. In den Backofen schieben und 20–25 Minuten backen bzw. trocknen. Den Ofen abdrehen und die Baisers bei geöffneter Backofentür im Ofen abkühlen lassen.
Für etwa 30 Stück.

TIPP: In einem luftdichten Behälter bleiben Baisers mehrere Tage knusprig.

VARIATIONEN:
VANILLESCHNECKEN
Die Eiweiße und den Zucker wie im Grundrezept angegeben steif schlagen, dann 1 EL Vanillepuddingpulver unterrühren. In einen Spritzbeutel mit einer glatten 10-mm-Tülle füllen. Kleine Spiralen auf das Backblech spritzen und wie angegeben backen. Vor dem Servieren mit Puderzucker bestäuben.
Für etwa 40 Stück.

Kaffeeküsse

Die Eiweiße und den Zucker wie angegeben steif schlagen, dann 2–3 EL lösliches Kaffeepulver unterschlagen. Die Mischung in einen Spritzbeutel mit einer kleinen Sterntülle füllen und kleine Kissen auf das Backblech spritzen. Wie angegeben backen.
Für etwa 30 Stück.

Schokoladenfinger

Die Eiweiße und den Zucker wie im Grundrezept angegeben steif schlagen, dann 1 EL Kakaopulver dazusieben und unterschlagen. Die Mischung in einen Spritzbeutel mit einer mittelgroßen Sterntülle füllen und in ausreichendem Abstand etwa 8 cm lange Streifen auf das Backblech spritzen. Wie angegeben backen und wahlweise pur, mit geschmolzener Schokolade

beträufelt oder mit einer Mischung aus Kakaopulver und Puderzucker bestäubt servieren.
Für etwa 30 Stück.

Haselnussbaisers

Die Eiweiße und den Zucker wie im Grundrezept angegeben steif schlagen, dann 2 EL fein gemahlene Haselnüsse vorsichtig unter den Eischnee heben. Nicht schlagen, sonst fällt der Eischnee zusammen! Die Mischung in einen Spritzbeutel mit einer kleinen glatten Spritztülle (etwa 1 cm Ø) füllen und in enger Zickzackbewegung längliche Formen auf das Backblech spritzen. Wie angegeben backen und pur, mit geschmolzener Schokolade beträufelt oder mit einer Mischung aus Puderzucker und gemahlenem Zimt bestäubt servieren.
Für etwa 30 Stück.

Baisernester

Die Eiweiße und den Zucker wie im Grundrezept angegeben steif schlagen. Die Mischung in einen Spritzbeutel mit einer mittelgroßen Sterntülle füllen und runde Nester von etwa 5 cm Ø auf das Backblech spritzen. Wie angegeben backen. Die Baisernester mit Schlagsahne, aromatisiert mit einem Schuss Kaffee- oder Schokoladenlikör, füllen und mit einer mit Schokolade überzogenen Kaffeebohne verzieren. Oder mit einer Schokoladen-Trüffel-Mischung füllen und mit einem Stückchen Erdbeere verzieren.
Für etwa 40 Stück.

LINKS, VON OBEN NACH UNTEN:
Baisers, Vanilleschnecken, Kaffeeküsse
OBEN, VON LINKS NACH RECHTS:
Schokoladenfinger, Haselnussbaisers, Baisernester

1 Den Backofen auf 180 °C vorheizen. Eine quadratische Kuchenform (20 x 20 cm) einfetten und mit Backpapier auslegen.
2 Die Butter, den Zucker und den Puderzucker in einer Schüssel mit dem Rührgerät cremig rühren. Nach und nach die Eier einrühren. Das Vanillearoma und die Marmelade untermischen. Mehl, Backpulver, Kakaopulver und Natron durchsieben. Mit der Milch mit einem Metalllöffel vorsichtig unter die Buttercreme ziehen.
3 Den Teig in die Kuchenform füllen und glatt streichen. Etwa 45 Minuten backen. Zunächst 15 Minuten in der Backform abkühlen lassen, dann auf ein Kuchengitter stürzen.
4 Für die Schokoladencreme die Schokolade, die Butter, die Sahne und den Puderzucker in einem kleinen Topf erwärmen und zu einer glatten Masse verrühren. Mit einer Palette auf der Oberseite des Kuchens verstreichen.

ZIMT-TEEKUCHEN

Vorbereitungszeit: 20 Minuten
Backzeit: 30 Minuten
Für 1 Kuchen

60 g weiche Butter
125 g Zucker
1 Ei, leicht verquirlt
1 TL Vanillearoma
120 g Mehl
1 1/2 TL Backpulver
125 ml Milch

Glasur

20 g zerlassene Butter
1 EL Zucker
1 TL gemahlener Zimt

1 Den Backofen auf 180 °C vorheizen. Eine runde Kuchenform (20 cm Ø) einfetten und den Boden mit Backpapier auslegen.
2 Die Butter und den Zucker in einer Schüssel mit dem Rührgerät cremig rühren. Nach und nach das Ei unterrühren. Das Vanillearoma einrühren. Das Mehl und das Backpulver durchsieben. Mit der Milch mit einem Metalllöffel vorsichtig unter die Buttercreme ziehen. Den Teig in die Kuchenform füllen und etwa 30 Minuten backen. 5 Minuten in der Backform abkühlen lassen, erst dann auf ein Kuchengitter stürzen. Mit der zerlassenen Butter bestreichen und mit Zucker und Zimt bestreuen.

SCHOKOLADENKUCHEN

Vorbereitungszeit: 25 Minuten
Backzeit: 45 Minuten
Für 1 Kuchen

125 g weiche Butter
125 g Zucker
40 g Puderzucker, gesiebt
2 Eier, leicht verquirlt
1 TL Vanillearoma
80 g Brombeermarmelade
145 g Mehl
2 1/2 TL Backpulver
60 g Kakaopulver
1 TL Natron
250 ml Milch

Schokoladencreme

50 g dunkle Schokolade, fein gehackt
25 g Butter
3 TL Sahne
30 g Puderzucker, gesiebt

OBEN: Schokoladenkuchen

INGWERKUCHEN

Vorbereitungszeit: 30 Minuten
Backzeit: 1 Stunde
Für 1 Kuchen

125 g Butter
350 g Zuckerrübensirup
200 g Mehl
2 TL Backpulver
1 TL Natron
3 TL Ingwerpulver
1/2 TL gemahlene Muskatnuss
1/2 TL gemahlene Gewürznelken
1/4 TL gemahlener Zimt
165 g brauner Zucker
250 ml Milch
2 Eier, leicht verquirlt
kandierter Ingwer zum Verzieren

Zitronen-Ingwer-Glasur

250 g Puderzucker
1 TL Ingwerpulver
20 g zerlassene Butter
3 TL Milch
3 TL Zitronensaft
1 TL abgeriebene Zitronenschale

1 Den Backofen auf 180 °C vorheizen. Eine hohe quadratische Kuchenform (20 cm Seitenlänge) einfetten und den Boden mit Backpapier auslegen.
2 Die Butter und den Sirup in einem kleinen Topf bei schwacher Hitze unter ständigem Rühren erwärmen, bis die Butter geschmolzen ist. Von der Kochstelle nehmen.
3 Das Mehl, das Backpulver, das Natron und die Gewürze in eine große Schüssel sieben. Den Zucker dazugeben und alles gründlich vermischen. In die Mitte eine Mulde drücken. Die Milch mit den Eiern verquirlen. Die Butter- und die Milchmischung in die Mulde gießen. Alles mit einem Holzlöffel zu einem glatten Teig verrühren. In die Kuchenform füllen und die Oberfläche glatt streichen. 45–60 Minuten backen. Mit einem Spieß senkrecht in die Mitte des Kuchens stechen. Wenn kein Teig mehr daran kleben bleibt, ist der Kuchen durch. Aus dem Backofen nehmen und in der Form etwa 20 Minuten abkühlen lassen, anschließend auf ein Kuchengitter stürzen.
4 Für die Zitronen-Ingwer-Glasur den Puderzucker in eine kleine hitzebeständige Schüssel sieben. Das Ingwerpulver, die Butter, die Milch, den Zitronensaft und die abgeriebene Zitronenschale unterrühren. Die Schüssel über einen Topf mit kochendem Wasser halten und alles zu einer glatten, glänzenden Masse verrühren. Die Glasur mit einem flachen Messer auf der Oberseite des Kuchens verstreichen. Mit kandiertem Ingwer verzieren.
TIPP: Sie können diesen köstlichen Ingwerkuchen natürlich ganz frisch servieren, noch besser schmeckt er jedoch 2–3 Tage nach dem Backen, da sich bis dahin alle Geschmacksstoffe voll entfaltet haben.

In einem luftdichten Behälter hält sich Ingwerkuchen problemlos bis zu eine Woche, unglasiert können Sie ihn auch bis zu drei Monate lang einfrieren.

Statt ihn zu glasieren, können Sie den Kuchen vor dem Servieren auch einfach mit Puderzucker bestäuben.

UNTEN: Ingwerkuchen

KAROTTENKUCHEN

Vorbereitungszeit: 40 Minuten
Backzeit: 1 Stunde 30 Minuten
Für 1 Kuchen

250 g Mehl
2 TL Backpulver
2 TL gemahlener Zimt
1 TL Ingwerpulver
1/2 TL gemahlene Muskatnuss
1 TL Natron
250 ml Öl
185 g brauner Zucker
4 Eier
175 g Zuckerrübensirup
400 g Karotten, gerieben
60 g gehackte Wal- oder Pekannüsse

Zitronencreme

175 g weicher Frischkäse
60 g weiche Butter
185 g Puderzucker
1 TL Vanillearoma
1–2 TL Zitronensaft

1 Den Backofen auf 160 °C vorheizen. Eine runde Kuchenform (23 cm Ø) einfetten und den Boden mit Backpapier auslegen.
2 Das Mehl, das Backpulver, die Gewürze und das Natron in eine große Schüssel sieben und in die Mitte eine Mulde drücken.
3 Das Öl, den Zucker, die Eier und den Sirup in einer Schüssel miteinander verschlagen. In die Mulde gießen und alles vorsichtig mit einem Metalllöffel zu einem glatten Teig vermischen. Die Karottenraspel und die gehackten Nüsse untermischen.
4 Den Teig in die Kuchenform füllen und glatt streichen. Etwa 90 Minuten backen. Mit einem Spieß senkrecht in die Mitte des Kuchens stechen. Wenn kein Teig mehr daran kleben bleibt, ist der Kuchen durch. Aus dem Backofen nehmen und mindestens 15 Minuten lang in der Form abkühlen lassen, erst dann auf ein Kuchengitter stürzen.
5 Für die Zitronencreme mit dem Rührgerät den Frischkäse und die Butter zu einer glatten Masse verrühren. Nach und nach den Puderzucker, das Vanillearoma und den Zitronensaft unterschlagen, bis eine lockere Creme entsteht. Die Creme mit einer Palette auf der Kuchenoberseite verstreichen. Nach Geschmack mit frisch geriebener Muskatnuss bestäuben.

ORANGENKUCHEN

Vorbereitungszeit: 15 Minuten
Backzeit: 50 Minuten
Für 1 Kuchen

250 g Mehl
4 TL Backpulver
40 g Vanillepuddingpulver
340 g Zucker
80 g weiche Butter, in kleinen Stücken
3 Eier
2 TL fein geriebene Orangenschale
250 ml Orangensaft

Orangencreme

90 g Puderzucker
125 g weiche Butter
1 EL Orangensaft
1 TL fein geriebene Orangenschale

1 Den Backofen auf 180 °C vorheizen. Eine runde Kuchenform (23 cm Ø) einfetten und den Boden mit Backpapier auslegen.
2 Das Mehl, das Backpulver und das Puddingpulver in eine große Rührschüssel sieben. Den Zucker, die Butter, die Eier, die Orangenschale und den -saft dazugeben und alles mit dem Rührgerät zu einem glatten Teig verrühren.
3 Den Teig in die Kuchenform füllen und glatt streichen. In den Backofen schieben und etwa 50 Minuten backen. Mit einem Spieß senkrecht in die Mitte des Kuchens stechen. Wenn kein Teig mehr daran kleben bleibt, ist der Kuchen durch.
4 Aus dem Backofen nehmen und 5 Minuten in der Form abkühlen lassen. Erst dann zum Auskühlen auf ein Kuchengitter stürzen.
5 Für die Orangencreme alle Zutaten mit dem Rührgerät in einer kleinen Schüssel cremig schlagen. Die Creme gleichmäßig auf Kuchenoberseite und -rand verstreichen.
TIPP: Auch mit einer Frischkäsecreme schmeckt dieser Kuchen hervorragend. Dazu verrühren Sie 125 g weichen Frischkäse mit 2 EL Puderzucker zu einer glatten Creme und bestreichen Oberseite und Rand des Kuchens damit.

ZITRUSSCHALE
Beim Backen findet die Schale der verschiedensten Zitrusfrüchte wie Zitronen, Orangen oder Limonen Verwendung. Die Schale dieser Früchte enthält hocharomatische ätherische Öle. Sie wird mit einer feinen Reibe oder einem Zitronenschaber vorsichtig abgerieben. Achten Sie darauf, nur die farbige Außenschale unbehandelter Zitrusfrüchte abzureiben, da die weiße Innenhaut unangenehm bitter schmeckt. Um die feinen Zitrusöle freizusetzen, können Sie auch einen Zuckerwürfel an der Schale reiben. Der Zucker nimmt dann die Öle auf.

GEGENÜBER:
Karottenkuchen (oben),
Orangenkuchen

BANANENTORTE

Vorbereitungszeit: 20 Minuten
Backzeit: 1 Stunde
Für 1 Kuchen

- 125 g weiche Butter
- 125 g Zucker
- 2 Eier, leicht verquirlt
- 4 reife mittelgroße Bananen
- 1 TL Vanillearoma
- 1 TL Natron
- 125 ml Milch
- 250 g Mehl
- 4 TL Backpulver
- 1/2 TL gemahlene Gewürze (Zimt, Muskatnuss, Gewürznelken, Ingwer)

Buttercreme

- 125 g weiche Butter
- 90 g Puderzucker
- 1 EL Zitronensaft
- 15 g geröstete Kokosraspel

1 Den Backofen auf 180 °C vorheizen. Eine runde Kuchenform (20 cm Ø) einfetten und den Boden mit Backpapier auslegen.
2 Die Butter und den Zucker mit dem Rührgerät in einer Schüssel cremig rühren. Nach und nach die Eier unterrühren. Die Bananen mit der Gabel fein zerdrücken. Mit dem Vanillearoma unter die Buttercreme mischen.
3 Das Natron in der Milch auflösen. Das Mehl und das Backpulver durchsieben. Mit den Gewürzen und der Milch mit einem Metalllöffel nach und nach vorsichtig unter die Bananenmasse heben und alles zu einem glatten Teig verarbeiten. In die Kuchenform füllen und glatt streichen. Etwa 1 Stunde backen.
4 Aus dem Backofen nehmen und 10 Minuten in der Form abkühlen lassen, erst dann auf ein Kuchengitter stürzen.
5 Für die Creme die Butter, den Puderzucker und den Zitronensaft mit dem Rührgerät glatt und cremig rühren. Die Creme mit einer Palette gleichmäßig auf der Kuchenoberseite verstreichen. Mit den gerösteten Kokosraspeln bestreuen.
TIPP: Für dieses Rezept eignen sich überreife Bananen am besten.

BANANEN

Ursprünglich ist die Banane in Südostasien beheimatet, heutzutage jedoch wird sie an vielen Orten mit einem warmen Klima angebaut. Bananen sind relativ gut zu lagern, denn man kann sie noch grün kaufen und dann ganz allmählich nachreifen lassen. Wenn Sie den Reifungsprozess beschleunigen wollen, legen Sie die noch grünen Bananen gemeinsam mit einer reifen Banane oder einem Apfel in eine braune Papiertüte. Zum Backen eignen sich reife bis überreife Bananen wegen ihres intensiveren Geschmacks am besten.

RECHTS: Bananentorte

MADEIRA-KUCHEN

Dieser leckere Rührkuchen ist eine Spezialität aus England. Seinen Siegeszug trat der Kuchen im 19. Jahrhundert an. Meist wurde dazu ein Gläschen Madeira gereicht, daher der Name. Seine locker leichte, saftige Konsistenz verdankt er dem hohen Anteil an Butter im Teig. Manchmal wird er mit geraspelter Zitronenschale oder einer Scheibe kandierter Zitrone verziert, normalerweise genießt man ihn aber pur, um den feinen Buttergeschmack nicht zu verfälschen.

MADEIRA-KUCHEN

Vorbereitungszeit: 20 Minuten
Backzeit: 50 Minuten
Für 1 Kuchen

185 g weiche Butter
185 g Zucker
3 Eier, leicht verquirlt
2 TL fein geriebene Orangen- oder
  Zitronenschale
280 g Mehl
2 1/2 TL Backpulver
2 EL Milch

1 Den Backofen auf 160 °C vorheizen. Eine Kastenform (20 x 10 x 7 cm) einfetten und Boden und Ränder mit Backpapier auskleiden.

2 Die Butter und den Zucker mit dem Rührgerät in einer kleinen Schüssel cremig rühren. Nach und nach die Eier unterrühren. Die Zitrusschale untermischen. Die Masse in eine große Rührschüssel umfüllen. Das Mehl und das Backpulver durchsieben. Mit der Milch nach und nach vorsichtig unter die Buttercreme heben und alles zu einem glatten, weichen Teig verarbeiten.

3 Teig in die Form füllen und die Oberfläche glatt streichen. In den Backofen schieben und etwa 50 Minuten backen.
Mit einem Spieß senkrecht in die Mitte des Kuchens stechen. Wenn kein Teig mehr daran kleben bleibt, ist der Kuchen durch. Aus dem Backofen nehmen und etwa 10 Minuten in der Form abkühlen lassen. Anschließend zum Auskühlen auf ein Kuchengitter stürzen.
TIPP: In einem luftdichten Behälter hält sich dieser Kuchen bis zu eine Woche lang frisch.

OBEN: Madeira-Kuchen

SCHOKOLADEN-SCHLAMM-TORTE

Vorbereitungszeit: 30 Minuten
Backzeit: 1 Stunde 45 Minuten
Für 1 Kuchen

250 g Butter
250 g dunkle Schokolade, gehackt
2 EL löslicher Kaffee
300 g Mehl
2 1/2 TL Backpulver
60 g Kakaopulver
1/2 TL Natron
550 g Zucker
4 Eier, leicht verquirlt
2 EL Öl
125 ml Buttermilch

Glasur

150 g Butter, in kleine Stücke geschnitten
150 g dunkle Schokolade, gehackt

1 Den Backofen auf 160 °C vorheizen. Eine hohe runde Kuchenform (22 cm Ø) einfetten und mit Backpapier auskleiden. Dabei sollte das Papier den oberen Rand der Backform um mindestens 5 cm überragen.

2 Die Butter, die Schokolade und den löslichen Kaffee in einem kleinen Topf mit 185 ml heißem Wasser bei schwacher Hitze glatt rühren. Von der Kochstelle nehmen.

3 Das Mehl, das Backpulver, den Kakao und das Natron in eine große Rührschüssel sieben. Den Zucker untermischen und in die Mitte eine Mulde drücken. Die Eier, das Öl und die Buttermilch in einem Gefäß miteinander verrühren. Die Mischung in die Mulde gießen und mit einem Metalllöffel vorsichtig untermischen. Nach und nach die Schokoladencreme unterrühren.

4 Den Teig in die Kuchenform füllen und etwa 1 Stunde und 45 Minuten backen, bis sich auf der Oberfläche eine leichte Kruste bildet. Mit einem Spieß senkrecht in die Mitte des Kuchens stechen. Wenn kein Teig mehr daran kleben bleibt, ist er durch. Aus dem Backofen nehmen und in der Form vollständig abkühlen lassen. Aus der Form lösen und in Frischhaltefolie wickeln.

5 Für die Glasur die Butter und die Schokolade in einem Topf bei schwacher Hitze unter Rühren schmelzen. Von der Kochstelle nehmen und etwas abkühlen lassen. Über den Kuchen gießen und die Glasur großzügig am Rand herunterlaufen lassen.

OBEN: Schokoladen-Schlamm-Torte

APFEL-GEWÜRZ-KUCHEN

Vorbereitungszeit: 30 Minuten
Backzeit: 1 Stunde
Für 1 Kuchen

180 g weiche Butter
95 g brauner Zucker
2 TL fein geriebene Zitronenschale
3 Eier, leicht verquirlt
125 g Mehl
75 g Vollkornmehl
2 TL Backpulver
1/2 TL gemahlener Zimt
125 ml Milch
410 g Apfelkompott
1/4 TL gemahlene Gewürze (Zimt, Muskatnuss, Gewürznelken)
1 EL brauner Zucker zum Bestreuen
25 g Mandelblättchen

1 Den Backofen auf 180 °C vorheizen. Eine runde Springform (20 cm Ø) einfetten und den Boden mit Backpapier auslegen.
2 Butter und den Zucker mit dem Rührgerät in einer kleinen Schüssel cremig rühren. Die geriebene Zitronenschale untermischen. Nach und nach die Eier einrühren.
3 In eine große Rührschüssel umfüllen. Das Mehl und das Backpulver durchsieben. Zusammen mit dem Zimt und der Milch mit einem Metalllöffel nach und nach vorsichtig unter die Buttercreme heben und alles zu einem glatten Teig verarbeiten.
4 Die Hälfte des Teigs in die Form füllen. Drei Viertel des Apfelkompotts darauf verteilen, dann mit dem Rest des Teigs bedecken. Das restliche Apfelkompott entlang dem Kuchenrand verteilen. Die Gewürze, den braunen Zucker und die Mandelblättchen miteinander mischen und den Kuchen damit bestreuen.
5 Etwa 1 Stunde backen. Aus dem Backofen nehmen und etwa 15 Minuten in der Form abkühlen lassen, erst dann zum Auskühlen auf ein Kuchengitter stellen.

APFEL-
GEWÜRZ-KUCHEN

Die Butter und den Zucker cremig rühren. Die Zitronenschale untermischen.

Eine Hälfte des Teigs in die Kuchenform füllen. Mit einer Schicht Apfelkompott bedecken, dann den Rest des Teigs darüber verteilen.

Mit einem Spieß in den Kuchen stechen. Wenn kein Teig mehr daran kleben bleibt, ist der Kuchen durch.

LINKS:
Apfel-Gewürz-Kuchen

PFUNDKUCHEN

Auch dieser feine Butter-kuchen stammt aus England, wo er sich seit dem 18. Jahrhundert größter Beliebt-heit erfreut. Ihren Namen hat die leckere Spezialität vom ursprünglichen Misch-verhältnis der Zutaten: Für den Teig wurden je ein Pfund Butter, Zucker, Eier und Mehl verarbeitet. Zu-nächst werden die Butter und der Zucker zu einer feinen Creme verrührt, dann mischt man die Eier und das Mehl unter. Vanillearoma oder geriebene Zitronen-schale verleihen dem Ku-chen einen besonders feinen Geschmack. Aber auch mit gemahlenen Mandeln oder Rosinen lässt er sich äußerst schmackhaft variieren.

ZITRONENKUCHEN

Vorbereitungszeit: 25 Minuten
Backzeit: 1 Stunde 20 Minuten
Für 1 Kuchen

250 g weiche Butter
200 g Zucker
2 TL fein geriebene Zitronenschale
4 Eier, leicht verquirlt
250 g Mehl
4 TL Backpulver
1/4 TL Salz
2 EL Zitronensaft

Zitronenkruste

125 g Zucker
60 ml Zitronensaft

1 Den Backofen auf 170 °C vorheizen. Eine quadratische Kuchenform (22 cm Seitenlänge) einfetten und mit Backpapier auslegen.
2 Die Butter und den Zucker mit dem Rühr-gerät in einer kleinen Schüssel cremig rühren. Die Zitronenschale untermischen. Nach und nach die Eier einrühren. In eine große Rühr-schüssel umfüllen. Das Mehl und das Backpulver durchsieben. Mit dem Salz und dem Zitronensaft mit einem Metalllöffel nach und nach vorsichtig unter die Buttercreme heben und alles zu einem glatten Teig verarbeiten.
3 In die Backform füllen und die Oberfläche glatt streichen. In den Backofen schieben und etwa 80 Minuten backen. Mit einem Spieß senkrecht in die Mitte des Kuchens stechen. Wenn kein Teig mehr daran kleben bleibt, ist der Kuchen durch. Den Kuchen aus dem Backofen nehmen, aus der Form lösen und auf ein Kuchengitter legen.
4 Für die Glasur den Zucker und den Zitro-nensaft verrühren, ohne dass sich der Zucker auflöst. Die Mischung sofort gleichmäßig auf der Oberseite des noch warmen Kuchens verteilen. Auf diese Weise zieht der Saft in den Kuchen ein und der Zucker bildet eine leckere Kruste. Abkühlen lassen.

PFUNDKUCHEN

Vorbereitungszeit: 25 Minuten
Backzeit: 1 Stunde
Für 1 Kuchen

375 g weiche Butter
375 g Zucker
1 TL Vanillearoma
6 Eier, leicht verquirlt
375 g Mehl
1 TL Backpulver
60 ml Milch
Puderzucker zum Bestäuben

1 Den Backofen auf 180 °C vorheizen. Eine runde Kuchenform (22 cm Ø) einfetten und den Boden mit Backpapier auslegen.
2 Die Butter und den Zucker mit dem Rühr-gerät in einer kleinen Schüssel cremig rühren. Das Vanillearoma untermischen. Nach und nach die Eier einrühren. Die Buttercreme in eine große Rührschüssel umfüllen. Das Mehl und das Backpulver durchsieben. Zusammen mit der Milch mit einem Metalllöffel nach und nach vorsichtig unter die Buttercreme heben und alles zu einem glatten Teig verarbeiten.
3 In die Backform füllen und die Oberfläche glatt streichen. In den Backofen schieben und etwa 1 Stunde backen. Mit einem Spieß senkrecht in die Mitte des Kuchens stechen. Wenn kein Teig mehr daran kleben bleibt, ist der Kuchen durch. Aus dem Backofen nehmen und in der Form etwa 10 Minuten abkühlen lassen. Anschließend auf ein Kuchengitter legen. Vor dem Servieren mit Puderzucker bestäuben.
TIPP: Zu diesem Grundrezept gibt es viele leckere Variationen:
Orangen-Pfundkuchen: 2 EL geriebene Oran-genschale unter die Buttercreme rühren und die Milch durch 60 ml Orangensaft ersetzen.
Kokosnuss-Pfundkuchen: 90 g Kokosraspel unter die Buttercreme mischen, bevor das Mehl und die Milch eingearbeitet werden.
Haselnuss-Pfundkuchen: 125 g gehackte, geröstete Haselnüsse unter die Buttercreme rühren, bevor das Mehl und die Milch ein-gearbeitet werden, und 2 TL löslichen Kaffee in der Milch auflösen.

GEGENÜBER:
Zitronenkuchen (links),
Pfundkuchen

SAHNE

Sahne gehört zu den Hauptzutaten beim Backen, sei es als Bestandteil des Teigs oder steif geschlagen zur Verzierung. Sahne verleiht jedem Kuchen zusätzlichen Geschmack und Saftigkeit. Sie muss auf jeden Fall einen Fettanteil von mindestens 30 % haben, um sich gut schlagen zu lassen. Wenn Sie Sahne schlagen, nehmen Sie sie kalt direkt aus dem Kühlschrank. Am besten gelingt die Schlagsahne, wenn man sie in einer gekühlten Metallschüssel im kalten Wasserbad schlägt. Bei warmem Wetter sollten Sie zusätzlich Eiswürfel in das Wasserbad geben. Dann schlagen Sie die Sahne, bis sie steif ist. Aber Vorsicht: Nicht überrühren, sonst gerinnt sie. Nach Geschmack können Sie die Schlagsahne auch mit Puderzucker und Vanillearoma verfeinern.

OBEN: Gefüllte Biskuittorte

GEFÜLLTE BISKUITTORTE

Vorbereitungszeit: 20 Minuten
Backzeit: 25 Minuten
Für 1 Torte

225 g Mehl
2 1/2 TL Backpulver
6 Eier
220 g Zucker
160 g Erdbeermarmelade
250 ml Sahne
Puderzucker zum Bestäuben

1 Den Backofen auf 180 °C vorheizen. Zwei flache runde Kuchenformen (22 cm Ø) einfetten und die Böden mit Backpapier auslegen. Zusätzlich ein wenig mit Mehl bestäuben.
2 Das Mehl und das Backpulver gründlich vermischen und mehrmals durchsieben. Die Eier in einer großen Schüssel mit dem elektrischen Rührgerät etwa 7 Minuten zu einer zähen, hellen Masse schlagen. Nach und nach den Zucker unterschlagen. Mit einem Metalllöffel das Mehl und 2 EL kochendes Wasser zügig, aber vorsichtig unterheben.
3 Den Teig gleichmäßig auf beide Backformen verteilen und die Oberflächen glatt streichen. In den Backofen schieben und etwa 25 Minuten backen, bis der Biskuitteig eine zartgoldene Farbe hat und sich leicht vom Rand der Formen ablöst. Herausnehmen und in den Formen etwa 5 Minuten abkühlen lassen. Anschließend zum Auskühlen auf ein Kuchengitter legen.
4 Die Marmelade gleichmäßig auf einer der Biskuitschichten verstreichen. Die Sahne in einer kleinen Schüssel steif schlagen. In eine Spritztüte füllen und in Rosettenform auf die Marmeladenschicht spritzen. Die zweite Biskuitschicht darauf legen. Mit Puderzucker bestäuben.
TIPP: Das Geheimnis eines perfekten Biskuitteigs liegt im Unterheben des Mehls. Dieser Arbeitsschritt sollte behutsam und mit großer Sorgfalt durchgeführt werden. Zu heftiges Rühren oder gar Schlagen verdichtet den Teig zu stark, ein flacher, fester Kuchen wäre die unausweichliche Folge.

GENFER BISKUITKUCHEN

Vorbereitungszeit: 25 Minuten
Backzeit: 25 Minuten
Für 1 Kuchen

290 g Mehl
8 Eier
220 g Zucker
100 g zerlassene Butter, abgekühlt

1 Den Backofen auf 180 °C vorheizen. Eine runde Kuchenform (25 cm Ø) einfetten und den Boden mit Backpapier auslegen. Das Backpapier zusätzlich einfetten und das Innere der Form mit Mehl bestäuben.

2 Das Mehl mehrmals durchsieben. Die Eier und den Zucker in eine hitzebeständige Schüssel geben. Über einem Topf mit kochendem Wasser – der Boden der Schüssel darf die Wasseroberfläche nicht berühren – mit dem elektrischen Rührgerät etwa 8 Minuten lang schlagen, bis eine steife, schaumige Masse entstanden ist. Von der Hitzequelle entfernen und etwa 3 Minuten weiterschlagen, bis die Masse leicht abgekühlt ist.

3 Die zerlassene Butter und das Mehl zügig, aber sehr behutsam mit einem Metalllöffel unter die Eimasse heben.

4 Den Teig vorsichtig in die Backform füllen und die Oberfläche glatt streichen. In den Backofen schieben und etwa 25 Minuten backen, bis der Kuchen eine zartgoldene Farbe angenommen hat und sich leicht von der Form ablöst. Herausnehmen und in der Form etwa 5 Minuten abkühlen lassen. Anschließend herauslösen und zum Auskühlen auf ein Kuchengitter legen. Vor dem Servieren leicht mit Puderzucker bestäuben.

GENFER BISKUITKUCHEN
Traditionell wird der Genfer Biskuitkuchen in einer runden, sich leicht verjüngenden Kuchenform gebacken und vor dem Servieren mit etwas Puderzucker bestäubt. Der lockere Kuchen lässt sich aber auch hervorragend verzieren oder füllen. Dann sollten Sie zum Backen zwei glatte Tortenbodenformen oder eine gerade Springform verwenden. Wenn Sie mit zwei Formen arbeiten, sollten sie darauf achten, den Teig ganz genau gleichmäßig auf beide zu verteilen.

LINKS:
Genfer Biskuitkuchen

SCHOKOLADENROULADE

Vorbereitungszeit: 25 Minuten
Kühlzeit: 30 Minuten
Backzeit: 12 Minuten
Für 1 Roulade

3 Eier
125 g Zucker
30 g Mehl
2 EL Kakaopulver
250 ml Sahne
1 EL Puderzucker
1/2 TL Vanillearoma
Puderzucker zum Bestäuben

1 Den Backofen auf 190 °C vorheizen. Ein Biskuitblech (30 x 25 x 2cm) einfetten und den Boden mit Backpapier auslegen.
2 Die Eier und 90 g Zucker in einer kleinen Schüssel mit dem Rührgerät cremig schlagen.

Das Mehl und das Kakaopulver durchsieben und zügig, aber behutsam unter die Creme heben.
3 Den Teig gleichmäßig auf dem Backblech verstreichen. 10–12 Minuten backen, bis der Teig gerade eben fest geworden ist. In der Zwischenzeit ein sauberes Geschirrhandtuch auf der Arbeitsfläche ausbreiten, mit Backpapier bedecken und mit dem restlichen Zucker bestreuen. Den Kuchen aus dem Backofen nehmen und sofort auf das Handtuch mit dem Zucker stürzen. Die Biskuitplatte von der kurzen Seite her vorsichtig mit dem Backpapier zusammenrollen und gerollt etwa 5 Minuten auf einem Kuchengitter abkühlen lassen. Wieder entrollen und auf Zimmertemperatur abkühlen lassen.
4 Die Sahne mit dem Puderzucker und dem Vanillearoma steif schlagen. Gleichmäßig auf der Biskuitplatte verteilen, dabei an allen Seiten etwa 1 cm Rand frei lassen. Die Biskuitplatte vorsichtig zusammenrollen. Die Enden mit einem Messer begradigen. Die Roulade mit der Nahtstelle nach unten auf eine Kuchenplatte legen und zugedeckt etwa 30 Minuten kalt stellen. Vor dem Servieren mit Puderzucker bestäuben und in Scheiben schneiden.

UNTEN:
Schokoladenroulade

KLASSISCHE ROULADE

Vorbereitungszeit: 25 Minuten
Backzeit: 12 Minuten
Für 1 Roulade

90 g Mehl
1 1/2 TL Backpulver
3 Eier, leicht verquirlt
185 g Zucker
160 g Erdbeermarmelade

1 Den Backofen auf 190 °C vorheizen. Ein Biskuitblech (30 x 25 x 2cm) einfetten und den Boden mit Backpapier auslegen. Das Mehl und das Backpulver mehrmals durchsieben.
2 Die Eier mit dem Rührgerät in einer kleinen Schüssel etwa 5 Minuten cremig schlagen, dabei 125 g Zucker einrieseln lassen.
3 In eine große Rührschüssel umfüllen. Das Mehl mit einem Metalllöffel zügig, aber behutsam unterheben. Den Teig gleichmäßig auf dem Backblech verteilen. 10–12 Minuten goldgelb backen. In der Zwischenzeit ein sauberes Geschirrhandtuch auf der Arbeitsfläche ausbreiten, mit Backpapier bedecken und mit dem restlichen Zucker bestreuen.

Den Zucker in die Eimasse einrieseln lassen und unterschlagen, bis er sich aufgelöst hat.

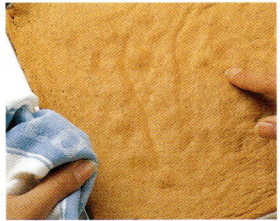

Die Biskuitplatte goldbraun backen. Auf Druck sollte sie sich elastisch anfühlen.

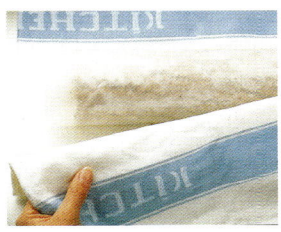

Die Biskuitplatte mit Hilfe eines sauberen Geschirrhandtuchs einrollen.

4 Den Kuchen aus dem Backofen nehmen und sofort auf das Handtuch stürzen. Die Biskuitplatte von der kurzen Seite her vorsichtig mit dem Backpapier zusammenrollen und gerollt etwa 5 Minuten auf einem Kuchengitter abkühlen lassen. Vorsichtig wieder entrollen und auf Zimmertemperatur abkühlen lassen.
5 Die Platte gleichmäßig mit der Marmelade bestreichen und vorsichtig wieder zusammenrollen. Die Enden mit dem Messer begradigen.

HONIGROULADE

Vorbereitungszeit: 40 Minuten
Backzeit: 12 Minuten
Für 1 Roulade

 ✷ ✷

90 g Mehl
1 ¹/₂ TL Backpulver
2 TL gemahlene Gewürze (Zimt, Muskatnuss, Gewürznelken)
3 Eier
125 g brauner Zucker
25 g Kokosraspel

Honigcreme

125 g weiche Butter
40 g Puderzucker
2 EL Honig

1 Den Backofen auf 190 °C vorheizen. Ein Biskuitblech (30 x 25 x 2cm) einfetten und den Boden mit Backpapier auslegen. Das Mehl mit dem Backpulver und den Gewürzen mehrmals durchsieben.
2 Die Eier mit dem Rührgerät in einer großen Schüssel etwa 5 Minuten cremig schlagen. Dabei den Zucker einrieseln lassen und unterschlagen, bis er sich vollständig aufgelöst hat.
3 Die Mehlmischung mit einem Metalllöffel zügig, aber behutsam unterheben. Den Teig gleichmäßig auf dem Blech verteilen. 10–12 Minuten goldgelb backen. In der Zwischenzeit ein sauberes Geschirrhandtuch auf der Arbeitsfläche ausbreiten, mit Backpapier bedecken und mit den Kokosraspeln bestreuen.
4 Den Kuchen aus dem Backofen nehmen und sofort auf das Handtuch stürzen. Die Biskuitplatte von der kurzen Seite her vorsichtig mit dem Backpapier zusammenrollen und gerollt auf einem Kuchengitter abkühlen lassen.
5 Für die Honigcreme die Butter, den Puderzucker und den Honig mit dem Rührgerät cremig rühren, bis sich der Zucker vollständig aufgelöst hat. Die Biskuitplatte entrollen und das Backpapier entfernen. Die Platte gleichmäßig mit der Honigcreme bestreichen und vorsichtig wieder aufrollen. Die Enden mit einem Messer begradigen. Kalt stellen.
TIPP: Biskuitrouladen enthalten wenig Fett, deshalb werden sie relativ schnell trocken. Die cremige Füllung, meist aus Sahne oder Buttercreme, wirkt dem entgegen.

OBEN: Honigroulade

547

TEUFELSTORTE

Diese gehaltvolle, saftige Schokoladentorte ist das kulinarische Gegenstück zum Engelskuchen. Das zeigt sich nicht nur an der dunklen Farbe. In ihrer – auch was die Kalorien betrifft – Reichhaltigkeit ist die Teufelstorte eine süße Sünde in Reinkultur. Die Sahnefüllung und eine dicke Schokoladenglasur machen den „sündigen" Genuss perfekt. Das Natron im Teig trägt zu der dunklen Farbe des Kuchens bei.

OBEN: Teufelstorte

TEUFELSTORTE

Vorbereitungszeit: 30 Minuten
Backzeit: 35 Minuten
Für I Torte

280 g brauner Zucker
40 g Kakaopulver
250 ml Milch
90 g dunkle Schokolade, gehackt
125 g weiche Butter
I TL Vanillearoma
2 Eier, getrennt
185 g Mehl
I TL Natron

Schokoladenglasur

50 g dunkle Schokolade, gehackt
30 g Butter
I EL Puderzucker

Füllung

250 ml Sahne
I EL Puderzucker
I TL Vanillearoma

I Den Backofen auf 160 °C vorheizen. Zwei runde Kuchen- oder glatte Tortenbodenformen (20 cm Ø) einfetten und die Böden mit Backpapier auslegen. Ein Drittel des braunen Zuckers, das Kakaopulver und die Milch in einem kleinen Topf bei schwacher Hitze miteinander verrühren, bis Zucker und Kakao sich vollständig aufgelöst haben. Von der Kochstelle nehmen, die Schokolade dazugeben und unter Rühren schmelzen lassen. Zum Abkühlen beiseite stellen.

2 Den restlichen Zucker und die Butter mit dem Rührgerät in einer kleinen Schüssel cremig rühren. Das Vanillearoma, die Eigelbe und die Schokoladenmasse unterschlagen. In eine große Schüssel umfüllen. Das Mehl und das Natron durchsieben und unterheben.

3 Die Eiweiße in einer Schüssel cremig schlagen. Vorsichtig unter den Teig ziehen. Den Teig gleichmäßig auf beide Backformen verteilen und glatt streichen. Etwa 35 Minuten backen. Die Kuchen in den Formen etwa 5 Minuten abkühlen lassen. Anschließend zum Auskühlen auf ein Kuchengitter stürzen.

4 Für die Glasur die Schokolade und die Butter in eine hitzebeständige Schüssel geben. Die Schüssel über einen Topf mit kochendem Wasser halten – der Boden der Schüssel darf die

Wasseroberfläche nicht berühren – und alles zu einer glatten Masse verrühren. Nach und nach den Puderzucker dazusieben und unterrühren.

5 Für die Füllung die Sahne mit dem Puderzucker und dem Vanillearoma in einer kleinen Schüssel mit dem Rührgerät steif schlagen. Eine der Teigschichten gleichmäßig damit bestreichen, die zweite Schicht darauf legen und die Torte auf Oberseite und, nach Geschmack, Rand mit der Schokoladenglasur bestreichen.

ENGELSKUCHEN

Vorbereitungszeit: 30 Minuten
Backzeit: 40 Minuten
Für 1 Kuchen

125 g Mehl
2 TL Backpulver
375 g Zucker
12 Eiweiße
1 1/2 TL Weinstein
1/4 TL Salz
1/2 TL Vanillearoma
1/4 TL Mandelaroma

Puderzucker zum Bestäuben
frisches Obst zum Verzieren

1 Den Backofen auf 180 °C vorheizen. Eine Engelskuchenform (siehe S. 21) bereitstellen – nicht einfetten! Das Mehl, das Backpulver und 185 g Zucker mehrmals durchsieben.

2 Mit dem Rührgerät die Eiweiße mit dem Weinstein und dem Salz steif schlagen. Esslöffelweise den restlichen Zucker unterschlagen. Das Vanille- und Mandelaroma unterheben. Ein Viertel der Mehlmischung auf den Eischnee sieben und mit einem Spachtel vorsichtig unterheben. Auf diese Weise nach und nach das ganze Mehl untermischen.

3 Den Teig vorsichtig in die Backform füllen, in den Backofen schieben und 35–40 Minuten goldgelb und luftig backen. Mit einem Spieß senkrecht in die Mitte des Kuchens stechen. Wenn kein Teig mehr daran kleben bleibt, ist der Kuchen durch. Aus dem Backofen nehmen und kopfüber noch in der Form zum Auskühlen auf ein Kuchengitter stellen. Nach dem Abkühlen vorsichtig aus der Form schütteln. Mit Puderzucker bestäuben.

4 Das Obst waschen, abtrocknen, gegebenenfalls entsteinen und in dünne Spalten schneiden. Vor dem Servieren in die Kuchenmitte füllen.

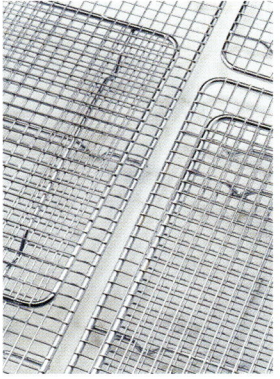

ENGELSKUCHEN
Dieser klassische Biskuitkuchen mit dem feinen Vanillearoma stammt aus den Vereinigten Staaten. Er wird in einer besonderen Backform gebacken. Die „Angel Food Tin", zu deutsch Engelskuchenform, ist eine hohe, runde, glatte Kuchenform und auch bei uns in gut sortierten Haushaltswarengeschäften erhältlich. Durch den hohen Anteil an Eiweiß im Teig ist der Engelskuchen ungewöhnlich hell und leicht. Traditionell wird dieses himmlisch zarte Gebäck eher mit zwei Gabeln zerteilt als geschnitten.

LINKS: Engelskuchen

SCHWARZWÄLDER KIRSCHTORTE

Vorbereitungszeit: 1 Stunde
Backzeit: 50 Minuten
Für 1 Torte

200 g weiche Butter
185 g Zucker
3 Eier, leicht verquirlt
1 TL Vanillearoma
250 g Mehl
3 1/2 TL Backpulver
90 g Kakaopulver
1 EL löslicher Kaffee
1/2 TL Natron
125 ml Buttermilch
80 ml Sahne
425 g Sauerkirschen aus dem Glas, entsteint
Schokoladenspäne zum Verzieren

Schokoladencreme

300 g dunkle Schokolade, gehackt
375 g weiche Butter

1 Den Backofen auf 180 °C vorheizen. Eine runde Kuchenform (23 cm Ø) einfetten und mit Backpapier auskleiden.
2 Die Butter und den Zucker mit dem Rührgerät in einer kleinen Schüssel cremig rühren. Nach und nach die Eier unterschlagen. Das Vanillearoma einrühren.
3 Die Buttercreme in eine große Rührschüssel umfüllen. Das Mehl, das Backpulver, den Kakao, den löslichen Kaffee und das Natron durchsieben. Zusammen mit der Buttermilch vorsichtig mit einem Metalllöffel unter die Buttercreme heben und alles zu einem glatten Teig verarbeiten.
4 In die Backform füllen und glatt streichen. 40–50 Minuten backen. Herausnehmen und in der Form etwa 20 Minuten abkühlen lassen. Zum Auskühlen auf ein Kuchengitter stürzen.
5 Für die Schokoladencreme Wasser in einem Topf zum Kochen bringen. Von der Kochstelle nehmen. Die Schokolade in eine hitzebeständige Schüssel geben. Die Schüssel über den Topf mit dem Wasser halten – der Boden der Schüssel darf die Wasseroberfläche nicht berühren –, bis die Schokolade geschmolzen ist.
Die Butter in einer kleinen Schüssel cremig rühren. Die geschmolzene Schokolade dazugeben und beides zu einer glatten, glänzenden Creme verarbeiten.

6 Die Torte horizontal in drei gleich dicke Schichten schneiden. Die Sahne steif schlagen. Die erste Lage auf eine Kuchenplatte legen, gleichmäßig mit der Hälfte der Schlagsahne bestreichen und die Hälfte der Kirschen darauf verteilen. Die zweite Kuchenschicht darauf legen und ebenfalls mit Sahne und Kirschen belegen. Mit der obersten Kuchenschicht abschließen. Die Schokoladencreme mit einer Palette rundherum auf dem Kuchen verstreichen. Die restliche Creme in einen Spritzbeutel füllen und die Torte damit verzieren. Zusätzlich mit Schokoladenspänen garnieren.

MEHLLOSER SCHOKOLADENKUCHEN

Vorbereitungszeit: 20 Minuten
Backzeit: 1 Stunde
Für 1 Kuchen

250 g dunkle Schokolade, gehackt
100 g Zucker
100 g Butter, in kleine Stücke geschnitten
1 EL Kaffeelikör
125 g gemahlene Haselnüsse
5 Eier, getrennt
Puderzucker zum Bestäuben

1 Den Backofen auf 180 °C vorheizen. Eine runde Springform (23 cm Ø) einfetten und den Boden mit Backpapier auslegen.
2 Die Schokolade, den Zucker, die Butter und den Kaffeelikör in eine hitzebeständige Schüssel geben. In einem kleinen Topf Wasser zum Kochen bringen, dann die Hitze reduzieren und köcheln lassen. Die Schüssel über den Topf mit dem Wasser halten – der Boden der Schüssel darf die Wasseroberfläche nicht berühren –, bis alle Zutaten geschmolzen sind bzw. sich aufgelöst haben und eine glatte Masse entstanden ist.
3 Die Schokoladencreme in eine große Rührschüssel umfüllen. Die gemahlenen Haselnüsse unterrühren. Ein Eigelb nach dem anderen dazugeben und gründlich untermischen. In einer Schüssel die Eiweiße zu mittelsteifem Eischnee schlagen. 1 EL Eischnee unter die Schokoladenmasse rühren, den Rest vorsichtig mit einem Metalllöffel unterheben.
4 Den Teig in die Backform füllen, in den Backofen schieben und 50–60 Minuten backen. In der Form vollständig abkühlen lassen. Vor dem Servieren mit Puderzucker bestäuben.

SCHWARZWÄLDER KIRSCHTORTE
Diese festliche Torte stammt, wie schon der Name vermuten lässt, aus dem Schwarzwald. Traditionell werden die oberen beiden Schokoladenbiskuitböden vor der Weiterverarbeitung mit je einem Gläschen Kirschwasser getränkt. Ohne diese hochprozentige Verfeinerung jedoch ist die Torte ein Leckerbissen, der die ganze Familie begeistern wird.

GEGENÜBER:
Schwarzwälder Kirschtorte (oben), mehlloser Schokoladenkuchen

GLASUREN UND BELÄGE

Ob süß oder sauer, gekocht oder kalt gerührt – diese wunderbaren Beläge und

Glasuren machen aus einem einfachen Rührkuchen oder Muffin eine Köstlichkeit.

EINFACHE BUTTERCREME

80 g weiche Butter und 60 g Puderzucker mit dem Handrührgerät verrühren. Anschließend verschiedene Aromastoffe wie 2 TL abgeriebene Orangenschale, 60 g geschmolzene und abgekühlte Schokolade oder ein paar Tropfen Backaroma Ihrer Wahl, nach Wunsch auch etwas Lebensmittelfarbe, zufügen.

SCHOKOLADENGLASUR

30 g zerlassene Butter, 2 EL heißes Wasser und 2 EL gesiebtes Kakaopulver in einer Schüssel zu einer glatten Paste rühren. 125 g gesiebten Puderzucker zufügen und einrühren, bis eine homogene Masse entsteht.

HONIGCREME

Mit dem Handrührgerät 125 g Butter, 90 g feinen Zucker und 2 EL Honig zu einer

leichten, sahnigen Mischung schlagen. Kaltes Wasser darauf gießen, schwenken und wieder abgießen. Weitere 2 Minuten schlagen, kaltes Wasser auf die Mischung gießen, schwenken und wieder abgießen. Den Vorgang noch viermal wiederholen, bis die Mischung weiß und cremig ist und sich der Zucker aufgelöst hat. Schmeckt hervorragend als Belag für Gewürz- und Früchtekuchen.

552

ZITRUSGLASUR

125 g gesiebten Puderzucker, 10 g Butter und 1 TL feingeriebene Zitrusschale in eine kleine feuerfeste Schüssel geben. Genug Zitrussaft zufügen, um eine Paste anzurühren (etwa 1–2 EL). Dann die Schüssel ins Wasserbad stellen und rühren, bis die Glasur glatt ist und glänzt. Vom Herd nehmen und Kuchen oder Plätzchen damit bestreichen. Sie können für dieses Rezept Orangen-, Zitronen- oder Limettenschale und den entsprechenden Saft verwenden.

WEICHE ZITRUSGLASUR

Eine leckere und einfache Glasur entsteht durch Mischen von 150 g gesiebtem Puderzucker, 30 g weicher Butter, etwas abgeriebener Zitronenschale und genug heißem Wasser, um damit eine dicke glatte Paste zu rühren. Diese auf dem Kuchen verteilen. Diese Mischung kann man leicht verarbeiten, weil sie nicht so schnell fest wird. Sie kann auch auf dem Wasserbad zubereitet werden, muß dann aber zügig mit einem heißen, feuchten Messer verarbeitet werden, weil sie rasch fest wird.

FRISCHKÄSEGLASUR

190 g Frischkäse in kleine Stücke schneiden und mit dem Handrührgerät glattrühren. Dann 40 g gesiebten Puderzucker und einige TL Zitronensaft hineingeben und gut verrühren. Evtl. etwas mehr Saft zufügen; darauf achten, daß die Glasur nicht zu dünn wird. Schmeckt sehr gut als Belag auf Möhren- oder Bananenkuchen.

SCHOKOLADENÜBERZUG

100 g zerkleinerte Zartbitterschokolade, 60 g Butter und 1 EL Sahne in einer feuerfesten Schüssel mischen. Schüssel auf einen Topf mit siedendem Wasser setzen (Wasserbad) und die Mischung unter Rüh-
ren schmelzen. Wenn die Mischung glatt ist, etwas abkühlen lassen und als Glasur über eine glatte Kuchenoberfläche geben. (Wenn die Oberfläche nicht glatt ist, den Kuchen wenden und einfach die Unterseite als Oberseite verwenden). Oder die Ganache weiter abkühlen lassen und verstreichen. *Variante:* Den kalten Überzug mit dem Handrührgerät leicht und luftig rühren.

IM UHRZEIGERSINN, VON LINKS OBEN: Zitrusglasur; Schokoladen-Überzug; Schokoladenglasur (mit Schlagsahne und Schokodekoration); Honigcreme; Weiche Zitrusglasur; Einfache Buttercreme; Frischkäseglasur

FRÜCHTEKUCHEN

Traditionell werden Früchtekuchen im Winter, vor allem in der Weihnachtszeit, gebacken. Besonders großer Beliebtheit erfreut sich dieses fruchtig-würzige Gebäck in Großbritannien. Zu besonderen Anlässen wird es dort zusätzlich mit Marzipan oder Mandelcreme glasiert und festlich verziert. Damit sich das volle Aroma der vielfältigen geschmacksintensiven Zutaten entfalten kann, sollte der Früchtekuchen vor dem Verzehr eine Zeit lang gelagert werden. Die Zugabe von Rum, Sherry oder Weinbrand verleiht den Kuchen zusätzlichen Geschmack und Saftigkeit.

RECHTS:
Saftiger Früchtekuchen

SAFTIGER FRÜCHTEKUCHEN

Vorbereitungszeit: 40 Minuten
Backzeit: 1 Stunde 15 Minuten
Für 1 Kuchen

250 g Butter
185 g brauner Zucker
1 kg gemischte Trockenfrüchte
125 ml süßer Sherry
1/2 TL Natron
300 g Mehl
3 TL Backpulver
1 TL gemahlene Gewürze (Zimt, Muskatnuss, Gewürznelken, Ingwer)
4 Eier, leicht verquirlt

1 Den Backofen auf 180 °C vorheizen. Eine runde Kuchenform (22 cm Ø) einfetten und mit Backpapier auskleiden.
2 Die Butter, den Zucker, die gemischten Trockenfrüchte, den Sherry und 185 ml Wasser in einem Topf bei schwacher Hitze verrühren, bis die Butter geschmolzen ist und sich der Zucker vollständig aufgelöst hat. Die Mischung zum Kochen bringen und etwa 10 Minuten bei schwächerer Hitze köcheln lassen. Von der Kochstelle nehmen und das Natron einrühren. Abkühlen lassen.

3 Das Mehl, das Backpulver und die Gewürze in eine große Schüssel sieben. Die Eier mit der Früchtemischung vermengen. Zu dem Mehl in die Schüssel geben und alles gut vermischen.
4 Den Teig in die Backform füllen und die Oberfläche glatt streichen. Die Backform mit mehreren Lagen Zeitungspapier umwickeln und auf Zeitungspapier in den Backofen stellen. 1–1 1/4 Stunden backen. Mit einem Spieß senkrecht in die Mitte des Kuchens stechen. Wenn kein Teig mehr daran kleben bleibt, ist der Kuchen durch. Aus dem Backofen nehmen und in der Form mindestens 1 Stunde abkühlen lassen. Nach 3 Tagen Lagerung hat sich das volle Aroma der Zutaten entfaltet.

SCHWERER FRÜCHTEKUCHEN

Vorbereitungszeit: 30 Minuten
Einweichzeit: mind. 12 Stunden
Backzeit: 3 Stunden 15 Minuten
Für 1 Kuchen

500 g Sultaninen
375 g Rosinen, fein gehackt
250 g Korinthen
250 g Cocktailkirschen, geviertelt
250 ml Weinbrand oder Rum

250 g Butter
230 g brauner Zucker
2 EL Aprikosenmarmelade
2 EL Zuckerrübensirup
1 EL geriebene Zitronen- oder Orangenschale
4 Eier
350 g Mehl
1 TL gemahlener Ingwer
1 TL gemahlene Gewürze (Muskatnuss, Gewürznelken)
1 TL gemahlener Zimt
Weinbrand oder Rum zum Bestreichen

1 Die Früchte in eine Schüssel geben, mit dem Weinbrand oder Rum übergießen und über Nacht ziehen lassen.

2 Den Backofen auf 150 °C vorheizen. Eine hohe runde Kuchenform (22 cm Ø) einfetten und mit Backpapier auskleiden.

3 Die Butter und den Zucker mit dem Rührgerät in einer großen Schüssel miteinander verrühren. Die Marmelade, den Zuckerrübensirup und die abgeriebene Zitrusschale untermischen. Nach und nach die Eier einrühren.

4 Das Mehl und die Gewürze gründlich vermischen und durchsieben. Zusammen mit den eingelegten Früchte nach und nach unter die Buttercreme mischen.

5 Den Teig in die Backform füllen und die Oberfläche glatt streichen. Die Backform mit mehreren Lagen Zeitungspapier umwickeln und auf einige Schichten Zeitungspapier in den Backofen stellen. 3–3 1/4 Stunden backen. Mit einem Spieß senkrecht in die Mitte des Kuchens stechen. Wenn kein Teig mehr daran kleben bleibt, ist der Kuchen durch. Den Kuchen aus dem Backofen nehmen und die Oberseite mit Weinbrand oder Rum bestreichen. In der Form vollständig auskühlen lassen.

TIPP: Dieser besonders reichhaltige Früchtekuchen hält sich, in mehrere Lagen Frischhaltefolie gewickelt, an einem trockenen Ort bis zu acht Monate, tiefgekühlt sogar bis zu ein Jahr.

OBEN:
Schwerer Früchtekuchen

VANILLESTANGEN

Vanillestangen sind die Fruchtschoten einer in Mexiko beheimateten Orchideenart. Die Schoten werden kurz vor dem Reifen geerntet, getrocknet und kommen meist in Glasröhrchen verpackt in den Handel. Das flüssige Vanillearoma wird aus dem Mark der Schote gewonnen und verleiht Gebäck einen angenehmen Vanillegeschmack. Es gibt aber auch billigeres, synthetisch hergestelltes Vanillearoma.

GEGENÜBER:
Kühlschrankplätzchen (von oben):
pur, Gewürzschnecken, Mokkaschnecken, Ahorn-Pekannuss-Macadamia-, Dreifarbige Plätzchen

KÜHLSCHRANKPLÄTZCHEN

Vorbereitungszeit: 30 Minuten
Kühlzeit: 30 Minuten
Backzeit: 15 Minuten
Für 60 Stück

180 g weiche Butter
185 g brauner Zucker
1 TL Vanillearoma
1 Ei
280 g Mehl
1 TL Backpulver

1 Die Butter und den Zucker mit dem Rührgerät in einer kleinen Schüssel cremig rühren. Das Vanillearoma und das Ei unterschlagen. In eine große Rührschüssel umfüllen. Das Mehl und das Backpulver dazusieben. Alles mit einem Messer zu einem glatten Teig verarbeiten. In zwei gleich große Portionen teilen.
2 Jede Teigportion auf einer Lage Backpapier zu einer etwa 4 cm dicken und 30 cm langen Teigplatte flach drücken. Zu einer festen Rolle einrollen und etwa 30 Minuten im Kühlschrank ruhen lassen.
3 Den Backofen auf 180 °C vorheizen. Zwei Backbleche mit Backpapier auslegen.
4 Die Teigrollen in etwa 1 cm dicke Scheiben schneiden. Die Scheiben im Abstand von etwa 3 cm auf die Backbleche legen. In den Backofen schieben und 10–15 Minuten goldbraun backen. Herausnehmen und etwa 3 Minuten auf dem Blech abkühlen lassen, dann zum Auskühlen auf ein Kuchengitter legen.

VARIATIONEN:

GEWÜRZSCHNECKEN

1 TL gemahlene Gewürze (Zimt, Muskatnuss, Gewürznelken) und $1/2$ TL Ingwerpulver zum Mehl sieben. Den Teig in zwei Portionen zu rechteckigen, 2 mm dicken Teigplatten ausrollen und die Seiten mit dem Messer begradigen. 30 Minuten kalt stellen. Die Teigplatten mit Zuckerrübensirup bestreichen und mit fein gehackten, über Nacht in Rum eingelegten Rosinen bestreuen. Zu festen Rollen einrollen. Weitere 30 Minuten kalt stellen, in Scheiben schneiden und wie angegeben backen.

MOKKASCHNECKEN

Den Teig in zwei Portionen teilen. 2 TL Kakaopulver unter die eine Portion, 2 TL löslichen Kaffee unter die andere Portion mischen und beide Teige kurz durchkneten. Beide Stücke noch einmal halbieren und die Portionen zu etwa 2 mm dicken, rechteckigen Teigplatten ausrollen. Je eine Kakao- und eine Mokkaplatte übereinander legen, die Ränder mit dem Messer begradigen und zu festen Rollen einrollen. Etwa 30 Minuten kalt stellen, in Scheiben schneiden und wie angegeben backen.

AHORN-PEKANNUSS-PLÄTZCHEN

60 ml Ahornsirup unter die Buttercreme mischen. Den Teig zu einer festen Rolle einrollen und vor dem Kühlen in 125 g fein gehackten Pekannüssen wälzen. Nach dem Kühlen in Scheiben schneiden und jede Scheibe mit einer halben Pekannuss verzieren. Wie angegeben backen.

MACADAMIAPLÄTZCHEN

45 g Kokosraspel und 70 g geröstete, fein gehackte Macadamianüsse in den Teig mischen. Die gekühlten Teigrollen mit einer Palette oder einem Lineal in Dreiecksform bringen, dann in Scheiben schneiden und wie angegeben backen.

DREIFARBIGE PLÄTZCHEN

Den braunen Zucker durch die gleiche Menge weißen Zucker ersetzen. Die Buttercreme auf drei Schüsseln verteilen. Einen Teil mit etwas roter Lebensmittelfarbe, den zweiten mit 1 EL Kakaopulver und 2 TL Milch vermischen, den dritten pur belassen. Jeweils 90 g Mehl und $1/4$ TL Backpulver dazusieben und gründlich untermischen. Jede Teigmasse halbieren und zu dünnen Rollen formen. Je eine rote, eine braune und eine helle Wurst zu einer dicken Rolle zusammenfügen und kalt stellen. In Scheiben schneiden und wie angegeben backen.

ANZAC-PLÄTZCHEN

Diese besonders in Großbritannien, den USA und Australien beliebten Plätzchen wurden während des 1. Weltkriegs in Versorgungspaketen an die australisch-neuseeländischen ANZAC-Truppen („Australia and New Zealand Army Corps") geschickt. Sie sind preiswert, bleiben lange knusprig und werden ohne Eier, die damals knapp waren, hergestellt.

UNTEN:
ANZAC-Plätzchen

ANZAC-PLÄTZCHEN

Vorbereitungszeit: 20 Minuten
Backzeit: 20 Minuten
Für 26 Stück

125 g Mehl
160 g Zucker
100 g Haferflocken
90 g Kokosraspel
125 g Butter, in Würfel geschnitten
90 g Zuckerrübensirup
1/2 TL Natron

1 Den Backofen auf 180 °C vorheizen. Zwei Backbleche mit Backpapier auslegen.
2 Das Mehl in eine große Schüssel sieben. Den Zucker, die Haferflocken und die Kokosraspel untermischen und in die Mitte eine Mulde drücken.

3 Die Butter und den Sirup in einen kleinen Topf geben und bei schwacher Hitze miteinander verrühren, bis die Butter geschmolzen und eine glatte Masse entstanden ist. Den Topf von der Kochstelle nehmen. Das Natron in 1 EL kochendem Wasser auflösen und unter die Buttermischung rühren. Die Mischung zu den trockenen Zutaten geben und alles mit einem Holzlöffel zu einem glatten Teig verarbeiten.
4 Je 1 gestrichenen EL Teig pro Plätzchen mit ausreichendem Abstand auf das Backblech setzen und mit der Fingerspitze ein wenig flach drücken. Etwa 20 Minuten goldbraun backen. Kurz auf dem Blech ankühlen lassen, dann zum Auskühlen auf ein Kuchengitter legen.

INGWERNÜSSE

Vorbereitungszeit: 15 Minuten
Backzeit: 15 Minuten
Für 50 Stück

250 g Mehl
1/2 TL Natron
1 EL Ingwerpulver
1/2 TL gemahlene Gewürze (Zimt, Muskatnuss, Gewürznelken)
125 g Butter, gehackt
185 g brauner Zucker
60 ml Wasser
1 EL Zuckerrübensirup

1 Den Backofen auf 180 °C vorheizen. Zwei Backbleche mit Backpapier auslegen.
2 Das Mehl, das Natron, das Ingwerpulver und die gemischten Gewürze in eine große Schüssel sieben. Die Butter und den Zucker dazugeben und mit den Fingerspitzen einkneten, bis eine streuselartige Masse entsteht.
3 Das Wasser zum Kochen bringen und in eine kleine hitzebeständige Schüssel gießen. Den Sirup unter Rühren darin auflösen. Die Mischung zu dem Mehl schütten und alles mit einer Palette oder einem flachen Messer zu einem weichen Teig verarbeiten.
4 Je 2 gehäufte EL Teig pro Plätzchen zu Kugeln formen, mit ausreichendem Abstand auf das Backblech legen und mit der Fingerspitze ein wenig flach drücken. In den Backofen schieben und etwa 15 Minuten knusprig backen. Etwa 10 Minuten auf dem Blech ankühlen lassen. Anschließend zum Auskühlen auf ein Kuchengitter legen.

DUNKLE CHOCOLATE-CHIP-PLÄTZCHEN

Vorbereitungszeit: 20 Minuten
Backzeit: 10 Minuten
Für 40 Stück

185 g Mehl
90 g Kakaopulver
280 g brauner Zucker
180 g Butter, in Würfel geschnitten
150 g dunkle Schokolade, gehackt
3 Eier, leicht verquirlt
265 g Schokoplättchen

1 Den Backofen auf 180 °C vorheizen. Zwei Backbleche mit Backpapier auslegen.
2 Das Mehl und das Kakaopulver in eine große Schüssel sieben, den braunen Zucker dazugeben und in die Mitte eine Mulde drücken.
3 Die Butter und die Schokolade in eine kleine hitzebeständige Schüssel geben. In einem großen Topf Wasser zum Kochen bringen. Von der Kochstelle nehmen, die Schüssel mit der Schokolade und der Butter darüber halten – der Schüsselboden darf die Wasseroberfläche nicht berühren – und so lange rühren, bis beides geschmolzen ist und sich zu einer glatten Masse verbunden hat.
4 Die Schokoladencreme und die Eier mit einem Holzlöffel gründlich mit der Mehlmischung verrühren. Die Schokoladenplättchen untermischen. Den Teig esslöffelweise mit ausreichendem Abstand auf das Backblech tropfen lassen. 7–10 Minuten backen. Auf dem Blech etwa 5 Minuten ankühlen lassen, dann zum Auskühlen auf ein Kuchengitter legen.
TIPP: Das Formen dieser Plätzchen gelingt am besten mit zwei Löffeln. Mit dem einen holen Sie den Teig aus der Schüssel, mit dem anderen schieben Sie ihn vom Löffel auf das Blech.

CHOCOLATE-CHIP-PLÄTZCHEN

Zu den auf der ganzen Welt berühmtesten Plätzchensorten gehören wahrscheinlich die „Chocolate Chip Cookies". Diese Klassiker wurden in den 1930er-Jahren von der Amerikanerin Mrs. Ruth Wakefield erfunden und zunächst unter dem Namen „Toll House Cookies", Zollhaus-Plätzchen, bekannt, benannt nach dem Gasthaus, das sie und ihr Mann damals führten. Eines Tages packte diese Dame die Experimentierfreude: Sie schnitt eine Tafel Schokolade in kleine Stücke und rührte diese unter ihren Plätzchenteig. Und siehe da, die Schokolade behielt während des Backens ihre Form und verschmolz nicht mit dem Teig. Ein Klassiker war geboren.

LINKS: Dunkle Chocolate-Chip-Plätzchen

ZOLLHAUSPLÄTZCHEN

Vorbereitungszeit: 20 Minuten
Backzeit: 10 Minuten
Für 40 Stück

180 g weiche Butter
140 g brauner Zucker
125 g Zucker
2 Eier, leicht verquirlt
1 TL Vanillearoma
310 g Mehl
1 TL Natron
350 g dunkle Schokoplättchen
100 g Pekannüsse, grob gehackt

UNTEN:
Zollhausplätzchen

1 Den Backofen auf 190 °C vorheizen. Zwei Backbleche mit Backpapier auslegen.
2 Die Butter und den Zucker mit dem Rührgerät in einer kleinen Schüssel cremig rühren. Nach und nach die Eier unterschlagen. Das Vanillearoma, das durchgesiebte Mehl und das Natron einrühren. Die Schokoplättchen und die Pekannüsse untermischen.
3 Je 1 EL Teig pro Plätzchen mit ausreichendem Abstand auf das Backblech setzen. 8–10 Minuten goldbraun backen. Kurz auf dem Blech ankühlen lassen. Anschließend zum Auskühlen auf ein Kuchengitter legen.
TIPP: Anstelle der Pekannüsse können Sie nach Belieben auch andere Nusssorten wie z. B. Walnüsse, Mandeln oder Haselnüsse verwenden.

ERDNUSSPLÄTZCHEN

Vorbereitungszeit: 30 Minuten
Kühlzeit: 15 Minuten
Backzeit: 20 Minuten
Für 30 Stück

185 g weiche Butter
370 g brauner Zucker
140 g weiche Erdnussbutter
1 TL Vanillearoma
1 Ei
185 g Mehl
1/2 TL Backpulver
125 g Haferflocken
120 g Erdnüsse

1 Den Backofen auf 180 °C vorheizen. Zwei Backbleche mit Backpapier auslegen.
2 Die Butter, den Zucker, die Erdnussbutter und das Vanillearoma mit dem Rührgerät in einer kleinen Schüssel cremig rühren. Nach und nach das Ei unterschlagen. In eine große Rührschüssel umfüllen. Das Mehl und das Backpulver durchsieben. Mit einem Metalllöffel nach und nach unter die Buttercreme heben. Die Haferflocken und die Erdnüsse untermischen und alles zu einem glatten Teig verarbeiten. Etwa 15 Minuten kalt stellen.
3 Den Teig esslöffelweise zu kleinen Kugeln formen und mit ausreichendem Abstand auf das Backblech setzen. Mit dem Rücken einer Gabel ein wenig flach drücken. 15–20 Minuten goldbraun backen. Die Plätzchen kurz auf dem Blech ankühlen lassen. Anschließend zum Auskühlen auf ein Kuchengitter legen.

PFEFFERKUCHENMÄNNLEIN

Vorbereitungszeit: 40 Minuten
Kühlzeit: 15 Minuten
Backzeit: 10 Minuten
Für 16 Stück

125 g weiche Butter
60 g brauner Zucker
90 g Zuckerrübensirup
1 Ei, leicht verquirlt
280 g Mehl
1/2 TL Backpulver
1 EL Ingwerpulver
1 TL Natron
1 EL Korinthen

Zuckerguss

1 Eiweiß
1/2 TL Zitronensaft
155 g Puderzucker
verschiedene Lebensmittelfarben

1 Den Backofen auf 180 °C vorheizen. Zwei Backbleche mit Backpapier auslegen.
2 Die Butter, den Zucker und den Sirup mit dem Rührgerät in einer kleinen Schüssel cremig rühren. Nach und nach das Ei unterschlagen. In eine große Rührschüssel umfüllen.
3 Das Mehl, das Backpulver, das Ingwerpulver und das Natron durchsieben. Mit einem Metalllöffel nach und nach vorsichtig unter die Buttercreme heben und alles mit den Händen zu einem glatten Teig verarbeiten. Auf einer bemehlten Arbeitsfläche 1–2 Minuten durchkneten. Den Teig zwischen zwei Lagen Backpapier etwa 5 mm dick ausrollen. Etwa 15 Minuten kalt stellen.
4 Mit einem Ausstecher die Pfefferkuchenmännchen ausstechen. Die Teigreste zusammenkneten, erneut ausrollen und weitere Figuren ausstechen. Die Figuren auf die Backbleche legen und Korinthen als Augen und Nase in den Teig drücken. Etwa 10 Minuten hellbraun backen. Vollständig auf dem Backblech auskühlen lassen.
5 Für den Zuckerguss das Eiweiß mit dem Rührgerät in einer kleinen Schüssel schaumig schlagen. Nach und nach den Zitronensaft und den Puderzucker dazugeben und alles zu einer glatten Masse verarbeiten. Die Creme auf mehrere Schüsselchen verteilen und mit verschiedenen Lebensmittelfarben nach Geschmack einfärben. In kleine Spritzbeutel füllen und den Pfefferkuchenmännchen damit in den verschiedenen Farben Münder, Haare, Kleidung usw. aufspritzen.

Die trockenen Zutaten mit einem Metalllöffel unter die Buttercreme heben.

Mit entsprechenden Ausstechern Figuren aus dem Teig ausstechen.

Den Zuckerguss in kleine Spritzbeutel füllen und die Pfefferkuchenmännchen damit verzieren.

LINKS:
Pfefferkuchenmännlein

BISCOTTI

Vorbereitungszeit: 25 Minuten
Backzeit: 45 Minuten
Für 45 Stück

★★

250 g Mehl
1 TL Backpulver
250 g Zucker
3 Eier
1 Eigelb
1 TL Vanillearoma
1 TL geriebene Orangenschale
110 g Pistazien

1 Den Backofen auf 180 °C vorheizen. Zwei Backbleche leicht einfetten, mit Backpapier auslegen und mit etwas Mehl bestäuben.
2 Das Mehl und das Backpulver in eine große Schüssel sieben. Den Zucker zugeben und alles gut vermengen. In die Mitte eine Mulde drücken. Zwei Eier, das zusätzliche Ei-gelb, das Vanillearoma und die Orangenschale hineingießen. Alles mit einem großen Metall-löffel vermischen. Die Pistazien vorsichtig unter-rühren.

3 Den Teig auf einer bemehlten Arbeitsfläche 3–4 Minuten glatt und geschmeidig kneten. Zwischendurch mit etwas Wasser beträufeln. Den Teig halbieren und jede Portion zu einer etwa 25 cm langen Rolle mit einem Durch-messer von etwa 8 cm formen. Mit den Händen etwas flach drücken.
4 Die Rollen auf die Backbleche legen. Das letzte Ei verquirlen und die Rollen damit be-streichen. In den Backofen schieben und etwa 35 Minuten backen.
5 Aus dem Ofen nehmen und die Backofen-temperatur auf 150 °C reduzieren. Die Rollen leicht abkühlen lassen und in etwa 4 mm dicke Scheiben schneiden. Die Scheiben flach auf den Backblechen verteilen und weitere 8 Minuten backen. Zum Abkühlen auf ein Kuchengitter legen.
TIPP: Leicht abgewandelt können Sie mit diesem Rezept auch Schokoladen-Macadamia-Biscotti backen: Lassen Sie einfach das Vanillearoma und die Pistazien weg und ersetzen Sie 40 g des Mehls durch die gleiche Menge Kakaopulver. Rühren Sie dann 70 g geröstete, grob gehackte Macadamianüsse und 90 g dunkle Schokoladen-plättchen unter den Teig. Fahren Sie danach fort wie im Grundrezept angegeben.
  Biscotti, „doppelt gebackene Plätzchen", sind eine Spezialität aus Italien.

OBEN: Biscotti

KLEINE FRUCHTTASCHEN

Zubereitungszeit: 40 Minuten +
35 Minuten Kühlzeit + 3 Wochen Einmachzeit
Backzeit: 15 Minuten
Ergibt 48 Stück

Füllung

2 große Äpfel (z. B. Granny Smith, etwa 450 g),
geschält, entkernt und fein gehackt

250 g Schweineschmalz

350 g dunkler brauner Zucker

375 g Rosinen, gehackt

240 g Sultaninen

225 g Korinthen

je 70 g Orangeat und Zitronat

100 g Mandelstifte, gehackt

1 EL Lebkuchengewürz

½ TL frisch geriebene Muskatnuss

½ TL Zimtpulver

2 TL abgeriebene Schale einer Orange

1 TL abgeriebene Schale einer Zitrone

250 ml Orangensaft

125 ml Zitronensaft

150 ml Weinbrand

Teig

800 g Mehl

1 TL Zucker

1 Prise Salz

400 g gekühlte Butter, gehackt

4 Eier, leicht verschlagen

4 Tropfen Vanillearoma

1 Eiweiß, leicht verschlagen, für die Glasur

1 Für die Füllung alle Zutaten für die Fruchtmischung und 125 ml Weinbrand gut vermengen. Die Mischung in saubere, ausgekochte Einmachgläser bis etwa 1,5 cm unter den Glasrand füllen. Mit einem Spieß Luftblasen entfernen, den Rand mit einem Geschirrtuch säubern, etwas Weinbrand über die Fruchtmischung geben und luftdicht verschließen. Die Gläser mit Inhalt und Datum beschriften und mindestens 3 Wochen, maximal 6 Monate kühl lagern.

2 Für den Teig Mehl, Zucker und eine gute Prise Salz in eine Schüssel sieben. Die Butter hineinreiben, bis die Mischung feinen Brotkrumen ähnelt. Eine Vertiefung in die Mitte drücken und Eier, Vanillearoma und 2–3 TL Wasser zugeben.

3 Die Zutaten mithilfe eines Messers mit gerader Klinge oder eines Teigschabers zum Teig verarbeiten. Falls der Teig zu klebrig ist, etwas Mehl zugeben. Auf einer leicht bemehlten, kalten Oberfläche zu einem Laib kneten, flach drücken und bedeckt 20 Minuten abkühlen lassen.

4 Etwa ein Drittel des Teigs in Klarsichtfolie eingewickelt in den Kühlschrank stellen. Den restlichen Teig 3 mm dick ausrollen und 48 Plätzchen mit 7 cm Durchmesser ausstechen.

5 4 Tortelett-Backformen mit je 12 flachen Vertiefungen mit den Plätzchen auslegen, mit je 1 EL Fruchtmischung füllen und kalt stellen.

6 Den Backofen auf 200 °C (Gas 3) vorheizen. Den gekühlten Teig ausrollen und 48 Teigdeckel mit 6 cm Durchmesser ausstechen und in der Mitte mit einem Küchenmesser eine kleine Öffnung schneiden. Auf die Plätzchen legen und diese weitere 15 Minuten kalt stellen.

7 Mit Eiweiß einstreichen, nach Wunsch mit Puderzucker bestäuben und 12–15 Minuten backen.

OBEN: Kleine Fruchttaschen

GRAHAM-KRÄCKER

Vorbereitungszeit: 25 Minuten
Kühlzeit: 30 Minuten
Backzeit: 10 Minuten
Für 12 Stück

350 g Weizenschrotmehl
60 g Maismehl
60 g Zucker
1/2 TL Salz
150 g Butter
185 ml Sahne

1 Das Weizenschrot- und das Maismehl in eine Schüssel sieben. Den Zucker und das Salz untermischen. Die Butter mit den Fingerspitzen einkneten, bis sich Streusel bilden. Mit einem Messer in schneidenden Bewegungen die Sahne unterrühren und alles zu einem geschmeidigen Teig verarbeiten.
2 Zu einem Ballen formen, in Frischhaltefolie einwickeln und etwa 30 Minuten kalt stellen. Den Backofen auf 200 °C vorheizen. Zwei Backbleche mit Backpapier auslegen.
3 Den Teig zu einem Rechteck (etwa 30 x 24 cm) ausrollen. Mit einem scharfen Messer oder einem Pizzarad in zwölf gleich große Stücke schneiden. In ausreichendem Abstand auf die Backbleche legen.
4 7–10 Minuten goldbraun backen. Auf dem Blech etwa 2–3 Minuten ankühlen lassen. Dann zum Auskühlen auf ein Kuchengitter legen. In einem luftdichten Behälter aufbewahren.

HAFERKEKSE

Vorbereitungszeit: 15 Minuten
Backzeit: 25 Minuten
Für 14 Stück

250 g grobes Hafermehl
1/2 TL Backpulver
2 TL brauner Zucker
1 Msp. Salz
60 g zerlassene Butter
Hafermehl zum Bestäuben

1 Den Backofen auf 180 °C vorheizen. Zwei Backbleche mit Backpapier auslegen.

2 Das Hafermehl, das Backpulver, den Zucker und das Salz in einer Schüssel vermischen. In die Mitte eine Mulde drücken und die zerlassene Butter sowie 125 ml heißes Wasser hineingießen.
3 Alles mit einem flachen Messer zu einem groben Teig verarbeiten. Aus der Schüssel schaben und zu einem Ballen formen.
4 Auf einer mit Hafermehl bestäubten Arbeitsfläche zu einer etwa 5 mm dicken Platte ausrollen und mit Hafermehl bestäuben. Mit einem runden Ausstecher (6 cm Ø) Kreise ausstechen. In ausreichendem Abstand auf die Backbleche verteilen. Etwa 25 Minuten goldbraun backen. Auf dem Backblech etwa 5 Minuten ankühlen lassen, dann zum Auskühlen auf ein Kuchengitter legen.

KÄSETALER

Vorbereitungszeit: 10 Minuten
Kühlzeit: 30 Minuten
Backzeit: 10 Minuten
Für 45 Stück

125 g Butter in kleinen Stücken
125 g geriebener Cheddar-Käse
2 EL geriebener Parmesan
140 g Mehl
1 Msp. Backpulver
1 Msp. Cayennepfeffer
1 TL Zitronensaft
1 Msp. Salz

1 Alle Zutaten in der Küchenmaschine oder mit den Händen in einer Schüssel zu einem glatten Teig verarbeiten.
2 Auf einer leicht bemehlten Arbeitsfläche etwa 2 Minuten durchkneten und zu einer Wurst von etwa 3 cm Ø formen. In Frischhalte- und Alufolie wickeln und für etwa 30 Minuten ins Tiefkühlfach legen. Anschließend etwa 5 Minuten bei Zimmertemperatur ruhen lassen.
3 Den Backofen auf 180 °C vorheizen. Zwei Backbleche mit Backpapier auslegen.
4 Die Teigrolle in etwa 3 mm dünne Scheiben schneiden, die Taler in ausreichendem Abstand auf die Backbleche verteilen, in den Backofen schieben und 9–10 Minuten goldgelb backen. Auf den Backblechen abkühlen lassen.
TIPP: Käsetaler schmecken am besten ganz frisch. Sie passen als Knabberei hervorragend zu Bier und Wein.

GRAHAM-KRÄCKER
Graham-Kräcker sind eine Spezialität aus den USA. Hier bezeichnet das Wort „Graham" Backwaren, die aus Vollkornmehl einschließlich des Schrots gebacken wurden. Diese Art des Mehls wurde von Dr. Sylvester Graham im frühen 19. Jahrhundert eingeführt und gesellschaftsfähig gemacht. Dr. Graham war ein glühender Verfechter vollwertiger Ernährung und des Vegetariertums. Bezeichnungen wie Graham-Brot, Graham-Kräcker oder Graham-Zwieback deuten also darauf hin, dass die Produkte aus Vollkornmehl hergestellt wurden.

GEGENÜBER:
Käsetaler (oben),
Graham-Kräcker

SANDWICHES Sandwiches müssen keine

dicken Brote mit Lachscreme oder Schmelzkäse sein – die hier vorgeschlagenen

Party-Sandwiches beweisen es, und sie könnten der Renner des Abends sein.

SCHINKEN-MAIS-STREIFEN

250 g Sauerrahm mit 140 g Mais-Relish mischen. Auf 8 Scheiben Weißbrot verteilen. Darauf je 1 Scheibe Vollkornbrot, 1 Scheibe Kochschinken und zuletzt 1 gebutterte Scheibe Weißbrot legen. Die Kanten abschneiden und jedes Sandwich dritteln. Ergibt 24 Steifen.

GEMÜSEDREIECKE

500 g Butternuß-Kürbis in Stücke schneiden. In einer Fettpfanne mit Öl beträufeln und bei 200 °C (Gas 3) 1 Stunde im Ofen bißfest garen. Abkühlen lassen und pürieren. 1 Eßlöffel Tomatensalsa auf 4 Scheiben Leinsamenbrot verteilen. Mit marinierter Aubergine, Korianderblättern und

Zwiebelringen belegen. Darauf 4 weitere Scheiben Leinsamenbrot mit püriertem Kürbis legen. Kanten abschneiden und in Dreiecke schneiden. Ergibt 16 Stück.

HÄHNCHEN-GUACAMOLE-ECKEN

2 Avocados zerdrücken und mit 1 Eßlöffel Mayonnaise, 1 Teelöffel gehackter

Chili, 1 Eßlöffel Zitronensaft, 1 kleinen gehackten Tomate und $^1/_2$ feingehackten roten Zwiebel mischen. Auf 8 Scheiben Vollkorntoast verteilen und mit 250 g geräuchertem Hähnchenbrustaufschnitt belegen. Zuckerschotenkeime darüber streuen. Mit einer weiteren Brotscheibe abschließen, Kanten abschneiden und in Quadrate schneiden. Ergibt 32 Stück.

PUTEN-BRIE-DREIECKE

Die Kanten von 8 Scheiben Toastbrot abschneiden. Auf 4 Scheiben davon Preiselbeeren verteilen. Mit 120 g Putenbrust, 120 g in Scheiben geschnittenem Brie, 4 Salatblättern und dem restlichen Toastbrot Sandwiches zusammensetzen. In Dreiecke schneiden. Ergibt 16 Stück.

ROASTBEEF-RAUKE-STREIFEN

Die Kanten von 16 Scheiben Toastbrot entfernen. 160 g Pfefferpastete auf der Hälfte des Brots verteilen. Mit 250 g rosa Roastbeef-Aufschnitt, 160 g getrockneten Tomaten und Rauke Sandwiches zusammensetzen. Jeweils in 3 Streifen schneiden. Ergibt 24 Stück.

ZITRONENSANDWICHES MIT GARNELEN

$1^1/_2$ unbehandelte Zitronen mit dünner Schale waschen. In dünne Scheiben schneiden. Aus 10 Scheiben Mehrkorntoast Zitronensandwiches zusammensetzen; jedes in 8 Dreiecke schneiden. Die Kanten entfernen. Mit 500 g gekochten Riesengarnelen (ohne Schale, mit Schwanz) servieren. Ergibt 40 Stück.

HÄHNCHEN-RAUKE-WALNUSS-SANDWICHES

250 g Hähnchenbrust- und 500 g Hähnchenschenkelfilets braten. Abkühlen lassen und feinhacken. Mit 250 g Mayonnaise, etwas feingehacktem Sellerie und gehackten Walnüssen mischen. Abschmecken. Aus der Füllung und 20 Scheiben Toastbrot Sandwiches zusammensetzen, jeweils etwas Rauke zugeben. Kanten abschneiden und in Streifen schneiden. Ergibt 30 Stück.

IM UHRZEIGERSINN, VON LINKS UNTEN: Hähnchen-Guacamole-Ecken; Gemüsedreiecke; Schinken-Mais-Streifen; Puten-Brie-Dreiecke; Roastbeef-Rauke-Walnuß-Sandwiches; Zitronensandwiches mit Garnelen

VANILLESCHNITTEN

Vorbereitungszeit: 40 Minuten
Backzeit: 8 Minuten
Für 9 Stück

★★

500 g Blätterteig (fertig gekauft
   oder selbst gemacht, siehe S. 488-489)
250 g Zucker
90 g Maismehl
60 g Vanillepuddingpulver
1 l Sahne
60 g Butter, in kleine Würfel geschnitten
2 TL Vanillearoma
3 Eigelbe

Glasur

185 g Puderzucker
60 g pürierte Passionsfrucht
15 g zerlassene Butter

 Den Backofen auf 210 °C vorheizen. Zwei Backbleche mit Öl bestreichen. Eine quadratische Kuchenform (23 cm Seitenlänge) mit Alufolie auskleiden, dabei die Folie an zwei gegenüberliegenden Seiten überstehen lassen. Das erleichtert später das Lösen des Kuchens aus der Form. Den Blätterteig halbieren, jedes Stück zu einer 3 mm dicken quadratischen Teigplatte (etwa 25 cm Seitenlänge) ausrollen und auf eines der Backbleche legen. Die Oberseite mit einer Gabel einstechen, die Teigplatten in den Ofen schieben und etwa 8 Minuten goldbraun backen. Herausnehmen und auf eine Größe von 23 x 23 cm zurechtschneiden. Eine Teigplatte mit der Oberseite nach unten in die Kuchenform legen.

2 Den Zucker, das Maismehl und das Vanillepuddingpulver in einem Topf vermischen. Nach und nach die Sahne zugeben und alles glatt rühren. Unter ständigem Rühren bei mittlerer Hitze etwa 2 Minuten aufkochen lassen. Die Butter und das Vanillearoma einrühren. Den Topf von der Kochstelle nehmen und die Eigelbe unterschlagen. Die Puddingmasse gleichmäßig auf dem Teigboden in der Form verteilen. Die zweite Teigplatte mit der Oberseite nach unten auf die Puddingmasse legen. Abkühlen lassen.

3 Für die Glasur den Puderzucker, die pü-rierte Passionsfrucht und die zerlassene Butter in einer kleinen Schüssel zu einer glatten Masse verrühren.

4 Den abgekühlten Kuchen an den Alufolienrändern aus der Form heben. Die Glasur gleichmäßig darauf verstreichen und fest werden lassen. Den Kuchen mit einem geriffelten Messer in neun gleich große Stücke schneiden.

SCHOKOLADEN-PFEFFERMINZ-SCHNITTEN

Vorbereitungszeit: 30 Minuten
Kühlzeit: 30 Minuten
Backzeit: 15 Minuten
Für 24 Stück

80 g Mehl
1 TL Backpulver
30 g Kakaopulver
45 g Kokosraspel
60 g Zucker
140 g zerlassene Butter
1 Ei, leicht verquirlt

Pfefferminzcreme

185 g Puderzucker
30 g zerlassenes Pflanzenfett
2 EL Milch
1/2 TL Pfefferminzaroma

Schokoladenglasur

185 g dunkle Schokolade, gehackt
30 g Pflanzenfett

1 Den Backofen auf 180 °C vorheizen. Eine rechteckige Kuchenform (18 x 28 cm) leicht einfetten und mit Backpapier auslegen, dabei das Backpapier an zwei gegenüberliegenden Seiten überstehen lassen.

2 Das Mehl, das Backpulver und das Kakaopulver in eine Schüssel sieben. Die Kokosraspel und den Zucker untermischen. Die Butter und das Ei zugeben und alles zu einem glatten Teig verarbeiten. In die Form drücken und etwa 15 Minuten backen. Aus dem Ofen nehmen und mit dem Rücken eines Löffels flach drücken. Abkühlen lassen.

3 Für die Pfefferminzcreme den Puderzucker in eine Schüssel sieben. Das Pflanzenfett, die Milch und das Pfefferminzaroma unterrühren. Den Teigboden mit der Pfefferminzcreme bestreichen und 5–10 Minuten kalt stellen.

4 Für die Schokoladenglasur die Schokolade und die Butter in eine hitzebeständige Schüssel geben. In einem Topf Wasser zum Kochen bringen. Von der Kochstelle nehmen, die Schüssel darüber halten – der Schüsselboden darf die Wasseroberfläche nicht berühren – und so lange rühren, bis die Schokolade und das Pflanzenfett geschmolzen sind und sich zu einer glatten Masse verbunden haben. Die Glasur gleichmäßig über der Pfefferminzcreme verstreichen und den Kuchen etwa 20 Minuten kalt stellen, bis die Schokolade fest geworden ist. Den Kuchen an den überstehenden Backpapierrändern aus der Form heben und mit einem warmen Messer in 24 gleich große Stücke schneiden.

PFEFFERMINZAROMA

Die Pfefferminze ist ein würziges Küchenkraut, das frisch oder getrocknet verwendet wird, vor allem auch zur Zubereitung von Kräutertee. Beim Backen kommt hauptsächlich das aus den Blättern und Blüten der Pfefferminze gewonnene Öl zum Einsatz. In kleinen Mengen wird dieser Aromastoff besonders in Kombination mit Schokolade zur Herstellung von Pralinen, Kuchen- und Plätzchenfüllungen und Glasuren verwendet. Auch der aromatische Minzlikör „Crème de Menthe" bezieht seinen Geschmack von diesem Öl.

OBEN: Schokoladen-Pfefferminz-Schnitten

KARAMELLSCHNITTEN

Vorbereitungszeit: 35 Minuten
Kühlzeit: 20 Minuten
Backzeit: 25 Minuten
Für 20 Stück

125 g Mehl
2 TL Backpulver
90 g Kokosraspel
125 g Zucker
125 g zerlassene Butter

Karamellfüllung

400 g gezuckerte Kondensmilch
20 g Butter
2 EL Zuckerrübensirup

Schokoladenglasur

150 g dunkle Schokolade, gehackt
20 g Pflanzenfett

1 Den Backofen auf 180 °C vorheizen. Eine rechteckige Kuchenform (18 x 28 cm) leicht einfetten und so mit Backpapier auslegen, dass es an zwei gegenüberliegenden Seiten übersteht.
2 Das Mehl und das Backpulver in eine Schüssel sieben und mit den Kokosraspeln und dem Zucker vermischen. Die zerlassene Butter zugeben und alles verkneten. Gleichmäßig auf dem Boden der Backform verteilen. 12–15 Minuten backen. Abkühlen lassen.
3 Für die Karamellfüllung die Kondensmilch, die Butter und den Sirup in einem Topf bei schwacher Hitze verrühren. Unter Rühren aufkochen, die Hitze reduzieren und 4–5 Minuten eindicken lassen. Auf dem Teigboden verteilen. Etwa 10 Minuten backen. Abkühlen lassen.
4 Für die Glasur die Schokolade und das Pflanzenfett in eine hitzebeständige Schüssel geben. In einem Topf Wasser zum Kochen bringen. Von der Kochstelle nehmen, die Schüssel darüber halten – der Schüsselboden darf die Wasseroberfläche nicht berühren – und so lange rühren, bis Schokolade und Fett sich zu einer glatten Masse verbunden haben. Über der Karamellschicht verteilen und nach Belieben mit Mustern verzieren. Etwa 20 Minuten kalt stellen. An den überstehenden Backpapierrändern aus der Form heben und mit einem heißen Messer in 20 gleich große Stücke schneiden.

KONDENSMILCH

Kondensmilch gibt es in Dosen und Tuben. Es ist eine stark eingedickte, häufig gezuckerte Form der Milch. Ungeöffnet ist Kondensmilch fast unendlich lange haltbar, sollte aber nach dem Öffnen auf jeden Fall gekühlt werden. Beim Backen wird gezuckerte Kondensmilch dazu verwendet, Kuchen, Teilchen und Füllungen zu süßen, aber z. B. auch, um Karamell herzustellen.

RECHTS:
Karamellschnitten

TROCKENFRÜCHTE
Als Trockenfrüchte, auch unter den Begriffen Back- oder Dörrobst bekannt, bezeichnet man Früchte, die bei einer Hitze von um die 100 °C getrocknet wurden. Früher geschah dies vor allem, um das Obst haltbarer zu machen. Beim Backen verleihen Trockenfrüchte dem Gebäck Saftigkeit und einen intensiven fruchtig-süßen Geschmack. Zu Trockenobst werden hauptsächlich Äpfel, Feigen, Aprikosen und Pflaumen verarbeitet.

MÜSLIRIEGEL

Vorbereitungszeit: 25 Minuten
Kühlzeit: 2 Stunden
Backzeit: 45 Minuten
Für 18 Stück

250 g Butter, in Würfel geschnitten
250 g Zucker
2 EL Honig
250 g Haferflocken
65 g Kokosraspel
30 g Cornflakes, leicht zerkleinert
45 g Mandelblättchen
1 TL gemahlene Gewürze (Zimt, Muskatnuss, Gewürznelken)
45 g fein gehackte getrocknete Aprikosen
185 g gemischte Trockenfrüchte

1 Den Backofen auf 160 °C vorheizen. Eine rechteckige Kuchenform (20 x 30 cm) leicht einfetten und mit Backpapier auslegen, dabei das Backpapier an zwei gegenüberliegenden Seiten überstehen lassen. Das erleichtert später das Lösen des Kuchens aus der Form.
2 Die Butter, den Zucker und den Honig in einem kleinen Topf bei schwacher Hitze etwa 5 Minuten verrühren, bis die Butter geschmolzen ist und der Zucker sich vollständig aufgelöst hat.
3 Die übrigen Zutaten in einer Schüssel vermischen. Die Buttermischung dazugeben und alles gründlich vermengen. Den Teig gleichmäßig in die Form drücken, in den Backofen schieben und etwa 45 Minuten goldbraun backen. In der Form abkühlen lassen und etwa 2 Stunden kalt stellen, bis sich die Masse verfestigt hat.
4 Den Kuchen an den überstehenden Backpapierrändern aus der Form heben und in 18 gleich große, rechteckige Riegel schneiden.

OBEN: Müsliriegel

SCHOKOLADEN-BROWNIES

Vorbereitungszeit: 25 Minuten
Kühlzeit: 2 Stunden
Backzeit: 50 Minuten
Für 24 Stück

40 g Mehl
60 g Kakaopulver
500 g Zucker
125 g gehackte Pekan- oder Walnüsse
250 g hochwertige dunkle Schokolade, fein
  gehackt
250 g zerlassene Butter
2 TL Vanillearoma
4 Eier, leicht verquirlt

1 Den Backofen auf 180 °C vorheizen. Eine rechteckige Kuchenform (20 x 30 cm) so mit Backpapier auslegen, dass es an zwei gegenüberliegenden Seiten übersteht.
2 Das Mehl und das Kakaopulver in eine Schüssel sieben und mit dem Zucker, den gehackten Nüssen und der Schokolade vermischen. Die zerlassene Butter, das Vanillearoma und die Eier einrühren. In die Backform füllen und etwa 50 Minuten backen. In der Form abkühlen lassen, anschließend 2 Stunden kalt stellen. An den überstehenden Papierrändern aus der Form heben und in 24 quadratische Stücke schneiden.

MACADAMIA-BLONDIES

Vorbereitungszeit: 25 Minuten
Backzeit: 40 Minuten
Für 25 Stück

100 g Butter, in Würfel geschnitten
100 g weiße Schokolade, gehackt
125 g Zucker
2 Eier, leicht verquirlt
1 TL Vanillearoma
125 g Mehl
2 TL Backpulver
80 g grob gehackte Macadamianüsse

1 Den Backofen auf 180 °C vorheizen. Eine quadratische Kuchenform (20 cm Seitenlänge) so mit Backpapier auslegen, dass es an zwei gegenüberliegenden Seiten übersteht.

2 Die Butter und die weiße Schokolade in eine hitzebeständige Schüssel geben. In einem Topf Wasser zum Kochen bringen. Von der Kochstelle nehmen, die Schüssel darüber halten – der Schüsselboden darf die Wasseroberfläche nicht berühren – und Schokolade und Butter zu einer glatten Masse verrühren. Nach und nach den Zucker, die Eier und das Vanillearoma einrühren. Das Mehl und das Backpulver dazusieben und mit den Nüssen vorsichtig unterheben.
3 In die Backform füllen und 35–40 Minuten backen. In der Form abkühlen lassen. An den überstehenden Papierrändern aus der Form heben und in 25 quadratische Stücke schneiden.

DREIERLEI-SCHOKOLADEN-BROWNIES

Vorbereitungszeit: 25 Minuten
Backzeit: 40 Minuten
Für 25 Stück

125 g Butter, in Würfel geschnitten
350 g dunkle Schokolade, grob gehackt
185 g brauner Zucker
3 Eier
2 TL abgeriebene Orangenschale
125 g Mehl
30 g Kakaopulver
100 g Vollmilchschokoladenplättchen
100 g weiße Schokoladenplättchen

1 Den Backofen auf 180 °C vorheizen. Eine quadratische Kuchenform (23 cm Seitenlänge) so mit Backpapier auslegen, dass es an zwei gegenüberliegenden Seiten übersteht.
2 Die Butter und 250 g der dunklen Schokolade in eine hitzebeständige Schüssel geben. In einem Topf Wasser zum Kochen bringen. Von der Kochstelle nehmen, die Schüssel darüber halten – der Schüsselboden darf die Wasseroberfläche nicht berühren – und Schokolade und Butter zu einer glatten Masse verrühren.
3 Den Zucker, die Eier und die Orangenschale in einer Schüssel mit dem Rührgerät cremig rühren. Die Schokoladenmasse untermischen.
4 Das Mehl und das Kakaopulver in eine Schüssel sieben. Die restliche dunkle Schokolade sowie die Schokoladenplättchen einrühren. In die Backform füllen und etwa 40 Minuten backen. In der Form abkühlen lassen. An den überstehenden Papierrändern aus der Form heben und in 25 quadratische Stücke schneiden.

MACADAMIANÜSSE

Die Macadamianuss, die Königin unter den Nüssen, stammt ursprünglich aus Australien, wird heute aber auch auf Hawaii und in Kenia angebaut. Die weiche, geschmacklich besonders ansprechende Nuss hat eine ungewöhnlich harte Schale, die man fast nur mit Hilfe eines Hammers knacken kann. Macadamianüsse sind roh oder geröstet erhältlich. Sie enthalten besonders viele Mineralien und Vitamine und sind cholesterinfrei. Beim Backen braucht man sie z. B. zur Zubereitung von Brownies.

GEGENÜBER: Schokoladen-Brownies, Macadamia-Blondies, Dreierlei-Schokoladen-Brownies

BEEREN

Es gibt unzählige Arten von Beeren, die nicht nur reif vom Strauch gepflückt köstlich schmecken, sondern auch eingebettet in leckeres Gebäck. Die beliebtesten Beeren haben von Frühjahr bis Herbst Saison. Hierzu gehören Heidel-, Him-, Erd-, Brom-, Johannis- und Stachelbeeren. Beeren aller Art sind unverzichtbare Zutaten beim Backen und verleihen dem Gebäck eine fruchtig frische Note.

OBEN:
Beeren-Mandel-Schnitten

BEEREN-MANDEL-SCHNITTEN

Vorbereitungszeit: 25 Minuten
Backzeit: 1 Stunde 15 Minuten
Für 15 Stück

 ✦ ✦

1 Platte fertig gekaufter Blätterteig (für ein Backblech)
150 g Butter
185 g Zucker
3 Eier, leicht verquirlt
2 EL abgeriebene Zitronenschale
125 g gemahlene Mandeln
2 EL Mehl
150 g Himbeeren
150 g Brombeeren
Puderzucker zum Bestäuben

1 Den Backofen auf 200 °C vorheizen. Eine quadratische Kuchenform (23 cm Seitenlänge) so mit Backpapier auslegen, dass es an zwei gegenüberliegenden Seiten übersteht.
2 Den Blätterteig auf ein mit Backpapier ausgelegtes Backblech legen. Die Oberfläche mit einer Gabel einstechen. 15 Minuten goldbraun backen. Zurechtschneiden und in die Backform legen. Die Ofentemperatur auf 180 °C reduzieren.
3 Die Butter und den Zucker mit dem Rührgerät in einer kleinen Schüssel cremig rühren. Nach und nach die Eier unterschlagen. Die Zitronenschale untermischen. Vorsichtig die Mandeln und das Mehl unterheben und die Mischung auf dem Teigboden verteilen.
4 Die Beeren gleichmäßig auf dem Kuchen verstreuen. Etwa 1 Stunde goldbraun backen. Herausnehmen und in der Form abkühlen lassen. An den überstehenden Backpapierrändern aus der Form heben und mit einem warmen Messer in 15 gleich große Stücke schneiden. Mit Puderzucker bestäuben.

KIESELSCHNITTCHEN

Vorbereitungszeit: 15 Minuten
Kühlzeit: 30 Minuten
Backzeit: 25 Minuten
Für 24 Stück

175 g weiche Butter
125 g Zucker
1 Ei, leicht verquirlt
50 g dunkle Schokolade, geschmolzen
125 g Mehl
2 TL Backpulver
2 EL Kakaopulver
250 g dunkle Schokolade, gehackt
105 g Cocktailkirschen, halbiert
50 g Mini-Marshmallows
80 g ungesalzene Erdnüsse

1 Den Backofen auf 180 °C vorheizen. Zwei geradwandige Kastenformen (26 x 8 x 4,5 cm) so mit Backpapier auslegen, dass es an zwei gegenüberliegenden Seiten übersteht.

2 150 g Butter und den Zucker mit dem Rührgerät in einer kleinen Schüssel cremig rühren.

Nach und nach die Eier und die geschmolzene Schokolade unterschlagen. In eine große Schüssel umfüllen. Das Mehl, das Backpulver und das Kakaopulver dazusieben und mit einem großen Metalllöffel unterheben. Den Teig auf die beiden Kastenformen verteilen und die Oberflächen glatt streichen. In den Backofen schieben und 20–25 Minuten backen. Herausnehmen und in der Form etwa 30 Minuten abkühlen lassen.

3 Die gehackte Schokolade und restliche Butter in eine hitzebeständige Schüssel geben. In einem Topf Wasser zum Kochen bringen. Von der Kochstelle nehmen, die Schüssel darüber halten – der Schüsselboden darf die Wasseroberfläche nicht berühren – und so lange rühren, bis sich Schokolade und Butter zu einer glatten Masse verbunden haben.

4 Etwa ein Drittel der Schokoladenmasse auf die beiden Kastenformen verteilen. Die Cocktailkirschen, die Marshmallows und die Erdnüsse großzügig darauf verstreuen. Mit der restlichen Schokoladenmasse bedecken. Ruhen lassen, bis sich die Schokoladenmasse verfestigt hat. Die Kuchen an den überstehenden Backpapierrändern aus den Formen heben und mit einem warmen Messer in 24 etwa 2 cm breite Riegel schneiden.

MEHL
Als Mehl bezeichnet man ganz allgemein jede Art von gemahlenem Getreide. Beim Backen wird meist Weizenmehl verwendet, denn es bietet die besten Voraussetzungen für zarte Biskuitteige ebenso wie für derbe Brotteige. Inzwischen sind neben Weizenmehl aber auch unzählige andere Mehlsorten aus verschiedenen Getreide- und sogar Gemüsearten im Handel erhältlich. Die Auswahl reicht von Roggen-, Mais- oder Reismehl bis hin zum geschmacklich gerade für Brotteige interessanten Kartoffelmehl. Auch so genannte Vollkornmehle, d. h. Mehle, in denen noch alle Bestandteile des Korns enthalten sind, erfreuen sich großer Beliebtheit.

LINKS: Kieselschnittchen

OBEN:
Schokoladen-Eclairs

SCHOKOLADEN-ECLAIRS

Vorbereitungszeit: 40 Minuten
Backzeit: 30 Minuten
Für 18 Stück

125 g Butter
125 g Mehl
4 Eier, leicht verquirlt
300 ml Sahne
150 g dunkle Schokolade, gehackt

1 Den Backofen auf 210 °C vorheizen. Zwei Backbleche einfetten. Die Butter und 250 ml Wasser in einem großen Topf bei mittlerer Hitze erwärmen, bis die Butter geschmolzen ist. Kurz aufkochen lassen und von der Kochstelle nehmen.

2 Das Mehl zügig dazusieben und mit einem hölzernen Kochlöffel rasch unterschlagen. Die Mischung wieder auf die Kochstelle stellen und so lange rühren, bis sich der Teig von den Topfrändern löst und einen Klumpen bildet. In eine große Schüssel füllen und leicht abkühlen lassen.

Ab und zu umrühren, damit die Hitze schneller entweicht. Nach und nach die Eier gründlich unterrühren. So lange rühren, bis die Mischung glänzend und fest ist. Ein hölzerner Kochlöffel sollte aufrecht darin stehen bleiben.

3 Den Teig in einen Spritzbeutel mit einer glatten Tülle (1,5 cm Ø) füllen. Das Backblech leicht mit Wasser besprengen. In ausreichendem Abstand etwa 15 cm lange Teigstreifen auf das Blech spritzen. 10–15 Minuten backen. Die Backtemperatur auf 180 °C reduzieren und die Eclairs in weiteren 15 Minuten goldbraun backen. Auf einem Kuchengitter abkühlen lassen. Jeden Eclair der Länge nach durchschneiden. Die Sahne steif schlagen und die Eclairs damit füllen.

4 Die Schokolade in eine hitzebeständige Schüssel geben. Die Schüssel über einen Topf mit kochendem Wasser halten – der Boden der Schüssel darf die Wasseroberfläche nicht berühren – und die Schokolade unter Rühren schmelzen lassen. Die Oberseite der Eclairs mit der geschmolzenen Schokolade bestreichen.

DÄNISCHE APRIKOSENPLUNDER

Vorbereitungszeit: 40 Minuten
Ruhezeit: 1 Stunde 30 Minuten
Kühlzeit: 4 Stunden 30 Minuten
Backzeit: 20 Minuten
Für 12 Stück

7 g Trockenhefe
125 ml warme Milch
65 g Zucker
250 g Mehl
1/2 TL Salz
1 Ei, leicht verquirlt
1 TL Vanillearoma
250 g kalte Butter

Cremefüllung

2 EL Zucker
2 Eigelbe
2 TL Mehl
2 TL Maismehl
125 ml Milch

425 g Aprikosenhälften aus der Dose
1 Ei, leicht geschlagen
40 g Mandelblättchen
80 g Aprikosenmarmelade zum Bestreichen

1 Die Trockenhefe, die warme Milch und 1 TL Zucker in einer kleinen Schüssel verrühren. An einem warmen Ort 10 Minuten ruhen lassen, bis sich auf der Oberfläche Bläschen bilden.

2 Das Mehl in eine große Schüssel sieben und mit dem Salz und dem restlichen Zucker vermischen. In die Mitte eine Mulde drücken, die Hefemischung, das Ei und das Vanillearoma hineingießen und alles zu einem festen Teig verarbeiten. Auf einer bemehlten Arbeitsfläche mit den Händen etwa 10 Minuten glatt und geschmeidig kneten. In einer bemehlten Schüssel zugedeckt an einem warmen Ort etwa 1 Stunde bis zur doppelten Größe aufgehen lassen.

3 In der Zwischenzeit die Butter zwischen zwei Lagen Backpapier zu einem etwa 15 x 20 cm großen Rechteck ausrollen. Bis zur weiteren Verarbeitung kalt stellen.

4 Den Teig noch einmal kurz durchkneten. Zu einer etwa 25 x 30 cm großen Teigplatte ausrollen. Die Butterplatte in die Mitte des Teigs legen und den Teig von oben und unten darüber schlagen. Das Päckchen im Uhrzeigersinn um 90° drehen und zu einem Rechteck von etwa 20 x 40 cm ausrollen. Das obere und das untere Drittel der Teigplatte über die Mitte schlagen und den Teig im Uhrzeigersinn um 90° drehen. Mit Frischhaltefolie abdecken und etwa 30 Minuten im Kühlschrank ruhen lassen. Den gleichen Vorgang (ausrollen, falten, drehen, ausrollen, falten, drehen, kühlen) noch viermal wiederholen. Den Teig in Frischhaltefolie wickeln und für mindestens 2 Stunden im Kühlschrank ruhen lassen.

5 Für die Cremefüllung den Zucker, die Eigelbe, das Mehl und das Maismehl in einem Topf verrühren. Die Milch erhitzen, darüber gießen und alles zu einer glatten Creme verarbeiten. Bei mittlerer Hitze unter Rühren aufkochen lassen. Von der Kochstelle nehmen und zugedeckt abkühlen lassen.

6 Den Backofen auf 200 °C vorheizen und zwei Backbleche mit Backpapier auslegen. Den gekühlten Teig zu einer etwa 3 mm dünnen Teigplatte ausrollen. Zwölf Quadrate (10 cm Seitenlänge) zuschneiden und auf die Bleche legen.

7 1 EL Cremefüllung in die Mitte jedes Teigquadrats geben und diagonal je zwei Aprikosenhälften darauf setzen. Eine der unbelegten Ecken über die Aprikosenhälften schlagen und die Spitze mit Ei bestreichen. Die gegenüberliegende Ecke darüber schlagen und gut festdrücken. Etwa 30 Minuten gehen lassen. Mit dem restlichen Ei bestreichen und mit den Mandelblättchen bestreuen. 15–20 Minuten goldbraun backen. Zum Abkühlen auf ein Kuchengitter legen.

8 Die Aprikosenmarmelade mit 1 EL Wasser bei schwacher Hitze glatt rühren. Die Aprikosenhälften damit bestreichen.

CREMEFÜLLUNG

Die leckere Creme, mit der neben dänischem Plunder auch viele andere süße Gebäcke gefüllt werden, kommt aus Frankreich, wo sie „crème patissière" heißt. Sie besteht aus Milch, Eiern und Zucker, wird mit Weizen- und Maismehl gebunden und verfestigt sich beim Backen. Geschmackliche Varianten entstehen durch die Zugabe von Karamell oder gemahlenen Nüssen.

UNTEN: Dänische Aprikosenplunder

BAKLAVA

Jedes Blatt Strudelteig groß-zügig mit der Butter-Öl-Mischung bestreichen und in der Mitte zusammenfalten.

Die eingefetteten Teigblätter auf die Größe der Back-form zurechtschneiden und hineinlegen.

Den Kuchen mit einem scharfen Messer der Länge nach in vier gleich breite Streifen schneiden.

Den Sirup über den noch heißen Kuchen gießen und durchziehen lassen.

GEGENÜBER: Baklava (oben), Apfeltaschen

BAKLAVA

Vorbereitungszeit: 1 Stunde
Backzeit: 30 Minuten
Für 16 Stück

 ★ ★

375 g fein gehackte Walnüsse
155 g fein gehackte Mandeln
1/2 TL gemahlener Zimt
1/2 TL gemahlene Gewürze (Muskatnuss, Gewürznelken)
1 EL Zucker
1 EL Olivenöl
200 g zerlassene Butter
16 Blätter Strudelteig

Sirup

500 g Zucker
3 Gewürznelken
3 TL Zitronensaft

1 Den Backofen auf 180 °C vorheizen. Eine rechteckige Kuchenform (18 x 28 cm) einfetten.
2 Die Walnüsse, die Mandeln, die Gewürze und den Zucker vermischen und in drei gleich große Portionen teilen.
3 Das Öl und die zerlassene Butter mischen. Ein Blatt Strudelteig auf eine Arbeitsfläche legen, großzügig mit der Öl-Butter-Mischung bestreichen und in der Mitte zusammenfalten. Auf die Größe der Backform zuschneiden und hineinlegen. Mit drei weiteren Blättern Teig auf die gleiche Weise verfahren.
4 Ein Drittel der Nuss-Mischung gleichmäßig auf dem Teigboden verteilen. Abwechselnd vier mit der Fettmischung bestrichene und gefaltete Blätter Teig und ein Drittel der Nussfüllung übereinander in die Kuchenform schichten. Mit einer Teigschicht abschließen. Die Ränder mit einem scharfen Messer zurechtschneiden und die Oberfläche mit der restlichen Fettmischung bestreichen. Den Kuchen mit einem scharfen Messer der Länge nach in vier gleich breite Streifen schneiden. Etwa 30 Minuten goldbraun und knusprig backen.
5 Für den Sirup den Zucker, die Gewürznelken, den Zitronensaft und 330 ml Wasser bei schwacher Hitze in einem kleinen Topf erwärmen und rühren, bis sich der Zucker vollständig aufgelöst hat. Kurz aufkochen, dann bei schwacher Hitze etwa 10 Minuten einkochen lassen. Von der Kochstelle nehmen und abkühlen lassen.
6 Den Kuchen aus dem Backofen nehmen und den Sirup darüber gießen. In der Form durch-ziehen und abkühlen lassen, erst dann in 16 gleich große, rautenförmige Stücke schneiden.

APFELTASCHEN

Vorbereitungszeit: 40 Minuten
Backzeit: 25 Minuten
Für 12 Stück

 ★ ★

500 g Blätterteig, selbst gemacht (siehe S. 150/151) oder fertig gekauft
1 Eiweiß, leicht verquirlt
Zucker zum Bestreuen

Füllung

220 g Apfelkompott
1–2 EL Zucker
40 g gehackte Rosinen
30 g gehackte Walnüsse

1 Den Backofen auf 210 °C vorheizen. Ein Backblech einfetten. Den Blätterteig auf einer bemehlten Arbeitsfläche zu einer etwa 45 x 35 cm großen Teigplatte ausrollen. Zwölf Kreise mit 10 cm Ø ausschneiden oder -stechen.
2 Für die Füllung das Apfelkompott, den Zu-cker, die Rosinen und die Walnüsse vermischen.
3 Die Füllung gleichmäßig auf die Teigkreise verteilen, dabei ringsherum einen etwa 1 cm breiten Rand frei lassen und mit etwas Wasser bestreichen. Die Teigkreise zusammenklappen und an den Rändern fest zusammendrücken.
4 Auf das Backblech legen, die Oberseiten mit dem Eiweiß bestreichen und mit dem Zucker bestreuen. Die Ränder im Abstand von etwa 1 cm mit dem Rücken eines Messer nach oben drücken. Die Oberseiten je zweimal mit einem scharfen Messer einschneiden.
5 Die Teigtaschen in den Backofen schieben und etwa 15 Minuten backen. Die Backofen-temperatur auf 190 °C reduzieren und die Taschen weitere 10 Minuten goldbraun backen. Am besten noch warm servieren.
TIPP: Apfeltaschen sind natürlich die beliebteste Variante süßer Blätterteigtaschen. Ebenso köstlich schmecken aber auch Birnen- oder Rhabarbertaschen. Hierfür einfach die Äpfel durch die gleiche Menge weich gekochte Birnen oder Rhabarber ersetzen.

GLOSSAR

ARBORIO

Dieser Rundkornreis aus Italien wird sowohl für süße als auch für würzige Speisen verwendet. Er ist der klassische Risotto-Reis, da die Körner viel Flüssigkeit aufnehmen und für die erforderliche cremige Konsistenz sorgen, ohne zu zerfallen.

AUSTERNPILZE

Diese Pilze sind wie ein Fächer oder eine Austerschale geformt, hell graubraun oder braun und haben einen etwas pfeffrigen Geschmack, der nach dem Garen milder wird.

AUSTERNSAUCE

Dickflüssige, salzige Sauce aus getrockneten Austern. Sie verleiht den Speisen sowohl Aroma als auch Farbe. Angebrochene Flaschen sollten im Kühlschrank aufbewahrt werden. Eine vegetarische Variante wird aus Pilzen hergestellt.

BACKPULVER

Ein Backtriebmittel aus Natron und einem säurebildenden Stoff. Wärme und Feuchtigkeit lösen einen chemischen Prozess aus, bei dem sich im Teig Kohlensäurebläschen bilden. Auf diese Weise werden Brot- und Kuchenteige aufgelockert und gehen auf. Im Gegensatz zu Hefeteig muss ein Teig mit Backpulver vor dem Backen nicht mehr aufgehen.

BASMATIREIS

Ein weißer Langkorn-Duftreis. Die Körner bleiben nach dem Kochen fest und locker. Basmatireis wird gewöhnlich als Beilage zu indischen Gerichten wie etwa Curry gereicht.

BESTÄUBEN

Etwas mit einer pulverförmigen Zutat, z.B. Mehl, Puderzucker, Kakao, überziehen. Am besten gelingt dies mit Hilfe eines feinen Siebs und dient meist der Verzierung von Kuchen und Torten.

BOCCONCINI

Kleine Mozzarellakugeln, auch als Babymozzarella bekannt. Zugedeckt in der Molke, in der sie verkauft werden, im Kühlschrank aufbewahrt, bleiben sie mindestens 3 Wochen frisch. Verfärben sie sich gelblich, müssen sie weggeworfen werden.

BORLOTTIBOHNEN

Diese in Italien beliebten nierenförmigen großen Bohnen sind bräunlich rosafarben mit weinroten Sprenkeln. Sie haben einen nussigen Geschmack und werden in Suppen, Eintöpfen und Salaten verwendet. Sie sind getrocknet oder konserviert erhältlich, gelegentlich auch frisch.

BUTTERMILCH

Ursprünglich ein Nebenprodukt der Butterherstellung. Heute wird sie eigens produziert. Hierzu setzt man Magermilch eine Bakterienkultur zu und lässt die Mischung bis zu 24 Stunden gären und eindicken. Wegen ihres Säureanteils kann sie in Kombination mit Natron als Triebmittel verwendet werden.

CHAR SUI

Chinesische Spezialität: Schweinefilet in Sojasauce, Fünf-Gewürze-Pulver und Zucker mariniert und über Holzkohlenfeuer gegrillt.

CHILIFLOCKEN

Meist mit Samen getrocknete, zerstoßene rote Chilischoten.

CHILIPASTE

In Asienläden sind verschiedene Sorten erhältlich. Meist werden sie aus Tomaten, Zwiebeln, Chilies, Öl, Tamarinde, Knoblauch, Zucker, Salz, Gewürzen und Essig hergestellt. Einige enthalten aber auch Garnelenpaste. Für die Rezepte dieses Kochbuchs sind die Pasten austauschbar.

CHILIPULVER

Gemahlene, getrocknete rote Chilischoten, die von mild bis sehr scharf reichen. Es lässt sich durch Chiliflocken ersetzen, nicht aber durch mexikanisches Chilipulver, das mit Kreuzkümmel versetzt ist und ganz anders schmeckt.

CHINAKOHL

Diese Kohlsorte ist sehr kompakt, hat einen feinen Geschmack und ist leicht verdaulich. Roh oder gegart zu verwenden.

CHORIZO

Eine geräucherte spanische Wurst mit vielen regionalen Varianten aus Schweinefleisch, Paprika und Knoblauch. Sie wird als Tapas serviert oder in Paëllas, Eintöpfen und Suppen gekocht.

CRÈME FRAÎCHE

Natürlich gesäuerter Rahm mit nussigem, leicht säuerlichem Geschmack. Besonders lecker schmeckt Crème fraîche zu süßen Nachspeisen wie Obstkuchen.

CURRYBLÄTTER

Kleine, spitze Blätter mit einem würzigen Currygeschmack. In Südindien und Malaysia verbreitet.

DASHI

Aus getrockneten Algen (Kombu) und getrocknetem Fisch (Bonito) hergestellt und als Granulat oder Flocken erhältlich. Wird für Dashibrühe in Wasser aufgelöst.

EIERNUDELN

Aus Weizenmehl und Eiern hergestellt und frisch oder getrocknet in verschiedenen Breiten erhältlich. Die dünnen werden für Suppen, Pfannengerührtes und zum Frittieren verwendet, die breiteren hauptsächlich für Suppen. Frische Nudeln halten etwa 1 Woche im Kühlschrank, getrocknete sind unbegrenzt haltbar.

ENOKI

Enoki, auch Goldpilze genannt, sind winzige weiße japanische Pilze mit nur kurzer Garzeit.

FETA

Ein weißer, in Salzlake gereifter Käse mit intensivem Aroma. Ursprünglich aus Schafs- oder Ziegenmilch, wird er heute auch aus der billigeren Kuhmilch hergestellt. Er wird als Vorspeise gegessen, gekocht oder eingelegt und gehört zu traditionellen griechischen Salaten.

FISCHSAUCE

Die salzige Sauce riecht intensiv nach Fisch. Kleine gesalzene Fische lässt man einige Monate fermentieren und schöpft die dabei entstehende Flüssigkeit als Sauce ab.

FÜNF-GEWÜRZE-PULVER

Die Gewürzmischung, nur in der chinesischen Küche zu finden, enthält Nelken, Sternanis, Sichuanpfeffer und Fenchel und Zimt. Sie sollte sparsam verwendet werden, sonst kann sie andere, leichtere Aromen überdecken.

GAI-LARN

Der chinesische Brokkoli hat dicke grüne Stiele, etwas ledrige Blätter und weiße Blüten. Er wird im Ganzen gedämpft, oder Blätter und Stiele werden klein geschnitten und Suppen und Pfannengerührtem zugefügt. Junge, dünnere Stiele sind knackig mit mildem Geschmack.

GALGANT

Eine rotbraune Knolle, innen cremefarben, mit Ingwer verwandt, aber mit unverwechselbarem Geschmack und Duft. Frisch, in Salzlake eingelegt, in Scheiben getrocknet und als Pulver erhältlich.

GARAM MASALA

Eine Mischung aus gemahlenen Gewürzen, die in der Regel Zimt, schwarzen Pfeffer, Koriander, Kreuzkümmel, Kardamom, Nelken und Macis oder Muskat enthält. Sie wird häufig erst gegen Ende der Garzeit zugefügt.

GARNELEN, GETROCKNETE

Die kleinen, sonnengetrockneten Shrimps sind ganz oder zerkleinert erhältlich, werden aber vor dem Gebrauch meist gemahlen. Sehr salzige Sorten vorher wässern.

GARNELENPASTE

Die rosa Paste aus fermentierten Garnelen schmeckt sehr intensiv. Sie ist in Gläsern oder getrocknet als Block erhältlich. Die Paste in Klarsichtfolie im luftdichten Behälter im Kühlschrank aufbewahren.

GELBWURZ (TURMERIC)

Getrocknete Gelbwurz, ganz oder gemahlen erhältlich, erkennt man leicht an der tiefgelben Farbe. Turmeric hat einen leicht bitteren, scharfen Geschmack, es wird Speisen als Gewürz und Farbstoff zugegeben.

GHEE

Geklärte Butter aus Kuh- oder Büffelmilch. Ghee kann sehr hoch erhitzt werden ohne anzubrennen.

GLASNUDELN

Sie werden aus Mungbohnen- und Tapiokastärke hergestellt. Man frittiert sie direkt aus der Packung oder übergießt sie mit kochendem Wasser, weicht sie 3-4 Minuten ein und gießt sie ab.

HALOUMI

Für den salzigen, halbfesten Käse aus Zypern, traditionell aus Schafsmilch hergestellt, wird heute auch Ziegen- oder Kuhmilch verwendet. Der Käsebruch wird erhitzt und in Salzlake, oft mit Kräutern oder Gewürzen, gereift. Meist wird Haloumi gegrillt oder gebraten, kann aber auch in Salaten oder aufs Brot gegessen werden.

HEFE

ist ein natürliches Backtriebmittel. Frische Hefe muss zunächst mit lauwarmem Wasser oder Milch und ein wenig Mehl zu einem flüssigen Vorteig angerührt werden. Dieser sollte ein wenig aufgehen, bevor er mit den anderen Zutaten vermengt wird. Trockenhefe kann auch direkt in den Teig gerührt werden.

HOISIN-SAUCE

Die dickflüssige, süß-würzige chinesische Sauce wird aus Sojabohnen, Knoblauch, Zucker und Gewürzen hergestellt. Sie wird sowohl zum Kochen wie auch als Dipp verwendet. Angebrochene Gläser im Kühlschrank aufbewahren.

HOKKIEN-NUDELN

Frische chinesische Eiernudeln aus Weizenmehl, halb gegart, leicht geölt und meist vakuumverpackt. Für Pfannengerührtes, Suppen und Salate verwendet. In kochendem Wasser 1 Minute einweichen und abschrecken.

INGWER

Das Rhizom einer tropischen Pflanze. Feste, glatte Wurzeln kaufen, im Plastikbeutel im Kühlschrank aufbewahren. Meist vor Gebrauch zu schälen.

INGWER, EINGELEGTER

Spezialität der japanischen Küche mit scharfem Geschmack. Eingelegter Ingwer wird häufig zu Sushi gereicht und dient dazu den Gaumen zu reinigen.

JAKOBSMUSCHELN

Diese Kammmuscheln mit ihren fächerförmigen Schalen findet man überall im Atlantik, Mittelmeer und Pazifik. Weil sie an der Luft leicht verderben, werden sie meist ohne Schale verkauft. Man sollte sie im Kühlschrank aufbewahren und innerhalb eines Tages aufbrauchen.

JASMINREIS

Weißer Langkorn-Duftreis, in ganz Südostasien als Beilage verwendet. Meist wird er gedämpft, oder man kocht ihn auf und lässt ihn quellen, bis das Wasser aufgenommen ist.

JULIENNE

Fein geschnittene Streifen von Gemüse oder auch Zitrusschalen.

KABELJAU, GESALZENER

Kabeljaufilets, gesalzen und getrocknet, in Spanien Bacalao genannt, bei uns unter dem Namen Klippfisch oder Stockfisch bekannt. Vor Gebrauch müssen sie mindestens 2 Tage lang gewässert werden.

KAFFIR-LIMETTENBLÄTTER

Die Blätter des Kaffir-Limettenbaums werden häufig in der Küche Thailands und Südostasiens verwendet und verleihen Suppen und Currys ein unverwechselbares Aroma. Um sie zu hacken, legt man ein paar aufeinander, rollt sie von der Spitze zum Stiel dicht zusammen und schneidet das Röllchen quer in dünne Streifen. Die harte mittlere Blattrippe wirft man weg. Ganze Blätter können mitgekocht werden: da sie aber ledrig und bitter schmecken, werden sie nicht mitgegessen. Der Saft und das Fruchtfleisch der Kaffir-Limette sind ebenfalls bitter und nicht zum Verzehr geeignet. Die Blätter kann man in Asienläden frisch, gefroren oder getrocknet kaufen.

KAPERN

Die in Salz, Salzlake oder Essig eingelegten Knospen eines Strauches, der in vielen Teilen des Mittelmeerraumes wild wächst, haben einen scharfen, sauren Geschmack. Vor dem Gebrauch müssen sie gut abgespült werden.

KARDAMOM

Als bis zu 1,5 cm lange Kapseln, braune oder schwarze Samen oder gemahlen erhältlich. Das in der indischen Küche häufig verwendete Gewürz schmeckt süßlich-pikant. Die Kapseln müssen vor der Verwendung leicht zerstoßen werden.

KEMIRINÜSSE

Auch Kerzennüsse (Candlenuts) genannt; sie ähneln von der Form her Macadamianüssen, durch die sie notfalls ersetzt werden können. Roh enthalten sie giftiges Öl, das durch Erhitzen neutralisiert wird. Sie werden häufig geröstet, dann gemahlen und verleihen Currys und Saucen eine sämige Konsistenz.

KETJAP MANIS

Die dickflüssige, dunkle, süße Sojasauce wird in der indonesischen und malaiischen Küche verwendet und ersetzt die Fischsauce, die in den meisten Teilen Südostasiens zu finden ist. Falls sie nicht erhältlich ist, rührt man einfach Rohrzucker in gewöhnliche Sojasauce, bis er sich auflöst.

KICHERERBSEN

Diese Hülsenfrucht spielt als eine billige und nahrhafte Eiweißquelle eine zentrale Rolle in der Küche des Nahen Ostens. Kichererbsen werden als Gemüse gegessen, sind ein Bestandteil von Salaten und Dips und verleihen Gemüse-, Fleisch - und Reisgerichten mehr Substanz. Im getrockneten Zustand müssen sie vor dem Kochen in viel Wasser eingeweicht werden.

KOKOSCREME UND KOKOSMILCH

Beide werden aus dem Fruchtfleisch frischer Kokosnüsse gewonnen. Die Creme wird zuerst gepresst und ist dickflüssiger als die anschließend gepresste Milch, die auch weniger Fett enthält. Kokoscreme ist in Dosen, in konzentrierter Form als Block oder Pulver erhältlich und kommt in Currys u.Ä. Die Milch gibt es in Dosen oder im Tetrapak.

KORIANDERGRÜN (CILANTRO)

Das aromatische grüne Küchenkraut dient sowohl zum Würzen als auch zur Garnierung. Frisch wird die ganze Pflanze verwendet – Wurzel, Stiele, Blätter. Die Samen werden geröstet und häufig zu Pulver gemahlen.

KORIANDER, VIETNAMESISCHER

Auch unter der Bezeichnung Rau ram zu finden. Die schmalen, spitzen Blätter schmecken ähnlich wie Koriander, aber etwas schärfer.

KREUZKÜMMEL (CUMIN)

Die kleinen hellbraunen aromatischen Samen haben einen leicht kampferartigen, bitterscharfen Geschmack. Gemahlen sind sie ein wesentlicher Bestandteil von Gewürzmischungen.

LE-PUY-LINSEN

Diese kleinen dunkelgrünen Linsen aus der Auvergne werden in Frankreich als Delikatesse geschätzt. Im Gegensatz zu den meisten anderen Linsensorten behalten sie beim Kochen die Form und Konsistenz. Sie werden vorwiegen für Salate und Beilagen verwendet.

MANGOLD

hat hell- bis dunkelgrüne, gekräuselte oder glatte Blätter, die an Spinat erinnern. Die Stiele, die rot oder weiß sein können, sind essbar. Mangold eignet sich zum Kochen, Dämpfen oder Schmoren im Backofen. Roh schmecken junge Mangoldblätter auch gut als Salat.

MARSALA

Ein aufgespritzter Wein aus Marsala (Sizilien). Der trockene wird als Aperitif getrunken und bei der Zubereitung würziger Speisen verwendet; süßer Marsala ist ein Dessertwein, der auch zum Parfümieren von Desserts wie Zabaglione dient.

MIRIN

Ein süßer Reiswein, den man in Japan nur zum Kochen in Saucen und Marinaden, aber auch in Salaten und Pfannengerührtem verwendet.

MISO

Eine Paste aus fermentierten Sojabohnen; Grundzutat japanischer Suppen, Saucen und Marinaden. Je heller die Paste, desto milder der Geschmack. Die Farbe reicht von Weiß über Gelb, Hellbraun bis Braun und Rot.

MOZZARELLA

Weicher Frischkäse mit mildem, leicht süßlichem Geschmack, der traditionell aus Büffelmilch, heutzutage meist aus Kuhmilch gewonnen wird. Er ist sowohl als Tafelkäse wie auch als Schmelzkäse, z.B. auf Pizza zu verwenden.

NELKEN

Stark duftende Blütenknospen des Nelkenbaumes. Sie werden in der Sonne getrocknet bis sie braun und hart sind. Gewürznelken enthalten ätherische Öle und werden im Ganzen oder getrocknet verwendet.

NORI

Aus diesen Algen, die an den Küsten Japans, Chinas und Koreas gefunden werden, stellt man dünne Blätter her, die gepresst und getrocknet werden. Die Farbe reicht von Grün bis Purpurrot. In Japan werden Noriblätter für Sushi verwendet.

OKRA

Diese grünen, sechskantigen Schoten sind im Nahen Osten, der Karibik, Indien und Südostasien beliebt. Sie enthalten zahlreiche kleine Samen. Zerschnitten sondern sie beim Kochen eine gelatineartige Substanz ab, die Suppen und Saucen bindet. Sie schmecken säuerlich herb und leicht bohnenartig und passen gut zu scharfen Gewürzen. Vor der Zubereitung die Schoten mit Küchenpapier oder einer Gemüsebürste vorsichtig abschrubben. Waschen und abtropfen lassen, dann Spitzen und Ende abschneiden.

PAK-CHOI

Das Gemüse, auch Paksoi oder chinesischer Senfkohl genannt, gehört zur Kohlfamilie. Es hat einen senfartigen Geschmack, fleischige weiße Stiele und dunkelgrüne Blätter. Vor der Verwendung die Blätter trennen und gründlich waschen. Stiele und Blätter werden in Suppen und pfannengerührten Gerichten verwendet, gedämpft und mit Austernsauce serviert oder in Öl gebraten.

PALMZUCKER

Ein dunkler, unraffinierter Zucker, auch Jaggery genannt, aus dem Saft der Zuckerpalme. Der Saft wird zu einem dicken Sirup eingekocht, dann in Formen gegossen, in denen er zu schweren Blöcken erstarrt. Er ist in Südostasien verbreitet, wo er für Süßspeisen verwendet wird und auch dazu dient, den Geschmack pikanter Gerichte abzurunden. Er wird nach Bedarf vom Block mit einem scharfen Messer abgeschabt. In Asienläden ist er als Block oder im Glas erhältlich.

PANCETTA

Gepökelter, durchwachsener Bauchspeck aus Italien. Pancetta wird in dünnen Scheiben geschnitten als Vorspeise gereicht oder zu Saucen, Nudelgerichten und Eintöpfen verwendet.

PARMESAN

Harter Kuhmilchkäse, entweder gerieben als Zutat oder zum Streuen oder gehobelt als Garnierung beispielsweise auf Salaten. Da geriebener Parmesan schnell austrocknet, kauft man ihn am besten am Stück und hobelt ihn nach Bedarf. Berühmteste Sorte: Parmigiano Reggiano.

PETERSILIE

Sowohl glatte als auch krause Petersilie werden in der Küche eingesetzt. Beim Kauf sollte man auf feste Stiele achten, die Blätter dürfen nicht welk sein. Zur Aufbewahrung kann man die Stiele in kaltes Wasser tauchen; so hält sich Petersilie bis zu einer Woche frisch. Petersilie ist reich an Eisen und außerdem ein exzellenter Lieferant der Vitamine A, B und C.

RAMEN-NUDELN

Japanische Weizennudeln mit Ei. Frisch, getrocknet und als Instantnudeln erhältlich. Vor dem Gebrauch kochen: 2 Minuten für frische, 4 Minuten für getrocknete; Instantnudeln mit kochender Brühe übergießen.

REISNUDELN, FRISCHE

Aus dünnem Reismehlteig hergestellt und in verschiedenen Breiten oder als Platten erhältlich. Diese innerhalb von wenigen Tagen verwenden; nicht im Kühlschrank aufbewahren, da sie sonst hart werden und sich schlecht trennen lassen. Vor Gebrauch mit kochendem Wasser übergießen, vorsichtig trennen und abschrecken.

REISNUDELN, GETROCKNETE

Nudeln aus Reismehl in verschiedenen Größen und Stärken erhältlich. Je dicker sie sind, desto länger müssen sie vorher eingeweicht werden.

REISWEIN, CHINESISCHER

Der volle süßliche Geschmack des bernsteinfarbenen Reisweins erinnert an einen trockenen Sherry. Aus fermentiertem Klebreis hergestellt, stammt er aus Shaoxin in Südchina.

RUCOLA (RAUKE)

Die Blätter dieses Salates ähneln dem Löwenzahn. Er hat einen pfeffrigen Geschmack und wird auf gebackene Pizza gestreut oder in gemischtem grünen Salat verwendet.

SAFRAN

Das Gewürz, aus den Blütennarben des Safrankrokus gewonnen, ist durch das aufwändige Herstellungsverfahren das teuerste Gewürz der Welt. Eine winzige Menge genügt, um einer Speise den charakteristischen Geschmack und die Farbe zu verleihen. Safran wird in Fäden oder als Pulver verkauft.

SAKE

Der japanische Reiswein wird aus gegartem, gemahlenem und fermentiertem Reis hergestellt. Er hat einen trockenen, sherryähnlichen Geschmack und wird zum Kochen verwendet. Feinere Sorten werden auch getrunken. Er ist sowohl farblos als auch bernsteinfarben erhältlich.

SAMBAL OELEK

Eine scharfe Paste aus gehackten, frischen roten Chilischoten mit Zucker, Salz und Essig oder Tamarinde hergestellt. Sie wird als Relish verwendet, kann aber auch bei den meisten Rezepten frische Chilischoten ersetzen. Zugedeckt hält sie mehrere Monate im Kühlschrank.

SCHALOTTEN, FRITTIERTE

Kleine rote Schalotten werden längs in dünne Scheiben geschnitten und hellbraun frittiert. Sie sind in Südostasien eine häufige Garnierung. Im Asienladen sind sie abgepackt erhältlich. Reste friert man ein, sonst wird das Öl ranzig.

SCHALOTTEN, ROTE ASIATISCHE

Sie wachsen in Büscheln, sehen aus wie große Knoblauchzehen und haben einen intensiven Geschmack.

SENFKÖRNER

Schwarze, braune, gelbe und weiße Senfkörner sind eine Zutat vieler Currys. Sie werden vor dem Mahlen geröstet, um die darin enthaltenen Öle freizusetzen und das Aroma zu verstärken. Schwarze und braune sind die kleinsten und schärfsten; gelbe und weiße sind milder und größer.

SESAMÖL

Das aromatische Öl aus Asien wird aus gerösteten Sesamsamen hergestellt. Man kauft am besten nur kleine Mengen, da das Aroma schnell nachlässt. Manchmal wird es zusammen mit anderen Ölen im Wok verwendet, aber in der Regel wird es am Ende des Garvorgangs über die Speisen geträufelt oder ihnen zugeführt.

SICHUAN-PFEFFER

Ein scharfes chinesisches Gewürz aus den getrockneten roten Beeren eines Baums mit dornigen Zweigen. Meist ganz, gelegentlich auch gemahlen erhältlich. Um das Aroma zu verstärken wird er oft geröstet.

SOJASAUCE

Aus fermentierten gesalzenen Sojabohnen gewonnen. In der chinesischen Küche unterscheidet man bei der Verwendung zwischen hellen und dunklen Sorten, die verschieden schmecken. Wenn im Rezept nicht anders angegeben, wird in der Regel eine helle Sorte verwendet, da sie als die Grundsauce gilt. Man sollte möglichst eine japanische Sojasauce für japanische Gerichte und eine chinesische für chinesische Gerichte verwenden.

SPARGEL

wird bereits seit der Antike als Gemüse und Heilmittel geschätzt. Er ist reich an Vitamin C und Folsäure, dabei aber äußerst kalorienarm. Die Farbe des Spargels hängt mit der Anbauweise zusammen: Weißer Spargel wird gestochen, bevor er aus dem Erdreich schaut, Spargel mit violetten Köpfchen wurde nur kurz dem Sonnenlicht aussetzt und grüner Spargel wächst oberirdisch. Die Spargelsaison beginnt meist im April und endet am 24. Juni. Spargel bleibt nicht lange frisch, daher empfiehlt es sich ihn am Tag des Einkaufs zu verbrauchen. Im Gemüsefach des Kühlschranks hält er sich einige Tage, wenn man ihn in ein feuchtes Tuch einschlägt. Im Gegensatz zu weißem Spargel muss grüner Spargel nicht geschält werden, es reicht die Enden des Stiels abzuschneiden.

STEINPILZE

Dickfleischige Pilze, besonders in der französischen und italienischen Küche geschätzt. Steinpilze werden oft für Risotto und Omelett verwendet. Frisch oder getrocknet erhältlich. Die getrockneten werden vor dem Kochen eingeweicht; das Einweichwasser kann gefiltert der Sauce zugegeben werden.

STERNANIS

Die achtzackigen Früchte werden sonnengetrocknet, bis sie hart und braun sind. Sie duften stark nach Anis und haben einen ausgeprägten süßlichen Anisgeschmack. Ganze Früchte lässt man in Brühen, Suppen oder Saucen ziehen; sie werden vor dem Servieren entfernt.

TAHINI

Die ölige Paste aus zerstoßenen Sesamsamen verleiht Speisen einen kräftigen Geschmack. Sie ist in den Ländern des östlichen Mittelmeeres besonders beliebt.

TAMARI

Eine dickflüssige, dunkle japanische Sojasauce, die durch natürliche Fermentierung entsteht und kräftiger als die gewöhnliche japanische (shoyu) schmeckt. Die echte enthält keinen Weizen, aber es gibt minderwertige Sorten, die den Namen zu Unrecht führen. Beim Kauf sollte man die Inhaltsstoffe auf dem Etikett prüfen. Tamari ist gelegentlich auch in Reformhäusern erhältlich.

TAMARINDE

Die große braune, bohnenartige Schote mit fruchtigem, süß-säuerlichem Geschmack ist getrocknet oder als Block aus gepresstem Mark, eventuell mit Kernen erhältlich. Das Gewürz wird den Speisen häufig in Form von Tamarindenwasser zugefügt.

THAI-BASILIKUM

Es gehört zur Basilikumfamilie, hat aber kleinere, dunklere Blätter als das hier übliche und schmeckt kräftiger nach Anis und Nelken. Die Stiele und jüngeren Blätter sind purpurfarben.

TOFU

Tofuprodukte werden aus gelben Sojabohnen hhergestellt, die vorher eingeweicht, gemahlen mit Wasser vermischt und kurz gekocht werden, bis eine feste Masse entsteht.

TOMATEN, PASSIERTE

Abgebrühte, enthäutete und passierte Tomaten ergeben zusammen mit Basilikum, Zwiebeln und Knoblauch ein küchenfertiges Produkt, das dicker als Tomatensaft und flüssiger als Tomatenmark ist.

TOMATEN, SONNENGETROCKNETE

Trocken und lose verpackt oder in Öl eingelegt erhältlich. Die trockenen werden vor Gebrauch mit kochendem Wasser übergossen und 10 Minuten darin eingeweicht. Das Öl der eingelegten Tomaten kann zum Kochen verwendet werden und verleiht den Speisen ein zusätzliches Aroma.

UDON-NUDELN

Weiße japanische Nudeln aus Weizenmehl, in verschiedenen Breiten und frisch oder getrocknet erhältlich. Vor dem Gebrauch 1-2 Minuten kochen. Sie werden am häufigsten in Suppen, aber auch in Schmorgerichten verwendet.

VANILLE

Getrocknete, fermentierte Schoten einer ursprünglich südamerikanischen Kletterorchidee. Für den Küchengebrauch schneidet man die Schoten auf und schabt das Mark mit einem Löffel heraus. Vanille gibt es auch als Aroma oder Essenz. Dieses hat einen sehr intensiven Geschmack und sollte nur in kleinen Mengen verwendet werden.

VENUSMUSCHEL (VONGOLE)

Beim Kauf von Venusmuscheln ist darauf zu achten,

dass die Schalen fest geschlossen sind; leicht geöffnete sollten sich schließen, wenn sie auf die Arbeitsfläche geklopft werden, sonst sind sie ungenießbar. Vor dem Kochen legt man die Muscheln mindestens eine Stunde in Salzwasser, so lässt sich der Sand besser entfernen. Venusmuscheln sollten schonend gegart werden, sonst werden sie hart und gummiartig. Alle, die sich nicht beim Kochen öffnen lassen, müssen weggeworfen werden.

WEINBLÄTTER

Junge Blätter vom Rebstock werden blanchiert und anschließend in Salzlake konserviert. In Dosen und Gläsern oder Plastik verpackt erhältlich.

WASABIPASTE

Die Paste aus der grünen Wurzel der Wasabipflanze wird oft als japanischer Meerrettich bezeichnet; die beiden Gewächse sind aber nicht miteinander verwandt. Wasabipasti, in Asialäden erhältlich, wird zu Sushi, Sashimi und Nudeln gereicht. Sie ist sehr scharf und sollte sparsam verwendet werden.

WASSERKASTANIEN

Kleine, runde Knollen, die meist in Dosen verkauft werden; frische müssen geschält werden. Sie sind eine knackige Zutat vieler asiatischer Gerichte. Überschüssige halten 4 Tage im Kühlschrank, wenn man sie in Wasser legt und es täglich wechselt.

ZIMT

Getrocknete, hocharomatische Rinde einer asiatischen Lorbeerbaumart. Die hauchdünne innere Rinde wird zu Stangen gerollt und getrocknet. Diese Stangen werden z.B. zum Würzen von Sirup und eingemachtem Obst verwendet. Gemahlener Zimt verleiht Torten, Plätzchen und Hefegebäck ein besonders feines Aroma.

ZITRONEN, EINGELEGTE

In Salz und Gewürze eingelegte Zitronen werden vor dem Gebrauch abgespült; das Fruchtfleisch wird entfernt und weggeworfen. In der nordafrikanischen Küche würzt man mit der Schale Couscous und maghrebinische Schmorgerichte.

ZITRONENGRAS

Aromatische Stängel, am besten frisch zu verwenden. Unteres Ende abschneiden, harte äußere Blätter entfernen und das weiße Innere fein hacken. Der ganze Stängel wird auch in Currys mitgekocht; vor dem Servieren entfernen.

INDEX